lonely planet

KALIFORNIEN

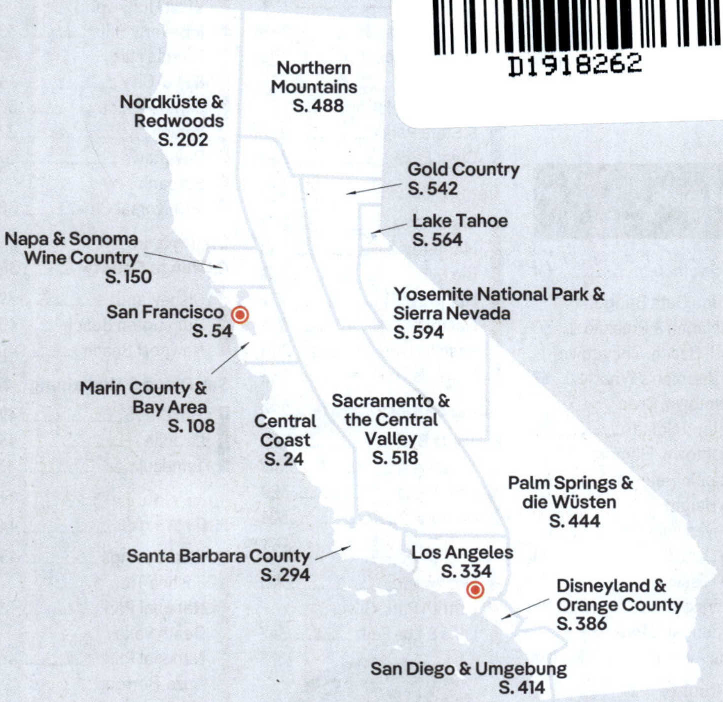

Alexis Averbuck, Alison Bing, Celeste Brash, Ashley Harrell, Anita Isalska, Megan Leon, Julie Tremaine, Ryan Ver Berkmoes, Wendy Yanagihara

INHALT

Reiseplanung

Reiseziele

US Open des Surfens (S. 403), Huntington Beach

Pinot Nero Weintrauben, Sonoma Valley (S. 177)

OBEN LINKS: PASCALIPATOU/SHUTTERSTOCK © OBEN RECHTS: ANT DM/SHUTTERSTOCK ©, UNTEN LINKS: JOHN DOUKAS/SHUTTERSTOCK ©

Stand-Up-Paddling und Kajakfahren in Sand Harbor (S. 588), Lake Tahoe

NAN728/SHUTTERSTOCK ©

Die Bay Bridge (S. 82), San Francisco

WILLKOMMEN IN KALIFORNIEN

Als ich in Oakland (S. 125) aufwuchs, dachte ich, ich würde die Bay Area nie verlassen. Schließlich ist hier alles perfekt: das Wetter, die Kultur, die Landschaft und die Menschen. Was mehr konnte ich mir wünschen? Dann kam das Leben. Ich wurde Malerin und Reiseautorin. Ich verbrachte Jahre an Orten wie Griechenland, New York City, New Orleans oder Antarktika. Doch jedes Mal, wenn ich über eine der Brücken der Bay fahre, erinnere ich mich an das, was ich immer schon liebte: das Funkeln des Wassers, das Versprechen des Tages. Alles ist drin: ob ein geselligen Mittagessen am Meer mit Austern und Wein oder ein Ausgehabend mit Musik und Tanz. Auf jeder Straße erwartet einen ein buntes Kaleidoskop von Menschen und Erfahrungen. Kein Wunder, dass der Ort seine Anziehungskraft behalten hat – es gibt den kalifornischen Traum wirklich, und alle sind willkommen.

Alexis Averbuck

Instagram: @alexisaverbuck

Alexis lebt im Sonoma County und auf der griechischen Insel Hydra , wo sie malt und von ihren Abenteuern berichtet.

Mein Lieblingserlebnis ist es, im Sonoma County (S. 192) eine Küstenwanderung zu unternehmen, wenn sich der Nebel hebt und die Wellen des Pazifiks gegen die Felsnadeln und die scharfkantigen Klippen schlagen.

LIEBLINGSPLÄTZE

Hier schlägt für unsere Autor:innen und Expert:innen das Herz Kaliforniens.

SUNDRY PHOTOGRAPHY/SHUTTERSTOCK ©

In der **Bay Area** (S. 108) aufzuwachsen, war eine wundervolle Erfahrung. Das ist ein verrückter, lebenssprühender und dynamischer Ort, wo man lernt, sich von absolut nichts überraschen zu lassen! Und das gilt auch für meine Lieblingsstraße: den Hwy 1 von Pacifica südwärts nach Santa Cruz, wo ich aufgewachsen bin. Hunderte Male bin ich hier lang gefahren, doch jedes Mal entdecke ich Neues: einen versteckten Strand, ein Gezeitenbecken, ein Café mit Chefkoch-Qualitäten ... die Liste geht endlos weiter.

Ryan Ver Berkmoes

Ryan ist Journalist und stolzer Kalifornier, der Reisebücher über Ziele in aller Welt geschrieben hat.

PAIGEFALK/GETTY IMAGES ©

Im Jahr 2020 reiste ich ins Humboldt County, um für einen Wanderführer zu recherchieren. Ich plante, einige Monate zu bleiben. Bei den Reisen an der **Lost Coast** (S. 216) verfiel ich dem Zauber der Sonnenstrahlen, die durch die Mammutbäume fallen und vom Nebel erleuchtet werden und den zischenden Geräuschen der Kiesel am Ufer. Nahe dem winzigen Ort, den ich als Standquartier nutzte, sprangen die Leute den Sommer über in Badelöcher, und die Nachbarn beschenkten sich gegenseitig mit ihren Erzeugnissen. Ich bin immer noch nicht abgereist.

Ashley Harrell

Instagram: @where_smashley_went

Ashley ist eine freie Journalistin mit Sitz in Kalifornien, die als Autorin schon an mehr als 50 Lonely Planets beteiligt war.

Unterwegs liebe ich den Moment, wenn der erhabene **Mt. Shasta** (S. 494) in Sicht kommt, um mich in Kalifornien zu begrüßen oder mir ein Lebewohl von der reichen Naturschönheit dieses Bundesstaats zuzutragen. Ich bekomme Gänsehaut von der Energie, die der hohe Berg ausstrahlt. Aber nichts ist mit dem nahezu außerirdischen Hochgefühl zu vergleichen, dass man auf dem Berg selber in der klaren Luft erfährt!

Celeste Brash

Instagram: @cjbrash

Celeste ist reiseverrückt, outdoorbegeistert und obdendrein Perlenzüchterin. Sie lebt in Französisch-Polynesien und den USA.

PETER BOWMAN/SHUTTERSTOCK ©

Für mich verkörpert **Ojai** (S. 332) eine mythisch verschwommene, filmische Vision von Kalifornien, die Sinnsuchende und Kreative anlockt. Das Tal ist kein Geheimnis, aber wer Rückzug und Zuflucht sucht, findet das auf Ojais sonnenbeschienen Wegen mit ländlichem Frieden vor einer Bergkulisse. Der Ort ist vollkommen ländlich, aber zugleich kultiviert und zudem einfach ein Ort von großer natürlicher Schönheit.

Wendy Yanagihara

Instagram: @wendyyanagihara

Wendy war seit 2003 an mehr als 50 Lonely Planets beteiligt.

VENTU PHOTO/SHUTTERSTOCK ©

Alle haben eine Meinung zu **Los Angeles** (S. 335), die wie bei allen beliebigen Städten von wahrer Liebe bis hin zu Frustration reicht. Worüber sich alle einig sind: Los Angeles ist von seinen Menschen geprägt. Hier findet sich ein Kaleidoskop der Vielfalt, das sich in allen Ecken, allen Restaurants und jedem kleinen Viertel zeigt. Deswegen pulsiert das Leben in dieser Stadt wie nirgendwo sonst.

Megan Leon

Instagram: @lagringabkk

Megan schreibt über Gastronomie und Kultur und ist ein großer Fan von In-N-Out Burger.

ROBERT MULLAN/SHUTTERSTOCK ©

MIMI DITCHIE PHOTOGRAPHY/GETTY IMAGES ©

Manche Städte verwirren einen, andere fühlen sich an wie eine Jacke, die passt. Für mich ist **San Luis Obispo** (S. 285) eine solche Jacke. Schon als ich das erste Mal durch ihre baumgesäumten Straßen und über ihre schattigen Plazas lief, fühlte ich mich hier zu Hause. Das ist „SLO Cal“: entspannt, freundlich, ohne Hektik. Doch was mich zurückkehren lässt, sind die in der Nähe lockenden Abenteuer: Vulkane, schöne Strände und Weinland.

Anita Isalska

Instagram: @lunarsynthesis

Anita ist eine Autorin aus Großbritannien, die in San Francisco lebt. Folgen kann man ihr auf anitaisalska.com.

CRISTI POPESCU/SHUTTERSTOCK ©

Bei einem Zwischenstopp in **San Francisco** (S. 55) schlenderte ich zu City Lights Books. Im Untergeschoss fiel mir ein Schild von einer Sekte aus den 1930er-Jahren auf: „Ich bin die Tür.“ Und das stimmt. SF bildet die Schwelle zwischen Realität und Fiktion, Vergangenheit und Zukunft, Körper und Seele. Der Zwischenstopp ist 20 Jahre her. Ich lebe immer noch hier.

Alison Bing

Twitter: @AlisonBing

Alison hat Sandstürme in Südkalifornien, Kult-Potlucks in Nordkalifornien und Roboterkriege in der Bay Area überlebt, um Geschichten zu erzählen, die es nur hier gibt.

TIME STOOD STILL PHOTO/SHUTTERSTOCK ©

Kalifornien ist groß und vielfältig, aber wenn es einen Ort gibt, in dem man das reine Kalifornien erleben kann, ist das **San Diego** (S. 420). Rund um die Stadt locken Berge, Weinland und der Strand, man kann das beste Essen des Bundesstaats probieren, in die Kleinbrauereiszene eintauchen, die Geschichte des Goldrauschs erkunden und die unglaubliche kulturelle Mischung erfahren.

Julie Tremaine

Instagram: @julietremaine

Julie ist eine Reise- und Gastronomieautorin, die die Welt Bissen für Bissen erkundet.

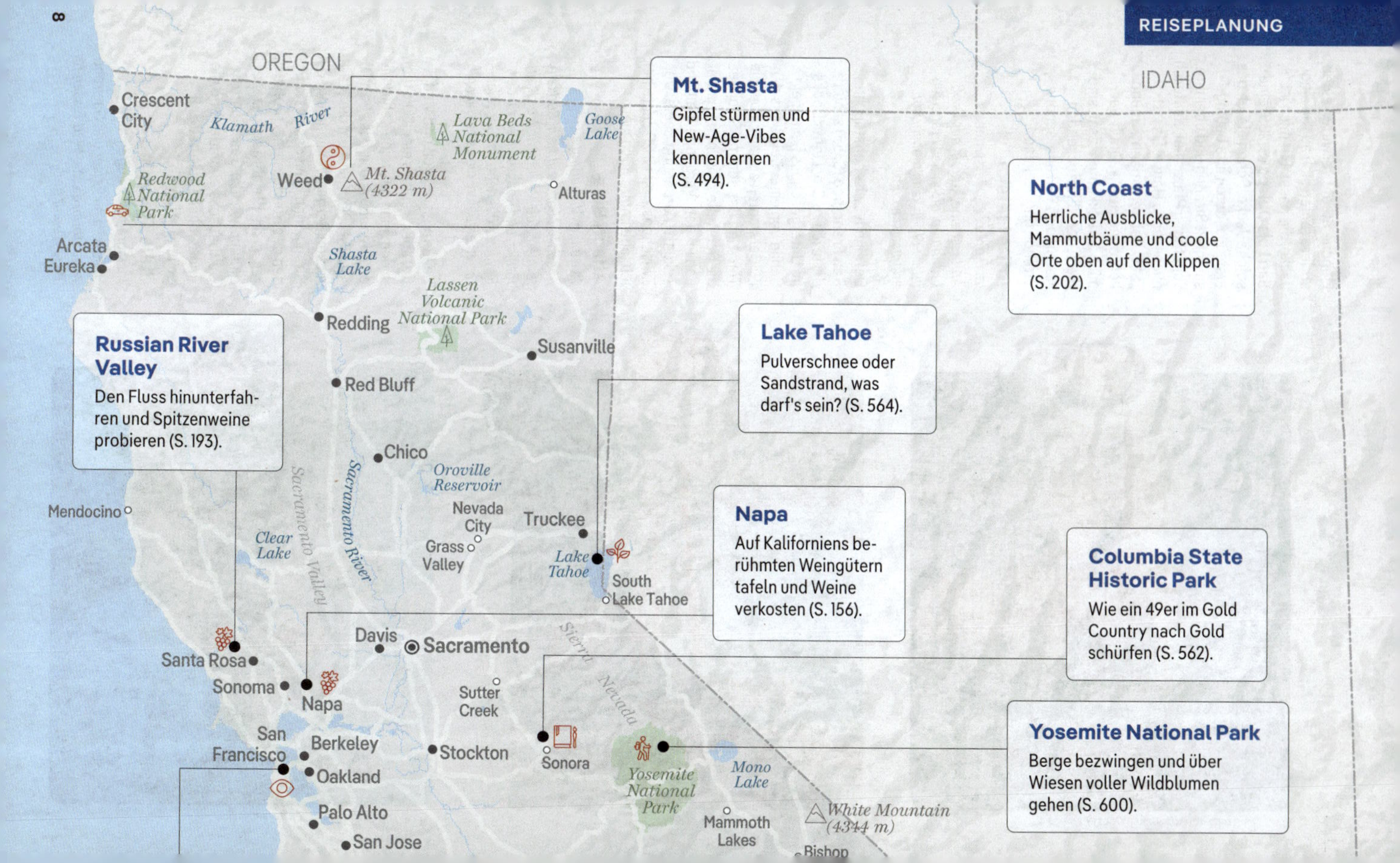

Mt. Shasta
Gipfel stürmen und New-Age-Vibes kennenlernen (S. 494).

North Coast
Herrliche Ausblicke, Mammutbäume und coole Orte oben auf den Klippen (S. 202).

Russian River Valley
Den Fluss hinunterfahren und Spitzenweine probieren (S. 193).

Lake Tahoe
Pulverschnee oder Sandstrand, was darf's sein? (S. 564).

Napa
Auf Kaliforniens berühmten Weingütern tafeln und Weine verkosten (S. 156).

Columbia State Historic Park
Wie ein 49er im Gold Country nach Gold schürfen (S. 562).

Yosemite National Park
Berge bezwingen und über Wiesen voller Wildblumen gehen (S. 600).

San Francisco
Die Golden Gate Bridge bewundern und die Viertel auf den Hügeln erkunden (S. 55).
Monterey Bay
Sich zu den Robben gesellen, die sich vor der Promenade von Santa Cruz tummeln (S. 258).
Los Angeles
Promi-Glamour und Viertel voller sprühendem Leben (S. 335).
Laguna Beach
Den kunstsinnigen Dreh- und Angelpunkt der besten Strände Südkaliforniens feiern (S. 412).
Palm Springs
Wüstenromantik schnuppern und Joshua Trees umarmen (S. 450).
Santa Cruz
Monterey
Fresno
Kings River
Diablo Range
Big Sur
Kings Canyon National Park
Mt. Williamson (4383 m)
Mt. Whitney (4421 m)
Sequoia National Park
NEVADA
Death Valley National Park
Death Valley
Cambria
Paso Robles
Morro Bay
San Luis Obispo
Bakersfield
Mojave
Barstow
Mojave National Preserve
Needles
ARIZONA
Santa Barbara
Channel Islands
Channel Islands National Park
Santa Monica
Pasadena
Los Angeles
Newport Beach
Laguna Beach
Catalina Island
Oceanside
San Clemente Island
La Jolla
San Diego
Tijuana
Palm Springs
Indio
Salton Sea
Blythe
Imperial Valley
Colorado Desert
Yuma
Mexicali
MEXIKO
PAZIFIK
0 200 km
0 100 Meilen

NATUR PUR

In Kalifornien zeigt sich Mutter Natur so vielseitig wie Picasso in seiner produktivsten Zeit. Herrliche Strände, unberührte Wildnis, mächtige Berge, Hochwiesen, Sanddünen in den Wüsten und Bäume so hoch wie die Freiheitsstatue – dieses Land ist ein berauschendes Mosaik, das seit Jahrhunderten Visionäre, Kunstschaffende und Wanderlustige inspiriert. Die wilde Vielfalt Kaliforniens ist immer wieder überraschend; die Erinnerungen daran bleiben fürs ganze Leben.

Abseits gebahnter Pfade

In Kalifornien gibt es mehr Nationalparks als in jedem anderen US-Bundesstaat. Im abgelegenen Lassen Volcanic National Park erkundet man außerirdisch wirkende Lavafelder, über denen ein schneebedeckter Vulkan thront.

Reisen mit Hunden

Urlaub ohne den vierbeinigen Freund macht keinen Spaß. Outdoor-Ziele wie Huntington Beach, Lake Tahoe oder Big Bear Lake heißen Hunde herzlich willkommen.

Hits im Yosemite

Nirgends fühlt man sich auf so großartige Weise klein wie im Yosemite National Park, vor allem, wenn man den Glacier Point bei Vollmond besucht oder auf der Tioga Rd fährt.

VON LINKS: MICHAL BALADA/SHUTTERSTOCK ©, KK STOCK/SHUTTERSTOCK ©, JONATHAN MANJEOT/SHUTTERSTOCK ©

Death Valley National Park (S. 469)

DIE BESTEN NATURERLEBNISSE

In den **Redwood National & State Parks** ❶, der Heimat der höchsten Bäume der Welt, kann man sich in uralten Hainen verlieren. (S. 232)

Im **Death Valley National Park** ❷ fährt man durch Canyons und Salzebenen und stoppt am tiefsten Punkt Nordamerikas. (S. 469)

Ausdauernde Backpacker nehmen auf dem **Lost Coast Trail** ❸ 40 km raue, unberührte Küste in Angriff. (S. 217)

Am legendären **Lake Tahoe** ❹ warten vor der Kulisse der Sierra Skihänge, Mountainbike-Trails und Spaziergänge am See. (S. 564)

In der **Crystal Cove State Marine Conservation Area** ❺ erkundet man die Unterwasser-Wildnis und wandert dann auf den Bergwegen. (S. 410)

HERRLICH SCHLEMMEN

Kalifornien ist das Epizentrum der guten Küche in den USA. Wo sonst sind die natürlichen Produkte frischer oder vielfältiger, die Kreativität in der Küche wagemutiger und der Geschmack internationaler? Neue Trends werden im kulturellen Schmelztiegel Kaliforniens schon seit über 200 Jahren gestartet, vorsichtig muss man also nicht sein! Ein Abenteuer verspricht alles von Foodtrucks am Straßenrand über kalifornisch-japanische Verkostungsmenüs und Gastrotempel mit Michelin-Sternen bis zu Gerichten aus Wildprodukten – hier ist für jeden etwas dabei.

Taco-Manie

Tacos sind ein fester Bestandteil der kulinarischen Szene Südkaliforniens, insbesondere in Los Angeles und San Diego, wo die Leute nach den bescheidenen Fisch-Tacos auf Baja-Art verrückt sind.

Farmers Markets

Es gibt jede Menge Bauernmärkte (zu finden unter cafarmersmkts.com und cdfa.ca.gov), die eine Fülle von regionalem Gemüse, Meeresfrüchten, Pilzen, einfallsreichen Backwaren und mehr anbieten.

Amerikas Füllhorn

Kalifornien ist der größte US-Produzent von Gemüse und Bio-Produkten – man findet alles von Pistazien bis zu Radicchio, von Olivenöl bis zu Honig aus den Hügeln.

VON LINKS: MELINA MARA/THE WASHINGTON POST VIA GETTY IMAGES ©, JULIA E HEATH/SHUTTERSTOCK ©, MARIAH TAUGER/LOS ANGELES TIMES VIA GETTY IMAGES ©

Dubu Kimchi in Koreatown (S. 364), Los Angeles

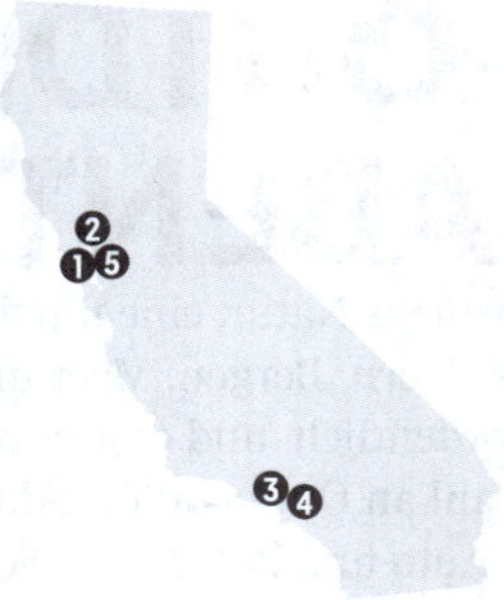

DIE BESTEN KULINARISCHEN ERLEBNISSE

San Franciscos **Ferry Building** ❶ ist ein Wahrzeichen des Genusses. Drinnen gibt's örtliche nachhaltige Produkte und einen legendären Farmers Market. (S. 82)

Kulinarische Abenteuer versprechen die Weinregionen Napa und Sonoma. Los geht's im Zentrum von **Napa** ❷ und von dort weiter zu kleineren Zielen wie Healdsburg. (S. 158)

Die **Koreatown** ❸ von Los Angeles lohnt die Erkundung, ist aber nur eines von vielen ethnisch asiatischen Vierteln im Bundesstaat. (S. 364)

Im **Grand Central Market** ❹, einer Gourmet-Markthalle in Downtown L. A., die schon seit 1917 gut im Geschäft ist, mischt man sich unter Hipster, Büroangestellte und andere Gäste. (S. 380)

An der East Bay verspricht das **Cafe Ohlone** ❺ echte lokale Küche, d. h. Gerichte der Ohlone, eines Ureinwohnervolks Kaliforniens. (S. 134)

OUTDOOR-ABENTEUER

Kaliforniens Natur, eine unwiderstehliche Kombination aus Wäldern, Bergen, Meer und Wüste, ist wirklich außerordentlich, und es gibt eine fast unerschöpfliche Auswahl an Optionen für Aktivurlauber. Also raus aus dem Auto und das Blut in Wallung gebracht! Erinnerungswürdig sind Wanderungen durch einen märchenhaften Wald, ein Sprung in einen funkelnden Bergsee, das Klettern über gewaltige Dünen, oder eine Skiabfahrt auf legendären Hängen. Das Abenteuer besteht nicht nur in einmaligen Erlebnissen, sondern auch in der Erfahrung der Jahreszeiten und des Geländes.

Camper-Kalifornien

Schlafen unter dem Sternenzelt kann man in Kaliforniens unzähligen National, State und Regional Parks. Im Joshua Tree National Park finden sich eindrucksvolle erodierte Felsen und Oasen voller Fächerpalmen.

Thermalquellen

Vulkanische Schlammbäder, z.B. in Calistoga, sind nach diversen Weinverkostungen vielleicht genau das Richtige. Man kann auch einfach in einen der vielen natürlichen Thermalteiche des Bundesstaats springen.

Raften auf dem American River

Kaliforniens bestes Wildwasserziel ist für Familien aber auch für Abenteuerlustige ideal. Man kann hier kurze Ausflüge oder auch mehrtägige Abenteuer unternehmen.

Yosemite Falls (S. 606), Yosemite National Park

DIE BESTEN OUTDOOR-ERLEBNISSE

Beim Klettern oder Wandern im **Pinnacles National Park** ❶ erkundet man Felsen, Felsnadeln und Berge. (S. 275)

Nach der spannenden Besteigung des **Mt. Shasta** ❷, geht's zum Lassen Volcanic National Park mit seinen azurblauen Kraterseen. (S. 496)

In einem Mammutbaum-Auslegerkanu paddelt man durch das Ästuar nahe **Mendocino** ❸ auf der Suche nach Seehunden und Harmonie. (S. 211)

Im **Yosemite National Park** ❹, wo Wasserfälle in von Gletschern geformte Täler hinabstürzen und die Wildblumenwiesen in Blüte stehen, steigt man in die Sierra Nevada hinauf. (S. 600)

Auf Mountainbike-Trails oder auf entspannteren Strecken, z.B. im **Dry Creek Valley** ❺ oder im Sonoma Valley, radelt man durch die Weinregion Napa und Somona. (S. 199)

DIE FREUDEN DER KÜSTE

In Kalifornien ist das Leben ein Strand, aber es gibt noch viel mehr an dieser Küste. Wenn sich der Küstennebel lichtet, werden die 1350 km der Küste in Kalifornien ihrem Attribut „golden“ wirklich gerecht. Im Süden herrscht das ganze Jahr hindurch Sommer; schroffe Felsen, Nebel und Dramatik bestimmen den Norden. La Jolla lockt mit Familienspaß, Huntington Beach mit Surfwellen von Weltklasse. In Venice Beach mischt man sich unter Exzentriker, in Big Sur kuschelt man bei Sonnenuntergang in einer Bucht oder verliert sich auf dem hinreißenden Lost Coast Trail.

Strandszenen

Riesenräder und Rummelspiele beflügeln den endlosen Sommer ebenso wie die herrlichen Sonnenuntergänge in Santa Monica, Venice Beach und Santa Cruz.

Die Wellen kommen!

Auch wer noch nie auf dem Brett gestanden hat, sollte sich Kaliforniens legendäre Surfspots wie jene um Huntington Beach, La Jolla (Trestles) und Santa Cruz (Steamer Lane) nicht entgehen lassen.

Legendäres Big Sur

Die Küste in der amerikanischen Autowerbung? Eindeutig Big Sur: vor der Kulisse von Mammutbaumwäldern finden sich an dieser Küste versteckte Wasserfälle und Brücken, die das Herz höher schlagen lassen.

Point Reyes National Seashore (S. 121)

DIE BESTEN KÜSTEN-ERLEBNISSE

Auf den einsamen südkalifornischen Inseln des **Channel Islands National Park** ❶, der den Spitznamen „Kaliforniens Galapagosinseln" trägt, kann man der Zivilisation entkommen. (S. 331)

Jenseits von San Franciscos Golden Gate Bridge wandert man über die gelbbraunen **Marin Headlands** ❷ nordwärts zur wilden, wundervollen Point Reyes National Seashore. (S. 117)

Wer den Pomo Canyon Red Hill Trail bezwingt, genießt den Blick auf die wilde **Sonoma Coast** ❸, die sich zu seinen Füßen ausbreitet; von dort aus führen Klippenwege weiter. (S. 192)

An den Stränden des Orange County kann man sich unter angehenden Prominenten bräunen und in **Laguna Beach** ❹ und Newport Beach mit den Kleinen spielen. (S. 412)

In **Malibu** ❺ winken Gezeitenpools, Surfing und Sonnenbaden. (S. 371)

KLASSISCHE AUTOTOUREN

Straßentouren sind die ultimative Art, um Kalifornien kennenlernen – also auftanken und eine unvergessliche Fahrt durch Landschaften antreten, die Herz und Seele ergreifen! Der Weg führt durch sinnliche Weinberge, ehrfurchtgebietende Mammutbaumwälder, weit ausgreifende Wüsten, über endlose Meilen des Küsten-Highways und vorbei an den hohen Gipfeln der Sierra Nevada. Unbedingt darauf achten, dass der Mietwagen keine Kilometerbegrenzung hat – denn man wird jeden Kilometer brauchen.

Route 66

Amerikas „Mother Road“ brachte die Flüchtlinge aus dem Dust Bowl, Hollywood-Sternchen und Hippies nach Kalifornien ans Ende des Regenbogens und verspricht immer ein Erlebnis.

Pacific Coast Highway

Ob man die ganzen 656 Meilen (1055 km) des an der Küste verlaufenden Hwy 1 fährt oder nur einen kurzen Abschnitt, für spektakuläre Bilder ist immer gesorgt. Hier erwarten einen u.a. spektakuläre Meeresklippen, Robben und die Golden Gate Bridge.

Avenue of the Giants

Die unglaubliche, 32 Meilen (51 km) lange Straße verläuft unter den höchsten Bäumen der Welt. Manche dieser Mammutbäume waren kleine Setzlinge zur Zeit des Römischen Reichs.

Joshua Tree National Park (S. 460)

DIE BESTEN AUTOTOUREN

Wer sich für einen beliebigen Abschnitt des Hwy 1, z. B. die Golden Gate Bridge und die Marin Headlands, Big Sur, den 17-Mile Drive oder die **North Coast** ❶, entscheidet, wird immer richtig liegen. (S. 214)

Auf dem **Hwy 49** ❷ folgt man zwischen historischen Ortschaften im hügeligen Gold Country in den Ausläufern der Sierra Nevada den Spuren der Geschichte. (S. 543)

Vorbei an Bergseen und Thermalquellen führt der **Eastern Sierra Scenic Byway** ❸ (Hwy 395) durch den rauen Teil der Sierra Nevada. (S. 620)

Im Frühjahr, wenn Wildblumen im trockenen Sand blühen, kann man eine schöne Fahrt durch Kaliforniens Wüsten machen – z. B. im **Joshua Tree National Park** ❹. (S. 462)

Man engagiert einen Fahrer, um von Carneros nach St. Helena und auf der **Westside Rd** ❺ zu fahren und unterwegs die weltbekannten Weine von Napa und Sonoma zu probieren. (S. 196)

E FEHRENBACHER/SHUTTERSTOCK ©

Fox Theater (S. 129), Oakland

STRAHLENDE STÄDTE

Kaliforniens Städte bieten mehr Aromen als ein Glas Jelly Beans. Sie verführen ihre Besucher:innen mit einem kulturellen Kaleidoskop, das von Kunstmuseen, architektonischen Meisterwerken und einer munteren Theaterszene bis zu herausragenden kulinarischen Genüssen und einem energiegeladenen Nachtleben reicht.

Schnelle Frage: Wie heißt die Hauptstadt Kaliforniens?

Am Zusammenfluss des American und des Sacramento River liegt die in einem ordentlichen Raster gebaute kalifornische Hauptstadt Sacramento.

Tiefer graben

Die Städte Kaliforniens haben mehr zu bieten als Strände, Hipster und das, was man im Reality-TV zu sehen bekommt. Den größten Eindruck macht aber letztlich ihre kulturelle Vielfalt.

DIE BESTEN STADTERLEBNISSE

In **San Francisco** ❶ kann man u.a. trendige Küche, soziale Bewegungen, Kunst und Technologie erkunden. (S. 55)

Los Angeles ❷ ist ein absolutes Wunderland, von Hollywood-Kneipen bis zum Getty Museum. (S. 335)

In **Oakland** ❸ erwarten einen ein entspanntes Lebensgefühl und unzählige Restaurants, Brauereien und Läden. (S. 125)

San Diego ❹ bietet seinen Besucher:innen ein zuversichtliches, sonniges Erscheinungsbild. (S. 420)

In kleineren Städten wie **Petaluma** ❺ oder Santa Rosa locken Kleinbrauereien, Probierstuben und Restaurants. (S. 180)

Dänisches Gebäck, Solvang (S. 312)

SCHRÄGES KALIFORNIEN

Kalifornien bietet jede Menge bizarrer Attraktionen. Die Wüsten im Süden und die North Coast, die seit eh und je Freigeister anlocken, steuern einen besonders großen Anteil an schrägen Sehenswürdigkeiten bei. Auch L.A. und San Francisco sind voll mit Sonderbarem, von Freiluft-Skulpturengärten bis zu Dinosauriern am Highway.

Rosebud im realen Leben

Beim Besuch von William Randolph Hearsts überdrehtem Hearst Castle sieht man, wie das Vorbild von Citizen Kane lebte: Hier gibt's Zebras, einen juwelengeschmückten Pool, verschwenderisch gestaltete Innenräume und eine tolle Aussicht.

Slab City

In dieser alternativen Gemeinde, einem bunten Schaustück amerikanischer Volkskunst, das sich auf dem sonnenverbrannten Wüstenboden zu Füßen des Salvation Mountain ausbreitet, kann man sich unter Künstler und Aussteiger mischen.

DIE BESTEN UNGEWÖHNLICHEN ERLEBNISSE

In den Kristallläden und bei einer Vortex Tour am **Mt. Shasta ❶** kann man seine Chakras wieder in Ordnung bringen. (S. 496)

Im **Integratron ❷**, einer riesigen „Verjüngungs- und Zeitmaschine“ nahe Joshua Tree geht's in eine andere Dimension. (S. 467)

Nach dem Mischen von Patschuli-Düften auf dem Farmers Market von **Sebastopol ❸** besichtigt man die recycelten Skulpturen von Patrick Amiot. (S. 186)

Solvang ❹ bietet dänische Aromen und regionale Weine. (S. 312)

San Franciscos **Marina ❺** lockt mit Klangexperimenten und vielem mehr. (S. 65)

VON LINKS: FLORIDASTOCK/SHUTTERSTOCK ©, NICK FOX/SHUTTERSTOCK ©, GALINA SAVINA/SHUTTERSTOCK ©

Napa Valley (S. 156)

VON DER TRAUBE INS GLAS

In Kalifornien ist ein Weinberg nie weit weg. In diesem Bundesstaat werden Weltklasseweine angebaut und abgefüllt, die nur darauf warten, probiert zu werden. Ein Prost auf Kaliforniens Weinregionen, die beim nachhaltigen Anbau Pionierarbeit leisten und jede Menge sinnlicher Freuden bieten!

Organic vs. *biodynamic*

Organic bedeutet, dass die Trauben ohne chemischen Dünger, ohne Pestizide oder Herbizide angebaut werden. Mit *biodynamic* wird ein integrierter Anbau bezeichnet, der gesunde Ökosysteme erhalten will.

Cider & Bier

Kalifornien ist nicht nur beim Wein Spitze: Hier gibt's die meisten Kleinbrauereien der USA und tolle Ciders – kein Wunder angesichts der vielen historischen Apfelhaine.

DIE BESTEN WEIN-ERLEBNISSE

Im berühmten **Napa Valley** ❶ einige der besten Weine der USA probieren. (S. 156)

Bei einer Tour durchs waldige **Santa Ynez Valley** ❷ einen Pinot Noir schlürfen. Die Hügel sind mit Eichen, Olivenbäumen und Weingütern bedeckt. (S. 325)

Durchs Sonoma Valley zu den Weingütern Glen Ellen und **Kenwood** ❸ radeln. (S. 179)

Schaumweine, Pinot Noirs und Chardonnays im **Russian River Valley** ❹ entdecken, einem der bestgehüteten Geheimnisse Kaliforniens. (S. 196)

An der Central Coast ausgezeichnete Weinverkostungen rund um **Paso Robles** ❺ genießen. (S. 281)

FILMMAGIE

Für Shakespeare war die ganze Welt eine Bühne, aber in Kalifornien ist sie eher eine Filmkulisse. Der Film wurde zwar in Frankreich geboren, aber in Hollywood kam er zur Reife. Man kann in die Fußstapfen von Promis treten, berühmte Drehorte besuchen oder auf einer Bustour erfahren, wie die Stars leben.

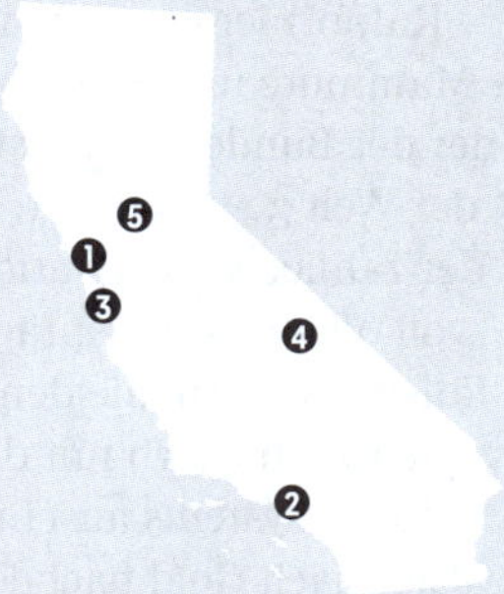

Einblick erhalten

Seit einem Jahrhundert lässt Kalifornien das Publikum lachen, weinen und nach mehr verlangen. Um den Zauber mitzuerleben, kann man sich dem Live-Publikum in einem Studio anschließen oder eine Führung durch ein Filmstudio in Los Angeles mitmachen.

Hollywood-Selfies

Nach dem Selfie vor dem Grauman's Chinese Theatre geht's ins Einkaufszentrum Ovation Hollywood zum Fototermin mit dem berühmten Hollywood-Schriftzug; dann kann man seine 15 Minuten Social-Media-Ruhm genießen.

Themenparks

Kinder lieben Tage voller Action mit geliebten Trickfilmfiguren im Disneyland Resort oder in den legendären Universal Studios Hollywood, wo auf Filmen basierende Rides, Liveshows und raffinierte Spezialeffekte warten.

BESTE FILMEERLEBNISSE

In **San Francisco** ❶ Film-Noir-Klassiker wie John Hustons *Der Malteser Falke* oder Alfred Hitchcocks Thriller *Vertigo* nacherleben. (S. 55)

Wer in **Los Angeles** ❷ ein Regiemegafon fortschleudert, trifft garantiert eine Film-Sehenswürdigkeit, vom Mulholland Dr und Hollywood Blvd bis nach Malibu. (S. 335)

Auf dem Boardwalk in **Santa Cruz** ❸, einer beliebten Horrorfilmkulisse, lässt sich gut einen der *Lost Boys* spielen. (S. 252)

In **Lone Pine** ❹ kann man sentimentalen Erinnerungen an alte Western nachhängen. (S. 620)

In **Sacramento** ❺ sollte man nach Lady Bird Ausschau halten. Schließlich ist die Stadt der Geburtsort der Regisseurin Greta Gerwig und der Schauplatz ihres gleichnamigen Films. (S. 524)

EINE REICHE GESCHICHTE

Kalifornien hat eine wilde Fahrt von den Tagen der Mammute und Säbelzahntiger bis in die Zeit erlebt, in der der Bundesstaat fast die viertgrößte Volkswirtschaft der Welt geworden ist. Hier kann man den Fußstapfen der zahllosen Generationen folgen, die den Staat glanzvoll oder düster geprägt haben. Man kann zu Wasserfällen wandern, die den amerikanischen Ureinwohnern heilig sind, sich mit den moralischen Dilemmas des Missionssystems auseinandersetzen, über die verrückte Gier nach Gold nachdenken und schließlich in Humphrey Bogarts Stammkneipe einen Martini trinken.

VON LINKS: ZACK FRANK/SHUTTERSTOCK ©, BENNY MARTY/SHUTTERSTOCK ©, DAVID PAUL MORRIS/GETTY IMAGES ©

Kulturelle Wegscheide

Stämme amerikanischer Ureinwohner, *presidios* (Forts) und katholische Missionen aus der spanischen Kolonialzeit, mexikanische *pueblos* (Kleinstädte) und Geisterstädte der Goldsucher lohnen eine Spurensuche.

Alcatraz

Nachdem man sich Clint Eastwood in *Flucht von Alcatraz* angesehen hat, sollte man „The Rock" besuchen, Amerikas ältestes Militärgefängnis, das auf einer geschichtsträchtigen Insel in der San Francisco Bay steht.

Land Back Movement

Kalifornien ist zusehends bestrebt, den amerikanischen Ureinwohnern Gebiete zurückzugeben, die man ihnen gestohlen hat – von 200 ha an der Lost Coast bis zu Teilen der Hügel von Oakland.

HP Garage, Palo Alto (S. 139)

DIE BESTEN GESCHICHTS-TRÄCHTIGEN ERLEBNISSE

Im Gold Country folgt man im **Columbia State Historic Park** ❶ den Spuren der Pioniere des „Wilden Westens“ und der Goldschürfer. (S. 562)

In **Downtown Los Angeles** ❷ kann man von der Olvera St bis nach Chinatown (davon gibt's zwei!) und Little Tokyo einigen der Kulturen nachspüren, die Kalifornien zu dem machten, was es ist. (S. 377)

In **Palo Alto** ❸ lässt sich die Garage besichtigen, in der Bill Hewlett und David Packard die Silicon-Valley-Revolution starteten. (S. 139)

In **Sonoma** ❹ reicht die Geschichte bis in die 1820er-Jahre zurück, als hier eine Mission aus Backstein errichtet wurde. Unbedingt kosten sollte man den Wein, der die sezessionistische Bear Flag Republic beflügelte. (S. 173)

An ein schreckliches Kapitel der Geschichte erinnert die **Manzanar National Historic Site** ❺, ein Internierungslager für japanische US-Bürger im Zweiten Weltkrieg. (S. 620)

LUX BLUE/SHUTTERSTOCK ©

Sonnenuntergang in Kalifornien

ROMANTIK PUR

Ob man gerade in den Flitterwochen ist oder seiner oder seinem Liebsten einfach mal etwas Gutes tun will, Kalifornien ist ideal für Romantik. Man kann in einem viktorianischen B & B oder in einem Zelt unter den Sternen übernachten. Man stößt in einem Weinbistro oder bei einem Picknick auf einem Berg miteinander an, gibt sich der Erholung in einem schicken Spa hin oder wandert zu einer einsamen Waldhütte.

San Franciscos Charme

San Francisco ist Romantik pur, von der majestätischen Golden Gate Bridge und den traumhaften Marin Headlands bis zur lauschigen Poet's Corner.

Liebe in den Weinbergen

In der Weinregion nehmen einem wunderbare Unterkünfte wie die Auberge du Soleil oder das Hennessey House in Napa oder die Beltane Ranch bei Sonoma das Werben ab.

DIE BESTEN ROMANTISCHEN ERLEBNISSE

Den Ruf der Romantik verspürt man im ehemaligen Walfängerdorf **Mendocino** ❶ mit seinen Landhäusern und Landgasthöfen. (S. 208)

In der schicken Wüstenstadt **Palm Springs** ❷ diniert man unter den Sternen und relaxt am Pool. (S. 450)

In **Big Sur** ❸, wo Wasserfälle regenbogenfarbenen Dunst versprühen und Klippen vor Stränden mit purpurfarbenem Sand liegen, verspürt man Glückseligkeit. (S. 267)

Im funkelnden **Malibu** ❹, das zum gemütlichen Kuscheln und für Strandspaziergänge wie gemacht ist, hat man immer gute Laune. (S. 371)

Mit den noblen Einsiedlern hinter den rostroten Mauern von **Santa Barbara** ❺ wohnen (S. 304)

Seelöwen, Monterey Bay (S. 258)

BEGEGNUNGEN MIT DER NATUR

Begegnungen mit Wildtieren gehören in Kalifornien dazu. Seeotter und Robben tummeln sich an den Piers der Häfen, während Wale vor der Küste vorbeiziehen. Der Bundesstaat ist ein echtes Tierparadies mit Schwarzbären in den Wäldern, Monarchfaltern in den Eukalyptushainen, Schildkröten in der Wüste und Zugvögeln am Himmel.

Wildblumen

Viele örtliche Pflanzen haben sich an lange Zeiten fast ohne Regen angepasst: Sie wachsen während der feuchten Wintermonate, blühen im Februar und trocknen dann aus, bis wieder der erste Regen fällt.

Meerestiere

Beim Wandern, Schnorcheln oder Kajakfahren an Orten wie den unbewohnten Channel Islands lernt man die Tiere des Korallenriffs kennen und trifft auf große Kolonien von Flossenfüßern.

DIE BESTEN NATURERLEBNISSE

Im **Klamath Basin National Wildlife Refuge** ❶ kann man Meeresvögel auf dem Pacific Flyway vorbeiziehen sehen. (S. 501)

Brüllende Seeelefanten erwarten einen im **Año Nuevo State Natural Reserve** ❷. (S. 148)

Bei einem Spaziergang um die Halbinsel der **Point Reyes National Seashore** ❸ sieht man vor der Küste vorbeiziehende Wale. (S. 121)

Monterey Bay ❹ lockt mit einem wunderbaren Aquarium, Wildtierbeobachtung aus dem Kajak und Walbeobachtungstouren. (S. 260)

Im **Anza-Borrego Desert State Park** ❺ kann man nach Steinadlern, Füchsen und Dickhornschafen Ausschau halten. (S. 476)

STÄDTE & REGIONEN

Entdecke dein Sehnsuchtsziel.

Nordküste & Redwoods

HOHE BÄUME UND WILDE KÜSTE

Die Holzbarone wurden irgendwann klug und bewahrten die unberührten Mammutbaumwälder an der nebligen, zerklüfteten und wilden Nordküste. Im Humboldt County kann man sich abseits ausgetretener Pfade bewegen und in spektakulären Küstendörfern wie Elk und Mendocino Seefahrergeschichten austauschen, während man eine der majestätischsten Landschaften Kaliforniens erkundet.

S. 202

Northern Mountains

KALIFORNIENS UNENTDECKTES BERGPARADIES

Der Mt. Shasta lockt Schamanen, New-Age-Poeten und Eispickel schwingende Bergsteiger an. Noch mehr Wildnis findet man aber, wenn man auf Nebenstraßen gen Norden fährt, vorbei an unberührten Seen zu den Vulkanen und der fremdartigen Landschaft um den Mt. Lassen mit ihren blubbernden Schlammbecken, vielfarbigen Schwefel-Auslässen und dampfenden Fumarolen.

S. 488

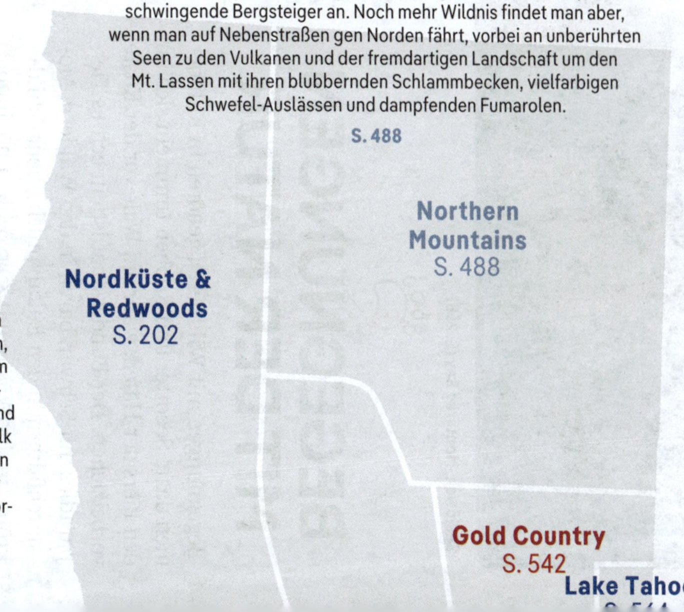

Gold Country

NETTE STÄDTCHEN, SCHÖNE PARKS UND VIEL GESCHICHTE

Fährt man wie die Pioniere, die während des kalifornischen Goldrauschs zu Zehntausenden hierher kamen, zu den Ausläufern der Sierra Nevada, entdeckt man in der historischen Goldschürferregion, dass der Wilde Westen lebt. Hier findet man spannende Wildwasserfahrten, Führungen durch kühle Höhlen und Weinverkostungen in rustikalen Probierstuben.

S. 542

Lake Tahoe

STRÄNDE, SKIFAHREN, BERGE UND KASINOS

Nordamerikas größter Bergsee ist das ganze Jahr über eine Spielwiese. Im Winter findet man olympiawürdige Möglichkeiten zum Skifahren und Snowboarden, im Sommer kann man sich an den Stränden erfrischen. Auf Wander- und Mountainbiketouren entdeckt man die wildesten Seiten der Sierras. Als Bonus gibt's schicke Kasinos und gemütliche Hütten am See.

S. 564

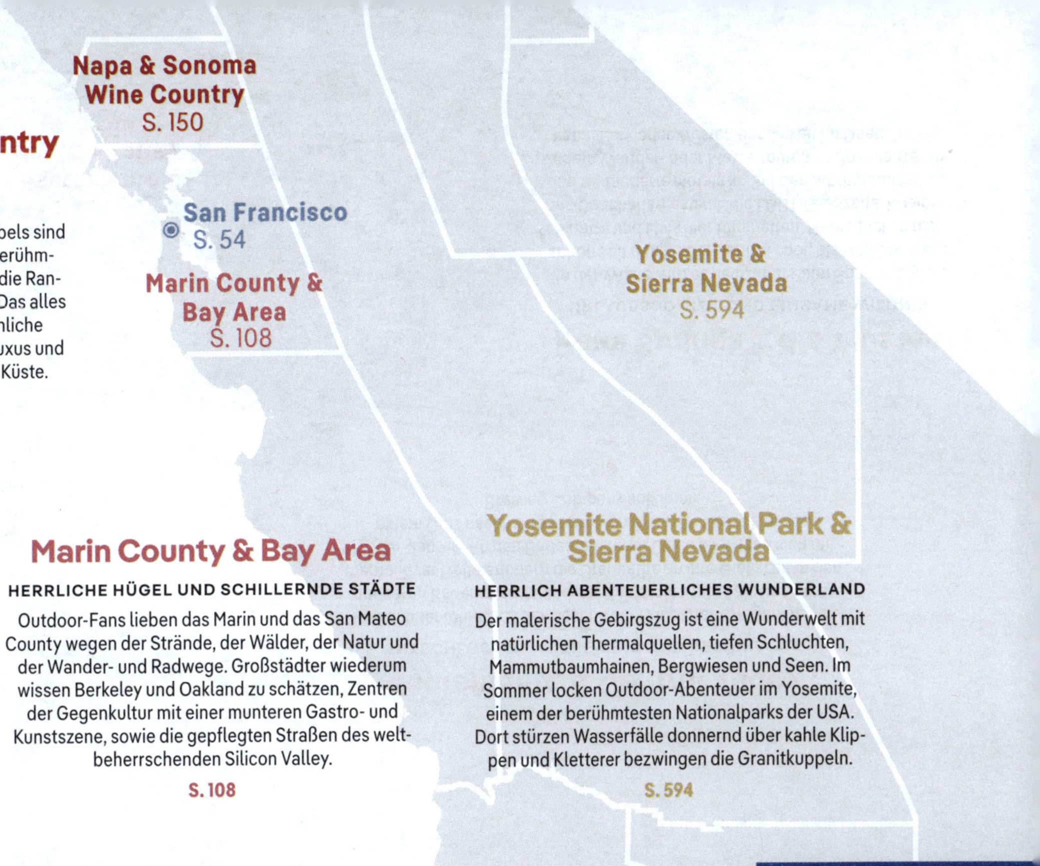

Napa & Sonoma Wine Country

PRÄCHTIGE WEINBERGE UND EINZIGARTIGE STÄDTE

Dank der sonnigen Täler und des kühlen Küstennebels sind das Napa und das Sonoma County Kaliforniens berühmteste Weinbauregionen. Hier gedeihen aber auch die Ranches sowie eine besondere Aussteigermentalität. Das alles sorgt für reichliche, farmfrische Kost, ungewöhnliche Kleinstädte und eine interessante Mischung aus Luxus und Entspannung. Hinzu kommt eine wunderschöne Küste.

S. 150

San Francisco

WO DER WESTEN AUF SEINE WILDEN GEDANKEN KOMMT

San Francisco mit seinen bezaubernden Straßen und den Cable Cars verschiebt die Grenzen in kulinarischen, sozialen, künstlerischen und technologischen Belangen immer weiter nach vorne. Die Stadt ist geprägt von kühnen Schritten und einer reichen Geschichte mit multikulturellen, Jahrhunderte umspannenden Einflüssen, wofür die Golden Gate Bridge als Wahrzeichen steht. Heute ist die Stadt so frisch und inspirierend wie eh und je.

S. 54

Marin County & Bay Area

HERRLICHE HÜGEL UND SCHILLERNDE STÄDTE

Outdoor-Fans lieben das Marin und das San Mateo County wegen der Strände, der Wälder, der Natur und der Wander- und Radwege. Großstädter wiederum wissen Berkeley und Oakland zu schätzen, Zentren der Gegenkultur mit einer munteren Gastro- und Kunstszene, sowie die gepflegten Straßen des weltbeherrschenden Silicon Valley.

S. 108

Yosemite National Park & Sierra Nevada

HERRLICH ABENTEUERLICHES WUNDERLAND

Der malerische Gebirgszug ist eine Wunderwelt mit natürlichen Thermalquellen, tiefen Schluchten, Mammutbaumhainen, Bergwiesen und Seen. Im Sommer locken Outdoor-Abenteuer im Yosemite, einem der berühmtesten Nationalparks der USA. Dort stürzen Wasserfälle donnernd über kahle Klippen und Kletterer bezwingen die Granitkuppeln.

S. 594

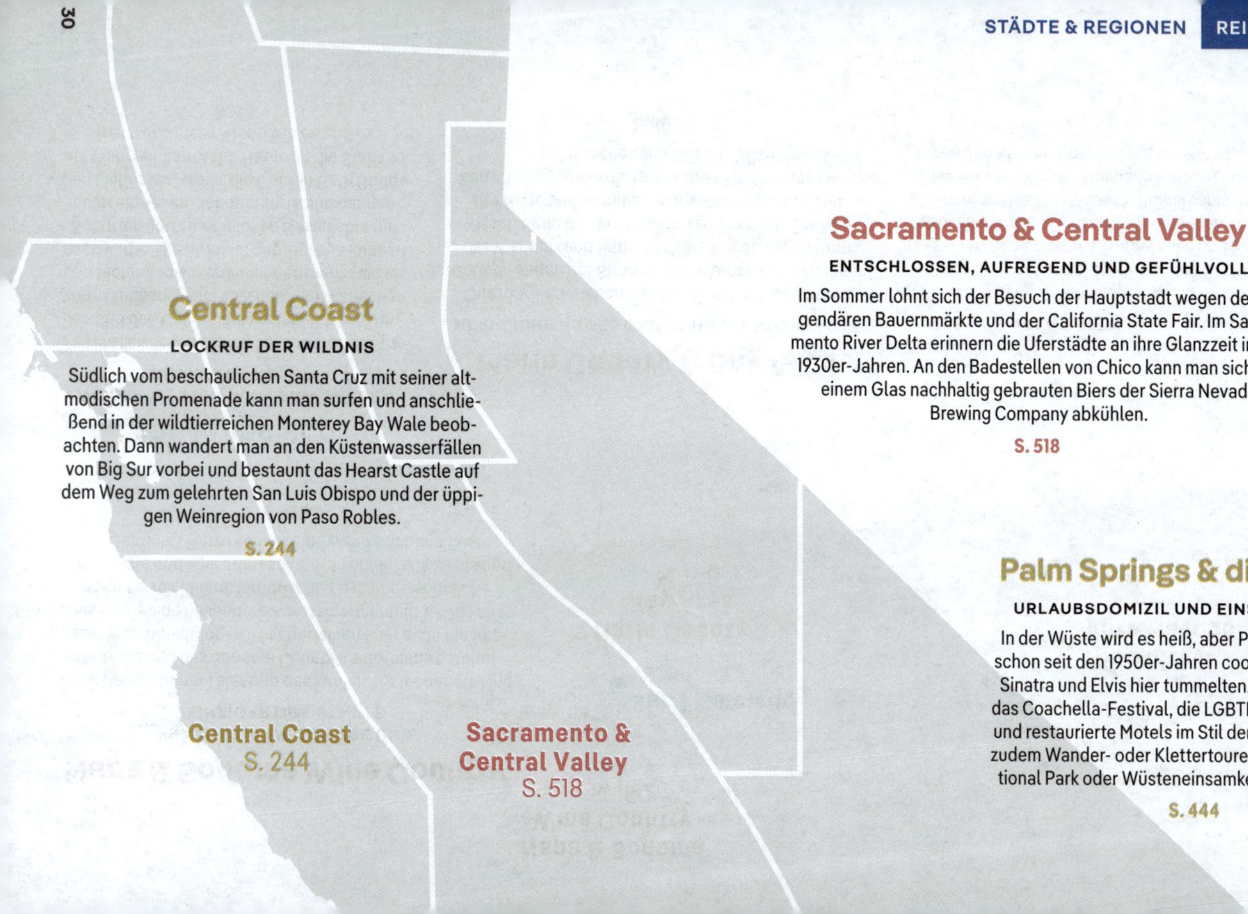

Central Coast

LOCKRUF DER WILDNIS

Südlich vom beschaulichen Santa Cruz mit seiner altmodischen Promenade kann man surfen und anschließend in der wildtierreichen Monterey Bay Wale beobachten. Dann wandert man an den Küstenwasserfällen von Big Sur vorbei und bestaunt das Hearst Castle auf dem Weg zum gelehrten San Luis Obispo und der üppigen Weinregion von Paso Robles.

S. 244

Sacramento & Central Valley

ENTSCHLOSSEN, AUFREGEND UND GEFÜHLVOLL

Im Sommer lohnt sich der Besuch der Hauptstadt wegen der legendären Bauernmärkte und der California State Fair. Im Sacramento River Delta erinnern die Uferstädte an ihre Glanzzeit in den 1930er-Jahren. An den Badestellen von Chico kann man sich mit einem Glas nachhaltig gebrauten Biers der Sierra Nevada Brewing Company abkühlen.

S. 518

Palm Springs & die Wüsten

URLAUBSDOMIZIL UND EINSAME WILDNIS

In der Wüste wird es heiß, aber Palm Springs bleibt schon seit den 1950er-Jahren cool, als sich Stars wie Sinatra und Elvis hier tummelten. Heute locken hier das Coachella-Festival, die LGBTIQ+-Szene, Kneipen und restaurierte Motels im Stil der Jahrhundertmitte, zudem Wander- oder Klettertouren im Joshua Tre National Park oder Wüsteneinsamkeit im Death Valley.

S. 444

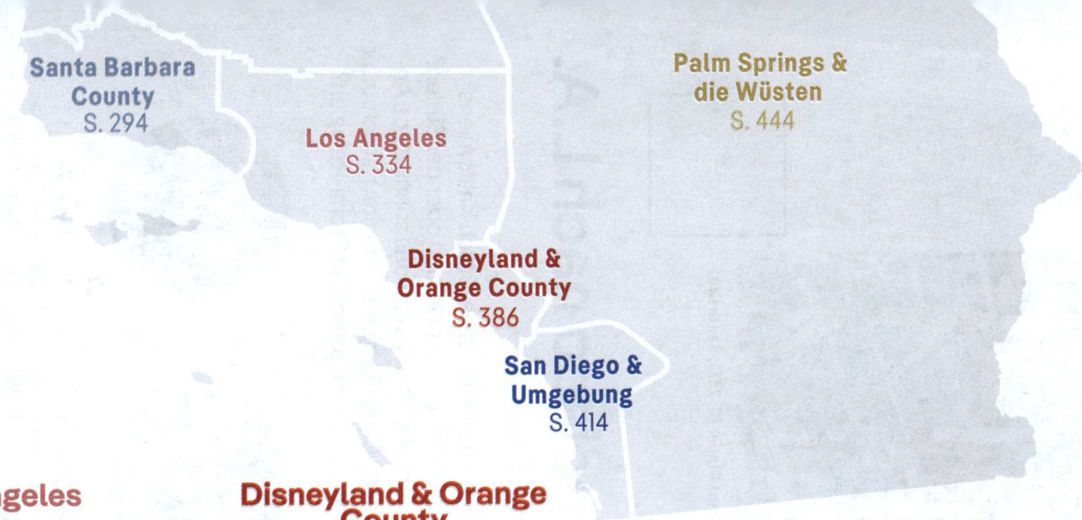

Santa Barbara County

SPANISCH-KOLONIALE KÜSTENSCHÖNHEIT

Mit makellosen Straßen und hohen Hecken entlang weißer Sandstrände bewahrt Santa Barbara das Erscheinungsbild der spanischen Kolonialzeit. Gleich daneben gibt's im Santa Ynez Valley Eichen und Weingüter von Weltklasse. Das funkelnde Wasser lädt im nahegelegenen Channel Islands National Park zum Schnorcheln, Tauchen und Kajakfahren ein.

S. 294

Los Angeles

DAS LEBENSSPRÜHEND VIELFÄLTIGE HERZ KALIFORNIENS

Es gibt mehr als nur sonnige Strände und Luftküsse verteilende Promis im *La La Land*. Man kann den Reichtum an Kunst und Architektur erkunden, sich an leckeren Gerichten laben und ausgesprochen unterschiedliche, muntere Stadtviertel besuchen, die eine reiche, noch bis in die frühesten Tage der spanischen Kolonisierung zurückreichende Geschichte besitzen.

S. 334

Disneyland & Orange County

SONNE, SAND & SURFEN

An den Stränden des OC tummeln sich Surfer, Volleyball-Champions und operierte Reality-Stars. Dies mag etwas surreal erscheinen, ist aber noch nichts gegen die Hyperrealität des Disneyland Resort und der übrigen Themenparks, die Kinder begeistern – besonders, wenn wenn sie lebensgroßen Figuren aus ihren Lieblingsfilmen begegnen.

S. 386

San Diego & Umgebung

DIE COOLSTE STADT KALIFORNIENS ENTDECKEN

Kaliforniens südlichste Stadt scheint Dauerurlaub zu machen, schließlich gibt's hier praktisch das ganze Jahr über ein ideales Klima und dazu Strände und eine boomende Kleinbrauereiszene. Man kann hier die skurrilen Museen im Balboa Park und die Architektur an der Promenade El Prado erkunden oder durch entspannte Strandorte auf der Suche nach dem ultimativen Fischtaco wandern.

S. 414

JAMES KIRKIKIS/SHUTTERSTOCK ©

Giant Dipper (S. 252), Santa Cruz

REISEROUTEN

Von San Francisco nach L.A.

Dauer: 8 Tage **Strecke:** 440 Meilen (708 km)

Man hat eine Woche Zeit, um sich eine Meinung bezüglich Kaliforniens längster Debatte zu bilden: Was ist besser – der Norden oder der Süden? Das neblige San Francisco mit herrlicher Bucht oder das sonnige Los Angeles samt umliegenden Stränden? Oder die zentrale Region mit schroffer Küste, vielen Weingütern, coolen College-Städten und Promi-Refugien?

GRAPHICATO/SHUTTERSTOCK ©, DALTON JOHNSON/SHUTTERSTOCK ©, DOUG MEEK/SHUTTERSTOCK ©

1

SAN FRANCISCO 2 TAGE

Bei zwei Tagen in **San Francisco** (S. 54) heißt's lecker essen, mit Cable Cars fahren und die Stadt erkunden. Die Highlights? Die Golden Gate Bridge (Foto), der Golden Gate Park, das historische North Beach und Street-Art im Mission District! Zudem empfiehlt sich ein Bootstrip nach Angel Island oder Alcatraz. Das Exploratorium zeigt die seltsamste Technologie des Westens, während das SFMOMA inspiriert.

1¾ Std.

2

SANTA CRUZ 1 TAG

Vorbei an Leuchttürmen, Erdbeerfarmen, Fischereihäfen und Klippen führt der Hwy 1 südwärts zum ruhigen **Santa Cruz** (S. 250). Hier warten eine Achterbahnfahrt mit dem Giant Dipper an der Strandpromenade, die Möglichkeit, Surfenden an der Steamer Lane (Foto) zuzuschauen, und ein Bummel durchs Zentrum. Der Natural Bridges State Beach und der Forest of Nisene Marks sind etwas für Naturfans.

1¾ Std.

3

BIG SUR 1 TAG

Rund um die Monterey Bay sind Strandgutsammeln und Tierbeobachtungen angesagt. Dann lockt Kaliforniens bestes Aquarium im maritimen Monterey. Am Rand spektakulärer Klippen kurvt man nun weiter gen Süden nach **Big Sur** (S. 267) mit Redwood-Wäldern und Wasserfällen, die auf den Strand stürzen. Camping oder ein romantisches B&B vermitteln die lokale Atmosphäre ideal.

2½ Std.

4

SAN LUIS OBISPO ⏱1 TAG

Der Tag beginnt mit der Besichtigung des Anwesens von William Randolph Hearst (Architektin: Julia Morgan): dem abgefahrenen Hearst Castle (Reservierung erforderlich). Danach weiter entlang der Küste auf dem Hwy 1 – vorbei an unkonventionellen Strandorten wie Cambria, Cayucos und Morro Bay. In **San Luis Obispo** (S. 285) gibt's dann abends ein Barbecue und einen Bummel durchs Zentrum.

2 Std.

5

SANTA BARBARA ⏱1 TAG

Der Monarch Butterfly Trail (Abschnitt des Hyw 1) führt nach Pismo Beach im Stil der 1950er-Jahre – der erste von vielen Strandorten auf dem Weg zu einer Happy Hour im Küstenort **Santa Barbara** (S. 300) am Rand der Weinregion Santa Ynez Valley. Im nahen Montecito wohnen Oprah, Harry und Meghan.

***Abstecher:** Bootstrip ab Ventura zum Channel Islands National Park (S. 331). ⏱4 Std.*

3¼ Std.

6

LOS ANGELES ⏱2 TAGE

Gen Süden geht's zuerst nach Malibu mit herrlichen Wanderwegen und Stränden, dann weiter nach **Los Angeles** (S. 334): Am Sunset Strip warten erstklassige Museen, Livemusik und Sichtungschancen in puncto Hollywood-Stars. Unter den interessanten Stadtvierteln sind z.B. Silver Lake, Los Feliz und Koreatown. Den Venice Beach prägt eine Nonstop-Parade aus Gothic-Punks, Bodybuilder:innen und trommelnden Hippies.

REISEROUTEN

Durch die Sierra Nevada

Dauer: 6 Tage
Strecke: 330 Meilen (531 km)

Die atemberaubende, riesige Sierra Nevada beeindruckt mit weitläufigen Wildblumenwiesen, glitzernden Bergseen und sonnenverwöhnten Gipfeln. Im Sommer sind alle Straßen der grandiosen Region befahrbar. Im Winter erreicht man nur bestimmte Ecken, dafür ist aber Wintersport angesagt.

Sequoia National Park (S. 611)

1

SEQUOIA & KINGS CANYON NATIONAL PARKS

1 TAG

Die **Nationalparks Sequoia** und **Kings Canyon** (S. 611) kombinieren die höchsten Bäume der Welt mit einer Schlucht, die tiefer ist als der Grand Canyon. Hier locken ausgedehnte Wildnis-Treks und lange Fahrten durch gähnende Canyons. Danach zeltet oder übernachtet man in einer örtlichen Lodge – perfekt für heißen Kakao am offenen Feuer.

3 Std.

2

YOSEMITE NATIONAL PARK

2 TAGE

Gen Westen und dann nordwärts geht's zum **Yosemite National Park** (Foto oben; S. 600): Donnernde Wasserfälle und große Einzelfelsen aus Granit säumen hier den oberen Rand eines grünen Tals. Über das verschneite Dach der Sierra Nevada führt die Tioga Rd in luftiger Höhe zum Mono Lake.

Abstecher: *Zuerst über den Hwy 395 südwärts nach Mammoth Lakes (S. 624). Ab dieser ganzjährigen Ausgangsbasis für Abenteuer dann noch einmal 100 Meilen (160 km) weiter nach Lone Pine (S. 620) im Schatten des Mt. Whitney. 2–6 Std.*

2 Std.

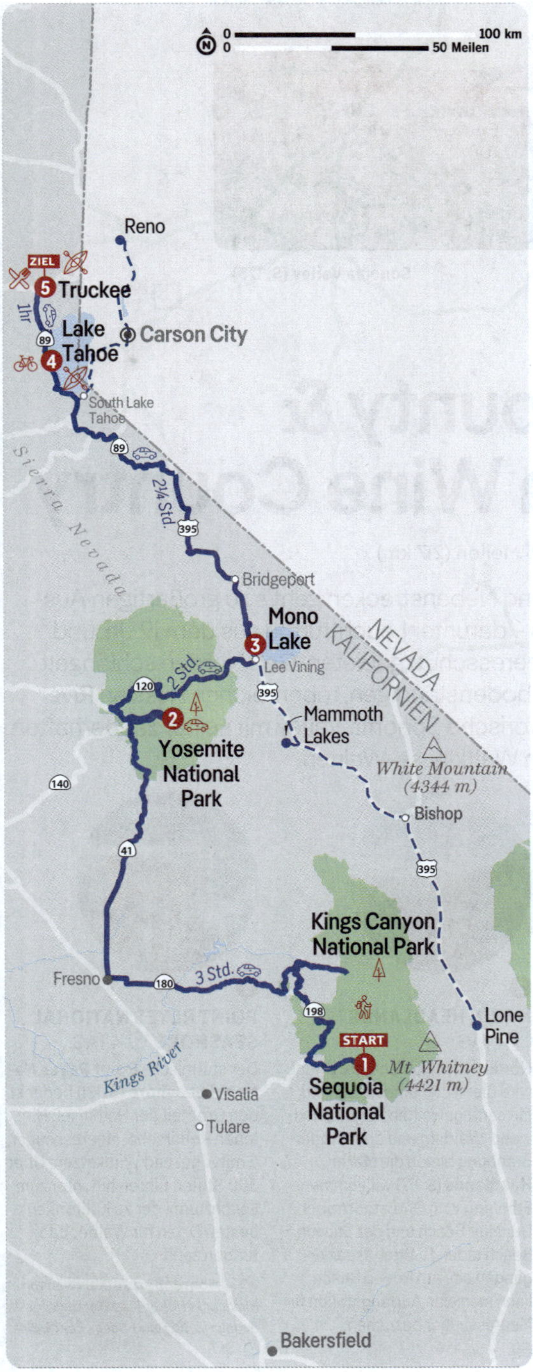

3 MONO LAKE 1 TAG

Der spiegelblanke **Mono Lake** (S. 626) reflektiert die merkwürdigen Kalktuff-Formationen. Diese lassen sich aus nächster Nähe per Leihkajak erkunden. Danach auf zum Bodie State Historic Park in der östlichen Sierra: Die gruselige Geisterstadt aus der Zeit des Goldrauschs erinnert stark an den Western *Zwölf Uhr mittags*.

2¼ Std.

4 LAKE TAHOE 1 TAG

Der **Lake Tahoe** (S. 564) ist ein dunkelblaues Juwel inmitten schroffer Gipfel. Sein verblüffend klares Wasser lädt zum Schwimmen, Kajakfahren und sogar Tauchen ein. Drum herum flitzen Mountainbiker:innen über tolle Single-Tracks zu Tal, während Wander-Fans durch dichte Wälder zu atemberaubenden Aussichtspunkten trekken.

***Absteher:** Hinüber nach Nevada zwecks Kasino-Nachtleben in Reno (S. 588). 6 Std.*

1 Std.

JENPENG/SHUTTERSTOCK ©

5 TRUCKEE 1 TAG

Truckee (S. 589) versetzt einen zurück in den Wilden Westen. Neben diversen Craft-Bier-Brauereien gibt's hier auch eine überraschende Auswahl an Restaurants. Die Stadt ist die ideale Ausgangsbasis fürs Rafting auf dem Truckee River und fürs Windsurfen auf dem nahe gelegenen Donner Lake – ebenso fürs Wandern im Donner Memorial State Park, der an das tragische Schicksal der Donner Party erinnert.

TIMOTHY S. ALLEN/SHUTTERSTOCK ©

Sonoma Valley (S. 173)

REISEROUTEN

Marin County & Sonoma Wine Country

Dauer: 4 Tage **Strecke:** 135 Meilen (217 km)

Über Küsten-Highways und Nebenstrecken geht's zu großartigen Aussichtspunkten am Ozean – darunter Leuchttürme aus dem 19. Jh. und Strände am Rand von Meeresschutzgebieten. Gen Norden schlängelt sich die Route dann zum bodenständigen, rebenreichen Russian River Valley. Endziel ist das historische Sonoma Valley mit seiner zauberhaften Hauptsiedlung und vielen Weltklasse-Weinen.

JON CHICA/SHUTTERSTOCK ©, SAM EDWARDS/SHUTTERSTOCK ©, MATTHIEU GALLET/SHUTTERSTOCK ©

1

SAUSALITO ½ TAG

Gleich nördlich der Golden Gate Bridge bedecken die hübschen Häuserreihen von **Sausalito** (S. 114) einen Hügelhang. An dessen Fuß liegt das Ortszentrum mit herrlichem Buchtblick – perfekt für einen Brunch. Nordwestlich erstrecken sich Docks mit malerischen Hausbooten.

Abstecher: *Zu den uralten Mammutbäumen des Muir Woods National Monument (S. 118; Reservierung nötig). 1 Std.*

20 Min.

2

MARIN HEADLANDS ¼ TAG

Nördlich der Golden Gate Bridge wird die Küstenlandschaft wild: Mit sanft gewellten Hügeln, Redwood-Wäldern und donnernder Brandung bieten die **Marin Headlands** (S. 117) willkommene Erholung vom Großstadttrubel. Der Muir Beach und der Stinson Beach laden zu Strandspaziergängen ein. Am Rodeo Beach kann man eine Auffangstation für Meeressäuger besuchen.

45 Min.

3

POINT REYES NATIONAL SEASHORE ¼ TAG

Der stürmische **Point Reyes National Seashore** (S. 121) bedeckt den Großteil der Halbinsel. Hier leben Rothirsche, Meeressäuger, Greifvögel und Wildkatzen. Über 300 Stufen führen hinunter zum Leuchtturm, der zu Kaliforniens besten Orten für Walbeobachtungen zählt.

Abstecher: *Zu Drehorten von Hitchcocks Horror-Klassiker* Die Vögel *in Bodega (S. 192) und Bodega Bay (S. 214). 1 Std.*

1¼ Std.

4

RUSSIAN RIVER VALLEY

1 TAG

Bei der Fahrt durchs **Russian River Valley** (S. 193) genießt man positive Vibes in den alten Redwood-Hainen des Armstrong Redwoods State Natural Reserve. Nach dem Tubing-Trip auf dem Russian River geht's zu Bio-Weinanbaugebieten, um gute Tropfen mit Locals bei Sonnenuntergang zu verkosten: Rund um Guerneville gibt's über 50 Weingüter (max. 20 Fahrtmin.).

45 Min.

5

HEALDSBURG

1 TAG

Gen Norden führt die schöne Westside Rd durch das Herz der Reben-Region: Überall laden Weingüter zu Stopps ein. Nach einem Mittagessen in **Healdsburg** (S. 197) kann man z.B. die kleinen Weingüter des Dry Creek Valley abklappern. Oder etwas weiter nördlich die vielen Bio-Weingüter im Alexander Valley.

Abstecher: *Für Entspannung zu den Thermalquellen in Calistoga (S. 171), Harbin oder Orr. 3 Std.*

45 Min.

6

SONOMA VALLEY

1 TAG

Nur eine Fahrtstunde von San Francisco entfernt wirkt das 27 km lange **Sonoma Valley** (S. 173) wie eine andere Welt: Neben innovativen Bio-Weingütern warten auch 53 km² Naturlandschaft, die nach Buschbränden renaturiert wurden. Auf eine Weingut-Tour folgt Wandern im Jack London State Historic Park (Foto oben), der einstigen Ranch des berühmten Schriftstellers. Der Trip klingt in Glen Ellen oder im historischen Sonoma aus.

Route 66 (S. 486), Mojave Desert

REISEROUTEN

Route 66 & südliche Strände

Dauer: 5 Tage **Strecke:** 365 Meilen (587 km)

Gesäumt von Motels und kitschigen Attraktionen führt die legendäre Route 66 durch Kaliforniens Weiten. Von der Wüste geht's dabei durch die San Bernardino Mountains zum Pazifik – vorbei an Retro-Relikten und Dinern mit Neon-Beleuchtung. An der Küste gelangt man dann südwärts zu den Stränden des Orange County. Den Abschluss bilden La Jolla und San Diego.

1

MOJAVE DESERT 1 TAG

Der Golden State war einst das Gelobte Land am Ende einer mühevollen Reise. Im Vergleich dazu ist ein Roadtrip durch die **Mojave Desert** (S. 482) heute relativ einfach – auch dank Diner-Mittagessen in berühmten Westernstädten wie Barstow und Daggett.

Abstecher: *Bei akuter Lust auf Wüste Richtung Norden zu Kaliforniens kargem Epizentrum: dem Death Valley National Park (S. 469). 5 Std.*

2 Std.

2

PALM SPRINGS 1 TAG

Von der Route 66 führt ein Abstecher zum San Bernardino National Forest. Hier kann man in Big Bear Lake wandern, zelten und sich am See vergnügen. Danach geht's zur Wüsten-Oase **Palm Springs** (S. 450), die Retro-Glamour mit Joshua-Palmlilien und Cocktails am Pool verbindet.

2 Std.

3

LOS ANGELES 1 TAG

Die Route 66 erreicht schließlich Pasadena und **Los Angeles** (S. 334). In Santa Monica (Foto) mündet sie final in den Hwy 1 und verabschiedet sich dabei mit grandiosem Meerblick. Nun L.A. nach Belieben erkunden – oder gleich Richtung Küste weiterfahren.

Abstecher: *In Outdoor-Stimmung? Auf zu den Wanderwegen und Stränden von Santa Monica und Malibu (S. 371). 4 Std.*

1½ Std.

4

HUNTINGTON BEACH
½ TAG

In **Huntington Beach** (alias „Surf City USA"; S. 402) gipfelt SoCals Leidenschaft fürs Surfen: Die Platten auf dem Gehsteig der lokalen Surf-Hall-of-Fame ehren legendäre Surfende. Vom Pier aus schaut man auf Wagemutige, die durch Wellentunnel gleiten. Ansonsten eignet sich der Huntington City Beach perfekt zum Faulenzen auf dem Sand.

45 Min.

5

LAGUNA BEACH ½ TAG

Weiter südlich liegt der Crystal Cove State Park (Foto oben) mit einem unverbauten Strand (ca. 5 km), einem Unterwasserpark zum Tauchen und etwa 10 km² Wald. Kleine Buchten, Klippen und Bungalows prägen **Laguna Beach** (S. 412). Die künstlerische Kolonie aus dem frühen 20. Jh. ehrt ihre Wurzeln mit dem gefeierten Laguna Art Museum und diversen Kunstfestivals im Sommer.

1½ Std.

6

LA JOLLA 1 TAG

Viel Sonne, glitzernde Strände, Boutiquen im Zentrum und Villen am oberen Klippenrand kennzeichnen das noble **La Jolla** (S. 430). Die La Jolla Cove animiert zum Kajakfahren und Schnorcheln. Der San Diego-La Jolla Underwater Park beglückt beim Tauchen bzw. Schnorcheln mit diversen Riffen und bunter Unterwasserwelt. Die Stadt ist auch eine ideale Ausgangsbasis für Trips durch die Region und nach San Diego.

BESTE REISEZEIT

In Kalifornien gibt es für jedes Klima und alle Geschmäcker die richtige Jahreszeit – je nach Region muss man nur unterschiedlich planen.

Trotz des sonnigen Rufs Kaliforniens variiert das Klima das ganze Jahr über und kann sich von Region zu Region drastisch unterscheiden. Doch von Juni bis August ist fast überall Hochsaison, denn dann haben die Kinder Schulferien und es kommen Reisende aus ganz Kalifornien, den ganzen USA und der ganzen Welt.

Der Frühling in Kalifornien ist nach den Regenfällen des Winters mit seinen leuchtend grünen Wiesen und blühenden Wildblumen besonders schön. Während die Temperaturen im Herbst ebenso angenehm sind und es sonnig und wolkenlos sein kann, haben sich die trockenen Monate von September bis zum regnerischen November zunehmend zur so genannten „Fire Season" entwickelt. Es ist wichtig, auf die Brandgefahr zu achten – niemals offenes Feuer (!) – und die Nachrichten im Auge zu behalten.

Der Winter bringt kühle Temperaturen, Regen und in den Bergen auch starke Schneefälle.

Kleines Budget?

In der Hochsaison (und an der Küste an den Wochenenden) sind die Übernachtungspreise im Durchschnitt 50 % bis 100 % höher als in der übrigen Zeit des Jahres. Wenn möglich, sollte man diese Zeit meiden.

Blumen am Lake Tahoe (S. 564)

LOCAL TIPP

MAGISCHER FRÜHLING

Die aus der Bay Area stammende Autorin Carrie Wilkins schreibt über die Faszination des kalifornischen Frühlings. *@carrieelysia*

Mit zunehmendem Alter erkannte ich die unglaubliche Magie eines warmen kalifornischen Frühlings. Er kommt an wie ein handgeschriebener Brief einer verlorenen Liebe, voller Hoffnung – und ruft die Jungen und Junggebliebenen dazu auf, wieder in die Sonne zu gehen. Jetzt warte ich das ganze Jahr über auf die Symphonie der Farben: wie sich die üppigen, grünen, sanften Hügel in ein schimmerndes Gold verwandeln und Wildblumen in allen erdenklichen Farbtönen zum Vorschein kommen.

AUTOFAHREN IN DEN BERGEN

In den Bergen Kaliforniens sind bei Winterstürmen eventuell Winterreifen oder Schneeketten für Fahrzeuge erforderlich. Wenn Schnee vorhergesagt ist, unbedingt die CalTrans-Website (dot.ca.gov) im Auge behalten.

Reisewetter (San Francisco)

	JANUAR	FEBRUAR	MÄRZ	APRIL	MAI	JUNI
Max. ø-Temp.:	14 °C	16 °C	16 °C	17 °C	17 °C	19 °C
Regentage:	8	8	8	4	2	0

JAHRESZEITEN FÜR DIE WÜSTE

Anders als im übrigen Kalifornien ist in den Wüsten, wo die Temperaturen 38 °C übersteigen, im Sommer Nebensaison. Schon ein Spaziergang, geschweige denn eine Wanderung auf den herrlichen Pfaden, ist unerträglich heiß. Besser ist es, die Wüste im Frühling zu besuchen, wenn die Wildblumenblüte überwältigend ist, oder im Winter zur Hochsaison.

Die großen Festivals & Paraden

Beim **Coachella Valley Music & Arts Festival** (S. 448), einem jährlichen Musikevent außerhalb von Palm Springs, treffen sich Topstars, Indie-Rocker:innen, Rapper:innen und DJs. **April**

Kalifornien feiert den ganzen Monat Juni lang LGBTIQ+-Pride, mit Kostümparaden, Filmfestivals und Straßenfesten. **SF Pride** (S. 93) setzt mit über einer Million Menschen, tonnenweise Glitzer und Unmengen von Bikinis den weltweiten Maßstab für Paraden. In Palm Springs (S. 449) wird im November gefeiert **Juni & November**

Zur **California State Fair** (S. 529) in Sacramento kommen eine Million Menschen, um mit dem Riesenrad zu fahren, Wettbewerbe im Kuchenessen anzufeuern, die mit dem Blauen Band ausgezeichneten landwirtschaftlichen und kunsthandwerklichen Exponate zu betrachten, kalifornische Weine und Biere zu probieren und Bands zu lauschen. **Juli**

Outside Lands (S. 107) sorgt im Golden Gate Park drei Tage lang für Unterhaltung mit Musik und Comedy sowie Gourmetküche, Bier und Wein. **August**

Lokale und ausgefallenere Festivals

Das in Schnee gehüllte Festival **WinterWonderGrass** (S. 568) bringt den Bergsee mit Roots-Musik und Craft-Bieren zum Leuchten. **März**

Beim **Salute to American Graffiti** in Petaluma (S. 182) und dem **Graffiti Summer** in Modesto (S. 538) wird der Filmklassiker mit Hot Rods und heißer Action gefeiert. **Mai & Juni**

In den Bergen (genauer gesagt in Quincy) findet das **High Sierra Music Festival** (S. 510) statt, eines der besten und entspanntesten Musikfestivals im ganzen Bundesstaat, das über ein langes Wochenende läuft. **Juli**

Jazzgrößen der alten Schule, kulturübergreifende Stars und Fusion-Rebellen – sie alle treten beim legendären **Monterey Jazz Festival** (S. 249) an der Westküste auf, das an einem langen Wochenende an der Central Coast stattfindet. **September**

LOCAL TIPP

SCHÖNHEITEN DES WINTERS

Die in Oakland geborene Modedesignerin Amy Brenneman reist zwischen der SF Bay Area, Frankreich und Indonesien hin und her. *@Hi_rol*

Jeden Winter komme ich nach Hause in die Bay Area und wandere in den Berkeley Hills zum Sonnenuntergang. Das safranfarbene Licht dringt durch die Mammutbäume und wärmt den weichen Pfad, die Luft ist herrlich frisch. Oben angekommen, blicke ich auf die Golden Gate Bridge in der Ferne, die in der winterlichen Klarheit ein goldenes Lebensgefühl verspricht.

Outside Lands (S. 107)

KÜSTENNEBEL

Besonders in Nordkalifornien gibt es im Sommer Küstennebel, der sich nicht immer verflüchtigt. So kann es in San Francisco kühl und feucht sein, während im Hinterland, in Oakland, sonnige 24 °C herrschen. Der beste Monat für die Nordküste ist der September.

JULI	AUGUST	SEPTEMBER	OKTOBER	NOVEMBER	DEZEMBER
Max. ø-Temp.: **19 °C**	Max. ø-Temp.: **20 °C**	Max. ø-Temp.: **21 °C**	Max. ø-Temp.: **21 °C**	Max. ø-Temp.: **17 °C**	Max. ø-Temp.: **14 °C**
Regentage: **0**	Regentage: **0**	Regentage: **0**	Regentage: **2**	Regentage: **6**	Regentage: **8**

LINKS: SUNDRY PHOTOGRAPHY/SHUTTERSTOCK ©; RECHTS: LMPC/GETTY IMAGES ©

Wandern im Fern Canyon (S. 234)

BESTENS VORBEREITET AUF KALIFORNIEN

Nützliches zum Vorbereiten und Einstimmen.

Kleidung

Lässiger Zwiebel-Look Im entspannten Kalifornien gibt es kaum Tabus, vor allem wenn es um Mode geht, das Wetter ist allerdings wechselhaft. Wer Kalifornien nur aus dem Fernsehen kennt, wird sich wundern, wenn der Küstennebel morgens Shortträger zum Frösteln bringt, sich nachmittags zurückzieht (wo ist nur die schweißfeste Sonnencreme?) und abends alle in luftigen Ausgeh-Outfits wieder zittern lässt. In den Bergen kann es kalt, in den Wüsten sengend heiß sein. Sinnvoll sind Pullis, Stolen oder leichte Jacken zum Zwiebeln. L.A. ist modebewusster, San Francisco lässiger und unkonventioneller; in den meisten anderen Städten geht es informell zu.

Landessprache?

In Kalifornien hört man viel mehr als nur *dude*. Viele sind hier mehrsprachig, so werden über 200 verschiedene Sprachen gesprochen. Die Top-Fünf sind Englisch, Spanisch, Chinesisch, Tagalog und Vietnamesisch. Rund 43 % der Einheimischen sprechen zu Hause nicht Englisch. Vielleicht findet man ja jemanden, der die eigene Muttersprache beherrscht.

Schuhe Für Städte und Wanderungen braucht man festes Schuhwerk. Stilettos oder Anzugschuhe sind selbst zum Ausgehen nicht notwendig – einfach anziehen, was einem gefällt!

LESEN

Woher ich kam (Joan Didion; 2003) Die kalifornische Essayistin bringt palmengesäumte Stereotype ins Wanken.

If They Come in the Morning (Angela Davis; 1971) Chronik der Black-Power-Bewegung, aufgezeichnet von einer ihrer Ikonen.

Früchte des Zorns (John Steinbeck; 1939) Preisgekrönter Roman über die Dust-Bowl-Migration auf der Route 66 ins kalifornische Central Valley.

Der große Schlaf (Raymond Chandler; 1939) Der ikonische Phillip Marlow ermittelt in Los Angeles – ein Klassiker unter den Detektivromanen.

Etikette

In Kalifornien wird kein großer Wert auf Etikette gelegt, dennoch gibt es ein paar (ungeschriebene) Regeln.

Auftreten Mit einem Lächeln kommt man weit. Freundlich bleiben, auch bei einer Meinungsverschiedenheit.

Grüßen Das Händeschütteln gilt als formell und wird nur bei geschäftlichen Treffen sowie teils von älteren Erwachsenen erwartet.

Handeln Das Verhandeln von Preisen ist nicht üblich, außer bei Freiluftmärkten und Straßenständen.

Rauchen In Innenräumen ist das Rauchen verboten und auch sonst sollte man nur dort rauchen, wo es andere auch tun. Manche Restaurants haben Außenbereiche, wo es erlaubt ist (einfach fragen oder nach Aschenbechern Ausschau halten), am benachbarten Tisch wird man sich über den Qualm jedoch nicht freuen.

Cannabis Ab 21 Jahren darf man Cannabis erwerben, der Konsum in öffentlichen Bereichen oder auf bundesstaatlichem Gebiet (Nationalparks, Marin Headlands etc.) ist jedoch illegal.

Essen gehen In Restaurants geht es in der Regel informell zu. Nur wenige verlangen ein schickes Outfit, lange Hosen und geschlossene Schuhe, meist sind T-Shirts, Shorts und Sandalen in Ordnung.

Trinkgeld (S. 632) Wird man in Restaurants am Tisch bedient, sind 15 bis 25 % üblich. An der Theke sind teils 10 % Usus, vorgeschrieben sind sie jedoch nicht.

Autofahren Es ist verboten, unter dem Einfluss von Drogen (Alkohol, Marihuana) Auto zu fahren oder offene Behälter mit sich zu führen. Bei Weinproben sollte man sich vorher einigen, wer fährt, und offene Flaschen im Kofferraum aufbewahren.

ANSCHAUEN

Vertigo – Aus dem Reich der Toten (Alfred Hitchcock; 1958; Bild oben) Der berühmte Psychothriller mit James Stewart und Kim Novak spielt in San Francisco.

L.A. Confidential (Curtis Hanson; 1997) Neo-Noir-Film über Korruption und Mord im L.A. der 1950er-Jahre.

Boyz n the Hood – Jungs im Viertel (John Singleton; 1991) Wegweisender Film über das Erwachsenwerden in South Central in L.A.

Laurel Canyon (Lisa Cholodenko; 2002) Das spannende Drama spielt in dem Kultviertel der Musikszene der 1960er- und 1970er-Jahre.

Milk (Gus Van Sant; 2008) Biopic über Harvey Milk, den ersten offen schwul lebenden Mann, der ein hohes politisches Amt in den USA innehatte.

REINHÖREN

L.A. Woman (The Doors; 1971) Die ikonische Band von L.A.'s Gegenkultur-Rockszene der 1960er-Jahre und Größen wie Janis Joplin und Jimi Hendrix.

All Eyez on Me (2Pac; 1996) Tupac Shakurs letztes Album mit dem Song „California Love" und West-Coast-Stars wie Dr. Dre und Snoop Dogg.

I've Got a Tiger by the Tail (Buck Owens; 1965) Mit dem Bakersfield Sound, einer Stilrichtung der Country-Musik, und Künstlern wie Merle Haggard.

Dookie (Green Day; 1994) Erstes Album bei einem großen Label der Punkrockband aus der Bay Area mit Tophits wie „When I Come Around" und „Welcome to Paradise".

California Burrito

ESSEN WIE DIE LOCALS

Die kalifornische Küche ist ein Gemeinschaftswerk, das sich je Saison ändert und die ganze Welt geprägt hat.

Bei einem Restaurantbesuch im Golden State fallen einem Komplimente für die Küche leicht, wobei diese auch fürs Personal, für die hiesige Farm- und Fischereiwirtschaft, die Weingüter und Feinkosthersteller gelten, die für das Gesamtprodukt verantwortlich sind. „Die Zutaten sprechen für sich!" ist das Credo der kalifornischen Küche. Hier werden die verschiedensten amerikanischen Obst- und Gemüsesorten angebaut und das ganze Jahr über landen Spitzenprodukte auf dem Teller. Mit Obst, Gemüse, Fleisch und Fisch dieser Qualität sind keine schweren Soßen oder überladene Beilagen für ein denkwürdiges Menü vonnöten.

Die Küche prägen zudem einige der weltweit beliebtesten Esskulturen. Das reiche mexikanische und lateinamerikanische Erbe bringt Burritos hervor, mit denen es kein Burger aufnehmen kann. Zudem gehört die asiatische Gastroszene Kaliforniens zur besten außerhalb Asiens. Angereichert wird das Ganze mit mediterranen Traditionen – Klima und Boden ähneln denen Kaliforniens – sowie Einflüssen der afrokaribischen und Südstaaten-Küche.

Fusionküche ist hier kein Trend, sondern ein kulinarisches Kernelement, das Internationales grandios mit lokalen Zutaten verbindet.

Soul Food international

Kalifornien gehörte zu Mexiko, bis es 1850 zu einem US-Bundesstaat wurde, und fast 40 % der Bevölkerung haben lateinamerikanische Wurzeln. Mexikanische Klassiker fußen auch heute auf solider Hausmannskost, wobei gehobenere Restaurants Tamales und

Unbedingt probieren!

California Burrito Gigantische Weizentortilla mit üppiger Füllung.

Taschenkrebse Ein Klassiker von November bis Juni; wird im Ganzen oder in Sandwiches gegessen.

Lachs Auf kalifornischen Speisekarten allgegenwärtig, frisch gefangen und auf unterschiedlichste Art zubereitet.

Artischocken Riesig und im Frühling ein echter Leckerbissen; von Farmen rund um Castroville.

Tacos gerne neu interpretieren. Die Kombination aus lokalen Zutaten und internationaler Küche definiert Kaliforniens kulinarische Besonderheit: Experimentierfreudigkeit. Bereits im Wilden Westen, als Goldsuchende und chinesische Arbeiter:innen Seite an Seite lebten, aß man aus der Notwendigkeit heraus kulturübergreifend und wenig konventionell, so gab's zu Whisky und Wein Tamales und chinesische Nudeln. Lesenswert ist Tanya Hollands *California Soul: Recipes from a Culinary Journey West.*

Vegan & Vegetarisch

Wer sich fleischlos ernährt, muss sich in Kalifornien nicht mit aufgepimpten Salattellern begnügen. Jahrzehnte bevor Alicia Silverstone für vegane Ernährung eintrat, servierten Restaurants in L.A., S.F. und an der North Coast bereits vegane Gerichte. Vegetarische und pflanzenbasierte Küche ist hier kein Nischenprodukt, so haben selbst Bäckereien, Bistros und sogar kleine Familienbetriebe in den abgeschiedenen Sierras fleischlose, milch- und eifreie Produkte. Vegetarische und vegane Restaurants und Naturkostläden sind unter happycow.net aufgelistet.

Spitzenweine & Craft-Bier

Trinkkultur hat in Kalifornien Tradition. Bereits im 18. Jh. bauten Missionen in Kalifornien Wein an und mit dem Goldrausch Mitte des 19. Jhs. stieg der Bedarf nach dem Rausch der anderen Art. 1850 konnten Goldschürfende, ob reich geworden oder nicht, in San Francisco unter 500 Saloons wählen, die Hochprozentiges verkauften. Heute werden Kaliforniens Bier-, Wein- und Cocktail-Traditionen von kreativen Weingütern, Craft-Brauereien und Kleinbrennereien immer wieder neu erfunden. Und am Morgen danach sorgen Gourmet-Kaffeeröstereien für Abhilfe.

MS S. ANN/SHUTTERSTOCK ©

Wein im Napa Valley (S. 156)

DIANE N. ENNIS/SHUTTERSTOCK ©

Gravensteiner Äpfel

ESSENS- & WEINFESTE

Wine & Food Affair (S. 155) Über 100 Weingüter im Sonoma County bieten im November besondere Gerichte mit Weinbegleitung an.

California Avocado Festival (S. 299) Guacamole satt gilt im Santa Barbara County Anfang Oktober.

Sonoma Harvest Fair (S. 155) Im Oktober steigt das größte Weinprobenfest des Landes.

Capitola Art & Wine Festival (S. 249) In dem kleinen Ort an der Central Coast gibt's im September Chardonnay mit Meerblick und lokale Kunst.

Kelseyville Pear Festival (S. 243) Im September wird im Lake County die Birne gefeiert.

San Joaquin Asparagus Festival (S. 533) Im April dreht sich in Stockton alles um grünen Spargel; es gibt Livemusik und mehr.

Gravenstein Apple Fair (S. 189) Mitte August türmen sich bei dem Fest im Sonoma County die Apfelkuchen.

Selbst Pflücken
Von wilden Pfifferlingen unter kalifornischen Eichen bis hin zu Tellerkraut in den Bergen.

Austern
Von Hog Island Kumamoto in Tomales Bay bis Grassy Bar in Morro Bay.

Cioppino
Berühmter Fischeintopf aus San Francisco in gehaltvoller Tomatenbrühe.

California roll
In den 1960ern in L.A. erfundene Sushi-Rolle mit Krabben, Avocado und Gurke.

Lokale Spezialitäten: Food Trucks

Eine Alternative zum Restaurantbesuch sind die hiesigen Food Trucks – in dem Bundesstaat gibt es davon ganze Flotten. Kaliforniens legendäre Imbisswagen servieren alles, von Tacos *al pastor* (mariniertes Schweinefleisch) über indische Curry-Naan-Wraps bis hin zu chinesischen Brötchen mit gebratener Ente und frischer Mango.

Wichtig sind Bargeld und Sonnenschutz. Die meisten Trucks akzeptieren keine Kartenzahlung und zu Stoßzeiten bilden sich lange Schlangen. Üblich sind mehrere Trucks an einem Standort, manchmal in organisierten Food-Parks, oder einzelne Wagen an ihrem Stammplatz, z. B. auf einem Supermarktparkplatz. Wer wissen möchte, wo welche Food Trucks Station machen, gibt bei Google Maps „Food Truck" und den eigenen Standort ein oder recherchiert auf lokalen Websites oder speziellen Gastro-Websites wie eater.com. Lust auf mehr machen die Bewertungen legendärer kalifornisch-mexikanischer Straßenküche von **LA Taco** (lataco.com).

Food-Truck-Highlights

Zu jeder erdenklichen Küche gibt es einen passenden Food Truck.
Dim Sum Chinesische kleine Gerichte und Teigtaschen
Galbi Aromatische koreanische marinierte und gegrillte Rippchen vom Rind
Jollof rice Würziges westafrikanische Reisgericht
Cuitlacoche Maisbrand, eine Art Pilz und eine internationale Spezialität
Koreanische Tacos Gegrilltes, mariniertes Rindfleisch und würzig eingelegtes Kimchi
Pho Vietnamesische Nudelsuppe
Südkalifornische Fisch-Tacos Gegrillte Fisch-Tacos, idealerweise frisch
Birria Fleischeintopf aus Jalisco, meist mit Ziege

Taco-Truck

Generell gibt es jede Art von Fusionküche und deftige Hausmannskost wie Holzofenpizza oder Grillkäse und Tater Tots. Viele Trucks verkaufen auch Süßes wie Churros (süßes Fettgebäck) oder Minikuchen mit frischen Früchten.

GESCHMACKS-ERLEBNISSE

Benu (S. 79) Großartige Probiermenüs der oberen Preisklasse mit Weinbegleitung in San Francisco, präsentiert wie minimalistische Kunst.

SingleThread (S. 198) Gefeiertes Restaurant in Healdsburg, das die Natur in den Mittelpunkt stellt.

Rooh (S. 79) Indische Kreativität und marktfrische Zutaten in lebendiger Atmosphäre in S.F. und Palo Alto.

Chez Panisse (S. 134) Hier, im Tempel von Alice Waters in Berkeley, liegen die Wurzeln kalifornischer Küche.

Mister Jiu's (S. 72) Wunderbar innovative chinesische Küche und charmantes Bankett-Ambiente in S.F.

Providence (S. 346) Frisches aus dem Meer, kombiniert mit asiatischen und mediterranen Einflüssen und wunderschön angerichtet; in L.A.

ESSEN IM JAHRESLAUF

FRÜHLING

Mit der ersten Frühlingssonne bieten Bauernmärkte in den Städten Obst und Gemüse feil, Fisch-Taco-Trucks säumen Kaliforniens Strände und biologisches Gourmeteis mit frisch gepflückten Beeren hat Hochkonjunktur.

SOMMER

Strand-Barbecues sind besonders lecker mit wildem Silberlachs, Maiskolben aus Brentwood, frischer Salsa aus alten Tomatensorten und gegrillten Pfirsichen mit essbaren Lavendelblüten.

HERBST

In der Weinhochburg kann man nun Trauben stampfen, sich in Maislabyrinthen und Kürbisfeldern verirren und sich an den verschiedensten frischen Obstkuchen erfreuen.

WINTER

Lange Winterabende versüßen Taschenkrebse, Austern und Sandbutte. Mond-Neujahr wird mit glücksbringenden Mandarinen gefeiert und Zitruscocktails haben wärmende Wirkung.

Chez Panisse (S. 134)

DAVID A LITMAN/SHUTTERSTOCK ©

Seelöwen bei Moss Landing (S. 257)

OUTDOOR-ERLEBNISSE

Volles Programm: im Frühjahr eine Wanderung zwischen den Wildblumen der Wüste, im Sommer ein Sprung in den Pazifik, im Herbst eine Mountainbike-Tour durch das bunte Laub und im Winter Skifahren in den Bergen.

Kalifornien bietet das ganze Jahr über Outdoor-Aktivitäten, die die Menschen von überall genießen. Das Strandleben und die Surfkultur prägen den hiesigen Lebensstil, sodass man sich selbst auch mal in die Wellen stürzen sollte. Man kann auch auf Küstenwegen wandern oder mehrtägige Rucksacktouren ins Hinterland unternehmen. Wer einen Adrenalinkick möchte, taucht nach Schiffswracks, erklimmt steile Granitklippen oder macht eine Wildwasserfahrt.

Schwimmen & Surfen

Wer im Traumurlaub in der Sonne liegen und im Pazifik paddeln möchte, ist in Südkalifornien richtig. Mit kilometerlangen, breiten Sandstränden zwischen Santa Barbara und San Diego lässt sich dieser Traum mind. sechs Monate im Jahr leben. Die Meerestemperaturen sind im Mai oder Juni erträglich und am höchsten im Juli und August. Für die restliche Zeit ist ein Neoprenanzug ratsam.

Die Strände in Nordkalifornien sind stürmisch, rau, mit hohen Wellen, die auf Klippen prallen – nicht gerade ideal zum lockeren Schwimmen, aber perfekt für die **Titans of Mavericks** (titansofmavericks.com), dem jährlichen Big-Wave-Profi-Surfwettbewerb nahe der Half Moon Bay. Für Surf-Neulinge ist Kalifornien *die* Chance. Surfen ist an der ganzen Küste eine Leidenschaft, vor allem in Santa Cruz, Orange County und San Diego.

Wandern

Kalifornien ist mit seiner schönen Landschaft perfekt, um die Highlights des Staates

Outdoor-Sport

WINTERSPORT
Schon allein wegen der abwechslungsreichen Pisten sind die Ski- und Snowboard-Resorts rund um den **Lake Tahoe** (S. 572) unschlagbar.

KANU- & KAJAKFAHREN
Auf Sonoma Countys **Russian River** (S. 195) paddeln, der an Weinbergen und Redwoods vorbei zum Meer fließt.

KITEBOARDEN & WINDSURFEN
Auf dem **Crissy Field** (S. 63) oder an der **Mission Bay** (S. 426) kann man sich vom Wind tragen lassen.

FAMILIEN-ABENTEUER

Sandrodeln an den **Stränden von L.A.** (S. 375).
Skywalking in den gigantischen Redwoods im **Sequoia Park Zoo** (S. 228).
Kajakfahren mit Ottern und Robben in **Moss Landing** (S. 257).
Surfen lernen an den Stränden rund um **Santa Barbara** (S. 304) oder am **Huntington Beach** (S. 403).
Snowtubing in den Bergen beim **Lake Tahoe** (S. 589).
Erkundungen an der Küste am **Point Reyes National Seashore** (S. 121) machen.
Nach Bisons Ausschau halten im **Golden Gate Park** (S. 107).
Reiten in **Palm Springs** (S. 453) – durch eine Oase voller Palmen.
Fahrgeschäfte ausprobieren in **Disneyland** (S. 392), in **Knott's Berry Farm** (S. 401) und im **Santa Cruz Beach Boardwalk** (S. 252).
Skaten im Skatepark, z.B. in **Monte Rio** (S. 195).

zu Fuß zu erkunden. Etwa bei einem Strandspaziergang oder bei einer Wanderung vorbei an Josua-Palmlilien in Wüstenoasen. Man kann auch die Gipfel der 4267 m hohen Berge erklimmen und die Seen bewundern oder Spaziergänge unter den höchsten, größten und ältesten Bäumen der Welt machen. Im Frühling und Frühsommer ist der Golden State wie eine Farbpalette, wenn die Wildblumen an den Küstenhängen, auf den Bergwiesen und im Wüstensand blühen.

Auch legendäre Fernwanderwege durchziehen den Staat, u.a. der knapp 4265 km lange **Pacific Crest National Scenic Trail** (PCT), der von Mexiko bis nach Kanada führt. Der ca. 340 km lange **John Muir Trail** (JMT) verläuft meist entlang des PCT und verbindet das Yosemite Valley und den Mount Whitney über das Hochland der Sierra Nevada. Auf dem 265 km langen **Tahoe Rim Trail** kann man den Spuren der Vergangenheit folgen – und man wird nie einen blaueren See oder helleren Himmel gesehen haben. Aber es gibt noch mehr zu entdecken: Die **California Coastal Trail Association** (coastwalk.org) hat bereits mehr als die Hälfte des 1931 km langen Weges entlang der kalifornischen Küste fertiggestellt.

BEST OF

Die besten Outdoor-Spots und Routen sind auf der Karte auf S. 50 zu finden.

TANDEM RIDE PHOTOGRAPHY/SHUTTERSTOCK ©

Wandern auf dem Pacific Crest Trail (S. 443)

Radfahren & Mountainbiken

Kalifornien verfügt über ausgezeichnete Bike-Gebiete für unterschiedliche Ansprüche: gemütliche Fahrten am Strand, adrenalingeladene Bergtouren oder mehrtägige Radtouren entlang der Küste. Selbst in stark befahrenen Stadtgebieten gibt es gute Radwege, besonders in SoCal. Ein Beispiel ist die reizvolle Route entlang des **South Bay Bicycle Trail** am Strand von L.A.

In den meisten Küstenregionen ist das ganze Jahr über Radfahrsaison, auch wenn der Nebel einem im Winter, bei *may grey* und *june gloom* die Sicht rauben kann. Im Winter sollte man die Nordküste und die Berge meiden (zu viel Regen und Schnee in höheren Lagen), im Sommer die Wüsten von SoCal (viel zu heiß).

SPORTTAUCHEN & SCHNORCHELN
An der Küste wimmelt es in Riffen und Kelpwäldern von Meereslebewesen, so auch im **Channel Islands National Park** (S. 331).

RAFTING
In Kalifornien gibt's viel Wildwasser, z.B. den **American River** (S. 552); die Tour durch die Stromschnellen ist besser als jede Achterbahnfahrt.

WALBEOBACHTUNG
Ziehende Grau-, Blau-, Buckel- und Pottwale kann man von Aussichtspunkten wie der **Pigeon Point Light Station** (S. 149) beobachten.

KLETTERN
Klettern kann man in den Nationalparks (Half Dome!), in den Sierras und in anderen Bergen wie dem **Mt. Shasta** (S. 494).

ACTION AREAS

Die besten Outdoor-Erlebnisse in Kalifornien.

Wandern

1. Marin Headlands (S. 117)
2. Jedediah Smith Redwoods State Park (S. 234)
3. Anza-Borrego Desert State Park (S. 477)
4. Lost Coast Trail (S. 217)
5. DL Bliss State Park (S. 576)

Nationalparks

1. Yosemite National Park (S. 600)
2. Redwood National & State Parks (S. 232)
3. Death Valley National Park (S. 469)
4. Joshua Tree National Park (S. 460)
5. Lassen Volcanic National Park (S. 503)
6. Channel Islands National Park (S. 331)
7. Sequoia & Kings Canyon National Parks (S. 611)
8. Pinnacles National Park (S. 275)
9. Point Reyes National Seashore (S. 121)

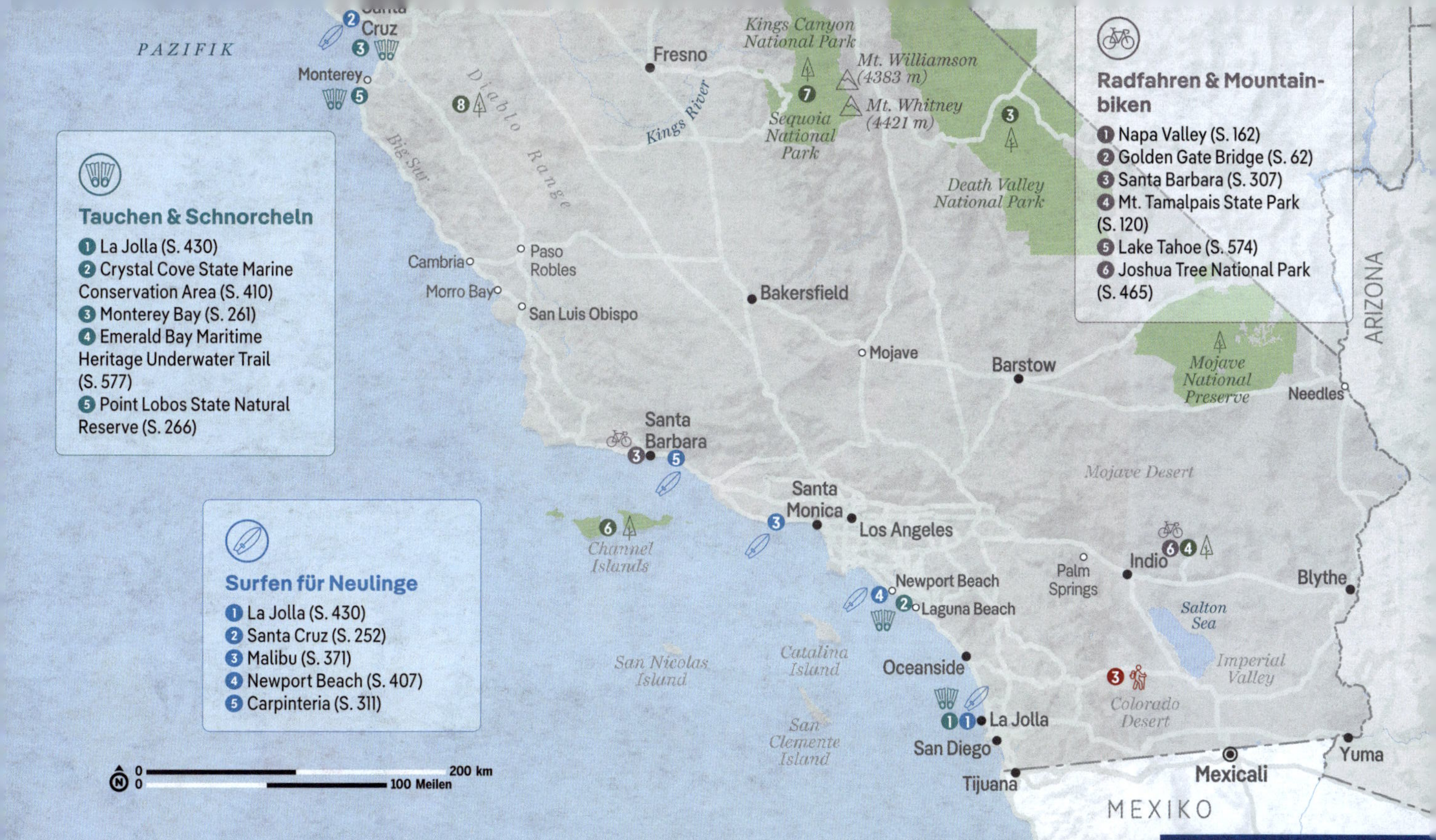
PAZIFIK
Santa Cruz
Monterey
Big Sur
Diablo Range
Fresno
Kings River
Kings Canyon National Park
Mt. Williamson (4383 m)
Mt. Whitney (4421 m)
Sequoia National Park
Death Valley National Park
Cambria
Paso Robles
Morro Bay
San Luis Obispo
Bakersfield
Mojave
Barstow
Mojave National Preserve
Needles
ARIZONA
Santa Barbara
Channel Islands
Santa Monica
Los Angeles
Mojave Desert
Palm Springs
Indio
Blythe
Newport Beach
Laguna Beach
Salton Sea
Imperial Valley
San Nicolas Island
Catalina Island
Oceanside
San Clemente Island
La Jolla
San Diego
Colorado Desert
Tijuana
Mexicali
Yuma
MEXIKO
0 200 km
0 100 Meilen
Tauchen & Schnorcheln
1 La Jolla (S. 430)
2 Crystal Cove State Marine Conservation Area (S. 410)
3 Monterey Bay (S. 261)
4 Emerald Bay Maritime Heritage Underwater Trail (S. 577)
5 Point Lobos State Natural Reserve (S. 266)
Surfen für Neulinge
1 La Jolla (S. 430)
2 Santa Cruz (S. 252)
3 Malibu (S. 371)
4 Newport Beach (S. 407)
5 Carpinteria (S. 311)
Radfahren & Mountainbiken
1 Napa Valley (S. 162)
2 Golden Gate Bridge (S. 62)
3 Santa Barbara (S. 307)
4 Mt. Tamalpais State Park (S. 120)
5 Lake Tahoe (S. 574)
6 Joshua Tree National Park (S. 465)

KALIFORNIEN

REISEZIELE

In jeder Region starten wir mit dem perfekten Standort, um die Umgebung zu erkunden. Entdecke einzigartige Erlebnisse, Tipps unserer Autor:innen und Expert:innen, Hintergründe und Empfehlungen.

Wildblumen am Strand von Point Reyes National Seashore (S. 122)

ARKANTO/SHUTTERSTOCK ©

Oben: Die „Painted Ladies" am Alamo Square (S. 84); rechts: Cable Car in Chinatown (S. 67)

DIE WICHTIGSTEN ZIELE

GOLDEN GATE BRIDGE, MARINA & PRESIDIO
Parks mit Aussicht in ehemaligen Armee-Stützpunkten. S. 60

NORTH BEACH, CHINATOWN & FISHERMAN'S WHARF
Berühmte Sehenswürdigkeiten und tolle Restaurants & Bars. S. 67

DOWNTOWN, CIVIC CENTER & SOMA
Jede Menge Startups, Museen und Partys. S. 76

JAPANTOWN, FILLMORE & PACIFIC HEIGHTS
Viktorianische Architektur, Shoppen und mehr. S. 83

SAN FRANCISCO

WO DER WESTEN AUF SEINE WILDEN GEDANKEN KOMMT

Während der Nebel um das kreative Zentrum Kaliforniens wabert, fragen sich manche, was als Nächstes kommt. Denn sie wissen, was auch immer es ist, in San Francisco wird man es zuerst schmecken, hören und sehen.

In der mexikanisch geführten Ohlone-Siedlung von San Francisco um 1848 standen Austern und Eichelbrot ganz oben auf der Speisekarte, ein Jahr und einige Goldnuggets später wurden Champagner und Chow Mein serviert – eimerweise. Die Goldfunde in der Sierra Nevada verwandelten ein 800-Seelen-Dorf in eine Hafenstadt mit 100 000 Goldsuchern, Operndiven, Hochstaplern und fleißigen Menschen aus aller Welt.

San Franciscos erster Hightech-Goldrausch mag vorbei sein, aber sieht man sich um, stellt man fest, dass die Stadt bereits am nächsten Comeback arbeitet. Man kennt hier Boom und Pleite nur zu gut. Im Zweiten Weltkrieg wurden Soldaten, die des Ungehorsams und der Homosexualität beschuldigt wurden, in San Francisco entlassen, auf dass ihnen das eine Lehre sei. Stattdessen blühte hier die Gegenkultur auf und inspirierte den West Coast Jazz und die Beat-Poesie. Als das CIA an dem Schriftsteller Ken Kesey LSD testete (er nahm freiwillig teil), mischte er auf dem Trips Festival in SF etwas davon ins Kool-Aid. Die 1960er-Jahre nahmen ihren Lauf, und der Summer of Love brachte kostenloses Essen, Liebe und Musik ins Haight. Das Castro wurde zum Symbol der Schwulenbewegung und wählte 1977 Harvey Milk zum ersten schwulen Amtsträger Amerikas. Als die Stadt in den 1980er-Jahren viele HIV/AIDS-Opfer zu beklagen hatte, schuf man hier Modelle für die Behandlung und Prävention der Epidemie, die weltweit Anwendung fanden.

San Francisco hat auch in Zeiten von Pandemien und Abschwung immer neue Ideen hervorgebracht – soziale Medien, Apps, Biotechnologie, grüne Energie. Wie schon seit den Anfängen der Stadt kommen auch heute Ideen aus der ganzen Welt hier an. Also – auf zum nächsten Akt auf der Bühne namens San Francisco!

THE HAIGHT & HAYES VALLEY
Gegenkultur & Konzerte.
S. 86

CASTRO
Rund um die Uhr Out & Proud. **S. 91**

THE MISSION & DOGPATCH
Wandmalereien, großartiges Essen und Latinx-Wahrzeichen.
S. 95

GOLDEN GATE PARK & THE AVENUES
Wunder der Natur und ausgefallene Kunst.
S. 102

Erste Orientierung

San Francisco ist nur rund 125 km^2 groß und in einem einfachen Raster um die diagonal durch die Stadt verlaufende Market St angeordnet. Die Bay Area ist von Google und Apple (beide haben ihren Hauptsitz hier) zwar gut kartiert – trotzdem sollte man auch weniger genau dokumentierte Hügel, Einbahnstraßen, fußgängerfreundlichen *slow streets* und selbstfahrende Autos im Blick behalten.

ZU FUSS & MIT DEM FAHRRAD

Am besten lässt man das Auto stehen (wer hat schon Lust auf Parkplatzsuche?). Diese Stadt lässt sich am besten zu Fuß erkunden. Nur zwei der 48 Hügel der Stadt sind unglaublich steil – um Nob Hill und Russian Hill zu erklimmen, fährt man mit dem Cable Car oder mietet sich ein Elektrofahrrad über die lokale Lyft Bikeshare-App.

CABLE CARS

Das klassische Steampunk-Verkehrsmittel von San Francisco ist häufig häufig, ist aber langsam und verkehrt täglich von 6 Uhr morgens bis um 0.30 Uhr. Um Warteschlangen zu vermeiden und Geld zu sparen, lohnt sich ein Tages-Muni-Pass.

MUNI BUS & STRASSENBAHN

Die Fahrpläne variieren je nach Linie, aber nach 21 Uhr fahren beide nur noch selten. Entweder hält man den Fahrpreis passend bereit oder man besorgt sich eine wiederaufladbare Clipper Card, die auch für den BART und die Fähren zwischen den Buchten gilt. Personen unter 19 Jahren fahren kostenlos.

AB FLUGHAFEN

Der San Francisco Airport (SFO) ist der Hauptflughafen der Bay Area und liegt eine 30- bis 45-minütige Fahrt südlich der Stadt. Mitfahrgelegenheiten stehen vor dem internationalen Abflugterminal und auf Ebene 5 des Parkhauses für Inlandsflüge. BART bietet 20- bis 30-minütige Zugfahrten zwischen Zentrum und SFO.

Perfekte Tage

Man sollte den kalifornischen Sonnenschein nutzen, solange er anhält. Nicht traurig sein, wenn Nebel aufzieht – San Francisco ist an nebligen Tagen und in geheimnisvollen Nächten am zauberhaftesten.

SERGII FIGURNYI/SHUTTERSTOCK ©

Alcatraz (S. 71)

1. Tag

Morgens

● In **Chinatown** (S. 70) aus dem Cable Car aussteigen und durch die historischen Gassen zu **City Lights** (S. 69) schlendern, um sich dort etwas Poesie zu gönnen. Auf dem Weg zum **Coit Tower** (S. 69), wo man einen 360°-Panoramablick genießen kann, wird man gelegentlich von Papageienkrächzen begleitet. Anschließend geht's der Nase nach wieder bergab nach North Beach oder Chinatown.

Mittags

● Am Wasser lassen sich im **Exploratorium** (S. 80) natürliche Superkräfte entdecken. Man kann dort auch mit Seelöwen abhängen oder die im Voraus gebuchte Fähre nach **Alcatraz** (S. 71) nehmen, wo die Einsamkeit des D-Blocks für Gänsehaut sorgt.

Abends

● Die **Abacá Happy Hour** (S. 72) ist ideal für eine Pause, aber auch das Seafood im **Scoma's** am Hafen (S. 72) oder kalifornisch-chinesisches Essen im **Mister Jiu's** (S. 72) locken.

...nicht verpassen

Andere Städte mögen einen überraschen – in San Francisco aber überrascht man sich selbst. Hier ein paar Mutproben, die es nur in SF gibt.

TOP-GEHEIMNISSE LÜFTEN

Im **Presidio** (S. 64) lassen sich super leicht militärische Geheinisse aufdecken.

PSYCHEDELISCHES ERLEBEN

In der **Marina** (S. 65) kann man an verblüffenden Experimenten teilnehmen.

FREIDENKER TREFFEN

Die literarischen Stätten in **North Beach** (S. 69) inspirieren zu eigener Poesie.

LIZ HAFALIA/THE SAN FRANCISCO CHRONICLE VIA GETTY IMAGES ©, KARLIS DAMBRANS/SHUTTERSTOCK ©, M. VINJUESA/SHUTTERSTOCK ©

2. Tag

Morgens

● Man geht durch die **Calle 24** (S. 99), vorbei an mit Wandmalereien verzierten Bodegas zur **Balmy Alley** (S. 98), wo die *muralista*-Bewegung des Mission Districts begann. Leckere Burritos gibt's bei **La Taqueria** (S. 99), die man im **Dolores Park** (S. 98) genießen kann. Nach einer Pause wartet das **Women's Building** (S. 98) mit seinen Wandgemälden.

Mittags

● Bergab geht's zur **Bi-Rite Creamery** für ein Eis (S. 101) und zu den Shows von **Creativity Explored** (S. 99), dann weiter ins **Haight** (S. 86), um die „Painted Ladies" und die Wahrzeichen der Gegenkultur rund um die Kreuzung Haight/Ashbury zu entdecken.

Abends

● Wer früh kommt, kriegt im **Frances** (S. 93) tolle kleine Gerichte. Dann dem mit Regenbogenfarben beleuchteten **Honor Walk** (S. 92) zu den Gay-Hotspots des Castro und dem legendären **Castro Theatre** (S. 92) folgen.

3. Tag

Morgens

● Dem **Coastal Trail** (S. 106) von Ocean Beach um die Klippen von Land's End herum folgen bis einem die Aussicht auf die Golden Gate Bridge und unbezahlbare Kunstschätze in der Legion of Honor den Atem rauben.

Mittags

● Nach dem Mittagessen im **Mamahuhu** (S. 106) geht's zum **Golden Gate Park** (S. 103), um in der Regenwaldkuppel der **Academy of Sciences** (S. 103) Schmetterlinge zu bestaunen, am Koiteich des **Japanese Tea Garden** (S. 103) Tee zu trinken oder im Skyspace des **de Young Museum** (S. 103) die Wolken zu beobachten.

Abends

● Das Abendessen sollte man um die Aufführungen im legendären **Fillmore** (S. 85), im groovigen **SFJAZZ** (S. 88) oder im dragtastischen **Oasis** (S. 82) legen – bevor man in den SoMa-Clubs weiterfeiert.

DEN EIGENEN SOUNDTRACK DER STADT GESTALTEN

In **Fillmore** und in **Japantown** (S. 85) 100 Jahre Musikgeschichte erkunden.

DIE REGENBOGENFAHNE HISSEN

Im Regenbogenlicht von San Franciscos weltverändernden LGBTIQ+-Ikonen im **Castro** (S. 91) baden.

DAS INNERE BLUMENKIND FINDEN

Den Summer of Love im Hippie-Zentrum **Haight** (S. 86) spüren.

AB IN DIE ZUKUNFT

Im **Dogpatch** (S. 99) erfahren, wohin sich Kunst und Technik entwickeln werden.

GOLDEN GATE BRIDGE, THE MARINA & PRESIDIO

PARKS MIT AUSSICHT IN EHEMALIGEN ARMEE-STÜTZPUNKTEN

Was für ein Comeback: Weniger als ein Jahrzehnt nach dem Erdbeben, das die Stadt zerstörte, errichtete San Francisco für die Panama-Pazifik-Expo 1915 ein palastartiges Messegelände am sumpfigen Nordufer. Die Gebäude wurden zwar abgerissen, aber der beliebte Palast der Schönen Künste blieb erhalten.

Nach dem Erdbeben von 1989 erfand sich das Hafenviertel erneut neu und verwandelte die nun veralteten Militärstützpunkte in öffentliche Orte, an denen man Kunst, Natur und den Blick auf die Golden Gate Bridge genießen kann. Die Restaurants in der Chestnut St bieten eine größere Auswahl als die im Presidio, wo ein paar Imbisswagen auf ehemaligen Paradeplätzen stehen. In den malerischen Werften von Fort Mason sind alle damit beschäftigt, Kunst (und keinen Krieg) zu machen – und Greens setzt seine 1979 begonnene vegetarische Feinkost-Revolution fort. In der Fillmore-Bar-Zone zwischen Union St und Greenwich St, die den Spitznamen ‚Bermuda-Dreieck' trägt, verschwinden die Hetero-Singles an den Wochenenden … um dann montags als Wachstumschefs von Startups wieder aufzutauchen.

TOP TIPP

Stadtwanderer strömen zur Marina, dem flachsten Viertel von San Francisco, weil sie von dort aus leicht zu den malerischen Wanderwegen im Presidio kommen. Die Witterung kann sich schnell ändern, also besser Kleidung für mehrere Schichten mitnehmen und überlegen, sich ein E-Bike für den schnellen Rückzug zu mieten. An Wochenenden ist das Parken am Straßenrand schwierig. Parkplätze am Wasser gibt's am Crissy Field oder im Marina Green Park.

Golden Gate Bridge (S. 62)

HIGHLIGHTS
1 Golden Gate Bridge
2 Tunnel Tops

SEHENSWERTES
3 Arion Press
4 Baker Beach
5 Battery Bluff
6 Crissy Field
7 Fort Mason
8 Military Intelligence Service Historic Learning Center
9 Pet Cemetery
10 Spire
11 Wave Organ

ESSEN
12 Greens
13 Off the Grid

Fort Mason (S. 66)

Golden Gate Bridge

MONUMENTALE ZAUBERTRICKS

Keine andere Brücke bietet ein solches Schauspiel. An klaren Tagen leuchtet die Golden Gate Bridge glutrot vor dem blauen Himmel – dank 25 fleißiger, tollkühner Malern, die die 80 Stockwerke hohen Türme erklimmen und wöchentlich über 3700 l der Farbe International Orange auftragen. Doch ihren atemberaubendsten Zauber hebt sich die Brücke für die späten Nachmittage auf, wenn der Nebel kommt. In der einen Minute schweben die Türme über den Wolken, eine Minute später sind sie weg.

Kaum zu glauben, dass man das Art-déco-Wahrzeichen fast abgerissen hätte. Das Kriegsministerium besaß das Land, das die Brücke flankierte, und die Marine wollte, dass die Brücke aus massivem Beton gebaut und in tristem Grau mit gelben Warnstreifen gestrichen wird. Glücklicherweise machten die Architekten Gertrude Comfort und Irving Morrow gemeinsam mit dem Ingenieur Joseph Strauss einen überzeugenden Gegenvorschlag: eine hoch aufragende und dennoch stabile Hängebrücke, die in einer Farbe gestrichen wurde, die Sicherheit gewährleistete, ohne die Landschaft zu verschandeln.

Bevor das Kriegsministerium den Schandfleck durchsetzen konnte, stürzten sich im Jahr 1933 Arbeiter in die tückischen Strömungen der Bucht, um die Fundamente der Brücke zu versenken. Trotz richtungsweisender Sicherheitsmaßnahmen – darunter neuartige Schutzhelme und ein verstärktes Sicherheitsnetz, das 19 Arbeiter rettete, die von einem Brückengerüst fielen – starben 11 Bauarbeiter während der vierjährigen Bauphase. Heute erinnert eine Gedenktafel am südlichen Brückeneingang an den Mut und die Leistung der Arbeiter: eine rund 2,7 km lange Hängebrücke mit ca. 227 m hohen Türmen. Nur wer die Brücke zu Fuß oder mit dem Fahrrad überquert, wird sich der Größe wirklich bewusst.

DIE BESTEN BRÜCKEN-ANSICHTEN

Über, unter, östlich oder westlich: Welcher Blick auf die Golden Gate Bridge ist der beste? Das hängt vom Timing ab. Für ein sonniges Mittagspicknick mit Blick auf die Brücke sind die Tunnel Tops perfekt. Während des morgendlichen Berufsverkehrs kann man am Fort Point unter der Brücke hindurchgehen (und sehen, wo Alfred Hitchcock das spannende Ende von *Vertigo* gedreht hat). Sonnige Nachmittage sind die beste Zeit für einen Spaziergang und zum Radfahren. Es empfiehlt sich, ein E-Bike zu mieten, um dem schnell aufziehenden Nebel auf dem Weg zurück in die Stadt zu entkommen.

Golden Gate Bridge

PNPY/SHUTTERSTOCK ©

TUNNEL TOPS: BESTE FOTO-SPOTS

Dieser spektakuläre Blick auf die komplette Brücke war früher nur für Pendler zu sehen – bis der gemeinnützige Presidio Trust die Oberseite von Autobahntunneln bepflanzte und so einen öffentlichen Panoramapark mit dem Namen Presidio Tunnel Tops schuf.

Battery Blaney

Battery Bluff

GROSSARTIGE ARMEE-KUNST

Zwischen Tunnel Tops und Crissy Field schlängelt sich ein sonniger Weg vorbei an Betonmonolithen, die sich in den Hang schmiegen. Was wie ultramoderne Skulpturen aussieht, sind Bunker der US-Armee (1899–1902) mit den Spitznamen Blaney, Baldwin, Sherwood und – etwas übertrieben – Slaughter. Diese **Geschützbatterien** wurden nie in Betrieb genommen und waren ab 1936 für die Öffentlichkeit nicht mehr zugänglich. Heute kann man vielleicht Bands sehen, die auf ihnen für stimmungsvolle Werbeaufnahmen posieren, oder Paare, die sich für einen halbprivaten Kuss in den kantigen Schatten lehnen.

Tunnel Tops

PICKNICKS MIT AUSSCHT

San Franciscos faszinierenster **Picknickplatz** liegt über einem Verkehrsstau. Dank eines 118-Mio.-US$-Projekts, mit dem unansehnliche Verkehrsbauwerke aus Beton in öffentliche Grünflächen umgewandelt wurden, lässt sich ein spektakuläre Blick auf die Golden Gate Bridge nun von einer Wiese aus genießen, während unter einem Autos fahren. Es gibt Grillplätze mit Panoramablick und rollstuhlgerechte Gemeinschaftstische (kostenlos online reservieren). Kinder spielen unten an den Betonrutschen und Spielhäusern aus recyceltem Zypressenholz. An Wochenenden versammelt man sich um 16 Uhr am Lagerfeuer und lauscht den Geschichten der Parkranger über Soldaten, indigene Heiler und Spione aus dem Zweiten Weltkrieg. Von den Presidio Steps aus kann man den Sonnenuntergang über der Bucht oder die Nebelschwaden über der Brücke beobachten.

Crissy Field

Crissy Field

NATURSCHUTZGEBIETE AUF EHEMALIGEM FLUGPLATZ

Das Crissy Field, eine militärische Landebahn, die in ein Naturschutzgebiet an der Küste mit herrlichem Blick auf die Golden Gate verwandelt wurde, gehört jetzt den Vögeln. Wo einst Militärflugzeuge Aufklärungsflüge durchführten, teilen sich heute Drachenflieger den Luftraum mit seltenen Küstenvögeln über einem zurückgewonnenen Gezeitensumpf. Im House of Air, einem umfunktionierten Flugzeughangar mit 42 Trampolinen, kann man auch selbst in die Luft gehen. An nebligen Tagen strömen alle in die zertifiziert-grüne Warming Hut, um sich mit fair gehandeltem Kaffee aufzuwärmen und in Büchern über die Tierwelt zu schmökern.

MEHR AN DER GOLDEN GATE BRIDGE UND IN THE MARINA & PRESIDIO

DIE BESTEN PICKNICKAUSSTATTER IM PRESIDIO

Dynamo Donut Kiosk
San Franciscos beste Donuts. Sensationelle saisonale Geschmacksrichtungen, darunter Schokoladen-Horchata und Karottenkuchen. $

Cafe Rx
Frische Suppen-/Salat-/Sandwich-Kombinationen fürs Mittagessen in der ehemaligen Apotheke des Presidio. Werktags. $

Presidio Popup
Zwischen 9 und 16 Uhr sind Foodtrucks auf dem Main Parade Lawn des Presidio unterwegs. $

Presidio Bowl & Grill
Rinder- und Veggie-Burger zum Mitnehmen – oder Hot Wings und Bier vor Ort genießen. $

Lucca Deli
Italienische Klassiker, von mit Fleisch gefüllten Muffuletta bis zur scharfen kalabrischen Salami. $

Überraschendes Presidio

DIE BESTEN GEHEIMNISSE DES PARKS

Spione, Nudisten, versteckte Meisterwerke und Haustiere namens Blinky und Stinky – der ehemalige Armeestützpunkt offenbart faszinierende Geheimnisse an jetzt öffentlichen Wanderwegen. In der nordöstlichsten Ecke steht das weiß getünchte Gebäude 640, eine Spionage- und Sprachschule aus dem Zweiten Weltkrieg, die nun ein Museum ist. Im **Military Intelligence Service Historic Learning Center** kann man die zugige Baracke besichtigen, in der japanisch-amerikanische Soldaten vom US-Militär ausgebildet und dann zu riskanten Geheimdiensteinsätzen auf den Schlachtfeldern des Pazifiks geschickt wurden.

Gleichzeitig wurden ihre Familien gemäß der US Executive Order 9066 als vermeintliche „feindliche Ausländer" inhaftiert, darunter 70 000 Nisei (in den USA geborene Menschen japanischer Abstammung). Zum Beweis ihrer Loyalität dienten über 30 000 japanische Amerikaner im US-Militär, darunter im 442. Regiment, der am häufigsten ausgezeichnete Einheit in der Geschichte der USA, deren außergewöhnliche Leistungen hier gezeigt werden. Die Schautafeln des Zentrums belegen auch, wie die in San Francisco ansässige Japanese American Citizens League 40 Jahre lang Bürgerrechtsklagen angestrengt hat, die wichtige Präzedenzfälle für die Bürgerrechte und eine offizielle Entschuldigung der US-Regierung (1988) für die im Zweiten Weltkriegs inhaftierten japanischen Amerikaner zur Folge hatten.

Die Presidio-Pfade westlich der Golden Gate Bridge führen zum **Baker Beach**. Hier trifft man auf Strandfans, die den Elementen trotzen, um zu picknicken, Frisbees zu werfen und Sandburgen zu bauen. Am Nordende des Baker Beach ist Kleidung optional. Der Zugang liegt hinter den Felsbrocken. Nur für Erwachsene (und bitte nicht fotografieren).

Hinter dem Parkplatz des Golfclubhauses des Presidio führt ein weiterer Wanderweg zu einem Wahrzeichen der zeitgenössischen Kunst: Andy Goldsworthys hölzerner **Spire**. Diese 2006 aus umgestürzten Presidio-Zypressen errichtete Skulptur sollte von neuen Zypressen, die um sie herum gepflanzt wurden, eigentlich in den Schatten gestellt werden. Nachdem die Skulptur bei einem Brand beschädigt wurde, baute man sie wieder auf. Goldsworthy hat drei weitere umgestürzte Bäume in Kunstwerke umgewandelt, die in den Wäldern des Presidio versteckt sind: **Wood Line**, **Tree Fall** und **Earth Wall**.

SCHLAFEN IN THE MARINA & IM PRESIDIO

HI Fisherman's Wharf
Ein echtes Schnäppchen! Malerisches Hostel am Wasser in einer ehemaligen Kaserne mit Küche. Frühstück und Parkplatz inklusive. $

Lodge at the Presidio
Zur Öko-Lodge umfunktionierter Offiziersposten mit hübschen Zimmern und herrlichem Blick auf die Brücke. $$$

Hotel del Sol
Dieses Motel mit Swimmingpool im Innenhof, farbenfrohen Zimmern und günstigen Angeboten ist der wahrgewordene kalifornische Traum. $

Baker Beach und die Golden Gate Bridge (S. 62)

Im Schatten des alten Militärkrankenhauses von Presidio (das zu Luxus-Eigentumswohnungen umfunktioniert wurde) warten literarische Meisterwerke: **Arion Press** ist 100 Jahre alt und druckt immer noch neue Gedichte von Pulitzer-Preisträgern, setzt in mühsamer Handarbeit die Lettern und lässt die Seiten durch alte Heidelberger-Druckerpressen laufen. Besucher:innen können sich die Ausstellungen in der Galerie ansehen, aber Bibliophile sollten sich für die donnerstags um 15 Uhr stattfindenden Führungen durch die Gießerei im Untergeschoss anmelden, die Schubladen voller Buchstaben faszinierender, fast vergessener Schriften bietet – darunter auch die Bleilettern, mit denen die ursprüngliche UN-Charta gedruckt wurde.

Versteckt hinter dem Crissy Field unter einer Highway-Überführung liegt der **Pet Cemetery** (Tierfriedhof) des Presidio, wo Militär-Angehörige ihre geliebte Hunde, Katzen, Hamster und Kaninchen bestatteten. Verwitterte Holzgrabsteine erinnern z.B. an Blinky und Stinky, während in Granit gehauene Grabsteine Raspberry und Mr Twister würdigen.

Erstaunliche Marina-Erlebnisse

NEUES HÖREN, SEHEN UND SCHMECKEN

Die Marina hat mehr zu bieten als Boote und Bars. So endet der Weg vorbei an den Docks des Jachtclubs auf einem Steg, der in die Bucht ragt, an einer akustischen Kuriosität: der **Wave Organ** (Wellenorgel). Unheimliche Klänge ertönen aus wiederverwendeten Friedhofsstatuen und Sanitärteilen, die von den Künstlern Peter Richards und George Gonzalez auf geniale

SAN FRANCISCOS BELIEBTESTES FOTOMOTIV

Wie so manche schöne Romanze war auch der **Palace of Fine Arts** nicht für die Ewigkeit bestimmt – und doch steht er heute noch. Der kalifornische Arts-and-Crafts-Architekt Bernard Maybeck errichtete diese griechisch-römische Torheit aus Holz, Sackleinen und Gips ursprünglich als temporäres Ausstellungsstück für die Panama-Pacific International Expo 1915, aber nach der Messe behielt San Francisco das Bauwerk als Souvenir. Generationen von Liebenden haben unter der Rotunde für Hochzeitsfotos posiert. Der Fries lautet: „Die Kunst wird von den Materialisten angegriffen, doch die Idealisten kommen ihr zu Hilfe" – ein zeitloser Gedanke.

Union St Inn
Vornehmes edwardianisches B&B mit großzügigem Frühstück im Salon und sechs mit Antiquitäten möbilierten Zimmern. **$$$**

Infinity Hotel
Eleganter Komfort, mit Bidet, Dampfdusche und Dachterrasse mit Blick bis zum Horizont. **$$**

Marina Motel
Vintage-Motel mit von Bougainvillea bedeckten Torbögen und kitschig-süßen Zimmern mit Kochnischen. **$**

MICHAEL VI/SHUTTERSTOCK ©

Die Wave Organ

KLASSIKER FÜR FUTURISTEN

Bei einem Tom Collins oder einem frisch geröstetem Kaffee kann man im **Interval** sein Zeitgefühl verlieren. Das Bar-Café ist gleichzeitig Hauptquartier der gemeinnützigen **Long Now Foundation** von Stewart Brand, die sich dem langfristigen Denken verschrieben hat – daher das vierdimensionale digitale Kunstwerk von Brian Eno über der Bar, die interdisziplinäre Bibliothek über der Theke und der Prototyp einer 10000-Jahre-Uhr.

Hier kann man sich mit anderen Futuristen und Long-Now-Mitgliedern zusammensetzen und sich eine Welt ausmalen, in der Kunst und Technologie nicht nach Verkaufszahlen oder Likes beurteilt werden, sondern nach ihrem langfristigen Einfluss auf die Geschichte der Menschheit.

Weise zu einer tönenden Skulptur umgestaltet wurden. Wer von experimenteller Musik begeistert ist, sollte sich das **Audium** nicht entgehen lassen. Seit 1967 führen Stan Shaff und sein Sohn Dave hier Originalkompositionen auf einem einzigartigen Instrument auf – einem Auditorium mit 176 vom Boden bis zur Decke reichenden Lautsprechern, die „gefundene Klänge" aus der Stadt zu meditativen „Raumkompositionen" verschmelzen.

Die aufsehenerregendsten Sehenswürdigkeiten der Marina befinden sich in **Fort Mason**, einem ehemaligen Militärstützpunkt aus dem Zweiten Weltkrieg, in dem Einheimischen heute mit subversiver Freude experimentelle Kunst machen. Am Pier 2 präsentiert der **Herbst Pavilion** u. a. die Fog Design+Art Fair und die West Coast Craft Fair, während die gemeinnützige **SF Camerawork** am Hafen seit 1974 Fotografen aus aller Welt in atemberaubenden Galerieausstellungen präsentiert. Gleich bei den ehemaligen Werften kommen im historischen **Magic Theatre** Auftragswerke wie *Halie! The Mahalia Jackson Musical* zur Aufführung. Bei den BATS-Improvisations-Comedy-Workshops landet man selbst auf der Bühne.

Der Speisesaal von Fort Mason wurde inzwischen von den Sterneköchinnen des **Greens** in Beschlag genommen, die seit 1979 leckere vegetarische Gerichte mit Bio-Zutaten von der buddhistischen Green Gulch Farm kreieren. Unbedingt im Voraus einen Tisch mit Blick auf die Golden Gate Bridge reservieren. Wem der Sinn nach etwas anderem steht, begibt sich zum Parkplatz von Fort Mason, wo freitagabends die Foodtrucks von **Off the Grid** auffahren und sonntag- und mittwochmorgens die Farmers Markets mit Bio-Angeboten überquellen.

ESSEN IN THE MARINA

Atelier Crenn
Die Abendkarte von Chefkoch Dominique Crenn ist ein Gedicht, und die außerweltlichen Erfindungen beglücken die Gäste. **$$$**

Viva Goa
Würzige Kokosnuss-Currys aus Goa (*xacutti*) und fluffiges Naan lässt auch die dichtesten Nebelschwaden vergessen. **$$**

Kaiyō
Surf-and-Turf mit japanisch-peruanischem Flair, von Sushi und Ceviche bis hin zu mariniertem, gegrillten Fleisch im Nikkei-Stil. **$$**

NORTH BEACH, CHINATOWN & FISHERMAN'S WHARF

TOP-SEHENSWÜRDIGKEITEN – FANTASTISCHE RESTAURANTS & BARS

Denkt man sich die Souvenirläden weg, stellt man fest, dass San Franciscos alte Wildwest-Viertel nichts von ihrem Charakter verloren haben. In den 1800er-Jahren lebte hier die rebellische Rancherin Juana Briones, San Franciscos *fundadora* (Gründerin), wichtigste Hebamme und erste Unternehmerin. Der Goldrausch brachte Menschen aus aller Welt hierher, die sich ein neues Zuhause schufen, u. a. in Chiletown, Sydneytown, Manilatown und Chinatown. Unter den Pagodendächern der Stockton St und der Grant St in Chinatown werden noch immer dicke Teigtaschen und seltene Teesorten serviert, während man in den Gassen Weihrauch aus den Tempeln riecht und das Klappern von Mah-Jongg-Kacheln hört. Papageien kreisen über den italienischen Cafés und Bohème-Bars im benachbarten North Beach, wo die Stammgäste Inspiration für das nächste City-Lights-Gedichtbuch, die Fortsetzung von *Der Pate* (der im Caffe Trieste geschrieben wurde) oder eine Stand-up-Comedy-Nummer suchen. In Fisherman's Wharf gibt es noch immer Fischereiflotten, Krabbenbuden und Seelöwen sowie ein Maritime Museum mit historischen Seglern und einem mit Wandmalereien verzierten Badehaus für müffelnde Seeleute.

TOP TIPP

Seit den 1880er-Jahren sind die Cable Cars die beste Möglichkeit, um in dieses Gebiet zu gelangen. Muni-Busse und Straßenbahnen der Linie T sind oft überfüllt und machen weit weniger Spaß. Öffentliche Parkplätze gibt's unter dem Portsmouth Square und in der Good Luck Parking Garage.

Caffe Trieste

NORTH BEACH, CHINATOWN & FISHERMAN'S WHARF

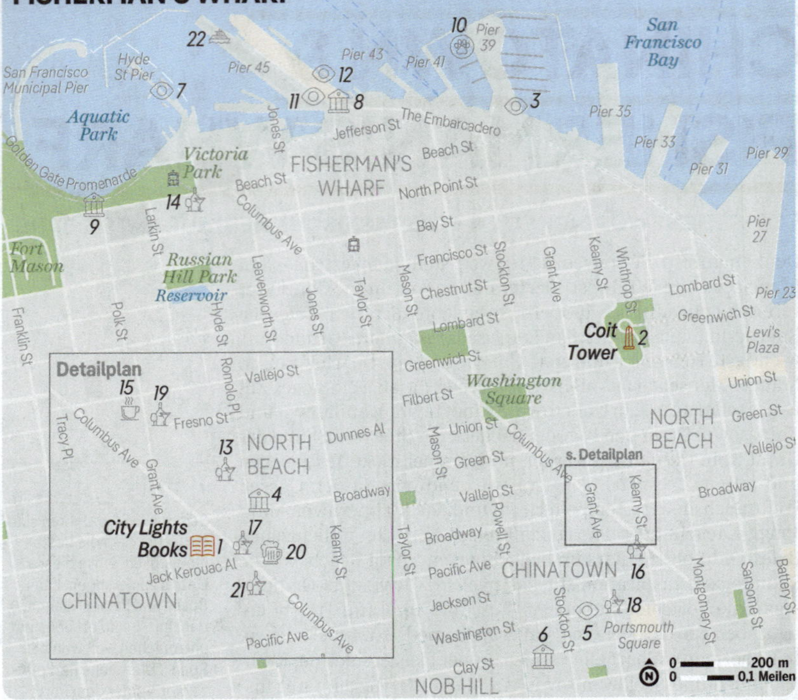

HIGHLIGHTS
1 City Lights Books
2 Coit Tower

SEHENSWERTES
3 Aquarium of the Bay
4 Beat Museum
5 Chinatown
6 Chinese Historical Society of America
7 Hyde Street Pier
8 Musée Mécanique
9 National Maritime History Museum
10 Pier 39
11 Pier 45
12 USS Pampanito

AUSGEHEN
13 15 Romolo
14 Buena Vista
15 Caffe Trieste
16 Comstock Saloon
17 Devil's Acre
18 Li Po
19 Saloon
20 Spec's Twelve Adler Museum Cafe
21 Vesuvio

TRANSPORT
22 Sea Forager Expeditions

Chinese Historical Society of America

Chinese Historical Society of America

BEWEGENDE EINBLICKE

Dieses Wahrzeichen aus dem Jahr 1932 wurde von der Hearst Castle-Architektin Julia Morgan als Chinatowns YWCA gebaut. CHSA-Historiker und -Historikerinnen fördern noch immer faszinierende Artefakte zutage: Plakate von Nachtclubs in Chinatown aus dem Zweiten Weltkrieg, Frank Wongs Chinatown-Miniaturen und Bruce Lees Kampfsportkostüme und Philosophie-Bibliothek. Die Ausstellungsstücke dokumentieren Meilensteine der chinesisch-amerikanischen Geschichte und verfolgen die jüngste antiasiatische Diskriminierung bis zum Chinese Exclusion Act zurück, der chinesische Einwanderer von 1882 bis 1943 offiziell von der US-Staatsbürgerschaft und den Bürgerrechten ausschloss.

Coit Tower

Coit Tower

KUNST, DIE EINST DER ZENSUR TROTZTE

Der Coit Tower ist das Ausrufezeichen in der Skyline von San Francisco. Die Aussicht von der Dachplattform unter freiem Himmel ist atemberaubend und die Wandmalereien in der Lobby aus den 1930er-Jahren feiern die Menschen der Stadt. Die von der Works Progress Administration (WPA) finanzierten Wandmalereien von 26 einheimischen Kunstschaffenden zeigen das San Francisco der Depressionszeit: Speakeasies und Suppenküchen, Polizisten, die sich mit Demonstranten anlegen, und unerschrockene Reporter, die für mehrsprachige Zeitungen darüber berichteten. Bevor der Coit Tower 1934 eröffnet wurde, bezeichneten die Behörden die Wandmalereien als kommunistisch und versuchten, sie zu zensieren, doch die Menschen stimmten für ihren Erhalt. Online kann man Führungen zu den Wandmalereien buchen.

City Lights Books

WAHRZEICHEN DER REDEFRFEIHEIT

Worte waren in den 1950er-Jahren eine gefährliche Angelegenheit, immer wieder wurde es Bibliotheken verboten, bestimmte Titel im Programm zu haben. Hollywood-Drehbuchautoren und -Autorinnen wurden auf die schwarze Liste gesetzt. Trotzdem gründete der Dichter Lawrence Ferlinghetti City Lights Books. Die erschwinglichen Taschenbücher von City Lights brachten die Poesie unter die Leute und lösten die Beat-Bewegung aus. Allen Ginsbergs *Das Geheul und andere Gedichte* (1956) war eine Sensation – und Ferlinghetti und der City Lights-Manager Shigeyoshi Murao wurden prompt verhaftet, weil sie „vorsätzlich und unzüchtig" Gedichte mit homoerotischem Inhalt veröffentlicht hatten. Sie wehrten sich gegen die Anschuldigungen aus künstlerischen Gründen und gewannen einen bahnbrechenden Prozess, der weltweit Maßstäbe für die Redefreiheit setzte. Diese Freiheit kann man im Lyriksaal im oberen Stockwerk feiern.

City Lights Books

Spaziergang durch Chinatowns Gassen

AUF DEN SPUREN VON WIDERSTANDSKRAFT UND NEUERFINDUNG

Die 41 Gassen in den 22 Blocks von Chinatown haben schon alles erlebt: Goldrausch und Revolutionen, Weihrauch und Opium, Feuer und eisige Empfänge. Hebt man den Blick, sieht man pagodengekrönte Tempel, die über Friseurläden, Restaurants und Wäschereien errichtet wurden. Von 1870 bis 1943 schränkten Gesetze die Einwanderung, die Beschäftigung und den Wohnungsbau für Chinesen ein – es konnte also nur aufwärts gehen.

Die Grant Ave ist das wirtschaftliche Herz Chinatowns, doch die Seele des Viertels ist der Waverly Place, der von fahnengeschmückten Tempelbalkonen gesäumt ist. Man folgt dem Duft von Sandelholz und steigt drei Treppen hinauf zum Tin How Temple, in dem seit 1852 Gottesdienste abgehalten werden – selbst nach dem Erdbeben und dem Brand von San Francisco 1906, als die Altäre noch schwelten. Der Eintritt ist frei, Spenden für den Erhalt des Tempels sind üblich; bitte nicht fotografieren.

Die Spofford Alley ist voller Wäschereien, hier fanden während der Prohibition Schmuggelschlachten statt und Sun Yat-sen plante in Nr. 36 den Sturz der chinesischen Qing-Dynastie. Heute ist es in der Spofford bis zur Abenddämmerung ruhig – dann spielen chinesische Orchester ihre Melodien und epische Mah-Jongg-Spiele nehmen ihren Anfang.

Bunte Wandmalereien zieren die älteste Gasse von San Francisco, die früher als Mexico, Spanish und Manila St bekannt war (nach den Frauen, die hier Hinterzimmerbordelle betrieben). Heute ist die **Ross Alley** eher für Szenen aus Actionfilmen bekannt (*Karate Kid II – Entscheidung in Okinawa*, *Big Trouble in Little China*) und für die Kunstinstallationen des Chinese Culture Center in No 41. In der **Golden Gate Fortune Cookie Factory** kann man die hier erfundenen Glückskekse probieren.

DIE BESTEN DIM-SUM-SPOTS

Good Mong Kok
Die Shrimps Har Gow und andere Klassiker, die aus riesigen Dampfkesseln in Behälter zum Mitnehmen gefüllt werden, sind ein Traum. **$**

City View
Wer vor dem mittäglichen Ansturm eintrifft, ergattert die besten Plätze für die Wagen mit knusprigen Gai Lan oder würzigen Spareribs. **$$**

Lai Hong Lounge
Seit 30 Jahren genießen einheimische Familien hier Brötchen mit gegrilltem Schweinefleisch und Suppenknödeln. **$**

Palette Tea House
Das moderne Bistro am Wasser serviert Wagyu-Potstickers und Sichuan-Seafood-Knödel mit ausgewählten Tees und Cocktails. **$$$**

Chinatown

IV-OLGA/SHUTTERSTOCK ©

Alcatraz

SAN FRANCISCOS BERÜCHTIGTE GEFÄNGNISINSEL

Schon von fern wirkt die Gefängnisinsel unheimlich. Über 175 Jahre lang war „The Rock" Ort brutaler Gefängnisse, FBI-Razzien und tödlicher Fluchtversuche. Man kommt mit der Fähre in der Nähe von Gebäude 64 an, wo Videos die dunkle Geschichte der Insel enthüllen. Der ursprüngliche Militärkerker, der 1859 auf Alcatraz errichtet wurde, beherbergte Deserteure aus dem Bürgerkrieg, Soldaten, die vor ein Kriegsgericht gestellt wurden, und „unfreundliche" Ureinwohner – darunter 19 Hopi, die sich weigerten, ihre Kinder in staatliche Internate zu schicken, in denen Sprache und Religion der Hopi verboten waren.

Der Zellenblock von Alcatraz wurde 1934 Hochsicherheitsgefängnis und war Schauplatz der Bemühungen der Bundesbehörden, die Gangster der Prohibition einzusperren, von Al Capone aus Chicago bis Bumpy Johnson aus Harlem. Die Audiotour enthält Berichte aus erster Hand über das tägliche Leben, über die Regeln für die Essenszeiten, die zensierten Bücher der Bibliothek und 36 Fluchtversuche (einer war erfolgreich).

Als in den 1960er-Jahren hier das letzte Bundesgefängnis geschlossen wurde, beanspruchten amerikanischen Ureinwohner die Nutzungsrechte, besetzten die Insel und wehrten sich von 1969 bis 1971 gegen das FBI. Tausende Indigene beteiligten sich 19 Monate lang an den Protesten, bis der damalige Präsident Nixon durch die Meinung der Öffentlichkeit dazu gedrängt wurde, ihnen ihr Territorium zurückzugeben und die Selbstbestimmung der Ureinwohner zu stärken. Auf dem Weg nach oben stehen Schilder, die die Aktivisten der Red-Power-Bewegung auf Alcatraz zurückgelassen haben. Jedes Jahr zu Thanksgiving begeht der International Indian Treaty Council den Tag der indigenen Völker mit einer Sonnenaufgangszeremonie auf Alcatraz.

Alcatraz

ROBERT MULLAN/SHUTTERSTOCK ©

ANGEL ISLAND'S IMMIGRATION PRISON

Alcatraz ist nicht die einzige berüchtigte Insel in der Bucht. 1970 stand die ehemalige **Angel Island Immigration Station** kurz vor dem Abriss, bis Forscher Inschriften fanden, die hier Festgehaltene in die Wände geritzt hatten, darunter 220 Gedichte, in denen sie ihre Traurigkeit und Wut über die ungerechte Behandlung hier zum Ausdruck brachten. Von 1910 bis 1940 wurden über 500 000 Menschen aus 80 Ländern hierhergeschickt, um verhört, (manchmal jahrelang) festgehalten und oft deportiert zu werden. Asiatischen Einwanderern wurde bis 1943 aufgrund diskriminierender US-Gesetze meist die Einreise verweigert.

DAS BESTE SEAFOOD AM FISHERMAN'S WHARF

Scoma's
An den Fischereidocks gibt's die Klassiker der kalifornischen Küche (*cioppino* mit Meeresfrüchten, cremige Jakobsmuscheln, knusprige Krabbenküchlein) mit exzellenten Weinen. $$$

The Codmother
Einfach den Möwen zur Ecke Beach St und Jones St folgen, wo Foodtrucks frischen Kabeljau für dekadente Baja-Fisch-Tacos und Fish & Chips in der Pfanne braten. $

Pier 45
Die Krabbenstände an der Strandpromenade sind nur je nach Jahreszeit geöffnet, aber im hinteren Bereich des Pier 45 stöbern schlaue Feinschmecker nach Lachs, Krabben und anderem Fang, der direkt aus Booten verkauft wird. $

ROBERT ALEXANDER/GETTY IMAGES ©

City Lights Books

MEHR IN NORTH BEACH, CHINATOWN & FISHERMAN'S WHARF

Poesie auf den Straßen finden

HEIMAT DER BEAT-POETEN

Geht man die Grant St von Chinatown nach North Beach entlang, gibt's einiges auf die Ohren: Töpfe klirren, Tassen klappern, Grüße dröhnen und hallen. Diese improvisierten urbanen Rhythmen inspirierten Generationen von Beat-Poeten dazu, ins **Caffe Trieste** zu stürmen und Gedichte auf Servietten und Badezimmerwände zu kritzeln (einige sind immer noch dort). Heute bewahrt das **Beat Museum** mehr als 1000 Artefakte aus der Blütezeit der 1950er-Jahre auf, darunter Allen Ginsbergs Schreibmaschine und Diane DiPrimas *Revolutionary Letters*.

Das Herz der Poesieszene San Franciscos ist nach wie vor City Lights Books (S. 69), das vom Dichter Lawrence Ferlinghetti gegründet wurde, um erschwingliche Taschenbücher anzubieten. Als Ferlinghetti 1998 zum ersten offiziellen Poet Laureate von San Francisco ernannt wurde, schlug er vor, die Gassen nach Dichtern zu benennen (und nicht nach Politikern). Der **Kenneth Rexroth Place** ehrt den Haiku-Dichter und -Übersetzer mit einer kurzen Nebenstraße, die die Flüsterkneipen von Chinatown mit den Feinkostläden von North Beach verbindet. Der schwarze Beat-Poet und Buddhist Bob Kaufman saß

ESSEN IN NORTH BEACH, CHINATOWN & AM FISHERMAN'S WHARF

Mister Jiu's
Von Sauerteig-Pfannkuchen mit Frühlingszwiebeln bis zu Mark-Mapo-Tofu – Brandon Jews kalifornisch-chinesische Küche ist meisterhaft. $$$

ABACÁ
Gäste werden zu *pamilya* (Familie) und teilen sich Cal-Filipino-Brathähnchen, Pandan-Waffel-Brunch und kleine Bar-Leckereien. $$$

Molinari
In der Feinkostabteilung schneidet man zu Sinatra-Musik Prosciutto und hausgemachte Salami für großzügige Panini. $

häufig im Gefängnis, weil er sich in Reimen der Verhaftung widersetzte, und war nie um Worte verlegen – bis zur Ermordung Kennedys, als er ein Schweigegelübde ablegte, das bis zum Ende des Vietnamkriegs andauerte. Die **Bob Kaufman Alley** ist fesselnd und zutiefst still.

Die **Jack Kerouac Alley** verbindet die Kerouac-Treffpunkte City Lights und die Bar **Vesuvio** über einen Bürgersteig, auf dem aus *Unterwegs* zitiert wird: „Die Luft so weich, die Sterne so fein, die Verheißung jeder gepflasterten Gasse so groß ..." Man beachte auch Li Pos Bürgersteig-Gedicht: „Unter besten Freunden gibt es nie genug Wein". Man verstehe dies als Einladung, den Beat-Autoren in die legendäre Bar **Li Po** in Chinatown zu folgen, um dort neben dem goldenen Buddha über den Sinn des Lebens und der Poesie zu diskutieren.

DER POET'S CHAIR

Oben im **Poetry Room** von City Lights (S. 69) kann jeder auf dem Poet's Chair Platz nehmen und ein Gedicht lesen (oder schreiben). Das handgeschriebene Schild des Gründers Lawrence Ferlinghetti empfiehlt: „Stash your sellphone and be here now" (Kurz gesagt: „Handy aus").

Ahoi, Seemann

WASSERABENTEUER AN LAND

Das Hafenviertel ist nicht nur zum Anschauen da, hier kann man auf einen Schoner steigen, Haie beobachten, sich mit Seelöwen sonnen und das eigene Abendessen fangen. Das Abenteuer beginnt im schiffsförmigen **National Maritime History Museum**, das 1939 als öffentliches Badehaus für verdreckte Seeleute erbaut wurde und heute ein Schatzkästchen mit vom Aquarium inspirierten Art-déco-Wandmalereien, Mosaiken und Schieferfriesen des berühmten schwarzen kalifornischen Bildhauers Sargent Johnson ist. Zu den wichtigsten Veranstaltungen des Museums gehören das Singen von Seemannsliedern an Bord historischer Schiffe, gelegentliche Segelausflüge und der *Moby-Dick*-Marathon, eine epische 24-Stunden-Lesung des Romans, den Melville nach seiner Seereise nach San Francisco schrieb.

Am historischen **Hyde St Pier** kann man mit einem Ticket an Bord des Dreimastschoners CA Thayer von 1895, des Schleppers Hercules von 1907, des Dampfschiff Eureka von 1890 und des eisenverkleideten Rahseglers Balclutha von 1886 gehen. Im Zweiten Weltkrieg brachten die Docks von San Francisco Marineflotten in den Pazifik, darunter das U-Boot **USS Pampanito** von 1943, das sechs Einsätze überstand. Bei einer selbstgeführten Audiotour kann man die Unterwasserwelt erkunden und sich die herzzerreißenden Geschichten der U-Boot-Fahrer anhören. Bereit für Action? Die Pampanito liegt direkt neben dem **Musée Mécanique**, einer historischen Spielhalle, in der man *Space Invaders* spielen, eine Wildwest-Saloon-Schlägerei anzetteln und sich für weniger als 1 US$ die Zukunft voraussagen lassen kann.

WARUM ICH CITY LIGHTS BOOKS LIEBE

Alison Bing, Autorin

Bei einem Zwischenstopp zwischen Hongkong und New York in San Francisco schlenderte ich durch den Nebel von Chinatown, der nach Weihrauch und gebratener Ente duftete, zu City Lights Books. Im Untergeschoss in der Nähe der Muckraking (früher investigativer Journalismus)-Abteilung fiel mir ein Schild auf, das von einer Sekte aus den 1930er-Jahren gemalt worden war ... „Ich bin die Tür". Und das stimmt! San Francisco ist die Schwelle zwischen Fakt und Fiktion, Vergangenheit und Zukunft, Körper und Seele. Das war vor 20 Jahren. Ich bin immer noch hier. Sie wurden gewarnt!

Cafe Jacqueline
Sich ein Meeresfrüchtesoufflé zu teilen, bedeutet Liebe; sich seidige Schokolade zu teilen, bedeutet, dass sie ewig währt. **$$$**

Go Duck Yourself
Knusprige Ente zum Mitnehmen, clever interpretiert, mit hauseigenen Saucen und Bao-Kits. In vierter Generation. **$**

Z&Y
Unverwechselbare – und unvergessliche! – Sichuan-Dandan-Nudeln. **$$**

DAS FLIPPIGE HIPPIE-WAHRZEICHEN VON FISHERMAN'S WHARF

Die St. Francis-Skulptur von Beniamino Bufano begrüßt die Besucher:innen der Werft vor der **Longshoremen's Union Hall,** einem sechseckigen Wahrzeichen aus der Mitte des vorigen Jahrhunderts, in dem sich die gewerkschaftlich organisierten Hafenarbeiter nach ihren schweren Schichten entspannen. Bekannt ist es aber vor allem für eine epische Party. Bill Graham startete hier 1966 das Trips Festival mit Janis Joplin, den Warlocks (heute besser bekannt als Grateful Dead) und dem Schriftsteller Ken Kesey, der den Punsch mit Regierungs-LSD versetzte (mit dem der ultimative Soldat erschaffen werden sollte).

Während dieses „Acid-Tests" halluzinierte der Futurist Stewart Brand, dass Militärcomputer in seiner Hand schrumpften und den Menschen machtvolle Computer in die Hand geben würden. 40 Jahre später dankte Steve Jobs ihm für diese Inspiration

Im **Aquarium of the Bay** kann man unter Wasser spazieren gehen, ohne nass zu werden. Glasröhren führen in die Gewässer der Bucht, vorbei an Ohrenquallen, Haien und Mantarochen. San Franciscos berühmteste Meeresbewohner sind die Seelöwen von **Pier 39**, die nach dem Loma-Prieta-Erdbeben von 1989 den Jachthafen übernommen haben. Dank des kalifornischen Artenschutzes und der reichen Heringsvorkommen wurden diese liebenswerten Faulenzer zu Stammgästen am Kai. Bis zu 1000 Seelöwen halten sich hier zwischen Januar und Juli auf.

Was es wohl zum Abendessen gibt? Ein Blick auf die Fischerboote, die am **Pier 45** anlegen, bringt Klarheit. Wer vor den Köchen hier ist, kann den Fang direkt vom Boot kaufen. An Samstagnachmittagen lässt sich ein Blick in die **Fishermen's and Seamen's Memorial Chapel** werfen und das Kapitänsrad aus Buntglas sowie die Gedenktafeln zu Ehren der auf See gefallenen Nachbarn betrachten. Das alte Altarbanner, das der Madonna del Lume huldigt, die sizilianischen Beschützerin der Fischer, ist nicht nur zur Schau gestellt – sie führt die Kai-Paraden bei der jährlichen Segnung der Schiffe an (erster Sa im Okt.).

Wer lieber selber angeln möchte, kann sich dem Experten für nachhaltigen Fischfang, Kirk Lombard, auf seinen **Sea Forager Expeditions** anschließen, um (je nach Saison) Felsenkrabben, Heringe, Venusmuscheln und Aal zu fangen– und optional einen Kochkurs belegen, um ein Seafood-Festessen zuzubereiten. Kirk führt auch augenzwinkernde Fisherman's Wharf-Touren durch, bei denen 175 Jahre Schiffsskandale, Piratengeschichten und pikante Gerüchte (d.h. Klatsch und Tratsch) erzählt werden.

Anschließend lassen sich bei einem Irish Coffee im **Buena Vista** Geschichten über die Seefahrt austauschen. Im **Spec's Twelve Adler Museum Cafe** sind die Wände mit Erinnerungsstücken an die Handelsmarine tapeziert. Umgeben von nautischen Erinnerungsstücken – darunter eine riesige Walross-Orgel über der Bar – sollte klar sein, was man bestellen muss: einen Krug Anchor Steam! Cheers.

Nur Mut! Und auf in den Devil's Acre...

EIN TOAST AUFS ÜBERLEBEN

Heute wird gefeiert, als wäre es 1899. Damals gab es in San Francisco ca. 3000 Saloons und 2000 *blind pigs* (Speakeasies), die mit besonderen Cocktails um Kunden konkurrierten. Trotz Schlägereien und Verhaftungen, Prohibition und Pandemien haben die protzigen Western-Saloons von North Beach wie durch ein Wunder überlebt. Auch heute noch bieten sie historisch korrekte Whiskey-Cocktails und tolle Gin-Kreationen an.

Das Leben auf großem Fuß konnte im Saloon-Viertel von North Beach, dem Devil's Acre, tödlich enden, wo Goldrausch-Dandys

TEE-TIPPS FÜR CHINATOWN

Red Blossom
Fantastische Teeraritäten, die von Alice und Peter Luong in zweiter Generation fachkundig zusammengestellt wurden.

China Live
An den Theken sitzend schlürft man sich über Ozeane und Berge hinweg in die besten Teeregionen der Welt.

PlenTea
Top-Bubble-Tea beginnt mit frisch aufgebrühtem Tee, Bio-Milch und knusprigen *boba* (Tapioka-Perlen).

Seelöwen am Pier 39

in schicken Westen nach überschüssigem Goldstaub durchsucht wurden. San Franciscans neigen auch heute noch dazu, sich für Drinks in Schale zu werfen, vor allem im **Saloon**, einer seit 1861 bestehenden Spelunke für Hartgesottene. Der Legende nach retteten die treuen Gäste den Saloon, als die Stadt 1906 in Flammen aufging, indem sie ihn mit Schnaps übergossen.

Im **Comstock Saloon** erleichterten sich die viktorianischen Saufkumpane zwischen den Drinks in der Tränke unter der Bar. Heute sind die Cocktails im Comstock so stark wie eh und je, und Live-Ragtime-Bands sorgen dafür, dass die Toilettengänge geradezu ein Spaß sind. Im Comstock wird der Martinez serviert, Vorläufer des modernen Martinis, der angeblich erfunden wurde, als ein passionierter Trinker etwas brauchte, um die Fahrt mit der Fähre über die Bay nach Martinez zu überstehen.

Ein moderneres Devil's Acre ist (kein Witz!) die Bar **Devil's Acre**, in dem selbst eingeschworene Feinde (zumindest vorübergehend) Frieden schließen – für einen 'Treuse, einen Cocktail mit Chartreuse, Wermut, Eiweiß und den geheimnisvollen Gold Rush Bitters. Die wilden Westernnächte gehen im **15 Romolo** weiter, dem baskischen Saloon am Broadway. Die Starken überleben den Suckerpunch (Bourbon, Sherry, Hibiskus, Zitrone und baskische Bitter) und der Basque Firing Squad (Mezcal, baskischer Patxaran-Likör, Grenadine, Limette und Bitter) beendet die Nacht mit einem Knall.

DIE BESTEN PIZZAS IN NORTH BEACH

Golden Boy
Selbst Rockstars stehen hier für Late-Night-Legenden wie Pizza Genovese mit Focaccia-Kruste an. **$**

Cotogna
Mit dem James Beard Award ausgezeichnete Pizzas aus dem Holzofen mit perfekter Kruste. Vorab reservieren! **$$$**

Liguria Bakery
Vor 11 Uhr gibt's hier Zimt-Rosinen-Focaccia oder Tomaten-Focaccia mit grünen Zwiebeln, frisch und heiß aus dem 100 Jahre alten Ofen. **$**

Tony's Pizza Napoletana
Klassische Pizzas und originelle Kombinationen aus dem Holzofen. **$**

SCHLAFEN IN NORTH BEACH, CHINATOWN & AM FISHERMAN'S WHARF

Hotel Bohème
In North Beachs legendärem Refugium der Bohème mit flippigen Zimmern, die nach Beat-Poeten benannt sind, schreiben sich Gedichte (fast) von selbst. **$$**

Argonaut
Die geschickt umgebaute historische Konservenfabrik am Kai bietet gemütliche Zimmer mit Blick auf die Bucht. **$$$**

Pacific Tradewinds Hostel
Einladendes Hostel im 4. Stock in Chinatown bietet eine freundliche Küche und Schlafsäle mit Schließfächern. Frühstück inklusive. **$**

DOWNTOWN, CIVIC CENTER & SOMA

VIELE STARTUPS, MUSEEN UND PARTYS

Downtown San Francisco bemüht sich sehr um Aufmerksamkeit. Ist der Arbeitstag vorbei, machen sich die Leute sofort auf den Heimweg in ihre pulsierenden Stadtteile – nur eine fesselnde Show oder ein angesagter Club kann sie in die Innenstadt locken. Die Unterhaltungseinrichtungen im Theater District bemühen sich mehr denn je um die Aufmerksamkeit der Menschen – und sie haben Erfolg mit Drag-Shows, Theaterpremieren, Rockkonzerten und Leder-Straßenfesten.

Neben dem Theater District liegt das Civic Center, das politische Zentrum der Stadt, wenn auch nicht gerade ihr Herz. Die Hauptanziehungspunkte hier sind San Franciscos berühmte Proteste, die SF Main Library und das schatzkistengroße Asian Art Museum. Die meisten Museen in Downtown konzentrieren sich um die 4th St und die Mission St, darunter das SFMOMA, das Museum of African Diaspora und das Contemporary Jewish Museum. Der inoffizielle Treffpunkt in der Downtown ist der sonnige Embarcadero am Wasser, wo eine Promenade Fisherman's Wharf mit dem Giants Stadium, dem Exploratorium und dem gastronomischen Ferry Building verbindet.

TOP TIPP

Im Vergleich zu anderen US-Städten ist die Zahl der Gewaltverbrechen in San Francisco eher niedrig, aber die Stadt steht vor ähnlichen Herausforderungen wie anderswo, darunter eine Wohnungskrise, Opioid-Epidemien und ein überlastetes Gesundheitssystem. Besucher:innen, die neu in der Stadt sind, wird empfohlen, Fahrdienste direkt zu/von den Tenderloin-Zielen und SoMa-Nachtclubs zu nehmen.

SFMOMA (S. 79)

HIGHLIGHTS
1 Asian Art Museum
2 SFMOMA (San Francisco Museum of Modern Art)

SEHENSWERTES
3 Bay Bridge
4 Contemporary Jewish Museum (CJM)
5 Museum of the African Diaspora (MoAD)
6 San Francisco Public Library
7 Tenderloin Museum

AKTIVITÄTEN, KURSE & TOUREN
8 City Kayak

ESSEN
9 Ferry Building

AUSGEHEN
10 EndUp
11 Waterbar

UNTERHALTUNG
12 AsiaSF
13 Bill Graham Auditorium
14 Black Cat
15 Curran
16 EXIT Theater
17 Geary Theater
18 Giants Stadium
19 Golden Gate
20 Great American Music Hall
21 Oasis
22 Orpheum
23 Strand Theater
24 Warfield

Museum of the African Diaspora

Museum of the African Diaspora (MoAD)

SCHWARZE KULTUR & KUNST AUS ALLER WELT

Hier geht man auf eine Reise durch die Geschichten der afrikanischen Diaspora, beginnend mit einem Video mit Sklavengeschichten von Maya Angelou. Die Reise führt durch die Zeit und über Kontinente hinweg und durch Ausstellungen, die schwarze Kunst und Kulturen feiern, von Kwame Brathwaites „Black Is Beautiful"-Fotografie der 1960er-Jahre bis zu Trina Michelle Roninsons Installationen von Ahnenaltären. Die Menschen strömen zu den Poetry Slams, Filmvorführungen und kostenlosen zweiten Samstagen des MoAD – plus virtuelle Atelierbesuche und Diskussionen im African Diaspora Film Club.

Contemporary Jewish Museum (CJM)

ZEITGENÖSSISCHE JÜDISCHE KULTUR & KUNST

Das Bauwerk aus blauem Stahl balanciert auf wundersame Weise auf einer Ecke – in diesem Museum entdeckt man neue Sichtweisen auf jüdische Kultur, Geschichte, Kunst und Ideen, von der Hommage der Künstlerin Judy Chicago an die Lieder von Leonard Cohen bis zum radikal lässigen Stil des San-Francisco-Superschneiders Levi Strauss. Der Architekt Daniel Libeskind hat das 1907 erbaute Elektrizitätswerk aus Ziegelsteinen zu diesem Museum umgestaltet und Elemente aus blauem Stahl hinzugefügt, die das hebräische *l'chaim* (zum Leben) bilden.

Die Ausstellungen des CJM reichen von der Zusammenarbeit von Frank Oz und Jim Henson in der unendlich vielfältigen Welt der Muppets bis hin zu zeitgenössischen Quilterinnen, die *tikkun* (hebräisch für Reparatur) praktizieren, indem sie Stoffe zusammenfügen.

Asian Art Museum

Asian Art Museum

KUNST – ABENTEUER – ZEITREISE

Hier kann man Kunst und Ideen quer durch Asien bis zurück nach San Francisco folgen. Auf drei Etagen werden Highlights der großartigen asiatischen Kunstsammlung des Museums gezeigt, die 18 000 Werke und 6000 Jahre umfasst. Der Weg durch das Museum zeichnet die buddhistischen Pilgerwege und Handelsrouten von Südasien über Land und über die Ozeane bis nach SF nach, wobei zeitgenössische asiatisch-amerikanische Kunstschaffende neue Perspektiven aufzeigen.

Los geht's im 3. Stock mit südasiatischen Miniaturen, dann folgen ein Abstecher zu siranischen Keramiken, javanische Schattenpuppen und tibetische Mandalas. An den seltenen, durchscheinenden koreanischen Seladon-Stücken sollte man vorsichtig vorbeigehen. Im japanischen Teezeremonienraum wartet Ruhe, bevor man zu den Galerien und Veranstaltungen zeitgenössischer Kunst im Erdgeschoss zurückkehrt.

OBEN: ANNE CZICHOS/SHUTTERSTOCK ©; UNTEN: XINHUA/LIU YILIN VIA GETTY IMAGES ©

SFMOMA (San Francisco Museum of Modern Art)

IMMERSIVE KUNSTERFAHRUNGEN

Die umfangreiche Sammlung des SFMOMA erkundet man am besten, indem man oben startet – mit den Kunstinstallationen im 7. Stock. Anschließend taucht man in die Videoprojektionsräume ein, meditiert im ruhigen, minimalistischen Agnes-Martin-Raum und entdecket bekannte Namen und Gesichter in der weltberühmten Fotosammlung.

Seit seiner Gründung 1935 war und ist das SFMOMA ein früher, visionärer Investor in neu aufkommende Kunstformen wie Fotografie, Installationen, Video, Performancekunst, digitale Kunst und Industriedesign. Die mutigen frühen Ankäufe der Kuratoren des SFMOMA, die bahnbrechende Werke des Wandmalers Diego Rivera und der jungen Frida Kahlo erwarben, sind nach wie vor Highlights der Sammlung moderner Malerei. Allein das Hochzeitsporträt, das Frida Kahlo 1931 von sich und Diego malte, ist den Eintritt wert. Die jüngste Schenkung von Meisterwerken der Pop Art, des abstrakten Expressionismus und der zeitgenössischen Kunst durch die Familie Fisher (Gründer von Gap) verdreifachte die Sammlungen des Museums.

Der Skulpturengarten auf der Außenterrasse ist ideal für eine Verschnaufpause. Nicht verpassen sollte man die Wandmalereien im Atrium und das Meisterwerk in der Lobby: Diego Riveras Wandgemälde **Pan-American Unity**. Das Wandgemälde wurde 1940 für die Golden Gate International Expo in San Francisco in Auftrag gegeben und zeigt Kalifornien und Mexiko, die durch Freiheitskämpfe, gemeinsame Wurzeln und hochfliegende Träume miteinander verbunden sind.

SFMOMA

EQROY/SHUTTERSTOCK ©

KUNSTVOLLE ABENDESSEN IN DOWNTOWN

Benu
Gleich hinter dem SFMOMA kreiert Küchenchef Corey Lee exquisite Gerichte, visuell minimalistische Meisterwerke mit monumentalem pazifischen Geschmack. **$$$**

Rooh
Perfekt komponierte progressive indische Gerichte – Tandoori-Artischocken, Dahi Puri mit Avocado-Joghurt-Mousse, Madras-Curry-Rippchen – alles voller herrlicher Aromen. **$$**

Liholiho Yacht Club
Aloha ist die wichtigste Zutat in Liholihos farbenfrohen, kunstvollen Gerichten, die man mit Freunden teilen kann, denen man den letzten Bissen der mit Garnelen überkrusteten Seezunge oder des Rendang-Curry-Lamms aus NorCal anbietet. **$$**

LOCAL TIPP: GESCHICHTE SCHREIBEN IN COMPTON'S TRANSGENDER CULTURAL DISTRICT

Nach ihrer Teilnahme an *RuPaul's Drag Race* wurde **Honey Mahogany** (@HoneyMahogany) Mitbegründerin des Transgender Cultural District von San Francisco und als erste schwarze Transfrau zur Vorsitzenden des Demokratischen Komitees gewählt – und begeistert nach wie vor in Oasis-Shows.

Street Cred
Hier gibt es die weltweit Größte Trans-Community, trotzdem ist Compton kein Trans-Disneyland. 1966 kam es mit dem Cpmpton's Cafeteria Riot, als sich Transfrauen an der Ecke Turk und Taylor gegen Polizeischikanen wehrten, zum ersten LGBTIQ+-Aufstand in den USA. Heute wird auf unserer jährlichen **Riot Party** daran erinnert.

Highlights
Im **Aunt Charlie's** gibt's Drag Burlesque, im **Glide** setzen sich Menschen für die Verbesserung der Wohnsituation ein, im **Piano Fight** gibt es Live-Comedy und im **CounterPulse** Arthouse-Theater. Überall engagieren sich unbesungene Helden für öffentliche Gesundheitsversorgung, eröffnen Geschäfte und helfen ihren Nachbarn. Weil es sich so gehört.

Exploratorium

SCHRÄGER ALS SCIENCE FICTION

Kann man die Zeit anhalten, Nebel formen oder Sand zum Singen bringen? In San Franciscos Mitmachlabor für Wissenschaft und menschliche Wahrnehmung kann man eigene, scheinbar übermenschliche Fähigkeiten entdecken, von denen man gar nicht wusste, dass man sie hat – und mit einem neuen Gefühl des Staunens daraus hervorgehen.

Die Designer der über 600 interaktiven Exponate des Exploratoriums wurden für ihre Erfindungen, die alle Sinne ansprechen, mit MacArthur Genius Grants ausgezeichnet: Hier kann man seine Frisur mithilfe statischer Elektrizität verändern, die Hauptrolle in animierten Motion-Capture-Videos spielen und geflüsterte Nachrichten quer durch den Raum an Fremde schicken. Die Exponate des Exploratoriums sind vom Gründer Frank Oppenheimer inspiriert, einem Physiker, der (zusammen mit seinem älteren Bruder J. Robert) an der Atombombe arbeitete, dann aber während der McCarthy-Ära auf die schwarze Liste gesetzt wurde. Er widmete den Rest seines Lebens der Förderung der Wissenschaft im öffentlichen Interesse, unterrichtete an öffentlichen Schulen und gründete 1969 das Exploratorium.

Heute ist das Exploratorium ein einzigartiges Erlebnis, das sich über einen 3,6 ha großen Pier erstreckt, der in die Bucht von San Francisco hineinragt, und zu dem auch Freiluftausstellungen gehören, die man rund um die Uhr kostenlos erkunden kann. Für Verabredungen, bei denen (wissenschaftlich gesehen) alles möglich ist, sollte man Tickets für die After Dark Thursdays reservieren, an denen sich die über 18-Jährigen bei leuchtenden Wissenschaftler-Cocktails, technologieunterstützten Gesangseinlagen und augenöffnenden Sonderausstellungen näherkommen.

Exploratorium

GILBERTO MESQUITA/SHUTTERSTOCK ©

Beste Unterhaltung

SHOWTIME!

Seit dem Goldrausch hat San Francisco seinen Ruf als Stadt vielfältiger Unterhaltung verteidigt. Beim Erdbeben 1906 wurden alle 20 Theater der Stadt bis auf eines zerstört. Doch noch als die Flammen loderten, stellte man in den Trümmer Theaterzelte auf. Die überlebenden Entertainer gaben kostenlose Vorstellungen, um die Stimmung zu heben, und die Stadt baute mit einer erstaunlichen Geschwindigkeit 15 Gebäude pro Tag wieder auf.

Die Website der gemeinnützigen Theatre Bay Area (theatrebayarea.org) zeigt, was im Theater District läuft, es gibt auch ermäßigte Tickets. Im **Geary Theater** hat das American Conservatory Theater Tony Kushners *Engel in Amerika* und andere Tony-gekrönte Stücke bedeutender Dramatiker wie Tom Stoppard, Dustin Lance Black, Eve Ensler und Robert Wilson aufgeführt. Das **Strand Theater** von ACT zeigt experimentelle Stücke, und das **EXIT Theater** veranstaltet das San Francisco Fringe Festival. Broadway-Shows und Comedy-Specials werden in den Theatern **Orpheum**, **Golden Gate** und **Curran** getestet und gefilmt.

Wer Livemusik hören will, ist hier richtig. Große Stars machen einen Bogen um die Stadien und rocken das legendäre **Warfield** und das **Bill Graham Auditorium**. In der **Great American Music Hall** treten Indie-Rocker gemeinsam mit Weltstars auf. Im **Black Cat** wird an fünf Abenden pro Woche Livemusik gespielt und die Kneipe im Tenderloin wiederbelebt, in der Miles Davis und andere Jazz-Größen Musik aufnahmen.

Es ist kaum zu glauben, dass San Franciscos Nachtleben den kalifornischen Red Light Abatement Act von 1913 fast nicht überlebt hätte. Dieses Gesetz, das u.a. die Prostitution eindämmen sollte, ermöglichte die Diskriminierung von Frauen und LGBTIQ+-Kunstschaffenden. Nach dem Wiederaufbau nach dem Erdbeben wurde Frauen und LGBTIQ+-San-Franciscans der Zutritt zu ihren Theatern, Bars, Arbeitsplätzen und Wohnungen wegen „Unzüchtigkeit“ verwehrt – außer im Tenderloin, wo man die Polizei bestach, um die Durchsetzung des Gesetzes zu verhindern.

Der Veteran des Zweiten Weltkriegs und ursprüngliche Black-Cat-Drag-Hostess José Sarria kandidierte 1961 als erster offen schwuler Amerikaner für ein öffentliches Amt und setzte sich dafür ein, dass schwulenfeindliche Belästigungen aufhören. Sarria verlor knapp ... und erklärte sich daraufhin zur Kaiserin von San Francisco. Ihr Hof wurde in der AIDS-Pandemie zum Zentrum für die Beschaffung von Spendengeldern und für die

DAS ZENTRUM DER LEDER- & LGBTQ-SZENE SAN FRANCISCOS

Ob man nun auf Cowboys, Kerker, Disco oder alles zusammen steht, im Leather and LGBTQ Cultural District von SoMa findet jedes Tierchen sein Pläsierchen. Öffentliches Hinternversohlen und billiges Bier gelten auf der **Folsom St Fair** und der **Dore Up Your Alley Fair** nur als Vorspeisen. Das **SF Eagle** ist seit 1981 ein Wahrzeichen der Lederszene, mit sonntäglichem Biertrinken, Barbecue und wohlverdienter Sonnenbrände auf der Terrasse. Durstige Biker besuchen den **Hole in the Wall Saloon**, wo die schwule Erotik der 1970er-Jahre, die im Dunkeln leuchtet, zahm wirkt, wenn man erst einmal auf der Toilette war. Bei den **Powerhouse**-Unterwäsche-Partynächten sind modische Statements nebensächlich, ebenso wie Kölnischwasser – Testosteron und Schweiß sind hier die bevorzugten Düfte.

MITTAGESSEN RUND UM CIVIC CENTER

Bodega SF
Wunderbare nordvietnamesische Spezialitäten wie würziger Salat mit Hühnchen aus Freilandhaltung und famosen Krabben-Nudeln. **$$**

La Cocina
Nepalesische Teigtaschen, Tamales aus Oaxaca, algerischer Couscous – alles erstklassig zubereitet von großartigen Köchinnen. **$**

Swann Oyster Depot
Seit 1912 zu Recht berühmt für frische Austern und Krabbensalate. Für einen Platz direkt an der Theke rechtzeitig vor der Lunch-Rushhour herkommen. **$$**

Gesundheitsfürsorge in der Community, indem er Protokolle für die öffentliche Gesundheit einführte, die bis heute weltweit Leben retten. Das **Tenderloin Museum** und das James Hormel LGBTQIA Center der **San Francisco Public Library** bieten Ausstellungen zu den Geschichten des Tenderloin an.

Die LGBTIQ+-Unterhaltungsszene des Tenderloin ist in den 1970er-Jahren in die Lagerhäuser von South of Market (SoMa) umgezogen, um Platz für die Gäste von Nachtlokalen wie dem **EndUp** und den sonntäglichen Tea Dances (Euphemismus im Zweiten Weltkrieg für Schwulentage in SF-Bars) in San Franciscos Leather & LGBTQ Cultural District (S. 81), zu schaffen. Zu den wichtigen Orten in SoMa gehören der Drag-Treffpunkt **Oasis** und das **AsiaSF**, das ursprüngliche Trans-Cabaret der Stadt.

LECKERES IM FERRY BUILDING

Während die Pendler:innen zu den Fähren eilen, kann man sich an den **Essensständen des Ferry Buildings** stärken und die Rushhour bei Getränken im **Red Bay Coffee**, **Fort Point Beer** oder **Ferry Plaza Wine Merchant** abwarten. Wer an einem Tisch essen möchte, sollte in der **Boulibar** vorab reservieren, und dann mediterrane Fladenbrote und Pizzas direkt aus dem Holzofen probieren. Oder man reserviert im **Slanted Door**, dem mit dem James Beard Award ausgezeichneten Bayfront-Bistro von Chefkoch Charles Phan, und bestellt das sensationelle kalifornisch-vietnamesische Rinderfilet Mignon und die Nudeln mit Dungeness-Krabben. Platz für den Nachtisch lassen… am besten Secret-Breakfast (Bourbon und Corn Flakes)-Eiscreme bei **Humphry Slocombe** oder **Recchiuti Chocolates** und Fleur de Sel Karamellen.

Am Embarcadero in Schwung kommen

WORKOUTS AM WASSER

Es ist keine Schande, Cable Cars zu nutzen – San Franciscos 48 Hügel stellen selbst Hartgesottene auf die Probe. Zu Fuß? Nicht so einfach. San Franciscos liebstes Work Out ist der Embarcadero, die sonnige und gnädigerweise flache Uferpromenade. Hier beginnt auch der alljährliche **Bay to Breakers** Straßenlauf, bei dem Kostümierte 12 km zum Ocean Beach laufen, während als Lachse verkleidete Jogger die andere Richtung nehmen.

Das ganze Jahr über spazieren, skaten, radeln oder joggen die Einheimischen auf dem Embarcadero von Fisherman's Wharf, am Exploratorium (S. 80) vorbei, bis zum **Giants Stadium** (auch Oracle Park genannt). Auf halbem Weg kann man im **Ferry Building** Leckerbissen probieren, zweimal wöchentlich Farmers Markets besuchen und Bistros am Wasser genießen.

Das Wahrzeichen am Horizont ist jedoch ein Werk eines verrückten Genies. Joshua Norton verlor im Goldrausch sein letztes Hemd und den Verstand, bevor er sich selbst zum „Kaiser der Vereinigten Staaten und Beschützer Mexikos" ausrief und 1872 den Bau einer Brücke über die Bucht anordnete. Die Steuerzahler brauchten etwas Überzeugungsarbeit: Die **Bay Bridge** wurde erst 1936 fertiggestellt. Ein Teil der östlichen Brücke stürzte beim Loma-Prieta-Erdbeben 1989 ein und um dieganze Brücke erdbebenfit zu machen, wurde sie komplett überarbeitet und teilweise neu gebaut – ein milliardenschweres Unterfangen.

Den Steuerzahlern erschien die Idee von Kaiser Norton nun nicht mehr ganz so super – bis der Künstler Leo Villareal 25 000 LED-Lichter entlang der westlichen Brücke installierte und die Menschen mit einer 2,9 km langen Lichtshow faszinierte. Dank Crowdfunding-Unterstützung läuft **Bay Bridge Lights** von der Abenddämmerung bis 2 Uhr morgens. Gut beobachten lassen sich die Lichter in der **Waterbar** auf dem Embarcadero oder bei einer Kajaktour in der Dämmerung mit **City Kayak**.

ÜBERNACHTEN IN DOWNTOWN

The Fairmount
Das Fairmont Hotel auf dem Hügel verwöhnt mit opulenten Suiten und einem unfassbaren Ausblick. **$$$**

White Swan Inn
Dieses B&B in Nob Hill, mit seinem Landhausstil und seiner groovigen Atmosphäre, ist ideal für ein Love-in. **$$**

Hotel Emblem
Die Zimmer, die mit Poesie, Inspirationstafeln und Meditationsschalen ausgestattet sind, sind eine Inspiration. **$$**

JAPANTOWN, FILLMORE & PACIFIC HEIGHTS

VIKTORIANISCHE ARCHITEKTUR, SHOPPEN AND UNTERHALTUNG

Nicht von den viktorianischen Villen täuschen lassen! Dieses Viertel rockt! In Japantown hört man J-Pop, Taiko und TikTokkers, im Fillmore psychedelischen Soul, Punk und Latin Jazz.

Der originellste Soundtrack von San Francisco hat tiefe Wurzeln. Seit den 1880er-Jahren siedelten japanische Amerikaner in Nihonmachi (Japantown) rund um die Cottage Row. Während die Machtmenschen von Pacific Heights viktorianische Villen bauten, kopierten clevere Leute weiter unten ihren Schwung in fabelhaften, erschwinglichen Reihenhäusern.

TOP TIPP

Alle hier haben ein viktorianisches Lieblingshaus. Um das zu verstehen, sollte man sich in der Gegend um den Alamo Square und zwischen der Sutter St in Japantown und der Washington St in Pac Heights umsehen. Viele Villen sind weiß getüncht, um dem minimalistischen, modernen Geschmack zu entsprechen – die ursprünglichen Häuser waren in kräftigen Farben gehalten.

SEHENSWERTES
1 Alamo Square
2 Cottage Row

UNTERHALTUNG
3 Boom Boom Room
4 Fillmore Auditorium
5 Sheba Piano Lounge
6 Social Study

SHOPPEN
7 Japan Center

Cottage Row

HISTORISCHES JUWEL IN JAPANTOWN

Lohnenswert ist ein kurzer Abstecher von der Sutter St ins 19. Jh., als dieses Viertel noch ein verschlafenes Dorf war. Hübsche Schindelhäuser säumen die mit Ziegeln gepflasterte Promenade, die einst nach den japanischen Amerikanern, die hier lebten, Japan St genannt wurde. Sie bauten in ihren Gärten Gemüse an, um es auf dem Bauernmarkt von Japantown zu verkaufen. Heute blühen Pflaumenbäume und Bonsai im mitten auf der Cottage Row gelegenen Minipark: ein idyllischer Ort zum Zeichnen und für Sushi-Picknicks.

Cottage Row

Peace Plaza

Japan Center

KULTUR IN EINEM EINAUFSZENTRUM

Im **Japan Center** begibt man sich ins Jahr 1963, wo *noren* (Vorhänge) und *maneki-neko* (Katzenfiguren) an den Eingängen der Restaurants winken. Am Eingang der West Mall grüßen Miniatur-Ahornbäume aus den Fenstern des **Katsura Garden**. Im Obergeschoss lockt **Kinokuniya Books** mit Daido-Moriyama-Fotografie-Monografien, Harajuku-Straßenmode-Magazinen und Manga in Hülle und Fülle. Im **Marufuku Ramen** kann man Nudeln genießen, die von Hand extra dünn geschnitten und in *tonkotsu*-Brühe serviert werden. **Tokaido Arts** zeigt atemberaubende Holzschnittdrucke aus vier Jahrhunderten. Im **Mochill**-Kiosk mit Kirizuma-Dach sollte man die Mochi-Doughnuts probieren – außen knusprig-süß, innen zäh-würzig. Draußen ziert die **Peace Pagoda** des minimalistischen Meisters Yoshiro Taniguchi von 1968 die **Peace Plaza**. Eine Tafel am Platz markiert den Beginn des zehn Blocks umfassenden, selbstgeführten **Japantown History Walk**, der auf den Spuren der Bürgerrechtspioniere von Japantown verläuft.

Alamo Square

DIE „PAINTED LADIES“

Hippie-Kommunen und viktorianische Bordelle, zaristische Alkoholschmuggler und Jazz-Legenden… die vornehmen viktorianischen Herrenhäuser, die „Painted Ladies“ am Alamo Square haben sie alle seit 1857 beherbergt. Die Villen der Postcard Row am südöstlichen Rand des auf einem Hügel gelegenen Parks wurden in tristen Farben neu gestrichen und verblassen im Vergleich zu den mit Türmchen versehenen, unverschämt verzierten viktorianischen Häusern in der Nähe des Parks. Die Krönung des Alamo Square ist die Westerfield-Villa, ein olivgrüner, vergoldeter viktorianischer Bau, der von einem gespenstischen Wachturm gekrönt wird. Kenneth Anger filmte hier einst Turmrituale mit dem Gründer der Church of Satan, Anton LaVey, an denen Hunderte von Kerzen und ein mürrischer Löwe beteiligt waren, der vier Stockwerke hochgeschleppt wurde.

MEHR IN JAPANTOWN, FILLMORE & PACIFIC HEIGHTS

Der Soundtrack der Stadt

SOUL, PSYCHEDELIC ROCK UND NOCH VIEL MEHR

Eklektischer als der Soundtrack dieses musikalischen Viertels kann eine Playlist kaum sein: Blues der 1930er-, Swing der 1940er-, Bop der 1950er-, Psychedelic-Rock der 1960er-, Punk der 1970er- und Hip-Hop der 1990er-Jahre sowie zeitlose Taiko-Trommeln. All das (und außerdem noch globale Pop-Hits) kann man beim **Cherry Blossom Festival** (Kirschblütenfest) in Japantown hören.

Billie Holliday, Ella Fitzgerald, Dinah Washington und andere Top-Talente spielten in den winzigen Clubs, die rund um das Fillmore entstanden, bis ab den 1960er-Jahren die Sanierung legendäre Veranstaltungsorte verdrängte – von Jimbo's Bop City bis Winterland (wo die Sex Pistols ihren letzten Auftritt hatten). Aber das Fillmore hat seinen Groove nie verloren. Die Hepcats spielen immer noch auf dem **Fillmore Jazz Fest** und erfinden Standards neu, die seit Jahrzehnten in diesen Straßen widerhallen. Einen Block weiter lassen die Schwestern Israel und Net Alamayehu in der **Sheba Piano Lounge** die Traditionen des Fillmore Jazz Supperclubs wieder aufleben und servieren jeden Abend heiße Jazz-Combos (und würzige äthiopische vegetarische Gerichte). Auch ein Wahrzeichen des Fillmore-Blues aus den 1930er-Jahren ist geblieben: der **Boom Boom Room**, in dem immer noch hochkarätige Talente mit Blues, Soul und Funk die Massen auf die gut abgetrampelte, karierte Linoleum-Tanzfläche locken. Im **Social Study** um die Ecke legen am Wochenende DJs alten Soul, Funk und Hip-Hop auf Vinyl auf und sorgen für eine entspannte Fillmore-Stimmung alter Schule.

Als die Hippie-Szene San Franciscos erwachte, drangen psychedelische Klänge aus dem **Fillmore Auditorium** auf die Straßen: Jimi Hendrix, Janis Joplin, Grateful Dead und Sly and the Family Stone sorgten hier für Furore und machten Karriere. Siebdrucker druckten Werbeplakate in so verrückten Farben, dass sie kaum zu lesen waren. Heute ist die Galerie im Obergeschoss des Fillmore Auditoriums mit diesen alten Plakaten bestückt, während Bands, die Stadien füllen, den Tanzsaal unten mit 1250 Plätzen rocken. Bei großen Konzerten werden immer noch kostenlose Fillmore-Poster verteilt.

ABENDESSEN VOR DER SHOW

Nari
Der geniale Chefkoch und Inhaber Pim Techamuanvivit kreiert ausgeflippte Thai-Gerichte wie Austern mit Wasserkäfer-Mignonette. **$$$**

State Bird Provisions
Stammgäste des Boom Boom Room wissen es: Wer um 17 Uhr kommt, hat als Erster Zugriff auf kalifornisch inspirierte, *dim-sum*-große Köstlichkeiten, darunter mit Buttermilch gebratene Wachteln auf süß-sauren Zwiebeln. **$$**

On the Bridge
Während des San Francisco Film Festivals im Kabuki Cinema kann man auf der Webster-St-Fußgängerbrücke japanisches Bier, Currys und *yoshoku*-ähnliche Fischrogennudeln genießen – Patti Smiths Lieblingsgericht. **$$**

SCHLAFEN IN JAPANTOWN

Hotel Kabuki
Hinter dem minimalistischen Äußeren verbergen sich jede Menge Annehmlichkeiten. **$$**

Chateau Tivoli
Opulentes viktorianisches Herrenhaus von 1892 in der Nähe des Alamo Square. **$$$**

Queen Anne
In diesem viktorianischen Inn mit seinen massiven Mahagonibetten könnte man die Hauptrolle im eigenen Kostümdrama spielen. **$$**

THE HAIGHT & HAYES VALLEY

KONZERTE & GEGENKULTUR

Für den Rest der Welt schienen die Hippies einfach da zu sein – aber an der Ecke Haight St und Ashbury St sieht man genau, wo die Flower Power der 1960er-Jahre Wurzeln schlug. Die Upper Haight ist mehr als ein Nostalgie-Trip, sie ist eine ständige Einladung, die Fahne der Sonderlinge hochzuhalten. An einem einzigen Nachmittag kann man hier mitsingen, an Blumen schnuppern, auf Rinnsteinen skaten, Petitionen unterschreiben, Kulten begegnen, Gedichte verfassen – und sich bei all dem wunderbar lebendig fühlen.

Man kann auch den Straßenskatern in die Lower Haight folgen, sich im Haight Street Art Center aufsehenerregende Konzertplakate ansehen und mit Stammgästen in den legendären Bars im Lower Haight ins Gespräch kommen. Im Hayes Valley gibt es Jazz-, Opern- und Klassikkonzerte von Weltklasse, und im Independent kann man an epischen Moshpits teilnehmen. Essen? Entweder einen Tisch in einem der Gourmet-Bistros im Hayes Valley reservieren oder ganz zwanglos im angesagten NoPa (North of PanHandle) in der Divisadero St essen gehen.

TOP TIPP

Der Park, der parallel zur Haight St verläuft, wird Panhandle genannt. Das Betteln gehört seit den 1960er-Jahren zur Upper-Haight-Szene, von Straßenmusikern, die auf der Straße spielen, bis hin zu Jugendlichen, die um Busfahrgeld schnorren. Die nachbarschaftlichen, vorurteilsfreien gemeinnützigen Organisationen der Haight St sind dazu da, jedem zu helfen, und das Haight Ashbury Food Program heißt Freiwillige willkommen.

Shops auf der Haight St

HIGHLIGHTS
1 SFJAZZ

SEHENSWERTESI
2 635 Ashbury St
3 Grateful Dead House
4 Haight Street Art Center
5 Haight-Ashbury Free Clinic

AUSGEHEN
6 Coffee to the People

UNTERHALTUNG
7 San Francisco Opera
8 San Francisco Symphony

SHOPPEN
9 Amoeba Music
10 Bound Together Anarchist Book Collective
11 Piedmont
12 Sparc
13 Wasteland

Mavis Staples Auftritt im SFJAZZ (S. 88)

San Francisco Opera

ÜBERRASCHENDE ARIEN

Uraufführungen von Originalwerken der San Francisco Opera werden gefeiert, darunter Margaret Atwoods *Der Report der Magd*, das Grammy-gekrönte *The (R) Evolution of Steve Jobs* und *El Último Sueño de Frida y Diego* von Pulitzer-Preisträger Nilo Cruz. Die radikalen Bühnenbilder des Malers David Hockney und Haute-Couture-Kostüme ergänzen die kühne musikalische Leitung von Eun Sung Kim – und beides kann man auf preiswerten 26-US$-Balkonplätzen genießen. Die Website informiert über die Opera Lab Pop-ups, bei denen man z.B. Tenöre beim Singen von Social-Media-Posts hört.

Aufführung von *Andrea Chenier* der San Francisco Opera

SFJAZZ

WO GENIES IHR ZUHAUSE HABEN

Jazzlegenden und einzigartige Talente aus Ländern wie Argentinien oder dem Jemen glänzen in Nordamerikas größtem Jazzzentrum. Auf der Hauptbühne werden außergewöhnliche Auftritte geboten von Weltstars wie der Soul-Ikone Mavis Staples, den ukrainischen Folk-Futuristen DakhaBrakha, der Punk-Poetin und Performance-Künstlerin Laurie Anderson und dem Trompeten-Revolutionär Ambrose Akinmusire aus Oakland. Im Joe Henderson Lab im Erdgeschoss hört man Neuinterpretationen von Jazz-Klassikern, sowie bahnbrechende lokale Talente wie die Harfenistin und Klangbildhauerin Destiny Muhammad aus Oakland und die mitreißende Singer/Songwriterin Diana Gameros aus San Francisco. Im modernen, LEED-zertifizierten Miner Auditorium gibt's Jazz-Cocktails. Selbst die preiswertesten Plätze auf den oberen Rängen bieten Getränkehalter, Blick auf die Bühne und brillanten Sound.

Metallica mit dem San Francisco Symphony

San Francisco Symphony

GROSSE KLASSIK

Wenn der Dirigent und Komponist Esa-Pekka Salonen den Taktstock hebt, hält das Publikum den Atem an, in Erwartung einer weiteren Weltklasseleistung der mit einem Grammy ausgezeichneten San Francisco Symphony. Salonen öffnete das Symphonieorchester für Neues mit Uraufführungen von Originalwerken, aufregenden Gastdirigenten und Vorführungen von *Star Wars* und *Black Panther* mit Live-Orchester. Bei den temperamentvollen Kollaborationen treten große Talente auf, darunter der Geiger Itzhak Perlman, die Pianistin Yuja Wang oder Metallica. Plätze gibt's schon ab 20 US$.

Zugabe? Hinter der Davies Symphony Hall liegt die SoundBox, ein Backstage-Bereich, in dem Symphoniemusiker und Gastkünstler experimentieren.

RUSLANKALN/GETTY IMAGES ©

Einwohner von San Francisco

MEHR IN THE HAIGHT & HAYES VALLEY

Haight-Ashbury-Flashbacks

EINFACH LOS- UND SICH FALLENLASSEN

Wer sich an den Summer of Love erinnern kann, war wahrscheinlich nicht dabei. Die Ecke Haight St und Ashbury St wurde zum Wendepunkt im Leben einer ganzen Generation von Freigeistern. Die Kids der Gegenkultur in der Haight nannten sich selbst Freaks und Blumenkinder; Herb Caen, Kolumnist beim *San Francisco Chronicle*, bezeichnete sie spöttisch als Hippies.

Der Hippie-Geist ist noch immer spürbar. An einem durchschnittlichen Samstag in der Upper Haight kann man Petitionen der Grünen Partei unterschreiben, ein Gedicht in Auftrag geben und Hare Krishna auf den Keyboards und Jimi Hendrix auf dem Banjo hören. Batik und psychedelische Kunst sind nach wie vor angesagt – daher die wertvollen gebatikten Konzert-T-Shirts an der Wand im **Wasteland** und die Original-Siebdrucke im **Haight Street Art Center**.

Die Haight ist noch immer ein Ort, an dem sich Menschenmassen und radikale Ideen treffen. Die legendäre psychedelische Drag-Truppe The Cockettes mit ihren Glitzerbärten gehörte in den 1960er-Jahren zu einer Haight-Kommune, die sich dem freien Essen und der Kunst verschrieben hatte, und auch heute

PUB CRAWL AUF DER HAIGHT ST

Toronado
Die beste Auswahl an Bieren in der Stadt, mit mehr als 40 Sorten vom Fass, sowie saisonalen Spezialitäten.

Noc Noc
Das Stammpublikum? Underground-Cartoonzeichner, anarchistische Hacker und Burning-Man-Gründer usw.

Club Deluxe
Starke Highballs garantieren, dass man hier recht bald zu Jazz-Combos das Tanzbein schwingt.

Aub Zam Zam
Diese persische Vintage-Jazz-Bar serviert seit 1941 erstklassige Cocktails zu günstigen Preisen und sorgt für Bohème-Glückseligkeit.

The Alembic
Kräftige Drinks (darunter saisonale Mixturen) unter viktorianischen Blechdecken.

WO MAN SEINEN HEISSHUNGER STILLEN KANN

Ragazza
Die besten Holzofen-Pizzas in NorCal. Dünne Kruste mit frischen Zutaten vom Land und hausgemachtem Salumi. **$$**

Brenda's Meat & Three
Kalifornisch-kreolische Küche, beliebt bei Marathonläufern und Partygängern – vor allem die Shrimps. Lecker! **$$**

Otra
Masa-Tacos und andere lateinamerikanische Gerichte aus NorCal mit Pfiff und Kick. **$$**

GOURMETFREUDEN

Rich Table
Aufregende Gerichte wie Steinpilzkrapfen, Sardinenchips und Burrata-Trichterkuchen erobern jeden Abend Instagram. **$$$**

Zuni
Stilvoll, ohne Schnickschnack. Seit 1979 verwandelt das Zuni klasische Zutaten in NorCal-Klassiker. **$$$**

Nojo Ramen Tavern
Bei Nudeln und hausgemachter Hühner-Paitan-Brühe lässt sich gut über Jazz-Shows diskutieren. **$$$**

Souvla
Das Lammfleisch vom Spieß auf Grünkohl mit griechischem Joghurt-Dressing oder der Geflügelsalat mit eingelegten Zwiebeln und Mizithra-Käse sind besonders gut. **$**

noch kann man im **Piedmont**, dem ursprünglichen Drag-Modehaus der Haight, Glitzer-Drag anprobieren. Die Ideale der 1960er-Jahre sind nicht verschwunden: Es gibt kostenloses Essen im **Haight Ashbury Food Program**, kostenlose Konzerte bei **Amoeba Music** und der jährlichen **Haight St Fair**, und freies Denken im **Bound Together Anarchist Book Collective**. Wer Emma Goldman auf dem Wandgemälde *Anarchists of the Americas* nicht erkennt, wird vom ehrenamtlichen Personal gern mit biografischen Comics versorgt. Das Volk (vereint!) wird im **Coffee to the People** nie entkoffeiniert werden, hier ist der fair gehandelte Kaffee stark genug, um die sandinistische Bewegung wiederzubeleben, und die Tische sind mit Slogans aller sozialen Bewegungen seit den 1960er-Jahren bedeckt.

Die Musik lockt zur Kreuzung Haight und Ashbury (die die Rockgeschichte verändert hat), an der Straßenmusiker jammen. Janis Joplin und ihre Freundin Peggy Caserta wohnten während des Summer of Love in der **635 Ashbury St**, während das viktorianische Haus in der Ashbury St 710 auf wundersame Weise Erdbeben und die Anwesenheit von Jerry Garcia, Bob Weir, Pigpen und anderen Deadheads überlebte. Das immer noch als **Grateful Dead House** bekannte Haus war 1967 Schauplatz der skandalösen Verhaftung der Band bei einer Drogenrazzia – und ihrer bahnbrechenden Pressekonferenz, auf der sie die Entkriminalisierung von Marihuana forderte.

Fünfzig Jahre später kam der Staat Kalifornien dieser Forderung nach. Man wird feststellen, dass die Uhr an der Ecke Haight und Ashbury permanent auf 4.20 Uhr steht, der „International Bong Hit Time" – ein Begriff aus der Bay Area, der 1971 geprägt wurde. Mit einem Ausweis können Erwachsene in der Marihuana-Apotheke **Sparc**, einem frühen Verfechter von medizinischem Marihuana, legal Gras kaufen. Schlechte Trips wurden barmherzig und kostenlos in der **Haight-Ashbury Free Clinic** behandelt, die als Pionierin für kostenlose „Rock-Medizin" ohne Vorurteile gilt und die noch immer auf hiesigen Festivals angeboten wird. Das handgeschnitzte Schild der Klinik von 1967 hängt nach wie vor an der Ecke Haight St und Cole St neben einem Wandgemälde mit dem Motto: „Gesundheitsversorgung ist ein Recht, kein Privileg".

Auf der anderen Seite der Haight St kann man auf Joana Zegris **Wandbild Evolution Rainbow** aus dem Jahr 1967 sehen, wie weit sich die Menschheit vom Pleistozän bis zum Zeitalter des Wassermanns entwickelt hat – ein Zeitalter das im Hippie-Herz der Haight noch nicht vorbei ist.

HIPPIE HILL

Der **Golden Gate Park** (S. 103) ist *der* Hippie-Treff. Hier lud das Human Be-In 1967 alle dazu ein, „sich einzustimmen, einzuschalten und abzuschalten". Diese Vibes kann man auch heute noch beim kostenlosen jährlichen **4:20-Festival** und bei Trommelkreisen auf dem **Hippie Hill** erleben.

WO MAN SICH AMÜSIEREN KANN

Madrone Art Bar
Kunstinstallation mit Bar. An den Motown Mondays und den Global Disco Nights lässt sich sehr gut abtanzen.

Independent
Funk mit George Clinton, Groove mit Reggae-Legenden und Überraschungsshows.

Rickshaw Stop
Blackbox-Club mit Regenbogenspektrum und 1980er-Jahre-Abenden – Beats für alle Altersgruppen.

THE CASTRO

RUND UM DIE UHR OUT & PROUD

Man fährt den in Regenbogenfarben beleuchteten Aufzug an der Castro Muni Station hinauf, bestaunt die riesige Regenbogenflagge, die sich für immer über der Harvey Milk Plaza entfaltet, und lässt alles auf sich wirken … und man weiß, man ist angekommen. Dies ist der beste Ort auf der ganzen Welt, um sich zu outen und stolz zu sein, umgeben von Menschen, die ihre Wahrheit leben.

Das Castro scheint mühelos frei und fantastisch zu sein, doch diese Freiheit wurde hart erkämpft. Als der im Castro arbeitende Geschäftsmann Harvey Milk zum ersten offen schwulen Amtsträger der Nation gewählt wurde, beauftragte er Gilbert Baker und Lynn Segerblom, ein Symbol für den Stolz der Gemeinschaft zu entwerfen: die Original-Regenbogenfahne, die heute im GLBT History Museum im Castro zu sehen ist. Zehn Monate nach seinem Amtsantritt wurde Milk ermordet. Während sich die Community 1981 neu formierte, tauchte eine neue Bedrohung auf: AIDS. Ohne jegliche staatliche Unterstützung wischte sich das Castro die Tränen ab und machte sich an die Arbeit, indem es im STRUT eine Gesundheitsversorgung bereitstellte und Pandemieprotokolle einführte, die noch heute weltweit Leben retten.

TOP TIPP

San Francisco wünscht allen nur das Beste – und bietet eine Gesundheitsversorgung für alle. Das gemeinnützige STRUT-Zentrum im Castro bietet private, kostenlose und kostengünstige Dienste an, darunter PrEP-HIV-Prophylaxe, STI-Tests, Drogenberatung und Selbsthilfegruppen. Die 1979 gegründeten gemeinnützigen Lyon Martin Health Services bieten Frauen, transsexuellen und nicht-binären Menschen unabhängig von ihren finanziellen Möglichkeiten eine spezielle Grundversorgung.

HIGHLIGHTS
1 Rainbow Honor Walk

SEHENSWERTES
2 Corona Heights
3 GLBT History Museum
4 Jane Warner Plaza

AUSGEHEN
5 Twin Peaks Tavern

UNTERHALTUNG
6 Castro Theatre

SHOPPEN
7 Apothecarium
8 Castro Farmers Market
9 Cliff's Variety
10 Crossroads
11 Fabulosa Books

GLBT History Museum

GLBT History Museum

STOLZE MOMENTE DER STADT-GESCHICHTE

Ein Besuch in Amerikas erstem Schwulenmuseum ist eine Zeitreise durch mehr als 50 geschichtsträchtige Jahre im Castro. Gezeigt werden Momente des Stolzes und historische Herausforderungen anhand von bewegenden persönlichen Geschichten und wegweisenden Ausstellungsstücke – darunter Harvey Milks Kampagnenliteratur aus den 1970er-Jahren, die originale handgenähte Regenbogen-Pride-Fahne von 1978 und Keith-Haring-Flyer aus den 1980er-Jahren, die San F rancisco dazu auffordern, „Act Up, Fight AIDS" und Kühlschrankmagnete mit Harvey Milks Worten „Man muss ihnen Hoffnung geben".

Rainbow Honor Walk

ZEICHEN FÜR EIN BESSERES MORGEN

Entlang der Market St und der Castro St ehren 68 Plaketten LGBTIQ+-Persönlichkeiten aus aller Welt – Menschen, die den Weg in die Zukunft bereitet haben, von Nobelpreisträgern bis zu San Franciscos selbsternannter absoluter Kaiserin José Sarria. Viele der Bronze-Porträts zeigen bekannte Gesichter: den Bürgerrechtsführer James Baldwin, den Künstler Keith Haring, die Schriftstellerin Virginia Woolf und die Disco-Diva Sylvester. Zu jedem Porträt gibt es auch eine kurze Biografie, sodass man die Hintergründe der transsexuellen Zuni-Anführerin We'Wha, der Verfechterin der Frauengesundheit Phyllis Lyon und des iranischen Sängers Fereydoun Farrokhzad besser versteht. Die Geehrten werden jeden Abend in Regenbogenlicht getaucht.

Castro Theatre

Castro Theatre

CASTROS WUNDERBARES WAHRZEICHEN

Die Vorführungen im legendären Art-déco-Filmpalast des Castro von 1922 werden von Showtunes auf einer riesigen Wurlitzer-Orgel eingeläutet und gipfeln im Mitsingen der Judy-Garland-Hymne *San Francisco*.

Die fantastischen spanisch-marokkanisch-chinesischen Deko-Innenräume des Architekten Timothy Pflueger wurden kürzlich restauriert und erstrahlen in neuem Glanz, auch wenn erdbebenscheue Einheimische es immer noch vermeiden, unter Pfluegers spitzem Metallkronleuchter zu sitzen. Für All-Star-Drag-Revuen, klassische LGBTIQ+-Community-Veranstaltungen (einschließlich des SF Gay Men's Chorus Holiday Spectacular) und Filmfestival-Premieren – darunter das weltweit größte LGBTIQ+-Filmfestival, **Frameline Film Festival** – gibt es keinen besseren Ort auf der Welt.

Regenbogen Zebrastreifen im Castro

ABENDESSEN IM CASTRO

Frances
Gemütliches Castro-Bistro, mit preisgünstigen Menüs mit 10 bis 15 Gerichten aus frischen Zutaten. Wunderbar für ein Date. **$$$**

Anchor Oyster Bar
Seit 1977 ist die Anchor Oyster Bar Castros bekannt für Austern aus nachhaltigem Anbau und SF *cioppino* (Meeresfrüchteeintopf). **$$$**

Beit Rima
Leckere Meze, inspiriert von der Mutter des Chefkochs Samir Mogannam, darunter knoblauchiger *ful* (Favabrotaufstrich) und rauchiges Shish Taouk (gegrilltes Huhn). **$$**

Mama Ji's
Zur verlängerten Happy Hour serviert Küchenchefin Lily hausgemachte Sichuan-Gerichte, darunter Mother Chen's Bean Curd. **$$**

MEHR IM CASTRO

Dem Regenbogen folgen

SCHWULE TAGE, SCHWULE NÄCHTE

Das Nachtleben hier ist legendär, aber wenn die Sonne aufgeht, strahlt das Castro erst so richtig – am hellen Tag draußen zu sein – out! –, ist eine Freiheit, für die diese Community gekämpft hat und die sie jeden Tag feiert. In der alten Straßenbahn der Linie F geht's die Market St hinunter zur **Jane Warner Plaza**, die an den Kunstinstallationen mit Regenbogenmotiven und den Stammgästen zu erkennen ist, die ihren Körper so viel Sonne wie (legal) möglich tanken lassen.

Von oben zwinkert einem das **Castro Theatre** mit seinem Neonlicht zu. Und unter den Füßen lädt der Rainbow Honor Walk dazu ein, in die Fußstapfen von LGBTIQ+-Pionieren zu treten. Wer über selbige mehr erfahren möchte, kann sich bei **Fabulosa Books** die Biografien lokaler Autoren und Autorinnen ansehen oder im GLBT Museum einen

NOCH WACH – ODER SCHON WACH?

Schließen die Castro-Bars, geht's in SoMa bis zum Morgen weiter. Im SoMas **Leather- and LGBTQ District** (S. 81) kann man zudem sonntags und tagsüber Straßenpartys feiern.

SUPER SCHLAFEN IM CASTRO

Hotel Castro
Die Zimmer sind mit beeindruckenden Fotomosaiken von Harvey Milk und anderen LGBTIQ+-Ikonen geschmückt. **$$$**

Parker Guesthouse
In diesem edwardianischen Anwesen, das sich über zwei sonnengelbe Villen erstreckt, können Schwule stilvoll abschalten. **$$$**

Beck's Motor Lodge
Schickes und zentral gelegenes Motel im Castro (seit 1958). Wurde kürzlich renoviert und bietet eine Dachterrasse und kostenlose Parkplätze. **$$**

kurzen Streifzug durch die Geschichte des Castro unternehmen. Ist man während des Pride-Monats im Juni hier, kann man bei der Pink Party im Castro angesichts der millionenstarken Pride-Parade miterleben, wie Geschichte geschrieben wird.

Die Gay Pride bringt den Verkehr an der Castro St und der 18th St (wo die Fußgängerüberwege Regenbogenstreifen haben) völlig zum Erliegen. An der südöstlichen Ecke werden Unterschriften für Petitionen gesammelt, Straßenaltäre ehren Mitglieder der Community und wenn jemand auf die Play-Taste einer Boom-Box drückt, kann alles passieren – sei es ein weiterer Beyoncé-Flashmob, eine waghalsige Cheerleader-Formation oder ein Lip-Sync-Battle. An der nordwestlichen Ecke zeigt die Anschlagtafel im Freien, was gerade aktuell ist: Partys in der Umgebung, Selbsthilfegruppen für Eltern, politische Spendensammlungen, verlorene Katzen, Bands, die Gitarristen suchen, und – der Dauerbrenner – die Suche nach Leuten, die man aus den Augen verloren hat.

In den Castro-Cafés gibt es ausgezeichneten Kaffee, lockere Gespräche und kostenlose Exemplare des *Bay Area Reporter*, der Zeitung der Community seit 1971, mit einer praktischen BARtab-Beilage, die hilft, Pläne für den Abend zu machen. Um sich für jeden Anlass zu rüsten, bietet **Crossroads** erstklassige Secondhand-Kleidung, **Cliff's Variety** hat Perücken und Kostüme im Angebot, und die Cannabis-Apotheke **Apothecarium** verkauft Ess- und Rauchwaren in einer Lounge, die im *Architecture Digest* vorgestellt wurde.

Am späten Nachmittag belebt sich die Szene, wenn die Leute ihre Arbeit für den **Castro Farmers Market** (März–Nov., Mi) beenden oder für kurze, anstrengende Spazergänge auf die 158 m hohen **Corona Heights**, um romantische Sonnenuntergänge über dem Castro zu genießen.

Die Sonne ist untergegangen? Hierbleiben! Zum Abendessen und/oder für eine Vorstellung im Castro Theatre oder einen Besuch eines Konzerts, oder/und eines Clubs im Zentrum. Man kann sich auch von der Action in den Bars der 18th St mitreißen lassen, wo alle auf ihre Kosten kommen: nicht-binäre Club-Kids, schwule Sportfans, Politiker in Frauenkleidern, lesbische Dramatikerinnen und Lederpapas. Wenn die Musik stimmt, ist das Regenbogenlicht der Castro-Tanzflächen wahrscheinlich vom Weltraum aus zu sehen. Wem all das nicht reicht? Der drücke der Szene einen eigenen Stempel auf. Das ist das Castro!

DANCING SCENE

Drag-Dynamo **Juanita More** veranstaltet die tollsten Tanzpartys der Stadt, darunter **Beat-Pig**, **Princess** und Disco-Galas zu Gunsten lokaler LGBTIQ+-Nichtregierungsorganisationen. Die Schlangen entlang der Market St gelten wahrscheinlich einem der legendären Lesbenabende im **Café** oder der Drag-Star-Disco im **Beaux**. Das **440 Castro** ist an Furry Sundays und in den Wochenendnächten gut besucht, wenn die Go-Go-Boys ihre Hüften schwingen. Im **The Lookout** können Sportfans sich den anderen sonntäglichen Kontaktsportarten widmen, die San Francisco zu bieten hat: Das Queer-Kunstkollektiv **Comfort and Joy** organisiert die hypnotisierende, neonbeleuchtete **Glow Street Fair** im Castro und bringt glückselige radikale Feenenergie ins **Sprung**.

DIE BESTEN HAPPY HOURS IM CASTRO

Midnight Sun
Der Laden macht seinem Motto alle Ehre: gute Stimmung, kräftige Drinks, Bear Fridays und die fabelhafte Media Noche für Latinx.

Moby Dick
Seit 1977 starten hier epische Castro-Nächte mit Seemanns-Spezialitäten, Billard, Flipper und unanständig-nautischer Atmosphäre.

The Edge
Drag-Diven und Leder-Daddys singen gern mal Show-Tunes. Um bei den Popmusik-Trivia-Abenden zu gewinnen braucht man allerdings einen Doktortitel.

MISSION DISTRICT & DOGPATCH

WANDMALEREIEN, FABELHAFTES ESSEN UND LATINX-WAHRZEICHEN

Am besten durchstreift man Mission mit einem Buch in der einen und einem Burrito in der anderen Hand, umgeben von Wandmalereien, Sonnenschein und dem üblichen Publikum aus Leuten, die Filme machen, Lebensmittel verkaufen, Skaten oder sich im Schreiben versuchen. Hier findet man neue Looks, alte Bücher und das ultimative Mission-Souvenir: ein eigenes, neues Talent, inspiriert von der pulsierenden Kunstszene.

Der Namensgeber dieses Distrikts ist der weiße Lehmziegelbau Misión San Francisco de Asís, der auch als Mission Dolores (Mission der Schmerzen) bekannt ist – eine tragische Bezeichnung für die indigenen Zwangsverpflichteten, die von 1776 bis 1782 die Mission errichten mussten. Die harten Arbeitsbedingungen und eingeschleppten Krankheiten führten zum Tod von etwa 5000 Ohlone- und Miwok-Arbeitern, die auf dem von der Mission angeeigneten Ohlone-Land begraben wurden.

Heute bedecken mehrstöckige Wandmalereien die Calle 24 (24th St), das Latino-Kulturviertel San Franciscos. Die Mission St mit ihren Deko-Kinos und protzigen Geschäften galt einst als die „Wundermeile" der Stadt, heute ist es die Valencia St, die von trendigen Boutiquen und Bars gesäumt ist.

TOP TIPP

Der Mission District zieht mit seinen Restaurants, Boutiquen, Galerien und Bars jede Menge Wochenendbesucher:innen an. Die Einkommensunterschiede zwischen den Mindestlohnarbeitern und den Tech-Führungskräften, die hier Seite an Seite leben, sind auffällig. Ist man nachts unterwegs, sollte man östlich der Valencia und in der Nähe der verlassenen Dogpatch-Lagerhäuser vorsichtig sein.

Mission Cultural Center for Latino Arts (S. 99)

THE MISSION & DOGPATCH

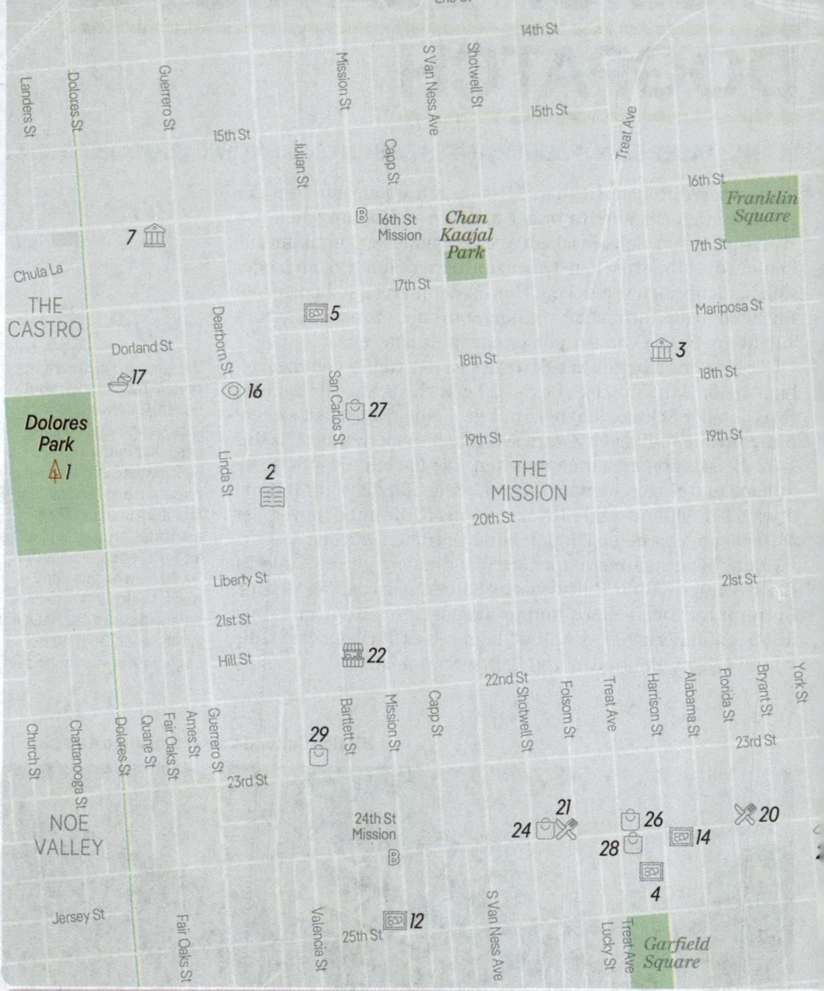

HIGHLIGHTS
1 Dolores Park

SEHENSWERTES
2 826 Valencia
3 Aesthetic Union
4 Balmy Alley
5 Clarion Alley
6 Crane Cove Park
7 Creativity Explored
8 Institute for Contemporary Arts San Francisco (ICASF)
9 Letterform Archive
10 McEvoy Foundation for the Arts
11 Minnesota Street Project
12 Mission Cultural Center for Latino Arts
13 Museum of Craft & Design
14 Precita Eyes
15 SF Center for the Book
16 Women's Building

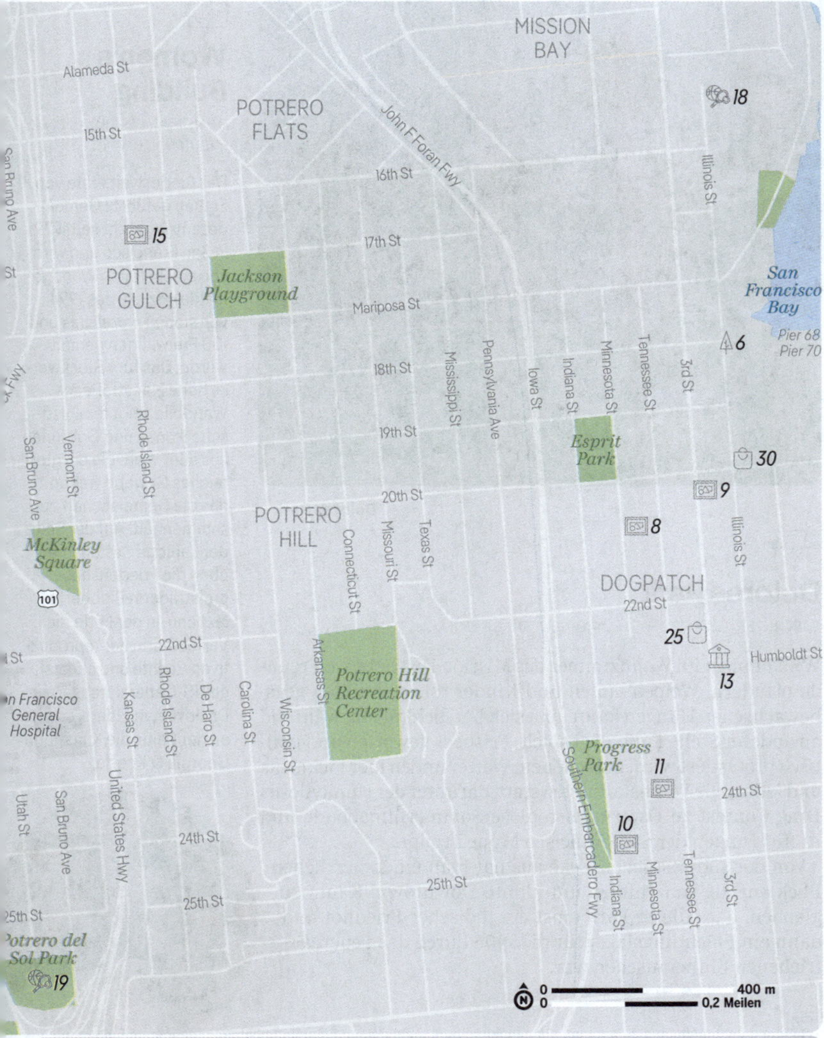

AKTIVITÄTEN, KURSE & TOUREN
17 18 Reasons
18 Chase Center
19 La Raza Skatepark

ESSEN
20 La Palma Mexicatessen
21 La Reyna
22 Mission Community Market

UNTERHALTUNG
23 Brava Theater

SHOPPEN
24 Adobe Books
25 Higher Purpose Cannabis
26 Medicine for Nightmares
27 Mission Comics
28 Mission Skateboards
29 Needles & Pens
30 RH

Dolores Park

Dolores Park

SONNIGER TREFFPUNKT FÜR SPIEL, SPASS UND KULTUR

Willkommen im Wohnzimmer des Mission Districts, wo Freunde plaudern, Welpen laufen und Kinder toben. Auf den grasbewachsenen Hängen kann man sich herrlich räkeln, während an anderer Stelle Fußball gespielt, Frisbees geworfen und politisch protestiert wird. Bei schönem Wetter finden hier Picknicks und kulturelle Veranstaltungen statt, darunter der Hunky Jesus Drag Contest zu Ostern, kostenlose Sommerfilmabende und Aufführungen der San Francisco Mime Troupe.

Von der südwestlichen Ecke aus hat man einen herrlichen Blick auf die von Palmen umrahmte Downtown. Kaum zu glauben, dass dieser Park einst ein jüdischer Friedhof und dann ein Flüchtlingslager für die 1906 durch das Feuer vertriebenen Einheimischen war.

Women's Building

DENKMAL FÜR FRAUEN IM MISSION DISTRICT

Das landesweit erste von Frauen geführte Gemeindezentrum steht seit 1979 in San Francisco und wird von einem tollen Wandgemälde geziert, das 1994 von sieben *muralistas* und 100 Freiwilligen gemalt wurde. Das fünf Stockwerke hohe MaestraPeace-Wandbild zeigt feministische Ikonen und Göttinnen aus aller Welt, die ein glorreiches Gewebe weben, das die Gemeinschaft zusammenhält. Auf der Seite der Lapidge St sieht man oben die Friedensnobelpreisträgerin Rigoberta Menchú, in der Mitte die Verfechterin der reproduktiven Rechte und ehemalige US-Generalstabsärztin Dr. Joycelyn Elders, sowie, an der Seite, die Künstlerin Georgia O'Keeffe.

Balmy Alley

Balmy Alley

FÜNFZIG JAHRE GROSSARTIGER KUNST

Inspiriert von Diego Riveras Wandgemälden aus den 1930er-Jahren und provoziert durch die US-Außenpolitik in Lateinamerika, machten sich die *muralistas* in Mission daran, die politische Landschaft zu verändern – mithilfe von Wandgemälden.Zusammen mit ihren Nachbarn in der Balmy Alley begannen die *mujeres muralistas* (Wandmalerinnen) 1973 mit der Bemalung von Garagentoren und verwandelten eine vernachlässigte Seitenstraße in einen sicheren Durchgang und einen Ort des Stolzes.

Heute ist die Balmy Alley von Wandmalereien aus Jahrzehnten bedeckt, die von der gemeinnützigen Organisation Precita Eyes gepflegt werden – von frühen Frida-Kahlo-Hommagen bis zum Placa-Mahnmal von 1985 für den Erzbischof Óscar Romero aus El Salvador. Ehrenamtliche von Precita Eyes veranstalten an Wochenenden Führungen durch die Balmy Alley und zu Dutzenden weiteren Wandmalereien im Viertel.

Neue Talente entdecken

IM MISSION DISTRICT DIE EIGENE KÜNSTLERISCHE MISSION FINDEN

In San Francisco steht oft die Technik im Mittelpunkt, aber im Mission District ist eine kreative Bewegung im Gang. In der **Clarion Alley** gibt's Meisterwerke aus Sprühdosen, die von einem Straßenkünstler-Kollektiv kuratiert wurden, darunter Tanya Wischeraths Porträts von lokalen Transgender-Vorbildern als Heilige. Nur wenige Wandbilder überleben den Zahn der Zeit in dieser Open-Air-Galerie, aber mit Menschen wie Barry McGee, Alicia McCarthy und Chris Johansen hat diese Gasse mehr Stars hervorgebracht als die meisten Kunstschulen. Um Talente bei der Arbeit zu sehen, lohnt sich ein Besuch der gemeinnützigen Organisation **Creativity Explored**.

Kreativ Interessierte können an einem Grafikworkshop im **Mission Cultural Center for Latino Arts** teilnehmen, das seit 1977 Plakate gestaltet. Bei **Aesthetic Union** werden mit einer alten Heidelberger Druckmaschine Drucke mit politisch-gesellschaftlichen Slogans erstellt. Bei Workshops kann man seine eigenen Slogans drucken.

Wortschmiede sollten sich **826 Valencia** nicht entgehen lassen, das gemeinnützige Schreib- und Verlagszentrum mit einem Piratenladen, in dem es alles gibt, was man als Pirat braucht – Augenklappen, Spionagebrillen, Meerjungfrauenabwehrmittel – sowie McSweeney's Literaturanthologien und Bücher, die von Kindern in diesen Räumlichkeiten geschrieben wurden. Wer Comic-Helden persönlich treffen möchte, sollte zu **Mission Comics** gehen, wo es Signierstunden, Werbegeschenke und Ausstellungen bedeutender Comic-Macher:innen gibt, darunter *Poison Ivy*-Zeichnerin Jessica Fong und *Supergirl*-Autorin Mariko Tamaki. Bei **Needles and Pens** kann man sich mit Büchern in Miniauflagen und 'Zines eindecken, und im **SF Center for the Book** lernt man, sein eigenes Buch zu binden.

Wer nach all der Kreativität hungrig geworden ist, kann sich bei der gemeinnützigen Organisation **18 Reasons** ein eigenes Festmahl zubereiten. Die von Köchen geleiteten Kurse reichen von grundlegenden Dingen (Messerkunst, Käseherstellung und Kekse) bis hin zu Spezialitäten (Quesabirria, Lasagne und malaysische Torten). Für den schnellen Hunger gibt es Gebäck bei Flour Chylde und *cochinita pibil* (langsam gebratenes Schweinefleisch) bei Chaac Mool.

STARS DER FOOD-SZENE

Reem's Mission
Reem Assil serviert sensationelle palästinensisch-kalifornische Hausmannskost, darunter frisch gebackenes *mana'eesh*-Fladenbrot. $

Old Skool Café
Gemeinnütziges, von Jugendlichen geführtes Restaurant. Bietet Kochausbildung für junge Menschen. Serviert mit kreolischem Soul Food den dekadentesten Brunch der Stadt. $$

Chicano Nuevo
Die lokale Street-Food-Legende Abraham Nuñez erfindet mit verfeinerten Klassikern mit rauchigem Mezcal Party-Essen im Mission District neu. $

Osito
Küchenchef Seth Stowaway zaubert mehrgängige Menüs, die saisonale kalifornische Inspirationen einfangen. $$$

WO ES DIE BESTEN MISSION-BURRITOS GIBT

La Taqueria
Der James-Beard-Award-Gewinner stellt Puristen zufrieden: gegrilltes Fleisch, langsam gekochte Bohnen, *mesquite salsa* und Mehltortillas. $

La Corneta
Hier gibt's tolle Garnelen-Burritos mit würzigen Zwiebeln und *salsa verde*. $

El Farolito
Preiswerte, riesige Festmahle zu später Stunde, mit reichlich *carnitas* oder geräuchertem *carne asada*. $

LOCAL TIPP: MEIN MISSION DISTRICT

Alejandro Murguía ist Poet Laureate von San Francisco, Gewinner des American Book Award, Mitbegründer des Mission Cultural Center for Latino Arts und Professor für Latinx Studies an der San Francisco State University.

Mission-Feste
Poesie existiert überall um uns herum. Beim **Flor y Canto Literary Festival** in der Balmy Alley hören wir Maya-Segenswünsche, beim **Carnaval** brasilianische Samba-Gesänge und beim **Paseo Poético** mehrsprachige Poesie in den *panaderías* und im Brava Theater.

Literarische Wahrzeichen
An der Ecke 24th St und Folsom ehrt ein Wandgemälde von Precita Eyes Alfonso Texidor, den Herausgeber des Lyrikteils von *El Tecalote*. Das neue Wandgemälde von Juana Alicia an der **Mission Branch Library** zeigt einen blühenden *nopal* (Kaktus – ein Symbol des Widerstands) an einer Bibliothek, die von dem Kapitalisten Andrew Carnegie erbaut wurde. Auch das ist Poesie.

Die Faszination von Calle 24

SPAZIERGANG ZWISCHEN *LEYENDAS* (LEGENDEN)

Betritt man Calle 24, das Latino-Kulturviertel von San Francisco rund um einen Abschnitt der 24th St, fallen die Schritte in einen befreienden Rhythmus. Überall locken Düfte ... von blühenden Bäumen, frischem Kaffee, von *pan dulce* in historischen *panaderías* (Bäckereien). Monumentale Wandmalereien erstrecken sich bis hinauf zu den viktorianischen Erkerfenstern. Mit Pappmaché geschmückte Schaufenster laden zum Anhalten, Schauen und Staunen ein. Kein Wunder, dass täglich über 4000 Menschen durch *el corazón de la Misión* – das pulsierende Herz des Mission District – schlendern.

Die Wandmalereien in der Calle 24 sehen immer frisch aus, dank **Precita Eyes**, einer gemeinnützigen Organisation, die alte Wandmalereien restauriert, neue beauftragt und Führungen organisiert. Um zu sehen, wo die Wandmalerei-Bewegung begann, biegt man in die Balmy Alley ein (S. 98). Am Día de los Muertos ist die Balmy Alley gesäumt von *ofrendas* (Altären) zu Ehren der Vorfahren und Ikonen der Gemeinde, die mit Orangen-Anis-*pan de muerto* aus der *panadería* **La Reyna** geschmückt sind.

Für Skater hält die Balmy Alley zwei Hotspots bereit: **La Raza Skatepark** und **Mission Skateboards**. Der Besitzer und Street-Skate-Legende Scot Thompson hat es sich zur Aufgabe gemacht, Neulinge und Profis gleichermaßen mit von Künstlern entworfenen Decks, individuellen T-Shirts und Stapeln von San Franciscos *Thrasher*-Magazin auszustatten.

Bücher sind eine weitere Obsession im Calle 24. Als die Buchläden in der Nachbarschaft Kunden an Online-Megastores verloren, schlossen sich die Leser zusammen und verwandelten **Adobe Books** und **Medicine for Nightmares** in von Mitgliedern unterstützte Kollektive. Immer einen Besuch wert: Die Calle 24-Buchhandlungsevents und die Premieren im **Brava Theater**, das in einem fabelhaften Deko-Theater von 1926 Originalwerke von Frauen, BIPOC- und LBGTQI+-Talenten aufführt.

Außergewöhnliche Kunst im Dogpatch

IMMERSIVE KUNST BEI DEN DOCKS

Seitdem die Straßenbahn der Linie T das Dogpatch-Viertel am Wasser mit Downtown verbindet, haben die Einheimischen erkannt, dass es ein Leben jenseits der Spiele der Golden State Warriors im **Chase Center** gibt. Zwischen monumentalen Hafenmaschinerien bieten sich atemberaubende Ausblicke auf die Bucht, die man am besten bei einem sonnigen Spaziergang durch den **Crane Cove Park** genießen kann. Achtet man für einen Moment weniger auf die futuristischen Tech-Startups und

AUSGEHEN IM STIL DES MISSION DISTRICT

Trick Dog
Originelle, preisgekrönten Cocktails, inspiriert von der Poesie und den Wandbildern des Mission District.

Wild Side West
Seit den 1960er-Jahren (als Janis Joplin Billardtisch-Rummach-Sessions erfand) im Besitz von Lesben.

The Homestead
Während der Prohibition gab's in diesem 120 Jahre alten Saloon Geheimfächer in den Tischen – für Shots.

Chase Center

TADA IMAGES/SHUTTERSTOCK ©

das psychedelische **Portola Music Festival** am Pier 80, wird man feststellen, dass die alten Lagerhallen von Dogpatch vor Kunst nur so strotzen.

Die Kunstszene hat sich des Dogpatch vor fünf Jahren bemächtigt, als die Risikokapitalgeber Deborah und Andy Rappaport das **Minnesota Street Project** eröffneten, um jenen Künstlerateliers und Galerien einen Platz zu geben, die durch die Mietpreise aus dem Zentrum verdrängt wurden. Die Ausstellungen im Minnesota Street Project sind kosten- und furchtlos. Erwähnenswert sind die Ausstellungen von Anglim/Trimble, die Traumlandschaften der Harwood Gallery und die farbenfrohen Skulpturen von Rena Bransten.

Überall im Dogpatch gibt es Kunstausstellungen, die zum Mitmachen einladen. Das neue gemeinnützige **Institute for Contemporary Arts San Francisco (ICASF)** ist innen und außen mit experimenteller Kunst zu drängenden Themen wie dem Klimawandel ausgestattet. Der Eintritt ist hier und bei den thematischen Ausstellungen kalifornischer Kunstschaffender der **McEvoy Foundation for the Arts** frei. Im **Museum of Craft & Design** verwandeln Installationen die Galerien in Fabrikhallen, während das gemeinnützige **Letterform Archive** die beeindruckende Produktion von Protestschildern, Buchkunst und Punk-Zines der Bay Area vorstellt. Nach dem Galeriebesuch im Dogpatch kann man bei **Ungrafted** mit den Sommeliers Rebecca Fineman und Chris Gaither kalifornische Weine verkosten. Oder man besucht das von Latina geführte Cannabis-Startup **Higher Purpose Cannabis**, wo „hohe" Kunst eine neue Bedeutung erhält.

MISSION-SÜSS-SPEISEN, DIE DAS WARTEN LOHNEN

Craftsman & Wolves
Das Gebäck schmeckt noch besser, als es auf Instagram aussieht (wie z.B. der juwelenartige „Jadestein" aus weißer Schokolade). $

Tartine
Tres leches-Kuchen mit *cajeta*-Glasur und bayerischen Passionsfrucht-törtchen. Traumhaft. $

Bi-Rite Creamery
Bei Sonnenschein im Dolores Park bilden sich lange Schlangen für Eisbecher mit gesalzenem Karamell- und Balsamico-Erdbeereis. $

Stonemill Matcha
Teatime ist eigentlich nur eine Ausrede für schwarze Sesam-Cremetörtchen und Matcha-Sahnetorte. $

SHOWS IM MISSION DISTRICT

Bottom of the Hill
Ganz oben auf der Liste für Punk-Ikonen und Indie-Rocker; allein schon wegen der Namen lohnt sich ein Besuch.

The Chapel
Kalifornisches Kunsthandwerksdenkmal von 1914 mit himmlischer Akustik.

ODC
Mutige, rohe Darbietungen innovativer Tänzerinnen und Tänzer im ODC Dance Commons.

GOLDEN GATE PARK & THE AVENUES

NATURWUNDER & AUSGEFALLENE KUNST

San Francisco hat eine wilde Ader. Sie ist ca. 800 m breit und rund 5 km lang. Im Golden Gate Park können die Einheimischen tun, wonach ihnen der Sinn steht: Rollschuhlaufen, Trommeln schlagen, Seesterne streicheln, an Orchideen schnuppern und mit einer Bisonherde in Richtung Pazifik stürmen.

Kaum zu glauben, dass diese üppigen 410 ha einst Sanddünen waren und dass die Einwohner von San Francisco dieses Fleckchen Erde seit 1866 über die geschäftlichen Interessen von Kasinos und Resorts gestellt haben. Dank des einzigartigen Mikroklimas beherbergt der Park inzwischen seltene Pflanzen aus aller Welt und Außergewöhnliches an jeder Ecke. So gibt es hier Gratiskonzerte, Miniatur-Jachtregatten, unterirdische Kunstschätze, gesprächige Pinguine und ruhige Mammutbaumhaine. Und dann wären da auch noch die California Academy of Sciences, das de Young Museum und die Gärten des Golden Gate Park.

TOP TIPP

Selbst wenn sich die Stadt in der kalifornischen Sonne räckelt kann der Nebel am Golden Gate Park bis zum Meer reichen. Bei Spaziergängen unbedingt eine Windjacke mitnehmen, um sich vor Böen an der Küste zu schützen, außerdem warm anziehen – die Temperaturen können am selben Tag zwischen 10 °C und 21 °C schwanken. Im Juli und im „Fogust" kann es geradezu eisig werden.

Japanese Tea Garden im Golden Gate Park

ECE CHIANUCCI/SHUTTERSTOCK ©

Osher Rainforest Dome, Academy of Sciences

Academy of Sciences

WO SICH SAN FRANCISCO FÜR WISSENSCHAFT BEGEISTERT

Kaum meint man, alles gesehen zu haben, landen im Osher Rainforest Dome blaue Schmetterlinge auf den Schultern und in der African Hall watscheln Pinguine auf einen zu. Die Tradition der Academy für verrückte wissenschaftliche Einfälle reicht bis 1853 zurück, und bei der Umgestaltung 2008 durch den renommierten Architekten Renzo Piano wurden Tausende von lebenden Tieren unter einem ca. 1 ha großen, mit Wildblumen bewachsenen Dach untergebracht. Nachtschwärmer können donnerstags bei der Ü21-NightLife-Party mit Cocktails und Planetariumsshows feiern. Während der Academy Sleepovers schlafen die Kinder zwar technisch gesehen meist nicht, aber sie könnten der Startschuss für eine vielversprechende Karriere als Wissenschaftler sein.

de Young Museum

BAHNBRECHENDE KUNST AUS ALLER WELT

Folgt man den künstlichen Erdbebenverwerfung des Bildhauers Andy Goldsworthy durch den Innenhof kommt man zu fantastischen immersiven Ausstellungen, von Faith Ringgolds erzählenden Quilts bis zu Ansel Adams' weiten, silbrig schimmernden Yosemite-Fotografien. Das de Young verfolgt kühn Ideen über Jahrhunderte, Kontinente und Kunstformen hinweg, sodass man nie weiß, was einen in der nächsten Galerie erwartet – man könnte plötzlich ozeanischen Zeremonialmasken oder dem Sarkophag von Ramses dem Großen gegenüberstehen. Ein Aufzug führt den 44 m hohen Science-Fiction-Aussichtsturm hinauf. Von hier kann man den Park überblicken oder die Wolken in James Turrells erhabener Skyspace-Installation beobachten, die sich unter dem Skulpturengarten verbirgt. Mit dem Ticket erhält man am selben Tag kostenlosen Eintritt in die Legion of Honor (S. 107).

de Young Museum

Die Gärten des Golden Gate Park

ZAUBERHAFTE NATUR

Dank des Mikroklimas von San Francisco und engagierter Gärtner und Gärtnerinnen blühen im **San Francisco Botanical Garden** im Golden Gate Park das ganze Jahr über Pflanzen aus aller Welt, und im **Japanese Tea Garden** trotzen jahrhundertealte Bonsai den Stürmen. In den großen Gewächshäusern des **Conservatory of Flowers** blühen seltene Orchideen neben fleischfressenden Pflanzen.

Diese Traumlandschaft eines städtischen Gartens galt als unmöglich, als sie 1866 von den Wählern in San Francisco gefordert wurde. Die Planung oblag dem Bauingenieur William Hammond Hall, der darauf bestand, dass der Golden Gate Park statt den geplanten Kasinos und Rennbahnen der Natur gehören sollte. Heute kann man mit einer Tageskarte beide Gärten und das Gewächshaus am selben Tag besuchen.

GOLDEN GATE PARK & THE AVENUES

HIGHLIGHTS
1 Academy of Sciences
2 de Young Museum
3 Golden Gate Park
4 Legion of Honor
5 San Francisco Botanical Garden

SEHENSWERTES
6 Bison-Koppel
7 Conservatory of Flowers
8 Japanese Tea Garden
9 Lands End
10 Lincoln Park
11 Ocean Beach
12 Spreckles Lake
13 Stow Lake
14 Sutro Baths

AKTIVITÄTEN, KURSE & TOUREN
15 Bogenschießplatz
16 Kinderspielplatz
17 Disc-Golfplatz
18 Golden Gate Municipal Golf Course
19 Hufeisengruben
20 San Francisco Lawn Bowling Club

SHOPPEN
21 Aqua Surf Shop
22 Mollusk

Mountain Lake
N
0
0
1 km
0,5 Meilen
Sacramento St
California St
Lake St
California St
Clement St
Park Presidio Blvd
Geary Blvd
THE RICHMOND
7th Ave
6th Ave
5th Ave
4th Ave
Rossi Playground
Anza St
Arguello Blvd
Balboa St
23rd Ave
22nd Ave
21st Ave
20th Ave
19th Ave
18th Ave
17th Ave
16th Ave
15th Ave
14th Ave
Funston Ave
12th Ave
11th Ave
10th Ave
9th Ave
8th Ave
3rd Ave
2nd Ave
19
Fulton St
Park Presidio Blvd
7
John F. Kennedy Dr
de Young Museum
2
Lloyd Lake
Academy of Sciences
Golden Gate Park
Stow Lake
8
1
P
20
13
3
Strawberry Hill Island
16
Kezar Dr
5
San Francisco Botanical Garden
Elk Glen Lake
Martin Luther King Dr
Lincoln Way
5th Ave
4th Ave
2nd Ave
Carl St
Irving St
Parnassus Ave
24th Ave
23rd Ave
22nd Ave
21st Ave
20th Ave
19th Ave
18th Ave
17th Ave
16th Ave
15th Ave
14th Ave
Funston Ave
12th Ave
11th Ave
10th Ave
9th Ave
8th Ave
7th Ave
Kirkham St
Interior Park Belt

ESSEN, FÜR DAS KEIN WEG ZU WEIT IST

Mamahuhu
Beliebte chinesisch-amerikanische Klassiker, die mit frischen regionalen Zutaten raffiniert aufgepeppt werden. **$$**

Outerlands
Wunderbares Strandbistro, Bietet kalifornische Bio-Kost mit frisch gebackenem Fladenbrot. Die holländischen Pfannkuchen mit hausgemachtem Ricotta sind der Hammer. **$$**

Um.ma
Im geselligen, geschützten Hinterhof versammelt man sich um Tische mit eingebauten Grills für *kalbi* (Rippchen), gebratenen Kimchi-Reis und Seafood-Pfannkuchen. **$$$**

Dragon Beaux
In diesem dekadenten kantonesischen Restaurant trifft Hongkong auf Las Vegas. Serviert werden saftige Braten und kreative Knödel, darunter auch mit Brandy versetzte XO-Knödel. **$$**

Wanderer auf dem Coastal Trail

MEHR IM GOLDEN GATE PARK & IN THE AVENUES

Der Coastal Trail

DIE BESTE WANDERROUTE DER STADT

Der 17 km lange Weg, der am ehemaligen Militärstützpunkt **Fort Funston** beginnt, ist heute Teil der Golden Gate National Recreation Area. Von den Silos in Fort Funston wurden nie Atomraketen abgeschossen; sie werden heute als Absprungplätze für Drachenflieger genutzt. Winzige, vom Aussterben bedrohte Uferschwalben nisten hier von März bis Juli und bohren zur Sicherheit Löcher tief in die Sandsteinklippen.

Der 6,4 km lange **Ocean Beach** beginnt in den grasbewachsenen Süddünen, die im Winter von Schneeregenpfeifern bevölkert werden. Auf dem sandigen Abschnitt kommt man an zwei Wahrzeichen des Golden Gate Park vorbei: Die südliche **Murphy Windmill** von 1908 treibt noch immer die Bewässerung des Parks an, die nördliche **Dutch Windmill** von 1902 ist im Frühjahr von Tulpen umgeben. Zudem trifft man hier auf hartgesottene Strandfans und Surfer, die den Brandungsrückströmungen trotzen (Freizeitschwimmer aufgepasst). Wer sich der Herausforderung stellen will: bei **Mollusk** gibt's spezielle Boards und bei **Aqua Surf Shop** Leihausrüstung und Empfehlungen von Surflehrern. Am Ocean Beach, dem Originalschauplatz des Burning Man, dürfen von März bis Oktober bis 21.30 Uhr nur Lagerfeuer in 16 von Kunstschaffenden gestalteten Feuerstellen gemacht werden.

HEISSE GETRÄNKE IM GOLDEN GATE PARK & THE AVENUES

Beach Chalet
Vorbei an Fresken aus den 1930er-Jahren geht's nach oben, von wo man den Surfern am Ocean Beach zusehen kann.

Plough & the Stars
Guter Irish Coffee und ein ordentlich gezapftes Guinness; dazu gibt's keltische Jamsessions.

Java Beach Café
Nach einem Besuch am Ocean Beach kann man sich u.a. mit *cascara* aufwärmen, einem Hibiskusblüten-Drink.

Auf dem frisch restaurierten Coastal Trail in der Nähe der Ruinen der **Sutro Baths** fordern Seehunde einen dazu auf, durch die Meereshöhle zu wandern, um einen Blick auf das Ende der Welt zu erhaschen. Um die Klippen von **Lands End** herum bietet sich ein von Kiefern eingerahmter Ausblick auf den Pazifik, der bei Ebbe einen Blick auf Schiffswracks und das Panorama der Golden Gate Bridge (S. 62) ermöglicht.

Im **Lincoln Park** kommt man an Hochzeitsgesellschaften und Golfern vorbei, und in der **Legion of Honor** stößt man auf unerwartete Kunstschätze, von Seerosen Monets bis zu John Cage-Klanglandschaften. Die Legion ist eine Hommage an die kalifornischen Veteranen des Ersten Weltkriegs, die der Stadt von „Big Alma" de Bretteville Spreckels, San Franciscos Bildhauermodell und milliardenschwerer Philanthropin, geschenkt wurde. Oben interagieren zeitgenössische Kunstwerke mit Big Almas Sammlungen von Rodin-Skulpturen und impressionistischen Gemälden. Im Erdgeschoss reichen die Ausstellungen von Guo Peis Fantasie-Couture bis zu Picassos Skizzenbüchern.

Ausgefallene Outdoor-Abenteuer

SELBST ZUM ATHLETEN WERDEN

Im Golden Gate Park (S. 103) kann man seinen eigenen Triathlon entwerfen. Hier gibt es u. a. wettkampftaugliche **Hufeisengruben**, einen **18-Loch-Disc-Golfplatz** und einen erschwinglichen Golfplatz mit neun Löchern. Der **San Francisco Lawn Bowling Club** hält den Ball seit 1901 auf Amerikas erstem öffentlichen Rasen-Bowlingplatz am Rollen. Auf dem **Bogenschießplatz** des Parks bieten Trainer der Golden Gate Junior Olympic Archery Division Bogenschießkurse an (ab 8 Jahren).

Kinder lieben den **Kinderspielplatz** im Südosten des Parks, der mit einer Kletterwand, Betonrutschen und einem Loof-Karussell von 1912 ausgestattet ist. Kleine, aber heftige Wettkämpfe finden am Wochenende bei den Miniatursegelregatten auf dem **Spreckles Lake** statt, wo das Boot, das man anfeuert, vielleicht von einer Schildkröte geschlagen wird. Auf dem **Stow Lake** kann man Tretboote, Ruderboote und Elektroboote mieten.

Der John F. Kennedy Dr ist an Wochenenden östlich des Crossover Dr für den Autoverkehr gesperrt, um allen, die laufen, radfahren, skaten und/oder träumen wollen, Platz zu bieten. An den Wochenenden kann man hier an genialen Rollerdisco-Sessions teilnehmen und beim Lindy Hop in the Park kostenlosen Swing-Tanzunterricht erhalten.

Für noch mehr Action bietet der Park vier Fußballplätze, 21 Tennisplätze, 19 km Reit-, 12 km Rad- und jede Menge Laufwege. Und nicht vergessen: Hier gibt's eine **Bison-Koppel**, in der seit 1899 die sanfte Herde San Franciscos zu Hause ist.

SHOWS IM PARK

Hardly Strictly Bluegrass
Bei den dreitägigen und kostenlosen Konzerten im Park ist der Westen ganz schön wild.

Flower Piano
Mehr als 50 Pianisten aus San Francisco bringen dem Botanischen Garten ein Ständchen.

Outside Lands
Eines der besten Festivals der USA mit Top-Acts und fröhlichen Ausschweifungen bei Wine Lands.

Night Bloom
Bei dieser psychedelischen Licht- & Musikshow Im Conservatory of Flowers lebt die Flower-Power weiter.

4:20
Wenn Bands am 20. April kostenlose Konzerte geben ist der Hippie Hill noch funkiger als sonst.

DIE BESTEN BACKWAREN IM GOLDEN GATE PARK & THE AVENUES

Pineapple King
Lockere, mit Ananas gesüßte Brötchen, mit unvergesslichen Füllungen. $

Cinderella Bakery
Königliches russisches Gebäck – Kirschstrudel, *blinchiki* (Crepes) mit Kaviar – zu bezahlbaren Preisen. $

Ariscault
Croissants, die auf der Zunge zergehen, und flockige, mit karamellisiertem Zucker überkrustete Koign-*amann*. $

MARIN COUNTY & BAY AREA

HERRLICHE HÜGEL UND SCHILLERNDE STÄDTE

Wilde Wanderwege am Pazifik, Fähren in der Bucht, prächtige Mammutbäume und üppig gedeckte Tafeln – das Marin County und die Bay Area geizen nicht mit ihren Reizen.

Die San Francisco Bay Area bietet eine Fülle an Naturschätzen und spannenden Wildtieren. Im Marin County jenseits der Golden Gate Bridge schützen altehrwürdige Redwood-Wälder vor der Sonne, während am Strand von Point Reyes Seeelefanten chillen. Grauwale blasen im tosenden Meer vor der zerklüfteten Küste Fontänen und Falken ziehen über unberührtem Sand und den schroffen Hügeln der Marin Headlands ihre Kreise.

SUNDRY PHOTOGRAPHY/SHUTTERSTOCK ©

In der East Bay ist Oakland jener vielfältige, unglaublich stolze Ort, der San Francisco wohl einst war. Berkeley wiederum war die Keimzelle der Locavore-Bewegung und steht Hand in Hand mit seiner traditionsreichen Universität weiterhin an vorderster Front, wenn es um Umweltschutz und linksgerichtete Politik geht. Im Norden warten raue Küstenstädte und Nationalparks, die auch an fast vergessene Kapitel der Geschichte erinnern.

Die weltoffene, faszinierende Stanford University ist die Seele von Palo Alto, das wiederum das Herz von Silicon Valley ist, dem Land der Startup-Legenden und protzigen Milliardäre. Einer Weltreise, ohne die Stadt zu verlassen, gleicht San Jose, das unauffällige Machtzentrum, das die Geschicke des Tals lenkt.

Südlich von San Francisco schlängelt sich der Hwy 1 112 km hinunter nach Santa Cruz – vorbei an schier endlosen unbebauten Küstenabschnitten. Vor der Küste tummeln sich Wale, es gibt Robben und Seeotter. Unzählige Sandstrände und Dünenstreifen liegen inmitten von Feuchtgebieten und Redwoods. In Half Moon Bay, Pescadero oder einem anderen kleinen Ort sollte man eine Stunde – oder gleich einen ganzen Tag – verweilen.

DIE WICHTIGSTEN ZIELE

SAUSALITO	POINT REYES	OAKLAND	BERKELEY
Tor zu den Wundern des Marin County. S. 114	Wilde Natur. S. 121	Lebendig und dynamisch. S. 125	Spritzig und doch vornehm. S. 132

MANISHA26/SHUTTERSTOCK ©

Links: Blick auf die San Francisco Bay von Sausalito (S. 114); Oben: Point Reyes (S. 121)

PALO ALTO
Das gut betuchte Zentrum des Silicon Valley. S. 139

SAN JOSE
Pulsierend und multikulturell. S. 143

HALF MOON BAY
Highlight am Hwy 1. S. 145

Erste Orientierung

Die Bay Area umschließt die San Francisco Bay, was die große Region in sehr individuelle Gebiete unterteilt – man kann San Jose schlicht nicht mit Berkeley verwechseln (und so weiter). Die Küsten dagegen wirken in ihrer rauen Schönheit und ihren Reizen viel einheitlicher.

Sausalito, S. 114

Diese gut per Fähre erreichbare Stadt mit Bohème-Wurzeln direkt an der Bucht ist das Tor zu den Marin Headlands, zu Muir Woods, dem Hwy 1 und Point Reyes.

Berkeley, S. 132

Die berühmte Universitätsstadt lässt sich wunderbar zu Fuß erkunden, vom Campus bis zu den umliegenden Stadtvierteln. Im Norden warten überraschend tolle Nationalparks.

Point Reyes, S. 121

Diese wunderschöne Meeresküste verfügt über kilometerlange, von Wellen umspülte Strände, und an manchen wimmelt es nur so von riesigen Seeelefanten. Hier kann man einen Nachmittag oder auch länger verweilen, bevor es auf dem Hwy 1 weitergeht.

Oakland, S. 125

Die große Stadt auf der anderen Seite der Bucht von San Francisco bietet faszinierende, zu Fuß erkundbare und kontrastreiche Stadtteile mit einigen der besten Restaurants der Region.

Half Moon Bay, S. 145

Der Knotenpunkt des sensationellen Abschnitts des Hwy 1 zwischen San Francisco und Santa Cruz. Die unzähligen Strände und Parks im Norden und Süden sind einfach überwältigend.

Palo Alto, S. 139

Das Herz des Silicon Valley besticht durch seine reizvolle Innenstadt und den edlen Charme der Stanford University. In der näheren Umgebung finden sich wunderschöne Grünflächen und führende Tech-Titanen.

San Jose, S. 143

Die drittgrößte Stadt des Bundesstaates ist ein Geflecht aus internationalen Vierteln, in denen man mexikanische, vietnamesische, japanische und andere Kulturen erleben kann. Sie liegt unweit der Sehenswürdigkeiten des Silicon Valley.

FÄHRE

Ein ständig wachsendes Fährennetz verbindet die Städte rund um die Bucht schnell und landschaftlich reizvoll. So kann man Sausalito besuchen und gelangt nach Larkspur und zum Smart-Zug nach Norden. Oakland und Alameda sind ebenfalls leicht zu erreichen.

AUTO

Ideal, um die Bay Area zu erkunden. Den Hwy 1 nördlich und südlich der Golden Gate erlebt man am besten mit der Freiheit eines eigenen Fahrzeugs. In den großen Städten der East Bay und der Peninsula braucht man aber kein Auto.

ZUG

Die Bay Area ist per Zug gut angebunden. BART bietet schnelle Verbindungen von San Mateo über San Francisco zu allen wichtigen Punkten in der East Bay. Auch Caltrain, das die Peninsula von SF über Palo Alto nach San Jose verbindet, ist empfehlenswert.

Perfekte Tage

Im Marin County und der Bay Area kann man seine Zeit damit zubringen, einen einzigen Ort ausgiebig zu genießen, oder aber man geht seiner Reiselust nach.

Seeelefant am Drakes Beach (S. 122)

Wenig Zeit

● Auf ins Marin County! Aus Richtung San Francisco kann man mit der Fähre nach **Sausalito** (S. 114) übersetzen und zu Mittag essen. Danach geht es über **Fort Baker** (S. 115) und die Golden Gate Bridge zurück nach SF. Oder man fährt tiefer in das County hinein und nimmt den Shuttlebus zum **Muir Woods National Monument** (S. 118), um die überwältigende Kraft der uralten Mammutbäume zu spüren.

● Mit dem Auto lohnt sich ein Halt an den **Marin Headlands** (S. 117), um die herrliche Aussicht zu genießen. Dann folgt man dem Hwy 1 nach Norden durch Strandorte wie **Stinson Beach** (S. 119). Den Abschluss bildet das **Point Reyes National Seashore** (S. 121), wo Strände sich mit unberührter Natur verbinden. Zudem kann man hier (in der Saison) Seeelefanten sehen.

Beste Reisezeit

Der Winter kann Regen bringen, aber die Temperaturen in der Bay Area sorgen anderswo in den USA für Neid. Frühling und Herbst sind wunderschön, während das Sommerwetter von kühl bis heiß reicht.

JANUAR

Winterstürme (in Jahren ohne Dürre) bedeuten Treibholz an den Stränden, stürmische **Brandung** und **Lachslauf** in einigen Flüssen der Mammutbaumwälder.

MÄRZ

Mit dem Frühling wechselt das Braun der **Hänge** zu leuchtendem Grün, gesprenkelt mit orangefarbenen kalifornischen Mohnblumen.

MAI

In Alameda trägt man Schwarz beim **World Goth Day Festival**; in Berkeley ehrt man Autoren beim **Bay Area Book Festival**.

Drei Tage Zeit

● Nach dem unumgänglichen Marin County ist die East Bay Pflicht. **Oakland** (S. 125) und **Berkeley** (S. 132) grenzen direkt aneinander und bieten mit ihren völlig unterschiedlichen Persönlichkeiten Aktivitäten und Essensoptionen für mehrere Tage.

● In Oakland lohnt sich ein Besuch im **Oakland Museum of California** (S. 127) für einen aufschlussreichen Einblick in den Staat. Nach einem Spaziergang um den **Lake Merritt** (S. 129) empfiehlt sich ein Abstecher zum **Jack London Sq** (S. 127), um dort (wie einst er selbst) einen Drink zu nehmen.

● In Berkeley spaziert man über den **Campus der Cal University** (S. 134) und genießt ein hervorragendes Essen. Dann geht es in den Norden nach Richmond zum **Rosie the Riveter WWII Home Front National Historic Park** (S. 137).

Länger Zeit

● Mit dem Auto geht es auf den Hwy 1, südlich von **Pacifica** (S. 148). Das empfiehlt sich sogar, wenn man nur einen Tag Zeit hat. Die **112 km nach Santa Cruz** (S. 147) machen diesen Abschnitt der legendären Straße zu einer der schönsten Strecken der Welt. Halte an jedem Strand, der dir ins Auge sticht, aber sei dir bewusst, dass du einen Monat oder mehr brauchen würdest, um alle Strände zu sehen. Es gibt Buchten wie den **Gray Whale Cove State Beach** (S. 149) und weitläufige Areale wie den **Gazos Creek State Beach** (S. 149).

● Nach einer Mittagspause in der **Half Moon Bay** (S. 145) oder **Pescadero** (S. 149) geht es zurück nach SF oder weiter nach Santa Cruz und darüber hinaus.

JUNI

Auf der **Marin County Fair** stehen die köstlichen Lebensmittel der Region ebenso im Mittelpunkt wie Fahrgeschäfte, Stalltiere und Feuerwerk.

AUGUST

Das Silicon Valley feiert auf der **Santa Clara County Fair** Kunst, Landwirtschaft, Wissenschaft, Ingenieurswesen und alles, was mit Technik zu tun hat.

OKTOBER

Das **Mill Valley Film Festival** zeigt unabhängige Filme; das **Half Moon Bay Art & Pumpkin Festival** (S. 146) feiert die Halloween-Ikone.

DEZEMBER

Im Children's Fairyland in Oakland findet eines der interessantesten und kulturell vielfältigsten Winterfestivals der Bay Area statt: **Fairy Winterland**.

SAUSALITO

Das zauberhafte Sausalito liegt perfekt an einem sicheren kleinen Hafen in der Bucht. Der Ort ist nach den Zwergweiden benannt, die hier früher an den Bächen wuchsen. Berühmt sind vor allem die bunten Hausboote, die in der Bucht dümpeln. Vom wohlhabenden Zentrum aus blickt man fast überall ungehindert auf San Francisco und Angel Island.

Als erste Siedlung am anderen Ende der Golden Gate Bridge ist Sausalito natürlich eine Touristenhochburg mit vielen Souvenirshops und teuren Boutiquen (der mit dem Auto erreichbare Aussichtspunkt am Nordende der Brücke ist aber zu Recht beliebt für seine weiten Ausblicke).

Sausalito war ursprünglich ein geschäftiger Holzhafen mit einem lebendigen Uferviertel. Der Zweite Weltkrieg brachte dramatische Veränderungen mit sich, als Sausalito zum Standort von Marinship, einer riesigen Schiffswerft, wurde. Nach dem Krieg begann eine neue Bohème-Periode. Heute präsentiert sich die Stadt vornehm.

TOP TIPP

Tagesausflügler:innen kommen in Scharen und das Parken kann zur Qual werden. Wer nur die Stadt besucht und/oder in der Nähe wandern möchte, sollte die Fähre von San Francisco aus nehmen. Möchte man einen Besuch in Sausalito mit den nahe gelegenen Marin Headlands und Point Reyes verbinden, ist ein Auto unverzichtbar – allerdings sollte man sich auf Parkprobleme einstellen.

SEHENSWERTES
1 Bay Area Discovery Museum
2 Bay Model Visitor Center
3 Fort Baker
4 Horseshoe Bay

ÜBERNACHTEN
5 Cavallo Point

ESSEN
6 Scoma's
7 Venice Gourmet Delicatessen & Pizzeria

Sausalito

Modell der Bucht & Delikatessen

DAS ZENTRUM VON SAUSALITO ERWANDERN

Eins der coolsten Dinge in dieser wunderschönen Stadt, für Jung wie Alt gleichermaßen faszinierend, ist das **Army Corps of Engineers' Bay Model Visitor Center**. Es ist in einem der alten Lagerhäuser der Marinship untergebracht und beherbergt ein 0,6 ha großes hydraulisches Modell der San Francisco Bay und der Delta-Region, das zeigt, wie die ganze Bucht funktioniert.

Für eine Mahlzeit mit Aussicht empfiehlt sich das sehr beliebte **Scoma's**. Traditionelle Klassiker wie Cioppino (ein pikanter Meeresfrüchteeintopf) und Crab-Louie-Salate sind hier ausgezeichnet. Oder man stellt sich ein tolles Picknick bei **Venice Gourmet Delicatessen & Pizzeria** zusammen.

Fantastisches Fort, Meeresküste & Museum

FORT BAKER ERKUNDEN

Unter dem Nordpfeiler der Golden Gate Bridge verbirgt sich das **Fort Baker**. Der Armeestützpunkt aus dem Jahr 1905 mit einer der weltbesten Aussichten bewachte zusammen mit dem bekannteren Fort Point auf der Südseite den Eingang zur Bucht. Es ist erstaunlich wenig besucht. Beim Spaziergang durch die **Horseshoe Bay** kann man im Winter Krabbenfischer beobachten und sich in einem der guten Restaurants einen Snack oder eine Mahlzeit gönnen. In der luxuriösen Cavallo Point Lodge kann man in ehemaligen Offiziersquartieren übernachten.

Ein Highlight ist das Bay Area Discovery Museum, ein tolles Mitmach-Museum für Kinder mit großem Spielplatz und einem Schiffswrack.

WANDERN IN SAUSALITO & AN DER GOLDEN GATE BRIDGE

Eine der besten Wanderungen in der Bay Area beginnt und endet in San Francisco (S. 54) und führt durch einige der schönsten Landschaften der Region.

Am Vormittag geht es mit der Fähre nach Sausalito, wo man die Aussicht auf Alcatraz und die Angel Islands genießen kann. Hier bummelt man durch die Stadt, besorgt Erfrischungen oder sogar ein Picknick. Man folgt der East Rd in südlicher Richtung entlang der natürlichen Uferlinie bis nach Fort Baker. Dann geht's unter der Golden Gate Bridge hindurch und die kurvige Zufahrtsstraße hinauf bis zum beliebten Aussichtspunkt.

Überquere dann die Brücke auf dem östlichen Gehweg (die Westseite ist für Radfahrer). Und zieh dich warm an! Der Fußweg ist 2,7 km lang – nimm dir Zeit für die fantastische Aussicht. Ab Sausalito sind es 8 km bis zu San Franciscos Seite der Brücke.

UNTERWEGS VOR ORT

Die Golden Gate Ferry fährt zum Ferry Building in San Francisco. Die Fähren der Blue & Gold Fleet startet an der Fisherman's Wharf. Die 30-minütigen Fahrten bieten einen herrlichen Blick.

Die Busse von Golden Gate Transit fahren über die Golden Gate Bridge nach/ab SF.

Rund um Sausalito

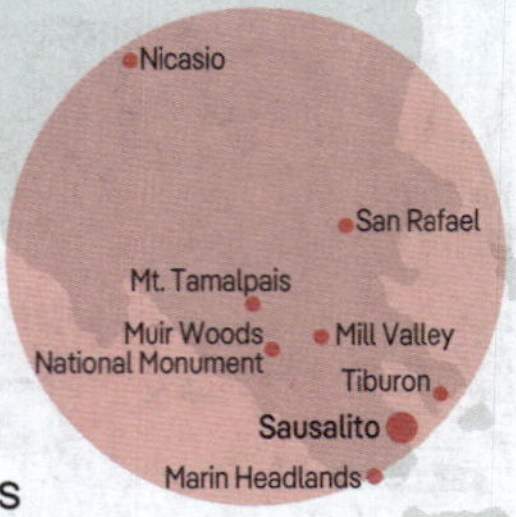

Nimm dir einen Tag oder eine Woche Zeit, um das Naturwunderland Marin County zu erkunden. Es wirkt wie ein Konzentrat aus Naturschönheiten.

Auf der anderen Seite der Golden Gate Bridge wartet Marin County, eine Ansammlung wohlhabender, bewaldeter Dörfer, die sich mühsam an ihre Hippie-Wurzeln klammern, während eine immer wohlhabendere Bevölkerung aus der Tech-Ära zuzieht. Westlich und nördlich von Sausalito locken herrliche Naturschätze und zahllose Abenteuer.

Geografisch gesehen ist Marin County fast ein Spiegelbild von San Francisco, obwohl Marin viel wilder und bergiger ist. An den Hügeln der Küste wachsen Mammutbäume, die Brandung prallt gegen entlegene Klippen und Strände, und Wander- und Radwege erschließen die malerischen Marin Headlands, Muir Woods und Mt. Tamalpais. Die herrliche Natur macht Marin County zu einem ausgezeichneten Tages- oder Wochenendausflug von San Francisco aus oder zu einem perfekten Zwischenstopp auf einer längeren Reise entlang der Küste.

TOP TIPP

Der Hwy 1 führt hinter Sausalito zur Küste von Marin. Erkunde aber auch andere gewundene Straßen, die den Korridor des Hwy 101 mit dem wilden Westen verbinden.

Marin Headlands und Blick auf die Golden Gate Bridge (S. 62) und San Francisco (S. 54)

Rodeo Beach

Fantastische Aussichten, Wanderungen & Tierschutz

WUNDERVOLLE NATURVIELFALT

Die Klippen und Hänge der **Marin Headlands**, nur 15 Autominuten von Sausalito entfernt, erheben sich majestätisch am nördlichen Ende der Golden Gate Bridge. Ihre schroffe Schönheit ist umso beeindruckender, wenn man bedenkt, dass sie nur wenige Kilometer vom Stadtzentrum San Franciscos entfernt sind. Einige Forts und Bunker stammen noch aus einem Jahrhundert US-Militärbesetzung. Es ist kein Geheimnis, warum dies eines der beliebtesten Wander- und Radfahrziele in der Bay Area ist: Die Wege schlängeln sich durch die nahezu unberührten Landzungen und bieten atemberaubende Ausblicke auf das Meer, die Brücke und San Francisco und führen zu einsamen Stränden und abgelegenen Picknickplätzen.

Das historische **Point Bonita Lighthouse** ist 800 atemberaubende Meter vom Parkplatz an der Field Rd entfernt. Je nach Saison tummeln sich Seehunde auf den nahe gelegenen Felsen.

Am westlichen Ende der Bunker Rd liegt der spektakuläre **Rodeo Beach**, der teilweise durch hohe Klippen vor Wind ge-

OASE IN DER BAY

Die mitten in der San Francisco Bay gelegene **Angel Island** war ein Jagd- und Fischereirevier der Miwok und diente als Militärstützpunkt, als Einwanderungsstation mit schrecklicher Vergangenheit, als Internierungslager für Japaner im Zweiten Weltkrieg und als Standort für Flugabwehrraketen. Nachdenklich stimmende Forts und Bunker liegen inmitten wunderschöner Natur.

Man kann den 8 km langen Rundweg nehmen, zum Gipfel des 240 m hohen **Mt. Livermore** wandern oder aber in einer geschützten Bucht mit Blick auf das scheinbar nahe und doch so ferne Stadtgebiet picknicken. An den meisten Tagen ist nicht viel los, obwohl man mit der Fähre von San Francisco, Sausalito und Tiburon aus leicht dorthin gelangt. Man kann auch Fahrräder leihen.

Camping auf Angel Island vereint friedliche Abgeschiedenheit mit einer abendlichen Lichtershow in der Bucht.

ESSEN RUND UM SAUSALITO

Kitchen Sunnyside
New-Age-Sozialisten mischen sich mit Tech-Milliardären in diesem High-End-Café mit tollem Essen in Mill Valley. **$$**

Sam's Anchor Cafe
Jahrzehnte altes Hafencafé, bekannt für klassische Cocktails und ausgezeichnete Fischgerichte und Burger. **$$**

Angel Island Café
Zwangloser Imbiss in der Nähe des Fähranlegers, der gute Picknicks packt. Die Öffnungszeiten variieren; an Sommerwochenenden gibt's Live-Musik. **$**

ZACK FRANK/SHUTTERSTOCK ©

Muir Woods National Monument

schützt ist. An der ganzen Küste findet man alte Stellungen – verlassene, in den Boden gegrabene Betonbunker, die einen tollen Blick ermöglichen. Zu Fuß oder per Rad vom Parkplatz des Fort Cronkite erreicht man nach 0,8 km das **Battery Townsley**. Der **Coastal Trail** führt zum Muir Beach.

Über dem Rodeo Beach werden im **Marine Mammal Center** verletzte, kranke und verwaiste Meeressäugetiere behandelt und dann wieder ausgewildert. Mit einem im Voraus gebuchten Termin kann man von einer Aussichtsplattform beobachten, wie erwachsene Robben und Jungtiere versorgt werden.

Kleine Wanderungen zu großen Bäumen

DIE GROSSEN MAMMUTBAUM-HAINE VON MUIR WOODS

Wandere durch einen uralten Bestand der höchsten Bäume der Welt im über 550 ha großen **Muir Woods National Monument**, nur 30 Autominuten von Sausalito entfernt. Die kürzeste Option, der **Main Trail Loop** (1,6 km), ist ein leichter Weg am Redwood Creek entlang zu den 1000-jährigen Bäumen im **Cathedral Grove**. Zurück geht's über den **Bohemian Grove**, wo die mit über 78 m höchsten Bäume des Parks stehen. Ein

GUT ESSEN IM MARIN COUNTY

Wer über Sausalito hinaus ins Marin County reist, findet überall gute Lokale, von der Küste über die Täler bis hin zur sonnigen Bucht. Für die erstklassige japanische Küche im **Village Sake** in Fairfax nehmen die Gäste weite Wege in Kauf. Die *izakaya* (japanische Pub-Küche) werden mit Craft-Bieren und Sake serviert.

Es lohnt sich, westlich von San Rafael nach San Anselmo zum **Madcap** zu fahren, einem kultigen Farm-to-Table-Bistro mit asiatischem Touch. Erlesenes Barbecue aus dem Süden der USA gibt's im **Pig in a Pickle** in Corte Madera. Das für seine deftigen Mahlzeiten bekannte **Parkside Cafe** liegt direkt am Stinson Beach. Draußen serviert die Snackbar Burger, Sandwichs, Backwaren und Eis – stell dich auf eine lange Schlange ein.

SHOPPEN RUND UM SAUSALITO

Book Passage
Einer der besten Buchläden in der Bay Area, direkt am Hwy 101 in Corte Madera. Veranstaltet Auftritte namhafter Autoren.

Nicasio Valley Cheese Company
Zarte Käsesorten probieren in einer der bekanntesten Käsereien von Marin County.

Bolinas People's Store
Kleiner Lebensmittelladen in Strandnähe mit Picknicktischen. Bietet fair gehandelten Kaffee und Bio-Lebensmittel an.

guter 3,2 km langer Wanderweg auf den Gipfel des passend benannten Cardiac Hill geht zum **Dipsea Trail**, der über die Küstenkette bis hinunter zum Stinson Beach führt.

Vom Panoramic Hwy gibt es Wege in die Muir Woods hinunter, z. B. den am Picknickgelände Bootjack beginnende **Bootjack Trail** oder den **Ben Johnson Trail** vom Campingplatz Pantoll Station am Mt. Tamalpais.

Achtung: Besucher:innen von Muir Woods müssen im Voraus reservieren und bezahlen, entweder für das Parken im Park selbst oder für den Shuttle-Transport von den Parkplätzen in Sausalito und dem Fähranleger. Mehr Informationen und aktuelle Bedingungen gibt's online.

Am besten kommt man werktags, am frühen Morgen oder späten Nachmittag, wenn die Ausflugsbusse nicht unterwegs sind. Aber selbst wenn viel los ist, bringt einen schon ein kleiner Spaziergang weg von den Massen und auf Wege mit riesigen Bäumen und atemberaubender Aussicht. Ein nettes Café serviert lokale Leckereien aus Bio-Anbau und heiße Getränke.

Malerische Ausblicke

WUNDERSCHÖNES TIBURON AM WASSER

Am Ende einer kleinen Halbinsel, die in die Bucht rausragt, 15 Minuten mit dem Auto von Sausalito, liegt **Tiburon** mit tollen Ausblicken und einem kleinen, attraktiven Dorfzentrum. An der **Upper Main St**, auch Ark Row genannt, liegen die alten Hausboote an Land und wurden zu noblen Shops und Boutiquen umfunktioniert. Am besten leiht man sich ein Fahrrad und fährt die Küste entlang.

Wohlstand, Bohème-Stil

CHARMANTES MILL VALLEY

Am Fuß des Mt. Tamalpais liegt unter den Redwoods das sich immer noch an seine Bohème-Wurzeln krallende, aber wunderschöne **Mill Valley**, nur 15 Minuten mit dem Auto von Sausalito. Heute schmücken noble Häuser, Luxusautos und Boutiquen die Straßen. Es ist einer der malerischsten Orte der Bay Area. Früher fuhr hier einmal eine Eisenbahn für den Holztransport, heute befindet sich im einstigen Bahnhof das ausgezeichnete **Depot Bookstore & Cafe**.

Auf Marins Gipfel wandern

HOCH HINAUF AUF DEN MT. TAM

Über das Marin County, nur 15 Minuten Autofahrt von Sausalito, wacht der majestätische **Mt. Tamalpais** (Mt. Tam; 784 m).

SEHENSWERTE STRANDORTE

Zwischen den Marin Headlands und Point Reyes liegen drei Küstenstädte (am oder in der Nähe des Hwy 1), in denen die Person in der Schlange neben dir an der Kaffeebar ein Hollywood-Star, ein alternder Rocker oder aber ein echter Hippie sein könnte.

Muir Beach ist ein ruhiges Örtchen mit einem schönen grauen Sandstrand. Man kann von den Headlands oder Muir Woods aus hierher wandern. Der lange, helle **Stinson Beach** ist an warmen, sonnigen Wochenenden sehr belebt. Im Ort gibt es eine Handvoll Gaststätten und viele Ferienunterkünfte. **Bolinas** wurde quasi dadurch bekannt, dass die Einwohner die Schilder am Highway entfernen, damit Ortsfremde nicht hierher finden. Der Ort verbindet den alten Charme mit einer großen Surferszene.

ÜBERNACHTEN RUND UM SAUSALITO

Pelican Inn
Kleines englisches Cottage in Muir Beach mit gemütlichen Zimmern und Pub-Essen wie Fish & Chips aus der Region. **$$**

HI Marin Headlands Hostel
In diesem spartanischen Militärgelände im Wald aus dem Jahr 1907 wacht man neben grasenden Rehen auf. Bequeme Betten. **$**

Waters Edge Hotel
Ein großes Deck erstreckt sich über die Bucht von Tiburon. Die geschmackvollen Zimmer mit romantischem Blick aufs Wasser sind elegant minimalistisch. **$$$**

MARINS BESTE STATE PARKS

Etwa 6 Meilen (9,6 km) nordöstlich von San Rafael schützt der **China Camp State Park** ein chinesisches Shrimps-Fischereidorf, das hier ab dem 19. Jh. jahrzehntelang existierte. Versteckt hinter einem riesigen Felsvorsprung konnten die Fischer und ihre Familien abseits des in ganz Kalifornien grassierenden Rassismus leben.

Das heutige Marin County war einst die Heimat des Küstenvolkes der Miwok. Der **Olompali State Historic Park** befindet sich an der Stelle eines Dorfes, das von etwa 6000 v. Chr. bis 1850 bewohnt war. Er liegt direkt am Hwy 101 in Novato.

In den Küstenhügeln entlang des Sir Francis Drake Blvd gibt es im **Samuel P Taylor State Park** Wälder mit Mammutbäumen und Bäche, die sich im Winter mit laichenden Lachsen füllen.

In seiner Umgebung gibt es mehr als 96 km an Wander- und Radwegen, Seen, Bäche, Wasserfälle und eine beeindruckende Vielfalt an Wildtieren – von zahlreichen Molchen und Falken bis hin zu seltenen Füchsen und Berglöwen. Es geht durch Wiesen, vorbei an Eichen und Amerikanischen Erdbeerbäumen bis hin zu atemberaubenden Ausblicken auf die San Francisco Bay und den Pazifischen Ozean, mit Dörfern, Städten und bewaldeten Hügeln in der Ferne.

Das Gelände des Mt. Tamalpais State Park umfasst knapp 26 km². Nicht versäumen sollte man den Gipfel des **East Peak**. Der Panoramic Hwy führt vom Hwy 1 durch den Park und windet sich dann bergab zum Stinson Beach.

Sehenswerte Architektur

SAN RAFAEL UND EIN MEISTERWERK

Die älteste und größte Stadt in Marin, 15 Autominuten nördlich von Sausalito, **San Rafael**, wirkt nicht ganz so wohlhabend wie ihre Nachbarn, ist aber sehr stimmungsvoll. In der zu Fuß erkundbaren Innenstadt gibt es viele gute Lokale.

Gleich nördlich davon befindet sich die wichtigste architektonische Sehenswürdigkeit der Region: das auffällige **Marin County Civic Center**, das einzigartige Meisterwerk von Frank Lloyd Wright (1867-1959), der die Fertigstellung 1962 nicht mehr erlebte. In seinem Entwurf ließ Wright diesen waagerechten Gebäudekomplex auf einem Hügel sozusagen fließend in die natürliche Schönheit der Landschaft übergehen, mit himmelblauen Dächern, sandfarbenen Wänden und einem goldenen Turm, der in den Himmel zeigt. Man kann auf eigene Faust auf Entdeckungstour gehen, es gibt aber auch regelmäßig kostenlose Führungen. Der **Sunday Marin Farmers Market** ist einer der besten in der Bay Area.

Im Süden liegt das berüchtigte **San Quentin State Prison**, das man am besten von der Larkspur-Fähre aus sieht.

Ein traumhafter Umweg

ATEMBERAUBENDES INLAND VON MARIN

Das winzige **Nicasio** liegt inmitten von Pferdefarmen und wunderschönen, grasbewachsenen Hängen im geografischen Zentrum von Marin County, nur 40 Autominuten von Sausalito entfernt. Die **Lucas Valley Rd** ist eine landschaftlich reizvollere und weniger überfüllte Alternative zum Sir Francis Drake Blvd und ermöglicht verschiedene Rundfahrten über Point Reyes.

UNTERWEGS VOR ORT

Von San Francisco aus starten Fähren nach Tiburon und Larkspur. Letzteres ist mit dem Smart-Zug verbunden, der nach Norden bis San Rafael und weiter über Petaluma nach Santa Rosa fährt.

An Wochenenden fährt San Franciscos Muni-Bus die Marin Headlands, Rodeo Beach und mehrere andere Ziele an. Golden Gate Transit und Marin Transit betreiben lokale Busdienste auf dem Korridor des Hwy 101. Weitere Ziele sind der Mt. Tamalpais State Park, Stinson Beach, Bolinas und Point Reyes.

POINT REYES

Die stürmische Point Reyes Peninsula ist eine herbe Schönheit, die seit jeher Meeressäuger und Zugvögel anzieht. Zudem liegen vor der Küste viele Schiffswracks. Hier legte Sir Francis Drake im Jahr 1579 an, um seine Golden Hind zu reparieren. Während seines fünfwöchigen Aufenthalts befestigte er in Ufernähe eine Messingtafel, um das Land für England in Besitz zu nehmen. 1595 sanken rund um die Halbinsel erstmals mehrere Schiffe. Bis heute werden Überreste der Ladung gelegentlich an die Küste gespült. Trotz moderner Navigationstechnik kommt es in den gefährlichen Gewässern immer noch zu Bootsunglücken.

Der Point Reyes National Seashore schützt ein 259 km^2 großes Gebiet mit Küstenwildnis und unberührten Stränden und bietet phänomenale Outdoor-Möglichkeiten. Wanderungen führen in entlegene Winkel, wo man riesige Tiere entdecken kann, und an wellenumtoste Strände, wo die eigenen Fußabdrücke die einzigen menschlichen Spuren inmitten von Treibholz, Muscheln und Kratzspuren von Küstenvögeln sein könnten.

TOP TIPP

Etwa 1 Meile (1,6 km) westlich von Olema bietet das Bear Valley Visitor Center Karten, Informationen und sehenswerte Exponate. Es ist eine wichtige erste Anlaufstelle, um sich über die Bedingungen für die Beobachtung von Wildtieren zu informieren, einschließlich Strandsperrungen und obligatorischer Shuttlebusse zu stark frequentierten Gebieten. Der Earthquake Trail zeigt den Verlauf der San-Andreas-Verwerfung, die genau durch diese Gegend verläuft.

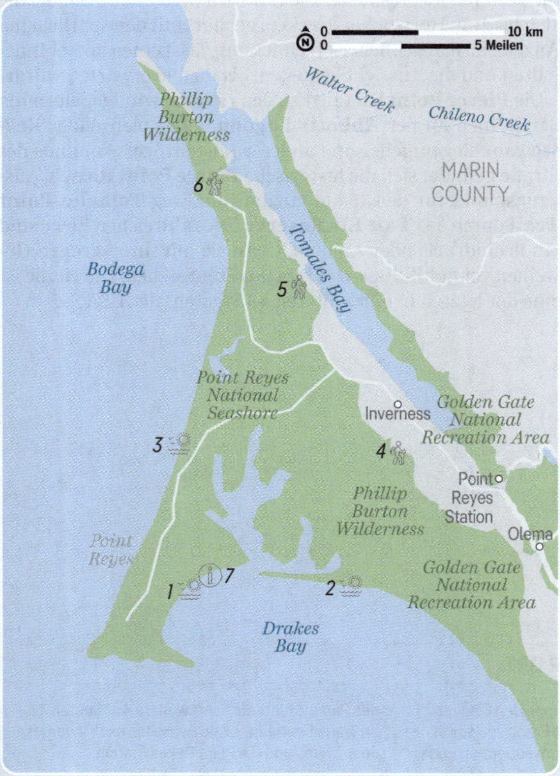

SEHENSWERTES
1 Drakes Beach
2 Limantour Beach
3 Point Reyes Beach

AKTIVITÄTEN, KURSE & TOUREN
4 Inverness Ridge Trail
5 Pierce Point Rd
6 Tomales Point Trail

INFORMATION
7 Kenneth Patrick Center

Ab an die Strände!

POINT REYES' WELTKLASSE-KÜSTE

Praktisch zu jedem Streifen Sand hier hat man eine lange Anfahrt – aber es ist die Mühe wert.

Der **Limantour Beach** ist ein großartiger Allround-Strand mit einer Reihe von Wanderoptionen in die Wildnis und atemberaubenden Sonnenuntergängen. Der **Drakes Beach** wird von weißen Klippen gesäumt und ist wohl der schönste der Hauptstrände. Außerdem wartet in der Saison das **Kenneth Patrick Center**, das vor allem in der Paarungszeit der Elefantenrobben Informationen bietet. Der nach Westen blickende **Point Reyes Beach** bietet 18 km Einsamkeit. An vielen Tagen – vor allem vom Spätherbst bis zum Frühjahr – färbt sich der Himmel bei Sonnenuntergang in schillerndem Zinnoberrot. Nimm also eine Decke mit und genieße das Schauspiel ...

Wanderwege, Seevögel & Elchreservat

WANDERN IN DER WILDNIS VON POINT REYES

Wanderwege durchziehen Point Reyes über Hänge und entlang der Küstenlinie.

Der **Inverness Ridge Trail** führt etwa 3 Meilen (5 km) hinauf zum **Mt. Vision** (390 m) und bietet spektakuläre Ausblicke auf die gesamte Meeresküste. Die raue Schönheit der Strände, die sich bis zum Horizont erstrecken, gepaart mit den spärlichsten Anzeichen menschlicher Erschließung, lässt einen länger innehalten und die Aussicht genießen, als man je erwarten würde.

Die **Pierce Point Rd** führt zu den riesigen windgepeitschten Sanddünen an der **Abbotts Lagoon** voller piepsender Keilschwanz-Regenpfeifer und anderer Küstenvögel. Am Ende der Straße befindet sich die historische **Pierce Point Ranch**, Ausgangspunkt für den 15 km langen Rundweg **Tomales Point Trail** durch das **Tule Elk Reserve**. Die zahlreichen Elche sind ein beeindruckender Anblick, wenn sie mit ihren großen Geweihen vor der Kulisse von Tomales Point stehen. Die Herde ist eine der letzten in den „unteren 48 Staaten" der USA.

DIE TIERE VON POINT REYES

In Point Reyes gibt es eine außergewöhnliche Vielfalt an Wildtieren, darunter 80 Säugetierarten und fast 30 Arten von Reptilien und Amphibien. Die größten Tiere hier sind die **Seeelefanten**, von denen sich im späten Winter und zu Beginn des Frühjahrs bis zu 2000 an der Küste einfinden. Wenn sie sich ausruhen, nachdem sie monatelang schier ununterbrochen im Meer gefuttert haben, kann man dicht an den erwachsenen Männchen vorbeigehen, die auf dem Sand dösen. Jedes von ihnen wiegt zwischen 2000 und 2800 kg. Von Januar bis März kann man Jungtiere beobachten; im August ist es unwahrscheinlich, in Point Reyes auf Seeelefanten zu treffen.

Vor der Küste ist von Ende Dezember bis Mitte April Wanderungszeit für **Grauwale.** Häufig kann man diese Giganten vom Ufer aus erspähen.

UNTERWEGS VOR ORT

Bei normalem Verkehr erreicht man den Eingang zum National Seashore von San Francisco aus in etwa 1½ Stunden. Von hier bis zum äußersten Ende des Parks dauert die Fahrt weitere 45 Minuten. Marin Transit betreibt lokale Busse bis nach Inverness über Olema und die Point Reyes Station.

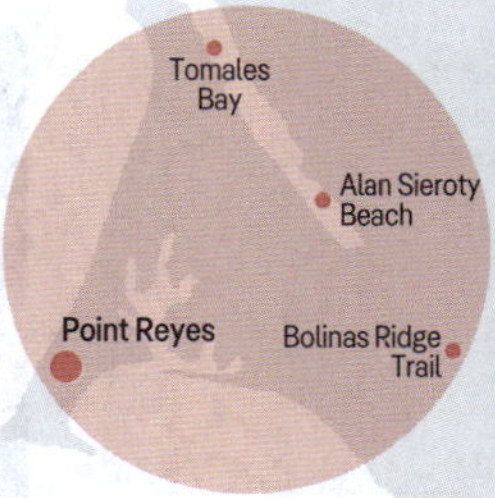

Rund um Point Reyes

Die Schönheit und Fülle der Natur beschränkt sich nicht auf Point Reyes, sondern erstreckt sich auch auf die kleinen Städte an den hübschen Nebenstraßen entlang der Küste.

Solltest du einen straffen Plan für deine Reise entlang des Hwy 1 in der Region Point Reyes haben – wirf ihn aus dem Fenster. Es gibt viele verlockende Dörfer, in denen man die Produkte der Molkereien und Farmen probieren kann, die in den sanften grünen Hügeln gedeihen. Plane viele Zwischenstopps ein.

Point Reyes Station ist das Zentrum des westlichen Marin County. Seit den 1960-Jahren zieht es zahlreiche Künstler in diese Region. Die Main St des Städtchens säumt heute ein kurzweiliger Mix aus Kunstgalerien, Touristenläden, Restaurants und Cafés. Zudem gibt's einen lebendigen Saloon, lokale Käsehändler und den hervorragenden kleinen Laden Point Reyes Books, wo das Personal eine feine Auswahl an Titeln über die Region zusammenstellt, viele davon von lokalen Autoren.

TOP TIPP

In Olema, am Eingang zum Point Reyes National Seashore, kann man vor allem Kaffee trinken. Inverness, die einzige Stadt innerhalb des Parks, hat nur wenige Einkehrmöglichkeiten.

Radeln auf dem Bolinas Ridge Trail (S. 124)

WARUM ICH DEN DILLON BEACH LIEBE

Ryan Ver Berkmoes, Autor

Der Dillon Beach ist ohne Zweifel einer der lohnendsten Abstecher vom Hwy 1 – selten fahre ich vorbei, ohne den Umweg von 6,5 km nach Westen zum Sand zu machen. Doch zuvor halte ich im Dorf **Tomales** aus dem 19. Jh. an, wo die Dillon Beach Road beginnt, wegen seiner guten Cafés, darunter Route One Bakery & Kitchen (die Pizza ist hervorragend).

Die Straße zum Dillon Beach führt an seltsam geformten Felsbrocken vorbei. Unten am Strand gibt es reichlich Parkplätze und eine einladende, entspannte Atmosphäre. Am Parkeingang wird Brennholz verkauft, um am breiten, flachen Strand Lagerfeuer zu machen. Die Aussicht auf Tomales Point am Point Reyes National Seashore auf der anderen Seite des Wassers ist ein Genuss.

JESSICA RUSCELLO/SHUTTERSTOCK ©

Gegrillte Austern aus der Tomales Bay

Austern in Hülle und Fülle

WAS SOLL'S!

Austern aus der **Tomales Bay** sind beliebt. Von Süden nach Norden gibt es am Hwy 1, 15 bis 20 Fahrminuten nördlich von Point Reyes Station, drei Restaurants am Wasser.

Das entspannte **Marshall Store** ist perfekt für Barbecue oder Tomales-Bay-Austern, die von der Farm des Restaurants bezogen werden. Auch die Platten mit Meeresfrüchten sind gut.

Die **Hog Island Oyster Company** züchtet Austern und verkauft sie an ihrem Straßenstand mit Picknicktischen, einem Café und einem Fenster, an dem man Austern und mehr kaufen kann.

Im **Nick's Cove** aus den 1930er-Jahren, das über der Tomales Bay thront, hängen Trophäenköpfe aus Kiefernholz an den Wänden, und es gibt einen knisternden Kamin. Die Meeresfrüchtegerichte – einschließlich der Austern – sind tadellos.

Wandern, Strände& Kajakfahren

SPASS AN DER FRISCHEN LUFT

Der **Bolinas Ridge Trail**, ein rund 17 km langer Wander- und Radweg mit Aufs und Abs und tollem Ausblick, beginnt etwa 1 Meile (1,6 km) westlich von Olema am Sir Francis Drake Blvd.

Nur 8 km nördlich der Point Reyes Station liegt der **Alan Sieroty Beach**, eine winzige Halbinsel in der Tomales Bay, die für Familien und zum Schwimmen geeignet ist.

Die alteingesessene Firma **Blue Waters Kayaking** veranstaltet Touren in der Tomales Bay und verleiht Kajaks, die zur Unterkunft geliefert werden, und mit denen man zu abgelegenen Stränden paddeln kann. Die Touren bei Vollmond oder mit Schwerpunkt auf Biolumineszenz muss man buchen.

UNTERWEGS VOR ORT

Um die Region jenseits von Point Reyes zu erkunden, benötigt man ein eigenes Fahrzeug.

OAKLAND

Oakland ist der Ort, an dem die diverse, kreative und standhafte Bevölkerung der Bay Area ihre freidenkerische Lebensweise verankert hat. Die Bewohner:innen von Oakland sind sehr stolz darauf, dass in ihrer Heimat das gemischte ethnische Bild und die unverblümte linke Politik San Franciscos erhalten geblieben sind, und wissen zugleich, dass dieses Setting durch millionenschwere Wohnhäuser bedroht ist, die selbst in ehemaligen Mittelklasse-Vierteln bereits vorhanden sind.

Oakland ist voller historischer Gebäude und bunter Geschäfte. Und nachdem die Stadt von San Francisco aus via BART oder Fähre so leicht zu erreichen ist, lässt sich prima ein Teil des Tages zu Fuß oder auf dem Fahrrad verbringen.

Die Restaurants in Oakland gehören zu den besten und innovativsten in der Bay Area, was auf die kulturelle Vielfalt und die Tatsache zurückzuführen ist, dass es sich aufstrebende Köche hier leichter leisten können, ein Gewerbe zu gründen. In der Stadt gibt es viele preisgünstige Angebote. Uptown, Temescal und Rockridge ziehen kulinarische Trendspotter an. Die belebtesten und angesagtesten Bars von Oakland befinden sich im Stadtteil Uptown, oft nur einen Katzensprung vom BART-Anschluss entfernt.

TOP TIPP

Der Broadway ist das Rückgrat des Stadtzentrums von Oakland und verläuft nördlich des touristischen Jack London Sq am Wasser. Das vornehme Rockridge-Viertel liegt westlich des Broadway entlang der College Ave, nahe der Grenze zu Berkeley. Im Zentrum zweigt die Telegraph Ave vom Broadway ab und führt über das lebhafte Temescal-Viertel (zwischen 40th und 51st St.) in den Norden nach Berkeley.

Oakland City Hall (S. 126)

SEHENSWERTES
1 Children's Fairyland
2 Chinatown
3 Jack London Square
4 Jack London's Cabin
5 Lake Merritt
6 Oakland City Hall
7 Oakland Museum of California

AKTIVITÄTEN, KURSE & TOUREN
8 California Canoe & Kayak

AUSGEHEN
9 Heinold's First & Last Chance Saloon
10 Oeste

UNTERHALTUNG
11 Fox Theater
12 Grand Lake Theatre
13 Paramount Theatre

Das Herz der Stadt

DOWNTOWN OAKLAND UND CHINATOWN

Das verkehrsberuhigte **City Center** zwischen Broadway, Clay, 12th und 14th St bildet das Herz von Downtown Oakland. Außerdem gibt es einen autofreien Korridor entlang der 13th St zwischen Broadway und Franklin. Das nahegelegene Rathaus Oakland City Hall von 1914 ist ein wunderschön restaurierter Bau im Beaux-Arts-Stil.

Westlich des Broadway (zw. 8th und 10th St) liegt **Old Oakland** mit vielen restaurierten Gebäuden aus dem späten 19. Jh. Zudem warten hier belebte Restaurants und eine umtriebige After-Work-Szene. Das angesagte **Oeste** hat eine großartige Musik- und Ausgehszene, eine köstliche, umfangreiche Speisekarte und eine beliebte Rooftop-Bar.

Lauch und Fenchel auf dem Bauernmarkt

Östlich des Broadway erstreckt sich seit den 1850er-Jahren Oaklands geschäftstüchtiges **Chinatown** rund um Franklin St und Webster St. Hier kann man Großhandelsdramen wie den Preiskampf um Chinakohl miterleben.

Die größte Attraktion ist das **Oakland Museum of California**. Das Museum ist Kalifornien gewidmet und bietet Wechselausstellungen zu Kunst- und Wissenschaftsthemen sowie Dauerausstellungen zur vielfältigen Ökologie und Geschichte des Bundesstaats. Darüber hinaus wird kalifornische Kunst gezeigt, von traditionellen Landschaftsbildern bis hin zu neu gestalteter Kartografie. In diesem Museum, das eigentlich in der Hauptstadt Sacramento stehen sollte, wird der Staat ausführlich behandelt – im Guten wie im Schlechten.

Ein Platz mit Vergangenheit & Aussicht

JACK LONDON SQ AM WASSER

Der Schriftsteller und Abenteurer Jack London zechte einst kräftig an diesem Uferplatz, der heute seinen Namen trägt und zum Bummeln einlädt. Hier gibt es viele Möglichkeiten, Kajaks zu leihen und den Hafen zu erkunden, vor allem während des **Farmers Market** am Sonntag. Im Zuge jüngster Sanierungs-

BESTE RESTAURANTS IN OAKLAND

Millennium
Beliebt in Rockridge für vegane Überraschungen wie Kürbis-Tamales und Pastinaken-*okonomiyaki* (herzhafte japanische Pfannkuchen). $$

Horn Barbecue
Matt Horn, der Starkoch von West Oakland, serviert den hungrigen Massen sein berühmtes Brisket und Pulled Pork. $$

Commis
Chefkoch James Syhabouts Loblied auf die innovative Küche, in der Piedmont Ave. Reserviere einen Platz am Tresen für die Küchenshow. $$$

FOB Kitchen
Philippinisches Restaurant in Temescal. Super: alles mit Schweinefleisch und dazu den Knoblauchreis. Am Wochenende gibt es einen beliebten Brunch. $$

AUSGEHEN IN OAKLAND

Snail Bar
In Temescal sind Bioweine nur ein Begleiter ungewöhnlicher Leckereien. Die Kombination kleiner Gerichte wechselt wöchentlich.

Alem's Coffee
In diesem ostafrikanischen Café am Rande von Temescal ist die Außenterrasse morgens ein beliebter Treffpunkt.

Wood Tavern
In Rockridge wird eine Auswahl an kalifornischen Spitzenweinen angeboten, dazu Essen aus der Region.

TACOS AM INTERNATIONAL BLVD

Der International Blvd verläuft südwestlich des Zentrums von Oakland und macht seinem Namen alle Ehre. Es ist der Schmelztiegel für eine Welt der Kulturen der Bay Area. Eine der bekanntesten ist die außergewöhnliche mexikanische Küche, die man in Restaurants, Kneipen und Taco-Trucks genießen kann.

Als Michelin die grandiose kleine **Taqueria El Paisa** entdeckte, erlangte der International Blvd einen neuen Bekanntheitsgrad. Die Tacos sind schlicht hervorragend: einfach, frisch und mit Nopals (Kakteen) garniert.

Tortas Ahogadas Mi Barrio zelebriert die Küche nach Jalisco-Art, zu der auch *tacos dorados* gehören. Die feurige Salsa sollte man probiert haben.

Etwas weiter nördlich, auf einem Parkplatz an der Fruitvale Ave, hat man beim Taco-Truck **El Novillo** die Qual der Wahl: Taco oder Burrito? Und welche der vielen Fleischsorten?

Heinold's First & Last Chance Saloon

maßnahmen wurden moderne Eigentumswohnungen sowie beliebte Restaurants und Bars geschaffen. **California Canoe & Kayak** vermietet Kajaks und Stand-up-Paddleboarding-Sets. Nach vorheriger Anmeldung kann man im Mondschein entlang der Uferpromenade paddeln.

Am Rande des Platzes steht ein Nachbau von **Jack Londons Hütte**, zum Teil aus den Holzstämmen seiner ursprünglichen Hütte von 1898 im Gebiet Yukon in Kanada. Die historische Holzhütte gewährt Besucher:innen einen Einblick in das Leben während der Goldgräberzeit. Deutlich beliebter ist aber die **Statue eines Wolfs** (oder vielleicht eines Schlittenhundes – ist es Buck aus *Ruf der Wildnis*?), mit dem Kinder gerne posieren.

In der Nähe befindet sich der **Heinold's First & Last Chance Saloon**, eine Bar aus dem Jahr 1883, die aus dem Holz eines alten Walfangschiffs erbaut wurde und ein Lieblingslokal Londons war. Das Gebäude, das während des Erdbebens von 1906 in Schieflage geraten ist, hat eine Neigung, die einen schon vor der Bestellung ins Straucheln bringen kann (um das zu umgehen, kann man auch an den hübschen Tischen im Freien trinken).

AUSGEHEN IN OAKLAND

North Light
Cocktailbar in Temescal mit Buchladen; zwischen den mit Büchern gesäumten Wänden sorgen Musikalben für Stimmung. Kreativer Alkohol-Mix.

Kingfish Pub
Jahrhundertalte, beliebte Spelunke in Temescal, die früher ein Köderladen war. Auf der hinteren Veranda wird Shuffleboard gespielt.

Ghost Town Brewing
Eine unauffällige Brauerei in West Oakland, die in der Regel 15 Biere ausschenkt. Locrain ist ein hervorragendes Pale Ale.

Art-Deco Arts District & Grand Lake

GESCHÄFTIGES UPTOWN UND LAKE MERRITT

Nördlich des Stadtzentrums von Oakland befindet sich der Bezirk **Uptown** mit vielen Art-Deco-Schönheiten wie dem **Fox Theater** und dem **Paramount Theatre** sowie einer lebendigen Kunst-, Restaurant- und Ausgehszene. Das Gebiet erstreckt sich ungefähr zwischen Telegraph und Broadway und wird im Norden von der Grand Ave begrenzt.

Folgt man der Grand Ave östlich des Broadway, stößt man auf die Ufer des **Lake Merritt**. Grand Ave (nördlich des Sees) und Lakeshore Ave (östlich des Sees) sind fußgängerfreundliche Straßen mit interessanten Geschäften, Restaurants, Cafés und Bars.

Der Lake Merritt, eine urbane Oase, ist ein beliebter Ort zum Spazierengehen oder Laufen (ein 5 km langer gepflasterter Weg umrundet den See), mit Bonsais und botanischen Gartenanlagen, einem Vogelschutzgebiet, Grünflächen, einem Bootshaus und Gondelfahrten. Ein weiteres denkmalgeschütztes Theater, das **Grand Lake Theatre** von 1926, liegt am nördlichen Ufer des Sees. Hier findet das sehr beliebte **Filmfestival Noir City** statt, das von Eddie Muller von TCM moderiert wird und bei dem der Film Noir im Mittelpunkt steht.

Kinder aller Altersgruppen lieben das am See gelegene **Children's Fairyland**, eine 4 ha große Attraktion aus dem Jahr 1950, die sich seitdem kaum verändert hat – und das meinen wir als Kompliment! Mit seinem kleinen Aesop-Theater und dem Garten von Peter Rabbit erfüllt es alle nostalgischen Erwartungen an eine schönere, einfachere Zeit, die es wahrscheinlich aber gar nie gab. Das älteste Fahrgeschäft des Parks – ein Karussell im Stil von *Alice in Wonderland* mit dem Namen **Wonder-Go-Round** – wurde 2019 wunderschön restauriert.

Interaktives Weltraumzentrum & Planetarium

INS UNENDLICHE UND DARÜBER HINAUS

Das kindgerechte **Chabot Space & Science Center**, ein Wissenschafts- und Technologiezentrum in den Oakland Hills, begeistert Astronomiefans u. a. mit vielen Ausstellungen (z. B. über Raumfahrt oder Sonnenfinsternisse) und coolen Planetarium-Shows. Es ist das offizielle Besucherzentrum für das NASA Ames Research Center in der South Bay. Interessant ist die Ausrüstung, die bei künftigen Weltraummissionen zum Einsatz kommen wird.

WEST OAKLAND ERKUNDEN

West Oakland, das durch das Erdbeben von 1989 erschüttert wurde, ist von Obdachlosenlagern übersät und umgeben von Autobahnen, die oft verstopft sind, sowie einem geschäftigen Containerhafen. Es verkörpert jeden nicht-gentrifizierten Aspekt der Stadtgeschichte.

Hier begann die Black Panther Party ihre kompromisslose Kampagne für die Rechte und die Unabhängigkeit der Afroamerikaner:innen. Die Programme zur kostenlosen Mittagsverpflegung für Schulkinder sind auch heute noch sehr beliebt. Einige Jahrzehnte zuvor führte CL Dellums die Gewerkschaft der Eisenbahnschaffner an, die nicht nur für bessere Löhne, sondern auch für die Bürgerrechte der Menschen in den USA kämpfte.

In ganz West Oakland zeugen zudem eindrucksvolle Wandmalereien vom Erbe und der Kultur der Gegend. Die Vergangenheit und die Gegenwart erlebt man auf der exzellenten **Black Liberation Walking Tour** (blwt.org), die das Viertel anhand von persönlichen Geschichten noch lebendiger wirken lässt.

UNTERWEGS VOR ORT

Oakland ist gut angebunden. Amtrak bedient Sacramento, das Central Valley und San Jose. BART verbindet die East Bay, den Flughafen von Oakland und San Francisco über die Transbay Tube.

AC Transit betreibt ein dichtes Netz von Buslinien; Fähren verbinden den Jack London Sq mit dem Ferry Building in San Francisco.

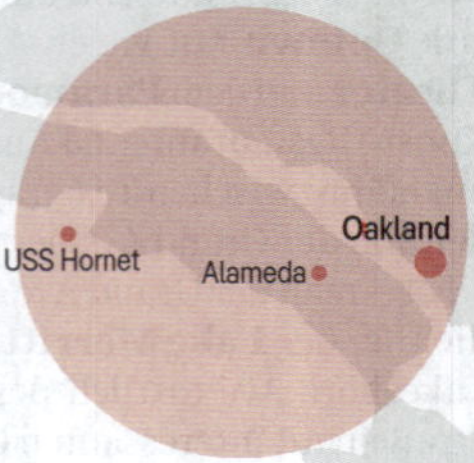

Rund um Oakland

Die East Bay besteht nicht nur aus Oakland und Berkeley. Natur- und Kulturattraktionen reichen von der Bucht bis zu den Gipfeln.

Ausgezeichnete Restaurants und Bars, eine kreative Kunstszene, ausgefallene Einkaufsmöglichkeiten, waldreiche Parks und besseres Wetter sind nur einige der Attraktionen, die die Menschen in die East Bay locken.

Alameda ist aufgrund eines schmalen Kanals, der es von Oakland trennt, eigentlich eine Insel. Das umliegende Hafengebiet bietet sensationelle Ausblicke auf die Bucht und Attraktionen, die einen ganzen Nachmittag füllen. Andernorts ist die Abfolge von Städten in Richtung Süden bis nach Fremont mit seiner riesigen Tesla-Fabrik (in der einst Chevy Novas hergestellt wurden) der Inbegriff von Nüchternheit.

Emeryville, einst die Heimat blühender Ohlone-Dörfer mit ihren Muschelhügeln aus Austern- und Venusmuschelschalen, liegt am Fuße der aufragenden weißen Bay Bridge. Heute ist die Stadt vor allem für die Pixar Animation Studios bekannt (nicht für Besucher:innen geöffnet).

TOP TIPP

Um die East Bay jenseits von Oakland zu erkunden, empfiehlt sich ein eigenes Fahrzeug, insbesondere, um den höchsten Punkt der Region zu erreichen.

Alameda

SNAPASKYLINE/SHUTTERSTOCK ©

DREAMART123/SHUTTERSTOCK ©

USS Hornet

Ausgeh-Basis

BAR-HOPPING IN ALAMEDA

Das westliche Ende von **Alameda**, nur zehn Autominuten von Oakland entfernt, war früher ein bedeutender Luftstützpunkt. Die längst geschlossene Basis wird langsam in ein neues Stadtviertel umgewandelt. Besonders bemerkenswert ist, dass mehrere riesige alte Hangars in der Nähe der USS Hornet zur Spirits Alley umfunktioniert wurden, in der handwerkliche Destillerien, Weinverkostungsräume und Brauereien zu finden sind.

Zu den Top-Adressen zählen **St George Spirits**, der Dreh- und Angelpunkt der Gasse, und **Building 43 Winery**. Genieße den beeindruckenden Panoramablick auf die Skyline von San Francisco auf der anderen Seite der Bucht und beuge mit Leckereien aus den Foodtrucks dem Kater vor.

Noch bunter geht es in der **Forbidden Island Tiki Lounge** zu, die im Herzen der Insel liegt und eine der berüchtigtsten Tiki-Bars der Bay Area ist.

Historisches Schlachtschiff

USS HORNET, HEIMKEHR VOM MOND

Nach ihrer Mondlandung wurden die Apollo-11-Astronauten an Bord der **USS Hornet** gebracht, ein Flugzeugträger aus der Zeit des Kalten Krieges, der im Zweiten Weltkrieg in Betrieb genommen wurde. Er liegt jetzt inmitten des alten Marinestützpunkts in der Nähe der Spirits Alley, eine 10-minütige Fahrt von Oakland entfernt. Im Hangardeck und auf dem windgepeitschten Flugdeck sind historische Flugzeuge zu sehen. Die Rolle der *Hornet* bei den Apollo-Missionen wird ausführlich behandelt.

DER HÖCHSTE PUNKT DER EAST BAY

Mit 1173 m ist der **Mt. Diablo** mehr als 365 m höher als der Mt. Tamalpais im Marin County. An einem klaren Tag (am besten früh an einem nebelfreien Morgen) hat man vom Gipfel des Diablo einen weiten Blick, der von der Bucht und dem Pazifik im Westen bis zu den Sierras im Osten reicht. Weitere Highlights sind 273 km an Wanderwegen, Felsenklettern, Sternenbeobachtung, Wildblumen im Frühling und die Paarungszeit der Vogelspinnen im Herbst.

22 km östlich von Oakland erhebt sich der Mt. Diablo über das weite Land und die Vorstädte von Contra Costa County und ist am einfachsten über die I-680 bei Danville oder Walnut Creek zu erreichen. Man kann auch mit dem Auto zum Gipfel fahren, wo es ein Besucherzentrum gibt.

UNTERWEGS VOR ORT

Alameda ist mit Bussen von Oakland und mit zwei Fähren von San Francisco aus zu erreichen. BART fährt in der East Bay nach Süden, ebenso wie Amtrak und AC Transit-Busse.

Emeryville ist der Endpunkt des Amtrak-Langstreckenzugs California Zephyr.

BERKELEY

Berkeley ist ein Synonym für Protest, Aktivismus und linke Politik. Hier ist „woke“ ein wichtiges Attribut, keine Abwertung.

Aber jenseits dieser Klischees wartet eine geschäftige, attraktive Stadt mit einem Mix aus Yuppies, Hippies und Studenten, die Seite an Seite mit großartigen asiatisch-pazifischen Restaurants, originellen Spielzeugläden, lateinamerikanischen Lebensmittelhändlern, hochwertigen Bio-Lebensmittelgeschäften und dem grünen Campus der University of California, Berkeley (auch bekannt als „Cal“) existieren. Man kann sich leicht über „Bezerkeley“ lustig machen, weil hier der Recyclinggedanke und die Selbstgerechtigkeit gelegentlich auf die Spitze getrieben werden. Dabei sollte man aber nicht vergessen, dass die Stadt in Umweltfragen und bei politischen Anliegen Vorreiter gewesen ist und die hier vertretenen Meinungen schließlich zum Mainstream wurden.

Grünflächen in den Hügeln und den Ebenen der Bucht sowie attraktive Stadtviertel machen Berkeley zu einem guten Tagesausflug oder Zwischenstopp von jedem Ort in der Bay Area aus.

TOP TIPP

Die Telegraph und Shattuck Aves sind voller Cafés, Restaurants und Buchläden. Berkeleys Little India verläuft an der University Ave. Die College Ave in Elmwood ist gesäumt von Shops und Bäckereien. Das Gourmet Ghetto erstreckt sich an der Shattuck Ave.

Der Campanile (Sather Tower) bei der University of California, Berkeley

SEHENSWERTES
1 BAMPFA
2 Bancroft Library
3 Campanile
4 Phoebe A Hearst Museum of Anthropology
5 Sather Gate
6 Sproul Plaza
7 Telegraph Avenue
8 University of California, Berkeley

UNTERHALTUNG
9 Aurora Theatre Company
10 Berkeley Repertory Theatre
11 Freight & Salvage Coffeehouse

Sather Gate (S. 134)

Blumenpracht in Berkeley

ALFRED GEORG SONSALLA/GETTY IMAGES ©

UC Berkeley Campus

ALLES DREHT SICH UM DIE CAL

Der Berkeley-Campus der University of California (von Studenten und Einheimischen „Cal" genannt) ist die älteste Universität des Bundesstaates. Der Beschluss zur Gründung der Hochschule wurde 1866 gefasst, die ersten Studenten kamen 1873. Heute kann die Cal mehr als 40000 Studenten, über 1500 Dozenten und allerhand Nobelpreisträger aufweisen.

Den Campus erreicht man von der hippiehaften Telegraph Ave aus über die **Sproul Plaza** und das **Sather Gate**; es ist der Ort zum Leutegucken, für Volksredner und Pseudo-Stammesrituale. Schon ein Spaziergang über den Campus ist ein Vergnügen – an einem sonnigen Nachmittag könnte man in Versuchung geraten, ein paar Frisbees zu werfen.

Der **Campanile** – offiziell Sather Tower genannt – wurde dem venezianischen Markusturm nachempfunden. Von dem 94 m hohen Turm aus hat man einen tollen Blick auf die Bay Area. Außerdem kann man oben das Glockenspiel mit 61 Glocken aus der Nähe betrachten.

Das kleine **Phoebe A Hearst Museum of Anthropology** zeigt indigene Artefakte aus aller Welt sowie eine große Sammlung mit Schwerpunkt auf Kaliforniens indigenen Kulturen. Das **BAMPFA** (Berkeley Art Museum and Pacific Film Archive) beherbergt in seinem Edelstahlgebäude mehrere Galerien, in

BERKELEYS BEMERKENSWERTESTE RESTAURANTS

Genieße Trendsetter-Restaurants, die weit über den Klang der Glocken des Campanile in Berkeley hinaus berühmt geworden sind.

Kalifornische Küche, „Farm-to-Table", saisonale Gerichte, nachhaltige Produkte: Das sind nur einige der kulinarischen Trends, die **Chez Panisse** und seiner Superstar-Inhaberin Alice Waters zugeschrieben werden können. Im Erdgeschoss kann man ein Menü zum Festpreis genießen, im Obergeschoss kommt man preiswerter weg.

Das **Cafe Ohlone** war früher ein beliebtes Pop-up-Restaurant und ist jetzt ein In-Lokal direkt südlich des Campus. Die fast verschwundene Küche des einst so fruchtbaren Volkes der Ohlone in Kalifornien erhält einen modernen Anstrich. Erfahre mehr über die Geschichte und Kultur der Ohlone, während du Köstlichkeiten wie Löwenzahnsuppe, süße Eichelpfannkuchen, Sauerampfersalat und holzgeräuchertes Wildbret genießt.

SHOPPEN IN BERKELEY

Acme Bread
Eine der besten Bäckereien der Region, bekannt für ihr klassisches Sauerteigbrot.

Berkeley Bowl Marketplace
Großer Indie-Supermarkt mit Lebensmitteln aus der Bay Area und der ganzen Welt; riesige Gemüseabteilung.

Moe's Books
Neue und gebrauchte Bücher in einem großen Laden südlich des Campus. Berühmt für sein sachkundiges Personal.

denen immer nur eine begrenzte Anzahl von Kunstwerken ausgestellt wird, von altchinesischen Werken bis hin zu modernen zeitgenössischen Arbeiten. Die Filmreihen sind hochkarätig.

Unter den Schätzen der **Bancroft Library** sind Manuskripte von Mark Twain, ein Exemplar von Shakespeares *First Folio* und ein Tagebuch von einem Mitglied der Donner Party. Die öffentlichen Ausstellungen zeigen u.a. das überraschend kleine Nugget, dessen Entdeckung den Goldrausch von 1849 auslöste.

Eine Reihe von Gedenktafeln an der Wand vor Raum 3407 in der **Gilman Hall** verrät, dass man in jenem Chemielabor gelandet ist, in dem 1941 das Plutonium entdeckt wurde. Es wurde das Kernelement für die ersten Atombomben.

Downtown

AB IN DIE STADT

Berkeleys Downtown erstreckt sich rund um die Shattuck Ave zwischen der University Ave und dem Dwight Way. Hier gibt's viele Geschäfte, Restaurants und restaurierte öffentliche Gebäude, während vom lokalen Hippie-Erbe kaum noch etwas zu sehen ist.

Im nahegelegenen Kunstbezirk befinden sich das **Berkeley Repertory Theatre**, die **Aurora Theatre Company** mit ihren renommierten Bühnen und das historische **Freight & Salvage Coffeehouse** mit Folk-Musik aus aller Welt –alles in der Addison Street.

Unten an der Bucht bieten die **Wege am Wasser** einen weiten Blick auf die Golden Gate.

Grüne Gärten & Wanderungen

DIE BERKELEY HILLS ERKUNDEN

In den Hügeln direkt am östlichen Ende des Campus beginnt die Natur. Auf 13,7 ha Fläche wachsen im **UC Botanical Garden** in Berkeley mehr als 10 000 Pflanzenarten in einem der vielfältigsten botanischen Gärten des Landes. Die liebevoll gepflegten Gewächse stammen von allen Kontinenten – nur die Antarktis ist nicht vertreten. Ein Schwerpunkt liegt dabei auf mediterranen Spezies, die in Kalifornien gedeihen. Der **Berkeley Rose Garden** liegt 3,2 km nordwestlich.

Weiter oben in den Hügeln wartet Berkeleys bester Park (8,41 km^2), der **Tilden Regional Park**, mit einem insgesamt fast 64 km weiten Netz von Wander- und Multifunktionspfaden auf. Das Spektrum der unterschiedlich anspruchsvollen Routen reicht von asphaltierten Spazierwegen bis hin zu Aufstiegen an Hängen – hier verläuft u.a. ein Teil des herrlichen **Bay Area Ridge Trail**. Der wunderbar wilde **Botanical Garden** feiert die heimischen Pflanzen Kaliforniens.

UNTERWEGS VOR ORT

Berkeley ist mit drei BART-Stationen gut vernetzt. Die Busse von AC Transit fahren auf den Hauptstraßen und erschließen die East Bay. Es gibt nur begrenzte Fährverbindungen nach San Francisco.

BERKELEYS BAHNBRECHENDE ARCHITEKTIN

Julia Morgans Verbindung zur Cal begann, als sie als erste Frau einen Abschluss im Studiengang Bauingenieurwesen machte. Sie ist vor allem als William Randolph Hearsts Lieblingsarchitektin und Designerin von Hearst Castle (S. 279) bekannt, aber im Laufe ihrer produktiven Karriere entwarf sie mehr als 700 Gebäude, darunter einige bemerkenswerte Bauwerke in Berkeley.

Die **Julia Morgan Hall** (1911) befindet sich im UC Botanical Garden und veranschaulicht ihre flachen, mit Redwood-Holz verkleideten Entwürfe. An der südwestlichen Ecke des Campus greift der **Berkeley City Club** (1929) viele der maurischen und romanischen Gestaltungselemente von Hearst Castle auf.

Das **Berkeley Playhouse** (1910) in der College Ave ist wunderschön zurückhaltend. Die **St. John's Presbyterian Church** (1910) etwas weiter östlich steht im National Register of Historic Places.

Rund um Berkeley

Die Sehenswürdigkeiten entlang der Bucht sind zwar weit entfernt vom touristischen Glanz von San Francisco, Marin und Napa, aber dennoch einzigartig.

Auf dem Weg nach Norden und Osten um die Bucht herum in Richtung des Sacramento-Deltas liegen viele der interessantesten Sehenswürdigkeiten und Aktivitäten jenseits von Berkeley in der Nähe des Wassers. Dazu gehören drei Nationalparks, darunter einer der am wenigsten besuchten des Landes.

Historische alte Städte säumen die Küste. Vallejo, an der Nordseite der San Pablo Bay gelegen, war einst die Hauptstadt des Bundesstaates (1851–1853). Auf der anderen Seite der schmalen Carquinez-Straße liegt das kleine Crockett im Schatten der riesigen C&H-Zuckerfabrik und der I-80-Brücke und versprüht einen Hauch Vintage-Charme.

Kaum 4,8 km östlich, in Port Costa aus dem 19. Jh., gibt es beliebte Roadhouses neben den viel befahrenen Bahngleisen, die direkt am Wasser gebaut wurden.

TOP TIPP

Bei Fahrten auf den Highways der East Bay, z. B. der I-80, ist zu beachten, dass diese zu den Hauptverkehrszeiten morgens und abends überlastet sind.

Berkeley Marina (S. 138)

THOMAS WINZ/GETTY IMAGES ©

Rosie the Riveter WWII Home Front National Historic Park

Rosie the Riveters Heim

HISTORISCHES MAHNMAL FÜR DIE MENSCHENRECHTE

Der Kampf für Bürgerrechte und die Gleichberechtigung der Frauen steht im Mittelpunkt einer der bedeutendsten historischen Stätten der East Bay, dem **Rosie the Riveter WWII Home Front National Historic Park**. Diese beeindruckende Einrichtung des National Parks Service liegt an der Bucht von Richmond, 15 Autominuten von Berkeley entfernt, und verfügt über ein schönes Museum. Es befindet sich im historischen Ford-Gebäudekomplex in der Nähe der vier angrenzenden Kaiser-Werften, die im Zweiten Weltkrieg die fast unglaubliche Leistung vollbrachten, 747 Frachter und Kriegsschiffe zu bauen.

Tausende von Arbeitern schufteten im Schichtbetrieb rund um die Uhr, sieben Tage die Woche. Um den unersättlichen Bedarf an Arbeitskräften zu decken, wurden zahlreiche Frauen und eine große Zahl von afroamerikanischem Personal, das in Kalifornien besonders stark diskriminiert wurde, als Arbeitskräfte herangezogen.

Die Ausstellungen befassen sich mit den enormen gesellschaftlichen Veränderungen, die durch die Werften hervorgerufen wurden, und mit den Herausforderungen, denen sich die Arbeiterschaft bei der Suche nach einer Wohnung und einem norma-

KAUM BEKANNTES & BEWEGENDES DENKMAL

Am 17. Juli 1944 kamen 320 Seeleute und Zivilisten ums Leben, als auf dem Militärstützpunkt Port Chicago bei Concord Munition explodierte, die auf einen Frachter geladen wurde.

Die Katastrophe war im 48 km entfernten Oakland und darüber hinaus zu hören und zu spüren. Das Schiff, das gerade beladen wurde, verschwand quasi. Trotz des Ausmaßes der Katastrophe ist sie heute kaum bekannt. Die meisten der Toten waren afroamerikanische Seeleute, die unter entsetzlichen Bedingungen arbeiteten. Während des Zweiten Weltkriegs war das US-Militär noch segregiert, und Afroamerikaner erhielten die schlechtesten Jobs.

Heute ist das **Port Chicago Naval Magazine National Memorial** ein schlichtes und ergreifendes Denkmal am Ort der Explosion. Da es sich um einen aktiven Militärstützpunkt handelt, kommen nur wenige Besucher:innen, und man muss sich vorher anmelden.

ESSEN RUND UM BERKELEY

States Coffee
Hausgerösteter Kaffee im Herzen von Martinez; gute Snacks und Backwaren. **$**

Bull Valley Roadhouse
Port-Costa-Roadhouse aus dem Jahr 1897, mit klassischer amerikanischer Küche und starken Cocktails. **$$**

Brezo
Neben dem Rosie the Riveter Park serviert das Brezo lokale und mexikanische Küche und hat eine große Terrasse. **$**

len Leben stellen musste. Tragischerweise gab es nach der Schließung der Werften in der Nachkriegszeit kaum Arbeitsplätze in Richmond, abgesehen von den umweltbelastenden Raffinerien in der Nähe der Bucht, die bis heute in Betrieb sind. Die Stadt ist auch Jahrzehnte später immer noch unterentwickelt. Der große Frachter, die SS Red Oak Victory, die in der Nähe des Besucherzentrums vor Anker liegt, ist eines der letzten erhaltenen Schiffe, die hier gebaut wurden.

RADFAHREN ÜBER DIE RICHMOND–SAN RAFAEL BRIDGE

Auf zwei Rädern über die Golden Gate Bridge zu fahren, ist eines der kultigsten Raderlebnisse in der Bay Area. Aber es gibt noch eine andere, längere Brücke, über die man jetzt fahren kann. Nein, es handelt sich nicht um die Bay Bridge, sondern um die wenig beachtete **Richmond–San Rafael Bridge** in der North Bay. Eine ganze Fahrspur der zweistöckigen Brücke wurde für Fahrräder gesperrt, was für die Erkundung der Region ein wahrer Segen ist. Mit der Golden-Gate-Fähre zwischen San Francisco und Larkspur sowie BART in Richmond lässt sich eine große Rundreise um die Stadt unternehmen. Die 8,8 km lange Fahrt über die Brücke bietet herrliche Ausblicke auf die Bezirke Marin, Alameda und Contra Costa sowie auf die Bucht.

Kajakfahren & Stand-Up Paddleboarden

ACTION AUF DEM WASSER

Die Bucht von San Francisco ist nicht nur ein schönes Postkartenmotiv oder ein typischer Schnappschuss, sondern bietet auch zahlreiche Wassersportmöglichkeiten. Sobald man die Ausrüstung ausgeliehen hat, warten in der ganzen Bucht unzählige Stellen, von denen aus man starten kann.

Cal Adventures wird vom UC Aquatic Center in der **Berkeley Marina** betrieben, nur zehn Autominuten von Berkeley entfernt. Hier werden Segel-, Windsurf-, SUP- und Seekajak-Kurse sowie der Verleih von Ausrüstung organisiert.

Das Wohnhaus von John Muir

ABHÄNGEN MIT DEM BERÜHMTEN NATURFORSCHER

Das ehemalige Wohnhaus des Naturforschers John Muir ist Teil der **John Muir National Historic Site**. Es steht umgeben von idyllischen Feldern im belebten und modernen Ort Martinez, weit oben in der Bucht, eine 30-minütige Fahrt von Berkeley entfernt. Seinen Büchern zufolge erkundete der berühmte Gründer des Sierra Club die Sierra Nevada nur mit Brot und Teeblättern als Proviant. Wer Muirs wettergegerbte Asketengestalt kennt, wird sich daher eventuell sehr über sein (vom Schwiegervater 1883 erbautes) Heim wundern: ein erlesenes Paradebeispiel für viktorianische Architektur mit italienischem Touch – inklusive Kuppelturm, weißer Spitze und Salon mit attraktiven Polstermöbeln.

Muirs „Kritzelbude" sieht noch so aus wie zu seinen Lebzeiten: Zerknittertes Papier quillt aus Drahtkörben; auf dem Kaminsims liegen Bällchen aus trockenem Brot (Muirs Lieblingssnack).

Die Obstgärten der Familie sind noch zu großen Teilen erhalten und ermöglichen saisonal auch Kostproben. Das **Martinez Adobe** (erb. 1849) auf dem Gelände ist ein originales Überbleibsel der Ranch, die sich vormals hier befand. Quer über das Anwesen führen Wanderwege durch Eichenhaine zum **Mt. Wanda**, der nach einer von Muirs Töchtern benannt ist.

UNTERWEGS VOR ORT

Richmond ist durch BART und Amtrak gut angebunden. AC-Transit-Busse decken den Nahverkehr in Alameda County ab. Weiter östlich wird das Angebot spärlicher, und ein eigenes Fahrzeug ist die einzige praktische Möglichkeit, die Gegend zu erkunden.

PALO ALTO

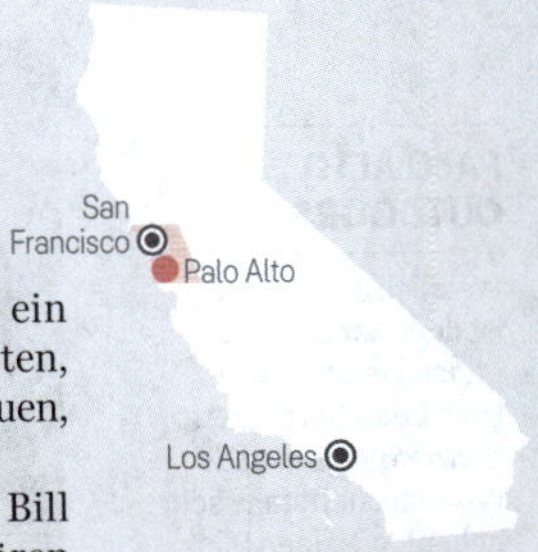

Palo Alto ist die vornehmste Stadt im Silicon Valley. Auch ein bescheidener Bungalow kann hier einen Millionenbetrag kosten, während sich in den Straßen der Innenstadt gehobene Boutiquen, Restaurants, Bars und Schönheits-Spas versammeln.

Außerdem ist es das legendäre Herz des Silicon Valley. Bill Hewlett und David Packard starteten hier in ihrer legendären Garage (zu sehen in der Addison Ave. 367). Steve Jobs lebte und starb hier. Larry Page und Sergey Brin waren Studenten an der Stanford, als sie Google gründeten. Und die Liste geht weiter. Aber es herrscht nicht nur Leichtigkeit und Freude. Palo Alto war die Heimat von Elizabeth Holmes und Theranos, und die Ethik der milliardenschweren Risikokapitalgeber der Sand Hill Rd und der Tech-Oligarchen wird regelmäßig in Frage gestellt.

Die Stanford University, die sich westlich des Zentrums über etwa 33 km² erstreckt, erhebt den Anspruch, die Seele der Stadt zu sein. Ihr Gründer Leland Stanford war einer der Köpfe hinter der Central Pacific Railroad und Gouverneur von Kalifornien. Mittlerweile ist sie eine angesehene, wohlhabende Einrichtung.

TOP TIPP

Die Stanford University stellt sich ländlich dar. Sie grenzt an eine Mall. Beide liegen westlich der Caltrain-Gleise. Das Zentrum ist ein Genuss zu Fuß. Hinter den Vierteln und dem Hwy 101 ist East Palo Alto eine eigenständige Stadt, in der es kaum Wohlstand gibt. Am Ufer warten Parks und Trails.

PALO ALTO OUTDOORS

Westlich des Campus ist der 6 km lange, gepflasterte **Stanford Dish Loop** bei Läufern, Spaziergängern und Wissenschaftsfans sehr beliebt, die einen Blick auf das Radioteleskop mit einem Durchmesser von 45 m (Spitzname „The Dish") werfen wollen, das einst Signale an die Voyager-Sonde der NASA sendete. Der Weg führt steil bergauf und bergab und bietet spektakuläre Aussichten.

Das **Baylands Observation Deck and Boardwalk** ist der Ausgangspunkt für Wanderwege, die am Ufer der Bucht entlang durch tierreiche Flussmündungen führen. Die Aussichten sind überwältigend.

Auf dem **San Andreas Fault Trail**, einem sanften, 2,4 km langen Pfad innerhalb des **Los Trancos Open Space Preserve**, erfährt man alles über die Geologie von Erdbeben. Das Areal liegt 16 km südwestlich von Palo Alto.

Nahezu unendliche Outdoor-Möglichkeiten bieten die Santa Cruz Mountains im Westen.

INGUS KRUKLITIS/SHUTTERSTOCK ©

Stanford University

Akademische Bildung an der Stanford University

BEREICHERNDE ARCHITEKTUR UND MUSEEN

Die **Stanford University** ist eine der besten Universitäten der USA – und eine der teuersten. Der im kalifornischen Mission-Revival-Stil gestaltete Campus lädt mit öffentlichen Kunstwerken und Wandmalereien zum Flanieren ein. (Hinweis: Es besteht eine starke Rivalität mit der öffentlich finanzierten UC Berkeley.) Der Campus wurde auf dem Gelände des Gestüts der Stanfords errichtet, weshalb die Uni den Spitznamen „The Farm" trägt.

Das **Cantor Arts Center** ist ein schönes, großes Museum mit einer Sammlung, die Werke aus alten Kulturen, zeitgenössische Kunst, Skulpturen (darunter ein **Rodin-Garten**) und Fotografie umfasst. Die Wechselausstellungen sind vielseitig.

Auguste Rodins Bürger von Calais aus Bronze zieren den Eingang zum **Main Quad**. Die zwölf ursprünglichen Universitätsgebäude am Rand des offenen Platzes paaren romanische Architekturelemente mit dem Mission-Revival-Stil. Hinzu kommt seit 1903 die **Memorial Church**, die mit Buntglasfenstern, fünf Orgeln (insgesamt über 800 Pfeifen) und schmucken Fliesenmosaiken an der Vorderfassade prunkt.

Ein Wahrzeichen an der Ostseite des Main Quad ist der 87 m hohe **Hoover Tower**. Der Turm gehört zur konservativen Hoover Institution on War, Revolution and Peace, einem mit Stanford verbundenen sozialpolitischen Forschungszentrum. Eine Aussichtsplattform im 14. Stock bietet einen herrlichen Blick auf die Bay Area.

UNTERWEGS VOR ORT

Die schnellen Caltrain-Pendlerzüge bedienen San Francisco und San Jose. VTA-Busse verbinden Palo Alto mit dem Rest des Silicon Valley, einschließlich San Jose. Die Stanford University bietet einen kostenlosen öffentlichen Shuttle-Service für den Campus und die nähere Umgebung.

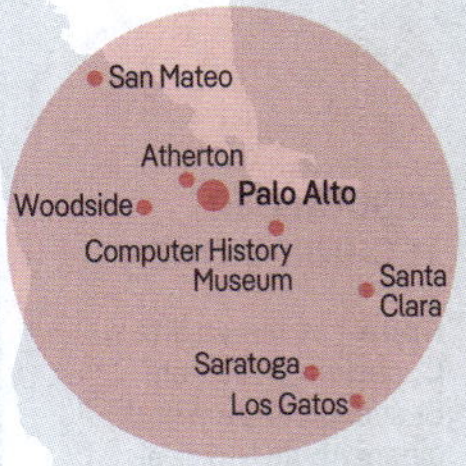

Rund um Palo Alto

Streife durch das Land, in dem Milliardäre gemacht werden, und lebe deine eigene Tech-Fantasie aus. Danach lockt Spaß in Bucht und Bergen.

Südlich von San Francisco, eingebettet zwischen Bucht und Küstenausläufern, erstreckt sich ein riesiger Streifen von Städten, Dörfern und Vorstädten in Richtung San Jose. In diesem Gebiet finden sich so bekannte Namen wie Silicon Valley, Menlo Park und Mountain View.

Das Silicon Valley ist auf keiner Landkarte zu finden: Es ist ein Spitzname aus den 1970er-Jahren. Da Siliziumchips die Grundlage moderner Mikrocomputer bilden und das Santa Clara Valley – das sich von Palo Alto über Sunnyvale und Cupertino bis nach San Jose erstreckt – als Geburtsort der Tech-Revolutionen gilt, wird die Region als „Silicon Valley" bezeichnet. Kaum vorstellbar, dass es bis in die 1960er-Jahre hinein eine Region mit Aprikosen-, Kirsch- und Walnussplantagen war.

TOP TIPP

Es stehen zwei Freeways zur Auswahl: Der Hwy 101 ist das Rückgrat des Silicon Valley, während die I-280 die weniger verstopfte, schönere Alternative ist.

Apple Park Visitor Center (S. 142), Cupertino

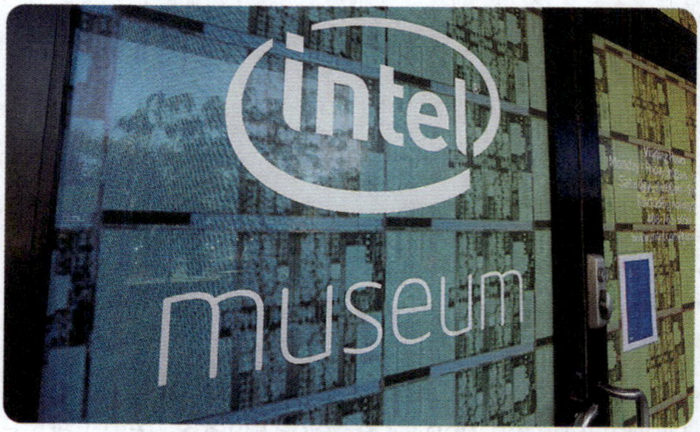

Intel Museum

Tech-Museen

LOBLIEDER AUF BERÜHMTE INNOVATIONEN

Das riesige und faszinierende **Computer History Museum** in Mountain View bietet thematische Ausstellungen aus seiner 100 000 Stücke umfassenden Sammlung und ist nur zehn Autominuten von Palo Alto entfernt. Die Objekte reichen vom Abakus bis hin zu iPod-Prototypen (weißt du noch?). Bei den Dozenten handelt es sich oft um Branchengrößen, die jetzt, da ihre Börsengänge abgeschlossen sind, Zeit zum Totschlagen haben.

Der Chiphersteller Intel – mitverantwortlich für den Namen Silicon Valley – betreibt in Santa Clara das **Intel Museum**, das sich mit der Verwendung von Silizium in Mikrochips, mehreren Jahrzehnten unglaublicher Innovationen in der Chipherstellung und – wenig überraschend – mit der Rolle von Intel beschäftigt.

Die tollsten Städte des Silicon Valley

ERKUNDUNGEN RUND UM PALO ALTO

In der Region gibt es mehrere sehenswerte Städte, die zu verschwimmen scheinen. **San Mateo**, eine zehnminütige Autofahrt von Palo Alto, verfügt über Parks an der Küste, z. B. die Coyote Point Recreation Area. **Atherton** ist das wohlhabendste Postleitzahlengebiet der USA, mit Familien des alten Geldadels aus der Zeit vor Silicon Valley. **Woodside** hat lässig schicke Straßencafés am Hwy 84 und ist das Tor zu den weiten Landschaften der Santa Cruz Mountains entlang des Skyline Blvd. In **Santa Clara** tummeln sich Technologieunternehmen rund um die Universität, in der sich die Mission Santa Clara de Asís aus dem Jahr 1777 befindet. Die Städte **Saratoga** und **Los Gatos** haben stimmungsvolle Zentren – eine Rarität in der Gegend.

BESUCH DER TECHNIK-IKONEN

Apple hat seinen Sitz in Cupertino, mit einem Besucherzentrum und einem Apple Store, einem eleganten Café und einer Dachterrasse, die einen Blick auf die berüchtigte „fliegende Untertasse" des Firmensitzes erlaubt. Die Gänge der Kellertoiletten erinnern auf unheimliche Weise an die Kulissen der Apple TV+-Serie *Severance* über einen bösen Konzern, der sich der Gedankenkontrolle verschrieben hat.

Google in Mountain View hat kein Besucherzentrum, aber es gibt einen Google Merchandise Store in einem schäbigen Einkaufszentrum neben einem Parkplatz, der mit gebrauchten Spritzen übersät ist.

Das Unternehmen **Meta**, früher als Facebook bekannt, hat kein Besucherzentrum und keinen Merch-Store. Plastikplanen mit „Meta"-Aufschrift verdecken die „Daumen hoch"-Schilder von Facebook, die einst für Selfies dienten.

UNTERWEGS VOR ORT

Die Straßen und Freeways des Silicon Valley sind oft von frustrierten Lamborghini-Fahrer:innen (und anderen Leuten) überfüllt. Caltrain verbindet Städte und Stadtzentren zwischen San Francisco und San Jose. VTA bietet einen Bus- und Stadtbahnverkehr an. Am besten ist es jedoch, dieses weitläufige Gebiet mit dem eigenen Auto zu erkunden.

SAN JOSE

San Jose ist zwar eine kulturell vielfältige Stadt mit Geschichte, stand aber stets im Schatten von San Francisco und ist im Vorstadtgürtel des Silicon Valley aufgegangen. 1777 als El Pueblo de San José de Guadalupe gegründet, ist San Jose die älteste spanische Ansiedlung in Kalifornien. Das Stadtzentrum ist für die drittgrößte Stadt Kaliforniens recht bescheiden – an den Wochenenden wimmelt es hier jedoch von Clubgängern in den Zwanzigern, was zum Teil auf die große staatliche Universität zurückzuführen ist. Ein großes neues Projekt von Google in der Nähe des Stadions und des Bahnhofs wird das Zentrum verändern.

Industrieparks, Hightech-Computerfirmen, überraschend viele grüne Viertel und Einkaufszentren prägen das Stadtbild. Unter all dem liegt fruchtbares Land, auf dem einst einige der üppigsten Obstgärten der Welt gediehen.

In diesem multiethnischen Schmelztiegel der Westküste gibt es überall ausgezeichnete Restaurants. Obwohl es nur wenige Sehenswürdigkeiten gibt, ist die Stadt ein guter Zwischenstopp auf dem Weg Richtung Süden nach Santa Cruz und Monterey oder Richtung Norden nach San Francisco.

TOP TIPP

14,4 km nordwestlich des Stadtzentrums von San Jose liegt das kleine alte Dorf Alviso in den Feuchtgebieten am südlichen Ende der Bucht. Hier gibt es viele Möglichkeiten für Wanderungen auf den Wegen des Don Edwards San Francisco Bay National Wildlife Refuge.

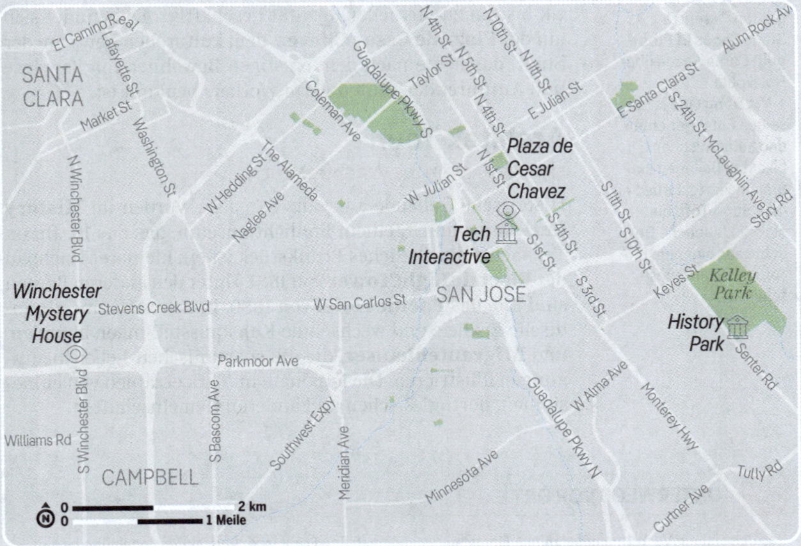

SAN JOSES VIELFÄLTIGE GASTROSZENE

Zu den fabelhaften Restaurants gehört **Original Joe's**, eine Institution in der Innenstadt mit italienischem Einschlag, die zwanglose Mahlzeiten und hervorragende Burger serviert. In Japantown serviert das **Gombei** japanische Komfortküche. Der nahe gelegene **Shuei-Do Manju Shop** ist für seine hausgemachten *mochi* (Gebäck auf Reisbasis) bekannt.

Die **Luna Mexican Kitchen** an der Alameda verbindet den Ethos von „Farm-to-Table" mit anspruchsvoller mexikanischer Küche. Für das kleinere Budget bietet der Imbisswagen **Tacos El Lider** die berühmten Tacos mit Schweinefleisch von ganzen gegrillten Tieren. Der Stand **Tacos El Plebe** grillt Carne Asada über Holzkohle.

Vịt Đồng Quê ist mit seinen Entengerichten und authentischen, pikanten Beilagen ein Star im Viertel Little Saigon. **Sogo Tofu** bietet picknicktaugliche Gerichte aus eigenem Bio-Tofu nach taiwanesischer Art.

Winchester Mystery House

Mysterien & Geschichten

SAN JOSES TOP-SEHENSWÜRDIGKEITEN

Die Hauptattraktion von San Jose ist auch die skurrilste: Das **Winchester Mystery House** ist ein absurdes, aber faszinierendes und komplexes viktorianisches Herrenhaus mit 160 Zimmern mit geringem Nutzwert, Sackgassen und einer Treppe, die zur Decke reicht. Es war die Obsession von Sarah Winchester, die nicht ohne ständiges Hämmern leben konnte. Bei Touren werden die Basics und wenig beachtete Ecken erkundet.

Das **Tech Interactive** ist ein hervorragendes Technikmuseum, das sich mit Themen von Robotik über Biofeedback und Genetik bis hin zu virtueller Realität beschäftigt. Es befindet sich auf der **Plaza de Cesar Chavez**, dem kulturellen Zentrum der Stadt, das heute nach dem einstigen Bewohner von San Jose und Anführer der United Farm Workers benannt ist.

Architek-Tour

SPAZIERGANG IN DIE VERGANGENHEIT

Historische Gebäude aus ganz San Jose wurden im **History Park** versammelt, einem Freilichtmuseum, das das 19. Jh. im Tal nachstellt. Örtliches Prunkstück ist ein kleinerer Nachbau des **Electric Light Tower** von 1881. Unter den anderen Bauten sind z.B. das **Pacific Hotel** von 1880, in dem sich eine altmodische Eisdiele und wechselnde Kunstausstellungen befinden, und **Migrantenhäuser**, die die spartanischen Lebensbedingungen illustrieren. Die Exponate im Park erzählen von chinesischen, portugiesischen und anderen Gemeinschaften.

UNTERWEGS VOR ORT

San Jose ist ein Verkehrsknotenpunkt. Der geschäftige Flughafen bietet internationale und nationale Flüge und ist eine gute Alternative zum Flughafen von San Francisco. Caltrain bietet hervorragende Verbindungen auf der Halbinsel nach San Francisco. Amtrak-Regionalzüge bedienen Oakland, Sacramento und das Central Valley. Amtraks wunderbarer Fernzug Coast Starlight fährt im Norden nach Seattle und im Süden nach LA.

HALF MOON BAY

Mit ihrer langen Küstenlinie, dem milden Wetter und Mavericks, einem der größten und furchterregendsten Surfbreaks der Welt, sind Half Moon Bay und die benachbarten Orte Miramar und El Granada gefragte Wohnlagen.

Zuerst lebten hier jahrtausendelang die indigenen Ohlone; in den späten 1700er-Jahren ließen sich spanische Missionare entlang der Küste nieder. Im frühen 20. Jh. wurde Half Moon Bay als Ferienort erschlossen. Heute ist es die größte Küstenstadt zwischen San Francisco (29 Meilen bzw. 47 km weiter nördlich) und Santa Cruz (49 Meilen bzw. 79 km weiter südlich).

Obwohl die Bucht wegen ihrer geringen Tiefe auch Quarter Moon Bay heißen könnte, locken die langen Strände und Steilküsten Surfer, Wanderer und Wochenendausflügler an. Das kleine Zentrum ist architektonisch interessant und hat allerhand Geschäfte und Cafés für einen vergnüglichen Bummel zu bieten.

Der Hwy 1 ist stark bebaut. Man beachte, dass dies einer der nebligsten Orte Nordkaliforniens ist – Zwiebellook ist angesagt.

TOP TIPP

Mavericks ist ein heftiger Surf-Break, der dank fesselnder Videos aus den 1990er-Jahren weltberühmt wurde – die Wellen können nach Stürmen bis zu 18 m hoch werden. Bis 2016 wurde hier sporadisch ein Surfwettbewerb veranstaltet. Nimm ein Fernglas mit und wandere um den Pillar Point westlich des gleichnamigen Hafens, um das Geschehen zu beobachten.

GUT ESSEN & AUSGEHEN IN HALF MOON BAY

Meeresfrüchte spielen die Hauptrolle in mehreren Restaurants am Ufer der Half Moon Bay, die alle Muschelsuppe und Bay Area-Klassiker wie Louie-Salate und Dungeness-Krabben-Sandwichs anbieten. **Barbara's Fishtrap** ist ein traditionelles Lokal am Pillar Point Harbor. Ganz in der Nähe sorgt **Sam's Chowder House** für Staus auf dem Hwy 1 und serviert leckere Hummerbrötchen.

Ebenfalls am Hafen bietet die **Hop Dogma Brewing Co** leckere Biere an. Es ist eines von mehreren tollen Lokalen in der Gegend, in denen man hervorragend essen kann, darunter die **Jettywave Distillery** und das **Old Princeton Landing Public House and Grill**.

Das **Moonside Bakery & Cafe** in der Stadt weiß, wie man ein gutes Croissant macht, und ist ein erstklassiges Lokal für Frühstück und Mittagessen. **Dad's Luncheonette** am Hwy 1 serviert bemerkenswert kreative Hamburger und Specials.

Kürbisse in der Half Moon Bay

Aktiv an der Küste

AUF ZUM STRAND

Der halbmondförmige und über 6,5 km lange **Half Moon Bay State Beach** ist ein wunderschönes Sandband am Pazifik. Ein großer Teil ist nahezu unberührt, und man kann andere Urlauber leicht hinter sich lassen, wenn man an den Sandsteinklippen und Dünen entlang wandert. Der **Coastside Trail** verläuft am östlichen Rand des breiten Sandstrandes entlang nach Norden zum **Pillar Point Harbor**. Nach Stürmen kann man Treibholz finden und vor der Küste nach Walen Ausschau halten.

Wenn die Bucht ruhig ist, kann man mit der **Half Moon Bay Kayak Co**, die Kajaks und SUP-Sets vermieten, ein paar Stunden auf dem Wasser verbringen. Die **Sea Horse Ranch** liegt etwas mehr als eine Meile nördlich der Abzweigung des Hwy 92 und bietet täglich Ausritte am Strand an.

Coole Kürbisse

HALLOWEEN-STREICHE

In Half Moon Bay werden nicht nur Rosenkohl und Zimmerpflanzen angebaut (ja, genau das steht in all den Gewächshäusern). Ab Herbst sind die Felder mit orangefarbenen Kürbissen übersät. Vor Halloween säumen die Kürbisverkäufer den Hwy 1.

Das **Half Moon Bay Art & Pumpkin Festival** Mitte Oktober ist berühmt für seine Weltmeisterschaft im Kürbiswiegen, der World Championship Pumpkin Weigh-Off, bei dem die von fanatischen Züchtern (die ihre Geheimnisse eifrig hüten) gezogenen Exemplare mehr als 2500 Pfund auf die Waage bringen.

UNTERWEGS VOR ORT

SamTrans bietet nützliche lokale Busdienste an, unter anderem zum Caltrain-Bahnhof Hillsdale in San Mateo. Eine andere Route führt entlang des Hwy 1 nach Pacifica.

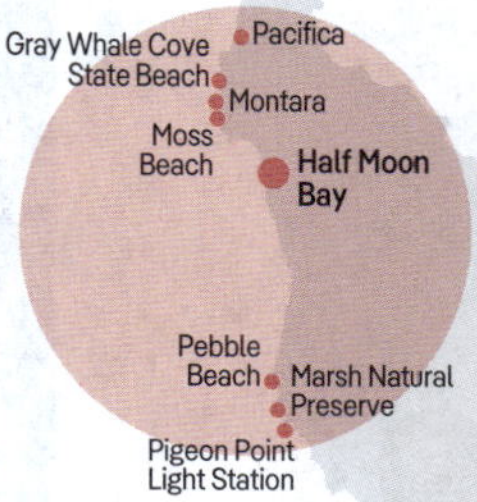

Rund um Half Moon Bay

Die berühmte Fahrt auf dem Hwy 1 von San Francisco nach Süden ist einer der Höhepunkte Kaliforniens und gehört zu den unverzichtbaren Erlebnissen in diesem Bundesstaat.

Der 70 Meilen (112 km) lange Küsten-Highway 1 von San Francisco nach Santa Cruz ist eine der bezauberndsten Küstenstrecken Kaliforniens. Jenseits der Half Moon Bay führt das gewundene Band von Strand zu Strand. Von Pacifica bis zum Ende von San Mateo County sind es 66 km. Allein für diese Strecke kann man leicht einen ganzen Tag einplanen, noch bevor man Davenport und die Pracht von Santa Cruz County erreicht.

Neben den leicht zugänglichen Stränden entlang des Hwy 1 gibt es unzählige weitere, die versteckt liegen. Entdeckt man mehrere Fahrzeuge mit Surfbrettständern am Straßenrand, erreicht man hier wohl über (allerdings oft nicht ungefährliche) Klippenpfade quer durch die Felder unglaublich schöne Buchten.

TOP TIPP

Entlang des Hwy 1 findet man Stände mit saisonalen Produkten und Vollzeitverkäufer von lokal hergestellten Waren wie Wein und Obstkuchen.

Fitzgerald Marine Reserve (S. 149)

SUNDRY PHOTOGRAPHY/SHUTTERSTOCK ©

BERKAN SARIDILEK/SHUTTERSTOCK ©

Pigeon Point Light Station

SEEELEFANTEN AM STRAND

Das **Año Nuevo State Natural Reserve** nahe der Grenze zum Santa Cruz County ist die Heimat einer der weltweit größten Brutkolonien nördlicher Seeelefanten. Bis zu 10000 Tiere brüten, gebären, rangeln und dösen das ganze Jahr über an diesem Ufer.

Nachdem sie fast bis zur Ausrottung gejagt worden waren, kehrten die Seeelefanten 1955 an den Strand von Año Nuevo zurück. Während der Gebärzeit von Mitte Dezember bis Ende März (Hauptsaison) ist der Zutritt zum Reservat nur im Rahmen stark gebuchter Führungen möglich. In der übrigen Zeit des Jahres ist die 5 bis 6 km lange Sandwanderung zum Strand auf eigene Faust zu bewältigen.

Entspanntes Strandstädtchen & Klippenweg

SURFEN, WANDERN UND RADFAHREN

Das beschauliche Strandstädtchen **Pacifica**, nur 24 km südlich des Stadtzentrums von San Francisco und 20 Autominuten nördlich von Half Moon Bay, markiert das Ende der Stadt und den Beginn der wilden Pazifikküste. Pacifica ist nicht sonderlich interessant; seine eigentliche Berühmtheit ist der Zugang zu der spektakulären Piste südlich des Hwy 1.

Der **Pacifica State Beach** ist lang, landschaftlich reizvoll und wird von surfbaren Wellen umspült (Leihausrüstung ist in der Nähe im **Nor-Cal Surf Shop** erhältlich).

Unmittelbar südlich von Pacifica befindet sich **Devil's Slide**, ein wunderschönes Klippengebiet an der Küste, das heute durch einen Tunnel umgangen wird. Wanderer und Radfahrer genießen den **Devil's Slide Coastal Trail**, ein 2 km langer, gepflasterter Abschnitt des alten Highways. Die Parkplätze liegen oberhalb der steilen, zerklüfteten Klippen, unter denen die Wellen rauschen und über denen Pelikane fliegen.

WAS MAN IM LANDESINNEREN VOM HWY 1 AUS SEHEN KANN

Butano State Park
Beobachte in einem Park, der mit Wanderwegen durchzogen ist, wie sich die Natur von den Waldbränden im Jahr 2020 erholt.

Hwy 84
Verläuft über 45 kurvenreiche Kilometer zwischen dem Hwy 1 und Palo Alto, vorbei an Parks, Mammutbäumen und weiten Landschaften.

Skyline Blvd
Folgt dem Gebirgskamm der Santa Cruz Mountains und bietet Ausblicke vom Meer bis zur San Francisco Bay.

Küstendörfer an Stränden mit reicher Tierwelt

SCHMUGGLER UND SEESTERNE

Montara und **Moss Beach**, beide nur zehn Autominuten von Half Moon Bay entfernt, sind winzige Dörfer, die einen von Klippen und Sand geprägten Küstenabschnitt unterbrechen. Direkt nördlich davon befindet sich der **Gray Whale Cove State Beach,** einer der vielen beliebten Strände an der Küste, an denen man keine Kleidung tragen muss.

Am Moss Beach schützt das **Fitzgerald Marine Reserve** Gezeitentümpel, in denen es von Seesternen, Krebsen und Seeigeln nur so wimmelt. Ein kleines Besucherzentrum bietet eine Einführung in den Artenreichtum an der Küste.

Die beheizte Terrasse der **Moss Beach Distillery** mit Blick auf die Bucht, in der früher die Schwarzbrenner Schnaps abluden, ist perfekt, um den Sonnenuntergang zu genießen.

Naturschutzgebiet & Jade-Kieselstrand

ÜPPIGE FEUCHTGEBIETE UND EDELSTEINFELSEN

Das **Marsh Natural Preserve** liegt etwa 20 Autominuten südlich von Half Moon Bay auf der Inlandsseite des Hwy 1, an der Abzweigung nach Pescadero. Ein Gewirr von Pfaden schlängelt sich durch diese grünen Feuchtgebiete. Der angrenzende **Pescadero State Beach** bietet einen langen Strand (Ausschau halten nach Robben), der von Dünen gesäumt und von felsigen Gezeitenbecken unterbrochen wird.

Der **Pebble Beach** ist Teil des **Bean Hollow State Beach**. Die Küste ist übersät mit Schmuckstücken aus Achat, Jade und Karneol. Die erodierten Sandsteinfelsen haben Formen, auf die Antoni Gaudí sicher neidisch gewesen wäre.

Hübscher Leuchtturm & bestes Hostel aller Zeiten

WUNDERSCHÖNER LEUCHTTURM, WALE VOR DER KÜSTE

Die 35 m hohe **Pigeon Point Light Station** (1872) steht auf einem Felsvorsprung und ist einer der höchsten Leuchttürme der Westküste. Von Half Moon Bay aus sind es 30 Minuten mit dem Auto. Die Klippe ist ideal, um im Winter Grauwale zu beobachten. Eine der seltenen Unterkünfte an dieser Küste ist auch die begehrteste: das Hostel **HI Pigeon Point Lighthouse**. Rechtzeitig buchen und den Whirlpool nicht verpassen.

Südlich des Leuchtturms erstreckt sich der **Gazos Creek State Beach** mit viel unberührtem Sand, stürmischem Wind und Wellen. Die verheerenden Brände von 2020 in den Santa Cruz Mountains reichten bis zum Hwy 1 und zur Meeresküste.

MEERESBRISE & ARTISCHOCKEN IN PESCADERO

Pescadero aus dem 19. Jh., ein nebliges Fleckchen an der Küste zwischen Half Moon Bay und Santa Cruz, liegt 3 km landeinwärts vom Hwy 1. Los geht's an der **Harley Farms Goat Dairy**, wo man den Ziegen, die den köstlichen Weichkäse liefern, der zusammen mit anderen Delikatessen zum Verkauf steht, ganz nah kommen kann.

In der Stadt ist **Duarte's Tavern** immer voll von glücklichen Menschen, die Krabben-Cioppino, Artischockencremesuppe und Olallieberry Pie genießen; man sollte im Voraus einen Tisch reservieren. In der **Arcangeli Grocery Company** auf der anderen Straßenseite kann man Picknickzutaten für den Strand kaufen. Sie ist berühmt für ihr ofenwarmes, gefülltes Artischocken-Kräuter-Brot, ein teigiges Brot aus Weißmehl, das viele Fans hat.

UNTERWEGS VOR ORT

SamTrans-Busse verbinden Pacifica mit der BART-Station Daly City. Sie decken auch den Hwy 1 nach Süden zur Half Moon Bay ab. Südlich braucht man ein eigenes Fahrzeug, um der Küste zu folgen. Erfahrene Radfahrer trotzen den schmalen Seitenstreifen des Hwy 1 von Pacifica nach Santa Cruz.

ANDREW ZARIVNY/SHUTTERSTOCK ©

Oben: Napa Valley Wine Train (S. 158); Rechts: Chardonnay in Carneros (S. 162)

DIE WICHTIGSTEN ZIELE

NAPA
Wein-Epizentrum.
S. 156

ST. HELENA
Malerisches Zentrum im nördlichen Napa Valley.
S. 165

SONOMA
Geschichtsträchtige Stadt. **S. 173**

PETALUMA
Historisches Stadtzentrum mit gastronomischem Flair. **S. 180**

NAPA & SONOMA WINE COUNTRY

PRÄCHTIGE WEINBERGE UND EINZIGARTIGE STÄDTE

Die besten Weintäler Kaliforniens punkten mit einer Reihe von coolen Gemeinden. Kultige Landschaften gepaart mit fantastischem Essen und Wein und einer kräftigen Prise lokalem Flair.

An einem einzigen Tag im Napa Valley kann man sich in Calistoga im Vulkanschlamm suhlen, in St. Helena lernen, wie man eine Mehlschwitze herstellt und eine wilde Nacht inmitten von Giraffen auf einer Weinland-Safari verbringen. Und das alles, nachdem man einige der besten Weine der Welt probiert hat. Hier wagen sich Bio-Familienweingüter an die Herstellung von Weinen, die über den klassischen Cabernet hinausgehen und Sous-Chefs jäten Bio-Gärten, um aus den Eträgen „Farm-to-Table"-Menüs zu zaubern.

Richtung Westen geht's ins Sonoma County, um durch tausendjährige Mammutbaumwälder zu wandern, in Healdsburg eine Flasche Sekt mit einem Säbel zu öffnen und in Sebastopol die aufstrebenden Talente in den „Joint-Ventures" zu treffen. Die Region ist ein Magnet für Freigeister. Der Abenteuerautor Jack London lockte gleichgesinnte Bohemiens ins Sonoma Valley, während Romantiker und Rebellen das Russian River Valley durchstreiften, in den Mammutwäldern herumtollten und Guerneville als Pionierort für LGBTIQ+ etablierten.

Ein gutes Leben scheint hier selbstverständlich zu sein, doch die Menschen arbeiten hart, um das zu ermöglichen. Die Bezirke Napa und Sonoma haben Brände, Erdbeben, Dürren und Überschwemmungen erlebt. Nach jeder Katastrophe erholt sich jedoch Amerikas schönster Landstrich von den Folgen. Heute sind diese grünen Täler reich an gepflegten Parklandschaften, einer innovativen regenerativen Landwirtschaft und engmaschigen Netzwerken von Rettungsdiensten, Kleinunternehmern und Gastronomen. Stoßen wir also auf Napa und Sonoma an, denn hier werden durch außergewöhnliches Engagement und einem Spritzer flüssigen Mutes kalifornische Träume wirklich wahr.

SANTA ROSA
Interessante Hauptstadt von Sonoma County. **S. 183**

SEBASTOPOL
Künstlerischer Bohème-Treffpunkt. **S. 186**

RUSSIAN RIVER VALLEY
Wein- und Fluss-Spielplatz. **S. 193**

HEALDSBURG
Lässiger Chic, Wein, Kunst und Essen. **S. 197**

Erste Orientierung

Die Bezirke Napa und Sonoma und ihre unzähligen kleineren Täler sind erstaunlich weitläufig. Wir haben die Orte ausgewählt, die ihre Geschichte, ihre Kultur und ihre Naturlandschaft widerspiegeln, wobei jeder Ort die Möglichkeit bietet, sein eigenes Weinland zu entdecken.

Russian River Valley, S. 193
Lass dich in einem Kanu, Kajak oder Schlauchboot den trägsten Fluss NorCals hinuntertreiben, lege in Guerneville an oder fahre zu den Weingütern des Tals.

Santa Rosa, S. 183
Die polyglotte Hauptstadt von Sonoma County ist auch der Geburtsort von Charlie Brown und der Nutznießer von Luther Burbanks überbordender Kreativität in Sachen Blumen.

Sebastopol, S. 186
Lerne in der kreativsten und produktivsten Farmstadt Kaliforniens lokale Winzer, Bäcker, Destillateure, Musiker, Gärtner und Budtender kennen.

Petaluma, S. 180
Hier wartet klassisches amerikanisches Flair in einem hervorragend erhaltenen Stadtzentrum am Fluss mit zahlreichen Brauereien und Lokalen.

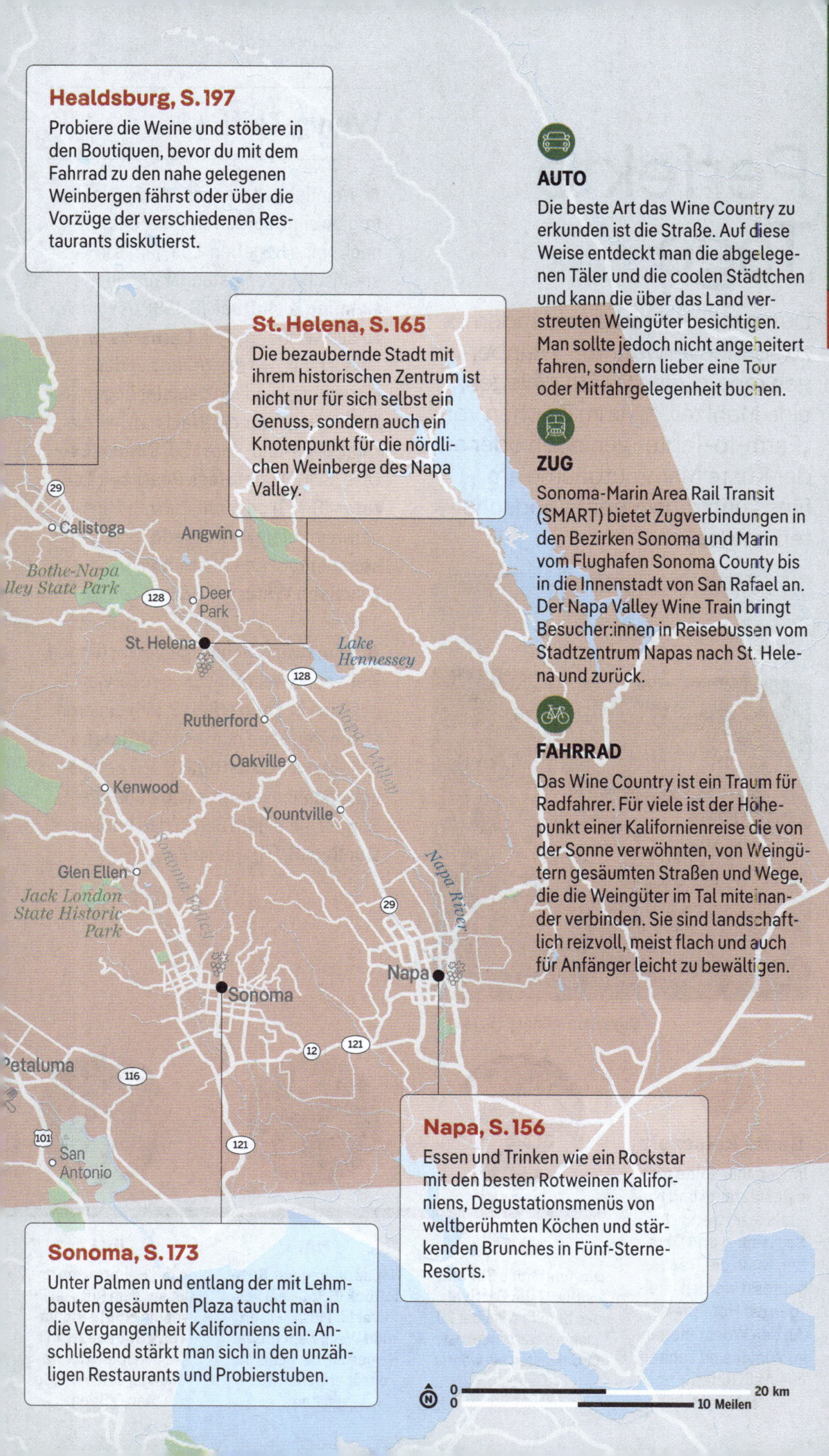

Healdsburg, S. 197

Probiere die Weine und stöbere in den Boutiquen, bevor du mit dem Fahrrad zu den nahe gelegenen Weinbergen fährst oder über die Vorzüge der verschiedenen Restaurants diskutierst.

St. Helena, S. 165

Die bezaubernde Stadt mit ihrem historischen Zentrum ist nicht nur für sich selbst ein Genuss, sondern auch ein Knotenpunkt für die nördlichen Weinberge des Napa Valley.

AUTO

Die beste Art das Wine Country zu erkunden ist die Straße. Auf diese Weise entdeckt man die abgelegenen Täler und die coolen Städtchen und kann die über das Land verstreuten Weingüter besichtigen. Man sollte jedoch nicht angeheitert fahren, sondern lieber eine Tour oder Mitfahrgelegenheit buchen.

ZUG

Sonoma-Marin Area Rail Transit (SMART) bietet Zugverbindungen in den Bezirken Sonoma und Marin vom Flughafen Sonoma County bis in die Innenstadt von San Rafael an. Der Napa Valley Wine Train bringt Besucher:innen in Reisebussen vom Stadtzentrum Napas nach St. Helena und zurück.

FAHRRAD

Das Wine Country ist ein Traum für Radfahrer. Für viele ist der Höhepunkt einer Kalifornienreise die von der Sonne verwöhnten, von Weingütern gesäumten Straßen und Wege, die die Weingüter im Tal miteinander verbinden. Sie sind landschaftlich reizvoll, meist flach und auch für Anfänger leicht zu bewältigen.

Napa, S. 156

Essen und Trinken wie ein Rockstar mit den besten Rotweinen Kaliforniens, Degustationsmenüs von weltberühmten Köchen und stärkenden Brunches in Fünf-Sterne-Resorts.

Sonoma, S. 173

Unter Palmen und entlang der mit Lehmbauten gesäumten Plaza taucht man in die Vergangenheit Kaliforniens ein. Anschließend stärkt man sich in den unzähligen Restaurants und Probierstuben.

Perfekte Tage

Durch kleine Städte schlendern, zu sonnenverwöhnten Weinbergen radeln, eine Siesta einlegen, eine Mahlzeit ganz im Zeichen von „Farm-to-Table" genießen oder an der Küste Mammutbäume am Fluss und raue Meereslandschaften entdecken.

JAMIE PHAM/ALAMY ©

Cuvaison Winery (S. 162)

Wenig Zeit

● Weinliebhaber:innen, die neu in der Region sind, sollten sich unbedingt nach Napa begeben. Los geht's in städtischen Verkostungsräumen wie **Gamling & McDuck** (S. 158), bevor man zu den Weinbergen in **Carneros** (S. 162) hinausfährt, wo die Reben auf das Marschland und die dahinter liegende Bay treffen. Wer die Wahl hat, hat die Qual: High-End-Kunst bei **Donum Estate** (S. 163) oder **Hess Pearsson Estates** (S. 162) oder entspannte Familienweingüter wie **Robledo** (S. 162) und atemberaubende Aussichten bei der **Cuvaison Winery** (S. 162).

● Talaufwärts gehen die Verkostungen weiter und wer rechtzeitig reserviert hat kann in **Yountville** (S. 164) dinieren; ansonsten kann man es in **St Helena** (S. 165) oder **Calistoga** (S. 171) gemütlich angehen lassen – und dann alle Sorgen mit einem Bad in den **heißen Quellen** (S. 171) wegspülen.

Beste Reisezeit

Im Sommer sollte man in Restaurants und Hotels reservieren. Im September und Oktober, wenn die Trauben gepresst werden, steigen die Hotelpreise. An den Wochentagen im Winter sind zahlreiche Aktivitäten eingeschränkt.

MÄRZ

Das fünftägige **Sonoma Valley Film Festival**, das bereits seit über 20 Jahren stattfindet, ist für Cineasten ein wahrer Genuss.

MAI

Napas dreitägiges **BottleRock** (S. 160), ein Festival für Musik, Essen und Wein, zieht große Namen an, die generationsübergreifend begeistern.

JULI

In der Hauptsaison findet auf dem Russian River die **Monte Rio Variety Show** statt, mit prominenten Überraschungsgästen wie Conan O'Brien.

AKATA DIAZ/GETTY IMAGES FÜR BILLI PRODUCTIONS LTD. ©, STERLING MUNKSGARD/SHUTTERSTOCK ©, YIVL/SHUTTERSTOCK ©

Drei Tage Zeit

Das Abenteuer im Wine Country geht weiter mit einem Kaffee und einem Blick in die Lehmziegel-Mission auf der **Plaza von Sonoma** (S. 174). Dann schlängelt man sich durch die Weinstraßen des Tals und hält immer wieder an Orten wie dem **Gundlach-Bundschu** (S. 176) zur Verkostung an. Entdecke **Bartholomew Estate** (S. 176) und lass dann im **Jack London State Historic Park** (S. 179) den Ruf der Wildnis auf dich wirken.

Hier bekommt man einen kleinen Vorgeschmack auf das westliche Sonoma County, das Napa und Sonoma im Vergleich als bieder erscheinen lässt. Mittags kann man in Santa Rosa im **Mitote Food Park** (S. 185) essen, bevor man sich auf den Weg nach **Sebastopol** (S. 186) macht. Danach schaut man sich auf einem der Bio-Bauernhöfe um und genießt Austern und gekühlten Wein bei **Rocker Oysterfeller's** (S. 191) in Valley Ford.

Länger Zeit

In der Gegend um den Russian River kann man eine **Floßfahrt auf dem Fluss** (S. 195) mit Mescal-Cocktails im **El Barrio** (S. 195) in Guerneville oder Meeresfrüchten an der Küste im **River's End** (S. 195) in Jenner oder Bodega Bay kombinieren. Plane den **Friday Farmers Market** (S. 191) ein und tanze draußen in der Abenddämmerung.

Probiere den Wein die **Westside Rd** (S. 196) rauf bis **Healdsburg** (S. 197). An einem Dienstag- oder Samstagmorgen ist der üppige **Bauernmarkt** von Healdsburg (S. 199) ein Muss, denn hier gibt es nicht nur Lebensmittel, sondern dienstags nachmittags Mitte des Jahres auch ein **kostenloses Sommerkonzert** (S. 199) auf der Plaza.

AUGUST

Im Hochsommer bringen die **Lazy Bear Week** in Guerneville (S. 195) und die **Gravenstein Apple Fair** in Sebastopol (S. 189) das Sonoma County zum Leuchten.

SEPTEMBER

Die Weinlese startet gleichzeitig mit dem **Women's Weekend** (S. 195), bei dem queere Frauen und Transgender in Guerneville feiern.

OKTOBER

Amerikas größter Weinwettbewerb, die **Sonoma Harvest Fair**, lässt sich gut mit den Ateliertouren der **Sonoma County Art Trails** kombinieren.

NOVEMBER

Bei der **Wine & Food Affair** (S. 197) bieten 100 Weingüter in Sonoma County aufeinander abgestimmte Gerichte und Weine an.

NAPA

Der erste Halt in Napa könnte der einzige sein, den man für einen Traumurlaub im Wine Country benötigt. Mit den entspannten Verkostungsräumen in der Innenstadt, den historischen Musiksälen, in denen bekannte Musiker auftreten, und dem Oxbow Public Market, der erschwingliche Gourmetgerichte anbietet, ist die Innenstadt von Napa der Ort, an dem sich die Einwohner entspannen.

Die Parks am Flussufer von Napa sind Teil des nachhaltigen Konzepts „lebendiger Fluss", mit dem die Stadt saisonale Überschwemmungen in den Griff bekommen will. Und die üppigen Hänge bilden den Auftakt zu einem wahren Teppich von Weingütern, der sich das Tal hinaufzieht.

Kaum zu glauben, dass dies im Jahr 2014 das Epizentrum eines Erdbebens der Stärke 6,0 war, das Schäden in Höhe von 1 Mrd. US$ verursachte. Während sich Napa im Wiederaufbau befand, kam es 2017, 2019 und 2020 zu Bränden – und als es im Winter endlich regnete, führte dies zu Überschwemmungen am Napa River. Doch Napa wurde stetig und mit Bedacht wieder aufgebaut und ist nach wie vor der Ort, an dem Wein und Gespräche fließen, genau wie der Napa River.

TOP TIPP

Der Skyline Wilderness Park wird im Frühling mit Wildblumen und kalifornischen Stauden in seinem Martha Walker Native Plant Habitat verwöhnt. Außerdem gibt es über 40 km an Wander- und Mountainbikewegen, eine Bogenschießanlage und eine Disc-Golf-Anlage. Picknicken mit Wein ist erlaubt, ebenso Campen mit Zelten und Wohnmobilen.

Napa

4KODIAK/GETTY IMAGES ©

SEHENSWERTES
1 1st St

AKTIVITÄTEN, KURSE & TOUREN
2 Culinary Institute of America at Copia
3 Napa Valley Gondola
4 Napa Valley Wine Train

ESSEN
5 Oxbow Public Market
6 The Dutch Door
7 Winston's

AUSGEHEN & FEIERN
8 Brown Downtown
9 Contimo Provisions
10 Gamling & McDuck
11 Krupp Brothers Downtown Tasting Room
12 Outland
13 Rebel Vinters
14 Trade Brewing
15 Vintners' Collective

UNTERHALTUNG
16 Napa Valley Opera House

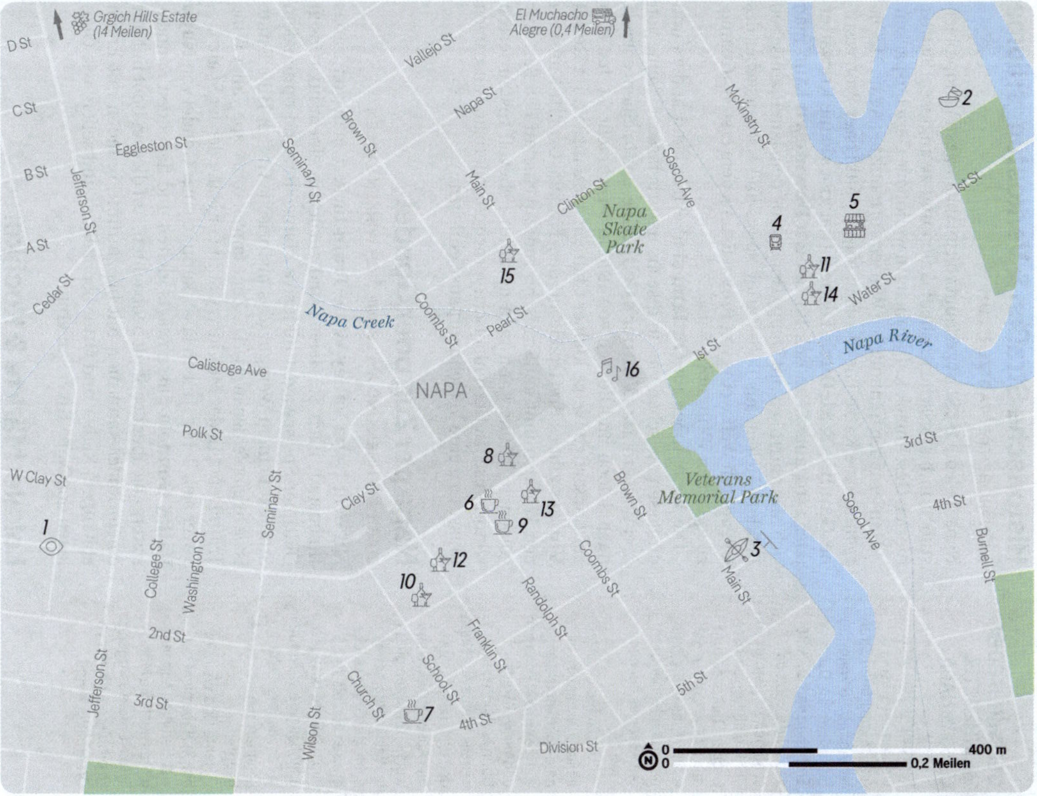

FÜR FEINSCHMECKER:INNEN

In Sachen Essen und Wein ist Kalifornien wirklich unschlagbar. Mehr über die kulinarische Szene des Staates steht auf S. 44.

GESCHICHTE DER WEINHERSTELLUNG IN NAPA

Seit dem Goldrausch werden auf diesem 8 mal 56 km großen Streifen Agrarland Weintrauben angebaut. Doch Erdbeben und die saftsaugende Reblaus schlugen zu, gefolgt von der Prohibition und der Großen Depression. In den 1890er-Jahren gab es in Napa 140 Weingüter, in den 1960er-Jahren waren es nur noch etwa 25.

1976 reichten Winzer einige Flaschen zu einem Blindverkostungswettbewerb in Paris ein und zur weltweiten Überraschung gewannen die Weine aus Napa den ersten Preis. Als das Ansehen von Napa wuchs, drängten globale Weinkonglomerate nach. Bei Grundstückspreisen von bis zu 2,5 Mio. US$ pro ha müssen unabhängige Weingüter in Familienbesitz hart kämpfen, um sich zu behaupten.

Heute sind Weinproben in Napa nicht nur weltberühmt, sondern bieten auch die Möglichkeit, viele Jahrgänge zu probieren, die nur vor Ort erhältlich sind.

Historische Straßen & Verkostungsräume

WEINPROBEN IM STADTZENTRUM

Napas belebte **1st St** ist gesäumt von unabhängigen Weinprobierstuben in historischen Ladenlokalen und zwanglosen Bistros, die den Geschmack Kaliforniens in weltoffene Gerichte packen.

Man lernt den freundlichen Winzer/Cartoonisten Adam McClary und seine Katze Theodosia in Napas punkigster Probierstube, **Gamling & McDuck**, kennen. Hier gibt's keine Krawatten oder arrogante Schnösel. Im **Brown Downtown** kann man sich Mut antrinken mit Duppy Conqueror, dem jamaikanischen Folklore-Helden aus Bob-Marley-Songs und Namensgeber des legendären Weißweins von Brown Estate, dem ersten afroamerikanischen Weingut in Napa.

Die Weinproben im **Outland** sind erfrischend anders und umfassen zwischen vier und sechs naturbelassene Weine von drei Winzern. **Das Vintner's Collective**, das in einem ehemaligen Saloon und Bordell von 1875 untergebracht ist, hat sich auf großartige Weine kleiner Chargen spezialisiert. Im **Rebel Vinters** gibt es Brettspiele auf den Tischen, Graffiti-Kunst an den Wänden und kalifornische Indie-Weine an der Bar. Zur goldenen Stunde kann man dann an liebevoll restaurierten viktorianischen Herrenhäusern vorbeischlendern und an grünen Flussufern eine Verschnaufpause einlegen.

Napa per Zug oder Gondel

ZURÜCKLEHNEN UND ALLES AUF SICH WIRKEN LASSEN

Mit dem **Napa Valley Wine Train** tuckert man von Napas Innenstadt nach St. Helena und zurück in einem luxuriösen Oldtimer-Speisewagen inklusive Mahlzeiten und optionalem Stopp auf einem Weingut (das historische Grgich Hills Estate ist sehr empfehlenswert). Die Züge fahren vom Napa Valley Wine Train Depot in der McKinstry St in der Nähe der 1st St ab.

Wer sich lieber treiben lässt, kann in einer Gondel von **Napa Valley Gondola** flussabwärts gleiten und dabei den Sonnenuntergang über der Stadt beobachten. Auf diesem Boot mit nur einem Ruder kann man mit bis zu fünf Freunden mit Enten abhängen, Reiher und Otter beobachten und sehen, wie Ökologen den Napa River sanieren.

Lokale, Märkte & Kochkurse

SCHLEMMEN AM TAG AUF GOURMET-NIVEAU

Köstlichkeiten gibt es in Napa im Überfluss. Der Tag beginnt im **Winston's** mit fantastischen Backwaren und handfesten Frühstückssandwiches sowie einer fröhlichen Brunchgemeinde.

GUT ESSEN IN NAPA

Bistro Don Giovanni
Mit Kupferpfannen, Gartenbrunnen und schwarz gewandeten Kellnern versprüht das Don italienischen Charme. **$$$**

Kenzo Napa
Mit einem Michelin-Stern ausgezeichnete japanische Magie gepaart mit Spitzenweinen und Sake in schicker, minimalistischer Harmonie. **$$$**

Compline
Gemütliches, unprätentiöses Bistro/Weinlokal mit einer kurzen, saisonalen Speisekarte mit herzhaften Gerichten. **$$$**

AARON KAPLAN/SHUTTERSTOCK ©

Weinverkostung in Napa

Mittags ist die beste Zeit für köstliche Sandwiches bei **Contimo Provisions** (hier gibt es auch tolle Biskuit-Sandwiches) oder Biokost bei **The Dutch Door**. Wer auf Tacos steht, sollte den ungewöhnlichen Taco-Truck **El Muchacho Alegre** aufsuchen, der in der Jackson St 751 in einem Wohnviertel nördlich des Zentrums steht.

Aber warum auf nur ein Restaurant festlegen, wenn man in einem Dutzend der besten Lokale von Napa speisen kann? Im **Oxbow Public Market** kannst man sich das Essen seiner California-Träume zusammenstellen – z. B. Austern in Mignonette-Sauce von Hog Island Oyster Co, Tacos mit Entenkonfit von C Casa und Hamachi-Sushi-Bonbons von Eiko mit Fieldwork Brewing Company Farmhouse Ale, gefolgt von Espresso von Ritual Coffee. Zum Frühstück sollte man sich die Leckereien der Model Bakery nicht entgehen lassen.

Ebenfalls in der Gegend von Oxbow bietet das **Culinary Institute of America in Copia** in der Innenstadt von Napa Kochkurse, Vorführungen, Dokumentationen und Podiumsdiskussionen mit Starköchen an, die zu scharf fürs Fernsehen sind.

TIPPS ZUR WEINVERKOSTUNG

Schwenken, schnuppern und spülen. Den Wein im Glas schwenken, um die Aromen freizusetzen, und dann kräftig daran schnuppern, um die Speicheldrüsen anzuregen.Einen kleinen Schluck nehmen und ihn im Mund hin und her spülen, damit alle Geschmacksknospen auf ihre Kosten kommen.

Nippen und spucken. Beim Probieren sollte man sich zurückhalten. Es ist erlaubt, den letzten Schluck auszuspucken oder sogar die Reste in den Spucknapf (auch „Chuck Bucket") zu schütten.

Essen nicht vergessen. Einige Weingüter servieren Häppchen, andernfalls sollte man sich zwischendurch stärken.

Die Mitgliedschaft in Weinclubs gut ab. Vielleicht schlägt der Einschenker vor, Mitglied in seinem Weinclub zu werden (um jährlich ermäßigte Flaschen zu kaufen). Nicht unter Druck setzen lassen, vor allem nicht, wenn man beschwipst ist und die Details nicht mehr genau kennt.

WEINGÜTER IN DER NÄHE VON CENTRAL NAPA

Hendry
Fröhliche, sachkundige Weinliebhaber machen dieses unauffällige Weingut zu einem Dauerbrenner.

Matthiasson Winery
Zurück zur Natur in diesem nachhaltigen Weingut, das nur eine kurze Autofahrt entfernt an den westlichen Hängen von Napa liegt.

Palmaz
Julio und Amalia Palmaz produzieren auf ihrem 240 ha großen Weingut in den Hügeln von Napa die angesagtesten Weine.

AGWILSON/SHUTTERSTOCK ©

BottleRock

Oben kann man das kostenlose **Chuck Williams Culinary Arts Museum** besuchen, unten Marketplace-Gadgets und signierte Kochbücher kaufen oder im **Grove** essen gehen.

Wer während seines Aufenthalts in Oxbow eine kleine Wein- und Bierverkostung einschieben möchte, findet den **Krupp Brothers Downtown Tasting Room** und **Trade Brewing** gleich gegenüber auf der anderen Straßenseite.

ÜBERNACHTEN IN NAPA

Blackbird Inn
Entspannung in einem rustikal hübschen California Craftsman Cottage aus dem Jahr 1902 mit acht luxuriösen Zimmern. **$$$**

Hennessey House
In diesem schönen lavendelfarbenen viktorianischen Herrenhaus mit modernem Komfort kannst du in deinem eigenen romantischen Kostümdrama mitspielen. **$$**

Archer
Leben wie ein Winzer, der gerade Doppel-Gold gewonnen hat, im beliebtesten Hotel im Zentrum von Napa. **$$$**

Milliken Creek Inn
Eine kleine Pension mit unaufdringlich elegantem Charme, Boutique-Hotel-Service und Napa-Verwöhnprogramm. **$$$**

Lokale Live-Musik & Festivals

GROOVE UND FILME

Das opulente **Napa Valley Opera House**, das seit 1880 Erdbeben und Brände überstanden hat, wendet sich nun auch dem Jazz zu. Der Kalender des **BlueNote Napa** präsentiert an den Wochenenden internationale Jazztalente und unter der Woche lokale Abende – und die Getränkekarte mit Kultweinen und hausgebrautem Craft Beer stellt andere Clubs in den Schatten.

Im Mai findet in Napa das beliebte dreitägige Musik-, Essens- und Weinfestival **BottleRock** statt, bei dem bereits große Namen wie Pink, Janelle Monáe, Red Hot Chili Peppers und Blondie aufgetreten sind. Oder man feiert das Kino beim hochkarätigen **Napa Valley Film Festival**, bei dem Filme über Essen und Wein der absolute Publikumsmagnet sind, aber auch Dokumentar- und Erzählfilme auf dem Programm stehen.

UNTERWEGS VOR ORT

Downtown Napa liegt zentral im Napa Valley zwischen dem malerischen Silverado Trail im Osten und dem viel befahrenen St. Helena Hwy/Hwy 29 im Westen. Der Mehrzweckweg Napa Valley Vine Trail verbindet Downtown Napa mit Yountville.

Der Napa Valley Vine Bus C fährt durch die Innenstadt von Napa; der Bus 10 verbindet die Innenstadt von Napa mit St. Helena und Calistoga. Der Napa Valley Vine Bus 11 verkehrt zwischen der Innenstadt von Napa und dem Vallejo Ferry Terminal, von wo aus die Fähren nach San Francisco starten. Alternativ kann man auch den Mitfahrservice vom Vallejo Ferry Terminal nutzen. Der Expressbus 29 verbindet die BART-Station El Cerrito del Norte mit dem Stadtzentrum von Napa und Calistoga.

Rund um Napa

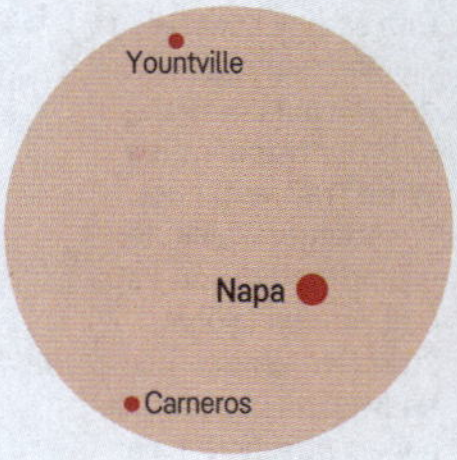

Das südliche Napa Valley, von Carneros bis Yountville, eröffnet stilvoll das exquisite Wein-, Kunst- und Gourmetangebot der Region.

Die südlichen Ausläufer des Napa Valley erstrecken sich von der Stadt Napa aus und reichen von den feuchten, von Sümpfen umgebenen Pinot-Noir-Weinbergen an der Küste in Carneros bis zum schicken Yountville weiter im Landesinneren. Es gibt mehr Weingüter, als wir hier auflisten können. Ob man nur einen Tag oder eine Woche unterwegs ist, hier findet man das Beste, was die Region zu bieten hat – von exzellenten Weinen, atemberaubenden Ausblicken und erstklassigen Gerichten bis hin zu einsamen Landstraßen und klassischen Diner am Straßenrand.

Zudem gibt es hier zahlreiche Kunstsammlungen und -installationen. Daher sollte man bei diesen Weingütern rechtzeitig reservieren, um die Zeit optimal nutzen zu können.

TOP TIPP

Carneros ist eine AVA (American Viticultural Area), die sich über die Bezirke Napa und Sonoma erstreckt. Auch wenn die Online-Adressen verschiedene Bezirke angeben, befinden sich die Sehenswürdigkeiten alle in der gleichen Gegend.

Weinberge in Carneros (S. 162)

RADFAHREN IM NAPA VALLEY

Gibt es eine bessere Art, die Weinberge zu erkunden, als mit dem Fahrrad? Der **Napa Valley Wine Trail** verbindet Weinberge, Weingüter, die Innenstadt von Napa und Yountville über 20 km an Wander- und Radwegen. Der Weg ist nur ein Abschnitt einer ehrgeizigen 75 km langen Strecke, die eines Tages den Vallejo Ferry Terminal mit Calistoga verbinden soll. Um weiter nach Calistoga zu radeln, nimmt man bis dahin den von Bäumen gesäumten Silverado Trail und nicht den heißen, stark befahrenen Hwy 29. Bei **Napa Valley Bike Tours** oder **Calistoga Bike Shop** kann man Fahrräder mieten oder eine Tour buchen.

Stimmungsvolle Wetlands, verwunschene Weinberge

CARNEROS' UNBESCHWERTE FREUDEN

Dieser Abschnitt der Bayfront Lowlands, der sich über die Bezirke Napa und Sonoma erstreckt, liegt 15 Autominuten südlich von Napa. Historisch betrachtet teilten sich die Patwin im Osten und die Coastal Miwok im Westen das Gebiet. Mexikanische Hirten nannten es in den 1830er-Jahren Los Carneros („Die Widder") – und bis vor kurzem hatten die Schafe hier freie Bahn. In den 1960er-Jahren vermuteten kluge Landwirte, dass die dünnhäutigen Pinot-Noir-Trauben das neblig-feuchte Mikroklima bevorzugen, in dem sich die Wollschafe wohlfühlen. Heute liegen die geschützten Feuchtgebiete neben den hügeligen Weinbergen und machen eine Fahrt oder eine Radtour durch dieses Gebiet zu einem außergewöhnlichen Ausflug abseits der ausgetretenen Pfade von Napa. Der **Napa River Bay Trail** schlängelt sich südlich von Carneros entlang des Ufers.

Auf der **Cuvaison Winery**, wo sich die hügeligen Weinberge mit den Teichen in der Ferne verbinden, lässt sich eine herrliche Pause mit einem der eindrucksvollsten Ausblicke der Region verbringen. Die beschauliche **McKenzie-Mueller Winery** liegt mitten in den Weinbergen von Carneros, während das **Hudson Napa Valley**, umgeben von weitläufigen Sukkulentengärten, mit weiteren großartigen Aussichten lockt.

Näher an Sonoma liegt das Weingut **Robledo**, das von Grund auf von Reynoldo Robledo aufgebaut wurde, der 1968 als Landarbeiter in der Branche begann und sich zu einem der führenden Weinbauexperten in Sonoma entwickelte. Heute leiten seine Kinder das Weingut und laden zu Verkostungen an der handgeschnitzten Bar ein.

Hungrig? Einfach Ausschau nach der Kuh auf dem Dach von **Angelo's Wine Country Deli** am Straßenrand, südlich von Carneros, halten. Angelo Ibleto serviert hier fette Sandwiches mit geräuchertem Fleisch und *un pizzico d'amore* (einer Prise Liebe). Zum Ausklang gibt es Live-Musik im lässigen **Kivelstadt Cellars & WineGarten**.

FÜR WEINFANS

Kaliforniens breite Palette an Weinregionen bedeutet, dass man überall im Staat Spitzenweine finden kann. Besuche die **Weingüter in Paso Robles** (S. 281) für Spitzenweine oder das **Santa Ynez Valley** (S. 325) in der Nähe von Santa Barbara und stell dir vor, du wärst im Film Sideways.

Kunstsammlungen gepaart mit Wein

KUNST, BILDHAUEREI UND WEINVERKOSTUNG

Eine kurvenreiche Landstraße führt 20 Autominuten westlich von Napa, vorbei an Weinbergen und durch Eichenwälder hinauf zu einem efeubewachsenen Weingut auf einem Hügel, den **Hess Pearsson Estates**. Hier kann

ESSEN RUND UM NAPA

Folktable
Die bodenständige, kosmopolitische Küche von Top Chefs Casey Thompson umfasst auch Trüffelpasteten. **$$**

Boon Fly Café
Entspannte Wochenend-Brunches mit tollen Eiern Benedict, hausgemachten Donuts und ausgezeichneten Burgern. **$$**

Lou's Luncheonette
Ich sage nur: Brathähnchen. Oh, und auch Po'boys und Burger. **$**

di Rosa Center for Contemporary Art

man Weinverkostungen mit Kaliforniens bester privater Sammlung zeitgenössischer Kunst kombinieren. Die nachdenklich stimmende Installationskunst beginnt mit Leopoldo Malers brennender Schreibmaschine von 1974 – eine Hommage an seinen Onkel, einen von der argentinischen Junta ermordeten Zeitungsredakteur. Weitere Highlights sind Anselm Kiefers Skulptur aus Bleischindeln vom Kölner Dom und Andy Goldsworthys riesige Kugel aus Manzanita-Zweigen.

Schafe aus Altmetall, die den Hang zieren, lassen erahnen, dass auf den 88 ha Land in Carneros im **di Rosa Center for Contemporary Art** etwas Ungewöhnliches im Gange ist. Diese bahnbrechende Sammlung war die Leidenschaft des freigeistigen Reporters und späteren Weinbauers Rene di Rosa, der hyperrealistische Gemälde von Robert Bechtle an die Decke hängte und gruselige Videos von Tony Oursler im Keller installierte. Heute sind im Pförtnerhaus die monumentale Keramikskulptur von Viola Frey aus den 1970er-Jahren, die Kunstautos von David Best und Werke von Gastkünstlern aus Kalifornien zu sehen, wobei die Inspiration auf die **Skulpturenwiese** überschwappt.

Lust auf etwas Ai Weiwei zum Chardonnay? Die atemberaubende Sammlung zeitgenössischer Kunst im nahe gelegenen **Donum Estate** ist umgeben von Lavendelfeldern, Weinbergen und einem Bio-Bauernhof. Mit einem Glas Chardonnay in der Hand streift man durch Yayoi Kusamas gepunkteten Kürbis, Gao Weigangs Labyrinth aus Messingrohren und Keith Harings sich umarmende Figuren.

Architekturliebhaber sollten sich auf den Weg nach Norden zur **Quixote Winery** machen – die vergoldete Zwiebelkuppel,

TIPPS ZUR BUCHUNG VON WEINGÜTERN

Fast alle Weingüter in Napa und Sonoma sind nur mit Reservierung zu besuchen, daher sollte man im Voraus buchen. Sie akzeptieren aber auch Laufkundschaft, wenn sie einen freien Platz haben. Dies lässt sich am besten auf folgende Weise herausfinden.

Napa Valley Welcome Center
Zu empfehlen, um freie Plätze in letzter Minute zu finden. Manchmal bieten sie Pässe für Weinproben an (im Hotel kann man ebenfalls nach Pässen fragen).

Tock
Dieser Online-Dienst listet viele Weingüter auf und zeigt die Verfügbarkeit an.

Telefonieren
Die altmodische Methode funktioniert immer noch und ist einen Versuch wert – vielleicht hat man ja Glück!

Wer keine Lust hat, selbst zu fahren, kann eine Fahrt mit **Designated Drivers Napa Sonoma** oder eine Weintour mit **Active Wine Adventures**, **Platypus Wine Tours**, **Laces and Limos** oder **Beau Wine Tours** buchen.

ÜBERNACHTEN RUND UM NAPA

Petit Logis
Beim Aufwachen duftet es nach Croissants aus der benachbarten Bouchon Bakery in Yountville. **$$**

Poetry Inn
Moderne Pension mit atemberaubendem Blick über die Weinberge von Stag's Leap. Der Balkon lädt ein zum Rezitieren von Sonetten. **$$$**

Windhaven Cottage
Wine-Country-Flair in einem Holzhaus, umgeben von Gemüsegärten und mit Blick auf die Weinberge. **$$**

ARNIEBY/SHUTTERSTOCK ©

Bouchon Bakery, Yountville

REIZVOLLE PICKNICKPLÄTZE

Strenge Bauvorschriften machen es schwierig, in Napa legale Plätze für ein Picknick zu finden. Auf einem Weingut sollte man sich vorher erkundigen, ob das Picknicken erlaubt ist (wenn ja, ist es üblich, eine Flasche des Weins des Gastgebers zu kaufen). Wenn du deinen Wein nicht austrinkst, verstaue ihn im Kofferraum - das kalifornische Gesetz verbietet es, mit einer entkorkten Flasche im Auto zu fahren.

Hier ist eine kurze Liste der besten Picknickplätze, sortiert von Süden nach Norden: **Skyline Wilderness Park**, **French Laundry Gardens**, **Pride Mountain** und **Old Faithful Geyser**.

die aus dem grasbewachsenen Hügel ragt, ist das Werk des österreichischen Öko-Architekten Friedensreich Hundertwasser, dessen charakteristische, kreidefarbene Keramiksäulen die Mosaikwände aus Fliesenbruch umrahmen.

Kulinarische Allstars

KULINARISCHE EXPLOSION IM PUTZIGEN YOUNTVILLE

Yountville, eine winzige Postkutschenstation 20 Autominuten nördlich von Napa, hat sich in ein weltweites kulinarisches Reiseziel verwandelt. .

Praktikanten arbeiten in den Kräutergärten des French Laundry und angehende Sommeliers essen bei **Tacos Garcia** zu Mittag. Das **French Laundry** selbst besticht mit neun opulenten Gängen (wenn man eine Reservierung bekommt), aber man kann auch in der **Bouchon Bakery** einen Happen zum Mitnehmen holen (man muss sich nur in die lange Schlange stellen) oder im trendigen **North Block** im Ortszentrum übernachten.

Für eine kleine Weinprobe empfiehlt es sich, eine Reihe ausgezeichneter Weingüter zu besuchen: **Robert Sinskey Vineyards**, **Antica Napa Valley**, **Shafer Vineyards** und **Regusci Winery**.

UNTERWEGS VOR ORT

An den Wochenenden im Sommer und Herbst herrscht reger Verkehr, vor allem auf dem Hwy 29 zwischen der Innenstadt von Napa und St. Helena gegen 17 Uhr, wenn die Weingüter schließen. Mit dem Auto ist Carneros etwa 15 Minuten vom Stadtzentrum Napas, zehn Minuten vom Stadtzentrum Sonomas und eine Stunde von San Francisco entfernt. Für landschaftlich reizvolle Fahrten von Yountville aus folgt man dem Silverado Trail nach Norden oder nimmt die Mt Veeder Rd durch die unberührte Landschaft westlich von Yountville. Der Napa-Valley-Vine-Bus hält nicht in Yountville selbst, sondern auf der anderen Seite des Hwy 29 am Veterans Home.

ST. HELENA

Sogar Leute, die noch andere Orte zu besuchen und Wein zu trinken haben, können nicht widerstehen, sich St. Helena näher anzusehen. Ein oder zwei Blocks weiter auf der Main Street halten die Autos plötzlich an, damit die Fahrgäste diese Straße fotografieren können, die aussieht wie eine Westernfilmkulisse. Aber diese Kulisse hat es in sich: Drei Häuserblocks der Main Street sind als National Historic District ausgewiesen und umfassen 160 Jahre kalifornische Geschichte – darunter das Cameo Cinema von 1913, eines der ältesten noch in Betrieb befindlichen Kinos in Amerika.

Heute ist die Main Street gesäumt von Restaurants, Feinkostläden und Probierstuben. Etwas weiter die Straße hinauf beherbergt das 1889 erbaute Schloss Greystone Cellars das Culinary Institute of America. Wer Durst hat, hat Glück: In St. Helena gibt es mehr als 4000 m^2 Weintrauben pro Einwohner.

TOP TIPP

Für den Besuch der fabelhaften Restaurants und Weingüter muss man reservieren. Im örtlichen Sunshine Foods Markt oder bei der Napa Valley Olive Oil Company kann man sich auch selbst versorgen. Informationen und Hilfe erhält man beim St. Helena Welcome Center zur Buchung von Unterkünften und Weingütern.

St. Helena

AKTIVITÄTEN, KURSE & TOUREN
1 Culinary Institute of America

ÜBERNACHTEN
2 Wydown Hotel

ESSEN
3 Charter Oak
4 Gott's Roadside
5 Model Bakery
6 WF Giugni & Son

SHOPPEN
7 Napa Valley Olive Oil Company

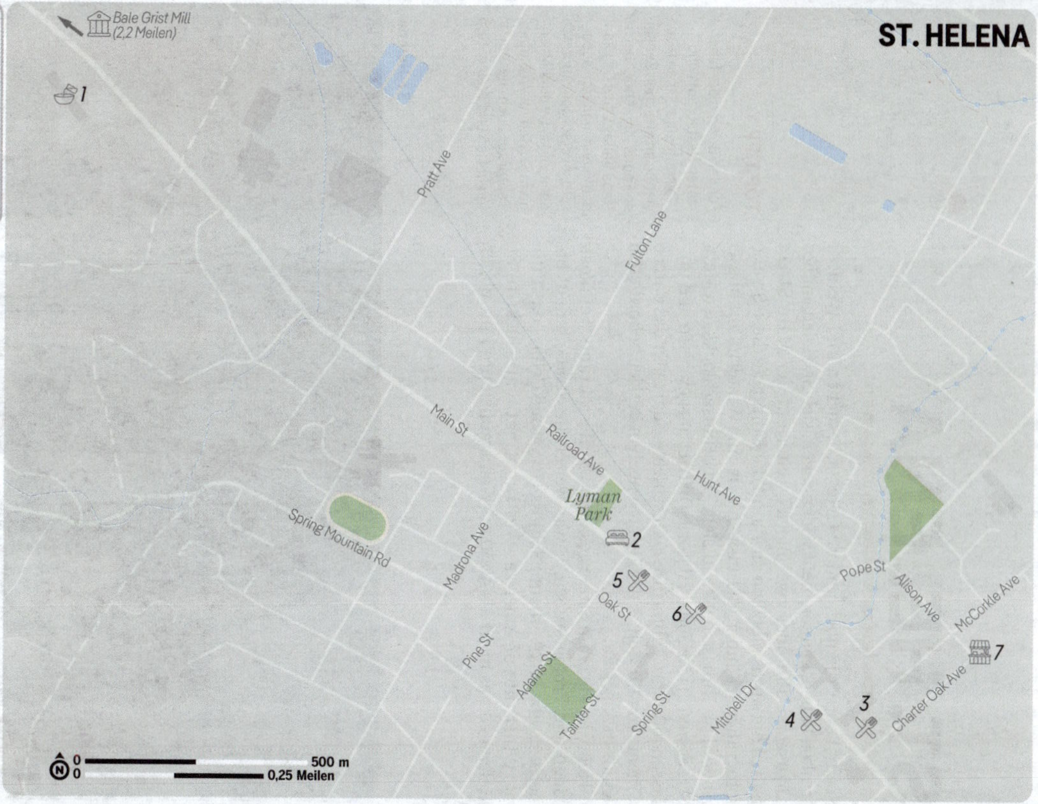

Culinary Institute of America (S. 168)

Ballonfahren über dem Napa Valley

Romantische Geschichte

ST. HELENAS CHARMANTE INNENSTADT

Wie konnte eine kleine Stadt so viel Glück haben? St. Helena hatte von Beginn an zwei Trümpfe: echte Romantik und eine Familie von klugen Geschäftsfrauen. Dieses Gebiet war Heimat der Wappo, bis es von Spanien beansprucht wurde und an Mexiko überging – genauer gesagt, in den Besitz von Dona Maria Ygnacia Soberanes, der Nichte des mexikanischen Kommandanten General Vallejo.

Als Maria sich in den englischen Protestanten Dr. Edward Turner Bale verliebte, sorgte dies für Aufruhr. Doch das Paar handelte einen Deal aus: Dr. Bale wurde mexikanischer Staatsbürger und konvertierte zum Katholizismus. Damit gewann er die Familie Vallejo für sich – und wurde Miteigentümer von Marias 72,5 km² Land.

Bis 1849 bekam das Paar sechs gemeinsame Kinder, als die Nachricht per Postkutsche eintraf: In Kalifornien war Gold entdeckt worden. Dr. Bale machte sich während des Goldrausches auf den Weg in die Berge, aber dieses Mal hatte er kein Glück. Er starb innerhalb weniger Monate und hinterließ Dona Maria mit Kindern, Minenschulden und einem Rechtsstreit, ob

BALLONFAHREN & FLIEGEN IM WINE COUNTRY

Wen man glaubt, dass die Landschaft des Wine Country atemberaubend ist, sollte man warten, bis man sie aus 900 m Höhe sieht. Die Kapazität der Doppeldecker- und Ballonfahrten ist begrenzt, also bucht man im Voraus und bereitet sich auf ein einmaliges, adrenalingeladenes Erlebnis vor.

Die für das Napa Valley typischen Heißluftballonflüge starten früh, gegen 6 oder 7 Uhr morgens, wenn die Luft am kühlsten ist und der Nebel von den Weinbergen aufsteigt. Viele bieten bei der Landung einen Sektumtrunk oder einen Brunch an. Die bewährtesten Ballonunternehmen in Napa sind **Balloons Above the Valley**, **Napa Valley Balloons** und **Aloft**.

Die **Vintage Aircraft Company** fliegt in alten Doppeldeckern mit einem erfahrenen Piloten über Sonoma, der auf Wunsch auch Loopings fliegen kann.

SHOPPEN IN ST. HELENA

Lolo's Consignment
Den Pullover für die Weinkellerbesuche vergessen oder die Stöckelschuhe erschweren den Weg durch die Weinberge? Dann ab zu Lolo's.

New West KnifeWorks
Glänzende, leistungsstarke Messer, handgeschnitzte Schneidebretter und bunte, mundgeblasene Olivenölkaraffen.

Woodhouse Chocolates
Köstliche Pralinen, handgemacht von dem CIA-geschulten Mutter-Tochter-Gespann Tracy und Christina Anderson.

sie als Frau ihr eigenes Land besitzen durfte – das war damals nach US-Recht nicht erlaubt.

Dona Maria verkaufte Parzellen, die sich für den Weinbau eigneten, hob aber das Beste für ihre Töchter auf und überließ Isadora die **Bale Grist Mill**, die noch heute Mehl mahlt, und Caroline erstklassige Weinberge. Erneut trafen Romantik und Geschäft aufeinander, als Caroline den deutschen Winzer Charles Krug heiratete. Gemeinsam pflanzten sie Weinberge an und gründeten 1858 das erste kommerzielle Weingut in Napa. Die Weinberge werden immer noch bewirtschaftet und gehören jetzt zu Mondavi.

Ob einen der Wein oder die Romantik nach St. Helena führt, hier ist man richtig. Es gibt jahrhundertealte Geschäfte, die heute noch geöffnet sind, wie z. B. die **Napa Valley Olive Oil Company**, die viel Auswahl für ein Picknick bietet, und das ausgezeichnete Feinkostgeschäft **WF Giugni & Son**. In der Model Bakery gibt es die berühmten Backwaren, und im Retro-Burgerladen **Gott's Roadside** kann man sich auf der Wiese ausbreiten und Burger aus Weiderindfleisch mit Blauschimmelkäse aus Point Reyes genießen.

Übernachten kann man in einem historischen Boutique-Hotel wie dem **Wydown Hotel**, ein romantisches Abendessen gibt es im **Charter Oak**, einem sensationellen Restaurant in einer Sherry-Brennerei von 1878. Wenn man hier Wein trinkst, sollte man auf Dona Maria und Caroline anstoßen: zwei Frauen, die den Wein in dein Glas und ihr Herz in den Aufbau dieser unwiderstehlich charmanten Stadt gesteckt haben.

BESTE WEINGÜTER BEI ST. HELENA

Tres Sabores
Seelenvoller Zinfandel, der im Napa Valley gefeiert wird, Sauvignon blanc, der von der New York Times in die Top 10 gewählt wurde und ein seltener Rosé, der bei Sammlern sehr beliebt ist.

Joseph Phelps
Das Geheimnis des kultigen Rotwein-Verschnitts Insignia von Phelps, der seit 1974 aus den besten Trauben der jeweiligen Saison hergestellt wird, lautet: Es gibt keine Regeln.

Sinegal Estate
Aus dem Jahr 1879, mit üppigen Gärten und einem Teich, wo Cabernet Sauvignon und Franc, Pinot Noir und Sauvignon Blanc angebaut werden.

Koch- & Weinverkostungskurse

ESSEN UND WEIN ZELEBRIEREN

Abschlussprüfungen haben noch nie so gut geschmeckt wie die, die im renommierten **Culinary Institute of America (CIA)** in einem Schloss aus dem Jahr 1889 serviert werden. Im **Gatehouse Restaurant** und im Bäckerei-Café kann man die Arbeiten der Meisterschüler probieren und am Wochenende bei Weinverkostungen und Kochvorführungen seinen Gaumen schulen. Es werden praktische, eintägige Kurse angeboten und im Shop gibt es tonnenweise Zubehör und Kochbücher für Gourmets zu kaufen. Weitere Kurse und Vorführungen bietet das CIA in Copia in der Innenstadt von Napa (S. 158).

FÜR BURGER-FANS

Wem es bei Gott's Roadside geschmeckt hat, der sollte einen anderen kalifornischen Burger-Lieferanten testen: **In-N-Out Burger** (S. 664).

UNTERWEGS VOR ORT

An Sommerwochenenden ist das Parken in der Innenstadt von St. Helena nahezu unmöglich. Wir empfehlen, sich hinter dem Besucherzentrum umzusehen. Napa Valley Vine verbindet St. Helena mit dem Stadtzentrum von Napa und Calistoga mit der Buslinie 10 und bietet mit dem St. Helena Shuttle Fahrten durch die Stadt an. Um einen Abholtermin zu vereinbaren, wählt man die 707-963-3007, nutzt während der Geschäftszeiten die Website oder die App.

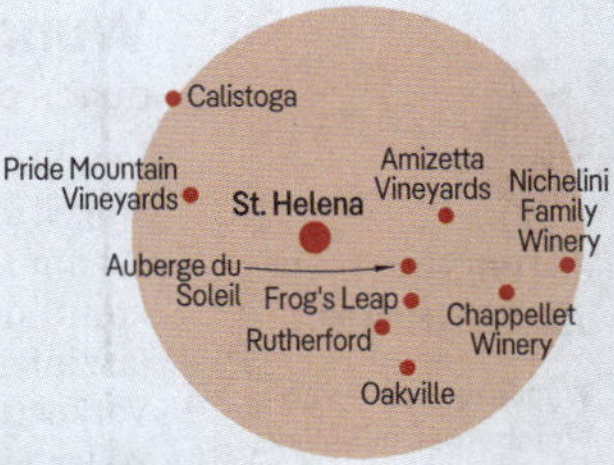

Rund um St. Helena

Prächtige Weinberge und sprudelnde heiße Quellen bestimmen das nördliche Ende des Napa Valley, das sich von St. Helena ausbreitet.

Wenn Weinliebhaber heute auf dieses grüne Tal um Oakville und Rutherford blicken, sehen sie rot – nicht zuletzt dank Robert Mondavi, dem visionären Winzer, der schon in den 1960er-Jahren wusste, dass Napa zu mehr fähig ist als Tafelwein. Sein Marketinggeschick verhalf den erstklassigen Rotweinen von Napa zu Kultstatus. Währenddessen schrieb der wegweisende Winzer Mike Grgich 1976 Geschichte mit dem ersten Chardonnay aus Napa, der französische Juroren bei internationalen Weinwettbewerben überzeugte. Weiter nördlich sprudeln in Calistoga heiße Mineralquellen und die Hügel rund um diesen Teil des Napa Valley sind gespickt mit hervorragenden Weingütern – mehr, als man auf einer Reise erkunden könnte.

TOP TIPP

Die besten Wandermöglichkeiten bieten der Bothe-Napa (mit Jurten und Campingplätzen) und der Robert Louis Stevenson State Park. Informationen zu Radtouren und Fahrradverleih gibt's im Calistoga Bike Shop.

Frog's Leap, Rutherford (S. 170)

EIN WEINGUT FÜR JEDE STIMMUNG

Wanderungen durch Weinberge Sutro Wine, Hanzell Vineyards, Donum Estate

Naturbelassene und nachhaltige Weine Preston, Porter Creek, Pax Wines

Trinken für einen guten Zweck Equality Vines

Inspirierende Aussichten Iron Horse, Bella, Soda Rock Winery

Rebellen und Pioniere Merry Edwards, Gundlach-Bundschu, Ceja

Versteckte Perlen Porter-Bass, Carpenter Wine, Emmitt-Scorsone Wines

Weine gepaart mit Essen Flowers, Idlewild, Mayo Family Winery

Sammler-Favoriten Bohème Wines, Talisman Wines

Wunderbare Weingüter

DURCH DIE WEINBERGE DES TALS STREIFEN

Von St. Helena aus fährt man zehn Minuten in die östlichen Hügel, um auf einer spektakulären Strecke auf der Sage Canyon Rd am **Lake Hennessey** (wo man kurz anhalten und angeln kann) den mit Eichen bewachsenen Pritchard Hill und die faszinierende **Chappellet Winery** zu erreichen. Während der Verkostung in der Redwood-Weinkellerei in einem Gewölbe voller Fässer bietet sich eine herrliche Aussicht. Kombinieren kann man das mit der wesentlich bescheideneren **Nichelini Family Winery**, die über einer dramatischen Schlucht thront. Sie wurde 1890 gegründet und befindet sich seither im Besitz der gleichen Familie. Weiter geht es zum **Lake Berryessa**, wo es weitere Wassersportmöglichkeiten und Picknickplätze gibt.

Auf der anderen Seite des Lake Hennessy bietet das ebenfalls in Familienbesitz befindliche **Amizetta Vineyards** einen weiten Blick zurück auf den See und in die Berge – bei einer individuellen Weinverkostung kann man das Panorama genießen.

In der Talsohle lohnt sich ein Abstecher zu den biologisch bewirtschafteten **Ghost Block Estates** oder zum nahe gelegenen **Frog's Leap**, wo man die Aussicht vom Dachboden einer Scheune aus dem Jahr 1884 genießen kann.

In westlicher Richtung, hoch oben auf dem Spring Mountain und direkt an der Bezirksgrenze, erreicht man das Familienunternehmen **Pride Mountain Vineyards**. Das Weinbauteam von Winzer Matt Ward und David Orozco, die nachhaltig wirtschaften, ist mitverantwortlich für den Kultstatus ihres Cabernet und Merlot.

Entspanntes Leben im Valley

VON TACOS BIS ZU MICHELINSTERNEN

Entlang des Hwy 29 dominieren weitläufige Weingutkomplexe mit vergoldeten Schildern und bewachten Eingängen die Landschaft – darunter **Mondavi** und **Grgich Hills**. Auf dem Weg zur historischen Oakville Grocery aus dem Jahr 1881, die sich zehn Autominuten südlich von St. Helena befindet, erkennt man die Dörfer **Oakville** und **Rutherford**. Biegt man vom Hwy 29 auf die Straße durch das Tal ab, findet man das ausgezeichnete **La Luna Taqueria & Market**, wo auf dem Schild am Weinkühlschrank „Tacos y vinos" steht. Ausgefallene Bio-Weingüter stehen neben unscheinbaren High-End-Hotels, versteckt im Herzen des Napa Valley, wie z. B. das **Rancho Caymus**, das von der innovativen Winzerin Mary Tilden Morton gegründet wurde, und die **Auberge du Soleil** mit ihrem gefeierten Restaurant, einem idealen Ort für champagnergetränkte Heiratsanträge.

ÜBERNACHTEN IN CALISTOGA

Francis House
Lass dich in einem herrschaftlichen Landhaus mit Pool und Tennisplatz verwöhnen. **$$$**

Cottage Grove Inn
Mach es dir in süßen, weiß getünchten Cottages mit Holzkamin, Whirlpools und Schaukelstuhlveranden gemütlich. **$$$**

Brannan Cottage Inn
Übernachte im Lebkuchenhaus (1862) von Samuel Brannan, dem Gauner/Unternehmer, der Calistoga gründete. **$$$**

Oakville Grocery

Heiße Quellen, Safaris & Champagner

AUSTOBEN IN CALISTOGA

Nilektsonoma (Calistoga), 15 Autominuten nördlich von St. Helena, mit seinen wohltuenden natürlichen heißen Quellen, blubbernden vulkanischen Schlammpools und einem dramatisch sprudelnden Geysir, war schon vor 8000 Jahren bei den indigenen Wappo („mutig“) im gesamten Talahalusi (Napa Valley) bekannt. 1859 behauptete jedoch ein Angeber namens Samuel Brennan, den Ort entdeckt zu haben. Bei der Gründungszeremonie verhaspelte er sich und verkündete, es sei das „Cali-stoga“ von „Sara-fornia“. Der Name blieb haften.

Bis 1873 hatte Brennan ein Vermögen mit der Werbung für Calistoga als Kaliforniens bedeutendstem Kurort verloren. Aber wenn man sich heute in Calistoga umsieht, könnte man meinen, er hätte es geschafft.

Im **Indian Hot Springs** können die Gäste von den Schlammbädern in einen quellgespeisten Außenpool von olympischen Ausmaßen gleiten und dann in **Sam's Social Club** zu fröhlichen Stunden in Bademänteln übergehen. Gegenüber bietet das Spa-Motel **Dr Wilkinson's** von 1952 Entspannungssitzungen in

ROBERT LOUIS STEVENSON IN NAPA

Flitterwochen im Napa Valley sind meistens traumhaft – aber die Flitterwochen von Robert Louis Stevenson und Fanny Osbourne im Jahr 1880 waren ein reiner Albtraum. Robert war krank und sie waren pleite, also quartierten sie sich in einer verlassenen Schlafbaracke in der Silverado Mine des erloschenen Vulkankegels Mt. St. Helena ein, die heute Teil des **Robert Louis Stevenson State Park** ist, der von Wanderwegen durchzogen ist. Im **Robert Louis Stevenson Museum** in St. Helena kann man sich Artefakte aus dem Leben des Autors ansehen und erfahren, wie die Hochzeitsreise Stevenson zu seinen Reiseerinnerungen *Faszinierendes Silverado* inspirierte, die seinen Ruf für packende Abenteuergeschichten begründeten, zu denen später auch *Die Schatzinsel* und *Der seltsame Fall des Dr. Jekyll und Mr. Hyde* gehörten.

ESSEN IN CALISTOGA

Buster's Southern BBQ
Napa Valleys beliebtes, schlichtes Grilllokal mit sonnigen Tischen im Freien. **$**

Lovina
Mittagessen im Garten ist ein Traum – und eine Inspiration für Küchenchefin Leticia Martinez. **$$**

Bella Bakery
Freundliche Nachbarschaftsbäckerei und Kaffeebar, mit perfekter Quiche und Schokoladenkuchen. **$**

DIE SCHMUTZIGE WAHRHEIT

Calistoga-Schlamm ist nicht einfach nur nasser Dreck: Er ist eine Mischung aus Vulkanasche, Torf und heißem Quellwasser. Manche Bäder sind teurer – vielleicht weil der Schlamm seidiger ist und mehr vulkanische Asche enthält... vielleicht ist das aber auch eine Frage des Marketings.

Die Schlammpackungen dauern eine bis 1½ Stunden. Dabei taucht man halb in warmen Schlamm ein, badet in heißem Quellwasser und nimmt ein Dampfbad oder wickelt sich in eine Decke. Es gibt auch dünne, aufgestrichene Lehmschlammpackungen (sogenannte Fangobäder für Leute, die nicht gerne im Schlamm sitzen), Kräuterpackungen und Algenbäder. Über Angebote in der Wochenmitte informieren die Websites der Unterkünfte und das **Calistoga Visitors Center**. Reservierungen sind unbedingt erforderlich, vor allem für die Sommerwochenenden.

Old Faithful Geyser

Quellwasserpools, extra-matschige Schlammbäder und „beer brew" (mit Hopfen versetzte Mineralbäder).

Die meisten Spa-Behandlungen sind nur für Erwachsene, aber der **Old Faithful Geyser** bietet Spaß für die Kleinen, ebenso wie die Becken mit heißen Mineralquellen in der **Calistoga Motor Lodge and Spa** von 1947 und die preisgünstigen **Roman Spa Hot Springs**. Oder man geht auf der anderen Seite des Hügels bei **Safari West** auf einer Jeeptour zwischen Giraffen, Zebras und Flamingos und einer Glamping-Übernachtung direkt aufs Ganze. Auf dem Weg dorthin lohnt sich ein Abstecher zum **Petrified Forest**, wo vor drei Millionen Jahren ein Vulkanausbruch am Mt. St. Helena die heute versteinerten Mammutbäume niederwalzte.

Noch mehr Spaß für Erwachsene gibt es in den historischen Sektkellern des umweltzertifizierten Weinguts **Schramsberg,** wo man einen Einblick in die traditionelle französische Methode des Rüttelns und Abfüllens von Champagner erhält, bevor man die *tête de cuvées* (die besten des Jahrgangs) probiert. Zu den empfehlenswerten Weingütern gehören **Vincent Arroyo** und **Olabisi,** die exklusive Weine in kleinen Mengen herstellen.

UNTERWEGS VOR ORT

Das charmante Zentrum von Calistoga ist flach und bequem zu Fuß oder mit dem Fahrrad zu erkunden. Der Napa Valley Vine Bus 10 bringt Besucher:innen von Calistoga nach St. Helena und in die Innenstadt von Napa. Vine betreibt den Calistoga Shuttle, der innerhalb der Stadtgrenzen von Tür zu Tür fährt. Eine Abholung kann man unter 707-963-4229 oder über die App oder die Website während der Geschäftszeiten buchen.

SONOMA

Die bezaubernde Innenstadt von Sonoma wirkt wie eine Welt abseits des alltäglichen Lebens. Schlendert man durch die von alten Bäumen und viktorianischen Häusern gesäumten Straßen, entdeckt man historische Gasthäuser, kleine Boutiquen und rund 30 Verkostungsräume. Nur eine kurze Fahrt mit dem Rad entfernt befinden sich weitere Parks, historische Stätten, sensationelle familienbetriebene Restaurants und (natürlich) Weinkellereien.

Ursprünglich trafen sich die amerikanischen Ureinwohner hier im Dorf Huichi, um Waren und Lieder zu tauschen. Viele starben an Masern- und Pockenepidemien, die mit den Brüdern der Mission Solano eingeschleppt wurden. Als Mexiko die kalifornischen Missionen verstaatlichte und das Land offiziell an die amerikanischen Ureinwohner zurückgegeben wurde, wurden diese Landtitel nicht anerkannt. Stattdessen wurden die Weinberge der Sonoma-Mission von Siedlern in Besitz genommen.

In einer besonders feucht-fröhlichen Nacht im Jahr 1846 besetzte eine Gruppe von Siedlern die Sonoma-Kaserne und rief die abtrünnige Bear Flag Republic aus. Es fiel kein einziger Schuss, und nach einem konfusen Monat beanspruchten die US-Streitkräfte Sonoma als US-Territorium.

TOP TIPP

Es gibt viele historische Pensionen und romantische Cottages für ein mittleres Budget, aber wer auf den Cent achtet, wird in Santa Rosa oder Petaluma mehr Glück haben. Außerhalb der Saison sinken die Preise. Man sollte im Voraus reservieren und sich nach Parkmöglichkeiten erkundigen, da einige Unterkünfte keine Parkplätze haben. Das Sonoma Valley Visitors Bureau bietet zahlreiche praktische Informationen.

Mission San Francisco Solano (S. 175)

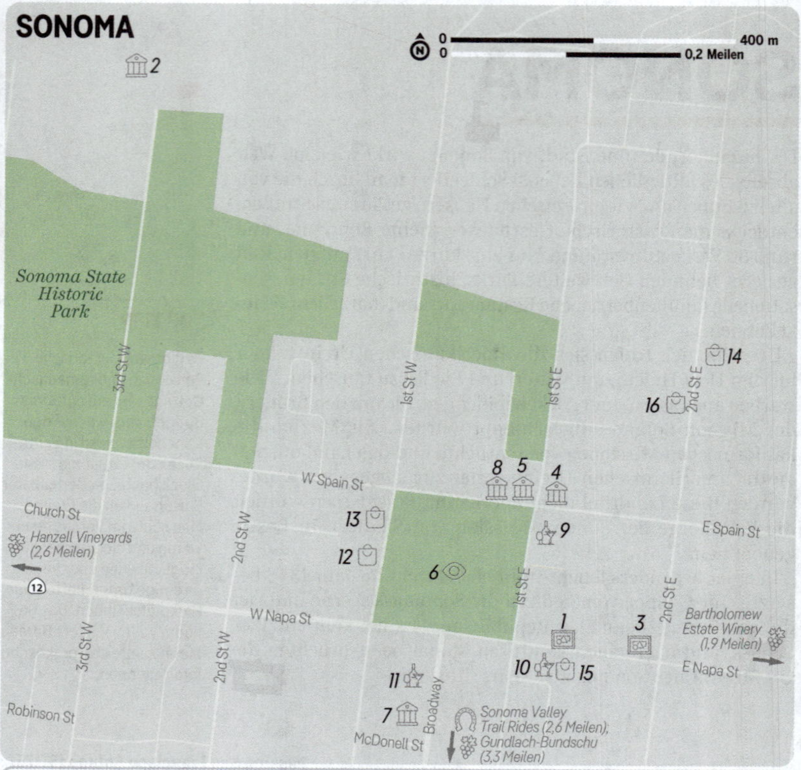

SEHENSWERTES
1 Arts Guild of Sonoma
2 General Vallejo's Home
3 La Haye Art Center
4 Mission San Francisco Solano
5 Sonoma Barracks
6 Sonoma Plaza
7 Sonoma Valley Museum of Art
8 Toscano Hotel

AUSGEHEN & FEIERN
9 Bedrock Wine
10 Enoteca Della Santina
11 Pomme Cider

SHOPPEN
12 Chateau Sonoma
13 Global Heart Fair Trade
14 Patch
15 Tiddle E Winks
16 Vella Cheese Co

Von Denkmälern gesäumter Platz

SPAZIERGANG DURCH DIE GESCHICHTE KALIFORNIENS

Der ganze Stolz der Stadt Sonoma ist die Plaza – der größte Stadtplatz in ganz Kalifornien, umgeben von lokaler Geschichte, einem ehrwürdigen alten Theater, Restaurants und, ach ja, Trinkmöglichkeiten. In den üppigen Gärten finden auch kosten-

ESSEN IN SONOMA

Tasca Tasca
Meer, Garten, Land: Wähle dein nächstes kulinarisches Abenteuer, und diese inspirierte Tapas-Bar bringt dich hin. **$$**

Delicious Dish
Saftige Burger, leckere Fischsandwiches und Salate mit Pommes frites in einem Diner am Feldrand mit Terrasse. **$**

Sausage Emporium
Zum Brunch gibt es die namensgebenden Würste und reichhaltige Sandwiches sowie Wein und Craft-Biere. **$**

lose Jazzkonzerte statt (Juni–Sept., jeden zweiten Dienstag im Monat, 18–20.30 Uhr). Es empfiehlt sich früh zu kommen und ein Picknick mitzubringen.

Die Sehenswürdigkeiten des Platzes, der von der **Mission San Francisco Solano** beherrscht wird, ermöglichen eine Zeitreise durch 200 Jahre kalifornischer Geschichte – mit einem Ticket für den **Sonoma State Historic Park**. Die 21. und letzte kalifornische Mission wurde 1823 von indigenen amerikanischen Wehrpflichtigen errichtet und bestand nur elf Jahre. Der mexikanische Comandante von Nordkalifornien, General Vallejo, ließ 1834 das andere große Lehmhaus, die **Sonoma Barracks** als Unterkunft für seine Truppen bauen. Hier werden Exponate zum Leben im 19. Jh. gezeigt und beschrieben, wie Sonomas Bear Flag Republic entstand. Einen Blick ins Innere lohnt das Foyer des 1886 erbauten schön erhaltenen **Toscano Hotel**. Das stattliche Haus von General Vallejo von 1852 liegt 800 m weiter nordwestlich. Als Mexiko Kalifornien an die USA verlor, büßte Vallejo seinen offiziellen Posten ein, aber der Meisterstratege wurde schnell US-Bürger, Senator von Kalifornien und Quellwasserlieferant der Stadt Sonoma.

Lokale Kunst & Drinks kombinieren

KREATIVITÄT FÜR ALLE SINNE

Sonoma ist nach wie vor sehr unabhängig und stolz auf seine Kreativität, die im **Sonoma Valley Museum of Art** und in der **Arts Guild of Sonoma** zu bewundern ist. Im kollektiven **La Haye Art Center** kann man die Galerie besichtigen und die Künstler – Bildhauer, Töpfer und Maler – in ihren Ateliers besuchen. Nebenan, im gemütlichen **Cafe La Haye** werden Produkte aus dem Umkreis von 95 km angeboten.

Bei **Bedrock Wine Co** kann man in einem historischen Saltbox-Cottage Kunst mit Wein kombinieren. Maverick-Winzerin Morgan Twain-Petersen lässt die alten kalifornischen Rebsorten mit Trauben aus winzigen nordkalifornischen Chargen wieder aufleben, darunter klassische Zinfandels und obskure Rebsorten wie Alicante Bouschet.

Oder man probiert sich im **Pomme Cider** durch, alternativ geht man in die Bar der **Enoteca Della Santina**, wo auch italienische Gerichte aus dem benachbarten Restaurant serviert werden.

Shoppen in Sonoma

FÜR JEDEN ETWAS

Mitten im Stadtzentrum von Sonoma liegt **Patch**, Kaliforniens ältester städtischer Bauernhof, von den Nachbarn geliebt und seit mindestens 150 Jahren vor Bauträgern geschützt. Auf der

BESTE RESTAURANTS IN SONOMA

Die **Sonoma Food Tour** führt zu den Höhepunkten der Region und bietet Kostproben.

El Molino Central
Unvergessliche Gerichte des Wine Country vereinen in diesem Stammlokal aus den 1930er-Jahren nachhaltig angebaute Zutaten mit Sonomas mexikanischer kulinarischer Tradition. **$**

Valley
Direkt am Sonoma Plaza gelegen, bietet diese einladende Weinbar kreative, saisonale Speisen wie kalifornisches Comfort Food. **$$**

Animo
Baskische Küche trifft auf koreanische Hausmannskost – sensationell, ein wahrer Gaumenschmaus! **$$$**

Girl & the Fig
Gefeiertes Bistro mit herzhaften, rustikalen französischen Gerichten. **$$$**

ÜBERNACHTEN IN SONOMA

Fairmont Sonoma Mission Inn & Spa
Historisches Resort auf dem Gelände einer der ursprünglichen Missionen von Sonoma. **$$$**

An Inn 2 Remember
Gleich bei der Sonoma Plaza bietet dieses charmante Haus aus dem Jahr 1910 komfortable Unterkünfte. **$$**

Cottage Inn & Spa
Private Terrassen für das morgendliche Gebäck, ein plätschernder Springbrunnen und ein Spa vor Ort – traumhaft. **$$**

anderen Straßenseite produziert die **Vella Cheese Co** seit fast 100 Jahren – ihr zwei Jahre gereifter Dry Jack eignet sich hervorragend zum Überbacken von rustikalen Gerichten.

Bei **Tiddle E Winks**, einem Laden im 1950er-Jahre-Stil, gibt es nostalgischen Spaß für jedes Alter: Aufziehspielzeug, klassische Brettspiele und Groschenbonbons.

Im **Chateau Sonoma**, Sarah Andersons Kuriositätenkabinett, treffen französische Marotten auf kalifornische Schrullen. **Global Heart Fair Trade** bietet einzigartige handgefertigte Geschenke, festliche Kleidung und Schmuck, wiederverwertbare Dekorationen und handwerklich hergestellte Pralinen – alle Verkäufe sichern existenzsichernde Löhne für die Hersteller.

JETZT WIRD'S AKTIV

Wanderer werden die Wege lieben, die sich durch das **Montini Open Space Reserve** mit hügeligem Grasland und Eichenwäldern oberhalb von Sonoma schlängeln. Die Zugänge an der 1st St W und 4th St W in Sonoma führen zu zwei Aussichtspunkten, der Weg von der 4th St ist barrierefrei. Montinis **Valley of the Moon Trail** ist mit dem schönen, von Freiwilligen gepflegten **Sonoma Overlook Trail** verbunden, der ebenfalls an der 1st St W beginnt. Es sind 5 km spektakulärer Wanderungen zwischen Eichen, Lorbeerbäumen und einheimischen Wildblumen.

Die Innenstadt von Sonoma ist klein, flach und ideal zum Radfahren. **Wine Country Cyclery** vermietet Fahrräder, E-Bikes und Tandems (alias „Scheidungsmacher"). Der Verleih ist inklusive Helm und – ganz wichtig – einer Karte des Weinguts. Vorab reservieren.

Weinberge in der Nähe der Stadt Sonoma

FAMILIENFREUNDLICHE WEINGÜTER

Mehrere Weingüter in Sonoma wurden 2017 und 2019 durch Brände geschädigt, doch die meisten wurden mit klimaresistenteren Rebsorten und neuen Maßnahmen zur Verhinderung von Bränden neu angepflanzt. Die hervorragenden Jahrgänge, die sie produzieren, werden stolz auf den Speisekarten von Sonoma präsentiert.

Das älteste familiengeführte Weingut Kaliforniens, **Gundlach-Bundschu**, sieht aus wie ein Schloss. Sechs Generationen von Bundschus sorgen seit 1858 für den Genuss des trockenen Gewürztraminers. Mit dem Fahrrad geht es zu einer Besichtigung der Höhle mit 1800 Fässern und einem Picknick am Teich. In der Redwood-Scheune und im Freiluft-Amphitheater von Gun-Bun finden regelmäßig Konzerte statt.

Das idyllischste Weingut von Sonoma, **Hanzell Vineyards**, mit außergewöhnlichen Chardonnays und Pinot Noirs aus biologischem Anbau bietet einen traumhaften Blick über Sonoma bis zur San Francisco Bay.

Die weitläufige **Bartholomew Estate Winery** wurde 1857, zur Geburtsstunde der kalifornischen Weinindustrie, unter dem ungarischen Grafen Agoston Haraszthy gegründet. Heute werden in den zertifizierten Bio-Weinbergen Sauvignon blanc, Cabernet Sauvignon und Zinfandel angebaut. Picknicks sind im sonnenverwöhnten Privatpark des Anwesens (kostenlos und für Besucher:innen zugänglich) erlaubt. Es gibt einen 5 km langen Pfad durch Weinberge vorbei an Eichen, Erdbeer- und Mammutbäumen. Vorbei am Teich gelangt man zu einem Aussichtspunkt mit weiten Ausblicken. Man kann auch einen Ausritt mit **Sonoma Valley Trail Rides** unternehmen.

Informationen zu Weingütern, Restaurants und Unterkünften in Carneros weiter südlich stehen auf S. 162.

UNTERWEGS VOR ORT

Der Sonoma Hwy (Hwy 12) ist gesäumt von Weingütern und führt von Sonoma, vorbei an Glen Ellen, durch Kenwood nach Santa Rosa und dann weiter in den Westen von Sonoma County. Es gibt Fahrdienste in die Innenstadt von Sonoma, wo viele Sehenswürdigkeiten, Weinkeller und Restaurants zu Fuß oder mit dem Fahrrad erreichbar sind. Mit dem eigenen Auto kann man das Tal und seine Weinkellereien erkunden. Öffentliche Verkehrsmittel sind nicht günstig; siehe transit.511.org.

Rund um Sonoma

Das Sonoma Valley ist geprägt von jahrhundertealten Weinstöcken und charmanten, sowohl lebensfrohen, als auch bodenständigen Siedlungen.

Es ist leicht, sich dem Rhythmus des Sonoma Valley hinzugeben und den Spuren der Jahrtausende zu folgen. Hier wandelt man auf den Spuren der Miwok, Pomo und Wintun, die in diesem üppigen Tal zusammenkamen, um zu schlemmen, zu entspannen und Geschichten auszutauschen. Sie nannten diesen Ort „Tal des Mondes", und dieser mystische Name hat sich bis heute gehalten.

Wenn man von Sonoma das Tal hinauffährt, stößt man auf den winzigen, malerischen Ferienort Glen Ellen aus dem 19. Jh., der voller Überraschungen steckt: renommierte Restaurants, recycelte Kunstwerke, seltene japanische Ahornbäume, Ausritte in die Wildnis, starke Martinis und luxuriöse Cottages, die zum Verweilen einladen. Weiter nördlich lockt das als Kenwood bekannte Weinanbaugebiet mit Weinproben und Wanderungen auf den Sugarloaf, um zu begreifen, wo man gewesen ist.

TOP TIPP

Camper:innen können die Plätze im Hood Mountain Regional Park erwandern oder im Sugarloaf Ridge State Park anfahren.

Jack London State Historic Park (S. 179)

BESTE PARKS & GÄRTEN IM SONOMA VALLEY

Sugarloaf Ridge State Park
Rund 40 km fantastische Wander- und Radwege: An klaren Tagen reicht der Blick vom Bald Mountain bis zum Pazifik.

Sonoma Valley Regional Park
Eichenwälder mit Wanderwegen, darunter der barrierefreie 2 km lange Trail Valley of the Moon, Picknickplätzen und einem Hundepark.

Sonoma Botanical Garden
Weltbekannter, 10 ha großer botanischer Garten, spezialisiert auf die Flora Asiens.

Hood Mountain Regional Park
Wildnispfade zum Wandern, Radfahren und Reiten.

RICHARD CUMMINS/ALAMY ©

Weingut Kunde

Kreative Orte & köstliche Leckereien

DER ZAUBER VON GLEN ELLEN

Das winzige **Glen Ellen** (1200 Einwohner) liegt 20 Autominuten nördlich von Sonoma und besteht aus einer Ansammlung kleiner Häuschen hinter weißen Zäunen entlang eines von Pappeln gesäumten Baches. 1905 war es ein pulsierender Ferienort mit natürlichen heißen Quellen, der die Reichen und Berühmten Kaliforniens anlockte, darunter auch den damals berühmtesten Autor der Welt, Jack London.

Die Stadt ist nach wie vor ein Magnet für wegweisende Schriftsteller und Künstler, darunter der Gonzo-Journalist Hunter S. Thompson und die Essensautorin MFK Fisher – ihr **Last House** auf dem mit Wildblumen übersäten **Bouverie Perserve** (egret.org) kann man nach Voranmeldung besuchen.

Zur **Lasseter Family Winery** von Pixar-Animator John Lasseter gehört die **Justi Creek Railway**. In **13623 Arnold Dr** hat der Schrottkunst-Maestro Chuck Gillet über Jahrzehnte hinweg verrostete landwirtschaftliche Geräte und Autoteile zu postapokalyptischen Wasserspeiern zusammengebaut. „Privat, spinxen erlaubt", steht auf dem Schild.

Wir befinden uns im Herzen von Sonoma, einer der renommiertesten Pinot-Noir-Regionen der Welt,**Talisman Wines** preisgekrönte Jahrgänge beweisen das. Das Gründer-/Winzerpaar Scott und Marta Rich arbeitet mit legendären Pinot-Winzern von Carneros bis zur Sonoma-Küste zusammen.

ÜBERNACHTEN IM SONOMA VALLEY

Glen Ellen Inn & Martini Bar
Trinke einen kräftigen Martini und lege dich dann in diesen einladenden Cottages oder der Pension schlafen. **$$**

Olea Hotel
Relaxen in tadellosem Luxus in den mit Eichenbäumen bedeckten Hügeln von Glen Ellen. **$$$**

Beltane Ranch
Die afroamerikanische Millionärin und Bürgerrechtspionierin Mary Ellen Pleasant errichtete diese wunderschöne Ranch im Jahr 1892. **$$**

Einen Abstecher in die **Les Pascals Patisserie** sollte man unbedingt machen, wo es luftige, mit Butter bestrichene Croissants, hervorragende Baguettes, schmackhafte Quiches und köstliche Tartes gibt. Für ein komplettes Essen im Sitzen geht man in den Süden der Stadt ins beliebte **Mill at Glen Ellen**, wo die Speisen für Veganer und Vegetarier angepasst werden.

Jack Londons Ranch

FOLGE DEM RUF DER WILDNIS

25 Autominuten nördlich von Sonoma im **Jack London State Historic Park** errichteten der Abenteuerautor von *Ruf der Wildnis* und seine Frau, Herausgeberin und Schriftstellerin Charmian Kittredge London, die Beauty Ranch als Rückzugsort für ihre schriftstellerische Tätigkeit und als Pionierfarm für den ökologischen Landbau. Das **Museum** zeigt interessante Einblicke in Jacks todesmutige Reisen und seine kontroversen Ideen, darunter Sozialismus und Darwinismus. Im Buchladen im Erdgeschoss befinden sich Jacks Absagebriefe. Vom Museum aus ist es ein hügeliger Spaziergang von 0,8 km zu den Ruinen ihres Wolf House, der an **Jacks Grabstätte** vorbeiführt.

Weingüter im Sonoma Valley

DIE WEINBERGE VON KENWOOD

Aus dem Sonoma Valley erheben sich sanfte, mit Gras und Wein bewachsene Hügel. Seine rund 40 Weingüter finden weniger Beachtung als die von Napa, aber viele sind ebenso gut. Wer Zinfandel, Syrah und Pinot Noir liebt, kommt hier voll auf seine Kosten. Einige Wahrzeichen der **Region Kenwood** (es gibt keine Stadt an sich, sondern eine Ansammlung von Weingütern, 25 Autominuten nördlich von Sonoma) haben dem Zahn der Zeit getrotzt – darunter das kleine rote Schulhaus aus den 1860er-Jahren, das heute **Muscardini Cellars** als Verkostungsraum dient.

Das freundliche **Weingut Kunde** auf einer historischen Ranch mit ausgedehnten Weinbergen bietet Verkostungen auf dem Berg mit beeindruckenden Aussichten auf das Tal und geführte Wanderungen an (im Voraus reservieren). Oder man kommt einfach für eine Verkostung vorbei (eine Seltenheit im Wine Country, wo immer eine Reservierung erforderlich ist).

Bei **VJB Cellars** kann man hochwertige italienische Weine probieren, die in Sonoma angebaut werden und sonst nicht oft in die USA importiert werden, darunter ein kräftiger weißer Friulano und ein sommerlicher Aleatico Rosé. Es gibt auch ein ausgezeichnetes Restaurant. Eine weitere Schönheit ist **Hamel Family Wines**.

ESSEN IM SONOMA VALLEY

Glen Ellen Star
Food & Wine-Starkoch Ari Weiswasser sorgt für eine entspannte Stimmung in Glen Ellen. **$$$**

Mayo Family Winery & Reserve Room
Speisen und Wein in einem inspirierenden Sieben-Gänge-Menü mit kleinen saisonalen Gerichten und Reserveweinen. **$$$**

TIPS Roadhouse
Lässiges Road Food im New-Orleans-Stil ist in Kenwood angesagt. **$$**

Wine Truffle Boutique
Wenn Schokolade, Wein und Eiscreme alles sind, was man in Glen Ellen braucht. **$**

WANDERN & AUSREITEN

Kaliforniens Mix aus Regional-, Staats- und Nationalparks bedeutet, dass herrliche Spaziergänge, Wanderungen und Ausritte immer in Reichweite sind. Mehr auf S. 48.

UNTERWEGS VOR ORT

Die Weinberge der rund 40 Weingüter im Sonoma Valley können mit Auto oder Fahrrad erkundet werden. Eine schöne Radtour führt von Sonoma nach Glen Ellen 11 km auf ruhigen Landstraßen. Kenwood liegt weitere 8 km nördlich. Alternativ einen Service wie Designated Drivers Napa Sonoma buchen.

PETALUMA

Die historische Stadt Petaluma, nur eine kurze Autofahrt südlich von Santa Rosa und westlich von Downtown Sonoma, ist der Geheimtipp in Sonoma County. Als eine der ältesten Städte Kaliforniens, die um einen Fluss gebaut wurde und über eine Eisenbahnverbindung verfügte, war sie früher ein Durchgangsort für die Reichtümer der nördlichen Bezirke auf ihrem Weg in den Süden in die aufstrebende Bay Area. Die Region war bekannt für ihre Hühnerfarmen und Molkereien.

Heute zieht Petaluma die Aufmerksamkeit auf sich wegen seiner beschaulichen, übersichtlichen Innenstadt voller Restaurants, Schankwirtschaften und Weinbars. Und auch wegen seiner nebligen und windgepeitschten Weinanbaugebiete, die als „Petaluma Gap" bezeichnet werden. Die Chardonnays, Pinot Noirs und Syrahs der Region sind für ihre Eleganz und Komplexität bekannt. Außerdem befinden sich hier zwei der führenden Brauereien der Bay Area.

Petaluma ist ein guter Ort, um den Tag hier zu verbringen, die gastronomischen Einrichtungen im alten Backsteinzentrum der Stadt zu erkunden und anschließend bis in die Nacht hinein zu feiern.

TOP TIPP

Probiere bei Angela's Ice Cream einheimische Molkereiprodukte und erkundige dich beim Petaluma Visitors Center, welche Molkereien und Käsereien auf dem Lande für die Öffentlichkeit zugänglich sind. Das Wort „Sonoma" bezeichnet eine Stadt, ein Tal und einen viel größeren Bezirk, also immer nachfragen, wenn jemand sagt: „Wir sind in Sonoma."

Petaluma

KWANCHANOG NOINWONG/SHUTTERSTOCK ©

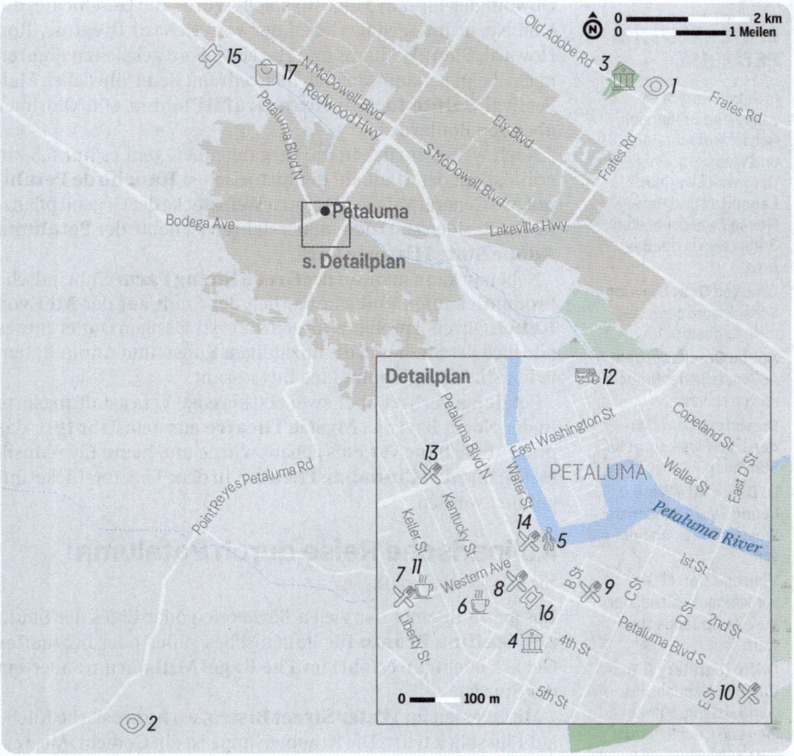

SEHENSWERTES
1 Green String Farm
2 McEvoy Ranch
3 Petaluma Adobe State Historic Park
4 Petaluma Historical Library & Museum

AKTIVITÄTEN, KURSE & TOUREN
5 Riverfront Walk

Essen
6 Stellina Pronto
7 Stockhome
8 Street Social
9 Sugo Trattoria
10 Table Culture Provisions
11 The Bagel Mill
12 The Block
13 The Shuckery
14 Water Street Bistro

UNTERHALTUNG
15 Cinnabar Theater
16 Mystic Theatre

SHOPPEN
17 Premium Outlet Stores

Bay Area Boomtown

UNTERWEGS AUF DEM PETALUMA STRIP

Petaluma wurde 1858 gegründet, seine charmante Innenstadt (mit einzigartigen Eisenfassaden, die das Erdbeben von 1906 überstanden haben) und die liebevoll erhaltenen viktorianischen Gebäude stehen im National Register of Historic Places. Im kostenlosen **Petaluma Historical Library & Museum**, das in einem spektakulären neoklassizistischen Gebäude untergebracht ist, erfährt man mehr über die Stadt und kann zwischen Mai und Oktober an wöchentlichen Führungen teilnehmen.

Ein **Spaziergang an der Uferpromenade** ist ein Vergnügen, wenngleich Kajaks die Schaufelräder und Dampfer von einst ersetzt haben. Wenn einem in der Stadt alles ein bisschen bekannt vorkommt, liegt das vielleicht an George Lucas' legendärem, für den Oscar nominierten Film *American Graffiti* (1973).

WILLKOMMEN IN FLACHRÜCKEN

Das Wort Petaluma stammt von den Miwok-Wörtern *pe'ta* (flach) und *lu'ma* (Rücken) und bezieht sich auf die sanfte Weitläufigkeit des Tals hinter dem Hügel. Mexikos Comandante von Nordkalifornien, General Vallejo, nutzte es dann für sein riesiges Rancho Petaluma, das ihm 1834 zugesprochen wurde.

Obwohl der Film in Modesto spielt, wurde die Geschichte, die eine Nacht im Teenagerleben der von Richard Dreyfuss, Ron Howard, Cindy Williams und Harrison Ford gespielten Figuren nachzeichnet, hauptsächlich hier gedreht. Beim jährlichen Mai-Festival **Salute to American Graffiti** fahren 400 Oldtimer über den Boulevard.

Noch weiter zurück in die Vergangenheit geht es nur 6,5 km nordöstlich der Stadt auf der historischen **Rancho de Petaluma**, wo General Vallejo die ersten Weinstöcke der Gegend pflanzte. Die Residenz aus den 1830er-Jahren ist heute der **Petaluma Adobe State Historic Park**.

Nebenan kann man auf der **Green String Farm** einheimische Produkte kaufen und südwestlich der Stadt auf der **McEvoy Ranch** Olivenöl probieren. Auch die erstklassigen Outlet-Stores nördlich der Stadt und die unzähligen Kunst- und Antiquitätenläden sind für Shoppingfans interessant.

Petaluma verfügt über zwei erstklassige Veranstaltungsorte in der North Bay: das **Mystic Theatre** aus dem Jahr 1911, das ursprünglich für Varietés gebaut wurde und heute Live-Musik bietet, und das **Cinnabar Theater**, in dem Theaterstücke aufgeführt werden.

BESTE KNEIPEN IN PETALUMA

In Petaluma gibt es zahlreiche Brauereien, Schankwirtschaften und Weinbars, einige davon mit Live-Musik.

Lagunitas und **Hen-House** Zwei der besten Brauereien in der Bay Area.

Crooked Goat Brewing Schankraum der Brauerei in Sebastopol.

Adobe Creek Taproom Außenstelle der Brauerei von Novato.

Brewsters Beer Garden Live-Musik sorgt für Stimmung.

La Dolce Vita Wine Lounge Verschiedenste Weine mit kleinen Speisen.

Vine and Barrel Gesprächiger Besitzer, der Weine und Tapas serviert.

Griffo Distillery & Tasting Bar Alkoholische Getränke zum Mitnehmen und Cocktails zum vor Ort trinken.

Kulinarische Reise durch Petaluma

DIE KÜCHE KALIFORNIENS

Los geht's in einer der vielen Bäckereien oder Cafés der Stadt, z. B. **Stellina Pronto** für italienisches süßes oder herzhaftes Gebäck oder man erfährt im **The Bagel Mill** warum Sauerteig der Star ist.

Mittagessen im **Water Street Bistro**, wo französische Küche auf Flussblick trifft. Die Krabbensuppe ist ein Gedicht. Meeresfrüchte sind auch das Motto im **The Shuckery** (natürlich Austern, gepaart mit Wein oder Sangria). Abwechslung gibt's im **Stockhome** mit schwedisch-mediterranen Köstlichkeiten.

Abends geht es in der **Sugo Trattoria** klassisch zu oder man genießt die einfallsreichen Degustationsmenüs bei **Table Culture Provisions**. Im 100 Jahre alten Lan Mart Building befindet sich der fabelhafte Newcomer **Street Social**, wo man nie weiß, was man bekommt, denn die kreativen Gerichte wechseln ständig.

Für einen zwangloseren Abend bietet sich **The Block** an, die Homebase für ein wechselndes Angebot an Foodtrucks, darunter eine Pizzeria, die alle Gelüste nach Holzofengerichten befriedigt. Nimm an einer der Feuerstellen Platz und genieße ein lokales Craft-Bier.

FÜR FILMFANS

Kalifornien ist sowohl die Filmhauptstadt der USA (**Hollywood**; S. 340) als auch ein beliebter Drehort, wobei Petaluma für **Modesto** (S. 538) in American Graffiti einsprang und das **Griffith Observatory** (S. 348) für ...denn sie wissen nicht, was sie tun herhielt, um nur einige zu nennen.

UNTERWEGS VOR ORT

Man erreicht Petaluma von San Francisco aus mit dem Golden Gate Transit-Bus oder der SMART-Bahn, die nach Norden bis Santa Rosa und zum Flughafen fährt. Am einfachsten bewegt man sich mit dem Auto fort, außerhalb des überschaubaren Stadtzentrums gibt es reichlich Parkplätze.

SANTA ROSA

Die Hauptstadt des Sonoma County ist eine Stadt mit blühenden Vierteln und kühnen Initiativen. Alles begann mit der Gründung 1841 durch die *ranchera* María Ygnacia López de Carrillo. Ihr Sohn Julio Carrillo wurde ein vorausschauender Stadtplaner, der Santa Rosas übersichtliches Stadtnetz mit einem öffentlichen Platz im Zentrum entwarf. Fröhliche Schaufensterfronten im Retro-Stil locken noch immer Besucher:innen in die örtlichen Geschäfte, und der historische Railroad Sq begrüßt Pendler, die auf Gleisen ankommen, die in den 1870er-Jahren von chinesischen Arbeitern angelegt wurden. Der Ort wurde in Museen der Gegend und in Alfred Hitchcocks *Im Schatten des Zweifels* (1943) verewigt.

Die Stadt macht jedes Jahr international von sich reden, wenn die Russian River Brewing Co ihr brillant-bitteres Double IPA Pliny the Elder auf den Markt bringt, was zu Zeltlagern vor der Tür führt, und bleibt das ganze Jahr über ein Wallfahrtsort für Craft-Bier-Liebhaber.

Es ist schwer zu glauben, dass Santa Rosa von so vielen Erdbeben und Waldbränden heimgesucht wurde, aber die Stadt, die nach der Schutzpatronin der Polizei und der Krankenschwestern benannt ist, war schon immer eine Überlebenskünstlerin.

TOP TIPP

Ein unterhaltsamer Ausflug ist die Fahrt mit dem SMART-Zug vom Bahnhof Sonoma County Airport (1 Meile/1,6 km vom Flughafen, mit dem Bus 55 von Sonoma County Transit) oder vom Railroad Sq in Santa Rosa zum Larkspur-Fährterminal in Marin (über Petaluma), wo man die Bay Ferry nach San Francisco nehmen kann.

Railroad Sq (S. 185)

SEHENSWERTES
1 4th St
2 Luther Burbank Home & Gardens
3 Museum of Sonoma County
4 Railroad Sq
5 South of A St Art District

ESSEN
6 Abyssinia
7 Betty's Fish & Chips
8 Bird & the Bottle
9 Goguette
10 Hang Ah
11 Mitote Food Park
12 Red Bird Bakery

AUSGEHEN & FEIERN
13 Dierk's Midtown Cafe

SHOPPEN
14 Lola's

SANTA ROSA

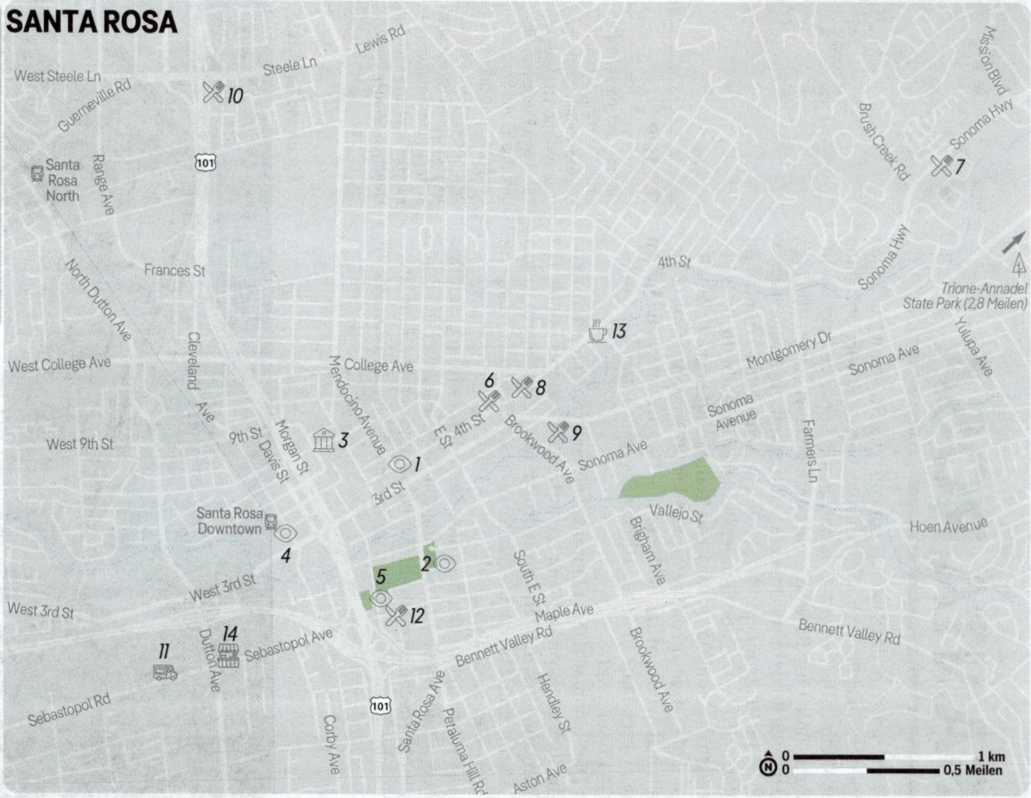

FÜR KUNSTBEGEISTERTE

Neben dem Peanuts-Museum oder dem Weingut Paradise Ridge mit Skulpturen im Freien auf einem wunderschönen Hügel gibt es noch mehr Kunst in **San Franciscos Museen in der Innenstadt** (S. 78).

Wanderwege, Pfade & Museen

NACHBARSCHAFTSCHARME

Die größte Stadt des Wine Country ist der Inbegriff des modernen Amerikas mit Cottage-Rosengärten, Radfahrern auf dem **Joe Rodota Trail**, Wanderern im **Trione-Annadel State Park** und dem florierenden Leben im von Latinos geprägten Viertel **Roseland**.

Das Herzstück und die Hauptgeschäftsstraße ist die **4th St** entlang des zentralen Old Courthouse Sq. Auf der anderen Seite der Autobahn taucht sie am historischen **Railroad Sq.** wieder auf. Spaziere durch die von Bäumen beschatteten und von Wandmalereien gesäumten Straßen des **South of A St Art District** und schnuppere an den Blumen – viele von ihnen sind duftende Sorten wie die Santa-Rosa-Pflaume, die zur Freude, Nützlichkeit und Nachhaltigkeit gleich die Straße hinauf bei **Luther Burbank Home & Gardens** entwickelt wurde. Hier züchtete der Gartenbaupionier Luther Burbank (1849–1926) über 50 Jahre lang 800 Hybridpflanzenarten.

Im **Museum of Sonoma County** begibt man sich auf eine Reise durch die Vergangenheit, die Gegenwart und die Zukunft von Sonoma County, Geschichts- und Kunstmuseen liegen direkt nebeneinander.

Internationale Food-Tour

AROMEN FÜR JEDEN GAUMEN

Santa Rosa ist eine Weltreise in Sachen exzellentes Essen: von Dim Sum im **Hang Ah** über Äthiopisch im **Abyssinia**, französische Patisserie und Brot im **Goguette** bis hin zur bodenständigen Küche in **Dierk's Midtown Cafe**, **Red Bird Bakery** und **Betty's Fish & Chips**.

Das Roseland-Viertel an der Sebastopol Rd. ist eine Katastrophe für jede Diät. Mit dem **Mitote Food Park** voller „Taco-Trucks", die neben einer Bar Spezialitäten aus ganz Mexiko zubereiten und unzähligen Taquerias und Märkten wie **Lola's**.

Wer sich nicht sicher ist, worauf er Appetit hat, kann im **Bird & the Bottle** von allem etwas probieren, von gegrillten Lammfleischbällchen bis zu Entenconfit-Tacos.

„GOOD GRIEF, CHARLIE BROWN!"

Der weltweit beliebte Peanuts-Comicstrip wurde in Santa Rosa vom Cartoonisten Charles M. Schulz gezeichnet. Das wunderbare, generationsübergreifende **Charles M. Schulz Museum** erzählt die Geschichte von Snoopy, Charlie Brown, Lucy und der Bande von ihrer Einführung 1950 bis zu den letzten Lachern im Jahr 2000. Im Erdgeschoss hängen Originalzeichnungen von Schulz. Im Obergeschoss befinden sich Hommagen von Künstlern an die Peanuts sowie eine exakte Nachbildung des Schulz'schen Ateliers: Marker auf einem alten Holztisch und ein Video von Schulz beim Zeichnen – ein fließendes Gedicht in Tinte.

Am Charles M. Schulz Sonoma County Airport kann man sich mit Snoopy im Terminal fotografieren lassen. In der ganzen Stadt sind riesige Fiberglas-Statuen zu sehen, die Teil der **Peanuts-Parade** sind, mit der die Figuren geehrt werden.

UNTERWEGS VOR ORT

Der Sonoma County Airport Express pendelt zwischen dem Sonoma County Airport und den Flughäfen von San Francisco und Oakland. Der SMART-Zug, Golden Gate Transit und Greyhound-Busse fahren zwischen San Francisco und Santa Rosa. Das Zentrum von Santa Rosa ist flach und gut zu Fuß zu erkunden, aber es ist weitläufig. Wer kein eigenes Auto hat, sollte den CityBus nehmen (mit einer Clipper Card für die gesamte Bay Area). Parkhäuser im Zentrum sind billiger als Parken auf der Straße.

SEBASTOPOL

Keine noch so große Menge an fermentierten Früchten kann den Freigeist von Sebastopol erklären. Im 19. Jh. gründeten unabhängige Pomo-Dorfbewohner und eingewanderte Apfelbauern in der Pomo-Heimat Bitakomtara ein US-Township. Der Legende nach wurde eine legendäre Kneipenschlägerei in den 1850er-Jahren scherzhaft mit dem berühmten Krimkrieg verglichen, der zu dieser Zeit im Gange war, und der Spitzname blieb hängen.

Während der Rest des Wine Country mit dem Weinanbau begann, wurden in Sebastopol weiterhin Äpfel, Gemüse und Wildblumen kultiviert, die vom örtlichen Gartenbauhelden Luther Burbank entwickelt wurden. Die Hippies brachten neue Ideen in den Westen von Sonoma County, darunter biologische Landwirtschaft, Heimimkerei und Marihuana-Anbau. Jetzt sind sogar die Mittelstreifen pestizidfrei, und die gesamte Stadt ist eine atomfreie Zone.

Egal, wo man hingeht, man kann die lokalen Persönlichkeiten nicht übersehen, manche berühmter als andere. Tom Waits wohnt am Stadtrand, und Mickey Hart, der Schlagzeuger von Grateful Dead, gibt gelegentlich Konzerte. Sebastopol ruft immer wieder Legenden hervor.

TOP TIPP

Das Sebastopol Area Chamber of Commerce & Visitors Center bietet Karten und Informationen. *Sebastopol Walks* von Richard Nichols gibt Tipps für Stadtspaziergänge sowie Ausritte und Wanderungen auf dem Joe Rodota Trail, durch das für Vogelbeobachter paradiesische Feuchtgebiet Laguna de Santa Rosa (dessen Stiftung Ausstellungen und Aktivitäten ausrichtet) und darüber hinaus.

Weinberg in Sebastopol

TIMOTHY S. ALLEN/SHUTTERSTOCK ©

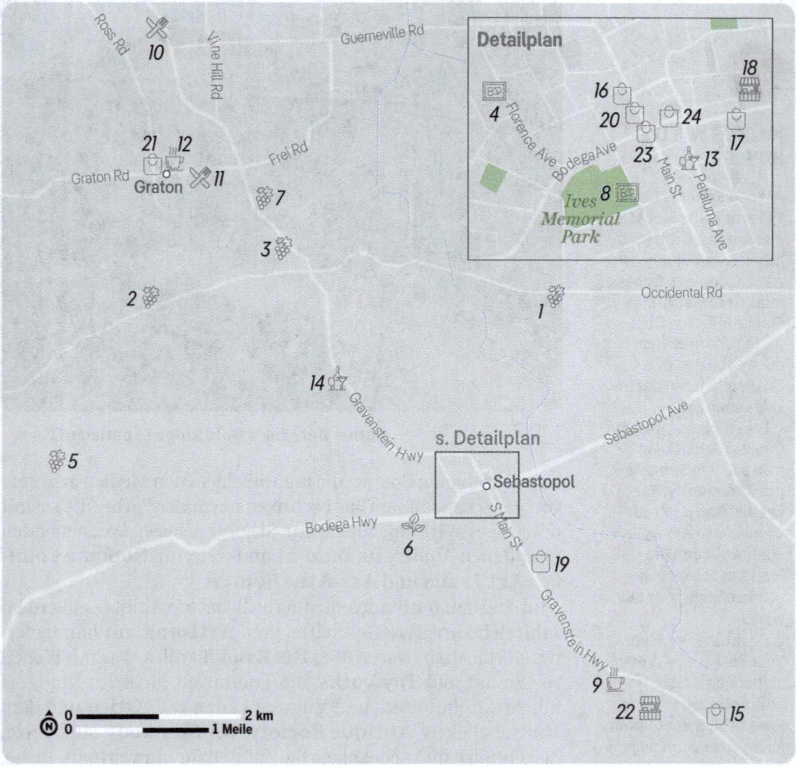

SEHENSWERTES
1 Balletto
2 Char Vale
3 Emeritus
4 Florence Ave
5 Freeman
6 Luther Burbank's Gold Ridge Experiment Farm
7 Merry Edwards
8 Sebastopol Center for the Arts

ESSEN
9 Hardcore Espresso
10 Mom's Apple Pie
11 Underwood Bar & Bistro
12 Willow Wood Market Cafe

AUSGEHEN & FEIERN
13 Hopmonk Tavern
14 Horse & Plow

SHOPPEN
15 Antique Society
16 Artisana
17 Attico
18 Barlow Market
19 Beekind
20 Copperfield's Books
21 Graton Gallery
22 Midgley's Country Flea Market
23 Sumbody
24 Toyworks

Fantastische Skulpturen, lokale Kreativität & Vintage-Waren

KUNST UM DER KUNST WILLEN

Eine Kuh reitet auf einem Traktor, eine Rakete startet vom Rasen und ein Dinosaurier schnappt sich ein rotes Cabrio zum Mittagessen: All das passiert in der **Florence Ave**, in Dutzenden von Skulpturen, die Patrick Amiot aus recyceltem Schrott für die Gärten der Nachbarn angefertigt hat. In der ganzen Region findet man noch viele weitere.

Gleich um die Ecke, im **Sebastopol Center for the Arts**, erlebt man die Welt aus dem Blickwinkel von innovativen Künst-

MACH'S WIE DIE HIPPIES

Auf den **Sonoma County Farm Trails** taucht man auf familienfreundlichen Bauernhöfen (wie z.B. der üppigen **Bohemian Creamery**), in Selbst-Pflücker-Obstgärten und in einigen der weltbesten Bio-Pflanzschulen in das lokale Leben ein.

Die Früchte von West Countys Arbeit kann man auf dem **Sebastopol Community Market**, bei **Andy's Produce** oder auf dem **sonntäglichen Bio-Markt** mit Live-Musik auf dem Stadtplatz bewundern.

Deck dich bei „Meet Your Pot Farmer"-Veranstaltungen in Sebastopols **Solful** oder Santa Rosas **The Sweet Spot** mit frischem Cannabis ein.

Besuche das familiengeführte **Birkenstock Village** in Santa Rosa, um deinen Look mit einem Paar Birkis zu vervollständigen

WAYNE HSIEH78/SHUTTERSTOCK ©

Luther Burbank's Gold Ridge Experiment Farm

lern aus Sonoma County, die mit verschiedenen Medien arbeiten, von Faserkunst über Glas bis hin zu normaler Farbe (die sie mit prächtiger Wirkung einsetzen). Sie organisieren Wochenenden mit offenen Ateliers im ganzen Landkreis, mit **Sonoma County's Art Trails** und **Art at the Source**.

Im charmanten Stadtzentrum von Sebastopol gibt es außerdem zahlreiche kreative Geschäfte, vom **Artisana** mit handgefertigten Haushaltswaren über **BeeKind** für alles, was mit Bienen zu tun hat und **Toyworks**, die Traumwelt für jedes Kind, bis hin zu Antiquitäten- und Vintage-Läden wie **Attico** und dem Makrokollektiv **Antique Society**. Bei **Sumbody** sind Pilze, Ziegenmilch und Schokolade die Zutaten für umweltfreundliche, in kleinen Stückzahlen hergestellte Badeprodukte. Stöbern kann man bei **Copperfield's Books** oder am Sonntag auf dem **Midgley's Country Flea Market** nach Schätzen suchen.

Für das leibliche Wohl sorgen **Hardcore Espresso** oder das nahe gelegene **Willow Wood Market Cafe** in Graton mit kalifornischem Comfort Food und Champagner-Cocktails, oder **Underwood Bar & Bistro**, beide in der Nähe der Graton Gallery.

Äpfel, Weine, Gänseblümchen & gute Zeiten

GESUNDER GARTENBAU UND SPRITZIGER APFELWEIN

Sebastopol war schon lange vor dem Aufschwung der Weinindustrie in Sonoma County für seine Trinkgelage bekannt, denn die hier gedeihenden Apfelbaumplantagen dienten der Herstellung

SÜSSES NASCHEN IN SEBASTOPOL

Sebastopol Cookie Co
Die Düfte in dieser kleinen Bäckerei, die wohltuende Dreifach-Schokokekse, Snickerdoodles und mehr herstellt, sind verlockend. **$**

Pascaline
Französisches Patisserie-Café und beliebtes Lokal für feines Gebäck und Brunch im Bistro-Stil. **$**

Screamin' Mimi's
Köstliches, hausgemachtes Eis, serviert pro Unze. Man hat die Qual der Wahl zwischen verschiedenen saisonalen Geschmacksrichtungen. **$**

Barlow Market

von Apfelwein – eine Tradition, die heute in der **Hopmonk Tavern** und im Verkostungsraum von **Horse & Plow** aufrechterhalten wird und zweimal jährlich auf dem **Gravenstein Apple Fair** und dem **Apple Blossom Festival** gefeiert wird.

Die alte Apfelkonservenfabrik am Rande von Sebastopol wurde in den **Barlow Market** umgewandelt, der unter anderem die berühmte Crooked Goat Brewery beherbergt, den Region-Verkostungsraum, Pax Wines, Kosta Browne Wines und die Spirit Works Distillery.

Vor rund 150 Jahren kultivierte der Gartenbauer Luther Burbank auf der öffentlich zugänglichen **Luther Burbank's Gold Ridge Experiment Farm** (wschs.org/farm) Obstbäume und Gänseblümchen.

In den 1970er-Jahren, als die Köchin Alice Waters die kalifornische Küche etablierte, kämpfte **Merry Edwards** für den kalifornischen Wein aus ihrem Weinberg – sie wurde die erste Frau in der Ruhmeshalle der Winzer von Napa und machte die kalifornischen Pinots bekannt.

Mammutbäume umgeben die **Freeman-Weinberge** und halten den Nebel, den die Winzerin und Gründerin Akiko Freeman in Cool-Climate-Pinots und -Chardonnays einfängt. In **Littorai**, einem 12 ha großen biodynamischen Weingut, in dem Bienen, Vögel und nützliche Insekten ein integriertes Ökosystem bilden, spielen Weinreben eine untergeordnete Rolle.

Sebastopol ist umringt von Weinbergen, man könnte also einfach immer weitergehen, mit **Emeritus**, **Balletto** und **Char Vale** ...

ESSEN IN SEBASTOPOL

RAMEN GAIJIN
Gute Laune durch Ramen mit Schweinebauch (so scharf!) und Rippchen (so lecker!). **$$**

Incas Peruvian Cuisine
Pikante, üppige Gerichte, vom Hühnereintopf bis zur geschmorten Lammhaxe. **$**

The Barlow
Ein 0,8 ha großes Dorf mit unabhängigen Lebensmittelproduzenten, Künstlern, Winzern, Kafferöstern und Destillateuren. **$$**

Fern Bar
Wegen der hippen 70er-Jahre-Atmosphäre kommen, wegen der geteilten Sonoma-Platten bleiben. **$$**

La Bodega Kitchen
Kreative vegane Gerichte gepaart mit Weinen aus dem angrenzenden Weinladen. **$$**

UNTERWEGS VOR ORT

Das Stadtzentrum von Sebastopol lässt sich am besten zu Fuß oder mit dem Fahrrad erkunden. In der Umgebung gibt es zahlreiche Wanderwege, Radfahrer können den Joe Rodota Trail nach Santa Rosa nehmen, dann den SMART-Zug nach Süden (Petaluma oder die Bay Ferry von Larkspur Landing nach San Francisco). Die Busse von Sonoma County Transit bieten einen kostenlosen Shuttle (Route 24).

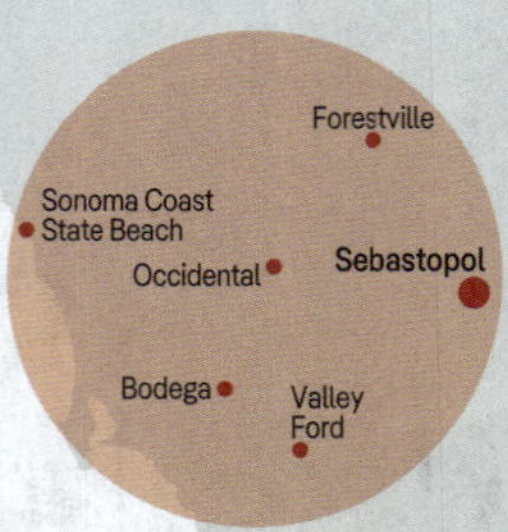

Rund um Sebastopol

Folge den Tälern, die sich durch die bewaldeten Berge bis zur Pazifikküste schlängeln, und erfreue dich an der einheimischen Küche und den freundlichen Ortschaften auf deinem Weg.

Hügel erstrecken sich von Sebastopol und Graton, zum Pazifik im Westen und bis zum Russian River im Norden. Die Täler sind im Sommer golden, während sich im Winter und Frühling regennasse Weiden zu den mit Mammutbäumen und Eichen bewachsenen Hügeln hinaufziehen. Weinberge durchziehen das Gebiet ebenso wie historische Gemeinden und typische nordkalifornische Dörfer.

Weltklasse-Weingüter, ein landesweit bekanntes Day-Spa und ausgezeichnete Molkereien, Bäckereien und Restaurants runden das Bild ab. Das Gleiche gilt für herzliche Versammlungen wie den Bauernmarkt von Occidental, wo Live-Musik den Nachthimmel erfüllt, wenn die Leute aus den umliegenden Hügeln vorbeikommen und Hallo sagen.

In dieser Region kann man sich zurücklehnen, sich ausklinken und abwarten, was passiert.

TOP TIPP

Für die Durchquerung dieser herrlichen Hügel ist ein Fahrzeug unverzichtbar – es gibt kaum Busverbindungen, und nur hartgesottene Radfahrer sollten sich auf die schmalen Straßen wagen.

Union Hotel, Occidental

Weinberg-Täler

WEIN SCHLÜRFEN UND FRISCHES BROT KNABBERN

Zwanzig Autominuten nordwestlich von Sebastopol kann man bei **Iron Horse Vineyards** mit Schaumweinen anstoßen, die schon bei Amtseinführungen im Weißen Haus serviert wurden. Bei **Furthermore Wines** beginnt man mit einem Pinot, macht eine Boccia-Pause und widmet sich dann wieder dem dringenden Thema Pinot oder besser noch dem geheimnisvollen Rosé des Pinot Noir.

Durch das idyllische Green Valley, das von hügeligem Ackerland, Apfelplantagen und Weinbergen umgeben ist und in dem gelegentlich ein Shetland-Pony zu sehen ist, geht es in die kleine Stadt **Forestville**. Die Hauptstraße ist von altmodischen Geschäften gesäumt, und jeder weiß, wann Jessie Frost backt, denn der Duft ihrer Bio-Brote im **Nightingale Breads** bringt den Verkehr durcheinander. Nach einer kurzen Stärkung besucht man den beliebten **RYME-Verkostungsraum,** bevor es weitergeht zur River Rd und der malerischen roten Scheune, in der das Familienunternehmen **Martinelli** seit 1887 gegen alle Konventionen kämpft. Damals brannte ein junger toskanischer Winzer nach Kalifornien durch, um auf dem bekanntermaßen steilen und felsigen Jackass Hill Trauben anzubauen, aus denen preisgekrönte Zinfandels, Pinots und Muscats entstanden.

Farmers-Market-Party & ausgefallene Leckereien

OCCIDENTALS HIGH LIFE

Occidental (876 Einwohner) liegt 20 Autominuten westlich von Sebastopol und ist die überraschende Holzfällerstadt in den Bergen, von der Zeit vergessen und von den Bäumen zurückerobert – mit Hilfe von visionären Umweltschützern und Hippies auf Stadtflucht.

Die Macht der Gegenkultur wird von Mai bis Oktober auf dem **Friday Farmers Market** ausgelassen gefeiert. Kunsthandwerk, Blumen, Käse, Bioprodukte, Pilze und riesige Pfannen mit Paella aus pazifischen Meeresfrüchten füllen die Straße und Musiker sorgen für gute Stimmung, während sich Freunde und Familie treffen. Im **Altamont General Store** bekommt man hervorragende Biere vom Fass und kann am Straßenrand sitzen und das Treiben beobachten. Im **Union Hotel** kann man köstliche Ravioli mit lokalen Weinen genießen.

ESSEN RUND UM OCCIDENTAL

Hazel
Bei einer fabelhaften Dinnerparty fließt Wein in Strömen, während die Gerichte noch blubbernd aus den Holzöfen kommen. **$$$**

Rocker Oysterfeller's
Valley Fords Austern und New-Orleans-Küche – ein Genuss. **$$**

Farmhouse Inn
Das mit einem Michelin-Stern ausgezeichnete Feinschmeckerlokal an der River Rd mit raffinierten Bio-Produkten aus der Region. **$$$**

Howard Station
Seit den 1870er-Jahren geöffnet, serviert es großzügige Brunchs. **$**

Fork Roadhouse
Mach es dir in diesem ländlichen Ranchhaus vor dem Kamin gemütlich oder genieße Farm-to-Table-Küche mit wildem Touch. **$$**

FÜR DIE REBELL:INNEN

Occidental ist ein Epizentrum für Freigeister im West County. Mehr über die einzigartigen Denkweisen in Kalifornien siehe **Der Mythos von Kalifornien** (S. 656).

ÜBERNACHTEN RUND UM OCCIDENTAL

Occidental Lodge
In diesem preiswerten Hotel, das noch immer die ursprüngliche Atmosphäre eines Motels aus dem Jahr 1973 ausstrahlt, sind die neueren Zimmer mit Boho-Flair empfehlenswert. **$**

Raford Inn
B&B auf dem Land, umgeben von Palmen und Weinbergen, mit Weinempfängen und reichhaltigem Frühstück. **$$**

Inn at Occidental
Abwechslung bietet diese viktorianische Pension mit 16 Zimmern und traditionellen Quilts, um es sich in den Redwoods gemütlich zu machen. **$$**

Martinelli Winery (S. 191)

FANTASTISCHES FREESTONE

Sobald man bei Freestone auf den **Bohemian Hwy** abbiegt, ist eine wilde Fahrt angesagt. Freestone ist eine ehemalige Postkutschenstation mit derzeit 32 Einwohnern, doch die Straße ist von Autos gesäumt. Die Menschen kommen von überall her, um bei **Wild Flour** fette Brötchen in Planetengröße zu knabbern, bei **Freestone Cheese** Wasserbüffel-Gelato zu probieren und sich im **Osmosis Day Spa** bis zum Hals in Zedernspänen zu vergraben – eine japanische Tradition. Das Spa-Ritual beginnt hier mit Bio-Tee im Bonsai-Garten, dann geht es weiter in eine Redwood-Wanne voller weicher, fermentierender Zedern- und Reiskleie – das holzige Aroma und die Wirkung der Trockenenzyme wärmen bis auf die Knochen. Es ist einzigartig in Nordamerika und zieht sowohl Prominente als auch Hippies an.

Eine Weinprobe ist im **Bohème Cellar Door** möglich. Bei **Hinterland and Neon Raspberry** ist alles recycelt, biologisch und/oder von Frauen mit Punk-Attitude hergestellt.

Nördlich der Stadt kann man bei **Sonoma Canopy Tours** mit einer Seilrutsche durch die Redwoods segeln, bevor man bei Monte Rio den Hügel zum Russian River hinunterrast.

Sonoma Countys beste Tour

VON DEN REDWOOD MOUNTAINS ZUM OFFENEN MEER

Die eindrucksvollste Tour in Sonoma County führt nicht durch die Weinberge (obwohl die Westside Rd ein Anwärter ist; S. 196), sondern über diese 16 km lange, kurvenreiche Nebenstraße von Occidental zum Meer.

Wenn man auf der **Coleman Valley Rd** den Bergrücken erreicht, dann links in die Joy Rd und rechts in die Fitzpatrick Lane abbiegt, stößt man auf ein verstecktes Kleinod: den **Grove of the Old Trees** (landpaths.org). Empfehlenswert: Ein Picknick oder ein Spaziergang auf dem 1,6 km langen Rundweg.

Zurück auf der Coleman Valley Rd geht es vorbei an knorrigen Eichen und zerklüfteten Felsen 300 m hinauf, bis sich der weite blaue Pazifik zu deinen Füßen ausbreitet. Die Straße endet am Küsten-Hwy 1, wo man den **Sonoma Coast State Beach** erkunden kann. Weiter geht es zum Städtchen **Bodega** (nicht Bodega Bay), wo man die Kirche und das Schulhaus besichtigen kann, in denen Hitchcock 1963 seinen Klassiker *Die Vögel* drehte, und wo man im ruhigen **Valley Ford** Austern essen kann.

UNTERWEGS VOR ORT

Die öffentlichen Verkehrsmittel sind hier nicht sehr hilfreich – die Busse fahren zwar, aber nur selten. Erfahrene Radfahrer benutzen die Landstraßen, man sollte jedoch vorsichtig sein, egal ob man auf zwei oder vier Rädern unterwegs ist.

RUSSIAN RIVER VALLEY

Der Russian River ist seit langem ein beliebtes Sommerwochenendziel für Nordkalifornier, die hierher kommen, um Kanu zu fahren, durch die Redwood-Wälder zu wandern, zu grillen, Wein zu probieren und das Leben in aller Ruhe zu genießen.

Obwohl die Quelle des Russian River nördlich von Ukiah liegt und das Tal vor Healdsburg beginnt, meinen die Einheimischen, wenn sie von „dem Fluss" sprechen, den breiten Abschnitt, der in der Nähe des lebhaften Guerneville beginnt, sich am sanften Monte Rio und den Duncans Mills vorbeischlängelt und bei Jenner in den Pazifik mündet. Seit Tausenden von Jahren nannten die indigenen Pomo diesen Fluss im Osten ihrer Heimat Ashokawna („östliches Wasser"). Doch als Russen Fort Ross als Handelsposten für Bärenfelle einrichteten, wurde der Fluss als Russian River bekannt.

Seit einiger Zeit zählen die Weinberge des Russian River Valley zu den wichtigsten Weinanbaugebieten Kaliforniens, insbesondere für Kaltwettertrauben wie Pinot Noir. Entspannte Tage auf dem Fluss kann man gut ausklingen lassen mit einem Gläschen der örtlichen Weinkellereien und Kleinbrauereien aus dem Sonoma County.

TOP TIPP

Mit Teresa und Miles Tuffli, deren Website (imbirdingrightnow.com) eine Fundgrube für Informationen über die zahlreichen Vögel des Flusses ist, kann man das ganze Jahr über erstklassige geführte Vogelbeobachtungstouren in der Region unternehmen. Informationen und Zubehör zum Angeln gibt es bei King's Sport & Tackle. Das Russian River Visitor Center in Guerneville bietet weitere Tipps (russianriver.com).

Kanufahren auf dem Russian River (S. 195)

WIRESTOCK CREATORS/SHUTTERSTOCK ©

RUSSIAN RIVER VALLEY

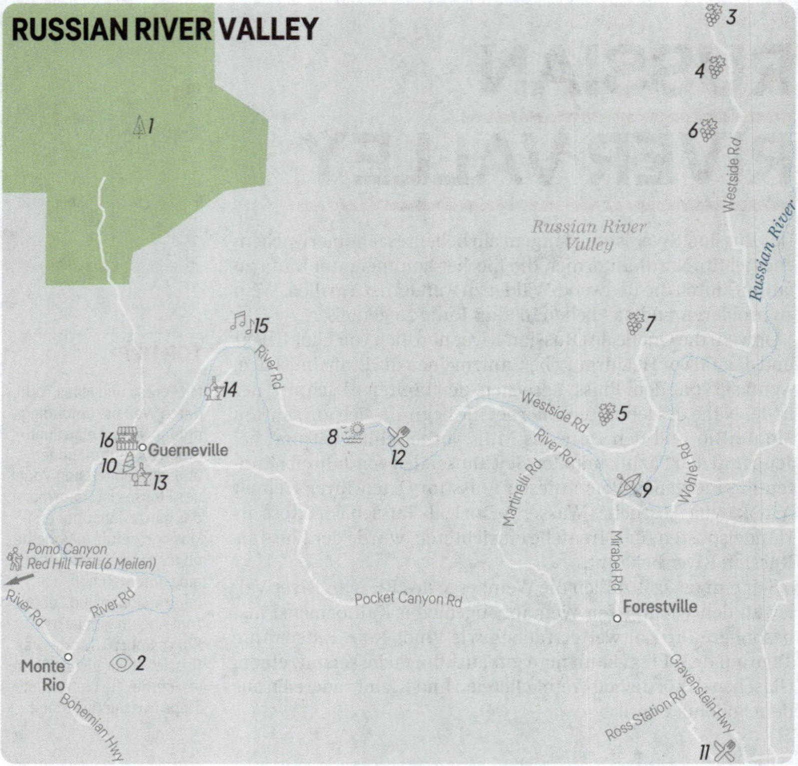

SEHENSWERTES
1 Armstrong Redwoods State Natural Reserve
2 Bohemian Grove
3 De La Montanya
4 Flowers
5 Gary Farrell
6 MacRostie
7 Porter Creek
8 Sunset Beach

AKTIVITÄTEN, KURSE & TOUREN
9 Burke's Canoe Trips
10 Johnson's Beach

ESSEN
siehe 16 Boon Eat + Drink
siehe 16 Main Street Bistro
11 Mom's Apple Pie
12 Russian River Pub

AUSGEHEN & FEIERN
siehe16 El Barrio
13 Equality Vines
siehe 16 Rainbow Cattle Company
14 Stumptown Brewery

UNTERHALTUNG
15 Rio Nido Roadhouse

SHOPPEN
16 Big Bottom Market
siehe 16 Farmers Market
siehe 16 Guerneville Bank Club

ESSEN FLUSSABWÄRTS VON MONTE RIO

Fern Grove Cottages
Spiel die Hauptrolle in deiner eigenen Retro-Romantikkomödie in diesen historischen Gartenhäuschen direkt am Rande von Guerneville. **$$$**

Highlands Resort
Relaxe in den Redwoods in Guernevilles entspanntestem LGBTIQ+- und heterosexuellenfreundlichem Resort. **$$**

Mine + Farm
Modernes B&B in einem Bauernhaus von 1906 in der Nähe der Korbel Vineyards und des Sunset Beach. **$$$**

Strände, Restaurants & Bars mit LGBTIQ+-Flair

SPASS IN GUERNEVILLE UND AM FLUSS

Guerneville, der größte Ferienort am Russian River, hat nur etwa 4700 Einwohner, verdoppelt aber an heißen Sommerwochenenden fast seine Einwohnerzahl, wenn die Leute von überall her kommen, um in den Redwoods zu wandern, im Fluss zu schwimmen und Cocktails am Pool zu schlürfen. In dieser Stadt herrscht seit den 1870er-Jahren eine Atmosphäre, in der sich alle amüsieren können und sie hat ihren Honky-Tonk-Ruf bis heute nicht verloren. Einfach die kräftigen schwulen Partylöwen, die zur **Lazy Bear Week** in der Stadt sind, die sonnenanbetenden Lesben am **Women's Weekend** und die mitfeiernden Hipster aus San Francisco fragen.

Die Innenstadt von Guerneville ist ein beliebtes Ausflugsziel mit Cafés, Indie-Boutiquen, heterofreundlichen Schwulenbars, Weinverkostungen bei **Equality Vines** und Restaurants wie beispielsweise **Boon Eat + Drink**.

Wer tatsächlich wegen des Flusses nach Russian River gekommen ist, findet am **Johnson's Beach** in Guerneville ein großes Angebot an Schlauch- und Paddelbootverleihen und Strandvergnügen. Östlich von Guerneville am **Sunset Beach** gibt es einen guten Zugang zum Fluss sowie Sandstrände und Badestellen flussabwärts in Richtung Monte Rio.

Der Guerneville Bank Club und der Big Bottom Market bieten alles, was man für ein leckeres Picknick braucht und der kleine **Bauernmarkt** findet am Mittwochnachmittag statt.

Das **Main Street Bistro** und die **Rainbow Cattle Company** sind seit Jahrzehnten feste Größen in Guerneville, und das neue **El Barrio** bietet kreative mescal- und tequilahaltige Cocktails an.

Etwas weiter östlich ist die **Stumptown Brewery** stets gut besucht, das **Rio Nido Roadhouse** lockt mit einem von Bäumen beschatteten Pool, und im **Russian River Pub** machte der Gastronom Guy Fieri aus Santa Rosa seine ersten Schritte.

Rudern oder Paddeln auf dem Fluss

MIT FLUSSOTTERN HERUMTOLLEN

Im Sommer und Herbst ist es das Größte, sich mit Freunden und einem Flachmann in der Hand auf dem Russian River treiben zu lassen, auf einer Luftmatratze oder irgendeinem anderen aufblasbaren Ding. Es ist kostenlos und der **Regional Parks River Shuttle** setzt Gäste am Steelhead Beach ab und sammelt sie an Sommerwochenenden am Sunset Beach wieder

NORTHWOOD & MONTE RIO

Der **Northwood Golf Course** ist ein wirklich wunderschöner, von Alister MacKenzie in den 1920er-Jahren entworfener Neun-Loch-Platz inmitten der Redwoods, der bei Golfern hoch im Kurs steht. Früher war es der Parcours für den Bohemian Grove, der durch eine Fußgängerbrücke über den Fluss verbunden war. Jetzt ist er für alle offen. Gleich neben dem Golfplatz serviert das **Northwood Restaurant** ein sündhaft gutes Frühstück und Bloody Marys, außerdem gibt es eine Terrasse unter den Mammutbäumen und ab und zu Karaoke. Ja, Karaoke! Im benachbarten **Bia Cafe** gibt es leckere Frühstückssandwiches und Espressogetränke. Oder man hüpft hinüber nach **Monte Rio**, wo Paul im **Rio Cafe** mit einem verschmitzten Lächeln frische Salate, Burger, Mac ‚n' Cheese, Pizzen und vieles mehr serviert, die Kinder können den **Skatepark** neben dem **Lightwave Coffee and Kitchen** nutzen.

ÜBERNACHTEN BEI GUERNEVILLE

River's End
Spektakuläre Aussicht auf den Ozean, eine voll ausgestattete Bar und saisonale Menüs mit lokalen Gerichten. **$$**

Cafe Aquatica
Jenners Ufer-Café lädt zu entspannten Tagen am Zusammenfluss von Fluss und Meer ein, mit Kaffee oder Krabbenbrötchen. **$**

Gold Coast Coffee & Bakery
In Duncans Mills gibt's weiche Butterhörnchen oder Pizza mit dünner Kruste und gelegentlich auch Live-Musik. **$**

ein. Oder man leiht sich ein Kanu oder Kajak bei **Burke's Canoe Trips** am Johnson's Beach oder Monte Rio Beach.

Mindestens vier bis fünf Stunden einplanen und Vorräte (wie Trinkwasser) einpacken.

In der Nähe von Monte Rio kommt man am berühmten **Bohemian Grove** vorbei, wo sich seit 1872 prominente männliche Führungskräfte, darunter mehrere US-Präsidenten, berühmte Schauspieler und Industriemogule treffen, um in einem 10 km^2 großen, privaten Redwood-Gebiet nackt herumzutollen.

Im Winter kann der Fluss bei starken Regenfällen überflutet werden, aber es ist eine gute Zeit, um Fischadler und Blaureiher zu beobachten.

WEINE AUS DEM RUSSIAN RIVER VALLEY

Der nächtliche Küstennebel zieht das Russian River Valley hinauf und lichtet sich in der Regel bis zum Mittag. Der Pinot Noir gedeiht hier hervorragend, ebenso wie der Chardonnay, der auch in wärmeren Regionen wächst, aber die längere „Hängezeit" in kühleren Gefilden bevorzugt. Ein Besuch der Weingüter entlang der wunderschönen Westside Rd oder eines der besten versteckten Weingüter der Region ist empfehlenswert: **Porter-Bass**, wo Nebelschwaden die Mammutbäume umhüllen und biodynamische Rebstöcke hervorragenden Wein liefern, der an einer Bar mit Holzplanken ausgeschenkt wird.

Weinverkostung im Russian River Valley

IDYLLISCHE WEINSTRASSE

Das Russian River Valley hat sich zu einem der markantesten und wichtigsten Weinanbaugebiete Kaliforniens entwickelt, mit etwa 70 Weingütern, die sich über 60 km^2 verteilen und in der praktischen Karte **Russian River Wine Road** (wineroad.com) aufgeführt sind. Die höchste Dichte findet sich entlang der **Westside Rd** zwischen Guerneville und Healdsburg.

Das **MacRostie** ist bekannt für herrliche Ausblicke und Pinots, die regelmäßig von Kritikern mit Höchstnoten bedacht werden. Im **Flowers** passen köstliche Häppchen und Wein perfekt zusammen, wie z. B. Chardonnay und Gougères mit Fenchelpollen oder Ridge-Top Pinot Noir mit schwarzem Nori.

Im Werkzeugschuppen von **Porter Creek** aus den 1930er-Jahren gibt es sensationellenPinot Noir, Syrah, Viognier und Chardonnay zu verkosten. Oder man besucht die Weinberge von **Gary Farrell** und **De La Montanya**.

Altgewachsene Redwoods & Ocean Trails

URALTE HAINE UND AUSBLICKE VON DEN HÜGELN

Der älteste Baum in Guernevilles herrlichem, 325 ha großen **Armstrong Redwoods State Natural Reserve** ist ein wahrer Überlebenskünstler: 94 m hoch, 1400 Jahre alt. Der Holzbaron Colonel James Armstrong kaufte dieses Waldgebiet 1874, um es abzuholzen, änderte aber seine Meinung, als er die alten Mammutbäume sah. Folge dem gut gepflegten Rundweg.

Einer der besten Wanderwege der Greater Bay Area, der 10 km lange Rundweg **Pomo Canyon Red Hill Trail**, vom Pomo Canyon über die Hügel an der Küste bis nach Shell Beach und wieder zurück, ist sehr empfehlenswert.

FÜR OZEANFANS

Ein Roadtrip weiter nach Norden durch schräge Dörfer, künstlerische Städte und kilometerlange Küstenstreifen entlang des weiten Pazifiks auf dem **Cruising Hwy 1** (S. 214).

UNTERWEGS VOR ORT

Die kurvenreichen Straßen in West County sind verwirrend und der Handyempfang begrenzt. Man sollte eine gute Karte mitnehmen oder lade die Karten für die Offline-Nutzung herunterladen. Die beiden Busse von Sonoma County Transit (Linien 20 und 28), fahren nur sehr selten. An Sommerwochenenden empfiehlt sich der Regional Parks River Shuttle, um Parkplatzprobleme zu vermeiden.

HEALDSBURG

Healdsburgs Geschichte ist eine regelrechte Telenovela, denn sie begann mit einer verbotenen Romanze, als sich die rebellische Teenagerin Joséfa Carrillo aus Südkalifornien in den gewitzten, aus Massachusetts stammenden Seekapitän Henry Fitch verliebte. Joséfa und Henry planten, eine 194 km^2 große Ranch auf gepachtetem Wappo-Land in Sonoma zu betreiben, aber Henry starb 1849 an einer Lungenentzündung und ließ Joséfa im Alter von 39 Jahren mit elf Kindern und einer noch nicht arbeitsfähigen Ranch zurück. Ein ungebetener Gast namens Harmon Heald hauste auf dem Grundstück, bis die US-Regierung es an Bieter versteigerte, einschließlich Heald.

In den 1860er-Jahren entwickelte sich rund um den Stadtplatz von Healdsburg ein viktorianisches Dorf und das Ranchland wurde mit Farmen und Weinbergen bestückt.

Heute ist Healdsburg ein Magnet für Feinschmecker mit bäuerlichen Bistros und Weinverkostungsräumen. Mit dem Fahrrad kann man die von Weinbergen gesäumten West Dry Creek Rd und Westside Rd entlangfahren, wo wunderbar nuancierte Weine gedeihen.

TOP TIPP

In Sonoma Countys Alexander, Dry Creek und Russian River Valley (check wineroad.com) finden verschiedene Events statt. Bei der Wine & Food Affair kombinieren rund 100 Weingüter ein ausgewähltes Gericht mit ihren Weinen. Die neoklassizistische Carnegie Library in der Innenstadt von Healdsburg beherbergt ein Museum über das Leben in Sonoma County.

Preston Farm & Winery

STARS AND STRIPES /ALAMY ©

MEHR ALS NUR ESSEN & WEIN

Im Zentrum gibt es viele Handwerksläden mit kreativen Produkten und Galerien für zeitgenössische Kunst wie **Erickson Fine Art**, **Jam Jar** und **Gallery Lulo** oder die **Upstairs Gallery** über der Buchhandlung **Levin**.

Erkunde das Dry Creek Valley mit **Getaway Adventures**, die Fahrrad-, Wein- und Kajaktouren auf dem Russian River oder Ausflüge an die Küste oder nach Napa bieten.

Mit dem Kanu, Kajak oder Stand-up-Paddleboarding von **River's Edge Kayak & Canoe Trips** den ruhigen Abschnitt des Russian River in Healdsburg hinunterpaddeln empfiehlt sich ebenfalls sehr.

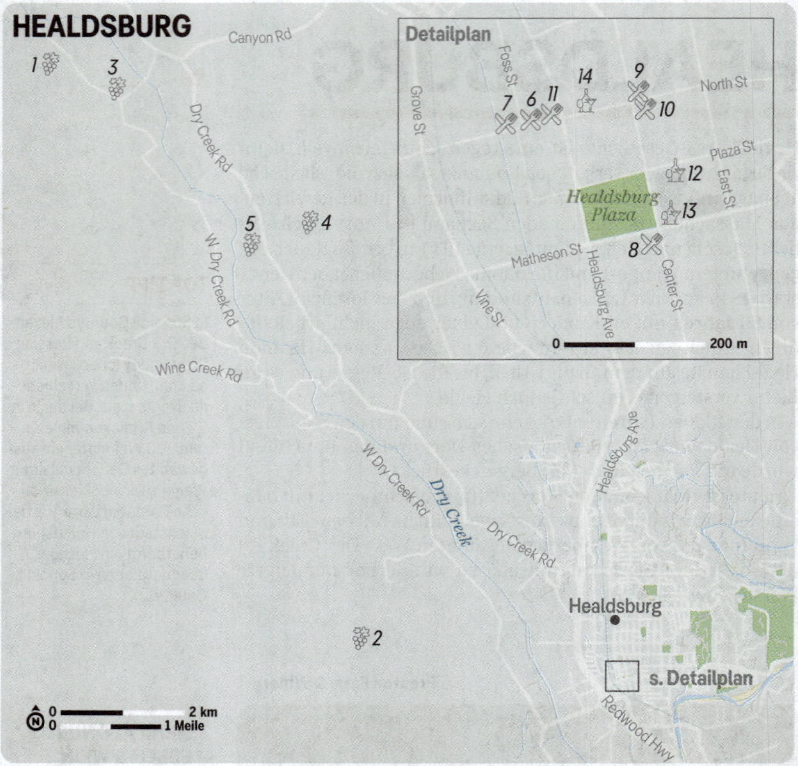

SEHENSWERTES
1 Bella
2 Emmit-Scorsone Wines
3 Preston Farm & Winery
4 Reeve Wines
5 Unti Vineyards

ESSEN
6 Chalkboard
7 Little Saint
8 Noble Folk Ice Cream & Pie Bar
9 SingleThread
10 Valette
11 Willi's Seafood & Raw Bar

AUSGEHEN
12 Idlewild
13 Lioco
14 Portalupi

Funkelnde Plaza, Verkostungsräume & Gastronomie

DIE QUAL DER WAHL

Der grüne zentrale Platz von Healdsburg ist gesäumt von coolen Boutiquen, Buchläden und Probierstuben. Bei Lioco, dem Spezialisten für Chardonnays und Pinot Noirs aus der Küstenregion, kann man bequem vom Loungesessel aus die Küste Nordkaliforniens genießen. Bei **Idlewild** werden faszinierende Piemont-Weine von Sam Bilbro, Winzer in vierter Generation, in aller Ruhe hergestellt. Zu den ebenfalls aus Italien stammenden Weinen von **Portalupi** gehört der unerwartet spritzige Barbera.

Das schwierigste Problem beim Essengehen in Healdsburg ist die Wahl des Lokals. Man kann sich einen gastronomischen Tempel wie das **SingleThread** leisten, wo die essbare Landschaft von Sonoma das erste von elf sensationellen saisonalen Gerichten ist, die von Zwischenfrüchten aus dem Weinberg bis zu Morchel-Dashi aus dem Waldboden reichen – eine Tour de Force der Natur. Die SingleThread-Farmerin Katina Connaughton und ihr Mann Kyle, der Küchenchef, waren an der Gründung des **Little Saint** beteiligt, wo Küchenchef Bryan Oliver nun das pflanzenbasierte Menü kreiert.

„Healdsburg-inspiriert" beschreibt treffend die Gerichte, die aus der Gegend stammenden Brüder Dustin und Aaron im **Valette** mit Freunden und Fremden teilen.

Das kleine, saisonale, zutatenorientierte Bistro, von dem jeder Koch träumt, wird im **Chalkboard** lebendig, einer gemütlichen Weingrotte mit sonniger Hinterterrasse.

Nebenan genießen Gäste in **Willi's Seafood & Raw Bar** meeresfrische Austern mit knackigen Weißweinen.

An der **Noble Folk Ice Cream & Pie Bar**, einem Desserttraum jenseits von Eiscreme kommt man nicht vorbei– Zitronen-Lavendel-Cupcakes, Brownie-Würfel und Himbeer-Braunbutter-Macarons sind einfach unbeschreiblich.

Ländliche Weinkellereien erobern

RÜCKZUG INS DRY CREEK VALLEY

Das **Dry Creek Valley,** umgeben von 600 m hohen Bergen, ist relativ warm, ideal für Sauvignon blanc und Zinfandel und an einigen Stellen auch für Cabernet Sauvignon. Die hügelige Landstraße das Tal hinunter ist eine der schönsten Nebenstraßen von Sonoma County, ideal zum Radfahren.

Die Weinkeller von **Bella** sind so hübsch, wie der Name vermuten lässt und sie sind beeindruckend produktiv und verarbeiten die Trauben von 105 Jahre alten Weinstöcken des Weinguts zu preisgekrönten Zinfandels und Syrahs. Im Verkostungsraum der **Unti Vineyards** schmeckt man im Weinglas edle mediterrane Trauben aus biologischem Anbau. Der beste Tipp in Dry Creek ist **Emmitt-Scorsone Wines**, versteckt in einer Seitenstraße, wo die aufstrebenden Kultmarken **Judge Palmer** und **Domenica Amato** hergestellt werden und der Winzer zwischen seinen Aufgaben kleine Kostproben ausschenkt.

Bei Verkostungen im Innenhof von **Reeve Wines** kann man die Weinberge und Schafsweiden bewundern, während man einen poetischen Rosé aus Pinot Noir und einen betörenden Sangiovese aus einem einzigen Weinberg trinkt. **Preston Farm & Winery** baut traditionelle Produkte an und züchtet Vieh, um ein ganzheitliches Ökosystem zu unterstützen – Schafe übernehmen das Unkrautjäten, Artischocken und Radieschen helfen bei der Schädlingsbekämpfung. Im Hofladen werden Erzeugnisse und Olivenöl verkauft, an der Bar werden zitronige Sauvignon blancs ausgeschenkt.

PLAZA-LEBEN

Die einladende Plaza von Healdsburg ist immer ein entspannter Ort zum Leutebeobachten und für ein Picknick. Im Sommer gibt's jeden Dienstagnachmittag **kostenlose Konzerte,** lokale Händler bauen bis 17 Uhr ihre Stände auf, die Musik beginnt um 18 Uhr.

An sonnigen Dienstagen und Samstagen beginnt der **Bauernmarkt** (healdsburgfarmers market.org) mit herzlichen Begrüßungen der Landwirte aus dem Sonoma County, inspirierenden Kochvorführungen und Live-Musik. Hier gibt es regionale Köstlichkeiten wie Dry-Creek-Pfirsiche, Latas Samosas, Volos komplett selbst produzierte Schokolade, Valley Ford Creamerys preisgekrönten Estero-Gold-Käse und Bio-Olivenöl von Preston. Außerdem findet man hier einzigartige handgefertigte Geschenke, darunter die geprägten Keramikohrringe von Lissa Herschleb und die Steingutbecher von Michael Rosen. Seit 1978 finden auf dem Markt auch saisonale Veranstaltungen statt, von Zucchinirennen bis zu Kürbisschnitzwettbewerben.

UNTERWEGS VOR ORT

Die Busse von Sonoma County Transit fahren durch Healdsburg und verbinden es mit den benachbarten Städten. Parken ist einfacher außerhalb der Plaza-Zone. Seit 1976 bringt die Spoke Folk Cyclery Besucher:innen mit Leihfahrrädern zu den Weinbergen.

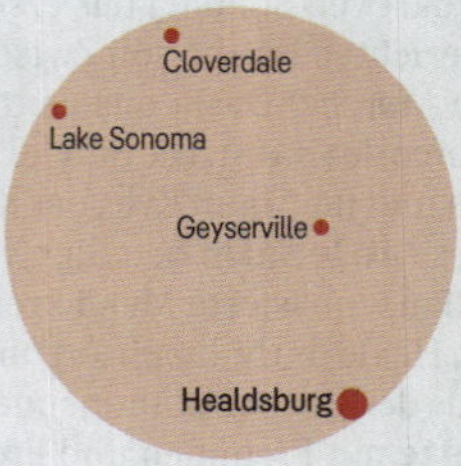

Rund um Healdsburg

Das weitläufige Alexander Valley und die Kleinstädte Geyserville und Cloverdale, in denen das Leben auf dem Land blüht, vermitteln ein Gefühl von Ruhe und Entspannung.

Wenn der Hwy 101 seine lange Reise von Healdsburg in Richtung Norden beginnt, weitet sich das Tal und Weiden und Weinberge säumen den Weg. Es gibt immer weniger Menschen und Geyserville und Cloverdale sind weit vom touristischen Radar entfernt. Sie bieten unkomplizierte Zugänge zum Alexander Valley, eine der am stärksten bepflanzten Weinregionen in Sonoma, mit seinen gastfreundlichen Weingütern und ebenso gastfreundlichen Winzern. Es ist eine Art ländliches Leben, das sich nicht wirklich nach Bay Area anfühlt.

Die nur knapp 10 km südlich von Healdsburg gelegene Stadt Windsor ist ein verschlafener Ort und ein günstigerer Ausgangspunkt. Die berühmte Russian River Brewing Co hat hier einen Verkostungsraum und eine Brauerei, die weniger überlaufen ist als ihr Lokal in Santa Rosa.

TOP TIPP

Übernachten kann man im Old Crocker Inn, der historischen Cloverdale-Ranch des viktorianischen Eisenbahnbarons Charles Crocker.

Weinreben im Alexander Valley

Wild West Vibes, Pools & überraschend gutes Essen

GEYSERVILLES KREATUREN

Willkommen in **Geyserville**, 671 Einwohner. Es liegt zwölf Autominuten nördlich von Healdsburg... aber wo sind die Geysire? Bei einem Spaziergang auf dem alten Holzbohlenweg am Ufer findet man den Wildwestcharakter und einen **Skulpturenpfad**, aber keine Spur von den geothermischen Wundern, die 1847 die Besucher:innen anzogen. Die heißen Quellen befinden sich unter der Erde und produzieren 20% der erneuerbaren Energie Kaliforniens. Um in den Genuss des heißen Wassers zu kommen, reserviert man sich einen Platz in den riesigen Swimmingpools auf dem Hügel der **Francis Ford Coppola Winery**. Das neu eröffnete **Cyrus** hat sich bereits einen Michelin-Stern verdient und begeistert mit exquisiter Sonoma County-Fusion in einem modernen gläsernen Speisesaal.

Trauben, Trauben & nochmals Trauben

WEINGÜTER IM ALEXANDER VALLEY

Bei der Erkundung der friedlichen historischen Weinberge des **Alexander Valley** (alexandervalley.org) um Geyserville und Cloverdale führt der Hwy 128 zum Verkostungsraum der **Soda Rock Winery,** wo man hervorragenden kalifornischen Zinfandel findet. Die Straße hinunter befinden sich die Weinberge der Chalk Hill AVA, die von unabhängigen, von Frauen geführten Weingütern bewirtschaftet werden. Koste die samtigen Pinots von **Carpenter** unter einer schützenden Eiche und wandere mit der brillanten Winzerin in 5. Generation Alice Sutro durch die Weinberge von **Sutro**. Bei **Hanna** gibt's sonnigen, rustikalen Chardonnay, Zinfandel und Cabernet aus eigenem Anbau.

Bootfahren auf dem See, Angeln, Wandern & Radfahren

VERGNÜGUNGEN AM LAKE SONOMA

Der malerische **Lake Sonoma,** ein türkisfarbener See mit Naturschutzgebiet in den goldenen Ausläufern des Sonoma-Gebirges, 20 Autominuten nördlich von Healdsburg, wurde von der US-Armee angelegt. Im Jahr 1983 baute das US Army Corps of Engineers den Warm Springs Dam für praktische Zwecke wie Hochwasserschutz und Bewässerung – das Ergebnis war dieses Sportparadies mit einem See zum Bootfahren und Angeln, kilometerlangen Wander- und Radwegen, einer Bogenschießanlage am Hang und einer Fischbrutstation, die dazu beigetragen hat, die einst gefährdeten Steelheads in Sonoma wieder anzusiedeln.

UNTERWEGS VOR ORT

Um sich außerhalb von Healdsburg fortzubewegen, benötigt man ein Auto oder private Transportmittel.

BESTE ZWANGLOSE LOKALE RUND UM HEALDSBURG

Diavola Pizza
Ein Anwärter auf Kaliforniens knusprigste Pizza mit dünner Kruste, die im Holzofen gebacken wird, mit hausgemachter *salumi* und Wurst. **$$**

Russian River Brewing Co
In dieser renommierten Brauerei sollte man die Bierverkostung oder die Brauereibesichtigung mit einem Kneipenessen kompensieren. **$**

Tomi Thai
Das hervorragende thailändische Restaurant in Windsor ist wegen der riesigen Auswahl an traditionell zubereiteten Gerichten absolut eine Reise wert. **$**

Plank Coffee & Tea
Hausgeröstete Espressogetränke und eine beeindruckende Auswahl an 50 losen Teesorten sowie hausgemachte Quiche und köstliche Backwaren. **$**

FÜR SEE-LIEBHABER:INNEN

In Kalifornien befindet sich der herrliche, alpine **Lake Tahoe** (S. 564), der im Sommer zum Baden und Bootfahren und im Winter zum Skifahren einlädt.

NORDKÜSTE & REDWOODS

HOHE BÄUME UND WILDE KÜSTE

Die zerklüftete und landschaftlich reizvolle Nordküste Kaliforniens ist von geisterhaftem Nebel und dem Geist eines Außenseiterdaseins durchdrungen.

Die Einheimischen an der Nordküste Kaliforniens sagen gerne, dass sie „hinter dem Redwood-Vorhang“ leben. Die himmelhohen Bäume bilden nicht nur eine physische Barriere, sondern auch eine spürbare psychologische Grenze: Vieles an dieser wilden, abgelegenen und sogar leicht unheimlichen Region ist schon immer geheimnisvoll. In der Vergangenheit sind die meisten Reisenden nie bis hierher vorgedrungen – es sei denn, sie haben „Gras“ getrimmt. Und es ist bezeichnend, dass ein Teil dieses Küstenstreifens „verloren“ ging, nachdem die staatliche Straßenverwaltung die Region in den 1930er-Jahren für unpassierbar erklärte.

AHTURNER/SHUTTERSTOCK ©

Doch allmählich beginnt sich der Vorhang zu lüften. Im Sommer, wenn weite Teile Kaliforniens in Flammen stehen, voller Rauch sind oder allgemein in der Hitze brüten, zieht es die Menschen in den nebelverhangenen Norden. Sie flüchten in die ruhigen, mit Farn überwucherten Mammutbaumwälder und unternehmen geführte Waldbäder, die ihnen helfen, zu sich selbst zu finden. Sie wandern mit dem Rucksack über abgelegene Küstenklippen, halten Ausschau nach Wapitis und suchen den Horizont nach vorbeiziehenden Walen ab. Sie fahren in weniger erforschte Weinanbaugebiete, wagen sich mit einer Decke und einer Flasche Wein in versteckte Buchten und ziehen sich dann in gemütliche viktorianische Herrenhäuser zurück, in denen ein wärmendes Feuer wartet.

Die große Frage ist jedoch, ob der Tourismus (oder irgendetwas anderes) die frühere Haupteinnahmequelle der Region ersetzen kann. Zwar kann im grünen Dreieck niemand mehr vom legalen Anbau leben, aber mit Sicherheit wird man hier auf eine Besichtigungstour durch eine Cannabisfarm mitgenommen, in einem Cannabis-Spa massiert und zum „Gangier“ ausgebildet. Genau, ein Ganja-Sommelier.

DIE WICHTIGSTEN ZIELE

MENDOCINO
Verträumter Küstenort.
S. 208

THE LOST COAST
Zerklüfteter Wildnis-Strand.
S. 216

EUREKA
Gilt als urban.
S. 225

ANDREAS C. FISCHER/SHUTTERSTOCK ©

Links: Punta Gorda Lighthouse (S. 219); Oben: Jedediah Smith Redwoods State Park (S. 234)

REDWOOD NATIONAL & STATE PARKS
Gigantische, atemberaubende Wälder.
S. 232

CLEAR LAKE
Großer See, weniger bekannter Wein.
S. 240

Erste Orientierung

Die Nordküste erstreckt sich über mehr als 300 Meilen (480 km) Küstenlinie, fast 200 000 Acres (81 000 ha) Redwood-Parkland und weite Teile wenig bekannter Weinanbaugebiete – die Nordküste bietet etwas für alle Geschmäcker.

Redwood National & State Parks, S. 232

Die höchsten und ältesten Bäume der Welt sowie eine üppige Mischung aus wilden Küsten-, Fluss- und Prärielandschaften.

Eureka, S. 225

Die Stadt bietet eine ruhige Uferpromenade, fantastische Restaurants, prächtige Wandmalereien und eine alternative Atmosphäre.

AUTO

Zum Erkunden dieser Region braucht man ganz sicher ein Auto. Wer in den hohen Norden will, sollte den Hwy 101 nehmen, die schnellere Route im Landesinneren, und dann zur Küste hinüberfahren. Der Highway 1 führt an der Küste entlang, biegt dann ins Landesinnere ab und mündet bei Leggett in den Highway 101.

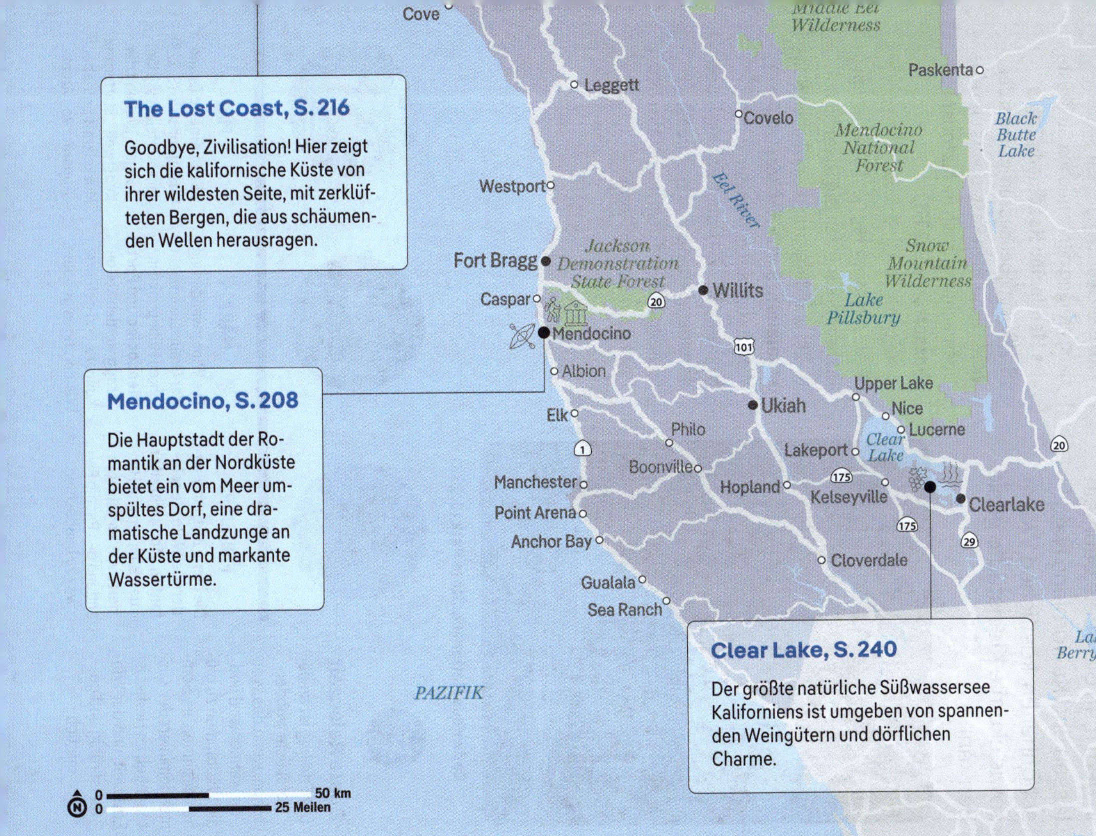

The Lost Coast, S. 216

Goodbye, Zivilisation! Hier zeigt sich die kalifornische Küste von ihrer wildesten Seite, mit zerklüfteten Bergen, die aus schäumenden Wellen herausragen.

Mendocino, S. 208

Die Hauptstadt der Romantik an der Nordküste bietet ein vom Meer umspültes Dorf, eine dramatische Landzunge an der Küste und markante Wassertürme.

Clear Lake, S. 240

Der größte natürliche Süßwassersee Kaliforniens ist umgeben von spannenden Weingütern und dörflichen Charme.

BUS

Wer mit dem Bus durch die Region reisen will, muss sich auf eine zeitraubende Anstrengung gefasst machen, aber es gibt Verbindungen zu den meisten Städten. Anbieter sind Greyhound, Mendocino Transit Authority, Redwood Transit System und Redwood Coast Transit.

FLUGZEUG

Der California Redwood Coast Humboldt County Airport befindet sich nördlich von McKinleyville. Er bietet regelmäßige Verbindungen nach San Francisco und Los Angeles. Ganz im Norden liegt der kleine Del Norte County Regional Airport in Crescent City, von dem aus täglich eine Verbindung nach Oakland besteht.

Perfekte Tage

Die Nordküste ist ein Gebiet, in dem man die Seele baumeln lassen und Kaliforniens Naturschönheiten, köstlichen Wein sowie skurrile Kleinstädte genießen kann.

JACKSWAN TURNER/SHUTTERSTOCK ©

Redwoods National & State Park (S. 232)

Wenig Zeit

● Wer nur ein Wochenende Zeit hat, sollte **Mendocino** (S. 208) besuchen, das relativ leicht zu erreichen ist und die Region von ihrer besten Seite zeigt. Man fährt den Highway 101 hinauf und durchquert das **Anderson Valley** (S. 213), wo es hervorragenden Wein zu verkosten gibt. Danach ein Spaziergang entlang der herrlichen Steilküste des **Mendocino Headlands Trails** (S. 210), ein Abendessen in einem der vielen exquisiten Restaurants und eine Übernachtung in einem **historischen Wasserturm** (S. 209).

● Am nächsten Tag geht's mit einem Redwood-Kanu den **Big River** hinauf (S. 211) und danach in die örtlichen **Kunstgalerien** (S. 212). Auf dem langen Weg zurück auf dem malerischen **Highway 1** (S. 214) lohnt sich ein Stopp an abgelegenen Buchten, ruhigen Küstenparks und dem majestätischen Point Arena-Leuchtturm.

Beste Reisezeit

Der Frühling ist an der Nordküste wunderschön, wenn das Wetter wärmer wird und die Wildblumen zu blühen beginnen. Im Sommer dominiert der Küstennebel, im Herbst ist Erntezeit, und der Winter ist ruhig und gemütlich.

FEBRUAR

Die beste Zeit, um **wandernde Wale**, **Seeelefanten**, **Monarchfalter** in den Bäumen und Hunderte von **Vogelarten** entlang des Pacific Flyway zu beobachten.

MÄRZ

Die Winterwanderung der Grauwale erreicht ihren Höhepunkt; in **Mendocino** und **Fort Bragg** werden Kultur, Kulinarik und geführte Wanderungen geboten.

MAI

Beim **Kinetic Grand Championship** (S. 228), ein 50 Meilen (80 km) langer „Triathlon der Kunstwelt", starten mit Muskelkraft betriebene Apparate von Arcata.

SHUTTERSTOCK ©, KWV/SHUTTERSTOCK ©, BRIAN CAHN/ZUMA WIRE/ALAMY ©

Einige Tage Zeit

● Nach ein paar Tagen in Mendocino geht's weiter in Richtung Norden zur mächtigen **Avenue of the Giants** (S. 222), wo man für ein geführtes **Waldbad** (S. 223) anhalten sollte. Ein paar kitschige **Roadside Stops** (S. 222) und die **landschaftlich reizvolle Route** (S. 218) hinüber zur Lost Coast mit einer Übernachtungsmöglichkeit am Meer sollte man sich nicht entgehen lassen.

● Am Morgen lohnt es sich, einen Teil des berühmten **Lost Coast Trail** (S. 217) zum Punta Gorda Lighthouse und zu den berühmten Seeelefanten zu erwandern. Dann weiter mit dem Auto in Richtung Norden nach **Ferndale** (S. 222), der malerischsten Stadt Kaliforniens, wo die „Butterfat Mansions" zu bewundern sind und man in einem hübschen **viktorianischen Haus** (S. 222) übernachten kann, das mit historischen Möbeln ausgestattet ist.

Länger Zeit

● In den **Redwood National & State Parks** (S. 232) sind die höchsten Bäume der Welt zu bestaunen. Die Tour beginnt in den Jedediah Smith Redwoods mit dem neuen Wanderweg **Grove of the Titans** (S. 236), dann geht's weiter mit einer landschaftlich reizvollen Fahrt (S. 238) entlang der Küste, einer Kanutour (S. 239) mit einem Yurok-Stammesangehörigen und der Erklärung, warum *The Lost World: Jurassic Park* im **Fern Canyon** gefilmt wurde (S. 234). Nach der Übernachtung in einer Hütte im **Sue-meg State Park** (S. 238) oder in einem B&B in **Trinidad** (S. 238) kann man eine Wanderung zu den beeindruckenden Landzungen unternehmen und dabei Seelöwen und Wale beobachten. Zum Abschluss lohnt es sich, **Eureka** (S. 225) und **Arcata** (S. 231) zu erkunden und dabei die Kunstschaffenden, Pot-Farmer:innen und andere, die hier zu Hause sind, kennen zu lernen.

JUNI

Beginn der Feuersaison. Von Bodega Bay bis Crescent City wird **gewandert**, am **Strand** gelegen, **geschwommen** und auf **Farmers Markets** eingekauft.

JULI

Das **Northern Lights Music Festival**, das **Mendocino Music Festival** und andere Veranstaltungen finden in der Region statt. Die Nebeltourist:innen kommen.

OKTOBER

Die **Weinregionen** feiern ihre Lese mit kulinarischen Festen, Traubenstampfen und Verkostungen vom Fass; einige Veranstaltungen beginnen im September.

NOVEMBER

Regen und Nebel umhüllen die Küste, und ein **Holzofen** ist jetzt besonders gemütlich. Die Preise sinken und die Tourimassen lichten sich.

MENDOCINO

Die von Neu-Engländer:innen in den 1850er-Jahren auf einer Landzunge errichtete Siedlung Mendocino florierte bis weit ins 19. Jh. hinein dank der Schiffe, die Redwood-Holz nach San Francisco transportierten. Die Sägewerke wurden in den 1930er-Jahren stillgelegt. In den 1950er-Jahren wurde die Stadt von Kunstschaffenden und Bohemiens vereinnahmt. Heute leben hier keine 1000 Menschen, aber das romantische Dorf am Meer wird jährlich von rund 1,8 Mio. Besucher:innen frequentiert, und die Wasserknappheit ist zu einem chronischen Problem geworden.

Mit seinen Rosengärten, den malerischen B&Bs und den Wassertürmen aus Redwood im New-England-Stil wird Mendocino während der Feuersaison, wenn die „Nebeltourist:innen" kommen, noch begehrter. Sie kommen her, um über den Headland Trail zu spazieren und ihre Muskeln in Saunen und Whirlpools zu entspannen, in exquisiten Restaurants zu speisen und in Boutique-Galerien und hübschen Läden Luxusartikel einzukaufen. Ihre Bereitschaft, viel Geld auszugeben, hat diesem Reiseziel den passenden Spitznamen eingebracht: „Spendocino".

TOP TIPP

Wer Menschenmassen vermeiden will, sollte in der Wochenmitte oder in der Nebensaison kommen, wenn die Stimmung ruhiger und die Preise günstiger sind. Unabhängig vom Zeitpunkt des Besuchs sollten Hotels, Restaurants und Aktivitäten so weit wie möglich im Voraus gebucht werden.

SEHENWERTES
1 Artists' Co-op of Mendocino
2 Highlight Gallery
3 Kelley House Museum
4 Mendocino Art Center
5 Mendocino Presbyterian Church
6 Water Gallery

AKTIVITÄTEN, KURSE & TOUREN
7 Mendocino Headlands State Park

SCHLAFEN
8 MacCallum House Inn
9 Sweetwater Inn and Spa

UNTERHALTUNG
10 Helen Schoeni Theatre

SHOPPEN
11 Loot & Lore

RADOSLAW LECYK/SHUTTERSTOCK ©

Wassertürme in Mendocino

Was sollen die vielen Wassertürme?

EINE SKURRILE GESCHICHTE

Mendocino wird nicht umsonst „Die Stadt der Wassertürme" genannt. Im späten 19. Jh. ragten mehr als 100 Wassertürme aus Redwood-Holz und die dazugehörigen Windmühlen (die Pumpen antrieben, die das Wasser aus unterirdischen Brunnen holten) über die Fassaden der Geschäfte, Kirchen und viktorianischen Häuser in der Main Street hinaus. Heute sind nur noch ein paar Dutzend davon übrig, und viele können auf einer Tour durch die Geschichte der Wassertürme besichtigt werden. Diese wird von Anne Semans, der Leiterin des ausgezeichneten **Kelley House Museum** (das wechselnde Ausstellungen über das frühe Kalifornien und Mendocino zeigt), geführt. Das System der Wassertürme, so erklärt Semans ihren Gästen, wurde geschaffen, um den flachen Grundwasserspiegel von Mendocino mit Hilfe der häufigen starken Winde auf der Steilküste anzuzapfen. Einige Tanks versorgten ein einziges Haus, andere ganze Wohnblocks, und wieder andere wurden zur Brandbekämpfung genutzt.

Einige der alten Wassertürme wurden sogar zu Unterkünften umgebaut. Im **MacCallum House Inn** wurde ein restaurierter Turm in eine zweistöckige Suite mit einer Sauna im obersten Stockwerk und Blick auf die Mendocino Bay umgewandelt.

WRACK DER FROLIC

Im Jahr 1850 stieß ein aus dem Opiumhandel ausgemustertes Schiff – die *Frolic* – in der Nähe von **Point Cabrillo**, etwa 3 Meilen (4,8 km) nördlich von Mendocino, auf ein Riff und strandete. Jerome Ford, der aus San Francisco anreiste, um die Ladung zu bergen, kam zu spät, denn die Pomo-Indigenen (die die Region seit etwa 10 000 Jahren bewohnten) hatten die chinesischen Luxusgüter an Bord bereits geborgen. Doch Ford wurde auf den wahren Schatz der Küste aufmerksam: die riesigen Redwoods. Er schloss sich mit dem Unternehmer Henry Meiggs zusammen, der ein Sägewerk kaufte und es nach Big River transportieren ließ. In den 50 Jahren, die das Sägewerk in Betrieb war, wurden eine Milliarde Bretter produziert, die zum Bau von San Francisco und dessen Wiederaufbau nach dem Erdbeben von 1906 verwendet wurden.

SHOPPEN IN MENDOCINO

Highlight Gallery
Ausgestellt werden handgefertigte Holzmöbel, Kunst, Keramik, Skulpturen, Schmuck und Textilien, die alle von Kunsthandwerker:innen aus NorCal hergestellt wurden.

Out of This World
Das Geschäft für Ferngläser, Teleskope und Wissenschaftsfans ist die erste Adresse für alle, die sich für Vogelbeobachtung, Astronomie und Wissenschaft interessieren.

Gallery Bookshop & Bullwinkle's Children's Books
Bietet eine große Auswahl an Büchern zu lokalen Themen und spezielle Outdoor-Führer.

BESTE UNTERKÜNFTE IN MENDOCINO

Stanford Inn & Resort
Ein Resort der Superlative mit einem von einer Sonnenterrasse umgebenen Pool, Biogärten und einem vorzüglichen veganen Restaurant. **$$$**

Alegria
Romantisches Refugium: Terrassen mit Blick auf die Küste und Zimmer mit Kaminen. **$$**

Mendocino Hotel
Das erste Hotel der Stadt: ein Relikt des alten Westens. **$**

Mendocino Grove
Glamping-Perle am Meer mit Zelten im Safaristil und eleganten Badehäusern. **$$**

Brewery Gulch Inn
Ein kunstvolles Resort, gebaut aus recyceltem Redwood, inmitten grüner Gärten südlich von Mendocino. **$$$**

ALESSANDRARC/SHUTTERSTOCK ©

MacCallum House Inn (S. 209)

Das **Sweetwater Inn and Spa** vermietet drei Türme, die alle aus den 1800er-Jahren stammen und Zugang zu Whirlpools bieten, die mit oder ohne Bekleidung genutzt werden können. In der Stadt finden sich weitere Türme, die zu Ferienwohnungen, Kunstateliers, Treppenhäusern umgebaut wurden – und sogar ein Laden für okkulte Dinge, **Loot & Lore**, der Hexenschmuck und Ritualzubehör anbietet.

Wandern auf dem Mendocino Headlands Trail

SCHWINDELERREGENDE KLIPPEN AM MEER

Nur einen kurzen Fußmarsch von der Stadt entfernt führt dieser bequeme, aber spektakuläre Weg entlang der dramatischen Kante der Landzunge; er ist gesäumt von Beerensträuchern, Wildblumen und Zypressen, die über steilen Klippen thronen. Der Weg verläuft durch den gesamten **Mendocino Headlands State Park** und lässt sich am besten von Osten nach Westen erwandern. Er beginnt an der **Mendocino Presbyterian Church** in der Church St, einem schönen Beispiel der Carpenter-Gotik und einem kalifornischen historischen Monument. Man kann auch von Westen nach Osten wandern, und es gibt in der Nähe verschiedener Fahrstreckenabschnitte mehrere Parkplätze. So ist auch mal ein kurzer Abstecher möglich, ohne die ganze Fahrstrecke zu laufen.

NOCH MEHR WALE

Die besten Optionen zur Beobachtung von Meerestieren bietet der Channel Islands National Park (S. 331) im Süden des Bundesstaates, wo sage und schreibe 27 Walarten gesichtet wurden.

BESTE RESTAURANTS UND BARS IN MENDOCINO

Cafe Beaujolais
Das legendäre kalifornisch-französische Fusion-Restaurant ist in einem Farmhaus aus dem Jahr 1893, das zu einem urbanen Lokal umgestaltet wurde. **$$$**

Goodlife Cafe & Bakery
In diesem unprätentiösen, lärmigen und gemütlichen Café kommen Locals und Reisende bei Backwaren und gutem Essen zusammen. **$**

Luna Trattoria
Ein Restaurant mit Atmosphäre, das norditalienische Spezialitäten serviert: Pizza aus dem Holzofen, hausgemachte Pasta und hervorragende Lasagne. **$$**

Auf dem Weg entlang der felsigen Landzunge hat man einen herrlichen Blick auf das Meer, auf Felsformationen und dramatische Felsbögen. Es führen mehrere kurze Abzweigungen zu versteckten Aussichtspunkten, die besonders bei Sonnenuntergang wunderschön und oft menschenleer sind. Und vielleicht lässt sich sogar ein vorbeiziehender Wal blicken! Es lohnt sich, die Treppen zu den weiten, malerischen Buchten hinunterzusteigen und sich im Sand zu entspannen, wo Menschen oft kunstvolle Strukturen aus Treibholz errichtet haben. Zurück auf der Steilküste angekommen, kann man hören, wie das schäumende Meer gegen die ausgewaschenen Höhlen unter einem rauscht.

Paddeln mit einem Redwood-Kanu

GROSSES ABENTEUER AUF DEM GROSSEN FLUSS

„Jeder muss an etwas glauben. Ich glaube, ich werde Kanu fahren", sagte Henry David Thoreau einmal. Mendocino bietet eine einzigartige Gelegenheit, dies in Redwood-Auslegerbooten zu tun, die von einem örtlichen Handwerker aus aufgearbeitetem Holz einer Scheune gebaut wurden. Das Abenteuer beginnt unterhalb der Big-River-Brücke bei **Catch a Canoe & Bicycles Too**, das zum benachbarten fabelhaften Stanford Inn & Resort (S. 212) gehört. Sachkundige Mitarbeiter:innen helfen der ganzen Familie (einschließlich Hund) beim Einsteigen in ein Kanu und schicken sie, ausgestattet mit Karten und Informationen über die Region, den Fluss hinauf.

Die von Mammutbäumen gesäumten Ufer dieser Gezeitenmündung (mit 8,3 Meilen (über 13 km) die zweitlängste in Kalifornien) bleiben bis auf Weiteres unbebaut, da sie im Jahr 2002 durch eine große Spendenaktion erworben und in den Mendocino Headlands State Park integriert wurden. In den 1800er-Jahren bauten Holzeinschlagsunternehmen Dämme und stapelten Baumstämme entlang des Wassers, um dann im Winter die Dämme zu sprengen und die Stämme zum Sägewerk zu flößen. Überreste dieses Ablaufs, wie z. B. „Sinker Logs", sind auch heute noch zu finden.

Während der Fahrt durch den Meeresarm fällt auf, dass er ansonsten unberührt ist und von freundlichen Seehunden, jagenden Flussottern, nistenden Fischadlern und Doppelhaubenkormoranen bevölkert wird, die hoch oben in den Bäumen ihre Brutplätze haben. In den schmalen, effizienten Kanus mit fußbetätigtem Rudersystem und zwei Rümpfen, die für bemerkenswerte Stabilität sorgen, macht das Paddeln durch ihre Welt noch mehr Spaß. Dieses klassische Mendocino-Erlebnis lässt sich am besten mit einer Kamera und ein wenig Proviant genießen.

BESTE ORTE ZUR WALBEOBACHTUNG

Mendocino Headlands State Park
Im Winter bietet das Ford House Museum & Visitor Center geführte Wanderungen zur Walbeobachtung an.

Point Arena Lighthouse
Einer der beiden höchsten Leuchttürme an der Westküste (mit dem nahe gelegenen Pigeon Point) mit einer Höhe von 115 Fuß (35 m).

Point Cabrillo Light Station
Markanter Leuchtturm von 1909 in einem 300 Acres (etwa 120 ha) großen Wildschutzgebiet nördlich von Mendocino.

Sue-meg State Park
Küstenklippen ragen ins Meer hinaus und Sandstrände treffen auf felsige Landzungen.

Klamath River Overlook
Bei klarem Wetter ist dies einer der besten Orte in Kalifornien, um Wale zu beobachten.

Dick's Place
Eine Spelunke mit einer tollen Jukebox. Hier kann man einen Blick auf das andere Mendocino werfen und mit den Locals ein paar Drinks nehmen. $

Ravens
Eine vegane Offenbarung, die Produkte aus den Bio-Gärten des Stanford Inn serviert. Auch tolle Kochkurse. $$

Trillium Cafe
Kreative, saisonale kalifornische Küche, serviert in einem gemütlichen Restaurant, im Freien mit Meerblick oder zum Mitnehmen in einer Picknickbox. $$

LOCAL TIPP: DIE BESTEN ORTE, UM SICH INSPIRIEREN ZU LASSEN

Joan and Jeff Stanford sind seit 1980 Eigentümer:innen des Stanford Inn & Resort (@stanford_inn). Joan leitet kreative Playshops, während Jeff Meditation unterrichtet. Sie haben gemeinsam ein veganes Kochbuch geschrieben und empfehlen die folgenden Erlebnisse in Mendocino.

Wanderung zum Russian Gulch Waterfall
Eine Wanderung auf sanften Pfaden entlang von Bächen und atemberaubenden Mammutbäumen, bei der du staunen und neue Ideen sammeln kannst.

Mitmachen beim Open Paint Out
Das Pleinair-Festival des Mendocino Art Center zieht Kunstschaffende aus dem ganzen Land an. Hier kannst du Künstler:innen kennenlernen und ihrem Wettstreit zusehen.

Kanu fahren auf dem Big River
Schmale Strände entlang dieser unberührten Flussmündung laden zu einem Picknick ein und bieten die Möglichkeit, die Geräusche und den Anblick des Waldes auf sich wirken zu lassen.

SAWBEAR/SHUTTERSTOCK ©

Kanu auf dem Big River (S. 211)

Kunst zum Anfassen

EIN ZENTRUM FÜR KREATIVE AKTIVITÄTEN

In Mendocino trifft man an überall auf Künstler:innen. Das ist schon seit den späten 50er-Jahren so, als Bill Zacha ein großes Grundstück mitten in der Stadt erwarb und es in das **Mendocino Art Center** verwandelte. Heute ist das weitläufige Gelände ein Paradies für Kunstschaffende, eine Bildungseinrichtung und ein kreativer Rückzugsort mit Ausstellungen, hochkarätigen Kunstkursen und dem Helen Schoeni Theatre, dem Sitz der **Mendocino Theatre Company** (mendocinotheatre.org).

Einer der vielseitigen Kurse im Kunstzentrum ist ein sicherer Weg, um einheimische Künstler:innen zu begegnen. Eine andere Möglichkeit, sich mit Kunst zu beschäftigen, ist ein Besuch in einer der örtlichen Galerien. In der **Highlight Gallery** in der Kasten St. werden die besten Werke nordkalifornischer Malerei, Holzschnitzerei, Bildhauerei und Kunsthandwerk ausgestellt, während die **Water Gallery** in einem Wasserturm in der Ukiah St. ein Atelier beherbergt. Die **Artists' Co-op of Mendocino** stellt seit 1988 Werke traditioneller und zeitgenössischer Künstler:innen aus. Weitere Inspirationen bietet ein Spaziergang durch diese landschaftlich unglaublich reizvolle Stadt und die Naturlandschaften in ihrer Umgebung.

Die Galerien in Mendocino öffnen jeweils am zweiten Samstag (und manchmal auch am ersten Freitag) eines jeden Monats, in der Regel von 17 bis 19 Uhr. Weitere Informationen zu den genauen Zeiten und Details siehe unter mendocinobeacon.com.

UNTERWEGS VOR ORT

Hier braucht man ein Auto. Nur die Mendocino Transit Authority betreibt einen Busverkehr auf der *The Coaster Rte 60* zwischen der Navarro River Junction und Albion, Little River, Mendocino und Fort Bragg.

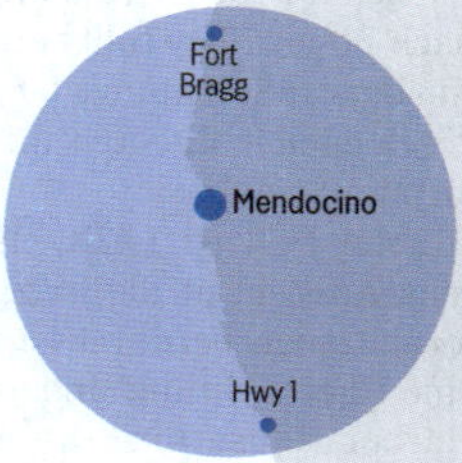

Rund um Mendocino

Ein Strand aus Meerglas, eine großartige Küstenstraße, ein beschauliches Weintal und ein freundlicher Nachbar im Norden.

Im Süden liegt eine der schönsten Straßen Kaliforniens, der Highway 1, der sich an den Klippen hoch über der Brandung entlangschlängelt. Vom Highway 1 in Richtung Osten geht es hinauf ins Anderson Valley, ein landwirtschaftliches Kleinod, das vor allem für seine Apfelplantagen, idyllischen Weinberge und freundlichen Menschen bekannt ist. Und etwas weiter nördlich liegt das schlichte Fort Bragg, eine ehemalige Holzfällerei- und Fischereistadt, die sich gerade zu einer touristischen Destination entwickelt, mit einem legendären Strand, der mit Meerglas bedeckt ist, einem sehenswerten botanischen Garten und einer historischen Eisenbahn, die auch Rail-Bike-Touren anbietet.

TOP TIPP

Nur keine Hektik. Wenn du eine einladende, einsame Bucht, ein Fleckchen mit ungewöhnlichen Wildblumen oder ein interessantes Weingut siehst, halte an und schau dich um.

Glass Beach (S. 215), Fort Bragg

AUF DEM HIGHWAY 1

Auf den 100 Meilen (160 km) von Mendocino nach Bodega Bay führt eine durchgehende Küstenstraße entlang felsiger Küsten, abgeschiedener Buchten und vom Wind geformter Strände.

Erster Halt ist **1 Elk**, ein Weiler, der für seine Aussicht auf die hoch aufragenden Felsformationen berühmt ist. Bezaubernd für eine Übernachtung sind die 10 Zimmer des Harbor House Inn. Die Aussicht auf den Ozean ist atemberaubend, und das lokale Restaurant hat sich gerade seinen zweiten Michelin-Stern verdient. Weiter südlich befindet sich das **2 Point Arena Lighthouse**, das seit 1908 über diese unglaublich windige Landspitze wacht. Es ist der höchste besteigbare Leuchtturm in Kalifornien. Nach einem Besuch des Museums kann man den 115 Fuß (35 m) hohen Turm erklimmen, um die Fresnel-Linse und die Aussicht auf das Meer und die zerklüftete San Andreas Fault zu bewundern. Eine weitere halbe Stunde die Küste hinunter liegen einige Dörfer. **3 Gualala** ist ein Zentrum für Wochenendtrips und sonniges Wetter. Sea Ranch ist ein verwitterter, aber mondäner Stadtteil mit vielen exklusiven Ferienhäusern, menschenleeren Stränden und für Gäste zugänglichen Meeresklippen. Einer der besten Gründe, in dieser Gegend zu übernachten, ist der **4 Salt Point State Park**, ein 6000 Acres (knapp 250 ha) großes Wunderwerk mit Sandsteinfelsen, die in ein mit Seetang bewachsenes Meer abfallen, und tollen Wanderwegen – ein Paradies für Pilzsammler:innen. Von dort aus führt die Straße in Serpentinen an Rhododendronhainen, einer Robbenkolonie am Jenner's Harbor und den Fischereiflotten von Bodega Bay (aus Hitchcocks Filmklassiker *Die Vögel*) vorbei, bevor sie in die San Francisco Bay Area führt.

KATE FIEDLER/SHUTTERSTOCK ©

Mendocino Coast Botanical Gardens

Abhängen in Fort Bragg

DER BESCHEIDENE COUSIN VON MENDOCINO

Fort Bragg bietet dieselben typischen Nordküsten-Aktivitäten wie Mendocino – Strandspaziergänge, Surfen, Wandern und Kajakfahren –, aber hier sind solche Unternehmungen definitiv billiger und wesentlich weniger aufwendig. Südlich des Stadtzentrums, am **Noyo Harbor**, sollte man zu einer Fischbude fahren (es gibt viele, aber wir mögen **Sea Pal Cove** besonders) und sich an gebratenen Meeresfrüchten laben, während man den Fischereibooten beim Einholen ihres Fanges zusieht. Danach geht's zurück in die Stadt zu einer Fahrt mit dem historischen **Skunk Train**, der seinen Spitznamen 1925 wegen seiner stinkenden gasbetriebenen Dampfloks erhielt (heute fährt er mit Diesel). Die ein- oder zweistündigen Fahrten führen durch das Mündungsgebiet des **Pudding Creek** und man entdeckt Blaureiher, Fischadler, Otter und Redwood-Wälder. Außerdem kann man Railbikes für zwei Personen für eine geführte Rundfahrt über 7 oder 25 Meilen (11 bzw. 40 km) auf der gleichen Fahrstrecke wie mit dem Zug mieten, im Sommer auch bei Mondschein. Aufgrund der großen Nachfrage unbedingt im Voraus buchen.

In Fort Bragg ist der **Mendocino Coast Botanical Gardens** mit seinen kurvenreichen Pfaden und barrierefreien Wegen auf dem 47 Acres (19 ha) großen Areal an der Küste südlich der Stadt ein Muss. Dieses nordkalifornische Wunderwerk enthält einheimische Pflanzen, Rhododendren und alte Rosensorten, und allein die Sukkulentenabteilung lohnt sich. Der Bio-Garten wird von Freiwilligen bewirtschaftet, um bedürftige Bürger:innen der Region zu versorgen.

LEGENDÄRER GLASS BEACH

Seit den frühen 1900er-Jahren warfen die Menschen in Fort Bragg Unmengen von Müll von einer Steilküste in die Brandung, in der Erwartung, er würde einfach verschwinden. Stattdessen erhielten sie den Müll in Form von Seeglas zurück, da die Felsformationen einzigartige Wellenmuster erzeugten, die den Müll aufwirbelten und zurück an den Strand trieben.

Das Meer verwandelte nicht nur den Müll von Fort Bragg, sondern machte die ansonsten unscheinbare Stadt auch über ihre Grenzen hinaus bekannt. In den 90er-Jahren kamen immer mehr Schaulustige hierher, um die glänzende Pracht zu bewundern, und 2006 eröffnete ein einheimischer Kapitän das Sea Glass Museum, eine der umfangreichsten Sammlungen der Welt. Der Besuch ist ein Muss, und obwohl ein Großteil des Strandes abgetragen wurde, ist er nach wie vor ein beliebtes Ziel.

UNTERWEGS VOR ORT

Ideal, um sich in der Umgebung von Mendocino zu bewegen, ist das Auto. Die Mendocino Transit Authority hat Buslinien entlang der wichtigsten Straßen in der Gegend. Die Rte 60 verbindet Fort Bragg mit der Navarro River Junction, wo die Rte 75 nach Osten nach Boonville und nach Süden nach Point Arena und Gualala führt. Die Rte 95 verbindet Point Arena, Gualala und Bodega Bay.

LOST COAST

In diesen Zeiten der immer mehr überlaufenen Orte werden Reisende, die sich so weit wie möglich von der Zivilisation entfernen wollen, von der Lost Coast begeistert sein. Der längste unerschlossene Küstenabschnitt des Bundesstaates ist ein hervorragendes Ziel für Backpacker:innen und bietet einen Einblick in die Vergangenheit Kaliforniens mit nebligen, windgepeitschten Buchten und zerklüfteten, 4000 Fuß (1220 m) hohen Gipfeln, die von einem schäumenden Meer umspült werden. An diesem abgelegenen Küstenstreifen spähen verspielte Robben aus der Brandung, und majestätische Roosevelt-Wapitis äsen auf grasbewachsenen Klippen und in himmelhohen Wäldern.

Die Küste wurde „verloren", als das Highway-System des Bundesstaates die Region Mitte des 20. Jhs. als unbefahrbar einstufte und sie daher umging. Es gibt jedoch eine größere und schwer zu erreichende Gemeinde: Shelter Cove, das auf einer nach Süden ausgerichteten Klippe liegt und vom King Range National Conservation Area umgeben ist. Einige Besucher:innen landen auf der Flugpiste, andere nehmen die schmale, kurvenreiche Straße auf sich. Auch wenn der Tourismus eine tragende Säule der Wirtschaft ist, sind die Einheimischen oft misstrauisch gegenüber Fremden. Hier ist kein sonniger kalifornischer Empfang zu erwarten.

TOP TIPP

Die Wildblumen blühen von April bis Mai und die Grauwale wandern von Dezember bis April. Die wärmsten und trockensten Monate sind Juni bis September, aber tagsüber ist es neblig und das Wetter kann sich schnell ändern. Im Herbst ist das Wetter klar und kühl.

Wanderer an der Lost Coast

AHTURNER/SHUTTERSTOCK ©

SEHENSWERTES
1 King Peak

AKTIVITÄTEN, KURSE & TOUREN
2 Jones Beach
3 Mattole Beach
4 Shelter Cove
5 Sinkyone Wilderness State Park
6 Whale Gulch

INFORMATION
7 Needle Rock Visitor Center

Wandern an der Lost Coast

AB IN DIE WILDNIS

Die Lost Coast lässt sich am besten auf einer Wanderung erkunden, und die beliebteste Fahrstrecke ist der 24,6 Meilen (knapp 40 km) lange **Lost Coast Trail** zwischen **Shelter Cove** und **Mattole Beach**. Der Weg ist größtenteils eben, führt an unberührten Stränden vorbei und überquert Felsvorsprünge und Bäche. Die lange Wanderung ist nicht jedermanns Sache, denn man benötigt drei Tage, eine Genehmigung, Bärenkanister, eine Gezeitenkarte und einen teuren Shuttle zurück zum Auto (es sei denn, man wandert zweimal).

BESTE RESTAURANTS UND BARS AN DER LOST COAST

Mi Mochima
Wie aus dem Nichts kommt hier köstliche und authentische venezolanische Küche auf den Tisch: Empanadas, Arepas, Patacón-Sandwiches. **$$**

Gyppo Ale Mill
Ein Dutzend eigene Biere werden hier gebraut, und die Burger, Bratwürste und Salate sind einfach umwerfend. Außerdem gibt's Rasenspiele und Feuerstellen. **$$**

Mario's Marina Bar
Das beliebte Lokal in Shelter Cove bietet von seiner Terrasse aus einen fantastischen Blick auf den Ozean und regelmäßig Live-Musik. **$**

AUTOTOUR

Die Lost Coast

Bevor du an der Lost Coast wandern kannst, musst du sie mit dem Auto befahren, was ein Erlebnis für sich ist. Entlang der Mattole Rd, einem abgelegenen Küstenabschnitt, schlängelt sich die schmale zweispurige Straße durch stille Wälder, weitläufige Graslandschaften, schwarze Sandstrände und Küstendörfer. Je nach Jahreszeit sind die Wildblumen und Pilze entlang der Fahrstrecke besonders üppig.

1 Ferndale

Der Roadtrip beginnt in Ferndale (S. 222), einer der charmantesten Kleinstädte Kaliforniens, die sich durch ihren viktorianischen Baustil auszeichnet. Diese Häuser wurden im frühen 19. Jh. mit den Erträgen aus der Milchwirtschaft erbaut und werden daher im Volksmund auch „Butterfettpaläste" genannt. Ein Bummel über die Main Street bietet einen Vorgeschmack auf das amerikanische Kleinstadtleben mit seinen Galerien, Antiquitätenläden und Soda Fountains.

Fahrstrecke: Nach der Versorgung mit Lieblingssnacks und Kleinigkeiten geht es auf der wenig befahrenen Matthole Rd. 40 Min. nach Südwesten zum Cape Mendocino.

2 Cape Mendocino

Die Fahrt führt durch einen Hochgebirgswald und vorbei an Capetown, einer ehemaligen Postkutschenstation, bevor man am Cape Mendocino auf das Meer trifft, wo ein Leuchtturm auf einer 400 Fuß (etwa 120 m) hohen Klippe stand und ein Jahrhundert lang dem Zorn der Küste trotzte. Im Jahr 1998 wurde er nach Shelter Cove transportiert.

Fahrstrecke: Die Küstenlinie entlang etwa 10 Meilen (16 km) vorbei an einem schwarzen Sandstrand nach Süden, dann folgt eine kurvenreiche Fahrstrecke ins Landesinnere nach Petrolia.

3 Petrolia

Schließlich gelangt man zum Friedhof von Petrolia, der vom größten Eukalyptusbaum der Welt beschattet wird. In der Stadt wurde die erste Ölquelle in Kalifornien gebohrt. Heute ist die Quelle trocken und der wichtigste Wirtschaftsfaktor ist die Landwirtschaft. Hier leben unabhängige Kunstschaffende, Umweltschützer:innen, Grasanbauer:innen und andere Exzentriker:innen.

Fahrstrecke: Von Petrolia aus sind es 15 Minuten Fahrt in Richtung Westen zum Mattole Beach.

Punta Gorda Lighthouse

WILL LOPEZ FLORES/SHUTTERSTOCK ©

4 Mattole Beach

Die sandige Mündung des Mattole River mündet am Nordende der King Range Conservation Area ins Meer. Neben Camping- und Picknickplätze gibt's hier den Ausgangspunkt für den Lost Coast Trail (S. 217), der sich 24,6 Meilen (knapp 40 km) nach Süden bis Shelter Cove erstreckt. Wer möchte, kann die ersten 3,5 Meilen (5,5 km) bis zum Punta Gorda Lighthouse wandern, wo man Überreste von Schiffswracks, kuriose Gezeitentümpel und riesige Seeelefanten sehen kann.

Fahrstrecke: Auf demselben Weg geht es zurück und weiter auf der Mattole Rd zum Humboldt Redwoods State Park, oder man nimmt die Abzweigung bei Honeydew, die nach Shelter Cove führt.

5 Humboldt Redwoods State Park

Wer sich für Option zwei entschieden hat, verlässt die Lost Coast und betritt den vielleicht landschaftlich reizvollsten befahrbaren Abschnitt des Redwood-Waldes der Welt. Nicht umsonst werden entlang dieses sich schlängelnden Korridors, der sich von Honeydew bis zum Hwy 101 erstreckt, Werbefilme für Autos gedreht. Die Mammutbäume sind groß, zahlreich und stehen dicht an der Straße, so dass es sehr eng werden kann.

Fahrstrecke: Wenn man die Redwoods-Route genommen hat, kann man immer noch nach Shelter Cove gelangen, indem man den Hwy 101 nach Süden nimmt. (Vom Highway aus eine Stunde Fahrt.)

6 Shelter Cove

Shelter Cove entstand vor 50 Jahren, als Betrüger das Land aufteilten, eine Landebahn bauten und potenzielle Investoren einflogen, um ihnen den Kauf von Grundstücken am Meer als Altersruhesitz schmackhaft zu machen. Was sie nicht erwähnten, war, dass eine steile, kurvenreiche, einspurige Schotterstraße der einzige Zugang war – und die Grundstücke an der Küste waren dabei, ins Meer zu erodieren. Inzwischen ist der asphaltiert, und die Stadt verfügt über gute Restaurants und eine tolle Brauerei.

WARUM ICH DIE LOST COAST LIEBE

Ashley Harrell, Autorin

Als ich im Jahr 2020 zum ersten Mal an die Lost Coast kam, erwartete ich, dass die nebelverhangenen Berge und windgepeitschten Buchten mich von den Problemen der Welt ablenken würden. Das taten sie, und ich war dankbar dafür. Was ich jedoch mehr schätzte, waren die aufregenden und ungewöhnlichen Abenteuer, die die Lost Coast mit sich brachte. Wie sich herausstellte, kann die Nachmittagssonne den schwarzen Sand so stark aufheizen, dass der Kleber von Wanderschuhen schmilzt. Regelmäßig werden unvorsichtige Rucksacktourist:innen von Wellen (Sneaker Waves) überrollt. Manchmal teilst du dir einen Campingplatz mit einer Klapperschlange. Du überstehst es irgendwie. Du gehst gestärkt daraus hervor. Und du schwörst dir, so bald wie möglich zurückzukehren.

Wanderweg vom Sinkyone Wilderness State Park zur Whale Gulch

Für Hartgesottene, die nur einen oder zwei Tage Zeit haben, empfiehlt sich eine der anstrengenden Hochlandwanderungen der King Range, die vom Strand aus in Richtung des Bergrückens führen. Für eine erfüllende, anstrengende 21 Meilen (knapp 35 km) lange Wanderung, die am Lost Coast Trail beginnt, folgt man dem **Buck Creek Trail** zum **King Crest Trail** und weiter zum **Rattlesnake Ridge Trail**. Die Rundumsicht vom **King Peak** ist atemberaubend, besonders bei Vollmond oder während eines Meteoritenschauers.

Wer's weniger anstrengend mag, fährt zum **Sinkyone Wilderness State Park** etwa eine Autostunde südlich von Shelter Cove. Vom **Needle Rock Visitor Center** aus kann man in beide Richtungen an der Küste entlang wandern, wobei der nördliche Weg zur **Whale Gulch** die schönere Route ist. Auf dem 4,5 Meilen (7,4 km) langen Hin- und Rückweg sind goldene Steilküsten und majestätische wilde Wapitis zu sehen. Außerdem führt ein Abzweig hinunter zum **Jones Beach**, wo das schäumende Meer Seetang an die beeindruckenden Felsformationen spült.

UNTERWEGS VOR ORT

An der Lost Coast gibt es keine öffentlichen Verkehrsmittel, und das einzige zuverlässige Shuttle-Unternehmen mit einer Genehmigung für den Transport von Rucksacktourist:innen durch das Gebiet ist Lost Coast Adventure Tours. Das Unternehmen bietet täglich Shuttles von Shelter Cove nach Mattole Beach an.

Rund um die Lost Coast

Die malerischste Stadt und die höchsten Bäume Kaliforniens befinden sich gleich am Rande der faszinierendsten Küstenwildnis des Staates.

Die Lost Coast ist extrem abgelegen, aber sie existiert nicht in einem Vakuum. Auf dem Hin- oder Rückweg gibt es einige sehr attraktive Übernachtungsmöglichkeiten, Restaurants und Attraktionen am Straßenrand zu entdecken.

Wer auf dem Highway 101 von Süden kommt, kann in Leggett und in der Standish-Hickey State Recreation Area lecker essen, wandern und in einem der besten Badelöcher der Region baden. Weiter oben auf dem Highway 101 kann man auf dem Weg zur Küste auch eine Fahrt durch die berühmte Avenue of the Giants machen. Oder, von Norden kommend, den Highway 101 hinunter, ist das bezaubernde Städtchen Ferndale ein reizvolles Tor zur Wildnis.

TOP TIPP

Versuch nicht, einfach durchzufahren oder aber alles zu besichtigen, vor allem nicht entlang der Avenue of the Giants. Nimm dir ein oder zwei Wäldchen oder Wanderungen vor, die du wirklich genießen kannst.

Humboldt Redwoods National Park (S. 222)

YAYA ERNST/SHUTTERSTOCK ©

BESTE STOPPS AM WEGESRAND IN NORCAL

Confusion Hill
Tourifalle und ewige Kuriosität mit einem die Schwerkraft überwindenden Fun House und einer Bergbahnfahrt.

Drive-Thru Tree Park
Hier steht der Leggett's Chandelier Tree, ein Mammutbaum, der trotz eines klaffenden Lochs unter ihm weiter wächst.

Legend of Bigfoot
Souvenirladen zum Thema Bigfoot mit einer großen Holzstatue von Patti selbst und weiteren geschnitzten Folklorefiguren.

Peg House
Ein Gemischtwarenladen, ein Veranstaltungsort für Live-Musik und ein Gartenrestaurant mit dem berühmten Slogan: „Never don't stop".

Ferndale

DAS BUTTERFETT GENIESSEN

Viele Reisende nutzen Ferndale als Ausgangspunkt für die Erkundung der Lost Coast oder der Avenue of the Giants, aber die Stadt bietet auch Attraktionen direkt vor der Haustür. Nur eine halbe Meile (800 m) vom Stadtzentrum entfernt kann man über die Bluff St. kurze Spaziergänge durch Wildblumenfelder, an Teichen vorbei und durch einen alten Sitka-Fichtenwald (noch seltener als Redwood) im 110 Acres (44,5 ha) großen **Russ Park** unternehmen. Der **Friedhof**, ebenfalls an der Bluff St., ist mit seinen Gräbern aus den 1800er-Jahren und dem weiten Blick auf den Ozean überraschend kühl.

Wer sich für die Geschichte der Stadt interessiert, sollte eine Nacht in einem der altmodischen Hotels verbringen. Das **Gingerbread Mansion**, ein Queen Anne-Eastlake-Haus von 1894, ist das meistfotografierte Gebäude von Ferndale. Das Innere ist nicht minder extravagant: Jedes Zimmer ist einzigartig mit Blumentapeten, gemusterten Teppichen, prächtigen antiken Möbeln und vielleicht einem Kamin, einem Wandfresko oder einem Buntglasfenster geschmückt. Zwei Häuserblocks weiter befindet sich das **Shaw House**, ein symbolträchtiger „Butterfettpalast", der gleichzeitig das älteste B&B Kaliforniens und das erste feste Gebäude in Ferndale ist (1854 von Gründervater Seth Shaw errichtet). Die Unterkünfte befinden sich auf einem weitläufigen Gelände, und es sind noch viele Originaldetails erhalten, darunter bemalte Holzdecken.

Der mega-berühmte Gastronom Guy Fieri stammt aus Ferndale, und wie man sich denken kann, gibt es hier wirklich gutes Essen. An der Main Street reihen sich Konditoreien, Eisdielen, eine Metzgerei und ein Schokoladenladen aneinander, und auf einem **Farmermarkt** gibt es Gemüse aus lokalem Anbau und Milchprodukte aus der Region – und den frischesten Käse der Welt. Wer zum Frühstück etwas Kleinstadtflair sucht, sollte in **Poppa Joe's Diner**, einer ehemaligen Apotheke aus dem Jahr 1870, vorbeischauen. An den Wänden hängen Trophäenköpfe, die Böden sind schräg, und alte Männer kommen zum Pokerspielen hierher. Ferndale hat nicht viel Nachtleben, aber es gibt ein paar gute **Cafés** im Stadtzentrum und das **Theater** zeigt das ganze Jahr über Produktionen von der *Rocky Horror Show* bis hin zu Stand-up-Comedy-Abenden und modernen Stücken.

Wanderung auf der Avenue of the Giants

WAHRE GESCHICHTEN VON HOHEN BÄUMEN

Baumfans aufgepasst: Die ausgedehnten Redwood-Haine im **Humboldt Redwoods State Park** können mit denen im Red-

BESTE UNTERKÜNFTE

Standish-Hickey State Recreation Area
Toller Campingplatz mit Bademöglichkeit im Fluss und 9 Meilen (knapp 15 km) Wanderwegen in den Redwoods. **$**

Victorian Inn
Altehrwürdiges Hotel in einem alten Bankgebäude in Ferndale mit stilechten Tapeten und ausgefallenen Antiquitäten. **$$**

Benbow Historic Inn
Ein Denkmal für die Eleganz der 1920er-Jahre und ein National Historic Landmark – dieses Lokal in Garberville könnte auch ein Museum sein. **$$$**

SUDHA G/SHUTTERSTOCK ©

Gingerbread Mansion

wood National Park mithalten (und manch einer findet sie sogar noch besser). Der Park liegt eine längere Fahrt weiter nördlich. Zugegebenermaßen sind die Landschaften hier weniger vielfältig und die einzelnen Bäume etwas niedriger, aber wir sprechen hier von 380 im Vergleich zu 370 Fuß (116 bzw. 113 m). Der schnellste und einfachste Weg, den Park zu genießen, ist, den Highway 101 beim Schild **Avenue of the Giants** zu verlassen und die kleinere, zweispurige Alternative zur Interstate zu nehmen; es ist eine unglaubliche 32 Meilen (52 km) lange Fahrstrecke, und auf dem Weg dorthin gibt es viele großartige Stellen zum Anhalten.

Von Süden kommend ist **Stephens Grove** der erste Ort, an dem wirklich beeindruckende Mammutbäume zu sehen sind, die dank der nährstoffreichen Schwemmlandebene, in der sie stehen, in die Höhe gewachsen sind. Das Parken ist einfach und es gibt einen kurzen, 0,7 Meilen (1 km) langen Wanderweg – den **Governor William D. Stephens Loop Trail** – der einen perfekten Einstieg in den Park darstellt. Wer eine längere Wanderung in einem weniger erforschten Gebiet unternehmen möchte, sollte noch 6 Meilen (knapp 10 km) weiter in Richtung Norden zum **Children's Forest** fahren. Dies ist eine weitere Schwemmlandebene, in der nur selten jemand anzutreffen ist,

WALDBADEN

Nein, das hat nichts mit Schwimmen zu tun. Beim Waldbaden – oder *shinrin-yoku*, wie es die japanischen Erfinder:innen nennen – geht es darum, in der Nähe von Bäumen zu sitzen und zu gehen und den Wald mit allen Sinnen wahrzunehmen. Begonnen wurde diese Technik in den 1980er-Jahren, um die hohen Selbstmordraten in der japanischen Arbeiterklasse zu bekämpfen, aber die therapeutischen Vorteile haben sie weltweit populär gemacht. Und wo könnte man besser waldbaden als in den mächtigen kalifornischen Redwoods?

Man kann es auf eigene Faust versuchen, aber mit einem Guide ist es viel effektiver und interessanter. Der einzige zertifizierte Guide in der Region ist Justin Legge (redwoodguide.org), ein Naturforscher und Spezialist für Outdoor-Freizeitaktivitäten. Seine Führungen im und um den Humboldt Redwoods State Park sind dafür bekannt, dass sie selbst die hartnäckigsten Skeptiker überwältigen.

BESTE RESTAURANTS

Peg House
Besonders hervorzuheben sind die Burger, Austern und Brownies, aber in diesem Kleinod am Straßenrand ist alles fantastisch. $

Benbow Inn Restaurant
Ausgefallenes Essen wird im eleganten Speisesaal oder im Freien serviert. Nach einem Cocktail an der Bar gibt's ein köstliches Steak. $$$

Chimney Tree
Burger vom heimischen Weiderind, frisch gebackene Torten und Softeis auf der Avenue of the Giants. $

STRUCTURED VISION/SHUTTERSTOCK ©

Founders Grove (S. 224)

SCHLAFEN AN DER LOST COAST

Tides Inn
Das Inn mit blitzsauberen Zimmern liegt oberhalb der Gezeitentümpel von Shelter Cove und bietet eine hervorragende Aussicht. **$$**

Needle Rock Campground
Neben dem Besucherzentrum im Sinkyone Wilderness State Park, mit 10 einfachen Stellplätzen und einer gemütlichen Scheune. **$**

Inn on the Lost Coast
Familienfreundliches Hotel direkt am Meer; einige Suiten verfügen über eigene Whirlpools, Saunen und Kamine. **$$$**

vor allem, wenn die je nach Jahreszeit geöffnete Brücke über den South Fork of the Eel River nicht in Betrieb ist. Die Wanderung beginnt an der **Williams Grove Day Use Area**, von wo aus es nur noch etwa eine halbe Meile (800 m) bis zum Fluss sind. Nach der Überquerung des Flusses führt der 1 Meile (1,6 km) lange Rundweg in einen Hain, in dem 2003 ein großer Waldbrand wütete. Nach etwa einem Jahrzehnt hatte der Wald seine Schönheit wiedererlangt, und der einzige Hinweis auf das Feuer war ein verbranntes Parkschild.

Weitere 10 Meilen (16 km) nördlich befindet sich **Founders Grove**, das meistbesuchte Gebiet des Parks, da es direkt an der Ausfahrt des Highway 101 liegt. Wer nicht das Einfachste und Beliebteste machen will, sollte den Founders Grove auslassen und stattdessen den nahe gelegenen, weniger erforschten **Rockefeller Grove** aufsuchen. Hier kann man die Natur in Ruhe betrachten oder sich auf den Bull Creek Flats Trail begeben, eine 10 Meilen (16 km) lange Wanderung durch den angeblich höchsten Wald der Welt. Eine weitere Geschichte über Widerstandsfähigkeit findet man etwa 10 Meilen (16 km) nördlich im **Grieg-French-Bell Grove**, einer herrlichen Umgebung mit vielen Farnen, Sauerampfer und noch mehr hohen Bäumen. Einem besonderen Baum, dem **Girdled Tree**, fehlt ein großer Teil seiner Rinde. Er wurde 1901 von Menschen abgeschält, um bei einem Kongress in San Francisco wieder zusammengesetzt zu werden, aber wie durch ein Wunder starb der Baum nicht ab.

UNTERWEGS VOR ORT

In der Umgebung von Ferndale gibt es keine öffentlichen Verkehrsmittel, und auch für die Erkundung des Humboldt Redwoods State Park sind eigene Räder erforderlich. Mit einem Fahrrad kann man die Avenue of the Giants in ihrer ganzen Länge befahren.

EUREKA

Eureka liegt am Rande der größten Bucht nördlich von San Francisco und ist ein künstlerisch geprägter Ort mit einem charmanten historischen Viertel hinter der ausufernden Zersiedelung um den Highway 101, der das Herz der Stadt durchschneidet. Zu den Hauptanziehungspunkten gehören die viktorianische Architektur, ein ruhiger Uferweg, fantastische Restaurants und wunderbare Straßenmalereien. Aber kämpft noch immer darum, seine wirtschaftliche Basis zu finden.

Nachdem der Stamm der Wiyot im 19. Jh. gewaltsam aus der Region vertrieben wurde, entwickelte sich die Stadt zu einem wichtigen Zentrum der Holzfällerei. Als das Geschäft mit dem Holz nicht mehr gefragt war, profitierte die Hauptstadt von Humboldt County vom Marihuana-Schwarzmarkt. Mit der Legalisierung ist die lokale Cannabisindustrie zusammengebrochen, und die Einheimischen fragen sich, wie es weitergehen soll. Der Tourismus ist auf dem Vormarsch, und große Investitionen kamen in letzter Zeit von Cal Poly Humboldt, der neuen Fachhochschule des Staates, sowie von der Offshore-Windindustrie und sogar von Big Tech.

TOP TIPP

Sieh dich um. Überall ist Kunst zu sehen: an Wänden, Stromkästen, auf dem Bürgersteig und versteckt im Gebüsch. Ernsthaft: Ein Besuch lohnt sich während der berühmten Kinetic Grand Championship, einem Skulpturenrennen, bei dem durch Muskelkraft angetriebene Kunstfahrzeuge durch die Straßen fahren.

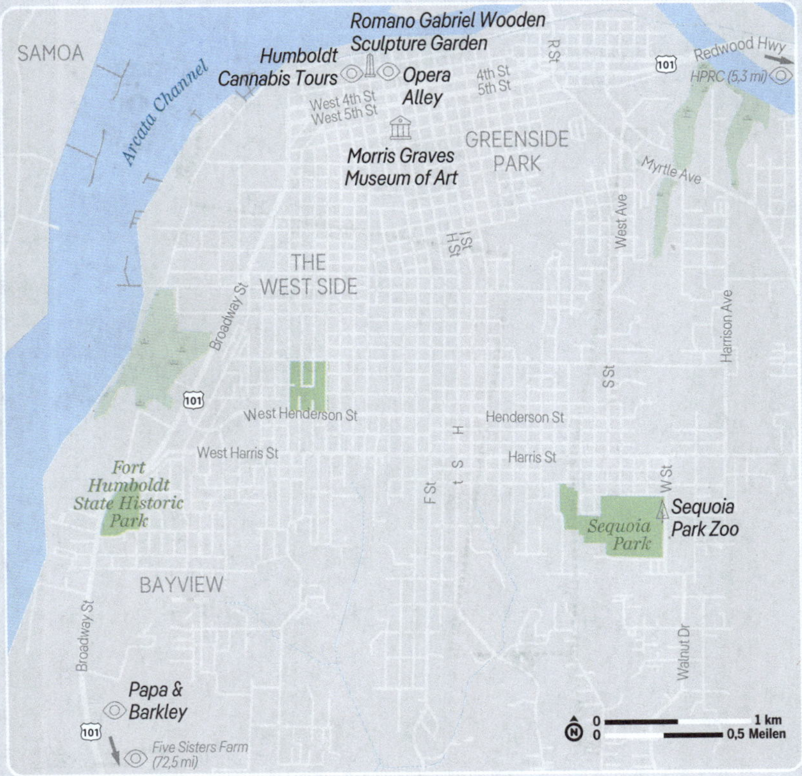

RADTOUR ENTLANG DER VIKTORIANISCHEN HÄUSER IN EUREKA

Überall in Eureka stehen viktorianische Herrenhäuser, und einige der schönsten lassen sich auf einer Fahrradtour besichtigen.

Die Tour beginnt beim 1 **Carson Mansion** an der Ecke M und 2nd Street, dem wohl berühmtesten Queen-Anne-Haus des Landes. Das Anwesen des Holzbarons William Carson aus dem Jahr 1880 liegt auf einem Hügel und ist mit Buntglasfenstern und Holz aus aller Welt ausgestattet. Heute ist es ein privater Männerclub und kann nicht besichtigt werden. An der Ecke in der 202 M St. befindet sich das 2 **Pink Lady Mansion**, ein rosafarbenes Queen-Anne-Haus mit Türmchen und anderen Zierelementen. Es wurde 1884 als Hochzeitsgeschenk für Carsons Sohn erbaut und ist heute ein Urlaubsdomizil.

Einen Block westlich und zwei südlich liegt ein weiteres Gebäude im viktorianischen Stil, das 3 **Carter House Inn**. Das orangebraune Hotel ist eine Huldigung an das Murphy House, ein viktorianisches Haus in San Francisco aus dem Jahr 1885, das bei dem Erdbeben von 1906 zerstört wurde. Der Besitzer des Hotels, Mark Carter, entdeckte 1978 in einem Antiquitätengeschäft in Eureka die Original-Baupläne und ließ sie nahezu originalgetreu nachbauen.

Eine Meile (1,6 km) weiter südwestlich, in der 4 **Hillsdale St**, befindet sich ein Block mit tollen viktorianischen Häusern, die sich alle durch unterschiedliche Farben, Muster und Schmuckelemente auszeichnen. Drei Blocks weiter südlich auf der C St., steht mit 5 **Abigail's Elegant Victorian Mansion** ein weiteres prächtiges Queen-Anne-Haus.

Den Abschluss der Tour in Old Town bildet das 6 **Inn at 2nd & C**, ein historisches Hotel in einem 1888 von finnischen Eingewanderten erbauten viktorianischen Gebäude. Dort ist die Phatsy Kline's Parlor Lounge, ein idealer Ort für einen Drink am Abend.

Carson Mansion

Kunst in Eureka

WANDMALEREI-TOUREN, MUSEEN UND MEHR

In Eureka begegnet man Kunst an jeder Ecke. Die Wände sind mit Malereien bedeckt (viele davon stammen vom legendären Künstler Duane Flatmo), Stromkästen sind mit Gemälden versehen, und die Bürgersteige sind mit Gedichten vollgekritzelt. Die Stadt sprüht nur so vor Kreativität.

Eine der lustigsten Einführungen in die Szene sind ein paar Stunden mit dem überschwänglichen Robert „Robot" Adams, der Kunst-, Kultur- und Wandmalerei-Touren in einem Fahrradtaxi anbietet. Eine beliebte Tour führt durch die **Opera Alley**, wo das erste Street Art Festival von Eureka stattfand, um den Gästen die Wandmalereien und die beeindruckende Architektur der Stadt zu zeigen. Später lohnt sich ein Abstecher in den **Romano Gabriel Wooden Sculpture Garden** in der Altstadt, wo skurrile Art brut oder Outsider Art zu bewundern ist, eingefasst von altem Glas. 30 Jahre lang erfreuten die Holzfiguren die Einheimischen in Gabriels Vorgarten. Nach seinem Tod im Jahr 1977 verlegte die Stadt die Sammlung hierher. Wer einen traditionelleren Rahmen sucht, findet im **Morris Graves Museum of Art** ein wechselndes Schaufenster für die Kunst des pazifischen Nordwestens in den Räumen der Carnegie-Bibliothek aus dem Jahr 1904, die sieben Galerien und Lehrräume, einen Skulpturengarten im Innenhof und eine Rotunde umfasst, in der an den Wochenenden Künstler:innen performen.

GESCHICHTE IM HAFEN

Früher beförderten sieben Fähren die Fabrikarbeiter:innen und ihre Familien über die Humboldt Bay. Nach der Eröffnung der Samoa-Brücke im Jahr 1971 wurden sechs dieser Fähren außer Betrieb genommen, aber die Madaket überlebte. Das 1910 gebaute und 1989 renovierte Schiff ist das älteste durchgehend in Betrieb befindliche Personenschiff in den USA.

Heute liegt es am Ende der C Street und bietet Touren durch die Geschichte und die Tierwelt der Bucht sowie Cocktail-Kreuzfahrten bei Sonnenuntergang an. Beim Umrunden der Bucht gleitet es an Tuluwat Island vorbei, dem Ort eines Massakers von 1860, bei dem weiße Siedler:innen Frauen, Kinder und Älteste des Wiyot-Stammes ermordeten. Im Jahr 2019 gab Eureka die Insel an die Bewahrer:innen der Ahnen zurück – ein Novum für eine US-amerikanische Stadt.

BESTE UNTERKÜNFTE IN EUREKA

Abigail's Elegant Victorian Mansion Museum der lebendigen Geschichte, in dem die Wirtsleute ihre Gäste mit herzlicher Gastfreundschaft verwöhnen. **$$**

Inn at 2nd & C Prächtiges historisches Hotel, das geschmackvoll restauriert wurde. Das viktorianische Dekor wurde mit modernen Ausstattungen kombiniert. **$$**

Best Western Plus Humboldt Bay Inn Stadtoase mit Pool und Wasserfall sowie einem kostenlosen Limousinenservice für die Fahrt zum Dinner. **$$**

BESTE BARS IN EUREKA

The Shanty
Die coolste Bar der Stadt mit Flipper, Billard und schönem Innenhof ist bei jungen Hipstern sehr beliebt.

Lost Coast Brewery & Cafe
Preisgekrönte Brauerei in einem historischen Gebäude mit kostenlosen Führungen, leckerem Craft Beer und unglaublichem Spinat-Dip.

The Speakeasy
Diese von New Orleans inspirierte Bar mit Live-Blues und geselliger Atmosphäre ist ein Treffpunkt für die Einheimischen.

Savage Henry Comedy Club
Intimer, lebendiger Comedy-Club, der große Namen anzieht und Open-Mics für aufstrebende Amateure veranstaltet.

CONOR P. FITZGERALD/SHUTTERSTOCK ©

Redwood Skywalk

Ein Besuch wert: Die **North Coast Open Studios** finden im Juni statt, wenn Kunstschaffende aus der ganzen Region ihre Ateliers für die Öffentlichkeit öffnen. **Arts Alive** ist eine kreative Blockparty in der Innenstadt, die jeden ersten Samstag im Monat stattfindet. Auf dem **Eureka's Friday Night Market** spielen Musiker:innen in der Altstadt, während Farmer:innen und Kunsthandwerker:innen ihre Waren feilbieten. Das berühmteste Event ist natürlich die **Kinetic Grand Championship**. Das 1969 von dem Künstler Hobart Brown ins Leben gerufene Rennen findet jedes Jahr am Memorial-Day-Wochenende statt und führt über 50 Meilen (80 km) Land, Sand, Wasser und Schlamm. Die Teilnahme an diesem Event ist die beste Möglichkeit, den Geist der exzentrischen nordkalifornischen Kunst-Community zu erleben.

Ein Spaziergang in den Baumwipfeln der Redwoods

WANDERN IN 30 METERN HÖHE

Auf dem **Redwood Skywalk**, der 2021 im **Sequoia Park Zoo** in Eureka eröffnet wurde, kann man in einem Redwood-Hain in die Höhe steigen und die uralten Baumriesen aus 100 Fuß (30 m) Höhe erkunden. Der Baumwipfelpfad ist der längste seiner Art im Westen der USA, und die Konstruktion der Aufstiegsrampe, der Startrampe, des zugänglichen Hauptrundgangs, der sieben Aussichtsplattformen und der optionalen Hängebrücke wurden allesamt von „En-Tree-Preneurs" entworfen.

Nach dem Betreten des Zoos, vorbei an den Flamingos auf der linken Seite und der Beutegreiferausstellung auf der rechten

BESTE RESTAURANTS

Samoa Cookhouse
Das Samoa Cookhouse ist die letzte noch betriebene Holzfäller-Kantine im Westen. Freundliche Bedienung, schmackhaftes Essen. $

Gill's by the Bay
Etwas südlich von Eureka liegt dieses familiengeführte Fischrestaurant am Wasser, das mit Artefakten aus der Walfangindustrie geschmückt ist. $$

Brick & Fire
Köstliche Pizzen mit dünner Kruste, Salate und Hauptgerichte mit regionalen Produkten und Wildpilzen. $$$

Seite, gelangt man zur Aufstiegsrampe, die im Zickzack mit sanfter Steigung zur Startrampe hinaufführt. Von dort aus bieten die vollständig zugänglichen Hauptwege und Plattformen einen seltenen Einblick in ein faszinierendes Ökosystem: Neugierige Sperbereulen hocken in den Baumkronen, knorrige, überdimensionale Knollen ragen aus massiven Stämmen heraus, und von oben schweift der Blick über wirbelnde Flecken von Farnen und Sauerampfer. Für die ganz Unerschrockenen gibt es den „Abenteuerabschnitt": eine Reihe von Hängebrücken im Costa-Rica-Stil, die den Sky Walk Loop abschließen. Nimm dir Zeit, pass auf, wo du hintrittst, und entspanne dich, während du Teil des Lebens in den Baumwipfeln der Redwoods wirst.

Marihuana-Tourismus

IN HUMBOLDT ...

Einst baute schätzungsweise ein Fünftel der Bevölkerung von Humboldt County das weltberühmte Gras an, und jahrzehntelang basierte ein großer Teil der Wirtschaft auf Barzahlung und Steuervermeidung. In den letzten Jahren gelang es durch lokale Anreize, einige Schwarzmarktfarmer:innen aus ihrem Versteck zu locken, da Marihuana für den Freizeitgebrauch in Kalifornien und einigen anderen US-Bundesstaaten inzwischen legal ist. Auch wenn die Umstellung aufgrund der hohen staatlichen Abgaben und der stark gefallenen Preise schwierig war, können Interessierte in Eureka auf sichere und informative Weise mehr über die lokale Branche erfahren.

Neulinge können sich beim Kauf von legalem Gras so fühlen, als wären sie in einem edlen Weinladen und könnten einen Sauvignon blanc nicht von einem Cabernet sauvignon unterscheiden. Hier kommen die Leute von **Humboldt Cannabis Tours** ins Spiel, die lehrreiche Besuche zu den besten örtlichen Abgabestellen anbieten – darunter **HPRC** in Arcata, das seit 1999 pestizidfreie Cannabisprodukte verkauft – oder zu „Weißmarkt"-Farmen, wo man von den erfahrenen Cannabiszüchter:innen des Smaragddreiecks etwas über den Anbauzyklus erfährt. Die **Five Sisters Farm** bietet dazu die Möglichkeit, in einem luxuriösen Zelt zu übernachten und im Freien ein Bad mit einer CBD-Badebombe zu nehmen.

Mehrere andere Unternehmen in der Umgebung sind darauf aus, Kiffer-Klischees zu widerlegen, indem sie einen touristenfreundlichen Blick auf die Cannabiskultur bieten (ab 21 Jahre). Kaliforniens erstes Cannabis-Spa, das in der Apotheke **Papa & Barkley** untergebracht ist, bietet Massagen für Gäste an, die gleich nebenan THC-, CBD- und mit Cannabis angereicherte Produkte gekauft haben. Für Reisende mit mehr als nur gelegentlichem Interesse bietet **Ganjier** (ganjier.com) ein Zertifizierungsprogramm, das mit der Sommelier-Ausbildung vergleichbar ist.

LOCAL TIPP: BESTE SPAZIERWEGE

Jennifer Fumiko Cahill, Kunst- und Feuilletonredakteurin des North Coast Journal (@northcoastjournal) in Eureka, empfiehlt diese drei Spaziergänge.

Redwood Skywalk im Sequoia Park Zoo
Hinauf auf der barrierefreien Rampe in die Wipfel der Mammutbäume, über Hängebrücken und Plattformen mit Schautafeln über die einzigartige Flora und Fauna in den Baumkronen.

Hillsdale Street
Zwischen C und E Street liegen ein paar Blocks mit Häusern aus der viktorianischen und der Nachkriegszeit, die wunderschön erhalten und oft mit verspielten Motiven bemalt sind.

Old Town Mural Walk
Auf der Website eurekastreetartfestival.com findest du eine Karte mit wilden und verträumten Wandmalereien, die für das alljährliche Event geschaffen wurden, und kannst damit die historischen Gebäude besichtigen.

UNTERWEGS VOR ORT

Das Redwood Transit System betreibt Busse zwischen Eureka und den Städten im Norden und Süden, mit Haltestellen am Hwy 101.

Greyhound hält auf der Fahrstrecke von San Francisco nach Ukiah. Eureka Transit Service unterhält von Mo.–Sa. lokale Buslinien.

Rund um Eureka

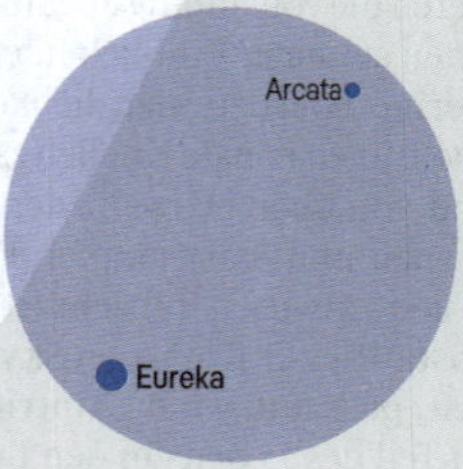

Außerhalb der Stadt warten eine Hippie-College-Stadt, ein Naturschutzgebiet und jede Menge Redwood-Abenteuer auf Besucher:innen.

Aufgrund seiner zentralen Lage und der umfangreichen Serviceangebote ist Eureka ein idealer Ausgangspunkt für einen Großteil der Redwood-Küste. Doch ehe man sich zu weit in die Ferne wagt, lohnt es sich, die Sehenswürdigkeiten in der Umgebung zu erkunden.

Südlich von Eureka liegen einsame Feuchtgebiete, in denen man Gänse bei ihrer Wanderung durch das Humboldt Bay National Wildlife Refuge beobachten kann. Und nur wenige Minuten weiter nördlich befindet sich die fortschrittlichste Stadt der Region, Arcata, die sich um einen grasbewachsenen zentralen Platz gruppiert, der regelmäßig von Studierenden, Camper:innen, Wander:innen und Tourist:innen bevölkert wird. Gelegentlich riecht es zwar nach Patschuli und die politische Ausrichtung ist eher links, aber das ernsthafte Bekenntnis zur Nachhaltigkeit bedeutet, dass Bioprodukte und -erzeugnisse die Norm sind, Kunst- und Handwerksmärkte in Hülle und Fülle vorhanden sind und Veganer:innen gut bedient werden.

TOP TIPP

Auf keinen Fall den Farmers Market verpassen, der jeden Samstag auf der Arcata Plaza stattfindet. Er existiert seit 1978 und ist ein wahres Feuerwerk der Hippiekultur hinter dem Redwood-Vorhang.

Große Schlammläufer im Arcata Marsh & Wildlife Sancturary

GEORGE OSTERTAG/ALAMY ©

Arcata Community Forest

Glücksgefühle in Arcata

ENTDECKE DEN HIPPIE IN DIR

In Arcata kannst du es den Einheimischen gleichtun. Dein Körper, dein Geist, deine Seele und dein inneres Kind werden es dir danken. Das bedeutet, früh aufstehen und sich in die Natur begeben, sei es, um Vögel im **Humboldt Bay National Wildlife Refuge** zu beobachten, auf den Redwood Trails im **Arcata Community Forest** zu wandern oder mit dem Fahrrad durch das **Arcata Marsh & Wildlife Sanctuary** zu fahren, wo sich die Wege über 225 Acres (91 ha) Feuchtgebiete schlängeln.

Zum Brunch lädt das **Cafe Phoenix** ein, ein bezauberndes kleines Restaurant mit warmen und kalten Getränken, einem gesunden Tagessalat, fantastischen Burritos und hausgemachten Produkten. Dann ist es Zeit für eine Ausbildung. In der **Cal Poly Humboldt**, der neuesten Fachhochschule des Bundesstaates, kann man sich für eine Besichtigung des Demonstrationshauses des **Campus Center for Appropriate Technology (CCAT)** anmelden, das weltweit führend in der Entwicklung nachhaltiger Technologien ist. Das umgebaute Wohnhaus hat einen Energieverbrauch von weniger als 5 % dessen, was ein amerikanischer Durchschnittshaushalt verbraucht.

Zum Abendessen holst du dir ein vegetarisches Curry im **Wildflower Cafe & Bakery**, und anschließend entspannst du dich in der **Finnish Country Sauna and Tubs**, einem Traum der Europa-verrückten Bohème mit privaten Redwood-Whirlpools unter freiem Himmel und einer Sauna, die um einen kleinen Froschteich angelegt ist. Am Ende gehört dazu eine heiße Schokolade und ein hausgemachter Cookie aus dem **Cafe Mokka**.

BESTE UNTERKÜNFTE & RESTAURANTS IN ARCATA

Front Porch Inn
Boutique-Oase mit Schwerpunkt auf lokaler Geschichte, Kunst und recycelten Materialien, mit einem verträumten Badehaus und aufwendig gestalteten Themenzimmern. **$$$**

Hotel Arcata
Dieses renovierte Monument aus Backstein von 1915 liegt direkt an der Plaza und bietet freundliches Personal und komfortable Zimmer im Stil der alten Welt. **$**

SALT Fish House
Maritimes Restaurant mit gedämpftem Licht auf der Plaza mit nachhaltigen Meeresfrüchten, regionalen Produkten und raffinierten Cocktails. **$$**

Slice of Humboldt Pie
Alles von Chicken Pot Pie bis hin zu Mexican-Chocolate Pecan Pie, und auch die herzhaften Empanadas können sich sehen lassen. **$**

UNTERWEGS VOR ORT

Die Stadtbusse von Arcata halten am Arcata & Mad River Transit Center. Eine noch bessere Möglichkeit, sich in der Stadt fortzubewegen, ist ein Leihfahrrad von Revolution Bicycles oder das Humboldt Bike Share-Programm, bei dem Fahrräder über die kostenlose Movatic-App reserviert werden können. In Arcata gibt es ein umfangreiches Netz von Radwegen.

REDWOOD NATIONAL & STATE PARKS

Versteckt im oberen Teil der nordwestlichen Pazifikküste Kaliforniens beherbergt der Redwood National Park einige der höchsten und ältesten Bäume der Welt sowie eine üppig grüne Mischung aus Küsten-, Fluss- und Prärielandschaften. Die massiven Bestände der uralten kalifornischen Küstenmammutbäume (*Sequoia sempervirens*), die mit Moos und Farnen bewachsen sind und eine Höhe von bis zu 115,5 m erreichen, werden gemeinsam mit drei benachbarten staatlichen Parks verwaltet: Prairie Creek Redwoods, Del Norte Coast Redwoods und Jedediah Smith Redwoods.

Die Parks bilden zusammen ein internationales Biosphärenreservat und ein Weltnaturerbe, sind aber im Vergleich zu ihren südlichen Verwandten, wie dem Sequoia National Park, wenig besucht. Es lohnt sich, darüber nachzudenken, dass einige dieser Bäume schon seit Urzeiten hier stehen und bereits 500 Jahre vor dem Römischen Reich existierten. Hier warten überwältigende Eindrücke.

TOP TIPP

Die vielen landschaftlich reizvollen Straßen in der Region laden zu ausgedehnten Erkundungstouren ein. Aber auch mit einem bestimmten Ziel vor Augen sollte man sich nicht auf das GPS verlassen, denn digitale Navigationssysteme sind berüchtigt dafür, Besucher:innen in den Redwood National & State Parks in die Irre zu führen. Stattdessen sollte man sich auf Parkkarten und Straßenschilder stützen, um sich zuverlässig in den Parks zurechtzufinden.

Redwoods National Park

HIGHLIGHTS
1 Redwood National Park

SEHENSWERTES
2 Del Norte Coast Redwoods State Park
3 Jedediah Smith Redwoods State Park
4 Prairie Creek Redwoods State Park

AKTIVITÄTEN, KURSE & TOUREN
5 Boy Scout Tree Trail
6 Coastal Trail
7 Damnation Creek Trail
siehe 6 Fern Canyon
8 Grove of the Titans Trail
9 Lady Bird Johnson Grove Trail
siehe 8 Mill Creek Trailhead
10 Tall Trees Grove Trail

INFORMATION
11 Thomas H Kuchel Visitor Center

TRANSPORT
12 Howland Hill Rd

Wandern in den Redwoods

IMMER SCHÖN NACH OBEN SCHAUEN

Im **Thomas H. Kuchel Visitor Center** in Orick kann man sich eine Karte besorgen und hat dann verschiedene Wander-Möglichkeiten. Um die Redwoods kennenzulernen, bietet es sich an, im **Redwood National Park** zu beginnen, der nur wenige Kilometer nördlich des Besucherzentrums leicht zu erreichen ist.

Ein Ausflug ins Landesinnere auf der Bald Hills Rd. führt zum **Lady Bird Johnson Grove** mit einem leichten, 1 Meile (1,6 km) langen Rundweg, aber man kann auch in die abgeschiedene Stille des **Tall Trees Grove** eintauchen. Zum Schutz des Waldes darf nur eine begrenzte Anzahl von Autos pro Tag hineinfahren; Genehmigungen müssen mindestens 24 Stunden im Voraus online beantragt werden. Die Wanderung dauert etwa einen halben Tag, aber die anspruchsvolle Strecke lohnt sich.

Nördlich des Redwood National Park liegt der 5500 ha große **Prairie Creek Redwoods State Park**, in dem einige der besten unberührten Redwood-Haine der Welt und eine unberührte Küstenlinie zu finden sind. Die 75 Meilen (120 km) langen, schattigen Wanderwege bieten etwas für alle Altersgruppen und Fähigkeiten. Eine halbe Autostunde weiter nördlich befindet sich der **Del Norte Coast Redwoods State Park**, der von steilen Schluchten, dichten Wäldern und einer zerklüfteten Küste geprägt ist. Der beste der 24 km langen Wanderwege ist der **Damnation Creek Trail**, ein 6,75 km langer Rundweg, der einen Höhenunterschied von 335 m überwindet und an beeindruckenden Redwoods an den Klippen vorbeiführt. Der unmarkierte Wanderweg beginnt auf einem Parkplatz am Highway 101 bei Meile 16.

Im **Jedediah Smith Redwoods State Park**, dem nördlichsten Park, führt die hervorragende, 11 Meilen (17,7 km) lange **Howland Hill Rd** durch ansonsten unzugängliche Gebiete zum **Boy Scout Tree Trail**, der wahrscheinlich die optimale Redwood-Wanderung darstellt. Der 9 km lange Hin- und Rückweg ist abgelegen und besticht durch eine Fülle von alten Bäumen und relativ wenige Menschen.

ERSTE ORIENTIERUNG

Im Gegensatz zu den meisten Nationalparks haben die Redwood National & State Parks keinen Haupteingang und sind nur in einigen Abschnitten gebührenpflichtig, vor allem am Gold Bluffs Beach und im Fern Canyon-Gebiet des Prairie Creek Redwoods State Parks. Die weit verstreuten Sehenswürdigkeiten sind entlang der Hauptverkehrsstraße ausgeschildert und über Nebenstraßen und Parkplätze zugänglich. Es gibt fünf Besucherzentren. Diese sind in Orick, Prairie Creek, Hiouchi, Crescent City und Jedediah Smith. Öffnungszeiten siehe online.

Die vergessene Welt des Fern Canyon

WO DINOSAURIER SINN MACHEN

Überdimensionale Farne und dichte Moose ziehen sich an den Wänden dieses engen, dramatischen Canyons hinunter, den Steven Spielberg passenderweise als Drehort für *Vergessene Welt: Jurassic Park* ausgewählt hat. Die Attraktion erfreut sich großer Beliebtheit, und im Jahr 2022 hat der Park ein Genehmigungssystem eingeführt, um die Zahl der Besucher:innen im

BESTE UNTERKÜNFTE UND RESTAURANTS

Elk Meadow Cabins
Zwischen zwei Redwood-Parks gelegen, bieten die hellen Hütten voll ausgestattete Küchen und Vierbeiner, Wapiti, auf der Wiese. **$$**

Lost Whale Inn
Hoch über den tosenden Wellen nördlich von Trinidad hat dieses moderne, lichtdurchflutete B&B eine atemberaubende Aussicht. **$$$**

Larrupin Cafe
Dieses gehobene, einzigartige Restaurant mit seinem eklektischen Dekor und den fantastischen Speisen vom Mesquite-Grill ist ein wahrer Renner. **$$$**

Fern Canyon

Sommer zu steuern. Genehmigungen sind vorab unter redwood parksconservancy.org/permits/fern-canyon-permits erhältlich.

Zum Fern Canyon gelangt man über den Highway 101 bis zur Davidson Rd. und fährt dann in westlicher Richtung durch Elk Meadow und auf die unbefestigte Straße, die 6 Meilen (9,6 km) bis zum Gold Bluffs Kiosk führt. Hier zahlt man die Eintrittsgebühr (8 US$) und fährt dann 3 holprige Meilen (4,8 km) bis zum Parkplatz. Von dort aus geht's mit geeignetem Schuhwerk auf dem **Coastal Trail** nach Norden: Der Weg kreuzt an vielen Stellen einen gewundenen, mit Kieselsteinen gefüllten Bach, sodass man mit hoher Wahrscheinlichkeit mit nassen Füßen rechnen muss.

Der Weg führt über Küstenwiesen und am Fuße einer Steilküste entlang, bevor er einen üppigen Wald erreicht. Sobald der gähnende Eingang zum Fern Canyon erscheint, ist das Ziel erreicht, und die 9 m hohen Wände fallen ins Auge, die mit lebenden Tapeten, darunter fünf verschiedene Farnarten, bedeckt sind. Über den Wänden des Canyons ragen Sitka-Fichten und andere Nadelbäume in die Höhe, und wer genau hinsieht, entdeckt vielleicht einen Salamander oder einen Frosch.

Auf dem weiteren Weg durch den Canyon fallen winzige, für Instagram perfekte Wasserfälle ins Auge, die von oben herabrieseln, und schließlich gelangt man zu einer natürlichen Treppe. Oben angekommen, bietet sich ein herrlicher Blick auf den Canyon, während man den 1 Meile (1,6 km) langen Rundweg bewältigt hat. Um das Erlebnis zu vertiefen und zu verlängern, warten noch weitere herrliche Wanderwege in der Umgebung

PRÄCHTIGE ROOSEVELT-WAPITIS

Roosevelt Wapitis durchstreifen die Küste und die Wälder am Fern Canyon, und die Begegnung mit diesen majestätischen Tieren ist ebenso schön wie beängstigend, besonders während der Paarungszeit von August bis Oktober. Bullen können bis zu 450 kg wiegen und mit ihren Geweihen und Beinen Schaden anrichten, wobei auch Kühe mit Kälbern durchaus aggressiv werden können.

In Nordkalifornien haben Probleme zwischen Mensch und Wapiti zugenommen, und Wissenschaftler:innen bemühen sich intensiv um die Erforschung des Wapitis, um Lösungen zu finden. Zum Selbstschutz und zum Schutz der Tiere sollte man einen Mindestabstand von ca. 23 m einhalten, wenn man die Tiere bewundern will.

Im Snack Shack, der einzigen Verpflegungsmöglichkeit in Orick, wird für Elk-Burger geworben. Allerdings stammt das Fleisch von gezüchteten Wapitis, nicht von den Wildtieren des Parks.

LANDSCHAFTLICH SCHÖNSTE FAHRSTRECKEN

Howland Hill Rd
10 Meilen (17,7 km) langer, unbefestigter, traumhafter Weg durch die hoch aufragenden alten Redwoods des Jedediah Smith State Park.

Bald Hills Rd
Kurvenreiche Fahrstrecke durch die Hügel und Prärien des Redwood National Park, wo gelegentlich Lupinen in voller Blüte stehen.

Newton B Drury Scenic Parkway
8 Meilen (knapp 13 km) langer Parkway, der parallel zum Highway 101 durch uralte Redwood-Wälder führt.

KEIN BESUCH BEIM HYPERION

Der Grove of the Titans ist nicht die einzige Redwood-Attraktion, die von Tourist:innen beschädigt wurde. Auch der höchste Baum der Welt, der **Hyperion** (160 m), wurde zu sehr geliebt. Seitdem der abgelegene Standort des Baums im Redwood National Park im Internet bekannt wurde, nehmen die Menschen den beschwerlichen (und offen gesagt wenig lohnenden) Weg auf sich, um ihn zu bestaunen. Da der Hyperion von anderen riesigen Bäumen umgeben ist, kann man nicht einmal erkennen, dass er der höchste Baum ist.

Im Jahr 2022 wurde die Parkverwaltung aktiv und sperrte das Gebiet um den Hyperion für Besucher:innen. Auf Warnschildern im Park und auf der Website wurde darauf hingewiesen, dass der Besuch des Hyperion mit einer Geldstrafe von 5000 US-Dollar und einer möglichen Gefängnisstrafe geahndet wird. Das ist es ganz sicher nicht wert!

Jedediah Smith Redwoods State Park (S. 234)

Grove of the Titans

GEHEIMNISVOLLE BÄUME ENTDECKT

Willkommen im einem der weltweit beeindruckendsten und gigantischsten Dickichte aus Küsten-Redwoods. Forschende entdeckten den Hain 1998 und gaben den Bäumen der Superlative Namen wie Screaming Titan oder Lost Monarch. Dann, vor etwa einem Jahrzehnt, enthüllten Instagram-Fotos und Geotags ihre geheimen Standorte im Jedediah Smith Redwoods State Park, und schon tauchten Interessierte auf, störten den Lebensraum und zertrampelten die empfindlichen Wurzelsysteme.

Im Jahre 2022 schließlich waren Gäste dann im Grove of the Titans willkommen und es wurde ein neuer, 4,8 km langer Wanderweg mit einem knapp 400 m langen Steg angelegt, um die Zerstörung des Gebietes zu verhindern. Der Weg, die neue Beschilderung und die Toiletten wurden in Zusammenarbeit mit den staatlichen und nationalen Parkbehörden angelegt. Er ist heute einer der Hauptanziehungspunkte in den Redwoods-Parks.

Der Zugang zum Hain erfolgt über den **Mill Creek Trailhead** an der Howland Hill Rd. Der neue Weg führt zwischen den Baumriesen hindurch und unter einigen umgestürzten Stämmen hindurch. Neben den beeindruckenden Mammutbäumen schlängelt sich der Weg vorbei an Oregon-Ahorn, Sitka-Fichten, Schwertfarnen, Azaleen und Orchideen. Wer genau hinsieht, kann sogar Bananenschnecken oder Molche entdecken.

UNTERWEGS VOR ORT

Die Parks sind am einfachsten mit dem Auto zu erreichen. Die Attraktionen sind entlang des Highway 101 und des Highway 199 zwischen Orick und Gasquet verstreut. Öffentliche Nahverkehr ist spärlich; Mo.–Sa. fährt der Redwood Coast Transit-Bus 20 3-mal täglich durch den Park. Es gibt Haltestellen am Prairie Creek Redwoods State Park und am Nationalparkbüro in Orick; auf Wunsch können die Fahrer:innen die Fahrgäste auch an anderen Orten im Park absetzen.
Der nächste Verkehrsflughafen ist der Humboldt County Airport in McKinleyville.

Rund um die Redwood National & State Parks

Die Küstenstädte und Staatsparks rund um die Redwood National & State Parks sind ruhige Zufluchtsorte mit einer atemberaubenden Landschaft.

Entlang der nördlichsten Küstenlinie Kaliforniens und zwischen den Redwood-Parks ist die Schönheit der Landschaft erbarmungslos und zuweilen kaum zu fassen. Das südlich des Redwood National Park gelegene Trinidad ist ein postkartenreifer Küstenort, der vor einer atemberaubenden Landzunge und dramatischen vorgelagerten Felsinseln liegt. Zwischen den Redwood-Parks liegt der Humboldt Lagoons State Park, ein Paradies zum Kajakfahren und Beobachten von Vögeln, das gleichzeitig das größte Lagunensystem Nordamerikas ist. Nördlich der Prairie Creek Redwoods befindet sich Klamath – das Herz des Yurok Country – wo der gleichnamige Fluss in den Ozean mündet. Und westlich der Jedediah Smith Redwoods liegt Crescent City, ein kommerzielles Fischereizentrum mit einem windgepeitschten Leuchtturm im New-England-Stil.

TOP TIPP

Nimm dir die Zeit, die eindringliche natürliche Pracht zu genießen. Es gibt hier zwar zahlreiche Motels aus der Mitte des Jahrhunderts, aber am besten schläft es sich im Freien.

Blick auf den Trinidad State Beach vom Trinidad Head Trail aus (S. 238)

AUTOTOUR

Im Norden der Nordküste

Entlang dieses Abschnitts des Highway 101 führen kurvenreiche Straßen und neblige Pfade zu spektakulären Naturwundern, wie es sie sonst nirgendwo auf der Welt gibt. Die Fahrt entlang des Scenic Drive an der Küste (der Name ist Programm) führt zunächst in das fröhliche Trinidad, das trotz der vielen Tourist:innen immer noch einen Hauch von Abgeschiedenheit versprüht.

1 Trinidad

Hier kann man in den hübschen Geschäften stöbern, im Seascape einen Brunch mit Meeresfrüchten und Aussicht genießen und anschließend einen Verdauungsspaziergang auf dem Trinidad Head Trail machen, der eine herrliche Küstenlandschaft und hervorragende Walbeobachtungsmöglichkeiten bietet (Dezember bis April). Bei schönem Wetter lohnt sich ein Spaziergang an der herrlichen Bucht des Trinidad State Beach; bei schlechtem Wetter empfiehlt sich ein Abstecher zum Telonicher Marine Laboratory der Cal Poly Humboldt. Dort gibt es ein Streichelbecken, Aquarien und einen riesigen Walkiefer.

Fahrstrecke: Nach 13 Minuten Fahrt Richtung Norden gelangt man zum knapp 260 ha großen Sue-meg State Park (früher Patrick's Point, auf Wunsch des Yurok-Stammes umbenannt).

2 Sue-meg State Park

Küstenklippen ragen zum Meer hinaus, Sandstrände und Gezeitentümpel grenzen an felsige Landzungen. Sumêg ist eine authentische Nachbildung eines indigenen Yurok-Dorfes mit handgezimmerten Bauten aus Redwood. Der 2 Meilen (3,2 km) lange Rim Trail, ein ehemaliger Yurok-Pfad um die Steilküste, umrundet die Spitze und führt zu riesigen Felsen. Nicht verpassen sollte man den Wedding Rock, einen der romantischsten Orte des Parks, und den Agate Beach, wo man mit etwas Glück Jadestücke und vom Meer geschliffene Achate entdecken kann.

Fahrstrecke: Zurück zum Highway 101 geht es durch dichte Redwood-Bestände auf dem Weg zum Humboldt Lagoons State Park.

Battery Point Lighthouse in Crescent City

3 Humboldt Lagoons State Park

Der Park verfügt über lange Sandstrände und eine Reihe von Lagunen an der Küste. Big Lagoon und die hübschere Stone Lagoon eignen sich hervorragend zum Kajakfahren und zur Vogelbeobachtung. Die Sonnenuntergänge sind spektakulär. Das Stone Lagoon Visitor Center, das heute vom Yurok-Stamm betrieben wird, bietet Ausstellungen zur Geschichte und Kultur der Indigenen sowie Infos über die bedrohten kalifornischen Kondore, die in der Region ausgewildert wurden.

Fahrstrecke: Weiter nach Norden, etwa 50 km auf dem Highway 101 nach Klamath.

4 Klamath

Das Herzstück der kleinen Stadt ist das beeindruckende Yurok Country Visitor Center, das kulturelle Ausstellungen, Kunsthandwerk und Aktivitäten wie geführte Kanu- und Jetboat-Touren auf dem Klamath River bietet. Klamath und ein großer Teil der Umgebung sind das Land der Ahnen der Yurok.

Fahrstrecke: Nach 10 Min. auf dem Highway 101 überragen bei Trees of Mystery Holzstatuen von Paul Bunyan und Babe the Blue Ox den Parkplatz.

5 Trees of Mystery

Hier (etwas überteuert) gibt es eine Gondel, die durch die Baumwipfel der Redwoods und einen lustigen „Tall Tales Forest" fährt, wo Skulpturen die Geschichte von Paul Bunyan erzählen. Das End of the Trail Museum (hinter dem Souvenirladen) enthält eine große Sammlung indigener Kunst und Artefakte, um deren Rückführung sich indigene Vertreter:innen bemühen.

Fahrstrecke: Eine weitere halbe Stunde Fahrt nach Norden und man erreicht Crescent City.

6 Crescent City

Die Highlights sind der Smith River (ein wunderbar ungestauter Wasserweg), der Tolowa Dunes State Park (Zufluchtsort für Zugvögel und Stachelschweine) und ein Leuchtturm von 1856 (nur bei Ebbe zu besichtigen).

CLEAR LAKE

Mit mehr als 160 km Uferlinie und einer Fläche von 176 Quadratkilometern ist der Clear Lake der älteste See Nordamerikas und der größte natürliche Süßwassersee Kaliforniens (Lake Tahoe ist größer, liegt aber an der Grenze zum Bundesstaat Nevada). Er wird von einem 1310 m hohen ruhenden Vulkan überragt. In den umliegenden Hügeln gibt es preisgünstige Unterkünfte, Restaurants und Weingüter, die zum Entspannen einladen. Der Clear Lake ist ein verstecktes, aber zunehmend attraktives Reiseziel, und wie die freundlichen Menschen hier zu sagen pflegen, bringt er das „Land" in das Weinland.

Während die Landschaft nach wie vor einer der Hauptanziehungspunkte für die Gegend ist, gab es in den letzten Jahren einige klimabedingte Bedrohungen. Seit 2015 sind mehr als 60 % des Landes im Lake County durch Waldbrände vernichtet worden, und in den letzten Sommern hat das heiße, trockene Wetter zu einer schädlichen Algenblüte im See geführt.

TOP TIPP

Wenn du im Sommer hier Urlaub machst, erkundige dich vorher nach der Algensituation. Trink kein Wasser, das aus dem See stammt, und pass auf, wann und wo du (und deine Haustiere) schwimmen gehst.

Weingut in Kelseyville (S. 242)

SHAY BAKSTAD/SHUTTERSTOCK ©

DIE BESTEN RESTAURANTS

Saw Shop Public House
Gehobene kalifornische Küche – Produkte aus der Region und leckere Cocktails. **$$**

Park Place
Lakeports führendes Restaurant bietet klassische italienische und amerikanische Gerichte sowie eine fantastische Aussicht von Dachterrasse und Innenhof. **$$**

RED's @ the Skyroom
Ein beliebtes Lokal am Flughafen, das saisonale Cocktails und Salate sowie hausgemachte kalifornische Hausmannskost serviert. **$$**

Blue Wing Saloon
Das historische Restaurant des Tallman Hotels verwöhnt Gäste auf der beheizten Veranda mit amerikanischer Küche und Live-Musik. **$$**

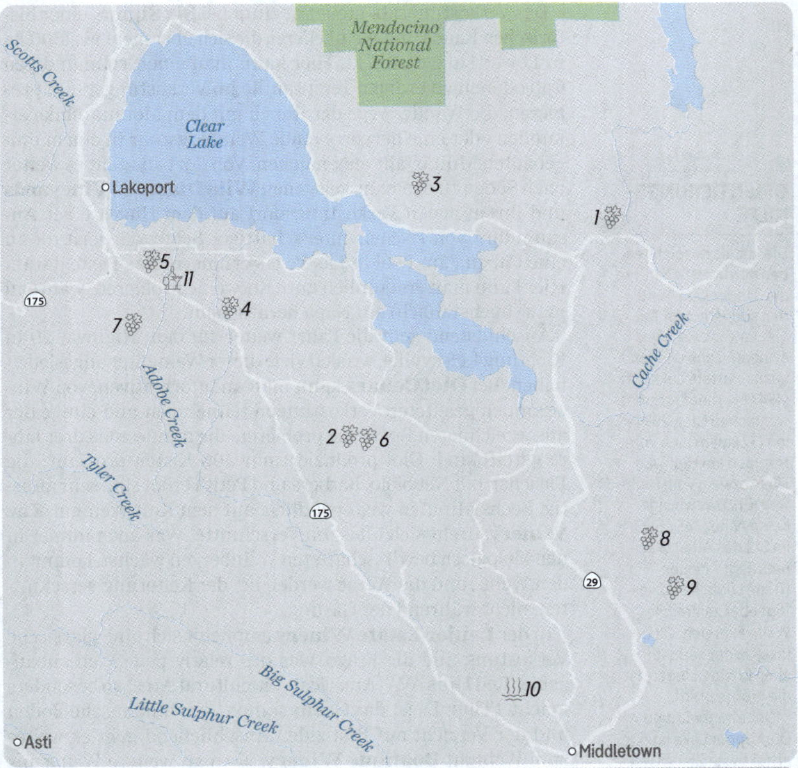

SEHENSWERTES
1 Bed & Barrel at Stonehouse Cellars
2 Boatique Winery
3 Brassfield Estate Winery
4 Chacewater Winery & Olive Mill
5 Kaz Winery
6 Laujor Estate Winery
7 Olof Cellars
8 Six Sigma
9 Wild Diamond Vineyards

AKTIVITÄTEN, KURSE & TOUREN
10 Harbin Hot Springs

AUSGEHEN
11 Shannon Mercantile

Eine weniger besuchte Weinregion

DAS HIER IST NICHT MEHR NAPA

Rund um Clear Lake gibt es etwa 30 Weingüter. Die meisten liegen auf vulkanischen Böden in einer Höhe von ca. 400 m über dem Meeresspiegel, und viele liefern Trauben an die benachbarten Weingüter in Napa. Alle sind unglaublich gastfreundlich und verzichten in der Regel auf die Bezahlung der Verkostungsgebühren, wenn man eine Flasche Wein kauft.

BESTE AKTIVITÄTEN RUND UM CLEAR LAKE

Clear Lake State Park
Park am See und Ausgangsort zum Schwimmen, Bootfahren, Kajakfahren und Angeln mit Wanderwege und Infozentrum.

Mt. Konocti
3,2 km lange Rundwanderung mit meilenweiter Aussicht und interessanten historischen Stätten am Weg.

Lakeport Auto Movies
Eines der wenigen und wunderbar nostalgischen Autokinos in Amerika. Vorstellungen Freitag- und Samstagabend.

Das Verkostungsabenteuer beginnt bei **Six Sigma**, einer historischen Ranch und Weinkellerei, die sich über mehr als 1600 ha in Lower Lake erstreckt. Hier kann man einen vollmundigen Cab oder einen erdigen Tempranillo im Verkostungsraum probieren, die Wanderwege der Ranch mit dem Mountainbike erkunden oder eine hervorragende Weinbergstour in einem umgebauten Militärfahrzeug machen. Von dort aus geht es weiter nach Süden zu den nahe gelegenen **Wild Diamond Vineyards** und ihrem neuen Verkostungsdorf auf dem Hügel, einer Ansammlung von Tischen unter schattigen Schutzdächern, die an eine Cabana am Pool in Las Vegas erinnern. Das Beste daran: Hier kann man erstaunlich gute Rotweine probieren, während man (buchstäblich) auf Napa herabschaut.

Anschließend geht die Fahrt weiter auf dem Highway 29 in Richtung Kelseyville, wo sich viele dieser Weingüter angesiedelt haben. Bei **Olof Cellars** kann man an informativen, von Winzer:innen geleiteten Verkostungen teilnehmen und einige der ausgezeichneten Rotweine probieren, die mindestens drei Jahre gereift sind. Olof produziert nur 500 Kisten pro Jahr; die Flaschen mit Nebbiolo, Barbera und Petit Verdot sind sehr günstig. Sechs Minuten weiter südlich, auf dem Kult-Weingut **Kaz Winery**, dreht sich alles um Verschnitte. Was auch immer in den biologisch bewirtschafteten Weinbergen wächst, kommt in den Wein - und die Weine werden bei der Kelterung verschnitten, nicht während der Gärung.

In der **Laujor Estate Winery** empfiehlt sich eine klassische Verkostung und die Frage, was das relativ neue Weinanbaugebiet Red Hills AVA (American Viticultural Area) so besonders macht. (Tipp: Es ist das Gebirgsklima, der vulkanische Boden und der Verzicht auf Pestizide.) Anschließend geht es weiter zum Weingut **Boatique Winery**, wo man weitere Weine aus der Red Hills AVA verkosten kann und einen herrlichen Blick auf den Mt. Konocti hat sowie eine wertvolle Sammlung antiker Holzboote bewundern kann (angeblich die größte im Westen). Weiter geht es nach Kelseyville selbst, wo die **Chacewater Winery & Olive Mill** Verkostungen von Bio-Weinen und Olivenöl anbietet, von denen viele preisgekrönt sind. Beim Picknickplatz kann man vor den Olivenhainen Hufeisenwerfen oder Boccia spielen. Wer noch mehr Zeit hat, kann zum **Shannon Mercantile** fahren, einem beliebten neuen Verkostungsraum mit 12 Weinen im Ausschank, einem Picknickbereich und Cornhole-Spiel. Alternativ lohnt sich ein Abstecher auf die andere Seite des Sees zum Weingut **Brassfield Estate Winery**, einem beeindruckenden Dorf im toskanischen Stil in der Region High Valley, das von herrlichen Gärten umgeben ist.

ORIENTIERUNGSHILFE

Die Locals bezeichnen den nordwestlichen Teil als „Upper Lake“ und den südöstlichen Teil als „Lower Lake“. Das sympathische und gut ausgestattete Lakeport (4947 Ew.) liegt am nordwestlichen Ufer, 20 Meilen (32 km) östlich von Hopland am Highway 175 (Abzweig vom Highway 101). Das winzige Kelseyville (3657 Ew.) im Stil des Alten Westens liegt 7 Meilen (11 km) südlich und verfügt über zahlreiche Weinkellereien. Clearlake, an der südöstlichen Küste gelegen, ist die größte Stadt.

Das altehrwürdige Dorf Upper Lake ist das attraktivste Ziel im Norden. Im Süden liegt 18 Meilen (29 km) südlich von Clearlake eine ehemalige Postkutschenhaltestelle namens Middletown, nur 4 Meilen (6,5 km) von den Harbin Hot Springs entfernt, einem der besten Nacktbadeorte Kaliforniens.

BESTE UNTERKÜNFTE AUSSERHALB VON WEINGÜTERN

Reese Ranch Retreat
17 Acres (knapp 7 ha) große Ranch in Upper Lake, die Glamping und Tierkontakte bietet, darunter Ziegen-Yoga und ein Zebra-Erlebnis. $

Suites on Main
Zwei Etagen mit hellen, modernen Suiten mit voll ausgestatteten Küchen, einem Garten im Hinterhof und Blick auf Kelseyville. $$

Tallman Hotel
Elegantes Hotel am Upper Lake mit schattigem Garten, eingemauertem Pool, Innenhöfen aus Backstein und stilvollen Veranden. $$

Wem ein ganzer Tag mit Weinverkostungen noch nicht genügt, kann auch auf einem Weingut übernachten. Boatique und Chacewater bieten Kurzzeitunterkünfte auf ihren Grundstücken an, und Laujor hat eine Unterkunft direkt über seinem Verkostungsraum. Ein noch ausgefalleneres Erlebnis bietet das **Bed & Barrel at Stonehouse Cellars**. Dieses Weingut liegt auf einem knapp 60 ha großen, abgeschiedenen Gelände und vermietet ein Zimmer und eine Suite in einem luxuriösen Gebäude sowie eine stilvolle und gemütliche Ranch mit drei Schlafzimmern. Alle Gäste haben Zugang zu den Wanderwegen in den Weinbergen, einem Pool, einem Whirlpool und einer großen Terrasse mit Grill. Der Hausherr und Chefkoch bereitet ein bombastisches Frühstück zu.

Hippie Hot-Springing

AUSZIEHEN UND AUFWÄRMEN

Harbin Hot Springs ist die älteste heiße Quelle in Kalifornien, und der Besuch dieser Bäder, die mit oder ohne Badekleidung genutzt werden können, ist praktisch ein Initiationsritus. Es herrscht eine jugendliche, ungezwungene Atmosphäre und ein ausgeprägter Hippie-Charme (wundere dich nicht, wenn die Frau mit nacktem Oberkörper, die neben dir badet, anfängt zu stöhnen und Mantras zu summen). Wenn du dich nackt wohl fühlst, kann das Bad eine wahre Offenbarung sein.

Das Herz und die Seele des 688 ha großen Freizeitzentrums ist der quellgespeiste Poolbereich mit acht Bädern unterschiedlicher Temperatur, einer Sauna und einer Sonnenterrasse, von der aus man das Tal überblicken kann. Die Unterbringung erfolgt in Wohnwagen am Flussufer, in Zeltkabinen oder in Hütten auf den Hügeln. Preisbewusste Reisende können auch ein Zelt aufstellen oder im Auto schlafen und für den 24-Stunden-Aufenthalt bezahlen. Übernachtungen fühlen sich ein bisschen an wie in einem Sommercamp für Erwachsene, mit Yogakursen, Trommelkreisen, Vollmondtreffen und ähnlichem. Rechtzeitig im Voraus reservieren.

Mit einem Tagesticket hat man bis zu sechs Stunden Zeit, die Anlage zu erkunden und im biologischen (und vorwiegend vegetarischen) **Dancing Bear Cafe** zu speisen. Allerdings muss mindestens eine Person deiner Gruppe Mitglied werden; die Mitgliedschaft kostet ab 10 US$ im Monat.

KELSEYVILLE PEAR FESTIVAL

Die größte eintägige Veranstaltung in Lake County, die am letzten Samstag im September stattfindet, ist ein echter Kracher und ein Schaukasten für das landwirtschaftliche Erbe der Region, darunter die allgegenwärtige Birne. Auf dem Programm stehen Paraden, Live-Musik und Tanz auf drei Bühnen, eine riesige Zierbirne, ein Kuchenwettessen, ein Vogelscheuchen-Wettbewerb und zahlreiche Verkaufsstände. Überall in der Stadt gibt es Sonderausstellungen, z. B. eine Traktor- und Motorenausstellung oder eine Ausstellung über die Geschichte der Landwirtschaft in Kelseyville im Birnenpavillon. Die Veranstaltung ist von nur 1500 Besucher:innen im Jahr 1993 auf mehr als 10 000 im Jahr 2022 angewachsen. Der sehr passende Slogan der Veranstaltung lautet: „Catch the small-town magic" (Erlebe den Zauber der Kleinstadt).

UNTERWEGS VOR ORT

Ein eigenes Fahrzeug ist auf jeden Fall empfehlenswert, obwohl Lake Transit werktags zwischen Clearlake und Calistoga einen Linienverkehr anbietet. Von Lakeport aus fahren Busse nach Ukiah. Da es schwierig sein kann, Routen und Zeiten herauszufinden, ist es am besten, vorher anzurufen.

Oben: Surfen in Santa Cruz (S. 252); Rechts: Big Basin Redwoods State Park (S. 256)

DIE WICHTIGSTEN ZIELE

SANTA CRUZ
Surfen, Schwimmen und Wandern. S. 250

MONTEREY
Meerestiere und Strandvergnügen. S. 258

BIG SUR
Autotouren in der Wildnis. S. 267

HIGHWAY 101
Originelle Kleinstädte mit Geschichte. S. 272

CENTRAL COAST

LOCKRUF DER WILDNIS

Die atemberaubend schöne und teilweise noch wilde Central Coast vereint lässige Surfstädte mit schwindelerregenden Klippen und nebligen Wäldern aus Küstenmammutbäumen.

Die Central Coast steht für absolute Freiheit, und die stürmische Küste, dichten Wälder und ineinander übergehenden Orte haben Kunstschaffende zu Glanzstücken inspiriert. Big Sur und Monterey wurden durch Literaturschaffende wie John Steinbeck, Henry Miller, Jack Kerouac und Robert Louis Stevenson weltberühmt. San Simeon und Carmel lieferten die Vorlagen für visionäre Architekturschaffende wie Julia Morgan und Hugh W. Comstock. Und das betrifft nur die Städte an der Küste. Das landwirtschaftlich geprägte Hinterland erzählt seine ganz eigenen Geschichten. Der Hwy 101, der durch weite Felder und Plantagen führt, folgt den Spuren der spanischen Siedelnden Ende des 18. Jhs. Sie kamen hierher, um die indigene Bevölkerung zum Christentum zu bekehren. Dafür bauten sie Missionen und bewirtschafteten das Land. Ihre Kirchen, Adobe-Bauten und Friedhöfe sind bis heute erhalten und erzählen von der Zerstörung der indigenen Kulturen und wie diese Menschen massenweise an den von Europäern eingeschleppten Krankheiten starben.

Passend zu ihrer turbulenten Geschichte ist auch die Natur der Central Coast sehr stürmisch. Die Wellen sind hoch, und es herrscht oft dichter Seenebel. An kulturellen Sehenswürdigkeiten hat die Küste auch einiges zu bieten, etwa das prachtvolle Hearst Castle und die moderne Kunstszene von Paso Robles.

Wer lieber am Strand faulenzen will, sollte weiter nach Süden fahren. Die Central Coast lockt eher mit Aktivitäten in der Natur: langen Strandspaziergängen, Seekajakfahren, Wandern auf den Klippen, Vulkanlandschaften entdecken. Sie entspricht nicht ganz der üblichen Vorstellung von Kalifornien, doch gerade das macht die Central Coast so interessant.

CAMBRIA
Malerischer Strandort.
S. 276

PASO ROBLES
Entspanntes Weinanbaugebiet.
S. 280

SAN LUIS OBISPO
Zwischen Küste und Hinterland. S. 285

Erste Orientierung

Es gibt so viele Strände, Nationalparks und Wanderwege entlang der Central Coast, dass man unmöglich alles machen kann. So sucht man sich entweder einige günstig gelegene Orte und unternimmt von dort aus Tagesausflüge oder man fährt die ganze Küste ab.

Santa Cruz, S. 250
Tolle Stimmung und ideale Surfbedingungen prägen den Ort. Er ist aber auch Ausgangspunkt für schöne Wanderungen durch die wilden Nationalparks in der Nähe.

Highway 101, S. 272
Im Gegensatz zum Küstenhighway 1 ist auf diesem Highway weit weniger los. Er führt im Landesinneren durch kleine Städte, spanische Missionen und raue Wildnis.

Monterey, S. 258
Die Stadt am Meer ist ideal zur Walbeobachtung, zum Kajakfahren oder um einfach nur den Strand zu genießen. Nicht zu vergessen: das gigantische Meeresaquarium.

Big Sur, S. 267
Der spektakuläre Küstenabschnitt eignet sich hervorragend für eine Autotour durch ursprüngliche Wälder und zu einsamen Buchten.

Paso Robles, S. 280

Wer gern Wein (und insbesondere Rotwein) trinkt, sollte unbedingt einen Abstecher in die bezaubernde Stadt machen und die herrlichen Weine der Umgebung verkosten.

San Luis Obispo, S. 285

Das Schmuckstück der Central Coast ist eine nette Universitätsstadt mit vielen historischen Gebäuden und jeder Menge Strände und Weingüter in unmittelbarer Nähe.

Cambria, S. 276

Der malerisch romantische Küstenort bietet schöne Strände, Seerobben vor der Küste, das opulente Hearst Castle und ausgezeichnete Restaurants.

AUTO

Die Central Coast ist natürlich am besten mit einem Auto zu erkunden. Die Straßen führen durch eine atemberaubende Landschaft, die weit auseinander liegenden Nationalparks und historischen Sehenswürdigkeiten sind gut zu erreichen und man kann jederzeit anhalten, um die Aussicht zu genießen.

ZUG

Der *Coast Starlight*-Zug fährt vom Großraum San Francisco Bay in die größeren Städte wie Monterey (über Salinas), Paso Robles und San Luis Obispo. Um in die kleineren Orte zu gelangen, ist entweder ein eigenes Fahrzeug oder sehr viel Geduld erforderlich, denn Busse und Fahrdienste verkehren nur selten.

FAHRRAD

Die Städte Santa Cruz, Monterey und San Luis Obispo sind ausgesprochen fahrradfreundlich und durch schöne Radwege miteinander verbunden. Aber auch viele Panoramastraßen wie etwa der 17-Mile Drive sind gut mit dem Rad zu befahren.

Perfekte Tage

Die Central Coast ist praktisch eine einzige Panoramastraße. Die Küstenstraße führt direkt am Pazifik entlang, an herrlichen Stränden vorbei, durch dichte Mammutwälder und Städte mit dem typisch lässigen kalifornischen Flair.

JON BILOUS/SHUTTERSTOCK ©

Hwy 1 (S. 268) bei Big Sur

Wenig Zeit

- Los geht es in **Monterey** (S. 258), das mit einer langen Geschichte, feinen Sandstränden und jeder Menge Meerestieren aufwartet. Nach einem Spaziergang in der legendären **Cannery Row** (S. 262) geht es ins berühmte **Monterey Bay Aquarium** (S. 260). Auch außerhalb des Aquariums wimmelt es von Ottern und Robben. Danach lädt das Wasser zum Schwimmen oder Kajakfahren ein.

- Nachmittags geht es auf der schönsten Küstenstraße Kaliforniens nach **Big Sur** (S. 267) im Süden. Die wunderschöne Stadt lässt sich gut in zwei bis drei Stunden entdecken. Der 27 km von Monterey entfernte Castle Rock bietet einen tollen Ausblick auf die Küste.

PICCHU PRODUCTIONS/SHUTTERSTOCK ©; 1000PHOTOGRAPHY/SHUTTERSTOCK ©; MICHAEL BARAJAS/SHUTTERSTOCK ©

Beste Reisezeit

Im Frühjahr und Herbst ist es angenehm warm. Im Sommer ist es im Landesinneren unerträglich heiß. Die Natur hat das ganze Jahr über etwas zu bieten, von der Wanderung der großen Meeressäuger über Vögel bis hin zu Schmetterlingen.

MÄRZ

Otter mit ihrem Nachwuchs sind an der ganzen Küste zu beobachten, junge **See-elefanten** vor allem in Piedras Blancas.

APRIL

Die beste Zeit zum **Wandern**. Der Montaña de Oro State Park ist mit einem bunten Blütenteppich bedeckt, und in Garrapata blühen Callas in allen Farben.

JUNI

Es wird langsam wärmer, aber im Landesinneren ist es auch noch nicht zu heiß. Das Meer ist ideal für **Surfneulinge** (Erfahrene sollten im Herbst kommen).

Drei perfekte Tage

- Der erste Tag gehört den Sehenswürdigkeiten in **Monterey** (S. 258): Cannery Row, Aquarium und die Bucht, in der man Kajak fahren, tauchen oder Wale beobachten kann.

- Am zweiten Tag besucht man **Big Sur** (S. 267) und bewundert die Bixby Bridge, den Pfeiffer Beach und die spektakulären Klippen von Ragged Point.

- Am dritten Tag fährt man nach **San Simeon** (S. 278) und beobachtet die Seeelefanten vor der Küste, bevor man das von William Randolph Hearst erbaute Märchenschloss **Hearst Castle** (S. 279) besucht. Danach lässt man den Tag am Strand im hübschen **Cambria** (S. 276) ausklingen.

Länger Zeit

- Die ersten Tage verbringt man in **Santa Cruz** (S. 250) mit Surfen, Wandern in den **„Redwoods“** (S. 256) und Kajak fahren zwischen **Seeottern** (S. 253). Dann geht es weiter nach **Monterey** (S. 258). Nach einer Runde auf dem schönen **17-Mile Drive** (S. 265) geht es nach **Big Sur** (S. 267) zum Wandern im **Julia Pfeiffer Burns State Park** (S. 269).

- Die nächste Station ist **San Simeon** (S. 278) mit dem opulenten **Hearst Castle** (S. 279), bevor es ins Landesinnere zu den ausgezeichneten **Weingütern in Paso Robles** (S. 281) geht. Das sehr entspannte **San Luis Obispo** (S. 285) ist ein gutes Basislager für Tagesausflüge, z. B. ins wunderbare **Morro Bay** (S. 290).

JULI

Die beste Zeit, um **Buckelwale** in der Monterey Bay zu beobachten. Ende Juli findet das **Gilroy Garlic Festival** statt.

SEPTEMBER

Die milden Temperaturen sind super, um in Big Sur und den Nationalparks zu **campen**. Es finden die Festivals **Capitola Art & Wine** und **Monterey Jazz** statt.

OKTOBER

Paso Robles feiert die **Weinlese**, und die ganze Region ist ein rotgoldenes Farbenmeer.

NOVEMBER

Myriaden von **Monarchfaltern** kommen jetzt nach Pacific Grove, Pismo Beach, Santa Cruz und in andere Orte der Central Coast, um hier zu überwintern.

SANTA CRUZ

In Santa Cruz treffen sich Studierende, Aussteiger:innen und IT-Profis zum Surfen. Die Stadt zwischen dem Silicon Valley und Monterey ist ein altbekanntes Surfparadies. Die Beat Generation der 1950er- und 1960er-Jahre machte Santa Cruz zu einer Hochburg von Kunstschaffenden, Freigeistern und Aussteiger:innen. Diese Gegenkultur ist bis heute in der Stadt sehr lebendig, auch wenn die heutigen Surf-Fans und Hippies zumeist gutverdienende Hightech-Größen sind.

In Santa Cruz kann man in vielerlei Hinsicht an die eigenen Grenzen gehen: surfen, wandern, die Craft-Biere probieren oder sich auf die Achterbahn Giant Dipper wagen. Tolle Wellen, ein lässiger Lebensstil und ein aufregendes Nachtleben – all das ist Kalifornien pur.

An den meisten Tagen verbreitet zudem der Seenebel eine mystische Stimmung. Er sorgt aber auch dafür, dass hier ausgezeichnete Weine gedeihen und es viele üppig grüne, dicht bewaldete Nationalparks in den nahe gelegenen Bergen gibt.

TOP TIPP

Es lohnt sich, Santa Cruz zur Zeit eines der vielen Festivals zu besuchen. Besonders schön sind das Pre-1950s Car Festival Woodies on the Wharf Ende Juni und das Capitola Art & Wine Festival im September etwas östlich der Stadt.

Santa Cruz Beach Boardwalk (S. 252)

FREIWILLIGE BEI DEN DIG DAYS

Wer das Land besser kennenlernen und mit einheimischen Umweltschützer:innen in Kontakt kommen will, kann bei den **Dig Days** mithelfen. Diese werden vom Santa Cruz Mountains Trail Stewardship organisiert, um Wanderwege in Nationalparks und Naturschutzgebieten neu anzulegen oder zu pflegen. Termine und Anmeldung unter santacruztrails.org.

SEHENSWERTES
1 Capitola State Beach
2 Capitola Wharf
3 Cowell's Beach
4 Natural Bridges State Beach
5 Santa Cruz Beach Boardwalk
6 Santa Cruz Wharf
7 Seymour Marine Discovery Center
8 UCSC Arboretum & Botanic Garden
siehe 1 Venetian Court

KURSE & TOUREN
siehe 2 Capitola Boat & Bait
9 Kayak Connection
10 Monarch Trail
11 Richard Schmidt Surf School
12 Santa Cruz Whale Watching

ESSEN
13 Gayle's Bakery
siehe 1 Margaritaville
14 Seabreeze Cafe
15 Shadowbrook
16 Verve Coffee Roasters

AUSGEHEN
siehe 1 Capitola Wine Bar
17 Equinox Sparkling Wine
siehe 17 Santa Cruz Mountain Brewing

SHOPPEN
18 Cowell's Surf Shop

UNHEIMLICHER BOARDWALK

Nach Sonnenuntergang wird es auf der sonnenverwöhnten Promenade weniger erholsam. Dies liegt vor allem an den aufdringlichen Vergnügungsstätten, die auch schon oft als Kulisse für Horrorfilme dienten.

Im Kultfilm *The Lost Boys* von 1987 baumelt Kiefer Sutherland als Anführer einer Vampirgruppe an der Trestle Bridge, bevor er beim Looff Carousel in eine Schlägerei gerät und dann mit dem Motorrad über die Promenade rast.

Auch der Horrorfilm *Wir* (2019) von Jordan Peele wurde in Santa Cruz gedreht. Beim Spaziergang auf der Promenade trifft Adelaide (Lupita Nyong'o) auf ihre Doppelgängerin. Vor dem Hintergrund von goldgelben Stränden, Häusern am Meer und unheimlichen Vergnügungsparks kommt es zum tödlichen Kampf zwischen Menschen und ihren Ebenbildern, unterirdischen Klonen, die nur auf Rache aus sind.

ARKANTO/SHUTTERSTOCK ©

Santa Cruz Wharf und Cowell's Beach

Ein Tag am Strand von Santa Cruz

VOM SURFEN AM MORGEN ZUM SUNDOWNER AM ABEND

Auf zum Surfen! Egal, ob man sich selber in die Wellen stürzt oder anderen dabei zusieht, morgens ist die beste Zeit dafür. **Cowell's Surf Shop** verleiht Bretter, **Richard Schmidt Surf School** bietet seit 1978 Kurse (inkl. Ausrüstung) an. Je nach Leistungsstufe finden die Kurse am **Cowell's Beach**, westlich des Piers, oder am **Pleasure Point** östlich von Santa Cruz statt.

Wer nur zusehen will, kann etwas länger schlafen und begibt sich dann mit einem Cappuccino von **Verve Coffee Roasters** zum **Santa Cruz Beach** hinunter. Auf dem **Santa Cruz Beach Boardwalk** befindet sich seit 1907 der älteste Vergnügungspark an einem Strand der Westküste. Die beiden bekanntesten Fahrgeschäfte, Giant Dipper (1924) und Looff Carousel (1911), stehen unter Denkmalschutz. Die frische Seeluft, der Geruch von Zuckerwatte und das Gekreische von der Achterbahn wecken Kindheitserinnerungen.

Zur Stärkung bietet **Seabreeze Cafe** den ganzen Tag über Frühstück mit Waffeln, Omelette und Zimtbrötchen. Zum **Natural Bridges State Beach** westlich der Stadt führt ein schö-

ESSEN UND AUSGEHEN IN SANTA CRUZ

Oswald
In dem alteingesessenen Bistro wird europäisches Lieblingsessen wie Cassoulet, Lasagne und Kaninchen auf drei Arten serviert. **$$**

Penny Ice Creamery
Die ungewöhnlichen Eissorten werden aus selbst angebauten Zutaten hergestellt und mit gerösteten Marshmallow-Flocken verziert. **$**

Venus Spirits
Die Destille im Stil eines alten Lagerhauses bietet Cocktails mit Whiskey, Gin und Aquavit sowie Snacks.

ner 4,8 km langer Weg vom Strand in Santa Cruz über die Klippen, vorbei am Lighthouse Field State Beach und an der mit Felsbrocken übersäten Mitchell's Cove.

Die Felsenbögen des Natural Bridges State Beach dienen auch vielen Seevögeln als Schlafplätze. Das Wasser ist herrlich, und in den Gezeitentümpeln lassen sich Krabben und Seeanemonen betrachten.

Beim Infozentrum nördlich des Strandes beginnt der kurze **Monarch Trail** zu einem Eukalyptuswäldchen, in dem Tausende von Monarchfaltern (S. 292) von Oktober bis Januar überwintern. Die Schmetterlinge leben in großen Kolonien und ernähren sich vom Nektar der Wolfsmilchpflanze, der sie teilweise auch vor Fressfeinden schützt.

Wenn das Wetter für den Strand zu schlecht ist, bietet sich ein Besuch des **Seymour Marine Discovery Center** an. Es liegt 1,6 km westlich der Stadt und gehört zum Long Marine Laboratory der UCSC. Neben den Aquarien und Streichelbecken im Inneren ist auch das riesige Blauwalskelett vor dem Eingang sehenswert.

Am Abend lockt die Gegend um die Ingalls St im Norden, wo **Equinox Sparkling Wine** den nach dem Champagnerverfahren hergestellten Sekt ausschenkt. Wer lieber Bier trinkt, geht zur urigen Kneipe von **Santa Cruz Mountain Brewing**, vor der auch einige Food Trucks stehen.

Wilde Tiere rund um Santa Cruz

SEELÖWEN, OTTER, PELIKANE UND VIELE MEHR

Neben den Surfenden tummeln sich im Wasser vor Santa Cruz auch jede Menge Meerestiere und Seevögel.

Die Küste gehört zum **Monterey Bay National Marine Reserve**, und schon direkt vor der **Santa Cruz Wharf** sind Seelöwen zu sehen. Am Ende des Piers von 1914 sind Gucklöcher in die Holzplanken eingelassen, um die Seelöwen auch im Wasser beobachten zu können. Seelöwen werden bis zu 2,40 m groß und rund 360 kg schwer.

Wesentlich schöner ist es aber auf dem Wasser. Morgens bietet **Santa Cruz Whale Watching** Touren zur Beobachtung von Grauwalen (Dezember bis April) und Buckelwalen (im Sommer) an. Natürlich werden dabei das ganze Jahr über auch Seelöwen und Seerobben erspäht und es wird erklärt, wie sie sich voneinander unterscheiden: Seelöwen sind größer und haben große Vorderflossen und Ohrläppchen. Seerobben dagegen haben Ohrlöcher, eine kürzere Schnauze und kleinere Vorderflossen. Noch besser lassen sich Otter rund um das **Walton Lighthouse** oder bei Moss Landing (S. 257) in einem Kajak von **Kayak Connection** betrachten.

LOCAL TIPP: WANDERN & RADFAHREN IM SANTA CRUZ COUNTY

Drew Perkins plant Wege und verrät uns seine Lieblingsstrecken im Santa Cruz County:

Viele meiner Lieblingswege habe ich selber zusammen mit dem Santa Cruz Mountains Trail Stewardship geplant und angelegt. Die **West Engelsmans Reroute** entstand in Zusammenarbeit mit den California State Parks in Wilder Ranch. Dieser Weg bietet einen tollen Blick durch die Bäume aufs Meer. Ebenfalls hervorragend ist der **Emma McCrary Trail** im Pogonip Open Space Preserve.

Als passionierter Mountainbiker kann ich den **Flow Trail** empfehlen, den wir im CAL FIRE's Soquel Demonstration State Forest anlegten. Ich bin sehr stolz, bei diesem Projekt mitgearbeitet zu haben.

BESTE BRAUEREIEN IN SANTA CRUZ

Humble Sea
Zum naturtrüben IPA vom Fass wird Food-Truck-Essen serviert. Man kann drinnen und draußen sitzen.

Sante Adairius
Die Brauerei schenkt ihr Porter und West Coast IPA in zwei Kneipen am Hwy 1 nahe Santa Cruz und Capitola aus.

Shanty Shack
Eine Bohème-Kundschaft, Livemusik und 14 Biere vom Fass, von fruchtig-herben bis zu Porter und Pale Ales.

BESTE STRÄNDE RUND UM CAPITOLA

New Brighton State Beach
Der Sandstrand östlich der Stadt ist von bewaldeten Klippen umgeben. Es gibt einen Campingplatz und Wanderwege.

Seacliff State Beach
Der Strand ist 4,8 km östlich der Stadt und ideal zum Schwimmen, Spazierengehen und um den Sonnenuntergang zu beobachten. Das Schiffswrack der SS *Palo Alto* ist nicht zugänglich.

Rio del Mar State Beach
Der breite, sehr ruhige Sandstrand südlich von Seacliff befindet sich 6,4 km östlich der Stadt.

Pleasure Point Beach
Am kaum vorhandenen Strand tummeln sich Surf-Erfahrene und ihr Publikum.

NAH BEI DEN WALEN

Walbeobachtungen sind an der gesamten Küste Kaliforniens möglich, am besten ist es aber in **Monterey Bay** (S. 260) und im **Channel Islands National Park** (S. 331).

Nachmittags werden dann Vögel bewundert. Auch wenn professionelle Vogelbeobachtende eher im Morgengrauen unterwegs sind, kann man die großen Pelikane, Kormorane und Silberreiher im Natural Bridges State Park (S. 252) oder anderswo gut den ganzen Tag über bestaunen. Im **UCSC Arboretum & Botanic Garden** nördlich der Stadt leben vor allem Kolibris (ein gutes Teleobjektiv mitbringen!), aber auch Thrasher mit gebogenem Schnabel, kalifornische Wachteln, Falken und Weihen.

Seebädernostalgie in Capitola

TOLLE STRÄNDE, FEINE RESTAURANTS UND GUTE STIMMUNG

Häuser in Regenbogenfarben, entspannte Einheimische und beste Surfbedingungen sind die Markenzeichen von Capitola, das viele Traveller deshalb dem größeren und umtriebigeren Santa Cruz vorziehen.

Auf dem Weg ins Capitola Village bietet **Gayle's Bakery** Croissants, Käsestangen und Bärentatzen. Die farbenfrohe Hauptstraße Capitola Ave ist von Bademodengeschäften und Kunstgewerbeläden unter Palmen gesäumt. Dazwischen kann man sich aus der Hand lesen lassen und Salt Water Taffy (Salzwasser-Toffee) kaufen.

Jenseits der Brücke über den Soquel Creek befindet sich **Venetian Court**, der bonbonfarbene Appartementblock, der schon für unzählige Selfies herhalten musste. Am **Capitola State Beach** beginnt der **Capitola Wharf**. Dort verleiht **Capitola Boat & Bait** SUP-Bretter und Kajaks, die direkt am Pier zu Wasser gelassen werden. Achtung: Nachmittags frischt der Wind deutlich auf! Für den kleinen Hunger bietet **Margaritaville** leckere Tacos direkt am Strand.

Zum Sonnenuntergang kann man mit der Seilbahn ins romantische **Shadowbrook** hinauffahren und ein feines Abendessen genießen, etwa mit Fleisch vom Angusrind oder Scampi. Allerdings wird dort entsprechende Kleidung erwartet, ganz nach dem Motto: Dress to impress. Zum Absacker mit Livemusik geht es dann noch in die freundliche **Capitola Wine Bar**.

UNTERWEGS VOR ORT

Santa Cruz, die Nationalparks und die Städte in der Umgebung wie Capitola sind am besten mit dem Auto zu erreichen. In Santa Cruz selbst sind Fahrdienste die bessere und stressfreiere Option. Eine gute Alternative ist auch ein Fahrrad von Santa Cruz Bike Repair oder Current eBikes.

Rund um Santa Cruz

Santa Cruz ist von dichten Küstenmammutwäldern und einem herrlichen Naturschutzgebiet umgeben.

Ist Santa Cruz vor allem bekannt für feine Sandstrände, tolle Surfbedingungen und eine entspannte Atmosphäre, ist die Gegend doch auch ein wunderbares Naturparadies: Nördlich der Stadt erstrecken sich die riesigen „Redwood"-Wälder der State Parks Big Basin und Henry Cowell, weiter östlich befindet sich der Forest of Nisene Marks, eine Ansammlung von wieder aufgeforsteten Wäldern. Und südlich der Grenze von Santa Cruz County liegt Moss Landing, der beste Ort der Central Coast, um Seerobben und Otter zu beobachten. Im Elkhorn Slough, der zweitgrößten Flussmündung des Staates, tummeln sich besonders viele dieser Meerestiere. In Moss Landing werden auch SUP-Bretter und Kajaks verliehen.

TOP TIPP

Einen Abstecher wert sind die Wälder mit Küstenmammutbäumen zwischen Silicon Valley und Santa Cruz sowie Moss Landing zwischen Santa Cruz und Monterey.

Otter in Moss Landing (S. 257)

MYTHOS BIGFOOT

Was ist groß, stark behaart und versteckt sich in Kaliforniens Wäldern voller Küstenmammutbäume? Für viele ist das ganz klar Bigfoot (oder auch Santa Cruz Sasquatch). Es gibt unzählige Legenden über das scheue, affenartige Wesen, das sich in den einsamen Wäldern Nordamerikas herumtreiben soll. Viele Einheimische verbringen ihr ganzes Leben damit, Beweise für seine Existenz zu finden.

Das **Bigfoot Discovery Center** widmet sich ausführlich dem Mythos und registriert jede Sichtung. Der freundliche Museumsleiter Michael Rugg ist sichtlich stolz auf die vielen Fotos und Zeitungsausschnitte, darunter auch der umstrittene Bericht von Roger Patterson und Bob Gimlin, die 1967 Bigfoot mitten in der Wildnis entdeckt haben wollen. Das kleine Museum ist gegenüber dem Eingang zum Henry Cowell Redwoods State Park, südlich von Felton. Spenden erwünscht.

Big Basin Redwoods State Park

Wandern unter riesigen Küstenmammutbäumen

DIE SCHÖNSTEN ORTE AM HWY 9

Der Hwy 9 von Silicon Valley nach Santa Cruz führt durch eine der schönsten Landschaften des Santa Cruz County mit unzähligen Nationalparks. Gerade einmal 40 Autominuten von Santa Cruz entfernt befindet sich der **Castle Rock State Park**. Die Wanderwege winden sich an Sandsteinformationen vorbei und bieten einen tollen Blick auf Eichen, Pinien und Küstenmammutbäume in den Tälern. Die von Bäumen gesäumte Rte 236

BESTE WANDERWEGE RUND UM SANTA CRUZ

Redwood Grove Loop Trail
Der knapp 1,3 km lange Weg unter den 82 m hohen Bäumen des Henry Cowell Redwoods Park ist zwar kurz, hat es aber in sich.

Loma Prieta Epicenter
Der gut 7 km lange Rundweg im Forest of Nisene Marks führt zum Zentrum des Erdbebens von 1989.

Saratoga Gap Trail
Solange die vom Feuer zerstörte Skyline zum Sea Trail gesperrt ist, bietet der 9 km lange Rundweg die beste Aussicht im Castle Rock Park.

geleitet zum **Big Basin Redwoods State Park**, dem ältesten Nationalpark Kaliforniens. Auf dem knapp 1 km langen Rundweg durch den Wald mit bis zu 1800 Jahre alten Bäumen sind noch die Spuren der Waldbrände von 2020 zu sehen.

Weiter in Richtung Süden führt der Hwy 9 zum **Henry Cowell Redwoods State Park**. Er ist die Heimat von Rotluchs und Rotwild. Die Wanderwege reichen von einem 1,6 km langen Rundweg bis hin zum anstrengenden 12 km langen Big Ben Trail. Am Eingang gibt's Wanderkarten, die hier wirklich nötig sind. Unbedingt sehenswert ist der riesige **Fremont Tree**, dessen 5 m breiter Stamm innen hohl ist.

Weiter östlich liegt der **Forest of Nisene Marks**. Er ist nach einer Bauersfrau benannt, die die Natur liebte und deren Kinder ihr Land der Nationalparkverwaltung vermachten. Der Wald besteht aus Küstenmammut- und Chaparralbäumen sowie Schwarzpappeln, mit denen der Ende des 19. und Anfang des 20. Jhs. abgeholzte Wald wiederaufgeforstet wurde. Heute ist der Wald wieder ein herrlicher Ort der Ruhe und Entspannung.

Kajakfahren in Moss Landing

ZWISCHEN SEELÖWEN UND OTTERN PADDELN

Kajaks und SUP-Bretter kann man bei **Monterey Bay Kayaks** in Moss Landing leihen, das weniger als 30 Autominuten von Santa Cruz entfernt ist. Angesichts des lauten Highways und der Betontürme des Gaskraftwerks ist es kaum zu glauben, dass dies ein Naturschutzgebiet ist. Doch kurz hinter der Brücke liegt die 11 km breite Flussmündung **Elkhorn Slough**. Dies ist der geschützte Lebensraum von unzähligen Meerestieren und rund 116 Vogelarten, darunter auch Zugvögel wie der Wanderfalke.

An den Ufern dösen Seelöwen. Pelikane und Reiher stehen im seichten Wasser, wo Ohren- und Kompassquallen schwimmen, und über allem fliegen schneeweiße Bachstelzen. Die Stars sind aber die verspielten Otter, von denen mehr als 125 Tiere hier leben. Bei aller Begeisterung sollte man jedoch nicht vergessen, dass es sich hier um Wildtiere handelt – man sollte ihnen deshalb nicht zu nahe kommen (immer fünf Kajaklängen Abstand halten).

TIPPS FÜR ELKHORN SLOUGH

Der hier oft stürmische Wind macht das Kajakfahren sehr anstrengend und lässt auch schon mal ein Boot kentern. Unbedingt vorher über die aktuelle Windstärke informieren! Außerdem verstärkt der Seenebel die Sonneneinstrahlung. Deshalb immer gut eincremen, auch wenn der Himmel bedeckt ist.

Im Frühjahr bringen die Otter ihre Jungen zur Welt. Im Herbst und Winter sind viele Zugvögel hier.

Niemals auf das Ufer fahren, und wenn einen ein Tier direkt anstarrt, ist man zu nahe dran. Wenn ein Otter neben dem Boot auftaucht, langsam von ihm wegpaddeln.

Nach dem Federal Marine Mammal Protection Act kann eine Strafe von bis zu 3000 US$ verhängt werden, wenn man einem Otter zu nahe kommt.

UNSTERBLICHE BÄUME

Die Küstenmammutbäume von Santa Cruz sind noch richtig jung im Vergleich zu anderen Bäumen in Kalifornien. So sind die wie verhext aussehenden Bäume im **Ancient Bristlecone Pine Forest** (S. 623) bei Mammoth Lakes mindestens 4000 Jahre alt.

UNTERWEGS VOR ORT

Für die Erkundung der Nationalparks empfiehlt sich ein eigenes Auto. Zwischen Santa Cruz und Moss Landing verkehrt zwar ein Bus (Nr. 78), allerdings nur selten.

MONTEREY

Auf halber Strecke zwischen Santa Cruz und Big Sur ragt die Halbinsel Monterey südlich der Monterey Bay ins Meer. Sie ist gesäumt von sandigen Buchten und zerklüfteten Klippen, doch der Hauptanziehungspunkt ist der Küstenort Monterey – mit viel Geschichte, Kultur und wilder Natur.

Der legendäre John Steinbeck verewigte die Stadt 1945 in seinem Roman *Die Straße der Ölsardinen*. Im heutigen Monterey ist es jedoch schwierig, sich die stinkenden Fischfabriken und schwülstigen Bordelle vorzustellen. Es gibt zwar durchaus dunkle Ecken, doch die schöne Innenstadt ist voller Hotels, Restaurants und Souvenirshops. Die Stadt ist eines der beliebtesten Ziele von Travellern am Hwy 1, und so fehlt es auch nicht an Touri-Fallen. Trotzdem bezaubert Monterey durch seine Lage am strahlend blauen Meer und mit den schön restaurierten Fabrikgebäuden.

Nördlich von Monterey liegt das elegante Pacific Grove, auf der anderen Seite der Halbinsel das sonnenverwöhnte Carmel by the Sea, zu dem der malerische 17-Mile Drive führt. Carmel ist die Quintessenz des Besten, was Kalifornien zu bieten hat: tolle Strände, Weine und guter Sinn für Mode.

TOP TIPP

Das berühmte Aquarium von Monterey ist definitiv sehenswert. Tickets können nur online gekauft werden. Morgens reicht die Warteschlange über mehrere Häuserblocks. Am frühen Nachmittag ist nichts mehr los und es bleibt immer noch genügend Zeit, die Tiere ausgiebig zu bewundern.

Monterey Bay Aquarium (S. 260)

WIRESTOCK CREATORS/SHUTTERSTOCK ©

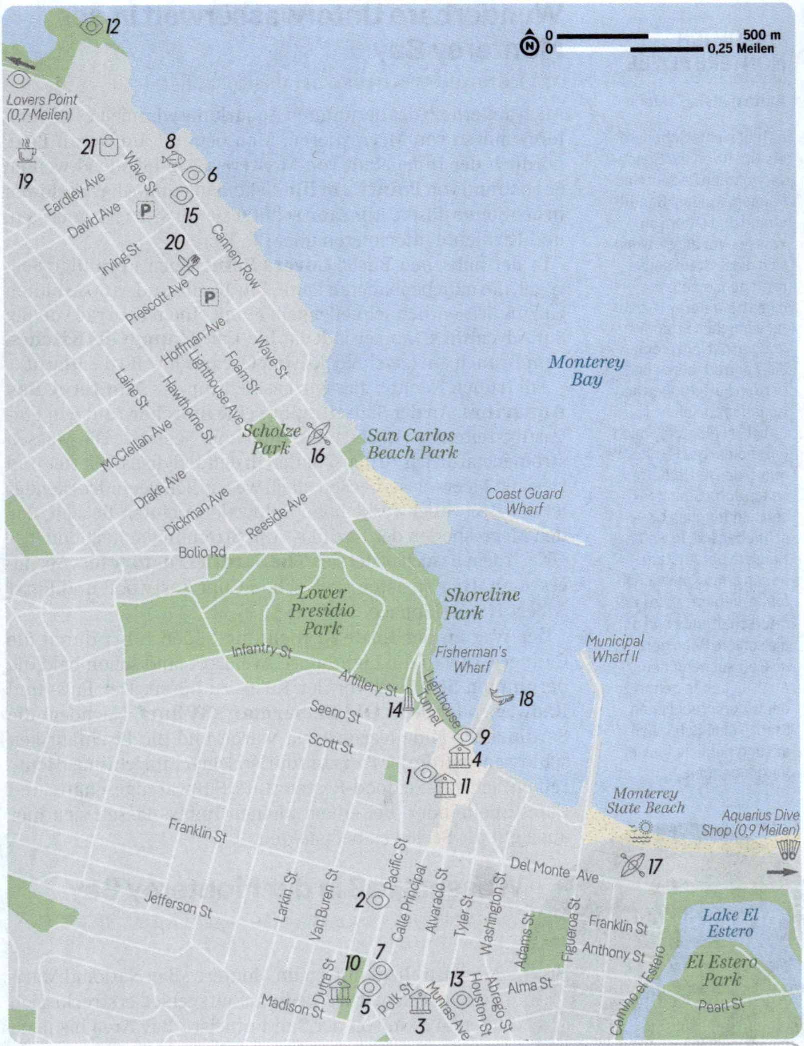

SEHENSWERTES
1 Casa del Oro
2 Casa Serrano
3 Cooper-Molera Adobe
4 Custom House
5 House of the Four Winds
6 Hovden Cannery
7 Larkin House
8 Monterey Bay Aquarium
9 Old Fisherman's Wharf
10 Old Monterey Jail
11 Pacific House Museum
12 Point Cabrillo
13 Robert Louis Stevenson House
14 Steinerne Denkmäler
15 Wing Chong Company Grocery

KURSE & TOUREN
16 Adventures by the Sea
17 Monterey Bay Kayaks
18 Monterey Bay Whale Watch

ESSEN
19 Happy Girl Kitchen
20 The Sardine Factory

SHOPPEN
21 American Tin Cannery

WARUM ICH MONTEREY LIEBE

Anita Isalska, Autorin

Es gibt nichts Schöneres als einen von der Sonne verwöhnten Badeort mit Palmen, weißem Sandstrand und Ottern im Wasser. Vor allem, wenn sich diese Stadt selber nicht ganz so ernst nimmt. Monterey bedeutet einfaches Strandvergnügen mit leckerem Eis, Fahrrad fahren und bei den Fütterungen im Aquarium zusehen. Natürlich ist Monterey auch ein ehemaliger Fischereiort, dessen Schattenseiten John Steinbeck sehr eindringlich beschrieben hat. In vielen Häusern der Altstadt lebten arme Kunstschaffende, liebeskranke Literaturschaffende und auf die schiefe Bahn geratene Goldsucher:innen. Auch ihr Leben gehört zu der widersprüchlichen Stadt – eine Schönheit mit unglaublich dunkler Vergangenheit.

Wunderbare Unterwasserwelt in der Monterey Bay

MEERESTIERE DRINNEN UND DRAUSSEN BEOBACHTEN

Auch außerhalb des berühmten Aquariums wimmelt es in Monterey nur so von Meerestieren. Man beginnt am Ocean Blvd, nördlich der Innenstadt von Monterey: Am blendend weißen Sandstrand von **Point Cabrillo** sieht man pummelige Seelöwen in der Sonne dösen. Ein Zaun schützt sie vor allzu Neugierigen, und Fachleute informieren über die Tiere.

In der hübschen Bucht **Lovers Point** leben unzählige Seevögel, die man beobachten kann. Zur Bucht sind es 30 Minuten zu Fuß. Wesentlich schneller geht es mit einem Fahrrad von Big Sur Adventures. Danach lädt das Bio-Café **Happy Girl Kitchen** zum Brunch ein (zwei Blocks vom Ocean View Blvd entfernt).

Am frühen Nachmittag wird es Zeit für das **Monterey Bay Aquarium**. An der Südseite gibt's eine Broschüre mit den Fütterungszeiten der Rochen, Pinguine und Seeotter. Die Massen strömen natürlich zu den Quallen in den Jellyfish Galleries und riesigen Meerwasserbecken, doch wesentlich beeindruckender ist der drei Stockwerke hohe Kelpwald in einem Becken, das den Meeresboden des Pazifiks samt Strömungen nachbildet.

Nach dem Besuch bietet sich **The Sardine Factory** fürs Abendessen an. Hier speisten auch schon Clint Eastwood und Fürst Albert II. von Monaco.

Der Weg an der Küste in Richtung Süden führt durch die Cannery Row in die Lighthouse Ave. Dort sind schon bald die berühmten Seelöwen vor der Küste zu hören. Der Fuß- und Radweg endet beim **Old Fisherman's Wharf**. Nachdem die Sardinenbestände leer gefischt waren und die Fischfabriken schlossen, wurde der Pier zur touristischen Einrichtung. Heute reihen sich hier Seafood-Restaurants, Süßwarengeschäfte und Cafés aneinander. Bei einem kleinen Imbiss lassen sich hier auch gut die Seelöwen beobachten.

OTTERBEOBACHTUNG

Vor der Central Coast leben überall Otter, doch am besten lassen sie sich von einem Kajak aus in **Moss Landing** (S. 257) beobachten. In Elkhorn Slough leben auch jede Menge Meerestiere.

Wasserspaß in der Monterey Bay

SCHNORCHELN, KAJAKFAHREN, WALE UND OTTER BEOBACHTEN

Monterey liegt mitten im Monterey Bay National Marine Sanctuary. Das Meeresschutzgebiet erstreckt sich über 442 km von der San Francisco Bay Area bis nach Cambria. Hier leben zwar jede Menge Meerestiere direkt vor der Küste, doch wesentlich besser lassen sie sich auf dem offenen Meer beobachten.

Monterey Bay Whale Watch ist einer der ältesten Veranstalter hier und wird von Meeresbiolog:innen geleitet. Jede

BESTES SEAFOOD IN MONTEREY

Monterey's Fish House
Der Familienbetrieb ist eine Institution und bietet Seafood mit italienischem Flair wie Krabbenravioli und Cioppino mit Schalentieren. **$$**

Crystal Fish
Leichte Tempura und superfrisches Sushi stehen auf der Speisekarte des japanischen Nobelrestaurants. **$$**

Schooners
Das internationale Restaurant serviert Seafood in Form von Austern, Ceviche aus der Region und Kabeljau mit Ramen-Nudeln. **$$$**

Buckelwal in der Monterey Bay

Walbeobachtungstour ist ein Glücksspiel: Einmal ist nur der Blas eines Wales am Horizont zu sehen, ein anderes Mal schwimmen Buckelwale direkt am Boot vorbei. Die Touren sind sehr umweltfreundlich und bieten viele Informationen über Belugas, Delfine und andere Meeressäuger.

Eine Alternative ist die Expedition im Kajak oder auf einem Stehpaddelbrett. **Monterey Bay Kayaks** bietet Touren zur Beobachtung von Seelöwen, Robben und Ottern aus sicherer Entfernung an. Wer lieber auf eigene Faust unterwegs ist, leiht sich ein Boot bei **Adventures By The Sea** – und hält mindestens fünf Kajaklängen Abstand zu den Tieren.

Zum Abtauchen verleiht **Aquarius Dive Shop** die nötige Ausrüstung und bietet auch Tauchtouren vor Monterey und Carmel an (im Voraus reservieren!). Der sich im Wasser wiegende Seetang ist ein unvergesslicher Anblick. Dazwischen schwimmen Ohrenquallen, Kabeljau und Mondfisch. Es wird auch Schnorchelausrüstung verliehen. Das beste Schnorchelgebiet ist vor Point Lobos (S. 266), doch San Carlos, Del Monte und Lovers Point bei Monterey sind auch sehr gut.

WALBEOBACHTUNGS-SAISON

Eine gute Nachricht: In Monterey lassen sich Wale tatsächlich das ganze Jahr über beobachten. Ihre Wanderzeiten überlappen sich, sodass immer irgendwelche Arten gerade vorbeiziehen.

Von März bis November sind es Buckelwale (die besten Chancen, diese mächtigen Kreaturen zu sehen, hat man im Juli und August), von Mai bis Oktober die riesigen Blauwale. Von Dezember bis etwa Mitte Mai gleiten Grauwale durch die Monterey Bay, und auch Schwertwale können erspäht werden.

Die jahrhundertealte Geschichte von Monterey

CANNERY ROW UND ANDERE WAHRZEICHEN

John Steinbecks Meisterwerk *Die Straße der Ölsardinen* (engl. *Cannery Row*) von 1945 ist eine sehr poetische Beschreibung

HIGHLIGHTS FÜR ALLEINREISENDE IN MONTEREY

Whaling Station Steakhouse
Das lebhafte Restaurant serviert tolle Spareribs und klassische Cocktails an der Theke. **$$**

Monterey Bay Kayaks
Die Touren dauern unterschiedlich lange (1½–4 Stunden) und bringen die Interessierten zu den besten Stellen für die Beobachtung von Wildtieren.

Spindrift Inn
Gratis Happy Hours ermutigen Gäste, miteinander in Kontakt zu kommen. Später lassen sich die Gespräche in einem barocken Zimmer mit Kamin vertiefen. **$$**

des Stadtviertels: der Gestank, der ständige Lärm, das eigenartige Licht, die Stimmung, die Gewohnheiten, viel Nostalgie und ein Traum. Das Viertel wurde nun aufgehübscht und stinkt heute auch nicht mehr nach Fisch, doch Spuren der interessanten Vergangenheit Montereys sind noch immer zu erkennen.

Der Rundgang beginnt am besten bei der **American Tin Cannery**, einem modernen Einkaufszentrum. In den 1850er-Jahren haben sich chinesische Fischer:innen in Point Ohlones angesiedelt und die ersten Fischfabriken begründet. Weiter südlich liegt die ehemalige **Hovden Cannery**, die von einem Norweger gegründet und 1973 geschlossen wurde. Ganz in der Nähe, auf der westlichen Seite der Cannery Row zwischen David Ave und Ariss Way, befindet sich die einstige **Wing Chong Company Grocery**, ein weiteres Zeugnis der großen chinesischen Gemeinde hier. Das Lebensmittelgeschäft taucht unter einem etwas anderen Namen auch in Steinbecks Roman auf.

Wer noch weiter in die Vergangenheit reisen will, besucht das Pacific House Museum gegenüber dem Old Fisherman's Wharf am Recreational Trail in Monterey. Östlich davon liegt das alte Zollhaus, das älteste Regierungsgebäude Kaliforniens. Westlich davon, an der Ecke Scott St und Oliver St, steht noch der erste Gemischtwarenladen der Stadt, **Casa del Oro**, von 1845. Das „Haus des Goldes" heißt so, weil es einst eine provisorische Bank war, in der das während des Goldrauschs gefundene Gold deponiert wurde.

Einen Block weiter nördlich stehen in der Artillery St und Pacific St zwei **steinerne Denkmäler** an der Stelle, wo einst Sebastian Vizcaíno an Land ging. Nachdem die ersten Europäer immer an Monterey vorbei gesegelt waren, ging Vizcaíno 1602 hier vor Anker. 1770 ging dann hier auch der Missionar Junípero Serra an Land, um eine Reihe spanischer Missionen in der Region zu gründen.

Die südliche Pacific St ist von großartigen spanischen Kolonialgebäuden gesäumt. Das **Casa Serrano** von 1843 war die erste Schule der Stadt. Das noch ältere **House of the Four Winds** mit der Wetterfahne stammt aus dem Jahr 1835. Der massive Granitbau am Platz gegenüber diente seit 1854 als Gefängnis der Stadt.

Weiter östlich gen Pearl St befinden sich mit dem **Larkin House** und dem Cooper-Molera Adobe von 1827 die ältesten zweistöckigen Gebäude von Monterey. Letzteres hat wundervoll eingerichtete Räume und einen schönen Rosen- und Kräutergarten. Es kann an den Wochenenden besichtigt werden. Weiter südöstlich steht in der Houston St das **Robert Louis Stevenson House**. In dem früheren Hotel lebte der Schriftsteller und schrieb neben Zeitungsartikeln auch *Die Schatzinsel* (1883).

LOCAL TIPP: TOLLE AKTIVITÄTEN AM WASSER

Yerlany Mendez, Programmgestalterin im Monterey Bay Aquarium, zeigt uns ihre Lieblingsorte am Meer:

Mit meinen Hunden gehe ich gern am Strand von Carmel spazieren. Oder ich radle auf dem Recreational Trail von Seaside nach Pacific Grove und schnorchle im seichten Wasser von San Carlos. All das ist das ganze Jahr über möglich. Im Frühjahr sehe ich manchmal Rehkitze auf dem Recreational Trail, und im Sommer schwimmen Buckelwale vor der Küste. Im Winter kann es recht kühl werden, aber dann sind die Wellen besonders hoch.

San Carlos ist ein ganz besonderer Ort. Am Strand ist es ruhig, und im seichten Wasser wiegt sich der Seetang. Bei meinem ersten Nachttauchgang dort sah ich Oktopusse und Biolumineszenz.

UNTERWEGS VOR ORT

Monterey hat es geschafft, absolut autofrei zu werden. Das Stadtzentrum ist nicht nur gut zu Fuß zu erkunden (25 Min. von der Cannery Row in die Innenstadt), sondern auch noch fahrradfreundlich. Überall werden Fahrräder und E-Bikes verliehen.

Zudem verbindet von Ende Juni bis Anfang September eine kostenlose Straßenbahn die Innenstadt mit dem Fisherman's Wharf, der Cannery Row und dem Aquarium. In der Cannery Row gibt's (gebührenpflichtige) Parkplätze und -häuser.

Rund um Monterey

Montereys Vororte sind unglaublich schön: verträumte Stadtviertel, eine malerische Panoramastraße und Unmengen von Schmetterlingen.

Außerhalb von Monterey erstrecken sich weite Weinberge, hügelige Naturschutzgebiete und gepflegte Vororte wie aus dem Bilderbuch. Am nördlichen Ende der Monterey Peninsula liegt Pacific Grove, ein ehemals sehr frommer Küstenort. In der letzten „trockenen“ Stadt Kaliforniens galt das Alkoholverbot bis 1969. Heute ist sie das Tor zum populären 17-Mile Drive, der rund um die Halbinsel führt.

Weiter südlich befindet sich Carmel-by-the-Sea mit weißen Sandstränden im Westen und Weinbergen im Osten. Ließen sich hier einst Literaturschaffende wie Jack London und Sinclair Lewis inspirieren, so wirkt es heute eher wie ein riesiger Countryclub, in dem perfekt frisierte Einheimische am Strand entlangspazieren und die Gläser klingen lassen.

TOP TIPP

Von Mitte Oktober bis Mitte März schwärmen Myriaden von Schmetterlingen in Pacific Grove. Das örtliche Naturkundemuseum weiß, wo sie am besten zu betrachten sind.

Pacific Grove (S. 265)

MÄRCHENHÄUSER IN COMSTOCK

Dächer mit spitzen Giebeln, Schornsteine wie Schlosstürmchen und windschiefe Fenster: Diese Häuser befinden sich nicht etwa in einer verlassenen Gegend in England und sind auch nicht aus Lebkuchen. Sie stehen im **Comstock Historical Hill District**, wo der visionäre Architekt und Autodidakt Hugh W. Comstock (1893–1950) zwei Dutzend davon errichtete. Als Erstes baute er die kuriosen Hänsel- und Gretel-Hütten (in der Torres St zwischen 5th und 6th Ave) als zauberhafte Werkstatt für seine Frau Mayotta, die eine erfolgreiche Puppenmacherin war. Später baute er dann weitere Fachwerkhäuser mit Schindeldächern. Die Häuser sind alle in Privatbesitz und können deshalb nur von außen besichtigt werden. Beim Infozentrum in Carmel (Ocean Ave zwischen Junipero St und Mission St) gibt's eine Karte, in der sie verzeichnet sind.

Weintrauben der Joullian Vineyards

Weinverkostung im Carmel Valley

CABERNET, SAUVIGNON ODER MERLOT?

Die Weingüter des **Carmel Valley**, keine 30 Autominuten von Monterey entfernt, profitieren vom Seenebel, sodass hier Trauben gedeihen, die sonst typisch für ein wärmeres Klima sind.

Start der Weinsafari ist bei **Blue Fox Cellars**. In einem zauberhaften Garten mit Blick auf Zypressen und die Santa Lucia Highlands schenkt das Boutiqueweingut Arneis, Grenache Rosé und fruchtigen Merlot aus. Ganz in der Nähe befindet sich **Boekenoogen Winery**. Der Familienbetrieb ist Weingut und Rinderfarm zugleich. Die hier produzierten Cabernet, Syrah und anderen Weine können täglich verkostet werden. Danach lohnt sich ein Spaziergang in das kleine Dorf, wo das **Corkscrew Cafe** Holzofenpizza (mit Pilzen, Thymian und italienischer Wurst) serviert.

Zum Schluss geht es noch zu **Joullian Vineyards**. Das Weingut wurde Anfang der 1980er-Jahre von den Familien Joullian und Sias aus Oklahoma gegründet und bietet Cabernet Sauvi-

BESTE BOUTIQUEHOTELS IN CARMEL

Pine Inn
Das elegante Hotel von 1889 ist sehr romantisch und leicht eklektisch ausgestattet. **$$$**

Svendsgaard's Inn
Hell und freundlich mit offenem Kamin im Aufenthaltsbereich und sehr persönlichem Service. In dem noblen Hotel sind auch Hunde willkommen. **$$$**

Hidden Valley Inn
Das in den Carmel Highlands versteckte Hotel ist ein gutes Basislager für die Erkundung des Weinanbaugebiets. **$$**

gnon, Merlot und Sauvignon blanc in einem rustikalen Verkostungsraum.

Wieder zurück in **Carmel-by-the-Sea** lohnt sich noch ein Besuch bei **Dawn's Dream Winery**. Das recht lässige Weingut produziert vor allem Chardonnay und Pinot noir. Der Verkostungsraum hat eine offene Holzbalkendecke, die Tische sind Fässer. Den Abschluss bildet **Barmel**. Am Wochenende bietet die Bar Livemusik oder DJ-Sounds zu Burgern und anderem Kneipenessen.

Eine Spritztour entlang des wunderbaren 17-Mile Drive

DIE PANORAMASTRASSE VON PACIFIC GROVE

Der weltberühmte, landschaftlich reizvolle 17-Mile Drive beginnt nur 15 Autominuten von Monterey entfernt und schlängelt sich durch das Privatresort **Pebble Beach**. Die Mautgebühr lohnt sich allemal, denn die Straße windet sich hoch über goldgelben Stränden und zerklüfteten Klippen an der herrlichen Küste entlang. Bei einem Verzehr von 35 US$ oder mehr in einem Restaurant in Pebble Beach wird die Maut sogar zurückerstattet. Die Fahrt dauert mindestens drei Stunden.

Es gibt vier gesicherte Zufahrten zum 17-Mile Drive. Die beliebteste Zufahrt erfolgt direkt vom Hwy 1 aus, allerdings ist die Zufahrt vom Sunset Dr in Pacific Grove schöner. Von hier aus geht es in Richtung Westen zur Küste, von wo sich die Straße dann entlang der Küste nach Süden schlängelt, vorbei an Zypressenhainen, schroffen Klippen und Stränden mit der Farbe von Buttergebäck.

Der erste Aussichtspunkt **Spanish Bay Beach** ist meistens völlig überlaufen, doch es folgen noch die Aussichtspunkte **Restless Sea** mit den hier recht hohen Wellen und **Point Joe** mit Schiffswracks. Bei **China Rock** sind die Überreste chinesischer Fischereidörfer von 1880 zu sehen. Bei **Bird Rock** weiter südlich lassen sich Pelikane und Seelöwen beobachten. Gleich danach folgen der äußerst fotogene **Cypress Point Lookout** und **Lone Cypress**. Hier gibt's auch nicht nur eine einzige Zypresse, sondern ganze Zypressenwälder bedecken die steilen Klippen. Jedoch ist die „einsame Zypresse" schon etwas Besonderes, denn sie ist 250 Jahre alt und steht wie ein Wächter auf einem Felsvorsprung. Beim **Pescadero Point**, dem südlichsten Punkt der Straße, sind dann nur noch sogenannte „Geisterbäume" zu sehen, kahle, längst abgestorbene Zypressen. Danach biegt die Straße ins Landesinnere ab und trifft südlich von Carmel-by-the-Sea auf den Carmel Way.

RADELN AUF DEM 17-MILE DRIVE

Wer den 17-Mile Drive mit dem Rad befährt, bezahlt keine Maut, hat vor allem in der Hochsaison keine Parkprobleme und erlebt die Natur hautnah. **Big Sur Adventures** verleiht Räder und bietet auch geführte Radtouren an (ideal für alle nicht so Erfahrenen, da es oft keine Radspuren gibt). Motorräder sind übrigens auf dem 17-Mile Drive nicht erlaubt.

BUNTES GEFLATTER

Von Mitte Oktober bis Mitte März sind im Pacific Grove Monarch Sanctuary besonders viele Schmetterlinge zu sehen, ebenso wie im **Pismo State Beach** (S. 292).

NACHHALTIG ESSEN IN CARMEL UND PACIFIC GROVE

Passionfish
Das Restaurant bietet nachhaltig gefangenen Fisch, Tintenfisch, Muscheln und Taschenkrebse aus der Region. **$$**

Julia's Vegetarian
Das Restaurant serviert fleischfreie Currys, Pasta und Fischbrötchen (mit Pilzen) sowie vegane Gerichte. **$$**

Basil Seasonal Dining
Für die italienische Hausmannskost wie Gnocchi mit Fleischbällchen werden nur Zutaten örtlicher Bio-Bauernhöfe verwendet. **$$**

LOCAL TIPP: GOURMETLAND MONTEREY COUNTY

Greg Freeman, Inhaber von Chalone Vineyards, liebt das Essen und den Wein im Monterey County.

Monterey County besteht aus vielen Mikroklimas und besonderen Gemeinschaften. So bietet es eine große Vielfalt an Menschen, Kulturen, Essen und Landschaften. Was den Wein angeht, zeichnen sich Chardonnay und Pinot Noir hier durch ihre leichte Säure und einzigartige Fruchtigkeit und Mineralität aus. Von unseren zahlreichen außergewöhnlichen Restaurants bevorzuge ich das **Sierra Mar Restaurant** in Big Sur. Es ist direkt auf den Klippen und bietet einen tollen Blick aufs Meer. Das **Dametra Cafe** serviert das beste nahöstliche Essen in der Gegend. Dazu singt und spielt jemand Gitarre.

RANDY ANDY/SHUTTERSTOCK ©

Bluefish Cove, Point Lobos State Natural Reserve

Die ursprüngliche Natur von Point Lobos

WANDERUNGEN AUF DEN KLIPPEN UND UNTERWASSERABENTEUER

Das **Point Lobos State Natural Reserve** ist nur 20 Autominuten von Monterey entfernt, aber eine ursprüngliche Wildnis aus steilen Klippen, belebten Gezeitentümpeln, Pinienwäldern und wildem Gestrüpp. Am Parkplatz im Nordwesten beginnen viele kurze Wanderwege zum Cypress Grove oder Sea Lion Point. Unbedingt einen Besuch lohnt das **Whalers Cabin Museum**, in dem die Überreste der Hütten zu sehen sind, die die ersten chinesischen Eingewanderten in den 1850er-Jahren errichteten. Sie sind mit Walknochen, alten Fotos und chinesischen Keramiken ausgestattet. In den Gezeitentümpeln am Weston Beach, 15 Gehminuten vom Parkplatz entfernt, tummeln sich schwarze Seeschnecken, Seesterne und Krabben.

Leute mit Tauchschein können die mehr als 21 m hohen Kelpwälder in der **Whalers Cove** und **Bluefish Cove** erkunden und dabei auf Seelöwen, Otter und Kabeljau treffen. Es werden aber auch Tauchtouren angeboten, die jedoch lange im Voraus gebucht werden müssen. **Aquarius Dive Shop** und **Bamboo Reef** haben beide ihren Sitz in Monterey.

UNTERWEGS VOR ORT

Für den 17-Mile Drive ist unbedingt ein eigenes Fahrzeug (Auto oder Fahrrad) erforderlich. Das kleine Carmel-by-the-Sea kann gut zu Fuß erkundet werden und ist mit dem Bus von Monterey und Point Lobos aus zu erreichen. Allerdings verkehrt dieser nicht oft.

BIG SUR

Die gängige Vorstellung einer kurvigen, windgepeitschten Küstenstraße in Kalifornien wird in Big Sur zur Wirklichkeit. Der malerische Küstenstreifen zwischen dem Pazifik und den Santa Lucia Mountains südlich von Monterey reicht etwa von Carmel bis nach San Simeon.

Spanische Siedler:innen nannten Big Sur „das große Land im Süden" (*el país grande del sur*), in Anspielung auf die wilde, naturbelassene Landschaft. Und diese unberührten Buchten, steil aufragenden Klippen und dichten Wälder bezaubern auch heute noch die Menschen. Big Sur zog schon Literaturschaffende wie Henry Miller, Jack Kerouac und Hunter S. Thompson an, heute kommen Traveller und erschöpfte Menschen aus der Stadt her.

Die Landschaft von Big Sur ist grandios und von immenser Bedeutung für Kalifornien, doch sie ist auch zerbrechlich, abgelegen und dünn besiedelt. Die Massen von Reisenden bringen Verkehr und Müll mit, sorgen für Bodenerosion und Erdrutsche. So ist vor allem hier ein sanfter Tourismus unumgänglich.

TOP TIPP

Big Sur hat weder offizielle Stadtgrenzen noch eine richtige Innenstadt. Die meisten Sehenswürdigkeiten befinden sich nördlich des Pfeiffer Big Sur State Park. Wer die meistbesuchten Orte wie die Bixby Bridge ohne Menschenmassen sehen will, muss außerhalb der Saison, also von Oktober bis April, kommen.

Garrapata State Park (S. 268)

JIM EKSTRAND/SHUTTERSTOCK ©

Autotour um Big Sur

Die Küstenstraße von Carmel-by-the-Sea nach San Simeon ist der schönste Abschnitt des Hwy 1 in Kalifornien. Sie führt vorbei an Stränden, Aussichtspunkten in schwindelnden Höhen und dicht bewaldeten Nationalparks. Man sollte mit vollem Tank starten (Benzin ist unterwegs sehr teuer), Bargeld für die Nationalparks mitnehmen und Landkarten aufs Handy laden, da der Empfang teils schlecht ist. Die Tour ist zwar an einem Tag machbar, aber aufgeteilt auf zwei Tage kann man sie besser genießen.

1 Garrapata State Park

Der kaum besuchte Park lädt zu einer kurzen Wanderung (oder auch dem anstrengenden 6,4 km langen Rundweg) ein. Im Süden befindet sich der mit Felsen übersäte Garrapata Beach, zu dem auch ein Weg führt, der von Mitte Februar bis Anfang April besonders schön ist. „Garrapata" bedeutet übrigens „Zecke" – unbedingt Arme und Beine bedecken!

Die Fahrt: Auf den nächsten 4 Meilen (6,4 km) zur Bixby Bridge reiht sich eine Haltebucht an die andere. Zwischen Pinien hindurch bieten sie ausgezeichnete Blicke auf die zerklüftete Küste und das blaue Meer.

2 Bixby Bridge

Die elegante 79 m hohe Bixby Bridge spannt sich über einen tiefen Einschnitt zwischen den Klippen, die steil zum Strand hin abfallen. Der Aussichtspunkt Castle Rock bietet einen guten Blick auf die Brücke. Das Parken ist aber nicht ungefährlich, denn es wird oft zu dicht aufgefahren oder andere Autofahrende sind unaufmerksam.

Die Fahrt: Die 8 Meilen (12,8 km) lange Strecke zum Andrew Molera State Park eröffnet immer wieder einen tollen Ausblick aufs Meer und die herrlichen Strände.

3 Andrew Molera State Park

In dem unerschlossenen Nationalpark führen 32 km an Wanderwegen durch Küstenmammutwälder und über Wildblumenwiesen. Der 3,2 km lange Headlands Trail Loop bietet viele schöne Aussichten auf dem Weg zur alten Cooper Cabin am Big Sur River.

Die Fahrt: Die Straße biegt ins Landesinnere ab und ist auf den nächsten 8 Meilen (12,8 km) von

Bixby Bridge

MAKS ERSHOV/SHUTTERSTOCK ©

Küstenmammutbäumen gesäumt, bevor sie auf die schmale Straße zum Pfeiffer Beach trifft.

4 Pfeiffer Beach

Der Strand ist berühmt für seinen manchmal violett schimmernden Sand. Das liegt am Mangan, das aus den Bergen der Umgebung ausgewaschen wird. Im Winter geht die Sonne direkt hinter dem Keyhole Arch unter und lässt den Felsenbogen wie das Tor zu einer anderen Welt erscheinen.

Die Fahrt: Nach der Einmündung auf den Hwy 1 wird es auf den nächsten 8 Meilen (12,8 km) sehr kurvig. Die Straße führt zuerst durch einen Wald und dann in Serpentinen die Klippen hinauf.

5 Julia Pfeiffer Burns State Park

Auch dieser herrliche Park ist nach der Anfang des 20. Jhs. lebenden Familie Pfeiffer benannt. Besonders bemerkenswert sind hier die gut 24 m hohen McWay Falls, die sich zum Strand hinunterstürzen. Zum Zeitpunkt der Recherche war der Weg oberhalb des Wasserfalls wegen Erosion gesperrt. Eine Alternative ist der beliebte Partington Trail, der zu dem felsigen Strand hinabführt (45 Min.).

Die Fahrt: Die 36 Meilen (57,6 km) lange Straße nach Ragged Point führt entlang der Küste teilweise unter schattigen Küstenmammutbäumen hindurch. Auf halber Strecke liegt der schöne Sand Dollar Beach.

6 Ragged Point

An dieser Landspitze endet die Autofahrt. Ragged Point punktet mit einem atemberaubenden Blick aufs Meer. Ein kurzer, aber steiler Weg führt zum grauen Sandstrand hinunter, in den die Black Swift Waterfalls münden.

Die Fahrt: Man kann den Ausflug in einem Lokal oder Restaurant in Ragged Point beenden oder aber weitere 15 Meilen (24 km) in Richtung Süden nach San Simeon fahren und dort Seeelefanten beobachten und das fantastische Hearst Castle besuchen.

Zurück zur Natur in der Ventana Wilderness

DIE HARTE TOUR

Die meisten Traveller bleiben an der Küste. Dabei ist die 971 km² große Ventana Wilderness im Hinterland von Big Sur eine atemberaubende Gebirgslandschaft mit wunderbaren Wanderwegen. Ein Zelt, Wanderschuhe und etwas Fitness reichen, um hier ein langes Wochenende in der Natur zu verbringen.

Am ersten Tag geht man den **Stone Ridge Trail** in den Santa Lucia Mountains. Die mittelschwere Wanderung führt durch alte Küstenmammutwälder mit von Spanischem Moos überwucherten Eichen und bietet immer wieder einen super Blick aufs Meer. Der Startpunkt ist beim **Kirk Creek Campground** unweit des Hwy 1. Zunächst folgt man dem Vicente Flat Trail (oder auch „Vincente") und dann dem Stone Ridge Trail, der rechts und links des Limekiln Creek zum **Goat Camp** führt.

NB/TRAN/ALAMY ©

Kirk Creek Campground

Da es hin und zurück knapp 29 km (12 Std.) sind, empfiehlt sich eine Übernachtung im **Espinosa Camp** (nach 4,8 km) oder im **Vicente Flat Camp** (8 km).

Ein etwas anstrengenderer Weg ist der **Buckeye Trail** durchs Hinterland. Hin und zurück sind es 14,4 km, doch auf dem Rückweg gibt's einige einfache Campingplätze. Gestartet wird am **Salmon Creek Trailhead**, 16 Meilen (25,6 km) südlich am Hwy 1. Zuerst geht es in Richtung Nordwesten zum Buckeye Campground, danach zum Upper Cruickshank. Dann folgt der Anstieg zum **Alder Creek Camp**, wo man übernachten kann, bevor es am nächsten Morgen dann zurück geht. Von hier könnte man sich aber auch privat oder von einem Taxi abholen lassen.

UNTERWEGS VOR ORT

Die Ventana Wilderness ist nur mit einem eigenen Fahrzeug zu erreichen. Für die mit Schlaglöchern übersäte Zufahrt zu den Campingplätzen muss das sogar Allradantrieb haben. Wegen Unpassierbarkeit wird die Straße auch oft gesperrt, so etwa im stürmischen Winter 2022/2023. Aktuelle Infos zu den Straßenverhältnissen finden sich auf ventanawild.org.

SICHER & UMWELTBEWUSST REISEN

Während der Küstenstreifen von Big Sur sehr populär und überlaufen ist, ist das Hinterland noch sehr ursprünglich und naturbelassen. Damit das so bleibt, sollte man sich hier besonders umsichtig und umweltbewusst verhalten.

Auf den schmalen Randstreifen des Hwy 1 sollte man möglichst nicht parken, denn das schadet nicht nur dem empfindlichen Boden, sondern führt auch oft zu Unfällen. Das gilt auch für die Umgebung der Bixby Bridge, wird aber kaum beachtet.

Wenn man sich zudem an die Tempolimits hält und mit einer konstanten Geschwindigkeit fährt, spart man damit nicht nur Benzin, sondern man muss auch nicht abrupt abbremsen, was auch andere Verkehrsteilnehmenden gefährdet.

In die Ventana Wilderness muss man ausreichend Wasser und Essen mitbringen und allen Müll wieder mitnehmen. Lebensmittel müssen bärensicher verpackt und aufbewahrt werden.

Um Gaskocher benutzen oder Feuer machen zu dürfen, braucht man eine (kostenlose) Genehmigung von readyforwildfire.org. Offenes Feuer ist aber nur auf den ausgewiesenen Campingplätzen erlaubt.

HIGHWAY 101

Der Pacific Coast Highway (Hwy 1) ist die berühmteste Straße Kaliforniens und dementsprechend überlaufen. Eine ebenso schöne, aber wesentlich ruhigere Alternative verläuft im Landesinneren. Die schnellste Verbindung von San Jose nach San Luis Obispo ist der Hwy 101. Er führt mitten durch die Weinanbaugebiete, interessanten Kleinstädte und felsige Wildnis. In Gilroy, südlich von San Jose, findet das bekannte Knoblauchfestival statt. Und im benachbarten San Juan Bautista gibt's eine beeindruckende spanische Mission. Die nächste Stadt ist Salinas, die wegen ihrer üppigen Salatproduktion als „Salatschüssel der Welt“ bezeichnet wird. Hier lebte auch John Steinbeck. Weiter südlich ist Soledad das Tor zum Pinnacles National Park, einem Paradies für Raubvögel und zum Felsenklettern.

Die Sehenswürdigkeiten am Hwy 101 können sicherlich nicht mit den Attraktionen der Central Coast mithalten, sind auf ihre Art aber auch bemerkenswert – und lohnende Abstecher auf der Fahrt von der Bay Area nach Paso Robles oder San Luis Obispo.

TOP TIPP

Die Sehenswürdigkeiten von Gilroy, San Juan Bautista und Salinas können gut an einem Tag besichtigt werden. Wer nur Zeit für eine Stadt hat, sollte San Juan Bautista besuchen. Hier gibt's die meisten historischen Sehenswürdigkeiten. Ein halber Tag sollte auch für den Pinnacles National Park eingeplant werden.

Gilroy Garlic Festival

SHEILA FITZGERALD/SHUTTERSTOCK ©

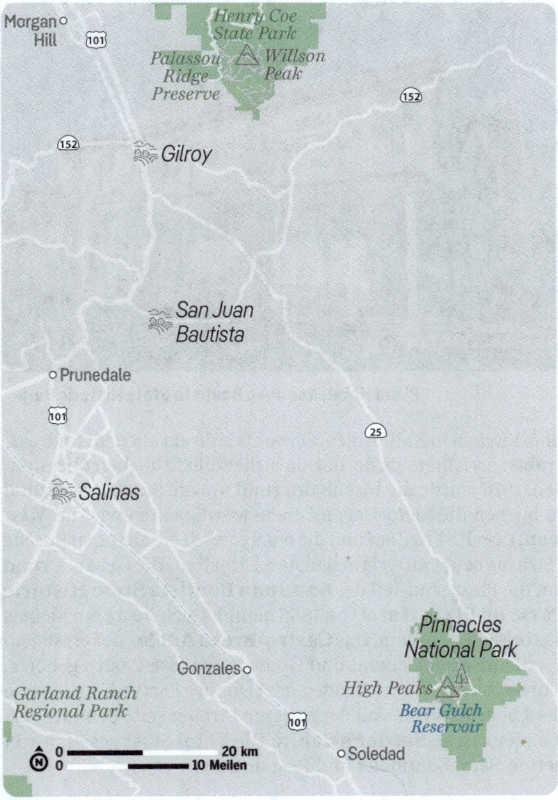

Unbekannte historische Orte am Hwy 101

„KNOBLAUCHSTADT" UND SPANISCHE GESCHICHTE

Gilroy und San Juan Bautista sind gerade einmal 19 km voneinander entfernt und beide sind charakteristisch für die Geschichte Kaliforniens. **Gilroy** ist zwar vor allem für sein **Gilroy Garlic Festival** (das „Knoblauchfestival"; am letzten Wochenende im Juli) bekannt, hat aber auch eine **historische Altstadt**. In der Monterey St zwischen 4th und 7th St sind viele alte Backsteingeschäfte vom Anfang des 20. Jhs. erhalten.

An Kirsch- und Knoblauchständen vorbei geht es nach **San Juan Bautista**. Die hübsche bunte Stadt wurde 1797 gegründet und verfügt über die Größte der insgesamt 21 erhaltenen Mis-

DER RIVER ROAD WINE TRAIL

Parallel zum Hwy 101 verbindet eine Straße die vielen Weingüter am Salinas River miteinander. Die nebligen Nächte sind ideal für die Kühle liebenden Trauben, aus denen z. B. Chardonnay oder Pinot noir entsteht. Zu den besten Weingütern des Monterey County gehören der Familienbetrieb **Hahn Estate** und das Boutiqueweingut **Manzoni Estate**. Etwas weiter entfernt – am Hwy 146 zum Pinnacles National Park – ist **Chalone Vineyard** das älteste, noch aktive Weingut in Monterey County. Hoch über dem Salinas Valley werden hier Weine voller Mineralität produziert.

Infos zu der Weinstraße gibt's unter riverroadwinetrail.com. Dort kann auch ein Fahrerservice gebucht werden.

ESSEN UND AUSGEHEN IN GILROY UND SAN JUAN BAUTISTA

Papas and Eggs
Das mexikanisch angehauchte Restaurant im Norden der Innenstadt von Gilroy serviert Chilaquiles und Eier Benedict zum Brunch. **$**

Jardines de San Juan
Üppige Burritos, gute Margaritas und jede Menge mexikanisches Essen am Rand der Innenstadt von San Juan Bautista. **$**

18th Barrel Tasting Room
Der freundliche Familienbetrieb bietet Craft-Bier und Wein. Es gibt einen Innen- und einen Außenbereich.

Plaza Hotel, San Juan Bautista State Historic Park

sionskirchen in Kalifornien. Obwohl sie direkt auf dem Andreasgraben errichtet wurde, hat sie bisher alle Erdbeben überstanden. 1876 wurde die Eisenbahn rund um die Stadt gebaut, und so blieben die historischen Sehenswürdigkeiten wie die **Mission**, der alte Friedhof und die einzige noch erhaltene spanische Plaza bis heute im Originalzustand erhalten. Die Gebäude rund um die Plaza sind Teil des **San Juan Bautista State Historic Park**. Im **Plaza Hotel** von 1856 befindet sich heute ein kleines historisches Museum. Das **Castro-Breen Adobe**, das einst dem mexikanischen General und Gouverneur José Castro gehörte, wurde von den Überlebenden der „Donner Party"-Katastrophe 1848 übernommen. Auf der anderen Straßenseite befindet sich die historische **Settler's Cabin**. Die Third St ist gesäumt von netten Bars, Boutiquen und Restaurants.

Salinas für Literatur-Fans

AUF DEN SPUREN VON JOHN STEINBECK

Nach wohlhabenden Städten wie Monterey und Santa Cruz ist Salinas zumeist ein Schock für Reisende. In dieser schäbigen Stadt wurde John Steinbeck (1902–68) geboren und von ihr wurde er geprägt, sodass er mit preisgekrönten Werken wie *Früchte des Zorns* (1939), *Von Mäusen und Menschen* (1937) und *Die Straße der Ölsardinen* (1945) die amerikanische Literatur für immer veränderte.

Das **National Steinbeck Center** informiert über seine Kindheit, Jugend und Werke anhand von interaktiven Ausstellungsstücken und Videos. Es ist eines der größten amerikanischen Museen, das einem einzigen Literaturschaffenden gewidmet

DIE DUNKLE SEITE DER MISSIONEN

Die wunderbaren Kirchen und Museen der Missionen aus dem 18. Jh. haben meist eine dunkle Vergangenheit. Nach allgemeiner Überlieferung lebten die Franziskanerpriester der Missionen friedlich mit der indigenen Bevölkerung zusammen. Tatsächlich löschten die Missionare aber auf Befehl der spanischen Krone die Sprache und Kultur der Einheimischen aus. Die indigene Bevölkerung wurde zwangsumgesiedelt und versklavt. Zudem starben viele an den von den Europäern eingeschleppten Krankheiten.

In seinem Buch *A Cross of Thorns: The Enslavement of California's Indians by the Spanish Missions* dokumentierte Elias Castillo 2015 die Gewalt und die Zwangsmaßnahmen der spanischen Regierung anhand von Archivunterlagen und Briefen.

ESSEN UND AUSGEHEN IN SALINAS

Villa Azteca
Das Restaurant südlich des Steinbeck Center bietet Essen aus Oaxaca, z.B. mit Käse gefüllte Kürbisblüten und Mole in allen Variationen. **$$**

Farmers Union Pour House
In der gemütlichen Backsteinkneipe in Salinas wird Wein, Craft-Bier und Kombucha serviert. Prost!

Alvarado Street Taproom
Der Außenposten einer großen Craft-Bier-Brauerei in Monterey bietet 3 Meilen (4,8 km) südöstlich von Salinas leckeres IPA.

ist, und es präsentiert alte Fotos, Steinbecks Reden und den Campingbus, mit dem er quer durch die USA reiste.

Vier Blocks westlich des Museums befindet sich das **Steinbeck House**. Das ehemalige Wohnhaus ist heute ein Restaurant, das Salate, Sandwiches und amerikanische Klassiker anbietet. Doch auch wer hier nichts essen möchte, sollte sich das wunderbar restaurierte viktorianische Haus ansehen.

Echte Steinbeck-Fans besuchen anschließend noch den **Garden of Memories Cemetery**, 2,4 km südöstlich der Innenstadt, wo der Nobelpreisträger begraben ist. Eine einfache Tafel am Grabmal der Familie Hamilton kennzeichnet seine letzte Ruhestätte.

Die letzte Station der literarischen Reise ist der **Downtown Book & Sound**. Der beste Buchladen in Salinas ist ein nostalgisches Labyrinth voller neuer und gebrauchter Bücher, Schallplatten und sogar Videokassetten.

Durch den wilden Pinnacles National Park

WANDERN UND KLETTERN IN FELSIGEN HÖHEN

30 Meilen (48 km) östlich des Hwy 101 erstreckt sich zwischen Salinas und Paso Robles der recht unbekannte **Pinnacles National Park**. Vor rund 23 Mio. Jahren führten massive Vulkanausbrüche zur Entstehung von Felsformationen, die wie Kathedralen und spitze Nadeln aussehen. Die höchste Erhebung des knapp 104 km² großen Gebirgsparks ist der 1007 m hohe North Chalone Peak. Hier kann man wandern, die Klippen hochklettern und den Kondor fliegen sehen.

Der **Moses Spring to Rim Trail** ist ein einfacher, 3,5 km langer Rundweg, der an Felsenhöhlen und bizarren Felsformationen vorbeiführt. Mit maximal 152 Höhenmetern und einer Dauer von 1½ Stunden ist er auch für Familien geeignet. Der kurze, aber steil ansteigende **Condor Gulch Trail** (einfache Strecke 2,7 km) bietet einen tollen Blick auf die hohen Berge.

Die 15 km lange **Wanderung vom Infozentrum zur Balconies Cave** dauert etwa sechs Stunden (Taschenlampe mitbringen!). Danach bietet sich eine Fahrt über die Balconies Cliffs an, um die grandiosen Felsformationen von oben zu bewundern.

Für Profis im Felsenklettern eignen sich der **Rat Race** und die **Regular Route**. Weitere Infos gibt's bei den Friends of Pinnacles (pinnacles.org). Eine gute Alternative ist die sechsstündige Tour mit **Adventure Out** (adventureout.com). Einweisung, Ausrüstung und Versicherung sind im Preis inbegriffen.

FRÖSCHE, FLEDERMÄUSE & RAUBVÖGEL

Die das ganze Jahr im Park zu beobachtenden Kondore sind imposant: Die kahlen Köpfe sind schwarz oder rosa, ihre Flügelspannweite beträgt 2,75 m, und bei den erwachsenen Tieren ist die Unterseite der Flügel weiß gefärbt. Mit weit ausgebreiteten Flügeln schweben sie majestätisch durch die Lüfte. Das unterscheidet sie deutlich von den vielen Truthahngeiern hier, die auch kleiner sind.

In der Bear Gulch Cave leben unzählige Townsend-Langohren. Von Mitte Mai bis Mitte Juli ist die Höhle geschlossen, um die Fledermäuse nicht bei der Paarung zu stören. Das Bear Gulch Reservoir ist dagegen die Heimat des Kalifornischen Rotbeinfroschs. Er darf nur aus der Ferne beobachtet werden, weil er vom Aussterben bedroht ist.

CAMPEN IM HINTERLAND

Wer echte Wildnis hautnah erleben will, ist in der **Ventana Wilderness** (S. 270) richtig. Einsame Wanderwege führen zu abgelegenen Campingplätzen unter Küstenmammutbäumen und Eichen.

UNTERWEGS VOR ORT

Es gibt zwar Züge, aber sie sind langsam und fahren selten. Die abgelegene Gegend lässt sich am besten mit dem Auto erkunden. Es ist möglich, mit dem Zug bis Salinas zu fahren (liegt an der Coast-Starlight-Strecke). Caltrain-Züge fahren von San Jose nach Gilroy. Wer mit dem Zug reisen will, muss sorgfältig planen – und darauf gefasst sein, dass es irgendwann nicht mehr weitergeht.

CAMBRIA

Der hübsche Strandort südlich von Big Sur liegt mitten an dem herrlichen windgepeischten Küstenabschnitt, der bis nach Morro Bay reicht. Die ersten Häuser des lebhaften Cambria wurden in den 1860er-Jahren aus übrig gebliebenen Holzplatten gebaut. Daher der Spitzname „Plattenstadt". Nach dem Niedergang der Holzindustrie wurde der Tourismus zur Einkommensquelle von Cambria. Heute pflegt die Stadt ihr einzigartiges Image mit Kunstgewerbeläden, Bio-Restaurants und historischen Sehenswürdigkeiten wie dem Hearst Castle und dem alten Leuchtturm. So ist sie heute ein beliebtes Ausflugsziel für die Bevölkerung von San Luis Obispo.

Nördlich von Cambria liegt San Simeon mit einer niedrigen Bevölkerungszahl, das vor allem für seine große Seeelefantenkolonie bekannt ist. Ganz in der Nähe steht der Leuchtturm Piedras Blancas; außerdem beginnt dort der Aufstieg zum Hearst Castle. Südlich von Cambria befindet sich Cayucos, ein kleiner, etwas in die Jahre gekommener Surfort mit einem Hauch von Wildem Westen – wegen der alten Schilder und Saloons. An einem Wochenende lässt sich die ganze Gegend gut erkunden.

TOP TIPP

Cambria hat eine schöne Innenstadt mit noblen Restaurants und Geschäften. Für Familien eignet sich Cayucos besser, denn es hat einen schönen Pier und einen kinderfreundlichen Strand. San Simeon bietet Budget- und Mittelklasse-Hotels, ist aber recht weitläufig und abgelegen.

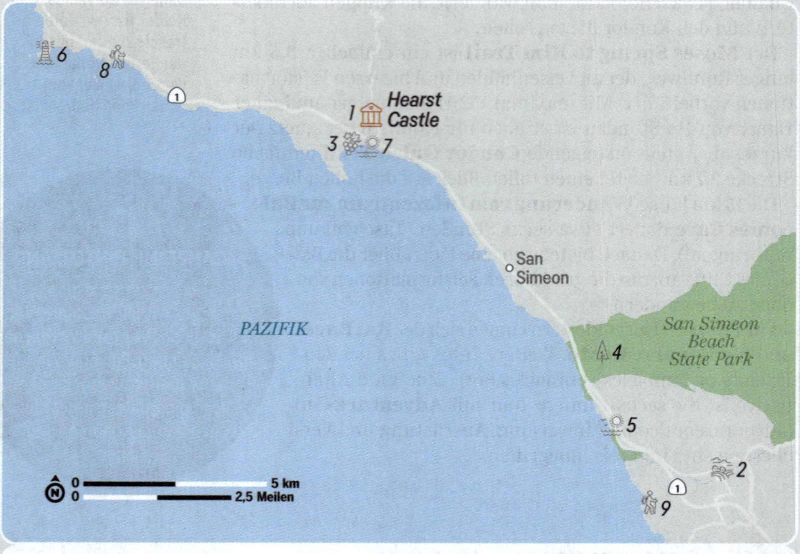

HIGHLIGHTS
1 Hearst Castle

SEHENSWERTES
2 Cambria
3 Hearst Ranch Winery
4 Hearst San Simeon State Park
5 Moonstone Beach
6 Piedras Blancas Light Station
7 William Randolph Hearst Memorial State Beach

KURSE & TOUREN
8 Boucher Trail
9 Fiscalini Ranch Preserve

RANDY ANDY/SHUTTERSTOCK ©

Wandern im Fiscalini Ranch Preserve

Kurioses Cambria – vom Strand zum Shoppen

SCHÖNE SPAZIERGÄNGE UND KURIOSES KLEINSTADTLEBEN

Der Tag beginnt im **Fiscalini Ranch Preserve**, wo 17 kurze Wanderwege malerische Routen zwischen Kiefernwäldern, Sumpfgebieten und Buchten voller Treibholz bieten. Am beliebtesten sind der Forest Loop Trail und der Bluff Trail. Beide sind recht einfach und etwa 1,6 km lang.

Mittagessen gibt's in **Cambria** (eventuell etwas Würziges bei **Robin's**), danach folgt ein Spaziergang durch die Main St mit ihren alten Geschäften, Antiquitätenläden und Kunstcafés. Freitags findet hier ab 14.30 Uhr ein **Bauernmarkt** statt. **Linn's Easy As Pie Cafe** hat sensationellen Olallieberry-Pie (mit Himbeeren und Brombeeren) zum Mitnehmen. Während man ein großzügiges Stück vom Kuchen verdaut, sollte man sich im **Cambria Historical Museum** umsehen, einem der ältesten Häuser von Cambria.

Nördlich der Stadt liegt der **Moonstone Beach**. Wer mit dem Auto unterwegs ist, kann noch einen kurzen Abstecher über den **Nitt Witt Ridge** machen. Ein Künstler und Müllsammler

HISTORISCHES HARMONY

Das neuartige, unkonventionelle Harmony (mit 18 Einwohner:innen) lohnt einen Zwischenstopp auf dem Weg von Cambria nach Cayucos. Die **Harmony Cellars** sind nicht nur ein Boutiqueweingut, das seit dem 19. Jh. Riesling, Zinfandel und Syrah nach traditioneller Art produziert, sondern betreiben hier auch ein Kunstatelier und eine Glasbläserei. Außerdem kommt hier regelmäßig ein Wagen der Harmony Valley Creamery vorbei und bietet leckeres Eis in den klassischen Sorten, aber auch Pfefferminz-Schoko, Butter-Pekannuss und Erdbeere. Die Termine finden sich auf der Website.

BESTES ESSEN IN CAMBRIA

French Corner Bakery
Croissants, Éclairs und Tarte au citron werden mit Pariser Flair in diesem sympathischen Café zubereitet. **$**

The Hidden Kitchen
Das Slow-Food-Restaurant bietet Brunch und Mittagessen für Ernährungsbewusste. In Cayucos gibt's auch eine Filiale. **$**

The Sow's Ear
Auf der Speisekarte stehen kreative kalifornische Gerichte und Klassiker wie gebratenes Hühnchen und Schmorbraten. **$$**

HTURNER/SHUTTERSTOCK ©

Piedras Blancas Light Station

BESTE WANDER- UND RADWEGE

Boucher Trail
Der Weg von der Piedras Blancas Light Station zum Elephant Seal Vista Point führt durch Sumpfgebiet und über die Klippen (6,4 km hin und zurück).

San Simeon Point Trail
Der 4 km lange Rundweg ab dem Hearst Castle State Beach bietet tolle Ausblicke auf Eukalyptuswälder und das Meer.

Ragged Point Route
Der berühmte, aber anstrengende 59 km lange Radweg von San Simeon nach Ragged Point führt am Hwy 1 entlang.

aus dem Ort baute sich hier in 50 Jahren einen wahren Palast aus recycelten Materialien. Am Strand führt ein 2,4 km langer Holzsteg durch die Küstenlandschaft. Der Strand verdankt seinen Namen den kostbaren Mondsteinen, die hier permanent angeschwemmt werden. Allerdings ist es streng verboten, die in allen Farben schimmernden Steine mitzunehmen.

Gleich in der Nähe lädt die **Sea Chest Oyster Bar** zum Abendessen mit Calamares und Muscheln ein. Auf dem Moonstone Beach Boardwalk lässt sich dann noch der Sonnenuntergang genießen.

An der Küste von San Simeon entlang

WILDE TIERE UND SEEFAHRTSGESCHICHTE

Ein 6,4 km langer Rundwanderweg führt zu den beiden Hauptsehenswürdigkeiten von San Simeon: der Leuchtturm und die Seeelefanten. Startpunkt ist bei der **Piedras Blancas Light Station**. Er ist einer der höchsten Leuchttürme in Kalifornien und wurde 1875 errichtet, nachdem 1869 zwei Schiffe aus San Francisco auf Felsen im Wasser aufgefahren und gesunken waren. Er steht auf einer Landspitze, die einen tollen Blick auf die zerklüfteten weißen Klippen bietet, nach denen der Leuchtturm benannt ist. Es werden zweistündige Führungen angeboten, die jedoch im Voraus gebucht werden müssen.

ÜBERNACHTEN AN DER KÜSTE

Fireside Inn
Das Gasthaus am Moonstone Beach ist ganz in den Farben des Meeres und Seenebels gehalten. **$$**

Shoreline Inn
Das umfassend renovierte Gasthaus in der Nähe des Cayucos Beach hat familienfreundliche Zimmer mit Blick auf den Pier. **$$**

Fogcatcher Inn
Die Cottages mit Fassaden im Tudor-Stil haben auch einen offenen Kamin. **$$**

Weiter geht es auf dem **Boucher Trail** in Richtung Osten zum **Elephant Seal Vista Point**. Die Aussichtsplattform befindet sich direkt über dem 6,4 km langen Strand. Zur Paarung und Aufzucht der Jungen versammeln sich hier von November bis März Unmengen von Seeelefanten. Dabei werben die riesigen (bis zu 2,27 t schweren) Männchen mit lautem Brummen und wildem Aufbäumen um die Weibchen. Ab Januar kommen dann die Jungen zur Welt.

Dann geht es wieder 3,2 km zurück zum Leuchtturm und danach mit dem Auto weiter gen Osten zum Pier am **William Randolph Hearst Memorial State Beach** und zur **Hearst Ranch Winery**. Zur Verkostung von Syrah, Malbec und Petit Verdot darf gern eigenes Essen mitgebracht werden. Manchmal steht aber auch ein Food Truck mit Käse und Salami da.

Zum Abschluss läuft man durch das Sumpfgebiet und über die Klippen des **Hearst San Simeon State Park**, wo sich manchmal Schwarzwedelhirsche und Eichhörnchen blicken lassen.

Luxus pur im Hearst Castle

DER PALAST DES MEDIENMOGULS

Das extravagante Hearst Castle übertifft sogar das opulente Graceland. Als der Medienmogul William Randolph Hearst (1863–1951) das Schloss mit 165 Zimmern errichten ließ, wurde an nichts gespart. Kein Zimmer gleicht dem anderen.

Es kann nur im Rahmen einer Führung besichtigt werden. Diese muss wegen der großen Nachfrage im Voraus gebucht werden. Die **Grand Rooms Tour** ist die Standardführung für den ersten Besuch, bei der **Upstairs Suites Tour**, die über 367 Stufen führt, werden auch die Bibliotheken mit Gewölbedecken und die prachtvollen Privaträume besichtigt.

Vom Infozentrum fährt ein Minibus 15 Minuten lang durch Fichten- und Manzanitawäldchen. Auf dem Berg angekommen, werden die Gäste dann durch die Architektur des alten Ägypten, Roms und maurischen Spaniens geführt; es geht an sorgfältig restaurierten Mosaiken vorbei und die Fußböden sind mit Gold gefliest. Zu den Glanzstücken gehören das von Säulen gesäumte **Römische Wasserbecken** mit Blick auf die Berge, das mehr als 1,3 Mio. Liter fasst, und die **Casa Grande**, eine im Stil der spanischen Renaissance gestaltete Plaza. Obwohl sie aussieht, als ob sie von Hand gemeißelt wäre, besteht sie tatsächlich aus Flüssigbeton, um den häufigen Erdbeben standzuhalten.

Der Medienmogul Hearst war zwar das Vorbild für *Citizen Kane* (1941) von Orson Welles, lebte jedoch keinesfalls als Einsiedler, sondern umgab sich mit den Stars von Hollywood und Mitgliedern des Königshauses. Ein 40-minütiger Film am Ende der Führung erzählt von seinem Leben.

PIONIERIN DER ARCHITEKTUR

Hearst Castle war das „Baby" der visionären Architektin Julia Morgan (1872–1957), die es 28 Jahre lang plante und baute. Sie war die erste Frau, die an der renommierten École Nationale Supérieure des Beaux-Arts in Paris studieren durfte, und die erste in Kalifornien zugelassene Architektin. Neben Hearst Castle baute sie auch das prunkvolle Hearst Building in San Francisco um und entwarf das Berkeley Playhouse (eine ehemalige Kirche) im Craftsman-Stil. Obwohl ihre Arbeiten recht pompös waren, lebte sie selber sehr einfach, unabhängig und nur für ihre Arbeit.

UNTERWEGS VOR ORT

Die meisten Traveller sind hier mit dem Auto unterwegs, doch die relativ ebene, gerade Küstenstraße (Hwy 1) eignet sich auch gut zum Radfahren, etwa von Cambria zur Piedras Blancas Light Station oder zum Hearst Castle. RTA-Busse verkehren unregelmäßig zwischen Morro Bay, Cayucos, Cambria und San Simeon; die Fahrten müssen sorgfältig geplant werden.

PASO ROBLES

Die gemütliche kunstbeflissene Stadt mitten im Weinanbaugebiet befindet sich auf halbem Weg zwischen San Francisco und Los Angeles. Gut 40 km weit im Landesinneren wird sie von internationalen Reisenden kaum beachtet, von den Einheimischen aber wegen der über 200 Weingütern sehr geschätzt. Sie liegen teils direkt am Hwy 46 und verfügen oft über Geschäfte mit Verkostung in der Stadt, besonders rund um Park St und 13th St.

Paso Robles ist auch wesentlich entspannter als die großen kalifornischen Weinanbaugebiete wie Napa Valley. Es gibt auch eine größere Vielfalt an Weinen, die alle von den kalkhaltigen Böden und kühlen Seewinden profitieren. Der Schwerpunkt liegt auf Syrah, Cabernet Sauvignon und Sauvignon blanc, während der typische goldgelbe kalifornische Chardonnay hier praktisch nicht angebaut wird. Paso Robles war ursprünglich ein berühmtes Heilbad, und bis heute laden die Thermalquellen zur Entspannung ein. Dazu kommen noch eine lebendige Kunstszene und natürlich der Wein.

TOP TIPP

Wer den Führerschein nicht riskieren will und auch niemanden zum Fahren hat, kann in Paso Robles auch gut zu Fuß zur Weinprobe gehen oder einen Fahrdienst organisieren. **SLO Safe Ride** (slosaferide.com) und **Fetch Transportation** (slofetch.com) holen die Gäste nach der Weinprobe ab. Alternativ ist auch eine Privattour mit **Wine Wrangler** (thewinewrangler.com) möglich.

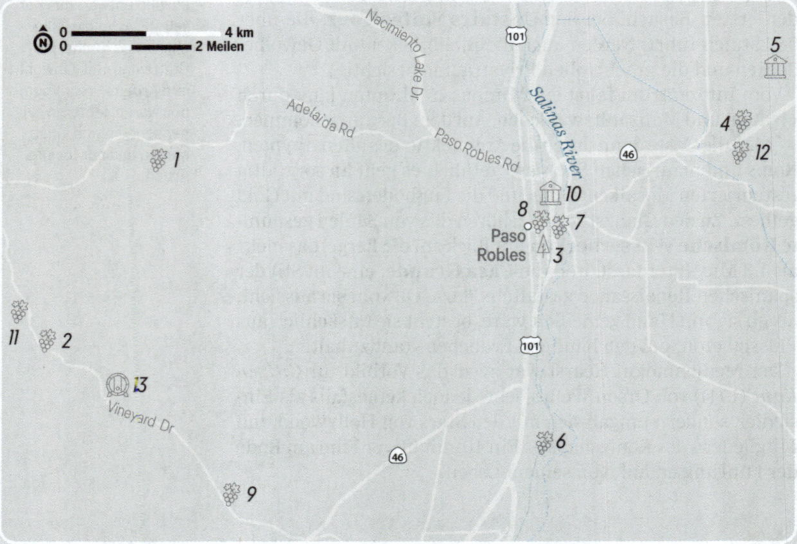

SEHENSWERTES
1 Adelaida Vineyards
2 Dilecta
3 Downtown City Park
4 Eberle Winery
5 Estrella Warbird Museum
6 Field Recordings
7 Herman Story Wines
8 Indigené Cellars
9 Paix Sur Terre
10 Pioneer Museum
siehe 3 Studios on the Park
11 Thacher Winery
12 Vina Robles
13 Willow Creek Distillery

Ein Wein-Wochenende in Paso Robles

ENTSPANNTE WEINVERKOSTUNGEN

Am ersten Tag geht es auf dem Hwy 46 in Richtung Osten zur **Eberle Winery**: Die Verkostungen des preisgekrönten Weinguts sind kostenlos, was sehr ungewöhnlich ist, aber beweist, wie überzeugt es von seinen Weinen ist. Sie müssen auch nicht im Voraus gebucht werden. Nur wer auch die 1560 m² großen Keller besichtigen will, muss die Führung vorab buchen.

Auf der anderen Seite des Hwy 46 ist **Vina Robles**. Das vor mehr als 20 Jahren von Schweizer Ausgewanderten gegründete Weingut besteht eigentlich aus sechs nachhaltig zertifizierten Weingütern. Zum frischen Albariño oder Cabernet Sauvignon gibt's eine tolle Käseplatte oder Schweizer Käsenudeln. Es gibt auch besondere Veranstaltungen im Amphitheater, die auf der Website angekündigt werden.

Wieder zurück in Paso Robles geht es zu **Field Recordings** am Hwy 101. Das Weingut hat sich auf außergewöhnliche Weine der Central Coast spezialisiert und bietet kräftigen Nebbiolo und Pinot Grigio im Stil eines Ramato (italienischer Rosé). Ganz in der Nähe befindet sich auch das eklektische Weingut **Herman Story Wines**. Der Verkostungsraum ist absichtlich sehr nüchtern gehalten, um alle Aufmerksamkeit auf den Wein zu lenken. Die letzte Station ist **Indigené Cellars**, eines der wenigen afroamerikanischen Weingüter. Hier muss die Verkostung im Voraus gebucht werden. Gründer und Inhaber Raymond Smith bietet preisgekrönte Weine wie würzigen Cabernet Sauvignon und Chardonnay mit tropischer Ananasnote an.

Am zweiten Tag werden die schön gelegenen Weingüter an der Adelaida Rd im westlichen Bergland besucht. Die **Adelaida Vineyards** liegen auf dem höchsten Punkt von Paso Robles. Der Verkostungsraum (unbedingt reservieren) ist von Walnussbäumen umgeben. Mit Solarenergie und wassersparenden Verfahren werden hier nachhaltige Weine wie prickelnde Rosé-Cuvés und vollmundige Zinfandel produziert.

Weiter südlich am Vineyard Dr gibt's noch mehrere Weingüter, allen voran die empfehlenswerten **Thacher Winery** und **Dilecta**. Auch die **Willow Creek Distillery** ist ein Anlaufpunkt für eine Verkostung: Hier werden Damson Brandy und Walnusslikör nach norditalienischen Rezepten gebrannt. Den stilvollen Abschluss bildet **Paix Sur Terre**. Das familiengeführte Weingut bietet zur Verkostung einen tollen Blick auf die Weinberge.

KUNST IM DUNKELN

In **Sensorio** hat Bruce Munro sein **Field of Light** aufgebaut. Nach Sonnenuntergang leuchten unzählige Lichtinstallationen an den Bergen auf. Es gibt mehrfarbige Leuchttürme aus Weinflaschen, auf den Wiesen funkeln 58800 bunte Glaskugeln. Das Spektakel ist das ganze Jahr über zu bewundern und soll sogar noch erweitert werden. Aktuelle Infos gibt's auf sensoriopaso.com. Hier können auch Tickets gekauft werden. Sensorio ist ungefähr 5 Meilen (8 km) nordöstlich von Paso Robles am Hwy 46.

MIT DEM FAHRRAD DURCHS WEINANBAUGEBIET

Eine autofreie Weintour ist im **Edna Valley** (S. 287) möglich. Das Weinanbaugebiet liegt 35 Meilen (56 km) weiter südlich am Hwy 101 nahe des entspannten San Luis Obispo.

GUT ESSEN IN PASO ROBLES

Les Petites Canailles
Auf der Speisekarte stehen Gerichte aus ganz Frankreich wie Steak-Tatar, *moules frites* und Gruyère-*tartelettes*. **$$$**

In Bloom
Das innovative Sechs-Gänge-Verkostungsmenü bietet Oktopus nach spanischer Art und ähnliche Köstlichkeiten. **$$$**

The Hatch
Das Restaurant serviert solides Essen von Ribeye-Steaks bis zu raffinierten Hühnchengerichten. **$$**

CALEB LANDON/SHUTTERSTOCK ©

Weinverkostung in Paso Robles

Kunst & Geschichte in Paso Robles

HISTORISCHE SEHENSWÜRDIGKEITEN UND MODERNE KUNST

Neben Wein hat Paso Robles auch Kunst und Geschichte zu bieten. Mit einem Espresso von Spearhead Coffee geht es in den **Downtown City Park**. Hier findet dienstagvormittags ein Bauernmarkt statt. **Studios on the Park** in der Pine St beherbergen eine Galerie, Kunstboutique und Kunstateliers. Infos zu Veranstaltungen und Kunst-Workshops für Kinder finden sich unter studiosonthepark.org.

Wie Paso Robles im 19. Jh. ausgesehen hat, zeigt das **Pioneer Museum** 1,6 km nördlich. Es gibt ein altes Klassenzimmer und eine Gefängniszelle. Wer ein Fahrzeug hat, kann ins 10 Autominuten nordöstlich gelegene **Estrella Warbird Museum** fahren. Hier sind alte Militärflugzeuge zu sehen. Außerdem ist es ganz in der Nähe des Hwy 46, sodass von dort aus die vielen Weingüter besucht werden können.

DIE THERMALQUELLEN VON PASO ROBLES

Franklin Hot Springs
Das Wasser des einfachen Thermalbades, das sich 4 Meilen (6,4 km) südöstlich der Innenstadt befindet, ist konstant 36,3 °C warm.

River Oaks Hot Springs
Das exklusive Bad bietet nicht nur warmes Mineralwasser, sondern auch Deep Tissue Massagen und Behandlungen mit heißen Steinen. Es liegt 2 Meilen (3,2 km) nördlich der Stadt.

Paso Robles Inn
Das Wellnesshotel in der Innenstadt hat einen Whirlpool auf jedem Balkon.

UNTERWEGS VOR ORT

Die Innenstadt von Paso Robles kann man gut zu Fuß begehen. Es gibt jede Menge Parkplätze, und auch der Bahnhof an der Strecke von Oakland nach Los Angeles ist einfach zu Fuß zu erreichen.

Für die Weingüter und Sehenswürdigkeiten außerhalb der Stadt, wie etwa Sensorio, ist ein Fahrzeug erforderlich. Es gibt aber auch Taxis und Fahrdienste.

Rund um Paso Robles

Ist Paso Robles angenehm gemütlich, ist die Umgebung richtig verschlafen. Es gibt viele entspannte Weingüter und stimmungsvolle alte Gebäude, darunter eine schöne spanische Mission.

Wer sich für jahrhundertealte religiöse Kunst interessiert und feinen Syrah verkosten möchte, ist auf einer umgebauten Ranch in San Miguel genau richtig. Der abgelegene Ort im Grenzland bietet drei bemerkenswerte historische Gebäude. Die Spanier, die die Stadt 1797 gründeten, bauten auch die imposante Mission San Miguel Arcángel und die Pfarrkirche, die bis heute genutzt wird. Zu beiden Seiten des Hwy 101 erstrecken sich Weinberge und Olivenplantagen. Das flache Land mit zahlreichen Seen lädt zum Wandern und Radfahren ein.

TOP TIPP

Es lohnt sich, in San Miguel einfach einen halben Tag lang das gemütliche Leben zu genießen.

Mission San Miguel Arcángel (S. 284)

EIN DENKMAL FÜR JAMES DEAN

In Cholame, 23 Meilen (36,8 km) östlich von Paso Robles am Hwy 46, steht das Denkmal an einer Eiche gegenüber dem Jack Ranch Cafe. Mit seinem letzten Film *... denn sie wissen nicht, was sie tun* wurde der charismatische James Dean (1931–55) endgültig zum Idol einer ganzen Generation. Und auch Jahrzehnte nach seinem tragischen Unfalltod verkörpert er wie kein anderer die Rebellion der Jugendlichen gegen die Erwachsenen.

NAGEL PHOTOGRAPHY/SHUTTERSTOCK ©

Mission San Miguel Arcángel von innen

Eine Reise in die Vergangenheit von San Miguel

EINE HISTORISCHE KURIOSITÄT UND DIE GESCHICHTE DER MISSION

Die Reise beginnt an der **Mission San Miguel Arcángel**, 15 Autominuten von Paso Robles entfernt. Der wunderbare Adobe-Komplex von 1797 ist von stacheligen Kakteen und Aloe-Vera-Pflanzen umgeben. Die Fassade der Kirche ist mit einer Arkade geschmückt. Die Wände im Inneren sind mit Blumenfresken, Engeln und dem *ojo de dios* (Auge Gottes) verziert. Sie wurden von dem spanischen Kaufmann und Künstler Esteban Carlos Munràs in den 1820er-Jahren geschaffen. 2003 zerstörte das Erdbeben von San Simeon große Teile der Mission, und die Restaurierung ist noch nicht abgeschlossen. Die wunderbaren Kunstwerke blieben zum Glück verschont und überragen die Werke in bekannteren Missionen Kaliforniens. Im Außenbereich befindet sich der historische Friedhof. Er wird von einer Statue des Erzengels Michael bewacht, der Luzifer ersticht.

Etwas südlich von San Miguel erhebt sich der äußerst fotogene **Wieland Bell Tower**. Der dreistöckige Backsteinturm erinnert an den Marinekaplan Fidelis Wieland aus dem Zweiten Weltkrieg und ist ein Wahrzeichen der Stadt. Ganz in der Nähe befindet sich das **Rios-Caledonia Adobe** von 1835, ein historisches Gasthaus, das unter Denkmalschutz steht und heute ein Museum zum Leben in der Mission beherbergt. Es zeigt Gebrauchsgegenstände der T'epot'aha'l, dem „Volk der Eichen", dem das Land am Salinas River ursprünglich gehörte, und auch Fotos aus dem 19. Jh. In dem Garten stehen jahrhundertealte Kakteen und Eukalyptusbäume sowie ein Wunschbrunnen aus den 1900er-Jahren. Am Garten vorbei führt ein Teil der alten Staatsstraße, die seit 1938 gesperrt ist.

SPANISCHE MISSIONEN

Eine weitere sehenswerte Mission ist **San Juan Bautista** (S. 273) weiter nördlich. Sie besteht aus mehreren Gebäuden und liegt auf halbem Weg zwischen Monterey und San Jose in einem stimmungsvollen Park.

UNTERWEGS VOR ORT

Die abgelegene Mission San Miguel und ihre Umgebung sind nur mit einem eigenen Fahrzeug zu erreichen. Sie können entweder auf dem Weg von San Francisco nach San Luis Obispo besucht werden oder als Halbtagesausflug von Paso Robles aus.

SAN LUIS OBISPO

Die hier lebenden Outdoor-Fans und Studierenden der California Polytechnic State University werden vom Rest Kaliforniens beneidet. Die Stadt liegt auf halbem Weg zwischen San Francisco und L. A. inmitten der Nine-Sisters-Vulkane. San Luis Obispo ist freundlich, zurückhaltend und das Tor zum rauen Landesinneren, hat aber auch einige der schönsten Strände der Central Coast. Von hier aus sind tolle Halb- und Ganztagesausflüge nach Avila und Pismo Beach im Süden, ins Edna Valley im Osten oder ins wilde Big Sur im Norden möglich. In der Stadt selbst gibt's kaum Attraktionen, sie zeichnet sich eher durch ihr Flair und ihre Umgebung aus, mit Straßencafés und Wanderwegen vor der Tür.

Wie viele andere Städte in Kalifornien wurde auch San Luis Obispo 1772 als Mission von Junípero Serra gegründet. Die spanische Vergangenheit ist allgegenwärtig, und die alten Häuser und von Bäumen gesäumten Straßen wirken sehr europäisch.

TOP TIPP

Nordöstlich der Innenstadt, unweit der Monterey St, gibt's einige gute Mittelklasse-Hotels. Von hier aus ist auch gut die historische Altstadt erreichbar. Das Madonna Inn ist jedoch nur mit einem Auto oder Fahrdienst zu erreichen. Andere Ziele wie das Weinanbaugebiet Edna Valley sind gut mit dem Fahrrad zu erkunden.

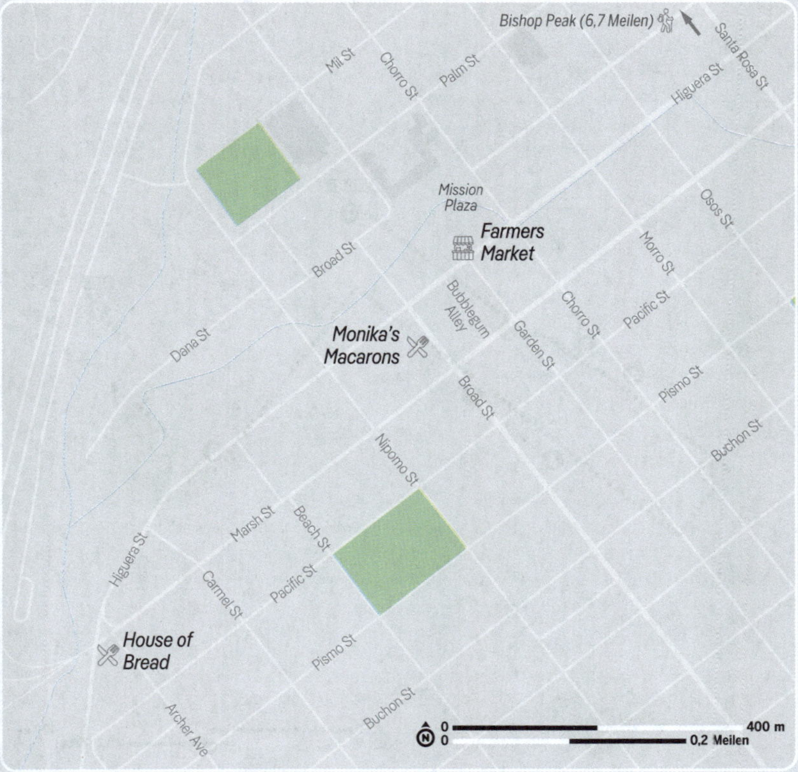

STADTSPAZIERGANG IN SAN LUIS OBISPO

Es geht beim 1 **Fremont Theater** los. Das Gebäude von 1942 hat die Form einer Haifischflosse. Die Monterey St in Richtung Westen führt zum 2 **Sinsheimer Bros Building**. Der ehemalige Gemischtwarenladen zweier Brüder stammt aus dem Jahr 1884 und zeichnet sich durch gusseiserne Säulen und klassizistische Elemente aus. Ein paar Schritte weiter ist die Mission Plaza mit der 3 **Mission San Luis Obispo de Tolosa** von 1772. Die Kirche ist von einem Garten mit Kakteen und wildem Wein umgeben. Außerdem gibt's ein Museum.

Noch mehr Stadtgeschichte wartet an der Ecke Broad St und Monterey St. Das 4 **San Luis Obispo County Historical Museum** in einem roten Backsteingebäude zeigt Antiquitäten und alte Fotos. Weiter westlich in der von Bäumen gesäumten Monterey St kommt man zum 5 **San Luis Obispo Children's Museum** an der Ecke Nipomo St. Vor allem für Kinder ist das interaktive Spielzeugmuseum sehr interessant. Stattdessen oder danach kann man nach Osten in die Higuera St gehen. Die von einer spanischen Familie Ende des 19. Jhs. angelegte Straße ist die Einkaufsmeile der Stadt.

Am Ende des zweiten Häuserblocks ist rechts die 6 **Bubblegum Alley** zu sehen. Hier werden seit den 1960er-Jahren gekaute Kaugummis an die Wand geklebt. Nach einem Blick auf das imposante 7 **Wineman Building** aus den 1930er-Jahren verlässt man die Higuera St und geht nach Süden in die Osos St.

Neben dem dritten Block steht die 8 **Grace Church** im kolonialen Stil der 1930er-Jahre. Durch den Mitchell Park geht es zur letzten Station in der Pismo St. Das 9 **Dallidet Adobe** aus den 1850er-Jahren war das Wohnhaus von Pierre Hypolite Dallidet, dem ersten Wein- und Brandy-Erzeuger der Stadt.

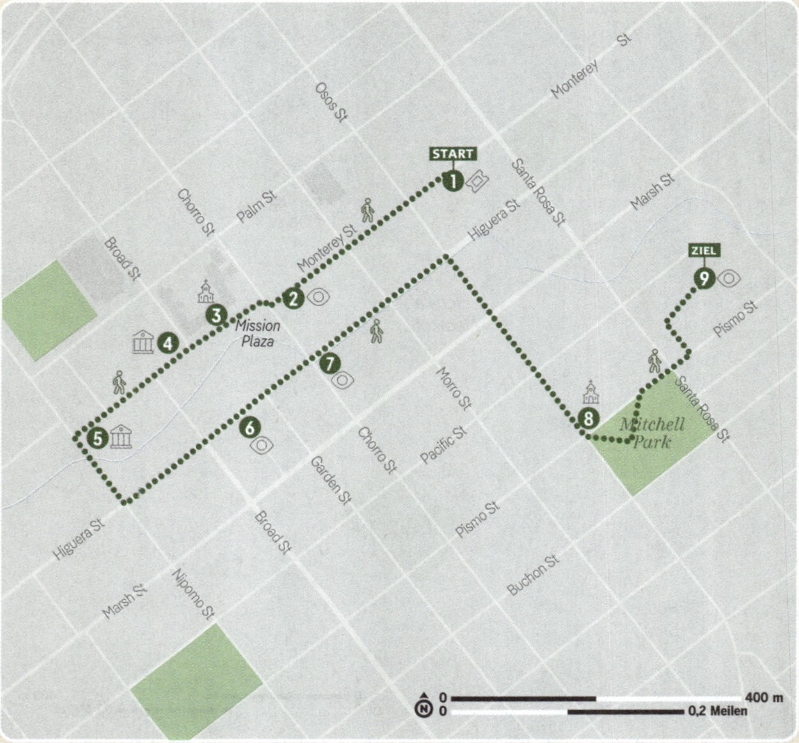

RADTOUR IM EDNA VALLEY

Das angenehm kühle Weinanbaugebiet südöstlich von San Luis Obispo ist am besten mit dem Fahrrad zu erkunden. Auf dem im Nebel liegenden Land wird erstklassiger Chardonnay und Pinot Noir mit Blick auf die Santa Lucia Mountains angebaut.

Die Fahrt beginnt beim Fahrradverleih Foothill Cyclery in 1 **San Luis Obispo** und geht in Richtung Süden durch die Johnson Rd in die Orcutt Rd. Hier beginnt der Tiffany Ranch Loop, ein 32 km langer Rundweg zu den Weingütern des Edna Valley. Der Verkostungsraum von 2 **Baileyana** wurde 1909 als Haus der Unabhängigen Schule erbaut. Heute werden hier mineralische Chardonnays und Pinot Noir Rosés mit Pfirsichnote ausgeschenkt. Weiter südöstlich findet sich 3 **Chamisal Vineyards**. Das Weingut produziert Sekt nach dem Champagnerverfahren und fruchtigen Pinot Noir.

Dann biegt man nach rechts in die Tiffany Ranch Rd ab und anschließend gleich wieder rechts. Don und Gwen Othman von 4 **Kynsi Winery** stellen seit mehr als 30 Jahren innovative Weine wie würzige Pinots und fast schwarze Syrahs her. Eine Verkostung muss im Voraus reserviert werden. Fans von trockenem Weißwein kommen bei 5 **Claiborne & Churchill Winery** auf ihre Kosten. An Tischen unter schattigen Bäumen werden Proben von Gewürztraminer und Riesling mit Käseplatte serviert.

Den Abschluss bildet 6 **Tolosa Winery**, ein Premium-Weingut – was sich auch in den Preisen niederschlägt. Inmitten von eleganten Gebäuden und sehr gepflegten Gärten werden frische Chardonnays und das Flagschiff, vollmundige Pinot Noirs, angeboten. Danach geht es zurück nach San Luis Obispo.

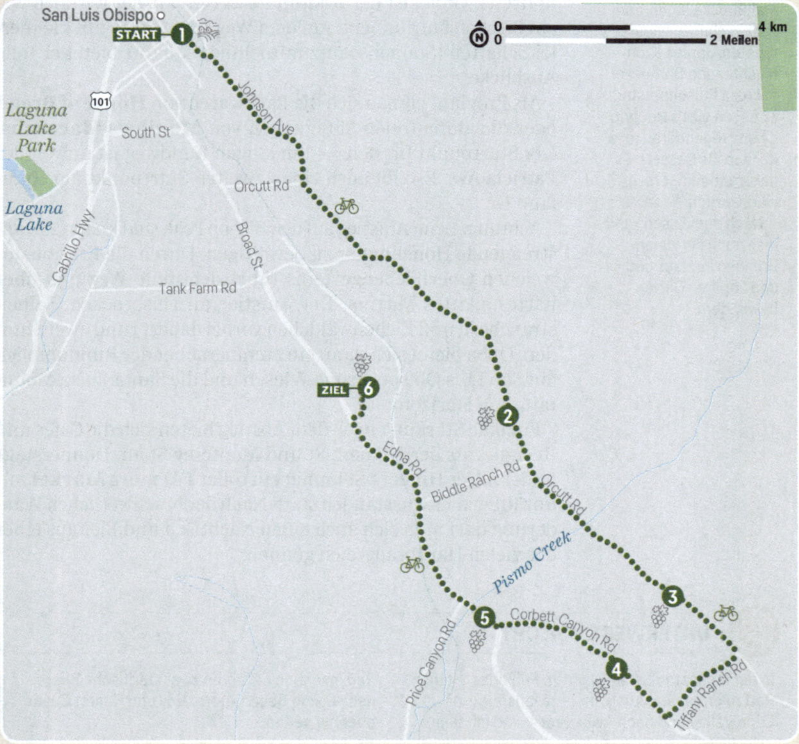

MADONNA INN

Das kitschige rosa Fantasiegebilde mit Türmchen, riesigem Werbeschild und funkelnden Fenstern ist vom Hwy 101 schon von Weitem zu sehen. Es lohnt sich aber unbedingt, es zu besichtigen. In den 110 Themenzimmern finden sich kutschenförmige Betten, Bettwäsche und Vorhänge mit Tiermotiven, eine berghüttenähnliche Ausstattung und vieles mehr. Auch das Restaurant ist sehr sehenswert: Der neobarocke Innenraum hat kirschrote Veloursstapeten, üppige Kronleuchter und Barhocker mit rosa Plüschpolster. Zu Essen gibt's Hochrippe und legendären rosa Kuchen als Dessert. Es muss unbedingt reserviert werden.

Nach dem Essen kann man noch die vielen Brunnen im Haus und den üppigen Garten bewundern.

LOGAN BUSH/SHUTTERSTOCK ©

Wineman Building (S. 286)

Auf dem höchsten Berg von San Luis Obispo

WANDERUNG MIT PANORAMABLICK

Zwischen San Luis Obispo und Morro Bay erstreckt sich die vulkanische Bergkette der Nine Sisters. Der höchste dieser zerklüfteten Gipfel ist der **Bishop Peak** (475 m), der wirklich wie ein Bischofshut aussieht. Auf dem Weg zum Gipfel gibt's keinerlei Schatten (Sonnenschutz mitnehmen!), dafür bietet er tolle Ausblicke.

Als Proviant eignen sich die Backwaren von **House of Bread** oder die glutenfreien Süßigkeiten von **Monika's Macarons**. Der Startpunkt für den 6,4 km langen Rundweg ist unweit der Patricia Ave. Es gibt auch einen zweiten Startpunkt am Highland Dr.

Achtung: Beim Aufstieg auf den Bishop Peak sind knapp 290 anstrengende Höhenmeter zu bewältigen. Durch die Erosion des weichen Oberflächengesteins führt der steile Weg nun über hartes, glattes Magma. Der Aufstieg an Felsbrocken, Salbeisträuchern und Eichenwäldchen vorbei dauert rund zwei Stunden. Oben bietet sich dann ein atemberaubender Rundumblick auf San Luis Obispo, grüne Wiesen und die Santa Lucia Mountains am Horizont.

Für eine Stärkung nach dem Abstieg bieten sich die Cafés und Restaurants der Higuera St und Monterey St an. Donnerstags findet in der Higuera St immer ein toller **Farmers Market** mit unzähligen Essensständen statt. Nach der beschwerlichen Wanderung darf man sich auch einen Nachtisch und Bier aus einer der vielen Hausbrauereien gönnen.

UNTERWEGS VOR ORT

In der Innenstadt ist alles gut zu Fuß oder mit dem Rad zu erreichen. Auch die Tagesausflüge ins Edna Valley und nach Avila Beach sind mit dem Rad machbar. Es fahren zwar städtische Busse nach Pismo Beach, Morro Bay und Hearst Castle, aber nur selten.

Rund um San Luis Obispo

Strände, Thermalquellen und malerische Küstenorte: Die Umgebung von San Luis Obispo hat einiges zu bieten.

San Luis Obispos Lage zwischen Pazifik und uralten Bergen ist eine der schönsten in Kalifornien. Die herrliche Umgebung lässt sich gut in Tagesausflügen erkunden.

Zur Küste sind es nur 15 Autominuten. Die Küste hier ist aber ganz anders als im übrigen Kalifornien. Statt Palmen gibt's hier Eukalyptusbäume und alte verstaubte Geschäftsstraßen statt nobler Strandpromenaden. Nordwestlich der Stadt befindet sich Morro Bay, ein rustikales altes Fischereidorf, im Westen erstreckt sich der gebirgige Montaña de Oro State Park. Nur im Süden ist es mit Avila Beach und Pismo Beach etwas „schicker". Allgegenwärtig sind jedoch der kühlende Seenebel und Kneipen mit leckerem Bier.

TOP TIPP

Das Wetter kann an diesem Küstenabschnitt unberechenbar sein. Morgens ist es meistens neblig mit etwas Sonnenschein. Im November und Dezember ist es in der Regel sehr sonnig.

Montaña de Oro State Park (S. 292)

Felsen von Morro Bay

GIOVANNI'S FISH MARKET & GALLEY

Das zwanglose Restaurant serviert nicht nur knusprig frittierten Fisch und die beste, mehrmals preisgekrönte Chowder in Morro Bay, sondern auch Seafood aller Art wie Tacos mit Shrimps, gebratene Austern und Bowls mit Fischinnereien. Alles ist superfrisch, und es gibt auch eine Terrasse mit Blick aufs Meer.

Im Schatten des Felsens von Morro Bay

VULKANLANDSCHAFT UND KÜSTENZAUBER

Das Fischereidorf **Morro Bay**, 15 Autominuten nordwestlich von San Luis Obispo, hat sich in den letzten Jahren zum Paradies für Kajak-Fans mit Wasserspaß und guten Restaurants entwickelt.

Die Einheimischen nennen ihre Stadt „Drei Türme und ein Felsen". Die drei Türme gehören zum Kraftwerk, der Felsen ist ein Vulkankegel, der aus der Bucht herausragt. Der 175 m hohe Dazit-Berg ist Teil der Vulkankette der Nine Sisters, die 21 Mio. Jahre alt ist. Ein Dammweg verbindet ihn mit dem Festland. Es ist ein beeindruckender Anblick, und die meisten Traveller kommen nur wegen ihm hierher. Der kurze **Morro Strand Trail** führt vom Cloisters Park am Strand entlang und bietet einen tollen Blick auf den Felsen.

Wer danach weiter zum Embarcadero geht, kann verspielte Otter im Wasser und Seelöwen an Land beobachten. Den besten Kaffee der Stadt gibt's bei **Top Dog** in der Main St, **Coalesce** ist ein super Buchladen. Das Seafood-Restaurant **The Galley** hat sich auf „nackten Fisch" spezialisiert, serviert aber auch eine gute Muschel-

WUNDER DER GEOLOGIE

Wer angesichts des Felsens von Morro Bay mehr über die Geologie der Central Coast erfahren möchte, muss in den **Montaña de Oro State Park** (S. 292) fahren. Hier befinden sich die Vulkankette der Nine Sisters und steil aufragende Klippen über goldgelben Stränden.

ÜBERNACHTEN IN MORRO BAY

Morro Bay State Park Campground
Das Hotel, südlich der Stadt und unter Eukalyptusbäumen liegend, ist nur wenige Schritte vom Park entfernt. **$**

Anderson Inn
Das Boutiquehotel am Wasser ist im nautischen Stil ausgestattet. Die Zimmer haben teilweise einen offenen Kamin und eine barrierefreie Dusche. **$$**

456 Embarcadero Inn & Suites
Das Hotel südlich der Innenstadt bietet klassische Zimmer in neutralen Farben und geschmackvolle Suiten mit Balkon und Blick auf die Bucht. **$$**

Chowder nach Geheimrezept. Eine Reservierung ist nicht nötig. Die Wartezeit lässt sich mit einem Bier aus dem Pub nebenan oder einem Spaziergang am Wasser verkürzen.

Die Märchenwälder von Los Osos

LEICHTE WANDERUNGEN IM EICHENWALD

Los Osos (wörtlich „die Bären") liegt 15 Autominuten westlich von San Luis Obispo. Den Namen erhielt der Ort vom spanischen Offizier Gaspar de Portolá, der 1769 hier Grizzlys gesehen haben will. Er ist das Tor zum Montaña de Oro State Park, ist aber selbst auch sehr sehenswert.

Die Erkundungstour beginnt im **Los Osos Elfin Forest**, einem 36 ha großen Zwergeichenwald. Ein kurzer Rundweg schlängelt sich auf Stegen durch den sumpfigen Wald. Zwischen den winzigen, teilweise nur 1,20 m hohen Bäumen leben unzählige Vögel, Kröten und Eidechsen.

Rund 2 Meilen (3,2 km) weiter südöstlich, unweit der Los Osos Valley Rd, befindet sich ein weiterer schöner Wald im **Los Osos Oaks State Reserve**. Genau wie im Elfin Forest bilden die knorrigen Eichen auch hier einen stimmungsvollen Märchenwald. Allerdings sind die Bäume hier bis zu 7,60 m hoch. Insgesamt 2,4 km ebene Wege führen durch den Wald, in dem viele Waldratten und Wachteln leben.

Rad- und Kajakfahren in Avila Beach

RADELN, FELSEN IM MEER UND CHARDONNAY

Das schicke Avila Beach ist keine 15 Autominuten von San Luis Obispo entfernt, wirkt aber weit abgelegen. Am geschützten Strand und auf guten Radwegen kann man die Natur genießen, bevor man sich mit einem guten Abendessen und Wein verwöhnen lässt.

Rund um die Front St werden überall Fahrräder und E-Bikes verliehen. Der **Bob Jones Trail** fängt am nordwestlichen Ende des Hauptstrandes an und führt nach Nordosten über den Creek. Der zumeist flache Weg verläuft unter Sykomoren am Wasser entlang. Unterwegs lädt der „Secret Garden" zu einer Pause ein. Er bietet einen Food Truck und eine kleine Bar mit Wein, Bier und Gebäck. Auf dem Rückweg kann man am Strand vorbei in Richtung Westen auf dem Avila Beach Dr zum **Fisherman's Beach** fahren und die im Wasser schaukelnden Boote beobachten.

Avila Beach Paddlesports verleiht Kajaks und SUP-Bretter, mit denen man auf dem von einem Wellenbrecher geschützten Meer paddeln kann. Auf der rechten Seite erhebt

BESTE AKTIVITÄTEN IN MORRO BAY

Central Coast Outdoors
Der erfahrene Veranstalter bietet Kajaktouren am Tag und zum Sonnenuntergang sowie Radtouren.

Kayak Shack
Der einfache Veranstalter südlich der Innenstadt verleiht stundenweise Kanus, Kajaks und SUP-Bretter.

Pacific Charters Sport Fishing
Bei den Bootsfahrten mit Captain Shawn werden Sebastes geangelt und Delfine beobachtet.

Morro Bay Whale Watching
Das kleine Boot *Dos Osos* fährt zur Beobachtung von Grau- und Buckelwalen hinaus.

EINEN VULKAN BESTEIGEN

Der 475 m hohe **Bishop Peak** (S. 288) ist der höchste Vulkan der Nine Sisters. Die Tageswanderung zum Gipfel beginnt in San Luis Obispo.

SEEMANNSKNEIPEN IN MORRO BAY

The Siren
Die Bar mit dem Meerjungfrauenlogo bietet maritime Cocktails, leckere Snacks und regelmäßig Livemusik.

Three Stacks and a Rock
Hier werden Probierbretter mit IPAs und Stouts mit Blick auf die Bucht serviert.

The Libertine Pub
Es gibt 60 Biere vom Fass und eine Holzterrasse mit Aussicht aufs Meer.

sich der Leuchtturm von Port San Luis. Die Felsen im Meer sind voller Pelikane (und ihrem Kot), im Wasser tummeln sich Otter und Seelöwen.

Danach laden die Restaurants in Avila Beach zu einem Abendessen mit Meerblick ein. Das **Blue Moon Over Avila** bietet französische Küche, das **Custom House** hervorragende Steaks und Pasta.

DIE WANDERUNG DER MONARCHFALTER

Ganze Schwärme der schwarz-roten Schönheiten schwirren regelmäßig in verschiedenen Gegenden der Central Coast, vor allem aber im **Pismo State Beach Monarch Butterfly Grove**. Von Ende Oktober bis Februar überwintern sie in den geschützten Eukalyptuswäldern in der Nähe des North Beach Campground. Es werden jedoch immer weniger: Im Juli 2022 setzte die International Union for Conservation of Nature (IUCN) den Monarchfalter auf die Rote Liste der vom Aussterben bedrohten Tierarten. Hier in Pismo lassen sie sich aber noch gut beobachten, aber bitte mit Abstand!

Die Strände rund um Pismo

DÜNEN, GEZEITENTÜMPEL UND EINSAME BUCHTEN

Das nur 15 Autominuten von San Luis Obispo entfernte **Pismo Beach** ist ideal für ein Wochenende am Strand. Am ersten Tag paddelt man am **Pismo City Beach** entlang, beobachtet die Leute und macht einen Spaziergang auf dem Pier. Danach steigt man die Wilmar Stairs zum Strand hinunter und genießt die Ruhe fernab der Massen.

Nach einem Picknick im Pismo Preserve (auf der anderen Seite des Highways) fährt man nach Westen zum **Spyglass Beach** und **South Palisades Park** (Zugang über die südliche Treppe). Sie sind voller Gezeitentümpel, und das Meer ist gespickt mit Felsen. Weiter nördlich befindet sich in der Nähe von Avila Beach die **Pirates Cove**. Achtung: Der Weg hinunter zur Bucht ist sehr steil. Weit und breit ist keine Augenklappe in Sicht und manchmal auch kein anderer Stoff, denn hier ist Nacktbaden erlaubt. Während der Prohibition war die Bucht allerdings ein Umschlagplatz für Rum. Ein kurzer Weg führt zu einer Meereshöhle mit tunnelartigem Eingang.

Am zweiten Tag sollte man ein Auto mieten. Damit fährt man nach Süden zum **Pismo State Beach**. Dort kann man über die Dünen zu einer Süßwasserlagune wandern. Der feste Sandstrand **Grover Beach** ist der einzige öffentliche Strand der USA, auf dem Autos fahren dürfen. Das geht jedoch nur mit einem Jeep und man muss auch sehr vorsichtig fahren (max. 15 mph).

Die Dünenlandschaft des **Rancho Guadalupe Dunes Preserve** scheint nicht von dieser Welt zu sein. Hier drehte Cecil B. DeMille 1923 das Bibelepos *Die zehn Gebote*. Es heißt, die Kulissen seien immer noch in den Dünen vergraben. Weitere Infos gibt's im **Dunes Center** in Guadalupe (Santa Barbara County).

Wild zerklüftete Felsen im Montaña de Oro State Park

STEILE KLIPPEN UND SANDIGE BUCHTEN

Die Vulkanlandschaft des Montaña de Oro State Park, 30 Autominuten von San Luis Obispo entfernt, ist ein Glanzstück der

ESSEN UND AUSGEHEN IN AVILA BEACH

Kraken Coffee Company
Hier gibt's die mit Abstand besten Bohnen der Stadt sowie Burritos zum Frühstück, Gebäck und Eiscreme. $

Gardens of Avila
Das Restaurant im Garten des Sycamore Mineral Springs Resort serviert kalifornische Küche mit mediterranem Touch. $$$

Libertine Brewing Company
Die Niederlassung einer großen Brauerei der Central Coast schenkt heimisches Sauerbier und belgische Biere aus.

Pismo Beach

Natur. Die Wellen krachen gegen weiße Alabasterklippen und natürliche Felsenbögen. Durch die Küstenlandschaft führen Wander-, Rad- und Reitwege. Im Frühling sind die Berge mit blühenden Wildblumen bedeckt – daher auch der Name „Goldener Berg".

Der 5,6 km lange **Bluff Trail** leitet vom Hauptparkplatz über die Klippen. Die Aussicht ist spektakulär, insbesondere der Blick in die von Wellen umtoste Spooner's Cove, wo Alden B. Spooner II. um 1860 eine Ranch und Molkerei errichtete. Die Klippen und Felsen im Meer bestehen zumeist aus *miguelito shale*, Schichten aus organischem Material, das in 6 Mio. Jahren zu den heutigen Formationen versteinerte. Vom grobkörnigen **Spooner's Beach** geht es zum nördlichen Ende der Bucht, wo es viele Gezeitentümpel gibt.

Der höchste Gipfel des 32,4 km² großen Parks ist der Valencia Peak (411 m). Der 7,2 km lange **Valencia Peak Trail** führt vom Parkplatz Spooner's Cove in Serpentinen hinauf. Die Anstrengung wird mit einem atemberaubenden Ausblick belohnt. Fast genauso hoch ist der **Oats Peak**. Der gleichnamige Weg hinauf ist zwar länger (17,6 km), aber nicht so steil. Er beginnt beim Islay Creek Campground.

NATUR-ATTRAKTIONEN IM MONTAÑA DE ORO STATE PARK

Hazard Canyon Reef
Die Schlucht ist voller Gezeitentümpel. Bei Ebbe sind die vielen Seeanemonen und Einsiedlerkrebse gut zu sehen. Der Zugang erfolgt über den Dune Trail.

Oats Peak Trail
Im Frühling ist die Wanderung am schönsten, denn dann blühen die Glockenblumen und Schlüsselblumen. Und der Blick vom Gipfel ist auch grandios.

Spooner's Cove
Die Bucht unter hohen Klippen ist ideal für ein Picknick am kinderfreundlichen Strand.

Coon Creek Beach
Der herrlich einsame Strand ist über den Point Buchon Trail zugänglich. Der Startpunkt ist südlich der Parkgrenze.

WILDES WANDERGEBIET

Wer raue Querfeldein-Wanderungen liebt, ist im **Pinnacles National Park** (S. 275) richtig. Der Park zwei Stunden nördlich von San Luis Obispo ist auch ein Kletter-Paradies.

UNTERWEGS VOR ORT

Die Gegend zwischen San Luis Obispo, Avila Beach und Edna Valley lässt sich am besten mit dem Rad erkunden. Es fahren zwar Busse von San Luis Obispo nach Morro Bay und Pismo Beach, aber nur selten. Von Mai bis Anfang September verkehrt freitagnachmittags und am Wochenende eine kostenlose Straßenbahn zwischen Avila Beach und Pismo Beach. Aber wie überall an der Central Coast sind die meisten Orte am besten mit dem Auto zu erreichen.

SANTA BARBARA COUNTY

SPANISCH-KOLONIALE KÜSTENSCHÖNHEIT

Dank des mediterranen Klimas kann man hier ganzjährig wandern, radeln und surfen. Der Südzipfel der kalifornischen Central Coast hat Pinot noir, Pixie-Mandarinen aus Ojai und Avocados zu bieten.

An Santa Barbaras Küste lebte ursprünglich das Volk der Chumash. Sie bestellten Felder, jagten in den mit Eichen übersäten Hügeln und fischten in den nahrungsreichen Gewässern des Santa Barbara Channel. Für den Bau seegängiger Kanus verwendeten sie Teer aus natürlichen Strandablagerungen. So war es ihnen möglich, sich auf der nördlichsten Insel der Channel Islands niederzulassen.

JOSEPH SOHM/SHUTTERSTOCK ©

1786 weihten spanische Franziskaner-Missionare am Santa-Barbara-Gedenktag die zehnte kalifornische Mission ein und segneten die Stadt sowie eine der berühmtesten Sehenswürdigkeiten. Mit seinen wunderschönen Stränden, den Gebirgsausläufern und dem ganzjährig milden Klima zieht SB schon seit Jahren Menschen an, die zu Besuch kommen oder hier ansässig werden.

In den letzten 20 Jahren hat sich das Santa Barbara County zu einem Weinland entwickelt (2021 erhielt die Region von der Zeitschrift *Wine Enthusiast* die Auszeichnung als Wine Region of the Year). Die querverlaufende Bergkette und die einzigartigen, sich täglich verändernden Nebelformationen bilden den Grundstock für kleine Mengen qualitativ hochwertiger Weine, die man hier wunderbar genießen kann.

Auf regionalen Festen stehen neben Wein auch Zitronen und Avocado im Mittelpunkt. Die Wertschätzung von Menschen, die auf dem Land arbeiten, und den Produkten, die sie auf den Tisch bringen, gehört hier zum alltäglichen Leben, ebenso wie die Verantwortung für das hiesige Land und Meer.

Die Einheimischen leben gern hier, man sollte sich unter sie mischen, sich ihrem etwas langsameren Lebensrhythmus anpassen und sich an den Delfinen vor der Küste und dem grünen Licht bei Sonnenuntergang erfreuen.

DIE WICHTIGSTEN ZIELE

SANTA BARBARA
Küstenschönheit.
S. 300

SOLVANG
Dänischer Kitsch.
S. 312

LOS OLIVOS
Zentrum für Weinverkostung. S. 320

VENTURA
Hafen mit Charme.
S. 326

FRANK BACH/SHUTTERSTOCK ©

Links: Radfahrende in Ojai (S. 333); Oben: Mission Santa Bárbara (S. 305), Santa Barbara

Erste Orientierung

Santa Barbara ist eine einfach zu erkundende Gegend zwischen Bergen und Ozean. Interessante Gebiete außerhalb der Stadt sind mit dem Auto über landschaftlich schöne Strecken entlang der Küste oder durch die Ausläufer der Gebirgszüge Santa Ynez und Topatopa zu erreichen.

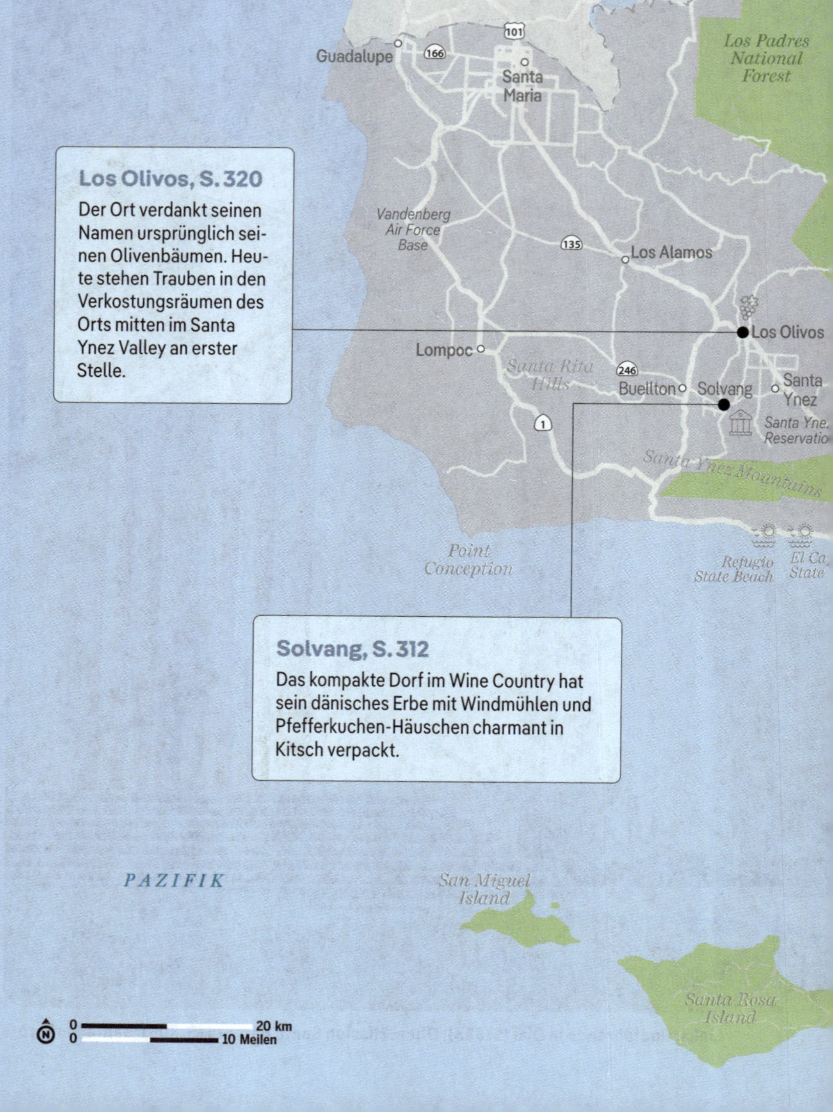

Los Olivos, S. 320

Der Ort verdankt seinen Namen ursprünglich seinen Olivenbäumen. Heute stehen Trauben in den Verkostungsräumen des Orts mitten im Santa Ynez Valley an erster Stelle.

Solvang, S. 312

Das kompakte Dorf im Wine Country hat sein dänisches Erbe mit Windmühlen und Pfefferkuchen-Häuschen charmant in Kitsch verpackt.

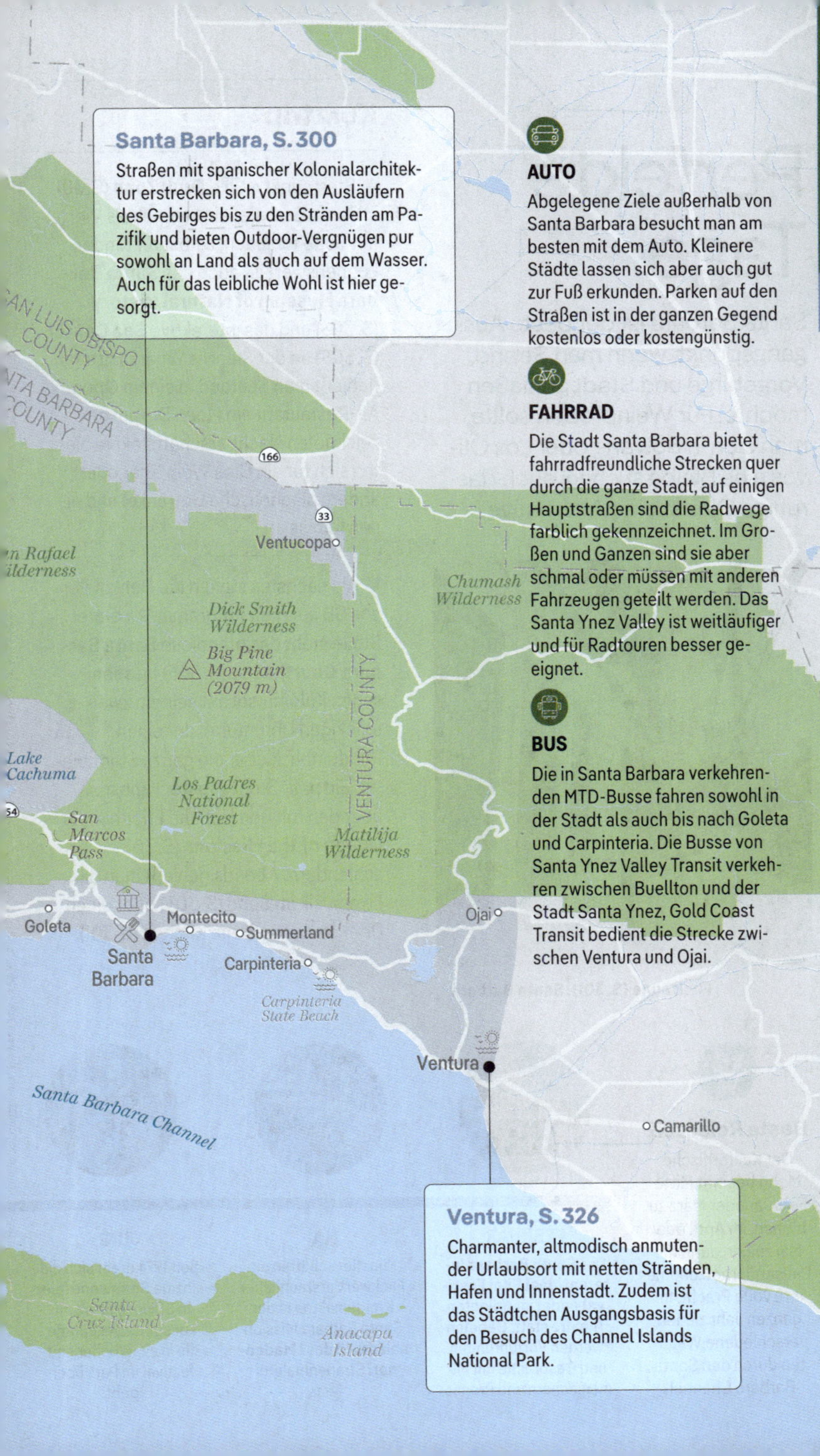

Santa Barbara, S. 300

Straßen mit spanischer Kolonialarchitektur erstrecken sich von den Ausläufern des Gebirges bis zu den Stränden am Pazifik und bieten Outdoor-Vergnügen pur sowohl an Land als auch auf dem Wasser. Auch für das leibliche Wohl ist hier gesorgt.

AUTO

Abgelegene Ziele außerhalb von Santa Barbara besucht man am besten mit dem Auto. Kleinere Städte lassen sich aber auch gut zur Fuß erkunden. Parken auf den Straßen ist in der ganzen Gegend kostenlos oder kostengünstig.

FAHRRAD

Die Stadt Santa Barbara bietet fahrradfreundliche Strecken quer durch die ganze Stadt, auf einigen Hauptstraßen sind die Radwege farblich gekennzeichnet. Im Großen und Ganzen sind sie aber schmal oder müssen mit anderen Fahrzeugen geteilt werden. Das Santa Ynez Valley ist weitläufiger und für Radtouren besser geeignet.

BUS

Die in Santa Barbara verkehrenden MTD-Busse fahren sowohl in der Stadt als auch bis nach Goleta und Carpinteria. Die Busse von Santa Ynez Valley Transit verkehren zwischen Buellton und der Stadt Santa Ynez, Gold Coast Transit bedient die Strecke zwischen Ventura und Ojai.

Ventura, S. 326

Charmanter, altmodisch anmutender Urlaubsort mit netten Stränden, Hafen und Innenstadt. Zudem ist das Städtchen Ausgangsbasis für den Besuch des Channel Islands National Park.

Perfekte Tage

Santa Barbara ist der beste Ausgangspunkt, wenn man Strand, Vorgebirge und Stadt genießen möchte. Für Weinproben sollte man sich in Solvang oder Los Olivos eine Bleibe suchen, auch das ruhige Ojai ist eine Alternative.

KEVIN YUAN/SHUTTERSTOCK ©

Funk Zone (S. 301), Santa Barbara

Kurztrip

- Startpunkt ist die **Funk Zone** (S. 301) in Santa Barbara, ein kompaktes Viertel mit Spaß für jeden, selbst für Kinder. Lohnenswert ist auch das **Santa Barbara Museum of Natural History** (S. 306) und das interaktive **Sea Center** (S. 305) an der Stearns Wharf. Mittags genießt man Seafood in einem Open-Air-Restaurant am Meer. Die ausgezeichneten Nachbarschaftslokale bieten sich für ein Glas Wein (Bier oder andere alkoholische Getränke) und einen Imbiss an.

- Als nächstes stehen die Denkmäler von SB auf dem Programm. An erster Stelle steht das grandiose **Santa Barbara Courthouse** (S. 305) im spanischen Kolonialstil mit seinem zweistöckigen Uhrenturm, der einen Rundumblick über die ganze Stadt bietet. Ein paar Blocks weiter kann man über den ruhigen Hof und Friedhof der **Queen of the Missions** (S. 305) schlendern. Abends genießt man dann Livemusik im Soho (S. 306) oder einen Drink im Sama Sama Kitchen (S. 301).

Beste Reisezeit

Der Kalifornische Mohn beginnt Mitte Februar oder März zu blühen, im April oder Mai zeigen dann die Palisanderholzbäume ihre volle Pracht. Im ganzen Jahr ziehen verschiedene Walarten durch den Santa Barbara Channel.

FEBRUAR

Das **Santa Barbara International Film Festival** findet im Arlington Theatre statt. Geboten werden Vorführungen und Gespräche mit Filmemachern und Promis.

MAI

Künstler schaffen ein Flickwerk erstaunlicher Kreidemalerei in der Santa Barbara Mission anlässlich des **I Madonnari** Straßenmalereifests.

JUNI

Seit 1974 dreht sich die einzige **Sonnwendfeier** in SB um eine skurilkünstlerische Parade, die in ein Wochenendfestival im Park übergeht.

SIDE SHOW STOCK/GETTY IMAGES ©; KNUMINA STUDIOS/SHUTTERSTOCK ©; RANDY SPRAGUE/SHUTTERSTOCK ©

Ein langes Wochenende zum Erkunden

- Nachdem man **Santa Barbara** (S. 300) am ersten Tag erkundet hat, geht's am nächsten etwas weiter weg.

- Man unternimmt eine Fahrt aufs Land, besucht im **Santa Ynez Valley** (S. 325) ein oder zwei Weingüter oder fährt in die kleinen Orte **Los Alamos** (S. 324) oder **Los Olivos** (S. 320), wo man sich ein Schlückchen genehmigt und herumschlendert. In **Solvang** (S. 312) unbedingt eine Dose mit dänischen Keksen kaufen.

- Als Nächstes verbringt man einen Tag in **Ojai** (S. 332), um die sonnige, New-Age-Atmosphäre in sich aufzusaugen und das gesunde Essen zu probieren. Man sollte auch etwas Zeit für eine Wanderung an Santa Barbaras **Küste** (S. 310) einplanen, im Kajak oder auf einem SUP durch den **Hafen** (S. 304) paddeln, wo man Robben, Pelikane und kalifornische Adlerrochen aus nächster Nähe betrachten kann.

Fünf Tage oder mehr zum Erkunden

- Ein oder zwei Tage sollte man mit der Erkundung von **Santa Barbara** (S. 300) verbringen, auch etwas Zeit auf dem Wasser beim Surfunterricht, einer Paddeltour durch den Hafen oder einem Walbeobachtungsausflug ist empfehlenswert. Dienstagnachmittag oder Samstagvormittag lohnt sich der Besuch des Bauernmarkts in Santa Barbara, wo man sich mit ein paar Snacks eindecken und sich unter relaxte Einheimische mischen kann.

- Wer mehr Zeit hat, sollte einen Ausflug nach **Ojai** (S. 332) machen und dort wandern, reiten oder etwas Zeit in einer Schönheitsfarm verbringen. Man kann auch einen Guide anheuern und eine Weinverkostungstour ins **Santa Ynez Valley** (S. 325) unternehmen. Auf einem längeren Zwischenstopp in **Solvang** (S. 312) kann man Strauße füttern, eine Speakeasy-Schankstube besuchen und wie ein kalifornischer Wikinger schlemmen.

AUGUST

Auf Santa Barbaras größtem Fest des Jahres, den **Old Spanish Days** (oder einfach „Fiesta"), wird das Erbe Spaniens, Mexikos und der Chumash gefeiert.

SEPTEMBER

Danish Days in Solvang mit Musik, Umzügen, Essen und Präsentation von allem, was dänisch ist.

OKTOBER

Anfang Oktober strömen Besucher:innen zum **Avocado Festival** ins kleine Carpinteria. Geboten wird Livemusik, Essen und Trinken sowie reichlich Guacamole.

DEZEMBER

Anlässlich der **Parade of Lights** funkeln die Boote in den Häfen von Santa Barbara und Ventura.

SANTA BARBARA

Santa Barbara ist seit langem ein Wochenendziel der Angelenos und das aus gutem Grund. Die Fahrt gen Norden in den zwischen den Santa Ynez Mountains und dem Pazifik gelegenen Ort dauert nur ca. 90 Minuten. Er lockt mit spanischer Kolonialarchitektur und cooler Strandort-Atmosphäre. Die selbsternannte American Riviera ist unbestritten ein angenehmer Ort inmitten einer wunderschönen Natur mit vielen Outdoor- und Kulturangeboten, guten Restaurants und Bars. An einem Tag kann man eine schöne Wanderung unternehmen, ins Meer springen und – um dem Ganzen die Krone aufzusetzen – an einer Weinverkostung von Weltklasse teilnehmen. SB strahlt noch immer die Atmosphäre einer Kleinstadt aus, hat aber eine Universität und verschiedene kulturelle Events sowie Musiklocations im Freien und eine florierende Kunstszene zu bieten. Die Vergangenheit der Stadt ist mit Landwirtschaft und einem lebendigen mexikanischen Erbe verwurzelt. Beides ist bis heute Bestandteil der Identität von Santa Barbara.

TOP TIPP

Santa Barbaras Stadtzentrum ist durchzogen von parallel und senkrecht zur State St. verlaufenden Einbahnstraßen. Man sollte auf Autofahrer, die in die falsche Richtung fahren, rasende E-Bikes und kreuzende Fußgänger achten. Parken auf städtischen Parkplätzen ist die ersten 75 Minuten frei, danach kostet die Stunde 2,50 US$.

Santa Barbara

Probierstube der Municipal Winemakers

Weinverkostung in der Funk Zone

SANTA BARBARAS WEINSTRASSE

Die Funk Zone ist das absolute Zentrum für Weinverkostungen in SB mit einer hohen Konzentration von Verkostungsräumen, Lokalen, Brauereien und Galerien.

Da es nur wenige Parkplätze auf den Straßen gibt, steuert man am besten die großen, im Voraus zu bezahlende Parkplätze in der Garden St und dem Cabrillo Blvd an. In der **Helena Ave Bakery** sollte man sich mit Backwaren und einem Kaffee eindecken. Auch ein Besuch der Vintage-Läden und Galerien wie **Blue Door**, der lokalen Geschäfte (S. 308) und der **Helena Mason Art Gallery**, die tagsüber geöffnet sind, ist lohnenswert.

Wem kein besonderes Weingut vorschwebt, sollte beim **Valley Project** in der Yanonali St beginnen, wo Kreidemalereien einen ersten Überblick über die Weinanbaugebiete geben. Die **Margerum Wine Company** in der Nähe vermittelt eine gewisse Eleganz, wohingegen bei den **Municipal Winemakers** eine gesellige, schlichte Atmosphäre herrscht. Muni schenkt neben traditionellen Weinen auch eine Reihe komplexer alkoholfreier Weine aus.

AUSSERHALB DER ZONE

In der Funk Zone mag es die dichteste Konzentration von Probierstuben in der Stadt geben, aber auch in SBs Innenstadt gibt es mehrere Angebote. Mit der **Santa Barbara Urban Wine Trail Map** (urbanwinetrailsb.com) findet man Lohnenswertes in der **Haley St**, der State St und rund um die weiß gekalkte, mit Bougainvilleas geschmückte **El Paseo Arcade** in der Anacapa St.

Die **Urban Wine Trail Tasting Card** (200 US$) berechtigt zur einmaligen kostenlosen Verkostung in den teilnehmenden Weingütern sowie zu Nachlässen am Verkostungstag. Die Trail Map kann man aber auch einfach als Orientierungshilfe nehmen, denn viele lohnenswerte Weingüter gehören nicht zum Urban Wine Trail Programm, befinden sich aber in benachbarten Stadtvierteln.

ESSEN IM ZENTRUM VON SANTA BARBARA

Sama Sama Kitchen
Südostasiatische Küche mit kalifornischem Touch, scharfe Cocktails und hervorragende Weine. **$$**

Corazón Cocina
Es lohnt sich, auf dem SB Public Market nach den frischen Ceviches und Tacos mit regionalen Leckereien Schlange zu stehen. **$**

Bibi ji
Südostasiatische Küche mit kalifornischem Einschlag, gepaart mit würzigen Cocktails und einer raffinierten Weinkarte. **$$**

SEHENSWERTES
1 Helena Mason Art Gallery
2 Leadbetter Beach
3 Santa Barbara Courthouse
4 Santa Barbara Maritime Museum
5 Santa Barbara Museum of Art
6 Sea Center
7 Shoreline Park
8 Sullivan Goss Art Gallery

AKTIVITÄTEN, KURSE & TOUREN
9 Cal Coast Adventures
10 Paddle Sports Center
11 Santa Barbara Blcycles
siehe19 Santa Barbara Surf School
12 Wheel Fun Rentals

ESSEN
13 Helena Ave Bakery
14 Loquita
15 Santo Mezcal
16 Shoreline Café
17 The Lark

AUSGEHEN & FEIERN
18 Biergarten
29 Cutler's Artisan Spirits
20 Lama Dog Tap Room
21 Municipal Winemakers
22 Test Pilot
23 Valley Project

UNTERHALTUNG
24 Arlington Theatre
25 Granada Theatre

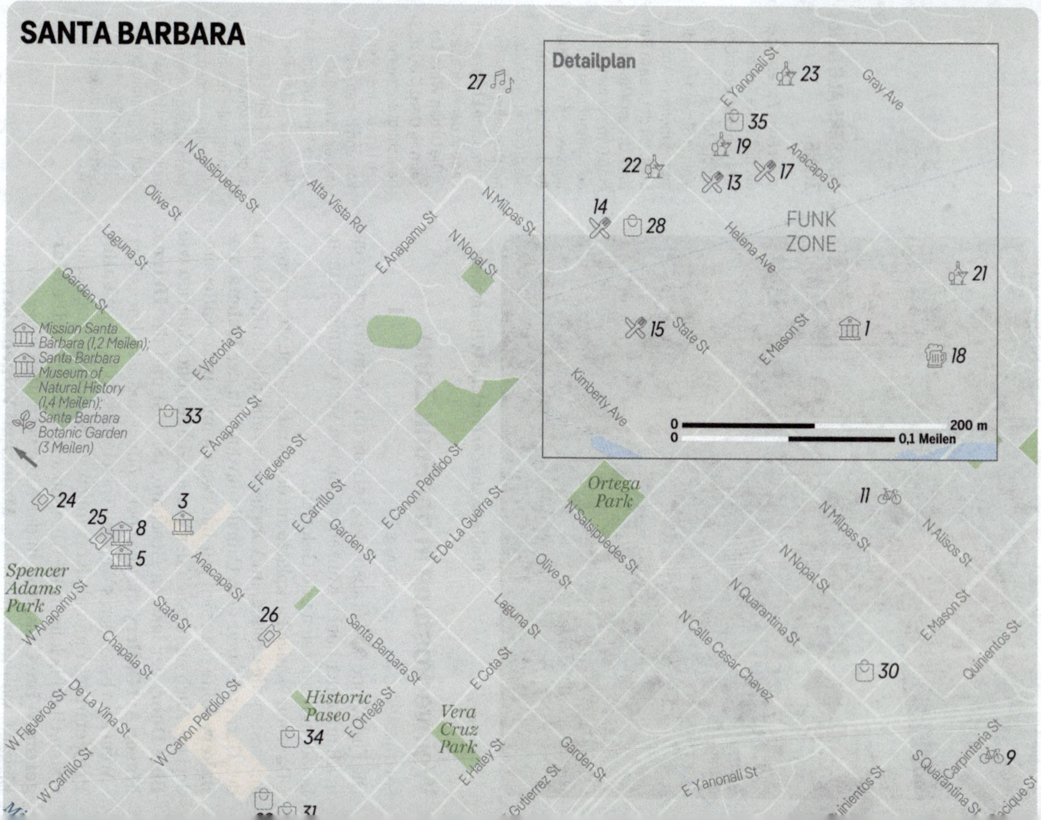

26 Lobero Theatre
27 Santa Barbara Bowl

SHOPPEN
28 Blue Door
29 Idyll Mercantile
30 Pacific Pickle Works
31 Pura Luna Apothecary
32 Santa Barbara Arts & Crafts Show
33 Santa Barbara Company
34 Seaside Makers
35 Shopkeepers

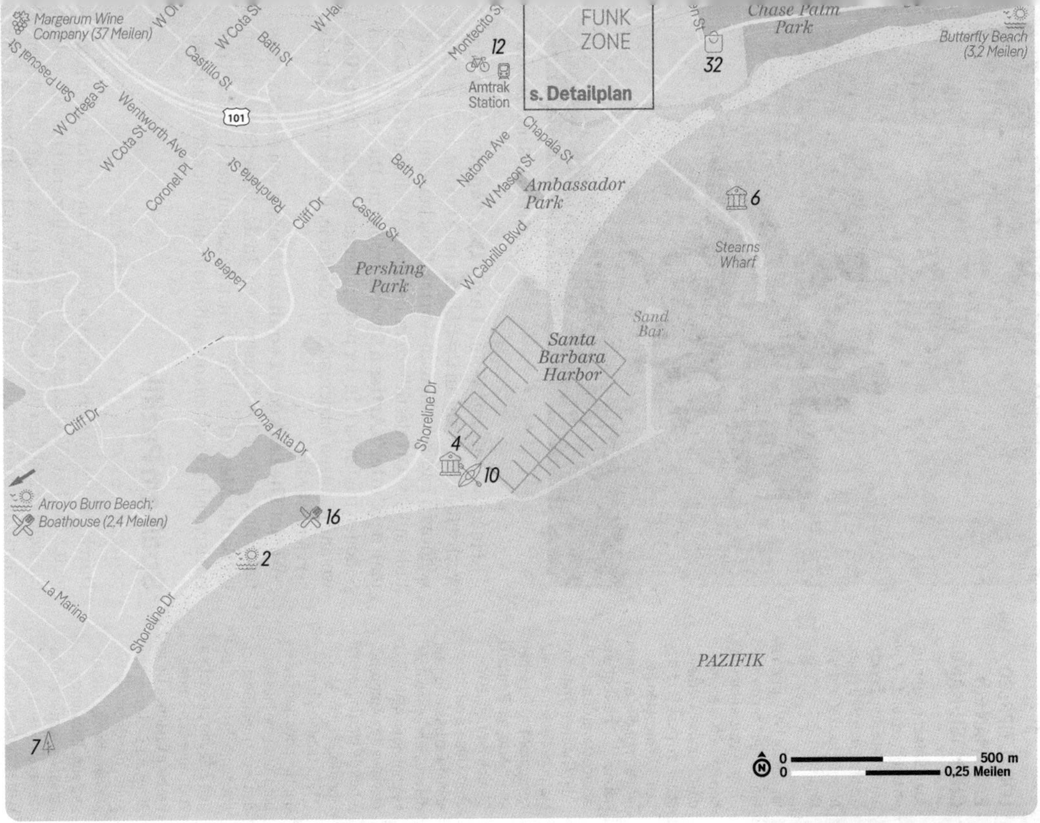

LOCAL TIPP: SO BAUT MAN EIN CHUMASH-KANU

Alan Salazar, Ventureño Chumash und Tataviam Tribal Elder, berichtet über den Bau eines *tomol* (Holzkanu) der Chumash.

Im Januar 1997 gründeten wir die Chumash Maritime Association, um den Bau eines *tomol* für die Chumash-Gemeinschaft zu beaufsichtigen. Wir mussten neu lernen, wie diese Kanus gebaut, fortbewegt und navigiert werden.

1912 baute Fernando Librado, dessen Familie der *tomol*-Bruderschaft angehörte, ein Boot zu Demonstrationszwecken. Unsere Nachforschungen basierten auf den ausführlichen Aufzeichnungen eines Interviews des Anthropologen JP Harrington mit Librado.

1997 bauten wir mit der Hilfe des Santa Barbara Maritime Museum das erste funktionstüchtige *tomol* in der heutigen Zeit und paddelten 2001 über den Santa Barbara Channel. Unser Ziel war es, die maritime Kultur der Chumash wieder aufleben zu lassen und vor allem junge Menschen dafür zu interessieren. Wenn es die Witterungsbedingungen zulassen, fahren wir jetzt jedes Jahr einmal über den Channel.

L PAUL MANN/SHUTTERSTOCK ©

Surfer in Santa Barbara

Keinen Appetit auf Wein? **Lama Dog Tap Room** hat eine wechselnde Auswahl an Craftbieren im Angebot, in dem dazugehörigen Laden kann man sich mit Flaschen eindecken. Cocktails aus vor Ort destilliertem Bourbon, Wodka und Gin kann man bei **Cutler's Artisan Spirits** probieren. Die Reichen und Schönen treffen sich in der postmodernen Tiki-Bar **Test Pilot**, wo auf Pflanzen basierende, alkoholfreie, tropische Mocktails serviert werden.

Wer im **The Lark** oder **Loquita** zu Abend essen möchte, muss unbedingt einen Tisch reservieren. In der State St sollte man im **Santo Mezcal** zu dem grünen (veganen) *ceviche* einen der erfrischenden Cocktails oder alkoholfreien Mocktails genießen.

Spaß am Pazifik

SCHWIMMEN, SURFEN, PADDELN, WALE BEOBACHTEN

Durch die Channel Islands vor dem offenen Meer geschützt, bietet die Ost-West-Küste zahlreiche wunderschöne Strände, die sich perfekt für eine kostenlose Salzwassertherapie eignen.

Surfnovizen lieben den geringen Wellengang im Sommer, die meisten Surfspots sind im Winter am besten. Der **Leadbetter Beach** hat eine langsam heranrollende Welle, die perfekt ist für Surfunterricht und Unerfahrene. Die **Santa Barbara Surf School** und **Surf Happens** vermitteln das ultimative Surffeeling. Der **Arroyo Burro Beach** – auch unter dem Namen Hen-

NOBEL ÜBERNACHTEN IN SANTA BARBARA

Bacara
Moderne Eleganz nördlich der Stadt mit eigenem Strandabschnitt und Luxusbereich zum relaxen. **$$$**

El Encanto
Bezaubernder Klassiker im Riviera-Viertel mit Blick vom Gebirgsausläufer über die Stadt. **$$$**

Hotel Californian
Am Rand der Funk Zone – Meer und Ausgehviertel sind fußläufig zu erreichen. **$$$**

dry's bekannt – ist ein netter Surfspot und bietet den Pluspunkt, dass er SBs Hundestrand ist. Das **Boathouse** hat die perfekte Kulisse für ein Abendessen nach einem langen Strandtag oder für einen Happy-Hour-Drink.

Am Hafen kann man sich im **Paddle Sports Center** ein Stehpaddelbrett (SUP) oder ein Kajak leihen. Auf einer Paddeltour innerhalb der Mole wird man Seehunde, Pelikane und Rochen zu sehen bekommen. Weiter draußen bieten sich Erkundungstouren zwischen den Pfeilern der Stearns Wharf oder gegen den Wind in Richtung Leadbetter Beach an. Wer Tiere sehen möchte, kann eine **Walbeobachtungstour** im Santa Barbara Channel buchen, auf der man über 30 Walarten, u. a. vorbeiziehende Buckelwale, Blau- oder Grauwale bewundern kann.

Im **Santa Barbara Maritime Museum** erfährt man alles über das Erbe der Chumash und SBs Seefahrergeschichte. Im **Sea Center** des Barbara Museum of Natural History an der Stearns Wharf lernt man anhand von begehbaren Becken und Exponaten alles über die hiesige Meeresflora und -fauna.

Klassische Denkmäler in Santa Barbara

ARCHITEKTUR, GÄRTEN UND NATURGESCHICHTE

Es mag seltsam klingen, dass die Besichtigung des **Santa Barbara Courthouse** ein Muss ist, aber wenn man erst einmal vor Ort ist, wird man verstehen, warum sich hier so viele Paare trauen lassen. Das Prachtexemplar im Stil des Spanish Colonial Revival, das einen ganzen Block einnimmt, steht inmitten von Rasenflächen und tieferliegenden Gärten, kurz gesagt ein toller Ort für ein Nickerchen und ein Picknick. Selbst wenn man nicht an einer der täglich angebotenen Führungen durch den aufwendig handbemalten Mural Room (in dem Vizepräsidentin Kamala Harris getraut wurde) mit den Fliesen im maurischen Stil teilnehmen kann, so sollte man doch unbedingt in den zweiten Stock des Uhrenturms hinauffahren. Von dort oben hat man einen Rundumblick über die ganze Stadt, das Meer und die Gebirgsausläufer. Eine virtuelle Besichtigungstour gibt's unter www.sbcourthouse.org.

Nächster Stopp ist die Königin der Missionen. Die 1786 gegründete **Mission Santa Bárbara** ist eine von zwei kalifornischen Missionen, die seit ihrer Gründung ununterbrochen bewohnt sind. Die Kirche, den Garten im Innenhof und den Friedhof, auf dem weiße Siedler und namenlose Chumash ruhen, kann man im Rahmen von Audioführungen und Führungen von ehrenamtlichen Mitarbeiterinnen und Mitarbeitern erkun-

ARCHITEKTUR-FÜHRUNGEN

Wer einen außergewöhnlich aufschlussreichen Einblick in die architektonischen Highlights bekommen möchte, sollte an einem Spaziergang (10 US$) mit einem der ehrenamtlichen Führer von der **Architectural Foundation of Santa Barbara** teilnehmen. Die Führungen finden jeden Samstag und Sonntag statt; einfach unangemeldet erscheinen.

Die **Red Tile Walking Tour** (santabarbaracar-free.org) auf eigene Faust führt zu den wichtigsten historischen Orten im Stadtzentrum, u. a. zum **El Presidio de Santa Bárbara** mit den Resten des ursprünglichen Lehmbaus.

Wer der Meinung ist, dass die Amerikanische Riviera ihre roten Ziegel zu ernst nimmt, sollte sich ein paar der à la Seuss verspielten Gebäude des Architekten **Jeff Shelton** anschauen. Ein Stadtplan mit Spaziergängen kann man sich downloaden.

RESTAURANTS FÜR EINEN BESONDEREN ANLASS IN SANTA BARBARA

Yoichi's
Wunderschön präsentiertes japanisches *Omakase* (Wahl des Küchenchefs) zum Festpreis. Das Lokal versteckt sich in einem ruhigen Wohngebiet. **$$$**

Bouchon
Wine-Country-Küche. Vor dem Abendessen wird zusammen mit dem Küchenchef auf dem Bauernmarkt eingekauft. **$$$**

Barbareño
In dieser Perle an der Central Coast kann man mittags in lockerem Rahmen essen. Aus der Küche kommen frische Produkte aus der Region, Meeresfrüchte und Fleischgerichte. **$$$**

den. Wiese und Rosengarten der Mission sind ein bei Einheimischen beliebter Picknickort.

Etwas weiter in Richtung Hinterland befindet sich an einem Bach inmitten eines Eichenwaldes das **Santa Barbara Museum of Natural History**. Von Exponaten der Chumash bis hin zur einheimischen Tierwelt und Geologie erfährt man hier alles über die natürlichen Zusammenhänge. Anschließend lässt man dann ganz in der Nähe im **Santa Barbara Botanic Garden** die Seele baumeln. Im Bereich Channel Islands hat man einen spektakulären Blick und erfährt alles über die einheimische Flora auf den Inseln. Interessant für alle, die nicht zu den Inseln fahren.

BESTE LIVEMUSIK HÖREN

Santa Barbara Bowl
Egal, wie man drauf ist, die Bowl ist einfach ein netter Ort, denn man kommt in den Genuss eines spektakulären Blicks über die Stadt und die Küste. Shows enden Punkt 22 Uhr, da die Bowl in einem Wohngebiet liegt.

SoHo
In der intimen und seit 1994 angesagten Location treten einheimische und tourende Bands auf. Man kann zum Abendessen einen Tisch reservieren und näher zusammenrücken, wenn man nicht vorhat, das Tanzbein zu schwingen.

Red Piano
Es gibt tatsächlich ein rotes Piano und „Church on Monday"-Blues. Es wird jeden Abend Livemusik geboten, die Atmosphäre ist freundlich und einen Außenbereich gibt es auch.

Kunst & Kultur

THEATER, LIVEMUSIK, BILDENDE KUNST

Viele Kunstveranstaltungen finden in SB in Sehenswürdigkeiten statt, die die eigentlichen Events durch ihre architektonische Schönheit bereichern.

Wenn man das historische **Arlington Theatre** durch den Torbogen betritt und in einem Trompe-l'oeil-Innenhof sitzt, bekommt man schnell den Eindruck einer Vorstellung unter spanischem Himmel (mit glitzernden Sternen) beizuwohnen.

Das kunstvoll verzierte **Granada Theatre** im nächsten Block befindet sich im Erdgeschoss des größten Gebäudes der Stadt und beherbergt lokale Institutionen wie das **State Street Ballet** und **Santa Barbara Symphony**.

Etwas weiter in der State St ist das **Santa Barbara Museum of Art**. Es bietet visuelle Inspirationen und gelegentlich auch Workshops und Events. Ganz in der Nähe ist die**Sullivan Goss Art Gallery** mit Schwerpunkt auf amerikanische Künstler verschiedenster Stilrichtungen.

Das ein paar Blocks weiter unten gelegene **Lobero Theatre** zählt zu Kaliforniens ältesten Theatern. Es wurde 1873 gegründet und 1924 im spanischen Colonial-Revival-Stil renoviert. Die Akustik ist perfekt für Kammermusik, Folk und Jazz.

Von Frühjahr bis Herbst finden in der beliebten Freiluft-Location **Santa Barbara Bowl** in einer Wohngegend am Hang Musikevents statt. Shuttlebusse fahren vom Eingang zum Amphitheater, ein Großteil der Magie liegt aber darin, zusammen mit anderen Konzertbesucher:innen in freudiger Erwartung über den Waldweg zu gehen.

Auf der Website von **UCSB Arts & Lectures** (artsandlectures.ucsb.edu) sind die laufenden Veranstaltungen aufgelistet. Man kann es aber auch locker angehen lassen und die hiesige Musikszene in den vielen Brauereien und Cafés kennenlernen.

WALBEOBACHTUNGSTOUREN

Celebration Cruises
Tolle Decks nur für Erwachsene; wer eine ruhige Fahrt wünscht, bucht eine Tour auf der elektronischen Whisper Yacht.

Condor Express
Walbeobachtungstouren auf einem 23 m-Katamaran mit ausgebildeten Naturkundlern und erfahrener Crew.

Double Dolphin
Angeboten wird eine Vielzahl von Ausflügen auf einem 15 m-Katamaran mit freundlicher Crew, u.a. Walbeobachtungstouren und Ausflüge bei Sonnenuntergang.

CORY WOODRUFF/SHUTTERSTOCK ©

Granada Theatre

Santa Barbara radelnd erkunden

SB AUF ZWEI RÄDERN KENNENLERNEN

Santa Barbara ist ein toller Ort zum Fahrradfahren, egal ob man am Meer über den Cabrillo Blvd radelt oder eine anstrengende Radtour im Vorgebirge unternimmt. Die Innenstadt ist im Allgemeinen flach mit nur einigen sanften Hängen. Wenn man sich ein Fahrrad leiht, kann man sich seine eigene Stadtbesichtigungstour zusammenstellen. **Cal Coast Adventures** verleiht Räder und bietet geführte Radtouren durch die Stadt an.

Die **Santa Barbara Bike Coalition** (movesbcounty.org) hat einen sehr guten Stadtplan mit fahrradfreundlichen, alternativen Strecken, anhand derer man seine Touren zusammenstellen kann. **Cycle Cal Coast** (cyclecalcoast.com) hat Vorschläge für längere Rundfahrten. **Santa Barbara BCycles** verleiht E-Bikes für kurze, weniger anspruchsvolle Ausflüge (7 US$/30 Min.). Stationen gibt's an mehreren Orten in der ganzen Stadt.

Wheel Fun Rentals in der Funk Zone verleiht Strandräder (1/2 Tag/34 US$), mit denen man über den von Palmen gesäumten **Cabrillo-Radweg** etwa 4 km gen Süden zum beliebten **Butterfly Beach** oder gen Norden vorbei am Hafen ca. 1,5 km

MEINE HEIMAT: TOLLE MOUNTAIN-BIKE-TRAILS

Chris Orr, Freizeitökologe, Mountainbike-Wege für Anfänger.

Romero Trail
Die Tour auf der Feuerschneise hoch und runter bietet unglaubliche Ausblicke und wird langsam immer schmaler, sodass man über ein Viertel der Strecke nach oben den Eindruck eines Singletracks hat. Von den hiesigen Trails im Vorgebirge hat dieser die geringsten Neigungen und erfordert kaum Technik.

Elings Park
Die Wege sind weniger steil und technisch nicht so anspruchsvoll wie andere Bergstrecken in SB. Er führt vom Douglas Family Preserve über Hendry's Beach und bietet eine nette Erfahrung – eine Tour mit tollen Ausblicken und anschließender Stärkung und einem Drink am Strand.

Ellwood
Schönes großes Wegenetz mit einfachen Trails und tollem Blick auf Strand und Inseln. Sehr anfänger-, familien- und kinderfreundlich.

ENERGIE TANKEN IM ZENTRUM

The Cruisery
Gastropub in der State St mit Craft-Cocktails, großen Portionen und einer „Hundebar" mit Wassernäpfen draußen. $$

Juice Ranch
Kalte, frisch gepresste Säfte, Smoothies und bekömmlicher Kaffes sowie viele vegane Kleinigkeiten. $

Handlebar Coffee Roasters
Beliebtes Café, in dem ein ehemaliger Radprofi, der von perfektem Kaffee besessen ist, die Bohnen selbst röstet. $

DIE BESTEN CHOCOLATIERS IN SB

Chocolate Maya
Für die Pralinen werden Zutaten vom Bauernmarkt und Fairtrade-Schokolade verarbeitet. Auch werden handwerklich hergestellte Leckereien anderer Hersteller verkauft.

Chocolats du CaliBressan
Göttliche Salzkaramell-Buddhas, Kokosmilch- und Currytrüffel sowie sortenreine Schokolade von einem französischen Chocolatier.

Jessica Foster Confections
Kleine Chocolaterie. Es werden nur einheimische Kräuter, Früchte und Zutaten für die hausgemachten Trüffel, karamellisierten Mandeln und Salzkaramell-Produkte verwendet.

Twenty-four Blackbirds
Sortenreine Schokolade, aromatisiertes Karamell und wunderschön marmorierte Trüffel.

Menchaca Chocolates
Mini-Pralinen, für die nur Kakao aus Direkthandel verwendet wird. Wer will, kann sich auch seine eigene Schokolade herstellen.

zum Leadbetter Beach (S. 304) und weiter zum **Shoreline Park** auf dem Mesa radeln kann. Wer mittags Hunger hat, kann im **Shoreline Cafe** mit den Füßen im Sand eine Pause einlegen oder zurück in die Funk Zone fahren und im **Biergarten** ein Bier und eine Bratwurst genießen. Wer dann noch Lust hat, radelt zu ein paar architektonischen Sehenswürdigkeiten wie das Presidio (S. 305) und die Mission (S. 305).

Für Mountainbike-Freaks gibt's viele technisch anspruchsvolle Singletrails. Top Tipp: Am Startpunkt sollte man sich eine Fahrradklingel besorgen und am Ende auch wieder abgeben, denn im Vorgebirge sind die Wege für jeden offen und vor allem bei Wanderern sehr beliebt.

Lokal einkaufen

LOKALE KUNSTSCHAFFENDE UND MÄRKTE

Santa Barbara ist voll mit Künstlern, Indie-Boutiquen und Fachgeschäften, angesichts der Immobilienkosten erfreulich und erstaunlich. Es ist hart, in dieser Stadt seinen Unterhalt zu verdienen, weshalb viele Einheimische gern kleine Geschäfte und Firmen unterstützen und lokale Produkte kaufen.

Seit 1965 findet die **Santa Barbara Arts & Crafts Show** jeden Sonntag (und an langen Wochenenden auch samstags) auf dem Cabrillo Blvd statt. Zwischen der Stearns Wharf und der Calle Cesar Chavez (ca. 1 km) bieten Kunstschaffende und Handwerksleute ihre Arbeiten an. Diese Tradition wird nun durch regelmäßig stattfindende, wunderschön aufgezogene Pop-ups ergänzt, wie der von farbigen Frauen veranstaltete **Mujeres Makers Market** (mujeresmakersmarket.com) und **The Farmer and the Flea** (farmerandtheflea.co). Beide Märkte finden im El Presidio de Santa Bárbara (S. 305) statt.

Zu den konventionellen Geschäften im Stadtzentrum, die vor Ort hergestellte Hautpflegeprodukte, Schmuck, Kleidung und Haushaltswaren verkaufen, gehören **Seaside Makers** in der State St, **Pura Luna Apothecary** und **Idyll Mercantile** in der Chapala St sowie die **Santa Barbara Company** in einem niedlichen kleinen Häuschen in der E Victoria St. Bei **Shopkeepers** in der Funk Zone werden von Sattlerinnen und Sattler der Make Smith Leather Company in der dritten Generation von Hand hergestellte Produkte in althergebrachter Qualität verkauft.

Sauer eingelegtes Gemüse und Gewürzmischungen von **Pacific Pickle Works** vervollständigen Charcuterie-Teller und Cocktail-Regale. Dienstagnachmittags und samstagvormittags findet ein **Bauernmarkt** (sbfarmersmarket.org) statt, auf dem köstliche Leckereien wie mit Zitronenstückchen gespickte Pistazien, Toffee-Mandel-Butter und Wildblütenhonig angeboten werden.

UNTERWEGS VOR ORT

Die Innenstadt von Santa Barbara hat eine Rasterstruktur, die Hauptstraße ist die State St. Im Südosten endet sie an der Küste und am Cabrillo Blvd, wo sich auch die Funk Zone und der Amtrak-Bahnhof befinden. Die meisten Gäste erkunden den Ort zu Fuß, mit dem Fahrrad, Mietwagen oder eigenen Auto. Ein eigenes Fahrzeug sollte man in Betracht ziehen, wenn man die Stadt verlassen will.

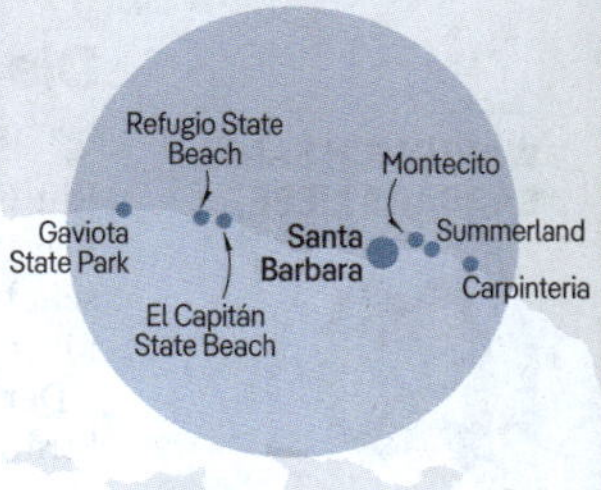

Rund um Santa Barbara

Gen Norden führt der Hwy 101 an eine wilde Küste, Richtung Süden erreicht man ein paar der nettesten Städtchen im südlichen Teil des Santa Barbara County.

Der Hwy 101 gen Norden geht durch Goleta, zweigt ab zum Santa Barbara Municipal Airport, zur Santa Barbara University of California und zum Uni-Campus Isla Vista. Dann geht es entlang der Küste vorbei an Ranches bis nach Gaviota (ca. 30 Autominuten) bis man in Richtung Hinterland Buellton und das Santa Ynez Valley mit seinen Weinreben erreicht.

Gen Süden führt der Highway durch die exklusive Enklave Montecito (5–10 Autominuten), ein Ort mit noblen bewachten Anwesen, Wanderwegen durch die Gebirgsausläufer und Restaurants. Direkt südlich befindet sich das winzige Summerland (ebenfalls 10 Min. von SB entfernt) mit einem grandiosen halbmondförmigen Strand und ein paar niedlichen Boutiquen. Schließlich kommt der ungezwungene kleine Strandort Carpinteria (weitere 5–10 Minuten die Küste entlang).

TOP TIPP

Die Küste von Santa Barbara verläuft von Osten nach Westen, die Einheimischen geben Richtungen aber in Übereinstimmung mit dem Hwy 101 an, d.h. dass Summerland südlich und Goleta nördlich von SB liegen.

El Capitán State Beach (S. 310)

WARUM ICH SANTA BARBARA LIEBE

Wendy Yanagihara, Schriftstellerin

Als Kind bin ich in der Gärtnerei meiner Eltern rumgerannt, die Sommertage habe ich auf dem Boogieboard verbracht. Ich hatte keine Ahnung, wie sehr ich vom Glück verwöhnt war, in Santa Barbaras verschlafenem Süden aufzuwachsen. Jetzt bin ich erwachsen und lebe wieder in dieser multikulturellen, landwirtschaftlich geprägten Gemeinde und bin stets dankbar für die einfachen aber nachhaltigen Freuden wie Wandern entlang der Bäche im Gebirgsvorland, Padeltouren in Begleitung von Delfinen und mit Freunden zusammen ein Glas Wein, Bier oder Kombucha in unserem Heimatparadies genießen zu können.

Die wilde Gaviota-Küste erkunden

WILDE KÜSTE NÖRDLICH VON SANTA BARBARA

Ein Großteil der wilden Küsten von Goleta befindet sich in Privathand.Eeinige Abschnitte der Ranches wurden von Naturschutzorganisationen aufgekauft, um die Bebauung direkt am Meer zu verhindern.

Der **El Capitán State Beach** ist der erste der drei staatlichen Strände am Hwy 101. Es gibt einen weitläufigen und ansprechenden Campingplatz mit über 100 Stellplätzen direkt oberhalb des Strands. Hier kann man Gezeitentümpel, den Naturwanderweg am El Capitán Creek und einen kilometerlangen leeren Strand erkunden. Ein gepflasterter Weg führt gen Westen bis zum sichelförmigen **Refugio State Beach** mit über 60 Stellplätzen, etwa 5 km auf dem Hwy 101 nordwärts.

Der **Gaviota State Park** mit schräg verlaufenden Schieferplatten bis an den Strand ist der nördlichste staatliche Strand, dort wo der Hwy 101 ins Landesinnere abbiegt. Die Gewässer vor der Küste gehören zur **Kashtayit State Marine Conservation Area**. Einen Campingplatz gibt es hier ebenfalls.

Tagesgäste können gratis zu den knapp 1,5 km entfernten **Gaviota Wind Caves** wandern und die schöne, windumtoste Küste von oben bewundern.

Ein Ausflug in die südlichen Enklaven

MONTECITO, SUMMERLAND UND CARPINTERIA

Los geht's in Montecito mit einem Kaffee und einem echten französischen Croissant bei **Bree'osh** oder **Renaud's**, gefolgt von einen Bummel durch die Boutiquen in der **Coast Village Rd**. Ausschau kann man nach Berühmtheiten wie Oprah, Harry und Meghan halten. Auf der Olive Mill Rd überquert man die Schnellstraße und läuft weiter zum **Butterfly Beach**, wo man den Vormittag vertrödelt und anschließend bei **Bettina** eine Pizza aus dem Holzkohlenofen oder im **Los Arroyos** ein mexikanisches Gericht genießt.

Beim Wandern im Vorgebirge kann man über die ganze Küste bis nach Malibu im Süden blicken. Streckeninfos gibt's auf der Website der **Montecito Trails Foundation** (montecitotrailsfoundation.info). Meditativere Wanderungen führen durch die wundersame Landschaft von **Lotusland**, ein grandioser botanischer Garten auf dem Anwesen der verstorbenen Opernsängerin Ganna Walska (nur nach Voranmeldung). Der Tag endet dann mit einem Cocktail in der **Honor Bar**.

Ein paar Kilometer weiter südlich befindet sich der am Hang gelegene Strandort Summerland mit der Lillie Ave, in der es

ÜBERNACHTEN AN DER GAVIOTA-KÜSTE

Refugio State Park Campground
Großartiger Campingplatz mit Palmen am Strand. **$**

El Capitán Canyon
Schicke Hütten und Jurten; stilvolle Grillmöglichkeiten unterm Sternenhimmel. **$**

El Capitán State Beach Campground
Beliebter Campingplatz am Strand. Wer laufen möchte, hat den kilometerlangen Strand fast für sich allein. **$**

Gaviota Wind Caves

Boutiquen wie **Porch** und **Botanik** mit schicker Küstendeko und tollen Sukkulenten gibt. Durch eine Autobahnunterführung am Meer erreicht man den **Lookout Park** mit einem super Spielplatz, einem Boccia-Platz, Picknicktischen und über einen Weg nach unten den traumhaften **Summerland Beach**.

Jenseits von Summerland liegt der landwirtschaftlich geprägte Ort Carpinteria, wo noch immer Avocados, Orchideen und Cherimoyas angebaut werden, seit einiger Zeit aber mehr und mehr Marihuana. Auf einem Bummel über die **Linden Ave** hinunter bis zum **Carpinteria State Beach** bietet sich der Besuch von Indie-Shops und einem der Restaurants an, bevor es weiter geht zum Industriepark, wo Einheimische zur Happy Hour chillen.

GÄRUNGSPROZESSE IN CARPINTERIA

Der typisch aussehende Industriepark am Rand der **Carpinteria Salt Marsh** am westlichen Ende der Carpinteria Ave macht nicht viel her. Wenn man aber durch die Seitengassen schlendert, entdeckt man eine quirlige, gesellige Ecke mit kleinen Verkostungsräumen, Empanadas, türkischem Kaffee, einen Laden mit besonderen Weinen und eine Schokoladen-Boutique. In dem traumhaften **Apiary** wird leckerer Met, Cidre und Kombucha aus Honig, Kräutern und Früchten aus der Region hergestellt.

Nebenan befindet sich die winzige Brauerei **BrewLAB** mit einer kreativen Auswahl an hervorragenden Bieren vom Fass, von Sours bis hin zu Stouts, die alle aus einheimischer Flora hergestellt werden. Und dann ist da auch noch die **Rincon Mountain Winery**, wo man die in Carpinteria angebauten und hergestellten Weine probieren kann.

UNTERWEGS VOR ORT

Am einfachsten ist es, mit dem Auto zu fahren, egal ob nach Norden an die Gaviota Coast oder nach Montecito und Summerland. Vor Ort kann man dann aber alles zu Fuß erkunden. Santa Barbara MTD fährt regelmäßig mit Express-Bussen nach Carpinteria. Amtrak fährt seltener, die Haltestelle ist nur ein paar Blocks vom Carpinteria State Beach entfernt.

SOLVANG

Nach Santa Barbara mit seiner spanischen Kolonialarchitektur fühlt sich die Ankunft in Solvang („sonniges Feld" auf Dänisch) wie ein leichter Kulturschock an. Der Ort wurde 1911 von drei dänisch-amerikanischen Pädagogen gegründet. Der dänische Einfluss ist authentisch, obwohl das dekorative Leitmotiv übertrieben ist. Vor den Dänen gründeten die Spanier 1804 hier die Mission Santa Inés und davor gehörte das Land dem Volk der Chumash.

Heute betreiben die Chumash nicht nur das in der Nähe gelegene Casino-Resort sondern pflegen auch Weinberge und stellen Wein her, eine Art moderne Tradition im Santa Ynez Valley. Solvang wird seit Langem wegen der Butterkekse und dem verniedlichten skandinavischen Aussehen besucht, ist aber auch ein praktischer Ausgangspunkt für die Erkundung des Santa Ynez Valley mit seinen Weingütern. Und keine Angst: Es gibt nicht nur *aebleskiver* und *pandekager* (dänische Krapfen und Pfannkuchen).

TOP TIPP

Wer die Völlerei in Solvang wieder abarbeiten oder vom Touristentrubel etwas Abstand haben will, spaziert im Schatten von Eichen am Bach durch den Hans Christian Andersen Park. Die Atterdag Rd nördlich vom Mission Dr nehmen und dann links in die Chalk Hill Rd abbiegen. Der Eingang in Form eines Schlosstors ist in echtem Solvang-Stil.

Solvang

TRAVELVIEW/SHUTTERSTOCK ©

SEHENSWERTES
1 Bethania Lutheran Church
2 Elverhøj Museum of History and Art
3 Hans Christian Andersen Museum
4 Mission Santa Inés
5 Rundetaarn
6 Wildling Museum of Art & Nature

AUSGEHEN & FEIERN
7 Backroom

UNTERHALTUNG
8 Lost Chord Guitars

SHOPPEN
9 Copenhagen House
10 Valley Brewers

Solvangs dänisches Erbe

MEHR ÜBER DAS THEMA DÄNEMARK

Solvangs Dänischtum ist nicht nur der Duft von süßen Leckereien und nachgemachten Windmühlen – Details wie Storchstatuen auf Dächern und Giebeldächer sind Hinweise auf die wahren dänischen Wurzeln des Orts. Mehr hierüber erfährt man im netten **Elverhøj Museum of History and Art**, dem ehemaligen Wohnsitz eines Künstlerpaares, das das hübsche Haus im dänischen Stil des 18. Jhs. originalgetreu nachbaute.

In der Hauptstraße, der Mission Dr (Rte 246), ist das **Hans Christian Andersen Museum** mit einer Sammlung von Originalbriefen, bebilderten Erstausgaben und einem Modell des Hauses, in dem er seine Kindheit verbrachte. Eine kleine Version von Kopenhagens **Kleiner Meerjungfrau** schmückt einen Springbrunnen auf der gegenüberliegenden Straßenseite.

AEBLESKIVER

Aebleskiver, übersetzt „Apfelscheiben", sind in Solvang allgegenwärtig. Hierbei handelt es sich um runde, süße Krapfen, die außen knusprig sind, innen aber weich und breiig. Sie werden frisch in einer Pfanne gebacken, mit Puderzucker bestäubt und mit Marmelade serviert. Es erfordert eine bestimmte Technik, um perfekte *aebleskiver* herzustellen, da sie in einer Spezialpfanne gleichmäßig gedreht werden müssen, damit sie auf allen Seiten gleich braun sind. *Aebleskiver*-Pfannen aus Gusseisen kann man in der Stadt kaufen, wenn man Lust hat, diese kohlenhydratlastigen Festagsbällchen zu Hause zu backen.

KIT LEONG/GETTY IMAGES ©

Elverhøj Museum of History and Art (S. 313)

Im schmalen Copenhagen Dr verkauft das **Copenhagen House** dänische Möbel und Schmuck sowie hochwertige Küchenutensilien und Designerwaren. Die Ein- und Ausgänge des Geschäfts werden von streng dreinschauenden Holzfiguren der Gründer Solvangs, Benedict Nordentoft, Reverend J.M. Gregersen und Professor P.P. Hornsyld bewacht.

Mehrere bemerkenswerte Häuser im ganzen Ort sind dänischen Gebäuden nachempfunden, u.a. die **Bethania Lutheran**

ESSEN IN SOLVANG

First & Oak
Elegantes Restaurant mit Verkostungsmenüs und zum Essen passenden Weinen. Es gibt auch Tische im Freien. **$$$**

peasants FEAST
Saisonal, lokale amerikanische Klassiker mit besonderem Schwerpunkt auf Frische. Leckeres für Wein-Picknicks gibt's auch. **$**

Ramen Kotori
Authentische Ramen, Gyoza und kleine japanische Platten mit frischen Meeresfrüchten und Produkten vom Bauernmarkt. **$**

Church, die mit ihren Stuckarbeiten an die kunstvoll geschmückte Grundtvigskirche in Kopenhagen erinnert. Sie hat jedoch darüber hinaus ein rot gedecktes Dach im spanischen Stil. Solvangs **Rundetaarn** ist eine nur ein Drittel so große Replik des Vorbilds in Kopenhagen. Der stattliche, runde Turm beherbergt zwar kein Observatorium, dafür aber eine Pizzeria.

Geruhsames Solvang

SEHENSWÜRDIGKEITEN UND FREUDEN ABSEITS DER TOURISTENPFADE

Auch das von Tourist:innen übersättigte Solvang hat ruhige Ecken zu bieten. Vom Mission Dr östlich des Stadtzentrums bietet schon die Auffahrt zu Solvangs **Mission Santa Inés** sofort Ruhe. Der von Olivenbäumen gesäumte Garten der Mission ist ein wunderbarer Ort zum Relaxen. Eine Pause sollte man auch auf dem Friedhof einlegen und dem Volk der Chumash gedenken, die zum Bau der Mission zwangsverpflichtet wurden.

Am anderen Ende der Stadt erforscht das gemeinnützige **Wildling Museum of Art & Nature** wie Kunst eine engere Verbindung zur Natur herstellen kann. Man sollte sich ein paar Minuten Zeit nehmen und die Exponate anschauen. Einheimische Künstler zeigen hier oft Werke, die von traditionellen Gemälden bis hin zu multimedialen Installationen reichen.

Nach einem Block biegt man vom Mission Dr ab, erreicht die Straße 4th Pl und schon ist der Touristenrummel Vergangenheit. Man kommt zum Laden der **Valley Brewers** mit ihren Korbflaschen und Hopfentüten, die aber möglicherweise nicht für jeden von Interesse sind. Stattdessen geht man durch den Kassenbereich in den dunklen Flur mit gemalten Bücherregalen, drückt gegen die hintere Wand – ganz im Sinne einer Flüsterkneipe – und schon betritt man den **Backroom**. In dieser netten Schankstube gibt's immer interessante, heimische Biere vom Fass, die man in dem kleinen Innenhof wunderbar in der Sonne genießen kann.

Abends geht man dann ins **Lost Chord Guitars**, eine winzige Location auf dem Copenhagen Dr, in der erstklassige Livemusik von Singer-Songwritern geboten wird.

LOCAL TIPP: ZEITVERTREIB IN SOLVANG

Alicia Valenzuela, Gastgeberin in der Verkostungsstube von Vega Vineyards, berichtet über weinfreie Aktivitäten in Solvang.

Ostrichland
Es ist zwar ein Klischee, aber eine großartige Erfahrung. Majestätische Strauße kommen auf einen zu.

Vega Vineyards
Auf demfamilienfreundlichen Weingut können Kids Tiere füttern. Es gibt ein kleines schottisches Hochlandrind namens Tai, ein kleines Pony namens Cupid, Schafe, zwei Lamas, ein Hängebauchschwein und Hühner.

Mad & Vin
Eine Sache, die nur wenige kennen, ist der unglaubliche Brunch im Landsby Hotel. Schlange stehen gibt's hier nicht, für den Preis sind die Portionen groß. Das Ganze beginnt mit dem besten Filterkaffee, den man je getrunken hat.

UNTERWEGS VOR ORT

Solvang hat ein ausgesprochen fußgängerfreundliches Zentrum. Man sollte sein Fahrzeug auf einem der kostenlosen Plätze südlich des Mission Dr abstellen und den Ort zu Fuß erkunden. Der Copenhagen Dr ist die Haupteinkaufs- und Restaurantstraße. In den Seitenstraßen befinden sich Verkostungsstuben, Hotels und im Süden Wohnhäuser.

Rund um Solvang

Vom niedlichen Solvang führen alle Wege zum Wein. In westlicher Richtung liegen die Hügel des Santa Ynez Valley mit all den Weinbergen.

Schlüsselszenen des Films *Sideways* aus dem Jahr 2004 wurden in Buellton gedreht. Wer mag, kann im Rahmen einer *Sideways*-Tour in die filmischen Fußspuren der eigensinnigen Charaktere Miles und Jack treten. Wer von dem Film nicht begeistert genug ist, um sich alles genau anzuschauen, könnte hier vielleicht sein eigenes Drehbuch schreiben. Über die Santa Rosa Rd oder die Rte 246 erreicht man einige der besten Weingüter der Region. Gleichzeitig kommt man noch in den Genuss eines geruhsamen Tagesausflugs durch die malerische, hügelige Landschaft voller Rebstöcke.

TOP TIPP

Buellton im Santa Ynez Valley ist der Verkehrsknotenpunkt am Hwy 101. Wichtige Besorgungen sollte man hier am Tor ins SB Wine Country erledigen.

Weingut Ampelos (S. 319), Lompoc

PHIL KLEIN/REUTERS/ALAMY ©

JOSEPH SOHM/GETTY IMAGES ©

Flying Flags RV Resort

Stützpunkt Buellton

GUTE ERREICHBARKEIT UND PREISWERTE UNTERKÜNFTE

Buellton, der beste Stützpunkt in der Gegend, liegt direkt am Hwy 101 und ist nur fünf Autominuten von Solvang entfernt. Hier gibt es hier relativ erschwingliche Übernachtungsmöglichkeiten und ein paar ausgezeichnete, schlichte Restaurants und Weinstuben.

Im **Flying Flags RV Resort** kann man in Luxuszelten, Airstream-Wohnwagen oder Hütten übernachten, sich im dazugehörigen Pool abkühlen. Hippes Glamping in der Vorstadt mit Feuerstellen, Bocciabahnen und geselliger Stimmung. Von hier kann man zu **Ellen's Danish Pancake House** laufen und mit Einheimischen frühstücken.

In dem netten, althergebrachten Restaurant **Pea Soup Andersen's** gibt es die berühmte Schälerbsensuppe. Das Rezept stammt aus Frankreich und wurde von Juliette Andersen, der Ehefrau und Geschäftspartnerin von Anton Andersen, in dem von ihnen 1924 eröffneten Lokal eingeführt.

ABSTECHER ZUM SAN MARCOS PASS

Die Fahrt über den San Marcos Pass (Hwy 154) von Santa Barbara ins Santa Ynez Valley ist grandios und ein paar Abstecher sind wirklich lohnenswert. Die atemberaubende **Chumash Painted Cave** befindet sich direkt oberhalb der Straße. Durch ein Schutztor kann man einen Blick in das Innere werfen. Achtung, die ca. 3 km lange Fahrt hinauf zur Höhle führt über eine sehr schmale, kurvenreiche Straße.

Etwa 5,5 km weiter auf dem Hwy 154 nach Nordwesten zweigt der Stagecoach Dr ab zur **Cold Spring Tavern**, ein ehemaliger Postkutschenhalt von 1868. Diese kleine historische Oase im Wald serviert Fleisch nach Art der Central Coast und Bier. An den Wochenenden gibt's nachmittags Livemusik, und eine Taverne vom Feinsten.

PREISWERT ÜBERNACHTEN IN BUELLTON

Pea Soup Andersen's Inn
Tolle Wahl für Familien, gute Lage und Pool. **$**

Sideways Inn
Nach einem langen Tag die Windmühle betrachten und Pool, Grillstelle und Lounge genießen. **$**

Flying Flags RV Resort & Campground
Hier kann man im eigenen Wohnmobil, einem Glamping-Zelt, Retro-Wohnwagen oder einer Hütte übernachten. **$**

DIE SANTA RITA HILLS ERKUNDEN

Schöne Fahrt durch die grünen Hügel und über die kurvigen Straßen der AVA Santa Rita Hills (American Viticultural Area). Hier werden neben Pinot noir und Chardonnay auch Grenache, Syrah und Viognier angebaut.

Start der Rundtour ist 1 **Buellton**. Mit dem Picknickkorb im Kofferraum geht's auf der Santa Rosa Rd gen Westen. Nach knapp 10 km über die ländliche, kurvige Straße legt man einen Zwischenstopp auf der 2 **Peake Ranch** ein und besucht den modernen, luftigen Verkostungsraum mit Blick auf die Weinberge. In der gleichen Straße ist auch 3 **Alma Rosa Vineyard**, wo es Bioweine aus nachhaltigem Anbau gibt. Alma Rosa wurde von Richard Sanford, dem ersten Winzer, gegründet, der 1971 im Santa Barbara County Pinot-noir-Trauben anbaute. Kurz vor der Kreuzung Santa Rosa Rd und Hwy 1 bietet 4 **The Hilt Estate** Verkostungen nach vorheriger Absprache an.

Rechts in den Hwy 1 abbiegen und zum 3 km entfernten Lompocs 5 **Wine Ghetto** fahren, wo man mehrere Weine probieren kann. Eine gute Möglichkeit, wenn man wenig Zeit hat.

Über die Rte 246 geht's zurück nach Buellton. Mehrere Weingüter an der Strecke lohnen einen Zwischenstopp, u. a. das nette 6 **Kessler-Haak** in Familienhand in der Gypsy Canyon Rd, wo man weitere gute Pinot noirs, Chardonnays und Syrahs kosten kann. Fährt man auf der Rte 246 weiter nach Osten, kommt man zu der entspannten 7 **Babcock Winery**, die sich seit Generationen in Familienhand befindet und wo oft Livemusik und witzige Events geboten werden. Gleich daneben befindet sich die alteingesessene 8 **Melville Winery**. Hier werden die Weine entweder in dem eleganten Verkostungsraum oder draußen mit Blick auf den Weinberg ausgeschenkt.

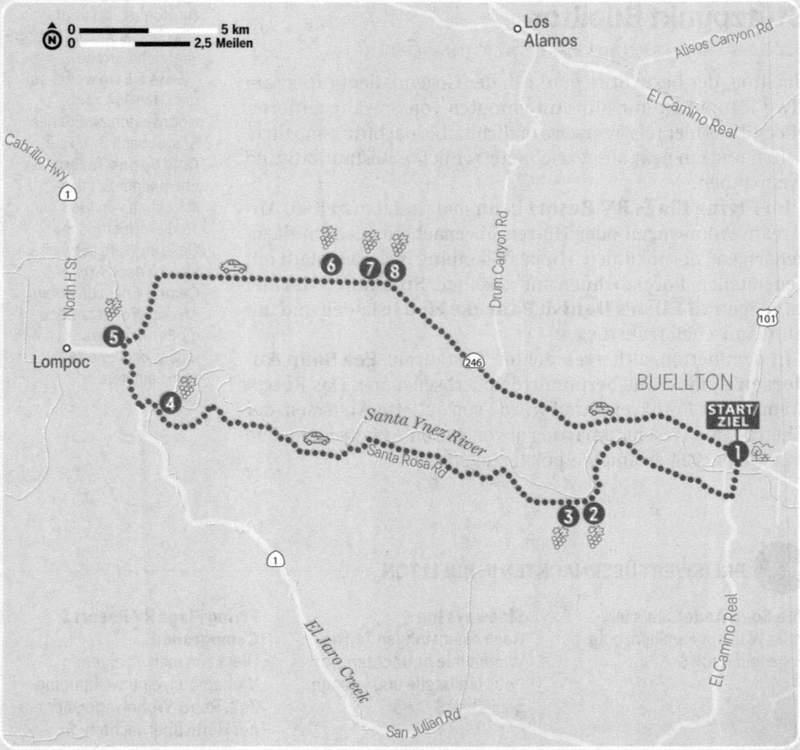

Anschließend kann man im **Barrelworks Taproom** der Firestone Walker Brewing Company eins der mit wilder Hefe fermentierten Sauerbiere oder ein belgisches Starkbier probieren. Wem der Sinn eher nach Wein steht, besucht die ausgezeichneten Verkostungsräume von **Ken Brown Wines** und der **Roark Wine Co** an der Westseite des Hwy 101.

Was auch immer auf der To-Do-Liste steht, man sollte sich Zeit nehmen für einen Besuch von **Industrial Eats** und sich dort eine Pizza aus dem Holzkohlenofen oder eine der guten, aber einfachen Platten zum Teilen bestellen. Die Abende kann man in der **Sideways Inn Lounge** verbringen, wo man lokale Biere und belgische Pommes genießen kann.

Lompocs Wine Ghetto

INDUSTRIE-KOMPLEX MIT PROBIERSTUBE

Wenn man im Lompocs Wine Ghetto ankommt und sein Auto in dem Lagerhauskomplex zwischen nichtssagenden Industriegebäuden parkt, fühlt es sich an, als habe man ein Geheimnis entdeckt. Ganz in der Nähe der Kreuzung vom Hwy 1 und der 12th St könnte man in der Stadt Lompoc leicht einen ganzen Tag damit verbringen, das gesamte Angebot der Weine von dem Santa Rita Hills Terroir zu probieren.

Jeder Verkostungsraum hat je nach Winzer seine ganz eigene kreative Ausstrahlung: Von den Etiketten mit zurückhaltenden Cartoon-Ziegen (dem Symbol für den guten Inhalt der Flaschen) der **Flying Goat Cellars** bis hin zu den hellen, freundlichen **Fiddlehead Cellars**, in denen vor Ort angebaute Weine der zukunftsweisenden Winzerin Kathy Joseph probiert werden können.

Das in Familienhand befindliche Weingut **Ampelos** verwendet für die Herstellung ihres Pinot noir und der verschiedenen Rhône-Varianten Trauben aus biologischem und biodynamischem Anbau. Bei **Zotovich** im Santa Rita Hills Wine Center neben dem Wine Ghetto kann man sich durch ein solides Angebot an Rhône- und Burgunderweinen trinken.

Einen Plan des Wine Ghetto bekommt man unter www.explorelompoc.com. Wenn die Wirte von Weinstuben benachbarte Weingüter empfehlen, sollte man das wahrnehmen. So lernt man quasi um die Ecke schnell Neues kennen.

JALAMA BEACH

Dieser abgelegene Strand (sprich „ha-LA-ma") ist 45 Autominuten von Lompoc entfernt. Er ist bei Kiteboard- und Windsurffreaks recht beliebt, will heißen, dass es hier oft so windig ist, dass leere Zelte vom Wind umgeworfen werden (wir wissen, wovon wir reden!). Da dieser Strand aber so abgelegen am Ende einer schmalen Landstraße liegt und sein Vorhandensein absolut nicht offensichtlich ist, strahlt er ein gewisses wildes Gefühl aus, obwohl es hier auch einen kleinen Campingplatz und den urigen **Jalama Beach Store** gibt, in dem Burger und Frühstücksgerichte serviert werden. Stellplätze und die wenigen Hütten können sechs Monate im Voraus reserviert werden.

UNTERWEGS VOR ORT

Wer von Solvang aus die Santa Rita Hills und die Gegend weiter bis nach Lompoc erkunden will, benötigt ein eigenes Fahrzeug. Wer nur von A nach B gelangen möchte, kann einen der regelmäßig zwischen Buellton und der Stadt Santa Ynez verkehrenden Busse nehmen.

LOS OLIVOS

Mit seiner Schindel-Ästhetik und dem relaxten Wine-Country-Charme übt Los Olivos ganz ohne Zweifel einen gewissen Reiz aus. Aufgrund der kleinen Größe ist der Ort die perfekte Wahl, wenn man nur einen Nachmittag Zeit für das Santa Ynez Valley hat. In wenigen Blocks befinden sich um die zwei Dutzend Probierstuben.

Los Olivos war ursprünglich ein Postkutschenstopp. In den 1880er-Jahren boomte der Ort aufgrund der Haltestelle der Pacific Coast Railway. Auch heute boomt Los Olivos noch, jetzt aber mit Wein-Tourist:innen. Vom Hwy 154 kommend, biegt man entweder in die Alamo Pintado Ave oder die Grand Ave ab. An der Kreuzung dieser beiden Straßen steht ein Fahnenmast, der das Stadtzentrum markiert, der Ausgangspunkt für einen schönen Tag in Los Olivos.

TOP TIPP

So bezaubernd Los Olivos auch sein mag, jeder der hier Wein probiert wird herausfinden, dass die öffentlichen Toiletten verwirrenderweise wie Einhörner aussehen. Einige Probierstuben haben Toiletten für ihre Gäste. Wem die nicht zur Verfügung stehen, kann die gar nicht so furchtbaren Dixi-Klos benutzen.

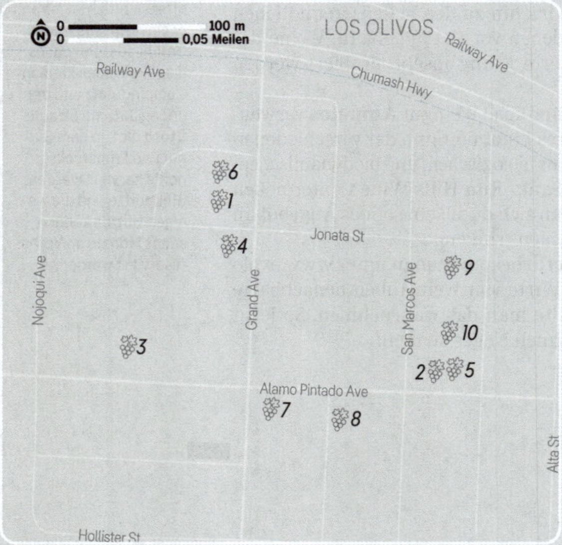

SEHENSWERTES
1 Bien Nacido & Solomon Hills Estates
2 Blair Fox
3 Brewer-Clifton
4 Carhartt Family Wines
5 Holus Bolus
6 Saarloos and Sons
7 Solminer
8 Stolpman
9 Storm
10 Story of Soil

Carhartt Family Wines

Weinproben in Los Olivos

BUMMELN UND WEINE PROBIEREN

Weinverkostung in Los Olivos erinnert uns daran, wie schön das Leben doch sein kann. Es ist einfach eine Freude, sich durch die Angebote der verschiedenen Weingüter zu trinken, ohne sich anschließend ans Lenkrad setzen zu müssen. Man sollte also vorher planen, wie man sicher ans nächste Ziel kommt. Wer allein unterwegs ist, sollte nur nippen und dann ausspucken.

Wenn man nicht weiß, wo man anfangen soll, hilft beim Entscheiden vielleicht, dass bei **Carhartt Family Wines**, wo oft auch Livemusik auf der großen Terrasse geboten wird, eine nette Stimmung herrscht. Es bietet sich ebenfalls der Familienbetrieb **Saarloos and Sons** an, wo man auch Cupcakes probieren kann.

Die im hiesigen kühlen Klima gedeihenden Burgunder- und Rhône-Weine wie Chardonnay, Pinot noir und Syrah sollte man bei kleinen Produzenten wie **Blair Fox**, **Storm**, **Holus Bolus** und **Story of Soil** probieren. Weniger bekannte Sorten wie der interessante australische Grüne Veltliner werden bei **Solminer** angeboten. Auch sollte man unbedingt bekannte Erzeuger wie **Brewer-Clifton**, **Stolpman** und **Bien Nacido & Solomon Hills Estates** besuchen.

In dieser Stadt dreht sich fast alles (okay alles) um Wein. Es gibt aber auch Boutiquen und Galerien, die den Besuch lohnen. Die Wochenenden fühlen sich hier manchmal wie ein großes Straßenfest mit Livemusik und festlicher Stimmung an. Früh kommen, um einen Parkplatz zu ergattern.

OLIVEN UND LOS OLIVOS

Los Olivos verdankt seinen Namen den Oliven. In den 1880er-Jahren pflanzte ein junger Rancher 5000 Olivenbäume in der Nähe von Ballard. Als die Pacific Coast Railway die Eisenbahnlinie von Los Alamos bis zu diesem neuen Bahnhof baute, wurde dieser schließlich wegen der Bäume Los Olivos genannt. Leider gingen die meisten Olivenbäume in dem kalten Winter 1889 aber ein.

Als man Mitte der 1990er-Jahre feststellte, dass geographische Breite und Klima den spanischen und italienischen Olivenanbauregionen entsprechen, begannen ein paar unerschrockene Seelen am Santa Ynez Valley Olivenbäume zu pflanzen und Olivenöl herzustellen. Das erfreuliche Ergebnis ist, dass man in Los Olivos jetzt Olivenöl probieren kann.

UNTERWEGS VOR ORT

Es dauert vielleicht fünf Minuten, um von einem Ende der Innenstadt von Los Olivos zum anderen Ende zu laufen – wenn man nicht in der Stadt wäre, um Weine zu probieren. Und da man wahrscheinlich aus genau diesem Grund hier ist, ist es gut zu wissen, dass es erlaubt ist, sein Auto über Nacht hier stehen zu lassen, falls man mehr probiert, als man sollte.

Rund um Los Olivos

In die Welt des Wine Country eintauchen und alles von der Foxen Canyon Rd bis in den überraschend kleinen Vorposten von Los Alamos erkunden.

Eine Vorstellung davon, wie es hier aussah, bevor die Gegend eine Weinretion wurde, erhält man, wenn man auf den Landstraßen rund um Los Olivos fährt. Radfahrer tummeln sich auf der Alamo Pintado Ave, auf den Bauernhöfen wird nach den Jahreszeiten gelebt und Pferde grasen in aller Ruhe auf den Weiden.

Über die Zaca Station Rd erreicht man den Foxen Canyon, die älteste Weingegend und Heimat einiger der altehrwürdigsten Weingüter. Die hügelige Topografie und das Mikroklima bedeuten, dass die verschiedenen Rebsorten unter idealen Bedingungen gedeihen. Auf dem Weg zur Küste fährt man zunächst durch eine Gegend mit gehaltvollen Böden für Weine à la Rhône und anschließend durch eine Region mit Weinbergen wie im Burgund.

TOP TIPP

In der gut bestückten Los Olivos Grocery erhält man alles für ein Picknick. Der Laden ist direkt südlich von Los Olivos am Hwy 154.

Foxen Canyon Wine Trail

STEVE HAMBLIN/ALAMY ©

Rancho Sisquoc Winery

Foxen Canyon Wine Trail

WEINGÜTER AN DER LÄNDLICHEN FOXEN CANYON RD

Vom Hwy 154 kommend zweigt die Foxen Canyon Rd hinter Los Olivos nach Norden ab und führt hinein in den schönen, von Eichen übersäten Canyon. Eine detaillierte Liste der Weingüter und eine Straßenkarte findet man unter www.foxencanyonwinetrail.net.

Weinproben bei **Demetria** sind nur nach Voranmeldung möglich. Wenn man dort ist, wird man feststellen, dass dies die preiswerteste Möglichkeit ist, die ökologisch und biodynamisch angebauten „Toskana"-Weine zu probieren.

Als nächstes erreicht man auf der Straße gen Norden eines der ältesten Weingüter der Santa-Maria-Weinregion. **Foxen Winery** ist ein nachhaltig arbeitendes Unternehmen im Stil einer Ranch. In der Probierstube mit Solarstrom wird hervorragender Pinot noir, Syrah und Chardonnay ausgeschenkt. Nach etwa 1 km erreicht man den separaten **Shack**, wo Weine à la Bordeaux und kalifornisch-italienische Kombis probiert werden können.

LOCAL TIPP: PICKNICK AUF EINEM WEINGUT

Amy Christine, Mitinhaberin und Winzerin bei Holus Bolus & The Joy Fantastic, teilt gerne ihre Lieblingsorte für ein Picknick auf Weingütern.

Peake Ranch
Der Verkostungsraum ist in den Weinbergen, was nicht überall so ist. Man sitzt also weit weg von der Hauptstraße inmitten von Weinstöcken – es ist ruhig, modern, sehr komfortabel und erstaunlich schön hier.

Demetria
Demetria liegt an einer wirklich holprigen Privatstraße. Wenn man dort angekommen ist, befindet man sich in der lauschigen Gegend von Santa Ynez, sitzt mitten in der Natur unter Bäumen und genießt den Blick auf Weinstöcke.

Melville
Blitzeblankes, elegant anmutendes, leicht aristokratisches Anwesen. Vor der europäischen Villa inmitten von Weinstöcken kann man edle Tropfen kosten.

ESSEN IN LOS OLIVOS

Felix Feed & Coffee
Gutes Lokal, in dem man vor einer Weinprobentour wunderbar frühstücken oder zu Mittag essen kann. **$$**

Los Olivos Wine Merchant & Cafe
In zwanglos-schickem Ambiente genießt man mittags Gerichte aus Bioprodukten vom dazugehörigen Bauernhof. **$**

Panino
Zwischen den Weinproben kann man sich hier Sandwiches und kalte alkoholfreie Getränke besorgen. **$**

DAVID LITSCHEL/ALAMY ©

San Ramon Chapel (S. 324)

BESTE WEINTOUREN

Sustainable Wine Tours
Das kleine, von Sommeliers gegründete Unternehmen fährt mit Gästen zu Weingütern, die normalerweise nicht für die Öffentlichkeit zugänglich sind.

Destination Vine
Kleiner, von einem einheimischen Duo geführter Outfitter mit Privatguides und auf Kundenwünsche zugeschnittenen Touren.

Santa Barbara Wine Country Cycling Tours
Radtouren und Weinverkostungen mit kompetenten Guides. E-Bike-Touren sind ebenfalls im Angebot.

Nach einer spitzen Linkskurve stellt man sein Fahrzeug ab und läuft zur wunderbar abgelegenen **San Ramon Chapel**. Von dort hat man einen schönen Blick ins Tal. Direkt am Fuß des Hügels befindet sich die **Rancho Sisquoc Winery**. Man sollte sich vor der Verkostung einen Picknickkorb bestellen und die historische Atmosphäre in sich aufsaugen.

Zu guter Letzt genießt man dann in der friedlichen Umgebung des von Frauen betriebenen **Riverbench** ein Picknick und köstlichen Pinot noir und/oder Schaumwein aus Pinottrauben. Sowohl das gemütliche Bauernhaus als auch die Tische draußen sind ein lieblicher Ort, um Weine zu probieren. Wer den Tag etwas lebendiger ausklingen lassen möchte, geht ins **Presqu'ile** mit dem Aufsehen erregenden Verkostungsraum und Amphitheater.

Hochkarätiges in Los Alamos

EIN WEILER FÜR GOURMETS AM HWY 101

Los Alamos überrascht! Was aussieht wie ein Ort am Ende der Welt mit Tankstelle und Motel bietet vier Blocks ländliche Raffinesse. Der passenderweise Lost Almost genannte Ort ist zwar nicht die praktischste Ausgangsbasis für den Besuch des Wine Country, aber ein lohnender Zwischenstopp am Hwy 101.

ÜBERNACHTEN IN LITTLE LA (LOS ALAMOS)

Victorian Mansion B&B
Schöne Unterkunft in einem viktorianischen Herrenhaus mit prachtvoller Inneneinrichtung und Zimmer mit unterschiedlichem Motto. **$$**

Skyview Motel
Toll umgebautes Retro-Motel mit Pool, Restaurant und Bar – etwas außerhalb auf einem Hügel gelegen. **$$**

Alamo Motel
Stilvolle, beliebte Unterkunft in zentraler Lage in der Bell St mit einladender Wiese, Feuerstelle und Bar. **$$**

Der erste Stopp sollte **Bob's Well Bread** mit seinen überirdischen *kouign amann* (bretonischer Butterkuchen) und leckerem Frühstücksangebot sein. Das glutenfreie, herzhafte Körnerbrot lohnt allein schon den Abstecher nach Los Alamos. Hier bummelt man über die Bell St, stöbert in Antiquitätenläden und muss schwerwiegende Entscheidungen treffen, wie z. B. wo man später isst.

Über all das Erlebte grübeln, kann man mit einen Glas Wein in der Hand in der Probierstube von **Lo-Fi** oder **Lumen Wines**, die einen bemerkenswerten, in kleinen Mengen hergestellten Traubensaft anbieten. Wer mag, kann auch im **Casa Dumetz** und **Babi's Beer Emporium** herumstöbern, Weine und Biere vom Fass probieren oder sich im Geschäft eine Auswahl an Getränken zusammenstellen.

Wer Appetit auf Leckeres vom Holzkohlengrill hat, geht zu **Full of Life Flatbread**, wo es Fladenbrot, Biosalate und regionales Rindfleisch vom Grill gibt. Ein gutes, kinderfreundliches Lokal ist **Pico** mit Gerichten aus regionalen Produkten und **Plenty on Bell** mit guter Hausmannskost. Wer auf der Suche nach einem Restaurant mit Michelin-Stern ist, geht ins **Bell's**, wo französische Gerichte à la Kalifornien serviert werden natürlich nur mit frische Zutaten aus der Region.

BALLARD

Das winzige Wohngebiet Ballard wurde 1880 gegründet und ist somit die älteste Gemeinde im Tal. Es gibt eine Kirche und eine Schule und abgesehen vom versteckt gelegenen **Ballard Inn**, einem gehobenen B&B in einem modernen Farmhaus, ist das eigentlich alles. Wer eine ruhige Bleibe sucht, ist hier richtig. Hinzu kommt noch **Bob's Well Bread Bakery at the Ballard Store** auf der anderen Seite der Dorfstraße. Dieser feste Bestandteil von Alamo sorgt für handwerklich hergestellte Backwaren, Frühstück und Kaffee für alle müden Seelen in Ballard.

Das etwas andere Santa Ynez Valley

VERKOSTUNG VON OLIVENÖL UND LAVENDELFELDER

Außer Wein gibt es auch andere Genüsse im Santa Ynez Valley. In der hügeligen Landschaft wurde traditionell Land- und Viehwirtschaft betrieben, die Traubenindustrie ist relativ neu.

Wenn man die **Seein' Spots Farm** besuchen möchte, um einen superniedlichen Mini-Esel an sich zu drücken, sollte man einen Termin ausmachen. Auf dieser Farm werden die Tiere artgerecht aufgezogen, auch andere bedrohte Tiere finden hier ein Zuhause.

Wer reiten möchte, wendet sich an **Vino Vaqueros** (wo Reitausflüge mit einer Weinprobe enden). Der Hauptspaß besteht aber in einem Reitausflug über die Ranch und Weinberge mit geschulten Guides und Pferden. Es gibt auch Ausflüge für Kids ab acht.

Die hiesigen Verkostungen sind nicht auf Wein beschränkt. Wie wär's mit Lavendelhonig oder Lavendel-Backmischungen und Tees bei **Clairmont Farm Lavender Co**. In dem kleinen Laden werden auch hausgemachte Hautpflegeprodukte und Düfte verkauft. Gäste können sich im Schatten ausruhen und über die Lavendelfelder spazieren. Blütezeit ist Juni und Juli.

Einheimische Farmer bieten Verkostungen ihrer ölig, fruchtig, pfeffrigen Öle in schöner Umgebung an, u. a. **Rancho Olivos** direkt vor den Toren von Los Olivos.

UNTERWEGS VOR ORT

Für das Santa Ynez Valley und die Weingüter benötigt man ein Fahrzeug oder einen Fahrer. Von Los Olivos fährt man über den Hwy 154 nach Südosten in den Ort Santa Ynez und weiter über den San Marcos Pass nach Santa Barbara. In der anderen Richtung führt der Hwy 154 auf den Hwy 101.

VENTURA

Der häufig von Travellern zu Gunsten von Santa Barbara unbeachtete Ort Ventura ist die bodenständigere Schwester von SB. Die Stadt wird nur aus einem Grund unterschätzt, denn hier gibt es keine Filmstars. Der Küstenort (der offizielle Name ist San Buenaventura) mit der netten Altstadt ist mit der Mission San Buenaventura verwurzelt. Es gibt eine Uferpromenade und ein leicht altmodisches kleines Hafenviertel.

In Ventura und der Umgebung lebte ursprünglich das Volk der Ventureño Chumash, die seetüchtige Kanus bauten und geschickte Speerfischer waren. In der spanischen Kolonialzeit gründete hier Junípero Serra im Jahre 1782 die Mission San Buenaventura, die letzte der kalifornischen Missionen. In den frühen 1900er-Jahren boomten Erdölbohrungen. In der E Main St sind noch einige Gebäude aus dieser Zeit zu sehen.

Der Ventura Harbor ist die Hauptanlegestelle der Boote zum Channel Islands National Park. Die Fahrt über den Santa Barbara Channel dauert etwa eine Stunde. Der Ort ist auch Ausgangspunkt für Fahrten nach Ojai in den Topatopa-Bergen.

TOP TIPP

Oxnard, der landwirtschaftlich geprägte Nachbarort von Ventura, ist Kaliforniens größter Erdbeerproduzent. In der Hauptsaison, von April bis Juni, riecht man selbst auf dem Hwy 101 den Duft der reifenden Erdbeeren. Die leckeren Früchte bekommt man an der T-Kreuzung von Telephone Rd und Olivas Park Dr.

Venturas City Hall (S. 328)

SEHENSWERTES
1 City Hall
2 Museum of Ventura County
3 San Buenaventura Mission
4 San Buenaventura State Beach
5 Ventura Botanical Garden
6 Ventura Pier
7 Ventura River Estuary

AKTIVITÄTEN, KURSE & TOUREN
8 Surfers Point
9 Ventura Promenade

ESSEN
10 Beach House Fish
11 Jolly Oyster

AUSGEHEN
12 MadeWest

SHOPPEN
13 Coalition Thrift Store
14 Findings Market
15 Patagonia

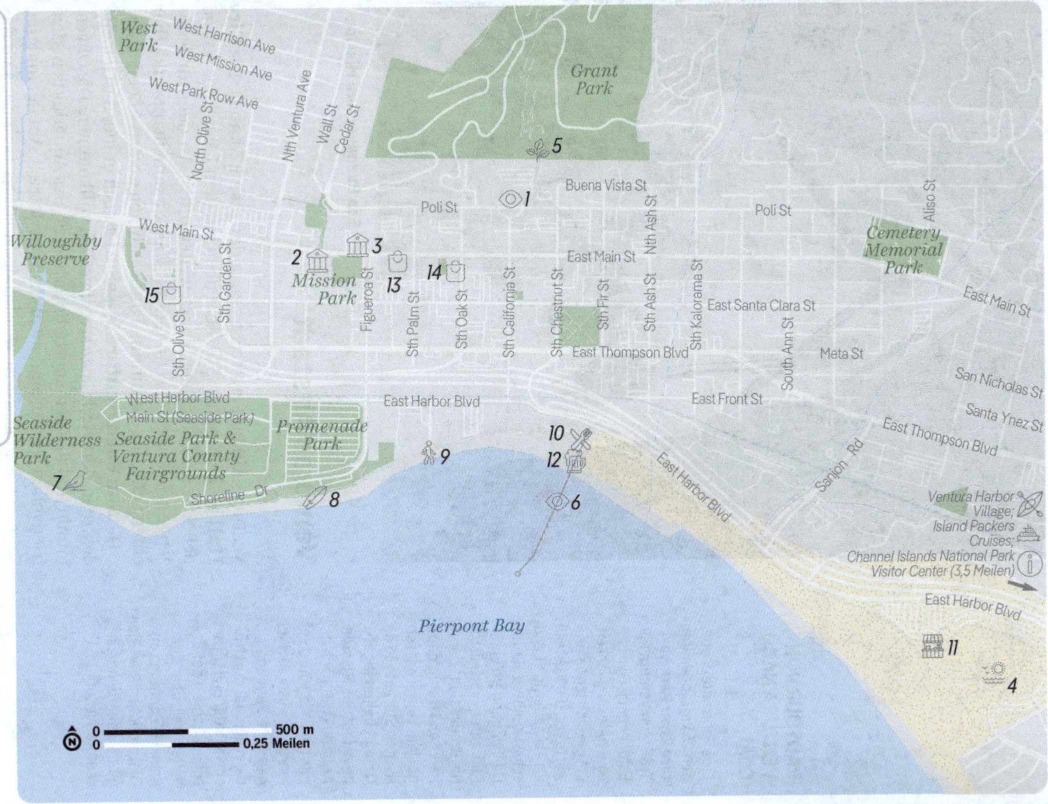

Wohnen in den Ventura Keys (S. 329)

RADTOUR VON VENTURA NACH OJAI

Eine Fahrradtour über den 25 km langen **Ventura River Parkway Trail** vom Ventura River Estuary nach Ojai ist eine tolle Möglichkeit, um die sich landeinwärts von der Küste bis ins Tal ändernde Landschaft kennenzulernen. Die Fußgängern und Radfahrern vorbehaltene Strecke führt durch Parks und Naturschutzgebiete vorbei an historischen Stätten wie das **Ortega Lehmziegelhaus** und das **Mission Aquädukt**. Zunächst führt der Weg durch offene landwirtschaftlich geprägte Gegenden, dann bergauf durch Eichenwälder und trifft schließlich auf den Ojai Valley Trail, über den man das Zentrum von Ojai erreicht. Einen Plan gibt's unter friendsofventurariver.org.

BILL PERRY/SHUTTERSTOCK ©

San Buenaventura Mission

Venturas Altstadt

MISSION, ALTSTADT, BOTANISCHER GARTEN

Venturas Altstadt erstreckt sich entlang der E Main St. Die **City Hall** im Beaux-Arts-Stil steht oben auf dem Hügel, der Strand befindet sich ein paar Blocks weiter unten. In dem für Fahrzeuge gesperrten Abschnitt der E Main St kann man wunderbar einen Schaufensterbummel unternehmen und zu Abend essen.

Die **San Buenaventura Mission** ist noch immer die Gemeindekirche, dort sind Gäste stets herzlich willkommen. Die Olivenmühle und das gemauerte Filterbecken des Aquädukts in dem friedvollen Garten sind nicht mehr in Betrieb. Auf der anderen Seite der E Main St in westlicher Richtung befindet sich das lohnenswerte **Museum of Ventura County** mit Artefakten der Chumash, historischen Exponaten und Wechselausstellungen.

Indie-Shops wie **Findings Market** verkaufen sorgfältig ausgewählte, in der Region hergestellte Artikel. Auch Vintage- und

AUSGEHEN UND FEIERN IN VENTURA

Bombay Bar & Grill
Livemusik von einheimischen Musikern, Essen, Cocktails, eine gute Bierauswahl und quirlige Partystimmung.

Bank of Italy Cocktail Trust
Benannt nach dem historischen Gebäude und den angebotenen Cocktails. Für den kleinen Hunger gibt's italienische Häppchen.

Majestic Ventura Theater
Venturas Musik-Location für tourende Bands befindet sind in einem schönen Gebäude im Mission-Stil von 1920.

Gebrauchtwarenläden wie **Coalition Thrift Store**, deren Umsatz für wohltätige Zwecke bestimmt ist, gibt es hier. Den Hunger stillen kann man in einem der zahlreichen Lokale. Von Taco-Lokalen über Thai-Restaurants bis hin zu Weinbars und Craftbier-Brauereistuben ist so ziemlich alles vertreten.

Den Verdauungsspaziergang macht man anschließend im **Ventura Botanical Garden** – freitags ist der Eintritt frei – auf dem 3 km langen Weg, der im Zickzack über einen Bergrücken führt. Er hat sich von dem Thomas Fire in 2017 noch immer nicht ganz erholt, aber der nach Schwierigkeitsgraden eingestufte Weg bietet tolle Ausblicke auf die Stadt, wenn man ihn durch die Gartenbereiche „South American" und „South African" erreicht. Und sollte das SoCal-Wetter kühler sein als erwartet, kauft man sich im Flagship-Store (und internationalen Hauptsitz) von **Patagonia** in der W Santa Clara St einen warmen Pulli.

CHANNEL ISLANDS

Tagesausflüge in den **Channel Islands National Park** (S. 331) sind das Highlight in dieser Gegend. Überfahrt und Parkeintritt bei Island Packers buchen. Meereshöhlen und Unterwasserwelt können mit Santa Barbara Adventure Company auf spektakulären Kajaktouren erkundet werden.

Venturas Uferpromenade

AKTIVITÄTEN UND ATTRAKTIONEN AM MEER

Los geht's mit einem Spaziergang an der **Ventura Promenade**, wo man zusammen mit Radfahr-, Skate- und Joggerfans sowie Hundeführerinnen und Hundeführern die salzige Luft genießt. Das Auto parkt man am besten am Ende der California St, läuft dann auf dem Weg 1,5 km westwärts, beobachtet Surffreaks am **Surfers Point** und Vögel am **Ventura River Estuary**. Weiter östlich erreicht man den 3 km langen **San Buenaventura State Beach** und einen von Bäumen beschatteten Park.

Am **Ventura Pier** legt man einen Zwischenstopp ein und genießt Tacos im **Beach House Fish** und im **MadeWest** ein helles Bier mit Blick aufs Meer. Von freitags bis sonntags kann man bei **Jolly Oyster**, einem Stand im State Beach Park, selbst Austern aus der Schale lösen oder grillen lassen.

Wer aufs Wasser möchte, kann sich im **Ventura Harbor Village** ein SUP, Kajak oder Paddelboot leihen und in den Ventura Keys durch kleine Wasserstraßen vorbei an niedlichen Häusern schippern und Aussicht nach in der Sonne liegenden Robben, Pelikanen und Fischreiher halten. Der Weg durch das Harbor Village bietet sich ebenfalls für einen Spaziergang und einen Stopp im **Channel Islands National Park Visitor Center** an. Perfekt für alle, die nicht selbst auf die Inseln fahren können.

Ventura Harbor ist der Ausgangspunkt für Ausflüge mit **Island Packers Cruises** auf die Channel Islands oder für **Walbeobachtungstouren** im artenreichen Santa Barbara Channel.

BESTE SEAFOOD-LOKALE IN VENTURA

Brophy Brothers
Eine Institution im Obergeschoss mit Blick auf den Hafen und raubeiniger Atmosphäre; riesige Platten mit gedämpften Schalentieren, Fisch-Specials und starken Drinks. Reservierung nicht möglich. $$

Rumfish y Vino
Nette Terrasse, ausgezeichnetes Seafood mit südlichem Touch in der Altstadt von Ventura. $$

Spencer Mackenzie's
Lockeres Lokal mit Bedienungstheke etwas östlich der Altstadt. Aus der Küche kommen Ceviche, Fish-Tacos, Ahi-Taschen und Poke. $

UNTERWEGS VOR ORT

Das Stadtzentrum von Ventura kann man gut zu Fuß erkunden. Es gibt viele kostenlose oder preiswerte Parkmöglichkeiten. Da sehr viele Menschen, die in Santa Barbara arbeiten, im Ventura County wohnen, fährt der Commuter Express (Fahrt/8 US$) mehrmals täglich von Ventura nach Santa Barbara. Amtrak-Züge verkehren ebenfalls zwischen Ventura und Städten im Santa Barbara County, jedoch seltener als Busse.

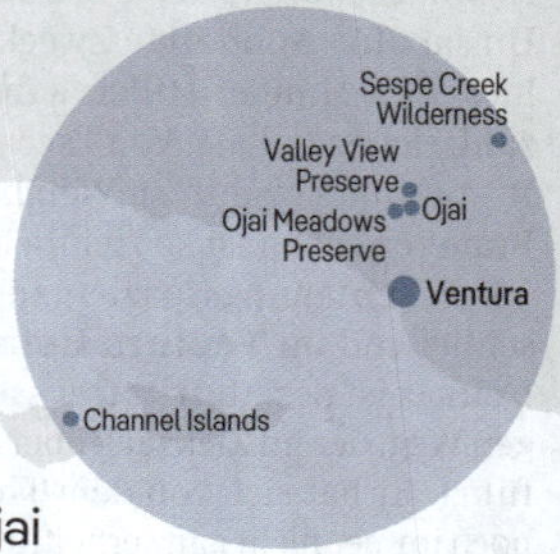

Rund um Ventura

Von Ventura aus kann man landeinwärts nach Ojai fahren und dort den geruhsamen Lebensstil und die Sonne genießen oder den windgepeitschten Channel Islands National Park besuchen.

Wenn es an der Küste kühl und nebelverhangen ist, stehen die Chancen gut, dass in Ojai die Sonne scheint. Nach einer nur 20-minütigen Autofahrt landeinwärts Richtung Tal erreicht man eine völlig andere Welt mit Zitrushainen, Pferden, Menschen auf Sinnsuche und Hollywood-Flüchtlingen. Das niedliche, energiegeladene Tal wirkt wie eine Verjüngungs- und Erholungskur.

Die Topografie der Channel Islands vor der Küste bildet den Horizont. Die Überfahrt zu den Inseln dauert 90 Minuten und führt durch maritime Wildnis, wo Begegnungen mit Delfinen und Walen an der Tagesordnung sind. Bei einem Spaziergang über die wilden, vom Wind gepeitschten Inseln bekommt man einen Eindruck, wie das Festland vielleicht vor tausenden von Jahren ausgesehen hat.

TOP TIPP

Tausende Menschen, die im Ventura County wohnen, arbeiten in Santa Barbara. Da auf dem Hwy 101 derzeit Bauarbeiten stattfinden, kann es in der Woche vormittags gen Norden und spätnachmittags in Richtung Süden zu Staus kommen, was man entsprechend einplanen sollte.

Lake Piru und die Topatopa Mountains, Los Padres National Forest (S. 333)

ANSEL B/SHUTTERSTOCK ©

KELLY VANDELLEN/SHUTTERSTOCK ©

Delfine in den Channel Islands

Tagesausflug auf die Channel Islands

NORDAMERIKAS GALÁPAGOS

Seehunde tummeln sich im Hafen, wenn das Boot im Ventura Harbor ablegt und in den **Santa Barbara Channel** fährt. Ab jetzt ist der Blick starr auf die Wasseroberfläche gerichtet, denn Wale und Delfine begleiten das Schiff. Es ist nicht ungewöhnlich, dass das Schiff sich inmitten eines Schwarms von hunderten Delfinen befindet oder dass sich ein Wal dem Schiff nähert.

Auf einer der Inseln angekommen, sollte man sie zu Fuß erkunden. Die **Santa Cruz Island** ist die zugänglichste der aus fünf Inseln bestehenden Kette. In der Hauptsaison legen hier auch täglich die meisten Schiffe an. An der **Scorpion Anchorage** wird auf Tafeln die Geschichte der Menschen auf den Inseln erklärt, u. a. anhand von in der Sonne rostenden Gerätschaften. Der ca. 3 km lange **Cavern Point Loop** führt durch den Campingplatz und hoch zu einem Klippenweg mit toller Aussicht. Ziel eines 8 km langen Wegs ist ein Aussichtspunkt auf den **Potato Harbor** und die dahinterliegenden Inseln.

Alternativ heuert man einen Guide an und unternimmt eine **Kajaktour** in die Kliffhöhlen und zu abgelegenen Buchten, wo man das Ökosystem am Inselrand erkunden kann. Beim Paddeln sieht man die kupferfarbenen Blätter des Seetangs im klaren, blauen Wasser hin- und hertreiben. In den Kelpwäldern und harten Riffen darunter tummeln sich unzählige Fische.

AUF INSELN CAMPEN

Auf einer der Inseln zu übernachten, bedeutet in die raue Wildnis einzutauchen. Wer hier campt, wird mit dem Luxus belohnt, die Insel allein ohne die Tagesausflüger erkunden zu können. Stellplätze können unter recreation.gov bis zu sechs Monate im Voraus reserviert werden.

Der **Scorpion Canyon Campground** auf der Santa Cruz Island hat die meisten Stellplätze. Er ist nur 800 m vom Bootsanleger entfernt und verfügt über Trinkwasser und Toilettenhäuschen. Wer im Inselinneren campen will, muss Trinkwasser mitbringen und auf den ausgewiesenen Stellplätzen bleiben.

Egal wo man campt, die superschlauen Raben und Inselfüchse wissen, wie man Reißverschlüsse aufzieht. Also Essen zum Schutz der Tierwelt unbedingt in fuchssicheren Kisten aufbewahren.

CHANNEL ISLANDS TOURANBIETER

Channel Islands Adventure Company
Konzessionierter Anbieter von Touren im National Park. Kajak- und Schnorchelausflüge zur Santa Cruz Island.

Channel Islands Expeditions
Eintägige Kajak- und Schnorchelausflüge nach Anacapa oder zur Santa Cruz Island. Tauchtrips mit Übernachtung.

Island Packers
Das Unternehmen bietet die Überfahrt zu den Inseln sowie Walbeobachtungstouren ab Ventura Harbor an.

Bart's Books, Ojai

Ein Bummel durchs Zentrum von Ojai

OUTDOOR-BUCHLADEN, KUNST UND RESTAURANTS

Urlaub mit Hollywood-Flüchtlingen im magischen Ojai. Der Name des Orts ist auf das Chumash-Wort für „Mond" zurückzuführen. Dieses Tal lockt schon immer Suchende an, vom spirituellen Philosophen Krishnamurti bis zu zeitgenössischen Stadtmenschen, die sich von Ojais spiritueller Energie angezogen fühlen.

Das Zentrum ist die Ojai Ave. Im **Libbey Park** mit seinen netten Torbögen gibt's einen grandiosen Spielplatz, schattige Wege und Picknicktische unter Bäumen. Etwas weiter hinten werden in der **Libbey Bowl** Freiluftkonzerte geboten.

An dieser Seite der Ojai Ave und den Nebenstraßen befinden sich Probierstuben, Boutiquen wie **deKor** und **Fig** mit Plätzen

BESTE TAGESSPAS

Spa Ojai
Resortfeeling im Ojai Valley Inn mit privaten Outdoor-Terrassen, meditativen Wüstenlehm-Schlammpackungen und lichtdurchfluteten Gemeinschaftsbereichen.

Day Spa of Ojai
Das Chumash-Erbe der Besitzerin Kim Wachter beeinflusst die Anwendungen in diesem gemütlichen Spa im Ortszentrum. Massagen und Gesichtsbehandlungen.

Body Essentials Ojai
Ojais ältestes Tagesspa mit Infrarot-Sauna bietet individuelle Gesichtsbehandlungen und Massagen.

Ojai Garden Spa
Massagen in kleinen Pavillons im Garten des Lavender Inn im Stadtzentrum. Gesichtsbehandlungen sind auch im Angebot.

ÜBERNACHTEN IN OJAI

Ojai Rancho Inn
Am Westrand des Stadtzentrums. Aufgehübschtes Motel aus den 1950er-Jahren mit Pool, Sauna und kostenlosen Leihrädern. **$$**

Emerald Iguana Inn
Unweit des Ortskerns von Ojai. Boutique-Unterkunft in ansprechender Lage im Grünen mit Pool und Whirlpool. **$$**

Ojai Valley Inn
Zwangloser Luxus im spanischen Kolonialstil mit Golfplatz und traumhaftem Spa. **$$$**

drinnen und draußen sowie das 1939 eröffnete **Ojai Art Center** mit Galerie und Theater.

Leute beobachten kann von der Eckterrasse der **Topa Topa Brewing Company** mit asiatischem Kneipenessen (wie *okonomiyaki*-Puffer) von **Little Sama Ojai**. Im burmesischen **Dutchess** locken neben Teeblattsalat auch Gebäck und gute Weine.

Auf der anderen Seite der Ojai Ave befinden sich Galerien, Geschäfte und Honigverkostungen in der **Ojai Arcade**, die sich hinten zu einer Plaza öffnet. Der nette, rappelvolle **Bauernmarkt** am Sonntagvormittag findet auf dem Parkplatz in der E Matilija St direkt auf der anderen Seite der Plaza statt. Wenn man auf der E Matilija St weiter nach Westen spaziert, erreicht man das Labyrinth aus Gängen von **Bart's Books**, dem „größten Outdoor-Buchladen der Welt". Er wurde 1964 gegründet.

Outdoor-Aktivitäten in Ojai

WANDERN, RADELN, REITEN

Wandern ist die beliebteste Freizeitaktivität in Ojai und das ist kein Wunder, denn die **Topatopa Mountains** und der **Los Padres National Forest** liegen quasi direkt vor der Haustür.

Von der Stadt aus einfach zu erreichen ist der **Shelf Rd Trail** im **Valley View Preserve** am nördlichen Ende der Signal Rd in Ojai. Die Wanderung führt über vorwiegend flache Wege und bietet tolle Blicke aufs Tal. Zu erreichen ist der Weg durch den Ort. In diesem Gebiet befindet sich auch der **Fox Canyon Trail**, den man mit anderen Wegen verbinden kann, wenn man einen anstrengenderen Rundweg wünscht.

Eine Tagesgebühr wird fällig für den leichten, kurzen Marsch auf dem **Rose Valley Falls Trail** zu einem Wasserfall (am schönsten im Frühjahr) in der **Sespe Creek Wilderness**, ca. 24 km von Ojai entfernt am Hwy 33. Eine weitere Sespe-Wanderung ist der **Piedra Blanca Trail** mit schönen weißen Sandsteinfelsen am Ende. Die Rundtour ist mit Überquerung des Bachs ca. 8 km lang.

Dichter an der Stadt gelegen ist der kinderfreundliche, flache, kaum 1,5 km lange Weg durch die **Ojai Meadows Preserve**. Da diese Wanderung durch Feuchtgebiete und Wiesen mit Blick auf die Berge führt, bekommt man hier viele Vögel zu sehen.

Bei **The Mob Shop** in der W Ojai Ave kann man sich ein Fahrrad mieten und den **Ojai Valley Trail**, d. h. den in Ojai gelegenen Abschnitt des **Ventura River Parkway Trail**, in Angriff nehmen. Die **Ojai Valley Trail Riding Company** bietet bei Sonnenuntergang Ausritte auf den Wegen in der Ventura River Valley Preserve an. Dabei kommt man in den Genuss des berühmten „pinkfarbenen Moments" von Ojai.

ESSEN IN MEINERS OAKS

Vor den Toren von Ojai bietet Meiners Oaks für eine derart kleine Gemeinde hervorragende Restaurantoptionen. Die **Ojai Deer Lodge** am Hwy 33 sieht etwas heruntergekommen aus, ist aber Ojais ältestes Restaurant. Es gibt u.a. Panzanella und Shishito-Paprika als Vorspeise und anschließend Roadhouse Burger. Livemusik.

The Farmer & the Cook in der Stadt wird von einem Ojai-Landwirt/Dichter betrieben. In dem Marktcafé kommen die Zutaten für die Speisen direkt vom Bauernhof. Das niedliche **Ranch House** wurde 1956 genau an dieser Stelle von einem Paar eröffnet, das vegetarische Hausmannskost in die wöchentlich wechselnde Speisekarte aufnahm. Ihr Ethos war angeblich der Grund für Alice Waters Philosophie vom Land direkt auf den Tisch. Auch die derzeitigen Betreiber halten sich daran und verzichten auf Gefriertruhen und Fritteusen. Reservierung erforderlich.

UNTERWEGS VOR ORT

Das Zentrum von Ojai ist so klein, dass man es zu Fuß erkunden kann (von Ventura ist man in ca. 25 Min. hier). Wer von Meiners Oaks (fast 5 km) zu den in der Nähe gelegenen Startpunkten der Wanderwege will, benötigt aber ein Auto oder Fahrrad.

AGNES ACKERMANN/SHUTTERSTOCK ©

Oben: Pacific Ferris Wheel, Santa Monica Pier (S. 368); rechts: Rodeo Drive (S. 355)

DIE WICHTIGSTEN ZIELE

HOLLYWOOD
Faszinierende Geschichte aus einer vergangenen Ära.
S. 340

GRIFFITH PARK, SILVER LAKE & LOS FELIZ
Natur, Familien, Hipster, malerische Umgebung.
S. 347

WEST HOLLYWOOD & BEVERLY HILLS
Shoppen, Architektur, Design und LGBTIQ+.
S. 353

MIRACLE MILE & MID-CITY
Museen, Essen, ethnische Vielfalt. S. 360

LOS ANGELES

DAS LEBENDIG-VIELFÄLTIGE HERZ KALIFORNIENS

Das ganze Jahr lang ideales Wetter und eine bilderbuchschöne Skyline nahe am kühlen Pazifik prägen eine dynamische Stadt, die stets von Leben sprüht.

Los Angeles, kurz: L. A., bedeutet vielen Menschen viele verschiedene Dinge: Sie ist eine Stadt der Träume, aber der Verkehr ist zu dicht. Sie hat ideales Wetter, aber in den Hügeln gibt es viele Waldbrände. Hier gibt es die schönsten Sonnenuntergänge, aber der Smog ist schrecklich. All diese Aussagen über die riesige Stadt in Südkalifornien sind wahr, aber eines ist absolut unbestreitbar: Nichts kommt dem pulsierenden, munteren und verruchten Flair von L. A. gleich.

L. A. ist die Heimat von Musiklegenden und hat eine lange Rock-and-Roll-Geschichte am Sunset Strip, und hier versammeln sich die Kreativen in Downtown. Die Melrose Ave ist ein Shoppingparadies, und Koreatown ein Traum für Feinschmecker. Die Stadt hat eine freigeistige Atmosphäre.

Wo sonst kann man 120 km südkalifornische Küste erkunden und stößt dabei auf Wahrzeichen wie den ersten Skatepark der Welt oder das weltweit einzige mit Solarstrom betriebene Riesenrad am Wasser? Wo sonst kann man auf Berge wandern und dabei Promis begegnen? Und wo sonst kann man einen Eindruck vom alten Hollywood erhalten, indem man einfach nur eine berühmte Straße entlangläuft? Von den Bergen bis zum Meer gibt es nichts, was L. A. nicht zu bieten hätte. Gewiss, vieles ist düster: Die Obdachlosigkeit hat sich seit der Pandemie verschlimmert, und berühmte Orte mussten geschlossen werden. Aber wie in jeder anderen Großstadt gibt's mehr Positives als Negatives.

L. A. ist außerdem ein Kaleidoskop von Kulturen aus rund 140 Ländern. Fast 220 Sprachen werden hier gesprochen. Über der Stadt liegt ein feingesponnenes Netz der Vielfalt, das tief unter der Oberfläche verbunden ist. Die Stadt ist ein Ort der Akzeptanz. L. A. zeichnet sich durch die Vielfalt der Menschen aus, die hier zusammenkommen. Die Menschen der Stadt *sind* L. A.

Ob der Besuch der erste oder einer von vielen ist, die Stadt der Engel hat für aufmerksame Traveller jedes Mal etwas im Ärmel und verrät immer ihre innere und äußere Schönheit, sei es durch Musik, Küche, Kunst oder Kultur. Es ist Zeit, ihre Schätze zu entdecken.

SANTA MONICA
Malerisches Viertel, Strand, Sonnenuntergänge und frische Luft. **S. 366**

VENICE
Boheme, Trends, Essen und Natur. **S. 372**

DOWNTOWN
Städtisch mit Kunst, Restaurants und Kultur. **S. 377**

BURBANK & UNIVERSAL CITY
Filmverrückt, familienfreundlich, vorstädtisch. **S. 382**

Erste Orientierung

Los Angeles ist eine riesige, für ihren zuweilen wahnwitzigen Straßenverkehr bekannte Stadt. Da alles sehr weit auseinander liegt, ist L.A. nicht fußgängerfreundlich und das Fahren mit dem Auto oder öffentlichen Verkehrsmitteln zu empfehlen. Zwischen 17 und 19 Uhr sollte man die Highways meiden.

MIETWAGEN

Ein Auto zu mieten ist die beste Option, um Los Angeles wirklich auszukosten zu können. Alle Autovermieter haben ihren Sitz in der Nähe des Flughafens, und alle bieten Shuttleservices vom/zum Flughafen. Beim Parken des Autos in der Stadt genau auf die unübersichtliche Ausschilderung achten!

UBER & LYFT

Niemand läuft in L.A. herum – das ist wirklich so! Die Einheimischen bewegen sich nur in ihren eigenen Vierteln zu Fuß. Am besten lädt man die Apps von Uber oder Lyft herunter, die in der Regel verlässlich sind und überall in der Stadt schnell einen Wagen schicken.

ÖFFENTLICHER NAHVERKEHR

Das Metro-System von L.A. besteht aus Metro-Bussen, DASH-Bussen und Metro-Zügen, mit denen man die meisten Attraktionen erreicht. Die nicht stationsgebundenen Scooter von Lime und Bird sind ebenfalls gut, um in den Vierteln herumzukommen.

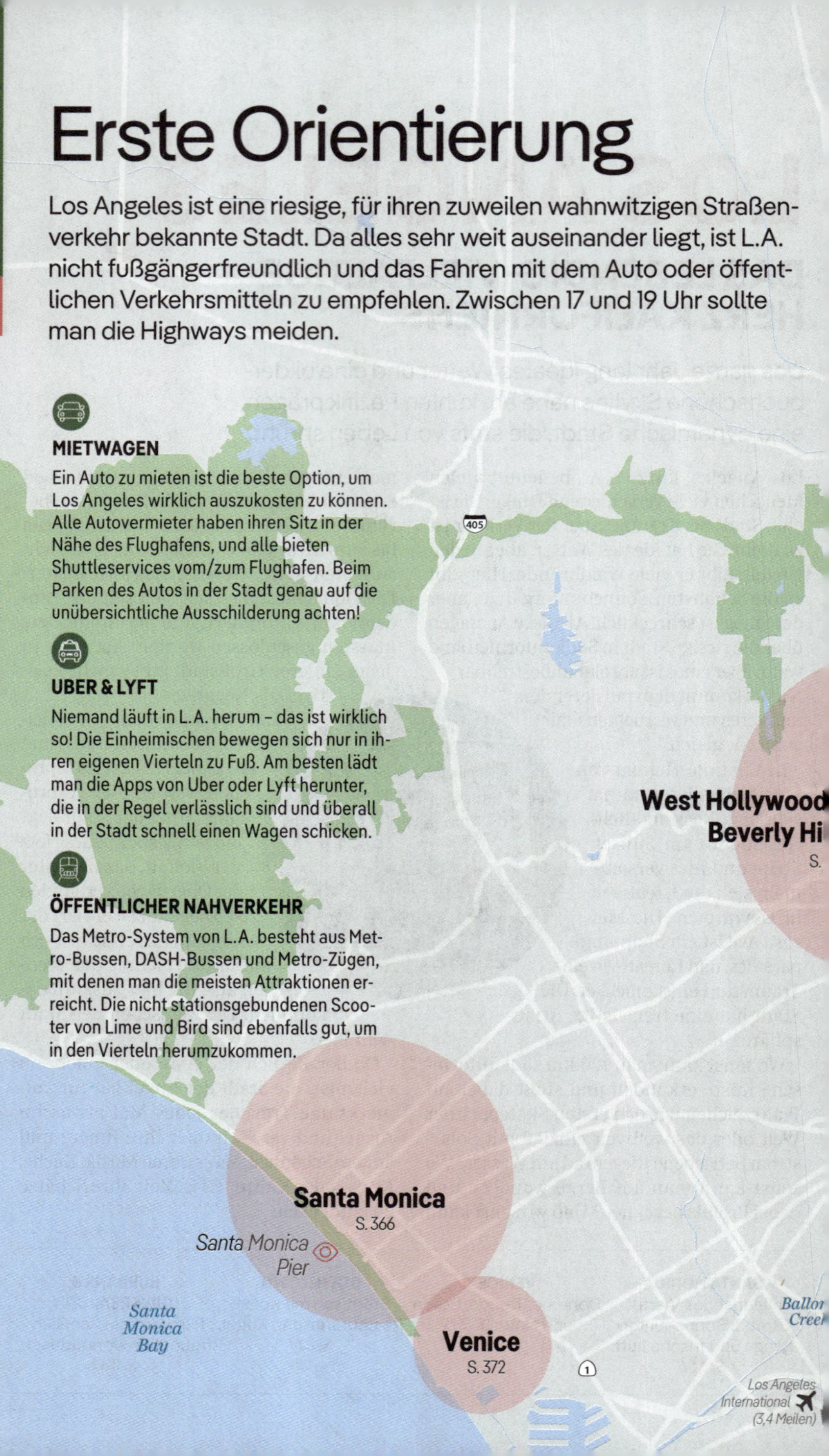

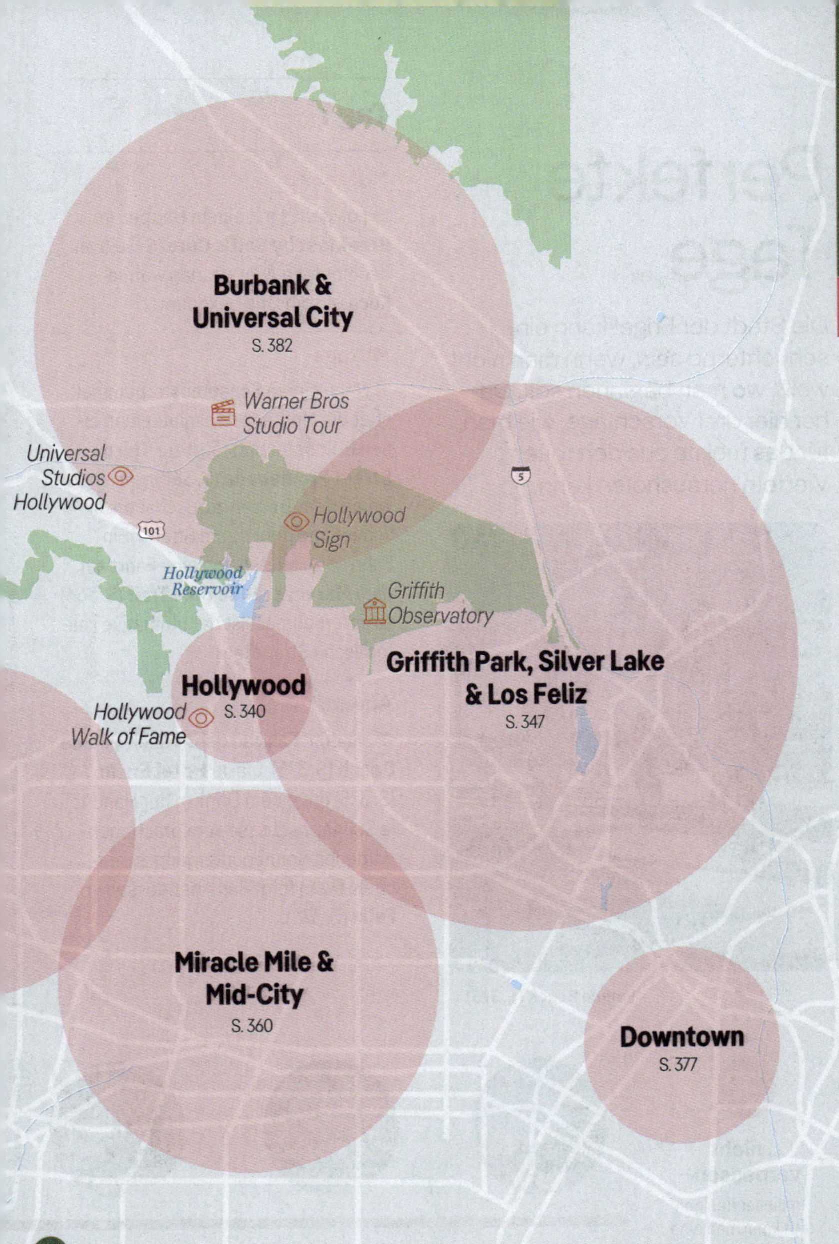

VOM/ ZUM FLUGHAFEN

Der Los Angeles International Airport (LAX) ist der Hauptflughafen der Stadt. Er befindet sich in Inglewood und ist riesig. Er liegt gleich abseits der I-405; je nach Verkehrslage braucht man 20 Minuten bis zu einer Stunde, um sein Ziel zu erreichen.

Perfekte Tage

Die Stadt der Engel kann einschüchternd sein, wenn man nicht weiß, wo man beginnen soll. Daher hier drei Vorschläge, wie man für das meiste aus den tollen Vierteln herausholen kann.

Venice Beach (S. 375)

Tag 1

Morgens

● Los geht's mit einem Happen im **Breakfast by Salt's Cure** (S. 369) an der Montana Ave, wo man warme Kuchen vom Grill bekommt.

Mittags

● Nach einem Schaufensterbummel über die Montana Ave mietet man einen E-Scooter und fährt zur **Third Street Promenade** (S. 368), um ein wenig dem Treiben zuzuschauen; anschließend geht's zum Strand. Ein Fahrrad zu mieten und eine Fahrt auf dem **Marvin Braude Bike Trail** (S. 366) zu unternehmen, ist der ultimative kalifornische Strandtag.

Abends

● Mit dem Fahrrad geht's nach **Venice Beach** (S. 375), um im **Hotel Erwin** (S. 375) mit einem Drink in der Hand tolle Schnappschüsse vom prächtigen goldenen Sonnenuntergang zu machen. Dann folgt das Abendessen im **Felix** (S. 376).

... nicht verpassen

In dieser riesigen Stadt kann man eine Million Dinge tun, hier ein paar Vorschläge, um eine Prise lokales Leben zu schnuppern.

BUMMEL DURCH EIN VIERTEL

Larchmont Village ist ein kleines historisches Areal nördlich von Hollywood mit Cafés, Läden und ein bisschen Geruhsamkeit.

EIN SPIEL SEHEN

Um die fanatische Liebe der Sportfans für ihre Teams zu erleben, sollte man ein Spiel der **Dodgers**, der **Lakers** oder der **L.A. Rams** besuchen.

EINE WANDERUNG MACHEN

Die Einheimischen von L.A. wandern gern an verschiedenen Orten im Stadtgebiet. Zu empfehlen ist der **Runyon Canyon** in Hollywood.

Tag 2

Morgens

Nachdem man sein Ticket einige Tage im Voraus gebucht hat, geht man ins **The Broad** (S. 379), um sich die spektakulären ausgestellten Kunstwerke anzuschauen. Gleich nebenan befinden sich die **Walt Disney Concert Hall** (S. 379) und das **MOCA** (S. 379).

Mittags

Mit der Angels-Flight-Standseilbahn oder auf einem 10-minütigen Fußmarsch geht's zum **Grand Central Market** (S. 380), wo man bestes Essen aus fast jedem erdenklichen Land bekommt. Das **Bradbury Building** (S. 380) liegt dem Markt gleich gegenüber, also schaut man dort auch für einen Blick vorbei.

Abends

Nachdem man sich ein wenig im **Arts District** (S. 381) umgeschaut hat, speist man extrem leckere nahöstliche Kost im **Bavel** (S. 381).

Tag 3

Morgens

Der Tag beginnt auf dem **Original Farmers Market** (S. 362), ehe dort mittags die hungrigen Massen einfallen. Man holt sich heißen Kaffee bei Du-Par's und geht bei Monsieur Marcel vorbei, wo es feinen Käse, Weine und importierte Schokolade gibt. Anschließend geht's zur Shoppingmall **The Grove** (S. 362).

Mittags

In der Museum Row bestaunt man die einmaligen Schätze des **LACMA** (S. 363), insbesondere die berühmte Installation der Straßenlaternen draußen am Wilshire Blvd.

Abends

In Koreatown speist man im Oaxaca-Restaurant **Guelaguetza** (S. 365) und eilt dann für Drinks und etwas L.A.-Feierlaune ins **Hotel Normandie** (S. 364) mit seinem gleichnamigen Club.

L.A.'S BURGER TESTEN

Keine Tour nach L.A. wäre vollkommen ohne einen Double-Double-Cheeseburger im Animal-Style im **In-N-Out Burger**.

DIE MALLS UNSICHER MACHEN

In der **Westfield Century City Mall** nahe von Beverly Hills gibt's eine zahllose Läden, ein Shake Shack und etliche andere Restaurants.

DAS PERFEKTE FOTO MACHEN

Bei einem Spaziergang gegen 18 Uhr durch die Wohngebiete am **Beverly Drive** kann man tolle Fotos der Palmen im Abendlicht machen.

IM LAUREL CANYON DINIEREN

Für ein entspanntes italienisches Mittag- oder Abendessen bietet sich das **Pace** mitten im Laurel Canyon an.

HOLLYWOOD

FASZINIERENDE GESCHICHTE AUS EINER VERGANGENEN ÄRA

Das Gebiet von Hollywood mag zwar seine goldenen Jahre längst hinter sich haben, es ist aber reich an Geschichten von kalifornischem Glamour, und es gibt in dem Viertel viele berühmte Wahrzeichen wie die Kinos Egyptian und TCL Chinese Theatre, denen selbst die allgegenwärtigen Souvenirläden und Tourbusse nichts anhaben können. Der Walk of Fame gehört zu den Sehenswürdigkeiten Hollywoods, die man gesehen haben muss, und Millionen Besucher:innen kommen jedes Jahr, um durch die etwas zwielichtigen, aber belebten Straßen des Viertels zu laufen und sich die Terrazzo-Bürgersteige mit den berühmten Sternen anzuschauen.

1902 kauften Harvey Henderson Wilcox und seine Frau Daeida ein paar Hundert Morgen Land in Cahuenga, um es zu bestellen, aber erst als der Immobilienmogul H.J. Whitley die Szene betrat, begann Hollywood aufzublühen, als teure Wohnhäuser, Märkte und Unterkünfte wie das Hollywood Hotel gebaut wurden. Whitley wurde zum Vater Hollywoods, vor allem in der goldenen Ära der Filmindustrie in den 1930er-Jahren.

TOP TIPP

Das Zentrum des Hollywood Blvd kann etwas erdrückend wirken mit all den Besuchermassen, die sich um die historischen Sehenswürdigkeiten versammeln. Eine tolle Option, um alles zu sehen, ist das Buchen eines Stadtspaziergangs, der in der Regel von witzigen und kenntnisreichen Guides geleitet werden. Eine Liste der verschiedenen Anbieter findet man bei Viator.

TCL Chinese Theatre (S. 346)

HIGHLIGHTS
1 Hollywood Walk of Fame

SEHENSWERTES
2 Capitol Records
3 The Egyptian
4 Hollywood Museum
5 TCL Chinese Theatre

SCHLAFEN
6 Hollywood Roosevelt

ESSEN
7 Musso & Frank

UNTERHALTUNG
8 Hollywood Bowl

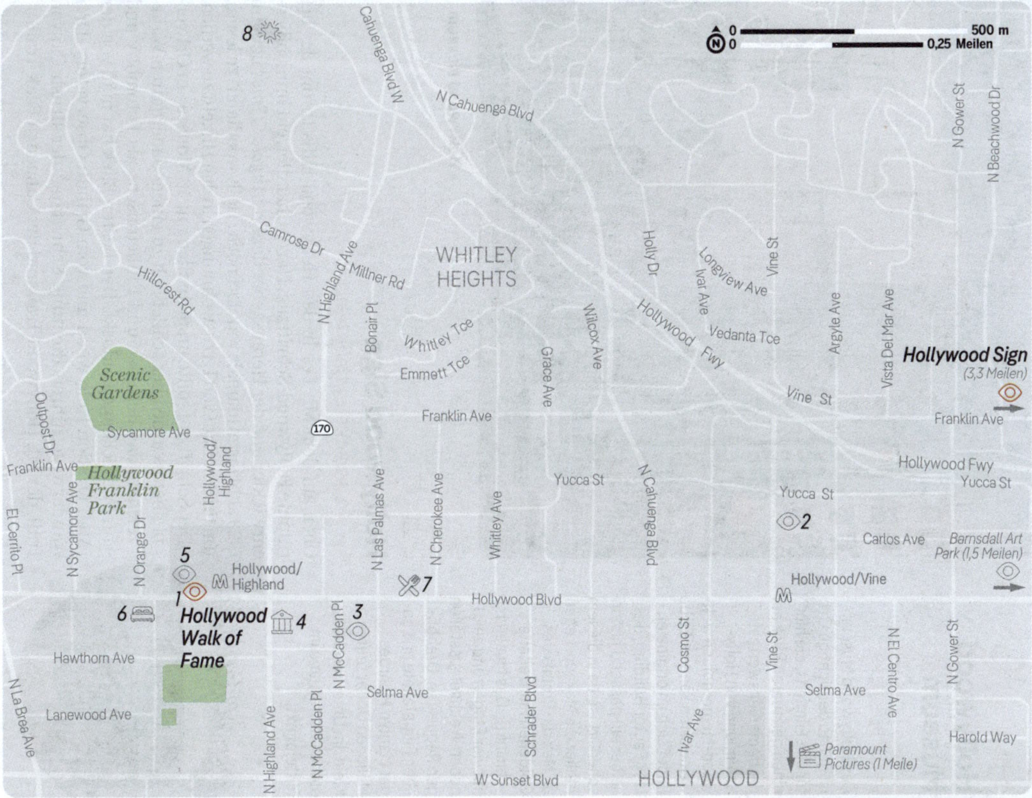

Das Egyptian Theatre (S. 346)

Hollywood Museum

NO BUSINESS LIKE SHOW BUSINESS

Das Hollywood Museum ist genau der richtige Ort für alle Filmfans, die hier einen genaueren Blick auf die bemerkenswerteste Sammlung von Hollywood-Memorabilien weltweit werfen können. Es befindet sich im originalen Max Factor Building, das selber ein passend historischer Ort ist, da in diesem Atelier die Makeup-Legende Max die Promis des Goldenen Filmzeitalters schminkte. Das Museum hat vier Etagen und zeigt neben Wechselausstellungen Requisiten, Drehbücher, Filmplakate und sogar Marilyn Monroes Millionen Dollar teures Kleid. Im Untergeschoss stehen Horrorfilme im Mittelpunkt.

Hollywood Museum

Hollywood Sign

EIN WAHRZEICHEN WURDE GEBOREN

Oben auf dem Mt. Lee in den Hollywood Hills thront der berühmte Hollywood-Schriftzug. Harry Chandler, ein Immobilienentwickler und der Herausgeber der *Los Angeles Times* ließ ihn 1923 anbringen (damals war dort noch „Hollywoodland" zu lesen), um für den Kauf von Luxuswohnungen in den Hügeln zu werben. Der Schriftzug sollte ursprünglich nur 18 Monate am Ort verbleiben, wurde aber schließlich zu einem dauerhaften Wahrzeichen, das Reisende und Einheimische als Fotomotiv und für Wanderungen anlockt. Den besten Blick hat man von der Mall Ovation Hollywood und vom Griffith Observatory. Drei Wanderwege führen Richtung Schriftzug: der Brush Canyon Trail, der Mt. Hollywood Trail und der Cahuenga Peak Trail.

Musso & Frank

Musso & Frank

ESSEN WIE DIE STARS

Das klassische Hollywood-Lokal Musso & Frank verköstigt die Massen seit 1919 und ist damit Hollywoods ältestes Restaurant – eine Gaststätte, die der Zeit getrotzt hat. Hier zu essen fühlt sich an wie ein Eintauchen in Hollywoods Goldenes Zeitalter, als F. Scott Fitzgerald, Charles Bukowski und Marilyn Monroe die mit personalisierten Kleiderbügeln ausgestatteten Mahagonie-Sitznischen besuchten.

Die Kellner tragen rote Jacketts, schwarze Hosen und eine Krawatte oder eine Fliege, um sie von den Barkeepern zu unterscheiden. Der Abend beginnt mit dem berühmten Martini, der gerührt und vom Beiwagen serviert wird. Dann bestellt man das klassische Filet Mignon oder einer der Tagesspezialitäten wie z. B. Hähnchenpastete.

Hollywood Bowl

Hollywood Bowl

SOMMERMUSIK IN DEN HÜGELN

In diesem altbewährten Aufführungsort in den Hollywood Hills werden seit 1922 Livekonzerte veranstaltet. Die Stars, die hier gastierten, reichen von Billie Holiday bis zu den Beatles, und im Sommer spielt hier das Los Angeles Philharmonic. Das Amphitheater zeichnet sich durch eine einmalige Silhouette aus, die an eine Schale mit konzentrischen, muschelförmigen Bögen erinnert. Die Einheimischen kommen im Sommer gern her, um Veranstaltungen zu besuchen. Die Preise für Speisen und Getränke sind zuweilen überhöht, aber die Kulisse der Hollywood Hills, die Akustik und die Aussicht gleichen das wieder aus.

Barnsdall Art Park

EIN SCHATZ IN DER MITTE DER STADT

Das **Hollyhock House** sitzt unberührt im Barnsdall Art Park auf dem Olive Hill in East Hollywood (der einst ein Olivenhain war). Errichtet wurde das von Maya-Tempeln inspirierte Gebäude, ein Wahrzeichen Hollywoods, im Auftrag der Philanthropin und Ölerbin Aline Barnsdall. Entworfen wurde es von dem berühmten Architekten Frank Lloyd Wright. Das unbedingt sehenswerte Gebäudedenkmal war sein erstes Projekt in Los Angeles; es stammt aus den 1920er-Jahren und ist die erste UNESCO-Welterbestätte der Stadt. Die Umgebung rund um das Gebäude ist ebenfalls sehenswert und bietet Galerien, ein Theater und ein hügeliges Gelände, wo man picknicken und den herrlichen Sonnenuntergang bewundern kann.

Frank Lloyd Wright's Hollyhock House, Barnsdall Art Park

Walk of Fame

DER WEG ZUM STARRUHM

Nichts steht sinnbildlicher für „Tinseltown“ („Flitterstadt“, Spitzname Hollywoods) als der Hollywood Walk of Fame. Er wurde 1958 als eine Hommage an die Schauspieler:innen, Musiker:innen, Regisseur:innen und weitere Beteiligte an der Unterhaltungsindustrie begründet und umfasst inzwischen mehr als 2700 Sterne entlang von 15 Straßenblocks zwischen Gower St und La Brea Ave. Fast 10 Mio. Besucher:innen pro Jahr schauen sich das Wahrzeichen an; obwohl es angesichts der übermäßig vielen Tourbusse und Live-Darbietungen wie eine Tourismusfalle wirken kann, ist der Besuch für jeden Filmfan unverzichtbar.

Das Hollywood Roosevelt

DIE GOLDENE ÄRA TRIFFT AUF DIE MODERNE

Es gibt kein Hotel mit mehr Hollywood-Geschichte als das 1926, auf dem Höhepunkt des Goldenen Zeitalters, erbaute Roosevelt, das immer noch vollgestopft ist mit Hollywood-Erinnerungen. Vom Erdgeschoss aufwärts trifft hier spanische Kolonialarchitektur auf Art déco. Marilyn Monroe lebte hier fast zwei Jahre (weshalb schließlich auch eine Suite nach ihr benannt wurde), und Shirley Temple übte auf den Treppen abseits des Foyers das Steppen. Man kann auf einen Cocktail im Spare Room hineinschauen, einer Lounge im Flüsterkneipenstil mit Brettspielen und einer Bowlingbahn, oder im The Barish essen, wo Chefköchin Nancy Silverton altbewährte Steakhaus-Kost mit kalifornischem Flair serviert. Besonders zu empfehlen ist das Abhängen am Tropicana-Pool, dessen Boden und Wände mit einem mehrere Millionen Dollar teuren Bild prunken, das vom Art déco der 1960er-Jahre inspiriert ist. Der Pool bildete die Kulisse für Marilyn Monroes erstes Fotoshooting; das Bild im Pool stammt von dem berühmten Künstler David Hockney.

OVATION HOLLYWOOD

Der früher als Hollywood & Highland bekannte riesige Shopping- und Unterhaltungskomplex bietet alles von Läden (darunter Filialen von Sephora und Hot Topic und einen der L.A. Dodgers) bis zu Restaurants wie dem Hard Rock Cafe, der Bowlinganlage Lucky Strike und einem Nachtclub. Im Komplex befindet sich auch das berühmte Dolby Theatre (früher Kodak Theatre), wo jedes Jahr zur Oscar-Verleihung der rote Teppich ausgerollt wird. In dem Komplex findet man alles, und er ist immer sehr gut besucht.

Das Hollywood Roosevelt

ANNE CZICHOS/SHUTTERSTOCK ©

Capitol Records Building

AUFNAHMESTUDIO MIT ILLUSTRER VERGANGENHEIT

Nur drei Gehminuten vom Walk of Fame entfernt steht das 13 Stockwerke hohe, an einen riesigen Plattenstapel erinnernde Capitol Records Building, das erste kreisrunde Bürogebäude der Welt. Der berühmte Turm, ein echtes Schmuckstück der Stadt, wurde von Welton Becket entworfen. Größen wie Frank Sinatra, Nat King Cole oder die Beatles nahmen hier Musik auf, die zu den größten Schätzen der Popmusikgeschichte gehört. Ganz oben auf der aufgesetzten Spitze auf dem Dach sieht man ein Licht, dessen Blinkzeichen „Hollywood" im Morsecode bedeuten. John Lennon und Garth Brooks haben ihre Sterne draußen auf dem Bürgersteig.

OBEN: BEKETOFF/SHUTTERSTOCK ©; UNTEN: DIEGO GRANDI/SHUTTERSTOCK ©

Paramount Pictures

Paramount Pictures

DAS LETZTE STUDIO IN HOLLYWOOD

Eines der ältesten und zugleich das letzte verbliebene Filmstudio in Hollywood ist Paramount Pictures, das für Kassenschlage wie *Titanic, Footloose, Indiana Jones* oder *Der Pate* berühmt ist. Das ganze Jahr über werden ausgezeichnete Führungen veranstaltet, bei denen man einen Blick hinter die Kulissen in die Welt der größten Produzenten und Talente der Welt des Films werfen kann. Bei den geführten zweistündigen Touren in Golfmobilen besucht man verschiedene Soundstages, das Requisitenlager und ein großes New-York-Set, das für viele Filme und TV-Serien genutzt wurde. Die nur werktags angebotenen VIP-Touren (4½ Std.) gehen etwas mehr in die Tiefe und geben Gelegenheit, mit Leuten zu reden, die an den Sets arbeiten. Im Preis enthalten sind auch ein exklusives Mittagessen oder Hors d'Oeuvres. Beide Touren werden von kundigen Guides geleitet, die faszinierende Einblicke in die Studiogeschichte und den Prozess des Filmemachens geben. Zwischen September und Anfang November veranstaltet Paramount auch eine separate After Dark Tour (2½ Std.), bei der ein Glas Sekt, Snacks, skandalöse Hollywood-Anekdoten und ein Abstecher zum angrenzenden Hollywood Forever Cemetery enthalten sind.

Capitol Records

MEHR IN HOLLYWOOD

L.A.s Pride Festival

DAS BERÜHMTE GAY PRIDE FESTIVAL

Seit fast 50 Jahren gibt es das größte Pride-Event im Land: das jährliche dreitägige **LA Pride** ist ein lustiges, buntes Fest mit Diven, Drag-Queens und viel toller Musik von Stars und diversen DJs, die alle die LGBTIQ+-Gemeinde unterstützen. Der historische Umzug beginnt in der Regel an einem Junisamstag im Zentrum von Hollywood Blvd und Vine St und zieht dann weiter zum Sunset Blvd und zur Ivar Ave. Angesichts der vielen Performances, Tänzer und exotischen Autos lässt es sich prima feiern.

Sid Graumans Filmtheater

BESUCH HISTORISCHER FILMPALÄSTE

Dem Showman Sid Grauman verdankt Hollywood seine wichtigsten Filmpaläste. 1922 eröffnete er seinen ersten in Hollywood, **The Egyptian**, der mit Hieroglyphen und mächtigen Säulen eine Hommage an das antike Ägypten darstellt. Das Haus wurde mit der Premiere von *Robin Hood*, dessen Hauptrolle Douglas Fairbanks Sr. spielte, eingeweiht. Das Egyptian wurde 1998 von der American Cinematheque restauriert und 2020 von Netflix gekauft, die dem Haus seinen alten Glanz zurückgeben wollen.

Ein Stück weiter den Hollywood Blvd hinunter steht das wohl legendärste Kino-Wahrzeichen aller Zeiten, das **TCL Chinese Theatre**, das ebenfalls Grauman im Jahr 1927 entwarf. Er scheute keine Kosten und Mühen, um seinen Traumpalast zu erschaffen und importierte dafür Tempelglocken, Pagoden und andere Artefakte aus China. Zwei riesige rote Säulen mit schmiedeeisernen Masken an der Spitze tragen das Bronzedach. Zwischen den Säulen bewachen die beiden immer noch vorhandenen originalen Himmelshunde den Eingang des Filmpalasts. Dank der genialen Idee, Promis draußen im Vorhof mit Handabdrücken und Sternen zu verewigen, überstrahlte das Kino schließlich das Egyptian und wurde zum wichtigsten in Hollywood. Das Theater steht auf der Liste der historisch-kulturellen Monumente von L. A. und wird jedes Jahr von Millionen besucht.

BESTE ORTE ZUM AUSGEHEN IN HOLLYWOOD

Frolic Room
Alles ist erlaubt in dieser klassischen Hollywood-Bar gleich neben dem Pantages Theatre.

Boardner's
Die historische Bar serviert preiswerte Drinks in entspannter Atmosphäre.

Tramp Stamp Granny's
Diese Piano-Lounge bezeichnet sich als elegante Ausschweifung – für uns ist sie die beste Zuflucht aus der Hektik Hollywoods.

Bar Lis
Auf der Dach-Lounge mit Bar oben auf dem Thompson Hotel fühlt man sich wie an der französischen Riviera.

ESSEN IN HOLLYWOOD

Providence
Michael Cimarustis feines Speiserestaurant ist die ultimative kulinarische Adresse in L.A. und paart bestes Seafood mit erstklassigem Service. **$$$**

Clark Street Diner
Dieses tolle und günstige amerikanische Diner bietet alles von lockeren Pfannkuchen bis zu gebratenem Hähnchen. **$$**

Mashti Malone's Ice Cream
Dank einzigartiger Geschmacksrichtungen wie cremiges Rosenwasser und persische Gurke wird diese Eisdiele regelmäßig zur besten gekürt. **$**

GRIFFITH PARK, SILVER LAKE & LOS FELIZ

NATUR, FAMILIEN, HIPSTER, MALERISCHE UMGEBUNG

Die östlichen Viertel von L. A. bieten Hipster, wunderbare Natur und eine entspannte, aber städtische Atmosphäre, die es nirgendwo sonst in dieser weit ausgedehnten Stadt gibt. Der Griffith Park, einer der größten städtischen Parks in den USA, ist eine erholsame Zufluchtsstätte vom Trubel L. A.s; man findet hier raue, grüne Hügel und Wege, die zum berühmten Griffith Observatory führen, von wo aus man den schönsten Blick auf das Hollywood Sign und das Los-Angeles-Becken hat.

Südlich davon liegt das supertrendige Silver Lake (das „Brooklyn von Los Angeles"). Dank der Vielfalt der Gastronomie, der Menschen, der ständigen Erneuerung und der LGBTIQ+-Geschichte kommen die Einheimischen immer wieder gern hierher, und man muss gar nicht besonders cool sein, um hier hineinzupassen.

Das hügelige Viertel Los Feliz gleich nebenan wirkt ruhig und gesammelt, und hat einen altmodischen Charme. Viele Prominente leben in diesem schönen Viertel mit guter Stimmung, es gibt viele eigenständige Läden und schöne Architekturdenkmäler – und der Griffith Park ist nicht weit entfernt. Um einen perfekten Tag in Los Angeles zu erleben, zieht man weiter ins bunt zusammengewürfelte Eagle Rock mit seiner bodenständigen Atmosphäre.

TOP TIPP

Um die Hügel im Griffith Park richtig zu genießen, mietet man sich ein Fahrrad bei Spokes 'N Stuff gleich südwestlich des Los Angeles Zoo. Die Radwege sind auf Fahrer aller Leistungsstufen ausgerichtet und wunderbar, um das Gebiet mit der ganzen Familie zu erkunden.

Griffith Observatory (S. 348)

OBEN: EMMA_GRIFFITHS/SHUTTERSTOCK ©; UNTEN: SUPERJOSEPH/SHUTTERSTOCK ©

Greek Theatre

Greek Theatre

MUSIK MITTEN IN DER NATUR

Dieses einmalige Amphitheater liegt mitten im Griffith Park unten im Tal, sodass es ganz von der Natur und den gewellten Hügeln im Hintergrund umgeben ist. Das Freilufttheater mit seinen 5900 Plätzen war schon Schauplatz von Konzerten von Musiklegenden wie Bruce Springsteen, Carlos Santana, The Foo Fighters und vielen anderen. Um das meiste aus einem Besuch der Gegend herauszuholen, empfiehlt sich vorab immer ein Blick auf den Spielplan.

L.A. Zoo & Botanical Gardens

EIN TAG IN DER WILDNIS

Ein Besuch im Los Angeles Zoo and Botanical Gardens verspricht einen Tag voller Abenteuer für die ganze Familie. In dem Zoo leben über 2000 Vögel und Säugetiere, darunter Schimpansen, deren Gehege mit Wasserfällen und schönen Felsformationen von Jane Goodall als eines der weltweit schönsten Zoogehege gepriesen wurde. Der Zoo beherbergt mehr als 270 verschiedene Arten, von denen etwa 60 gefährdet sind. Zu dem riesigen Gelände gehört auch eine botanische Sammlung von fast 800 verschiedenen Pflanzenarten mit Tausenden einzelnen Pflanzen. Es empfiehlt sich, die Tickets vorab zu kaufen, weil man sonst möglicherweise draußen bleiben muss.

Griffith Observatory

Griffith Observatory

ZURÜCK ZUR NATUR

Das Griffith Observatory mit seiner Kuppelkonstruktion ist ein historisches Wahrzeichen Kaliforniens und Teil der Geschichte der Stadt. Der aus Wales stammende Griffith J. Griffith kam nach L.A., wo er einen großen, grünen Landschaftspark ähnlich denen in Europa schaffen wollte. Schließlich spendete er das Land zur Errichtung des nach ihm benannten Griffith Park. Zur selben Zeit bot er auch 100000 US$ für ein Observatorium, das auf dem Mt. Hollywood errichtet werden sollte.

Seit 1935 veranstaltet das Observatorium Planetariums-Vorführungen. Besonders zu erwähnen ist das 12-Zoll-Teleskop von Zeiss, durch das täglich mehr als 600 Besucher:innen einen Blick werfen. Unvergleichlich ist der Ausblick vom Observatoriumsgelände, das ein hervorragender Ort ist, um Bilder mit dem Hollywood Sign zu machen. Man kann sich schon mal überlegen, als welche *La La Land*-Figur man posieren möchte.

The Dresden

„YOU'RE SO MONEY"

Diese Institution bedient die Massen in Los Angeles seit 1954; manche mögen sie aus dem Film *Swingers* kennen, mit dem der Satz „You're so money" berühmt wurde. Das Dresden ist ein altmodisches Bar-Restaurant im Retro-Stil mit schummrig beleuchteten Räumen, gewölbten Durchgängen und weinroten Sitznischen. Bis vor kurzem stand hier das Sängerduo Marty und Elayne auf der Bühne, aber Marty ist inzwischen verstorben. Trotzdem ist dies definitiv der richtige Ort für einen Drink vor einer Veranstaltung im Greek Theatre – zu empfehlen ist der Cocktail Blood & Sand.

The Dresden

Snow White Cottages

Snow White Cottages

HÄUSER WIE AUS DEM MÄRCHENBUCH

L.A. hegt eine heimliche Liebe für seine Märchenhäuser aus den 1920er- und 1930er-Jahren, für die die Snow White Cottages herausragende Beispiele sind. Die acht weißen Häuser, die Ben Sherwood 1931 errichtete, haben Strohdächer, niedliche Kastenfenster und Kamine (und stehen teilweise zum Verkauf!). Mit ihrem Tudorstil und Anleihen aus der französisch-normannischen Architektur sollen sie die Inspiration für *Schneewittchen und die sieben Zwerge* gewesen sein. Die Häuser sind nur einige Blocks vom ersten Standort der Walt Disneys Studios entfernt, in denen die Zeichentrick-Legende von 1926 bis 1940 arbeitete.

Ein Tag in Atwater Village

WINZIGE STADT MIT GROSSER KRAFT

Atwater grenzt im Westen an den Griffith Park und Silver Lake sowie an Glendale im Norden. Das Viertel gilt als eines der unterschätztesten in L. A., obwohl dieser supernette Millennial-Magnet alles bietet, was Einkaufslustige anspricht. Der Tag startet in der Proof Bakery, die mit das beste Gebäck in der Gegend hat. Nach der Stärkung führt der Weg ins Zentrum zum Shoppen am Glendale Blvd. Die Straße ist gesäumt von einmaligen Läden wie Goodies und Grain, und man sollte unbedingt einen Zwischenstopp bei Tacos Villa Corona einlegen, bevor man in der eindrucksvollen Bigfoot Lodge etwas trinkt. Angesichts des Jagdhütten-Dekors und der Drinks mit gerösteten Marshmallows fühlt man sich wie mitten im Wald.

Das Black Cat

DER GASTROPUB, DER EINE BEWEGUNG IN GANG SETZTE

Sieht man den riesigen Shake Shack am Sunset Blvd, sollte man unbedingt nach dem Black-Cat-Logo Ausschau halten, das zu dem historischen Pub führt, der zu einem Symbol der Bürgerrechte der LGBTIQ+-Gemeinde geworden ist.

Das Black Cat ist ein Gastropub in Silver Lake, der in der Mitte der 1960er-Jahre eine von vielen Schwulenbars in der Gegend war. Nachdem die Bar während der Neujahrsfeier von der Polizei gestürmt worden war, fand hier 1967 die erste Demonstration für die Bürgerrechte der Gemeinde statt. Im Jahr 2008 wurde das Black Cat wegen seiner historischen Bedeutung innerhalb der LGBTIQ+-Bewegung zu einem historischen Kulturwahrzeichen von Los Angeles erklärt. Heute ist es eine inklusive Nachbarschaftskneipe mit treuer Stammkundschaft. In dem holzvertäfelten, altmodischen Innenraum mit Plätzen vorne, von denen aus man die Leute beobachten kann, werden zwanglose Kneipenkost und tolle Cocktails serviert. Eine Gedenkplakette direkt vor dem Gebäude ehrt den tapferen Einsatz der Gaststätte.

SILVER LAKE FARMERS MARKET

Frisches Obst, Gemüse und Backwaren aus der Region bekommt man auf dem Freiluft-Bauernmarkt, der jeweils dienstags (13.30–19 Uhr) und samstags (8–13.30 Uhr) auf der Sunset Triangle Plaza stattfindet. Man holt sich einen guten Kaffee und stöbert an den diversen Ständen nach Leckereien, Vintage-Klamotten und einzigartigen Geschenken, während man den Sonnenschein und die leckeren Aromen genießt. Es kann schwer sein, einen Parkplatz zu finden, daher sollte man früh kommen, wenn man mit dem Auto anreist.

The Black Cat

RICARDO DEARATANHA/GETTY IMAGES ©

HIGHLIGHTS
1 Griffith Observatory

SEHENSWERTES
2 Atwater Village
3 Echo Park
4 Los Angeles Zoo and Botanical Gardens
5 Snow White Cottages

AUSGEHEN
6 The Black Cat
7 The Dresden

UNTERHALTUNG
8 Greek Theatre

SHOPPEN
9 Skylight Books

MEHR IN GRIFFITH PARK, SILVER LAKE & LOS FELIZ

Das bodenständige & charismatische Echo Park

EINE PAUSE VOM SIGHTSEEING

In **Echo Park**, dem entspannten Nachbarn von Silver Lake, kann man eine Prise echtes L.A. schnuppern. Das Viertel zeichnet sich durch viele Optionen aus, die alles andere als touristisch sind. Der Elysian Park ist einer der ältesten und unterschätztesten Parks der Stadt und ideal für eine Wanderung oder ein Picknick. Von hier aus hat man einen optimalen Blick auf das Dodger Stadium und die Skyline von Downtown L.A. Weiter geht's nach Angelino Heights, einem der ältesten Viertel von L.A., wo man einen Bummel an der Carroll Ave machen kann.

LOCAL TIPP: EMPFEHLUNGEN EINES EINHEIMISCHEN MUSIKERS ZU ECHO PARK

Matt Ebert ist Bassist in der Band Joyce Manor und ein lebenslanger Einwohner von L.A.

Highlight Coffee
Hier gibt's mit den besten Kaffee von L.A., serviert von tollen Leuten in einem unprätentiösen Ambiente. Ich komme immer wieder auf ihre erlesenen Aufguss-Kaffees zurück, aber die Kaffee-Limonade ist wirklich auch sehr gut.

Burgerlords
Burgerlords hat den veganen Cheeseburger perfektioniert. Dazu gibt's tolle Fritten, regionales Bier und wundervolle Bio-Weine. Nicht versäumen sollte man den Frühstücksburrito nur am Wochenende!

The Fable
Das Interieur des Fable (teils Jagdhütte, teils englischer Pub) ist genau richtig – gemütlich, aber nicht langweilig, lebendig, aber nicht erdrückend. Freundliche Leute, tolle Drinks, gute Musik und faire Preise – eine Nachbarschaftsbar, wie sie sein soll.

Echo Park

Sie wird von viktorianischen Wohnhäusern aus dem 19. Jh. gesäumt, die auf der Denkmalschutzliste stehen. Während der Baseball-Saison sollte man sich in Echo Park ein Spiel der Dodgers ansehen. Man verliert sich auf der Tribüne in einem Meer aus blauen und grauen Pullis, spült einen der berühmten „Dodger-Dogs" mit einem eiskalten Bier hinunter oder kauft sich eine Tüte Erdnüsse. Musikfans finden in dem Viertel das Echo und das Echoplex. Die beiden Veranstaltungsorte sitzen quasi direkt aufeinander. Hier standen schon legendäre Bands wie Green Day oder Nine Inch Nails auf der Bühne, darüber hinaus treten aber häufig auch aufstrebende Indie-Bands auf; gelegentlich gibt's auch kostenlose Konzerte.

Leseecke bei Skylight Books

GEMÜTLICHER BÜCHERHAFEN

Dieser unabhängige Buchladen ist wegen seiner einmaligen Auswahl und dem einladenden Ambiente einer der beliebtesten der Stadt. Hinter dem unscheinbaren Eingang erblickt man einen Baum direkt in der Mitte unter der holzgetäfelten, mit einem Oberlicht versehenen Decke. Man kann sich zwischen den Regalen der sorgfältig ausgewählten Bücher verlieren, die alle Bereiche von Romanen und Graphic Novels bis zu Titeln zur kalifornischen Geschichte und Kultur abdecken. Im Rahmen des exklusiven Veranstaltungsprogramms finden hier auch Lesungen statt.

ESSEN IN GRIFFITH PARK, SILVER LAKE UND LOS FELIZ

Courage Bagels
Hier steht immer eine Schlange, und es ist etwas teuer, aber diese Bagels nach der Art von Montreal sind die besten an der Westküste. **$$**

Night + Market Song
Der thailändisch-amerikanische Chefkoch Kris Yenbamroong serviert in einem zusammengewürfelten, aber entspannten Ambiente all seine Lieblingsgerichte. **$$**

Bar Moruno
Conserva-Regale, Dosenfisch und gehobene spanische Küche erinnern an Barcelona. **$$$**

WEST HOLLYWOOD & BEVERLY HILLS

SHOPPEN, ARCHITEKTUR, DESIGN UND LGBTIQ+

Die Postleitzahl 90210 gehört zu den berühmtesten der Welt und ist ein Symbol für reiche A-Prominente, Luxushotels und Shopping der Spitzenklasse. In den 1920er-Jahren erbaute das Schauspielerpaar Douglas Fairbanks Sr. und Mary Pickford sein Haus in der Gegend, wodurch Beverly Hills sofort zum Statussymbol wurde. Besucher:innen kamen zu Hunderttausend, um das Anwesen und die malerisch wogenden Palmen zu bewundern.

Beverly Hills dicht auf den Fersen ist die muntere Stadt West Hollywood, kurz WeHo. Dieses Gebiet hat die besten Bars im Großraum L. A., die renommiertesten Livemusikshows und einen funkelnden Design District für alle und jede Bedürfnisse. WeHo ist zudem ein wichtiges Zentrum der LGBTIQ+-Gemeinde und eine der einflussreichsten Städte in den USA beim Einsatz für Themen, die diese Gemeinde betreffen.

Wer noch Zeit hat, kann man bei einem Abstecher ins Wohnviertel Brentwood einen Eindruck vom guten Leben gewinnen.

TOP TIPP

Bei einem Besuch von Beverly Hills sollte man sich ein Abendessen im berühmten, lange bestehenden Spago nicht entgehen lassen, dem Flaggschiff-Restaurant von Chefkoch Wolfgang Puck, dessen Pizza mit Räucherlachs man probiert haben muss.

Beverly Hills

SEAN PAVONE/SHUTTERSTOCK ©

WEST HOLLYWOOD & BEVERLY HILLS

SEHENSWERTES
1 Beverly Hills Hotel
2 Greystone Mansion
3 Rodeo Drive
4 Spadena House
5 Sunset Strip
6 Virginia Robinson Gardens

ESSEN
7 Dan Tana's

AUSGEHEN
8 Hamburger Mary's
9 Micky's Weho
10 Mother Lode
siehe 10 The Abbey
siehe 10 The Chapel
11 Trunks

SHOPPEN
12 Melrose Avenue

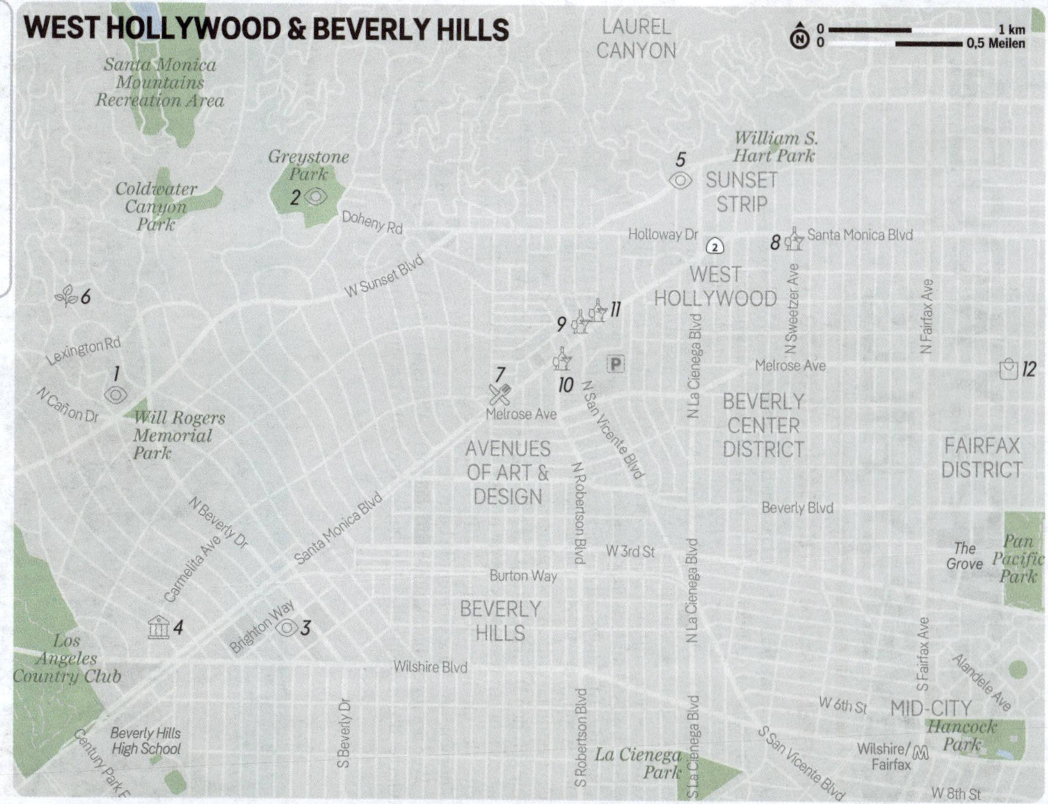

Sunset Strip (S. 356)

Rodeo Drive

Rodeo Drive

DAS LEBEN DER REICHEN UND BERÜHMTEN

Der Rodeo Drive ist eine kleine Straße mit großem Selbstbewusstsein. Vom Wilshire Blvd bis zum Santa Monica Blvd trifft man von Palmen gesäumte Straßen mit protzigen Autos, Bürgersteige voller Menschen mit viel Geld in der Tasche und ein Shoppingviertel mit Fußwegen. Bei einem entspannten Spaziergang kann man die Schaufenster bestaunen und Leute beobachten – es ist ein Erlebnis, die Filialen von Chanel, Louis Vuitton und Harry Winston (dem „Juwelier der Stars") zu bewundern. Danach geht's auf den Spuren von *Pretty Woman* ins Beverly Wilshire Hotel, wo Vivian Ward (Julia Roberts) Zauberhaftes erlebte.

Virginia Robinson Gardens

DIE ANFÄNGE VON BEVERLY HILLS

Eine Reise zurück zu den Anfängen von Beverly Hills verspricht ein Besuch der **Virginia Robinson Gardens**, des ersten Anwesens und Wohnsitzes, der hier 1911 errichtet wurde. Die ersten Bewohner waren Virginia und Harry Robinson, die Inhaber der beliebten Robinson-Warenhäuser, die sich hier mit einer modernen Villa in einem botanischen Garten und einem Bäderpavillon im Stil der Neorenaissance, der auf dem Vorbild des Bades der berühmten Villa Pisani in Italien beruhte, auslebten. Auf dem Gut können die Gärten besichtigt werden, während der Zutritt zum Haus nur nach Vereinbarung möglich ist. Das Anwesen steht unter Denkmalschutz.

Pool der Virginia Robinson Gardens

Beverly Hills Hotel

EIN ALTBEWÄHRTES HAUS

Dieses zeitlose Hotel steht an der Kreuzung des Sunset Blvd und des Beverly Dr und steht schon seit einem Jahrhundert für Klasse und Glamour. Das Haus hat sich das exklusive, auf die Elite von L.A. ausgerichtete Flair bewahrt und wird wegen seiner feinen rosa Farben, die einen Kontrast zu den grünen, gestreiften Möbeln bilden, auch „Pink Palace" genannt. Nimmt man die wogenden Palmen und die Bananenblatt-Tapeten aus Martinique hinzu, kann man gut verstehen, warum Fred Astaire und Marilyn Monroe hier gern Zeit verbrachten. Das Hotel wurde nie vergrößert (auch nicht bei der 100 Mio. US$ teuren Renovierung in den 1990er-Jahren), trägt aber immer noch fünf Sterne. Ein Besuch der Polo Lounge oder des Cabana Cafes ist *das* Beverly-Hills-Erlebnis; wer richtig viel ausgeben will, bucht einen der 23 Bungalows.

Greystone Mansion

Greystone Mansion

EINDRUCKSVOLLE VILLA MIT FURCHTBARER GESCHICHTE

Wenn man nur irgendeine Villa in Beverly Hills sehen möchte, sollte es das Greystone Mansion sein, ein Gebäude im Tudor-Revival-Stil, das 1927 für den Öltycoon Edward Doheny erbaut wurde. Die Villa ist ein beliebtes Filmset, das u.a. in Filmen wie *Spiderman* und *There Will Be Blood* zu sehen war, was angesichts des perfekt gemähten Rasens, der Brunnen im Stil der italienischen Renaissance und des 50 m langen Wegs mit den riesigen Zypressen leicht zu verstehen ist. Abgesehen von ihrer Rolle in der Filmgeschichte hat die Villa aber auch eine dunkle Vergangenheit: Edwards Sohn Ned Doheny starb hier einen gewaltsamen Tod.

The Spadena House

Das Spadena House

EIN FANTASTISCHES MÄRCHENBUCHHAUS

Wer zu Fuß durch Beverly Hills geht, sollte unbedingt einen Blick auf eines der am seltsamsten aussehenden Häuser in dem meist mit Villen bebauten Gebiet um die Kreuzung des Walden Dr mit der Carmelita Ave werfen. Das Spadena House ist auch bekannt als „The Witch's House" (Hexenhaus) – wegen seiner hängenden Spitzdächer und des Grabens, der direkt aus *Hänsel und Gretel* zu stammen scheint. Das Haus wurde von Harry Oliver, einem Art Director aus Hollywood, ausschließlich für Studiozwecke gebaut, aber schließlich von einem Immobilienmakler erworben, der die charmant-gespenstische Atmosphäre bewahrte. Die beste Zeit für einen Besuch ist natürlich Halloween.

Der Sunset Strip

LEGENDÄRER STRASSENABSCHNITT DES ROCK'N'ROLL

Ein 2,4 km langer Abschnitt des Sunset Blvd in West Hollywood, genießt einen legendären Status und steht für Rock'n' Roll, exklusives Shoppen, schicke Restaurants und ein wildes Nachtleben. Tagsüber herrscht im „Sunset Strip" normaler Geschäftsbetrieb: Die Leute gehen ins Sunset Plaza, um sich die Augenbrauen zupfen oder die Haare föhnen zu lassen, ehe sie im Le Petit Four oder im mit Pflanzen geschmückten mexikanischen Restaurant Tocaya zu Mittag essen. Wenn es Nacht wird, leuchtet der Strip aber überall auf. Die Besucher:innen gehen auf einen Cocktail in die hervorragende Mondrian Sky Bar oder ins im Art-déco-Stil gestaltete Sunset Tower Hotel, um sich anschließend eine Liveshow im Comedy Store anzusehen oder auf der Saddle Ranch einen Ritt auf einem mechanischen Bullen zu wagen.

Dan Tana's

WO PROMIS *CHICKEN PARMIGIANA* ESSEN

Das unscheinbare gelbe Gebäude ist bedeutender, als es scheint. Das Dan Tana's serviert seit den 1960er-Jahren italoamerikanische Klassiker. In dem gedämpft beleuchteten Raum mit den Tischen, die mit Tüchern in rotem Schachbrettmuster eingedeckt sind, sitzt man Seite an Seite mit Prominenten und kann zusehen, wie in einer der roten Ledersitznischen Filmdeals abgeschlossen werden. Das Lokal ist immer voll besetzt, daher empfiehlt es sich sehr, zu reservieren, weil die Warteschlange sehr lang werden kann. Die Kellner und Barkeeper servieren einem aber gern einen starken Drink, während man auf seinen Tisch wartet. Danach speist man riesige Portionen Pasta und kultige Gerichte wie Nika's Salad (benannt nach Nicky Hilton), *chicken parmigiana* oder Kalbs-Piccata, mit denen man immer richtig liegt. Die Preise sind hoch, aber angesichts der klassischen Hollywood-Atmosphäre lohnt sich der Besuch.

BOOK SOUP

Book Soup ist ein netter Buchladen, der seit 1975 eine beliebte Adresse am Sunset Strip ist. Der Laden bietet etwas für Leser:innen aller Art: Auf den hohen, bis zur Decke reichenden Regalen finden sich über 60000 Titel aus allen Genres, von Romanen bis hin zu Kinderbüchern. Die Kundschaft ist ein Mix aus Einheimischen und Leuten aus der Filmindustrie, die nicht nur kommen, um Bücher zu kaufen, sondern auch um an den Events mit berühmten Autor:innen und anderen Promis teilzunehmen. Eine kleinere Filiale des Buchladens gibt's am Flughafen von L.A.

Dan Tana's

GEORGE ROSE/GETTY IMAGES ©

Melrose Avenue

EIN BUNTES EINKAUFSMEKKA

Das ultimative Einkaufsmekka West Hollywood hat sein Zentrum an der Melrose Ave, die an Beverly Hills grenzt und in Silver Lake endet. Der Abschnitt ist lang und wechselt sein Flair von luxuriös zu abgedreht und an einigen Stellen richtig durchgeknallt, aber langweilig ist er nie. Die Straße erlangte in den 1990er Jahren Ruhm durch die TV-Serie *Melrose Place;* die berühmt-berüchtigte Ecke einen Block nördlich des La Cienega Blvd wird heute von Luxus-Modelabels eingenommen. Die Melrose Ave kann zu Fuß erkundet werden und bietet viel Unterhaltsames. So kommt man an der als Fotomotiv beliebten rosa Wand des Paul-Smith-Ladens vorbei und am Bekleidungsgeschäft Reformation, in dem alles vor Ort angefertigt wird.

Ab der Kreuzung mit dem Crescent Heights Blvd wird das Angebot ausgefallener, mit Sneaker-Läden wie Adidas Original und dem funkigen Posers, das sich auf die britische Kultur der 1980er-Jahre konzentriert. Ab der Fairfax Ave bietet die Melrose Ave noch mehr für Sneakerfans mit zahllosen Läden wie Sportie L.A. und BAIT, vor denen sich gern lange Schlangen bilden, wenn neue Modelle herauskommen. Im weiteren Verlauf der Straße stehen dann bekannte Vintage-Läden wie Wasteland oder die Crossroads Trading Co. im Mittelpunkt.

THE IMAGE PARTY/SHUTTERSTOCK ©

Paul Smith Store an der Melrose Ave

The Abbey

EIN WAHRZEICHEN DER LGBTIQ+-GEMEINDE

Einst ein bescheidenes Kaffeehaus, heute einer der berühmtesten schwulen Nachtclubs in L.A.: The Abbey dient der WeHo-Gemeinde dank des Inhabers und Aktivisten David Cooley als viel mehr als nur ein Nachtclub. Die nach dem kirchenartigen Dekor The Abbey genannte, seit 30 Jahren bestehende Einrichtung ist ein Restaurant, ein Tanzclub und ein Gemeinschaftstreff für alle von überall her. Angesichts der vielen verschiedenen Martinis und der Karte mit gehobener Kneipenkost versteht man, warum der Laden als die beste Schwulenbar der Welt gilt.

MICHAEL MATTES/SHUTTERSTOCK ©

Drag Queen Bingo im Hamburger Mary's

MEHR IN WEST HOLLYWOOD & BEVERLY HILLS

LGBTIQ+-Nachtleben

WINE-AND-DINE VOM FEINSTEN

West Hollywood ist bekannt für seine LGBTIQ+-Akzeptanz, und deshalb gibt's hier einige der besten Lokale, um sich zu treffen, unter die Leute zu mischen, zu trinken und die Nacht durchzutanzen. Am langen Abschnitt des Santa Monica Blvd WeHos finden sich die meisten angesagten Läden, darunter das berühmte **Micky's Weho**, das seit der Eröffnung 1989 immer auf irgendeiner Bestenliste steht. Hier gibt's die am längsten bestehenden Drag-Shows, Go-Go-Boys und tolle DJ-Abende, aber der Laden widmet sich nicht nur dem Feiern, sondern ist auch ein starker Fürsprecher der Community und veranstaltet diverse Fundraising-Events. **The Chapel**, die Schwestereinrichtung des berühmten Abbey, ist ein vollgepackter, schräger Nachtclub mit tollen DJs und wöchentlichen Dance-Events. Entspannter geht's zu im **Mother Lode**, einer etwas ruhigeren, aber immer noch munteren Bar mit tollenen Drinks. An den Wochenenden herrscht größerer Betrieb und es gibt viel fürs Auge. Im **Trunks**, einer entspannten schwulen Sportbar, gibt's Sportevents im TV, Billard und freundliche Leute – den Betrieb gibt's schon seit über 30 Jahren. Nach der Partynacht ist das **Hamburger Mary's** mit seinen Mimosas, dem Brunch-Menü und Drag Queen Bingo der richtige Ort für den Sonntagnachmittag.

LOCAL TIPP: EMPFEHLUNGEN EINER ÖRTLICHEN LADENBESITZERIN

Tara Riceberg ist Einzelhändlerin in zweiter Generation aus Beverly Hills, Inhaberin des Tesoro und selbsternannte „Glückskuratorin".

Franklin Canyon Park
Ein unerwartetes Schmuckstück mitten in Beverly Hills mit Wanderwegen, einem malerischen See und einem Teich voller Fische. Der Park ist seit den 1930er-Jahren ein beliebter Drehort.

Fountain Room
Merkwürdigerweise trifft man mehr Einheimische als Gäste beim Mittagessen im Fountain Room des Beverly Hills Hotel. In der Polo Lounge kann man den berühmten McCarthy Salad (Achtung: er steht nicht auf der Karte) in zwanglos-komfortabler Atmosphäre genießen.

Edelweiss Chocolates
Wenn das Zuckerverlangen wächst, bietet sich ein Besuch bei Edelweiss an. Das Unternehmen kreiert seit 1942 selbstgemachte Pralinen in seiner Fabrik in Beverly Hills. Ich bin ein Fan der Oreo-Kekse mit einem Überzug aus dunkler Schokolade!

ESSEN IN BEVERLY HILLS

Nate 'n Al's
In dieser Institution von Beverly Hills holt man sich eine heiße Schale Matzeknödelsuppe und ein Brentwood-Sandwich. **$$**

Sugarfish
Hochwertiges Sushi in einem kleinen Lokal, das stets voller Filmagenten und Einheimischer ist. **$$**

Wally's
Das tolle Weinrestaurant hat Sitzplätze draußen und eine große Auswahl von Weinen, Mescal und Champagner. **$$$**

MIRACLE MILE & MID-CITY

MUSEEN, ESSEN, ETHNISCHE VIELFALT

Direkt mitten in L.A. liegt das multikulturelle, multinationale Viertel Mid-City, das sehr gut das verkörpert, um das es in dieser Stadt eigentlich geht: seine Menschen. Mid-City ist ein Schmelztiegel der Kunst, der Naturgeschichte sowie der Mode und es ist vollgepackt mit Restaurants. Das Viertel umfasst die Miracle Mile (auch bekannt als „Museum Row"), die 1920 entstand, als A.W. Ross 7 ha Land am Boulevard kaufte, um das Gebiet in ein Einkaufsziel zu verwandeln. Seine Freunde hielten ihn für verrückt, daher der Name „Miracle Mile".

Heute erstreckt sich das Gebiet über den Wilshire Blvd zwischen der Fairfax Ave und der Highland Ave, wo eine Reihe berühmter Museen wie das Los Angeles County Museum of Art (LACMA) und die La Brea Tar Pits Seite an Seite stehen. Gleich nördlich davon liegt der Fairfax District mit dem Original Farmers Market und der Mall The Grove. Sehr vielfältig wird es dort, wo das ausgedehnte Mid-City-Gebiet Little Ethiopia und dann Koreatown im Osten erreicht, und wo ethnische Aromen aus vielen Ländern aufeinandertreffen.

TOP TIPP

Zu empfehlen ist ein Besuch im Charlie Hotel West Hollywood, das einst Charlie Chaplin gehörte. Die eisernen Tore, der englische Landschaftsgarten und die Bungalows mit ihrer Märchenbucharchitektur versetzen einen zurück in die 1920er-Jahre.

Miracle Mile

SEHENSWERTES
1 Fairfax District
2 Koreatown
3 La Brea Tar Pits
4 Los Angeles County Museum of Art (LACMA)
5 Petersen Automotive Museum

ESSEN
6 Gish Bac
7 Guelaguetza
8 Las 7 Regiones
9 Original Farmers Market
10 Sabores Oaxaqueños

SHOPPEN
11 The Grove

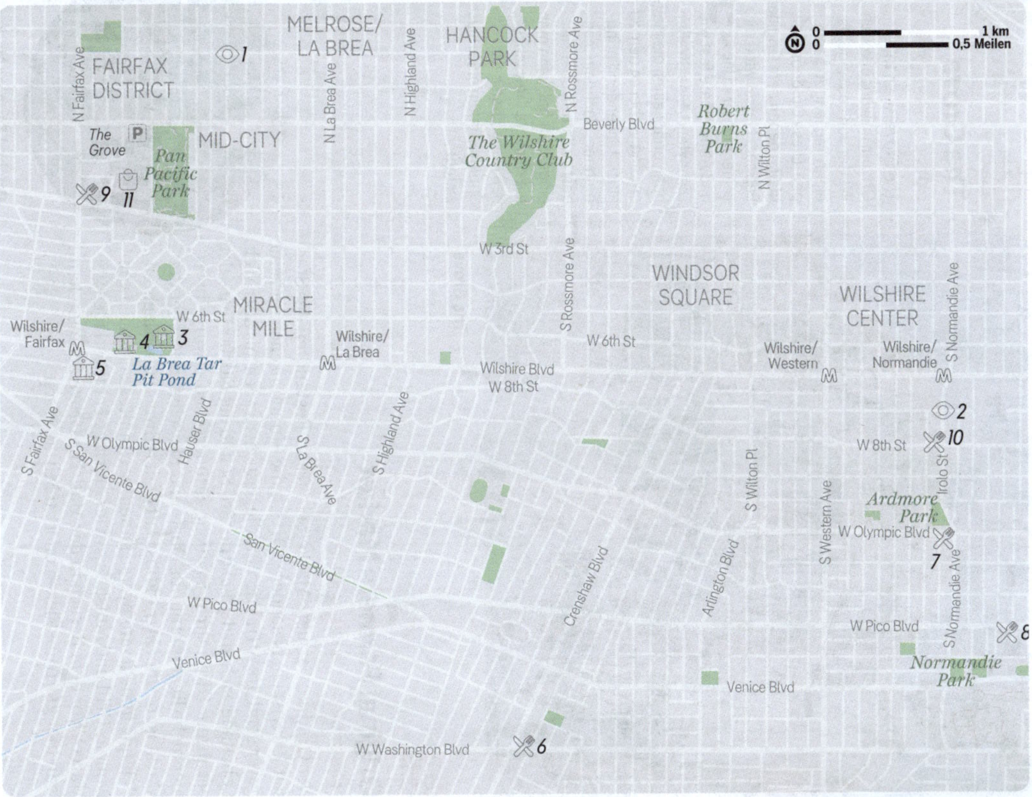

La Brea Tar Pits (S. 363)

The Grove

The Grove

OUTDOOR-SHOPPING

The Grove ist ein toller Ort, um im wundervollen Wetter von Los Angeles einen Tag lang zu shoppen. Diese Outdoor-Mall gleich neben dem Original Farmers Market wirkt mit seiner munteren Musik und Atmosphäre fast wie Disneyland. Eine Straßenbahn bringt einen die Mall entlang vorbei an dem zu Musik tanzenden Springbrunnen. Nachdem man bei Nordstrom oder Nike eingekauft hat, kann man auf dem grasbewachsenen Hügelchen beim Springbrunnen eine Pause einlegen.

Original Farmers Market

SPASS FÜR DIE GANZE FAMILIE

Der Original Farmers Market, ein fester Bestandteil der Stadt seit 1934, ist ein besonderer Ort für die Einheimischen und eine unverzichtbare Attraktion für die Besucher:innen aus aller Welt. Er befindet sich an der Ecke der 3rd St und der Fairfax Ave – der berühmte Uhrenturm ist nicht zu übersehen. Zwar gibt es hier mehr Restaurants als Obst- und Fleischstände, aber der Markt ist dennoch grandios. Auf dem teilweise überdachten Gelände findet man diverse Läden, berühmte Leckereien von Pampas Grill und Moishe's sowie Gourmet-Feinkostläden wie Marcel. Vor dem Besuch in der Mall The Grove nebenan kann man hier gut frühstücken oder zu Mittag essen.

Original Farmers Market

Fairfax District

EIN HISTORISCHES JÜDISCHES VIERTEL

Der historische Fairfax District wird vom Viertel Beverly Grove, der La Brea Ave und der Melrose Ave begrenzt und ist als ein prominentes Zentrum der jüdischen Einwohner von Los Angeles bekannt, die ab den 1920er-Jahren in das Viertel zogen. Heute finden sich in diesem Gebiet viele koschere und Halal-Läden aus jener Zeit. Wahrzeichen wie das Los Angeles Museum of the Holocaust lohnen einen Besuch, genauso wie der 11 ha große Pan Pacific Park, in dem man hervorragend picknicken oder etwas Sport treiben kann. Im Canter's Deli holt man sich ein Pastrami-Sandwich und schaut beim Melrose Trading Post vorbei, einem unglaublich beliebten, jeden Sonntag in der Fairfax High School stattfindenden Flohmarkt mit Secondhand-Artikeln, Möbeln und Kunst. Die Tickets sollte man vorab buchen!

LACMA

DAS GRÖSSTE MUSEUM IM WESTEN

Im Zentrum der Museum Row ragt das Los Angeles County Museum of Art (LACMA) stolz in die Höhe, das größte Kunstmuseum der USA westlich von Chicago. Sein Wahrzeichen ist die aus 202 gusseisernen Straßenlaternen geschaffene Freiluftskulptur Urban Light von Chris Burden. In den weitläufigen Museumsgebäuden sind rund 149000 Objekte ausgestellt, darunter eine Sammlung modernistischer und zeitgenössischer Kunstwerke aus aller Welt. Das Museum besitzt eine große Sammlung asiatischer Kunst, islamische und lateinamerikanische Kunst und Arbeiten von berühmten Künstlern wie Andy Warhol, Picasso, Mondrian, Klee, Kandinsky und Cézanne.

Skelett eines Wollhaarmammuts, LACMA

Petersen Automotive Museum

Petersen Automotive Museum

EIN PARADIES FÜR AUTO-FANS

Die atemberaubende Fassade des Petersen Automotive Museum ist mit ihren Edelstahlbändern über dem leuchtend roten Äußeren kaum zu übersehen. Drinnen befindet sich eine der größten Automobilsammlungen der Welt, verbunden mit Geschichte und Spaß für Kinder durch die vom Film *Cars* inspirierte Aufmachung. An Fahrzeugen gibt's eine gute Mischung aus Hollywood-Vehikeln wie dem DeLorean aus *Zurück in die Zukunft* und dem Batmobil von 1992 und Rennwagen, in die man sogar einsteigen kann. Für zusätzliche 20 US$ erhält man Zugang zum vierten Stock, wo in Wechselausstellungen seltene Autos und Oldtimer gezeigt werden.

La Brea Tar Pits

REISE ZURÜCK IN DIE EISZEIT

Die bei Einheimischen besonders beliebte Attraktion La Brea Tar Pits and Museum bestehen aus einem Museum, das von blubberndem Asphalt umgeben ist und über 3,5 Mio. Fossilien birgt, darunter die auf dem Gelände selbst entdeckten (die ausgestellt sind). Damit bietet diese Einrichtung das größte Archiv darüber, wie das Leben am Ende der Eiszeit vor 50 000 bis vor 10 000 Jahren beschaffen war. Man erhält einen Eindruck von den Mammuts und Säbelzahntigern, die die Gegend von L.A. einst bevölkerten und kann an einer Grabungsstätte Paläontologen bei der Arbeit sehen. Die Asphaltgruben wurden kürzlich von der International Union of Geological Sciences zu einer der ersten hundert IUGS Geological Heritage Sites erklärt. Es ist sehr zu empfehlen, die Tickets vorab zu kaufen.

LARRY BROWNSTEIN/ALAMY ©

Koreatown

DIE BESTEN RESTAURANTS IN KOREATOWN

Jaebudo
Bis in die frühen Morgenstunden gibt's hier gegrillte Meeresfrüchte auf koreanische Art. $$

Dan Sung Sa
Das bei Einheimischen sehr beliebte Lokal bietet eine große Auswahl von Fleischgerichten und eine unglaubliche Atmosphäre. $$

Soowon Galbi
Der erstklassige koreanische Grill wird vom Michelin-Führer für seine perfekt gegrillten Steaks empfohlen. $$

Guelaguetza
Oaxaca-Küche in Koreatown? Allerdings, und die Gerichte sind wirklich köstlich. $$

MEHR AN DER MIRACLE MILE & IN MID-CITY

Das Zentrum der koreanischen Kultur in Kalifornien

DAS VIERTEL, DAS NIEMALS SCHLÄFT

New York mag als die Stadt bekannt sein, die niemals schläft, aber die **Koreatown** von L.A. steht dem Big Apple in dieser Hinsicht in nichts nach. Das 7,7 km² große Gebiet, das bis an die Ränder von Downtown und Hollywood reicht, war im Goldenen Zeitalter das Herz und die Seele Hollywoods. Damals (1930–1943) fanden die Oscar-Verleihungen im Ambassador Hotel statt, und die Promis der A-Kategorie speisten im Restaurant Brown Derby.

ÜBERNACHTEN AN DER MIRACLE MILE UND IN MID-CITY

Hotel Normandie
Das Hotel in einem restaurierten Art-déco-Gebäude von 1926 verströmt kalifornischen Glamour. $$

The Line LA
Das Hotel mit zentraler Lage in Koreatown hat hippe Einrichtungen und ein brutalistisches, modernes Ambiente. $$

Kimpton Hotel Wilshire
Das Vier-Sterne-Hotel hat eine ideale Lage an der Miracle Mile, bequeme Zimmer, einen Pool und einen tollen Ausblick. $$$

Heute ist Koreatown weit davon entfernt, und das ist auch besser so. Hier hat man den Eindruck, L. A. zu verlassen und in eine muntere südkoreanische Stadt gelangt zu sein. Es gibt mehrere Shoppingmalls, vor allem die KTP (Koreatown Plaza), in dem es eine Unmenge an Läden und einen Foodcourt gibt, wo man preiswerte, authentische koreanische Straßenkost erhält. In dem Viertel leben Menschen koreanischer und lateinamerikanischer Abstammung, letztere hauptsächlich aus Oaxaca. Mit die beste Mole der Stadt gibt's im Guelaguetza, außerdem ist Koreatown bekannt für die größte Dichte von Nachtclubs, rund um die Uhr geöffneten Geschäften, Restaurants und Karaokebars im Land. Worauf also warten?

Die Aromen von Oaxaca

OAXACA-KÜCHE IN MID-CITY

Koreatown ist bekannt für alles, was mit dem energiegeladenen Land in Nordostasien verbunden ist, hat aber auch eine große Gemeinde von Menschen, die aus Oaxaca stammen, weshalb man hier die beste, authentischste Küche dieses mexikanischen Bundesstaats in L. A. findet. Menschen aus Oaxaca, und zwar meist aus Sierra Juárez, kamen einst auf der Suche nach einem besseren Leben nach L. A. und ließen sich in Koreatown und Mid-City nieder. In den 1990er-Jahren gab es eine große Einwanderungswelle, und zu jener Zeit wurde auch das VIP Palace, ein Restaurant des koreanisch-amerikanischen Geschäftsmanns Hi Duk Lee, an den aus Oaxaca stammenden Fernando Lopez verkauft. Lopez behielt das Äußere und die Fassade des Gebäudes mit seinen dekorativen Malereien und Schindeln bei, baute aber das Innere zu dem inzwischen berühmten Restaurant **Guelaguetza** um, das preisgekrönte Gerichte wie seine reichhaltige Oaxaca-Mole serviert.

Als es leichter wurde, indigene Zutaten zu beschaffen, folgten dem Guelaguetza weitere Restaurants. Das einer Familie gehörende und von ihr geführte **Las 7 Regiones** besteht seit fast 30 Jahren und ist für die Oaxaquenos fast wie ein zweites Zuhause. Die Speisekarte ist eine Hommage an die sieben Regionen Oaxacas und beinhaltet z. B. in Bananenblätter gewickelte Tamales und mächtige Quesadillas. Das **Gish Bac** hat sich auf ein Ziegen-*barbacoa* am Wochenende spezialisiert, zu dem die Massen strömen, und das **Sabores Oaxaqueños** ist die kleine Schwester des Guelaguetza.

WARUM ICH DIE MIRACLE MILE & MID-CITY LIEBE

Megan Leon, Autorin

Es gibt viele Viertel in L.A., die ich bewundere, aber ich habe eine kleine Liebesaffäre mit der Miracle Mile und Mid-City, weil sich dieses Viertel wie die Hauptarterie der Stadt anfühlt. Sicher ist es nicht so schön und unberührt wie West Hollywood und teilweise etwas rau. In kultureller Hinsicht jedoch definiert es L.A. für mich. Es grenzt an Koreatown, berührt das jüdische Viertel und Little Ethiopia, ist nur einen Steinwurf von Downtown entfernt und erstreckt sich bis an den Rand von Palms in der Nähe von Culver City. Das hiesige Netzwerk der Kulturen, Geschichte und Kunst ist sehenswert und lockte mich immer wieder an. Und das hiesige Essen ist toll!

ESSEN AN DER MIRACLE MILE UND IN MID-CITY

Mariscos Jalisco
Dieser umherziehende Foodtruck ist ein Muss wegen seiner köstlichen gebratenen Shrimp-Tacos mit hausgemachter Salsa. **$**

Roscoe's House of Chicken 'N Waffles
Das Roscoe's serviert traditionelle amerikanische Küche und wurde schon von früheren US-Präsidenten besucht. **$**

n/soto
Dieser Ableger des teuren n/naka Restaurant serviert gehobene japanische *izakaya*-Bissen mit Flair. **$$$**

SANTA MONICA

MALERISCHES VIERTEL, STRAND, SONNENUNTERGÄNGE, FRISCHE LUFT

Kein anderer Ort verkörpert das Strandleben von L.A. so sehr wie Santa Monica, das ein echtes Stück des kalifornischen Traum darstellt. Die Stadt liegt zwischen Venice und Malibu, ist geschäftig, aber ziemlich entspannt und wartet mit einer 6,5 km langen Küste auf. Bei so vielen Attraktionen wirkt Santa Monica zuweilen etwas touristisch, aber nie unangenehm, und genau das macht den Ort einmalig und bestens geeignet, um Leute zu beobachten. Das Wahrzeichen der Stadt, der Santa Monica Pier, spielt die Hauptrolle, aber es gibt auch noch viele wichtige Nebenrollen, darunter die Einkaufsstraße Third Street Promenade, die bezaubernde Main Street, die Kunst in der Bergamot Station und einige tolle Restaurants. Hier erlebt man die schönsten Sonnenuntergänge und kann auf dem weißen Sand sonnenbaden, auf den die riesigen Wellen des Pazifiks treffen. Santa Monica ist auch ein Tor zu den schönen Strandorten Venice, Pacific Palisades und Malibu; an einem Tag lässt sich das alles nicht bewältigen, man sollte schon ein paar Tage für das Schlendern an den Stränden einplanen.

TOP TIPP

Eine der besten Möglichkeiten, ein Gefühl für die Küste von L.A. zu bekommen, ist eine Fahrt auf dem Marvin Braude Bike Trail. Der 35 km lange asphaltierte Radweg beginnt in Santa Monica, führt durch Venice, Hermosa und Redondo Beach und endet in Torrance. Man mietet sich ein Rad bei Will Rogers und genießt einen Tag lang die salzige Küstenbrise.

Third Street Promenade (S. 368)

HIGHLIGHTS
1 Santa Monica Pier

SEHENSWERTES
2 Annenberg Community Beach House
3 Bergamot Station Arts Center
4 Getty Villa
5 Self-Realization Fellowship Lake Shrine

AKTIVITTEN, KURSE & TOUREN
6 Brentwood General Store

ESSEN
7 Breakfast by Salt's Cure
8 Father's Office
9 Locanda Portofino
10 Santa Monica Farmers Market

SHOPPEN
11 Clare V.
siehe 10 Third Street Promenade

Getty Villa (S. 371)

Annenberg Community Beach House

EIN FÜR ALLE GEÖFFNETES STRANDHAUS

Das Annenberg Community Beach House ist eine schöne, von der Gemeinde geführte, allen offenstehende Einrichtung dort, wo einst die 110 Zimmer umfassende Strandvilla stand, die William Randolph Hearst für Marion Davies errichten ließ. Der Hauptpool ist einer der letzten Reste des ursprünglichen Anwesens, heute umgeben von moderneren Einrichtungen z.B. einem Spielgelände für Kinder, Volleyballplätzen sowie Strandplatz- und Sonnenschirmvermietern. Hier kann die ganze Familie prima einen Tag lang ausspannen.

Santa Monica Pier

Santa Monica Pier

SPASS AM PIER

Der in den Pazifik hinausragende grandiose Santa Monica Pier stammt von 1909 und ist das Symbol von Santa Monica. Er ist vollgepackt mit Möglichkeiten für Aktivitäten wie dem Pacific Park, einem Vergnügungspark mit einer fünfstöckigen Achterbahn, dem gigantischen, mit Solarstrom betriebenen Riesenrad und einer Minigolfanlage; dazu gibt's viele Restaurants und Unmengen von Besucher:innen. Das alles kann erdrückend wirkend und ist ein wenig touristisch, aber wer darüber hinweg sieht, entdeckt das Einmalige daran. Bekanntlich endete die Route 66 einst an diesem Pier, worauf ein Schild hinweist. Die Sonnenuntergänge hier sind unvergleichlich, man sollte also darauf eingestellt sein, ein paar Fotos machen zu können.

Straßenmusiker an der Third Street Promenade

Third Street Promenade

SHOPPEN UND LEUTE BEOBACHTEN

Das Einkaufsparadies der Third Street Promenade ist seit eh und je ein fester Bestandteil von Santa Monica. Gleich östlich des Piers finden sich in drei langen autofreien Straßenblocks über 80 Einzelhandelsläden, diverse Restaurants, Kioske, die Krimskrams verkaufen, und jede Menge Straßenkünstler:innen, die die Promenade zu ihrer Bühne machen. Eine Zunahme der Obdachlosen und ein Anstieg der Touristenzahlen sind zu verzeichnen, aber das Gebiet gehört schon immer zum Charme von Santa Monica, und immer noch pulsiert das Leben. Wer noch mehr shoppen will, findet am Ende der Promenade das Santa Monica Place, eine schöne Mall, teils unter freiem Himmel, in der es Bloomingdale's, Nordstrom und andere Luxusläden gibt.

Peter Fetterman Gallery in der Bergamot Station

Bergamot Station

EIN ZENTRUM FÜR DIE KÜNSTE

Die Kunst- und Kulturanlaufstelle Bergamot Station ist ein Muss für jeden Besuch in Santa Monica. Das Gelände diente zwischen 1875 und 1953 als Bahnhof, aber 1994 wurde der ausgedehnte, 2 ha große Komplex zu einer der größten Kunstgalerien und Kulturzentren Südkaliforniens umgestaltet. Hier findet man alles von zeitgenössischer Kunst über ein hippes Café bis zu Architektur- und Design-Unternehmen. In dem Zentrum gibt's viele Events und Wechselausstellungen – das aktuelle Programm gibt's im Internet. Das Birdie G's des hochgelobten Chefkochs Jeremy Fox ist eine gute Adresse für ein Abendessen.

Santa Monica Farmers Market

EIN PARADIES FÜR LEBENSMITTEL AUS KALIFORNIEN

In L.A. gibt's in fast jedem Viertel Bauernmärkte, aber keiner ist mit dem Santa Monica Farmers Market zu vergleichen, der mit einer Überfülle farbenfroher Früchte beeindruckt, die auf dem reichen Boden Kaliforniens gewachsen sind. Hier findet man das beste Obst und Gemüse aus der Region, seltene Pilze, handwerklich hergestellten Käse und Kaffee. Die besten Chefköche der Stadt kaufen hier ein. Einkaufstaschen muss man selbst mitbringen, und es wird sehr voll. Um seine Sinne und seinen Magen richtig zu verwöhnen, sollte man früh kommen. Der Markt findet jeden Mittwoch (8.30–13.30 Uhr) und Samstag (8–13 Uhr) statt.

Shitake-Pilze auf dem Santa Monica Farmers Market

Montana Avenue

GEHOBENES EINKAUFSERLEBNIS

Die gemütliche, schicke und entspannte Einkaufsmeile der Montana Ave ist nur einen Steinwurf vom Zentrum Santa Monicas entfernt. Jeder verliebt sich gleich in die zehn Blocks mit gehobenen Einzelhandelsgeschäften und ruhigen Kaffeehäusern und Restaurants, die eine ganz andere Atmosphäre ausstrahlen als das hektische Treiben am Santa Monica Pier und der Third Street Promenade.

Zunächst holt man sich einen Happen im **Breakfast by Salt's Cure** und bummelt dann die idyllische Avenue hinunter, die von schönen Boutiquen und Läden wie **Clare V.** und dem **Brentwood General Store** gesäumt wird. In Restaurants wie Father's Office oder der **Locanda Portofino** kann man vielleicht auch den einen oder anderen Promi sichten. Die hohen, köstlichen Kuchen im berühmten **Sweet Lady Jane** verhindern ein Absinken des Zuckerspiegels.

Self-Realization Fellowship Lake Shrine

EINE VERSCHNAUFPAUSE

Versteckt im Strandort Pacific Palisades, nur ein paar Schritte vom Pacific Coast Hwy entfernt, liegt diese Oase für all jene, die ein wenig Ruhe suchen. Der Self-Realization Fellowship Lake Shrine wurde 1950 von Paramahansa Yogananda als ein Ort der Meditation eröffnet, an dem alle Religionen zusammenkommen können. Die Hauptattraktionen sind der See, dessen Uferweg von diversen Schreinen gesäumt wird, die Windmill Chapel sowie ein Hausboot, das von Yogananda für Meditationen und zum Übernachten genutzt wurde. Inmitten des üppigen Grüns stehen Denkmäler für die fünf Hauptreligionen der Welt – den Buddhismus, das Christentum, den Hinduismus, den Islam und das Judentum – sowie ein Freiluftschrein, dessen authentischer, 1000 Jahre alter chinesischer Steinsarkophag einen Teil der Asche von Mahatma Gandhi birgt. Die Meditationsgärten sind kostenlos für die Öffentlichkeit zugänglich (Mi–So), man muss sich aber zwingend vorab anmelden. Der Tempel ist sonntags für Gottesdienste geöffnet.

ORIGINAL MUSCLE BEACH

Der Original Muscle Beach wurde tatsächlich in Santa Monica und nicht, wie viele glauben, in Venice Beach gegründet. Er errang seinen Status in den 1950er-Jahren, als Jack LaLanne und andere berühmte Bodybuilder und Stuntmen hier trainierten. Die Anlage gleich südlich vom Pier wurde vollständig umgestaltet und ist nun auch ein Ort für Turner und Akrobaten, und es gibt sogar einen Kinderspielplatz. Gleich nebenan liegt der International Chess Park, wo man eine Partie spielen und über das lebensgroße Schachbrett laufen kann.

Windmill Chapel, Self-Realization Fellowship Lake Shrine

Strandhäuser in Santa Monica

MEHR IN SANTA MONICA

Kunst in der Getty Villa

EIN HAUCH VON OPULENTEM RÖMISCHEN LEBEN

Gleich nördlich von Santa Monica erhebt sich in Pacific Palisades die Getty Villa. Als der Milliardär J. Paul Getty das eindrucksvolle Anwesen erwarb, ließ er eine Nachbildung der Villa dei Papiri aus Herculaneum, einer römischen Villa, die 79 n. Chr. beim Ausbruch des Vesuvs verschüttet wurde, auf dem Gelände errichten und machte es 1974 der Öffentlichkeit zugänglich. Der Schwerpunkt der Ausstellung liegt auf der antiken griechischen, etruskischen und römischen Kunst und Kultur und es gibt eine große Sammlung von Werken des klassischen Altertums und der Renaissance. Korinthische Säulen umgeben den perfekt gestutzten Garten und den langen Pool.

Die Schätze des sonnigen Malibu

TRAUMHAFTE KÜSTE

Nördlich von Santa Monica folgt die traumhafte Küstenstadt Malibu. Sie bietet eine gute Mischung aus entspannten Aktivitäten, luxuriösen Häusern und tollen Einkaufskomplexen wie dem **Malibu Country Mart**, die gern von Promis besucht werden. Nichts ist mit dem prächtigen Ausblick bei **Point Dume** und am **El Matador Beach** oder der Wanderung zu den **Escondido Falls** zu vergleichen, einem (bei viel Regen) dreistufigen Wasserfall. Im **Malibu Village** sollte man sich ein Hummerbötchen mit warmer Butter bei **Broadstreet Oyster** gönnen. Der **Malibu Pier** bietet Spaß und Menschenmassen, nette Restaurants, ein paar Läden und tolle Fotomotive.

TONGVA PARK

Der Tongva Park ist ein besonderer Ort, der einen Besuch lohnt. Die ansprechende, makellos gestaltete, 2,5 ha große Grünfläche liegt gleich um die Ecke des Santa Monica Pier und bietet allen, die es nötig haben, eine Verschnaufpause von den hektischen Attraktionen in dieser Gegend. Der Park ist gut beleuchtet und gepflegt und prunkt mit einmaligen Bauten, Skulpturen und diversen Wanderwegen zu Ehren der indigenen Tongva, die seit Jahrtausenden im Gebiet von L.A. leben. Es gibt auch Palmen- und Agavenhaine, Springbrunnen, Sitzplätze im Amphitheater, getrimmte Rasenflächen und einen wundervollen Spielplatz für Kleinkinder.

DIE BESTEN STRÄNDE RUND UM LOS ANGELES

Zuma
Dieser Strand ist bei Einheimischen sehr beliebt, weil er einen langen sauberen Sandstrand und viele Parkplätze bietet.

El Matador
Mit seinen Felsformationen und sauberem Sand ist dieser Strand in Malibu einer der schönsten vor Ort.

Surfrider Beach
Dieses World Surfing Reserve wurde durch Surflegenden berühmt und bietet immer jede Menge Action.

VENICE

BOHEME, TRENDS, ESSEN UND NATUR

Dieser einmalige, 1905 von Abbot Kinney gegründete Strandort besitzt eine freigeistige bizarre, echt kalifornische Atmosphäre, die sonst nirgendwo auf der Welt zu finden ist. Für die meisten Außenstehenden ist Venice Beach gleichbedeutend mit einem Ort, dem Boardwalk. Er steht an der Spitze der meisten Bestenlisten, was auch gerechtfertigt ist – obwohl er nicht mehr das ist, was er einmal war. Es kann hier etwas seltsam sein, man sieht ein paar sehr spezielle Charaktere, und alles wirkt ein wenig heruntergekommen. Dennoch gibt's immer noch viel zu sehen, darunter den riesigen Skatepark und den Muscle Beach, und man wird feststellen, dass Venice ein sehr hippes, künstlerisch angehauchtes Gebiet voller Charisma ist – mit der berauschenden salzigen Meeresbrise, die das Strandleben von L. A. verkörpert, und mit wunderbaren Orten, von den romantischen Venice Canals bis zur Raffinesse des Abbot Kinney Blvd, ist Venice ein Stadtteil zum Herumlaufen und sich zu verlieren.

TOP TIPP

Wer den Pazifik wirklich spüren will, geht zu Aloha Brothers Surf Lessons mitten in Venice Beach und gibt dem Surfen eine Chance. Diese Surfschule hat hervorragendes Personal, das einen schnell vom Sand aufs Meer bringt.

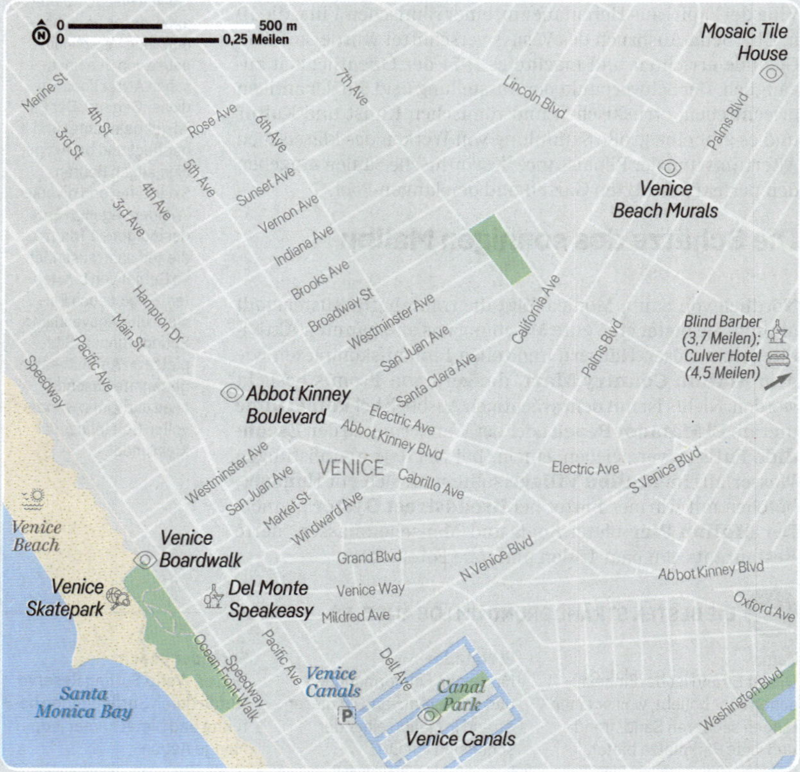

Abbot Kinney Boulevard

DIE KÖNIGIN DER EINKAUFSSTRASSEN

Ein echtes Schmuckstück in Venice Beach ist der Abbot Kinney Blvd, ein 1,6 km langer Straßenabschnitt, der vom Washington Blvd zur Main St von Santa Monica führt und von schicken Boutiquen, ausgezeichneten Restaurants und schrillen Kunstläden gesäumt ist, die für jeden etwas bieten. Am besten beginnt man die Erkundung an der Kreuzung mit dem Venice Blvd, wo sich der Gourmet-Supermarkt **Erewhon** befindet und läuft dann weiter die Straße hinunter.

Erewhon, Abbot Kinney Boulevard

Venice Canals

ITALIENSTIMMUNG AM MEER

Venice Canals

Wenn man nur etwas in Venice sehen kann, sollten dies die Venice Canals sein, die sich mitten im Zentrum eines gehobenen Wohnviertels befinden. Die malerischen Kanäle wurden 1905 von dem Immobilienentwickler und Umweltschützer Abbot Kinney angelegt, der die berühmten venezianischen Kanäle nachahmen wollte, um hier ein „Venedig Amerikas" zu schaffen. Das weite Areal aus schönen Brücken und Kanäle ist seither kleiner geworden. Nur sechs Kanäle existieren noch, aber die Schönheit und der Charme sind geblieben, gerade auch wegen der Mischung der modernen und unkonventionellen Häuser an ihren Wegen. Die Gegend ist auch eine der besten zum Beobachten des Sonnenuntergangs.

Mosaic Tile House

AUFFÄLLIGE FARBEN IN EINEM WOHNVIERTEL

Das in den Regenbogenfarben bemalte Wohnhaus des Ehepaars Cheri Pann und Gonzalo Duran ist seit mehr als zwei Jahrzehnten ein integraler Bestandteil der skurrilen Welt von Venice Beach und immer noch ein Work in Progress. Das in einem Wohnviertel gelegene Mosaic Tile House hebt sich durch seine leuchtenden Farben Rot, Gelb und Blau, vom Fundament an aufwärts von seinen Nachbarn ab. Das Haus ist eine Teamarbeit der beiden Künstler: Zunächst werden die Mosaiken geschaffen und dann zerschlagen. Mit den Bruchstücken werden anschließend alle Ecken und Winkel meisterhaft mit Darstellungen dekoriert, die an Engelsflügel oder die Schätze einer Unterwasserwelt erinnern. Das Haus ist samstags geöffnet; um der Warteschlange zu entgehen, reserviert man besser online.

Wandgemälde von Rip Cronk in Venice Beach

Wandmalerei in Venice Beach

KUNST AUF DEN WÄNDEN

Am Venice Beach findet man eine Vielzahl von Wandmalereien, verteilt über das ganze Gebiet vom Boardwalk bis zum Abbot Kinney Blvd. Es werden ein paar Führungen angeboten, wer sich aber alleine umschauen will, sollte unbedingt einen Blick auf die riesigen Flügel von Barry's Boot Camp und den *Ballerina Clown* von Jonathan Borofsky werfen. Gleich mehrere Werke entdeckt man zwischen dem Washington Blvd und der Rose Ave; dieser Abschnitt lässt sich gut zu Fuß erkunden.

Skate Park

Skate Park

DER ALLERERSTE SKATEPARK

Dieser am Ozean gelegene Park ist ein monumentales Wahrzeichen der Skaterwelt. Venice Beach war der Geburtsort des Skateboardens und hat den teuersten Skatepark der Welt – er kostete 3,5 Mio. US$. In den 1970er-Jahren gründete eine Gruppe von Skateboardern das Zephyr Skateboarding Team, und bald machten überall in Venice und Santa Monica, damals bekannt als Dogtown, Skaterläden auf. Skateboard-Legend Jesse Martinez kämpfte 20 Jahre für die Schaffung einer Heimatbasis des Skateboardens; der Dokumentarfilm *Made in Venice* (2016) berichtet von der Geschichte dieses Sports. Jeder kann in den Skatepark kommen, um kostenlos zu skaten oder zuzuschauen.

Del Monte Speakeasy

DER ÄLTESTE SALOON IN VENICE BEACH

Das Del Monte Speakeasy diente in der Prohibitionszeit zwischen 1920 und 1930 als Flüsterkneipe. Der Ort voller interessanter Charaktere erscheint von außen als Obst- und Gemüseladen; im Keller befindet sich die geheime Bar. Heute ist sie eine der ältesten und coolsten Bars in Venice Beach. Sie verteilt sich auf zwei Stockwerke: Oben befindet sich das Townsend und darunter The Del Monte; beide Lokale bewahren die geheimnisvolle Flüsterkneipenatmosphäre. Um einen echten Eindruck vom hiesigen Leben zu bekommen, kommt man früh, um einen eigens gemixten Cocktail, z. B. einen Moscow Mule, zu trinken und bliebt dann für die Gast-DJs und das bunt gemischte Publikum, das den Raum gegen 23 Uhr füllt.

Venice Beach & Boardwalk

DIE RAUERE SEITE DES STRANDES

Einst war dies die erste Adresse für einen Besuch, aber Venice Beach und sein Boardwalk haben mit Sicherheit ihre beste Zeit hinter sich und machen seit dem Beginn der Covid19-Pandemie mit einigen fragwürdigen Sehenswürdigkeiten einen düstereren, fast bedenklichen Eindruck. Trotz alledem sind Venice Beach und der Boardwalk immer noch ein wichtiger Bestandteil der Kultur von L.A. mit berühmten Stellen, die immer noch den hiesigen Geist verkörpern. Am kürzlich renovierten Muscle Beach hat man den besten Blick auf die tolle Show ernsthafter Gewichtheber. Einen Besuch lohnt auch der Skatepark: Mit dem Strand im Hintergrund ist er ein Ort zum Bewundern des Sonnenuntergangs, wie man ihn nirgendwo sonst auf der Welt findet. Weiter Richtung Norden sieht man den Venice Pride Flag-Rettungsschwimmerturm – er wurde 2017 in einer Stadt eingeweiht, die seit je als inklusiv und divers bekannt ist. Und kein Tag in Venice Beach wäre perfekt, ohne in den Souvenirläden zu stöbern und durch die Straßen zu schlendern, die von zweifelhaften Gerüchen erfüllt sind.

HOTEL ERWIN

Von außen würde man nicht vermuten, dass das Hotel Erwin im Zentrum von Venice seit 1970 der beste Ort ist, um die schönsten Sonnenuntergänge im Viertel zu erleben. Oben in der High Rooftop Lounge genießt man einen Sundowner und Häppchen, während man den einmaligen, vielfarbigen kalifornischen Sonnenuntergang über dem Pazifik bewundert. Gästen, die hier wohnen, stehen Fahrräder, Kühlboxen und Volleybälle für ein ultimatives L.A.-Stranderlebnis zur Verfügung.

Venice Beach Boardwalk

BRUNOCOELHO/SHUTTERSTOCK ©

LET GO MEDIA/SHUTTERSTOCK ©

Culver Hotel

MEHR IN VENICE

Das historische & versteckte Culver City

IM HERZEN DER KINOWELT

Culver City ist eine Stadt voller Filmgeschichte und als „Heart of Screenland" bekannt. Die Stadt liegt direkt zwischen Downtown und Venice Beach, und ist nur etwas mehr als 15 Minuten vom LAX entfernt. Culver City hat viel zu bieten, wird aber von L. A.-Besucher:innen zugunsten berühmter Viertel wie Hollywood leicht übersehen. Metro-Goldwyn-Mayer bauten hier in den 1920er- Jahren ihre Studios, die später zu den **Sony Pictures Studios** wurden, dem größten Arbeitgeber in der Gegend (Führungen werden angeboten). Ebenfalls hier eröffnete der Luftfahrtpionier Howard Hughes 1941 seine **Hughes Aircraft Company**. In neuerer Zeit wurde Culver Citys Zentrum ordentlich aufpoliert und ist nun eine muntere Gegend, in die ein jüngeres Publikum strömt, um in den tollen Restaurants zu essen oder eine Show im **Kirk Douglas Theatre** zu besuchen.

Eine wundervolle Aussicht bietet sich vom **Baldwin Hills Scenic Overlook**: An guten Tagen kann man über das Los-Angeles-Becken bis nach Santa Monica blicken. Geschichtsinteressierte finden im **Wende Museum** Artefakte und Exponate aus der Ära des Kalten Kriegs. Wer in der Stadt übernachten will, ist im **Culver Hotel** richtig, einem hinreißenden keilförmigen Gebäude im Art-déco-Stil. Das 1924 errichtete historische Wahrzeichen hat seinen alten Hollywood-Glamour bewahrt. Ein Ausgehabend in diesem netten Viertel sollte immer einen Zwischenstopp im **Blind Barber** beinhalten, einer als Frisörladen aufgemachten Flüsterkneipe, die der munteren Menge tolle Cocktails serviert.

DIE BESTEN RESTAURANTS & BARS IN CULVER CITY

Roberta's Pizza
Die Pizzeria aus Brooklyn in Culver City serviert Pizza heiß aus dem Holzofen. $$

Tito's
Leckere, knusprige, mit Rindfleisch, Salat und Käse belegte Tacos – einer ist nie genug. $

Johnnie's Pastrami
Hier dreht sich alles um Pastrami, die den Einheimischen seit 1952 serviert werden. $

Destroyer by Jordan Kahn
In einem Ambiente, in dem futuristisches Flair auf den Alltag trifft, begibt man sich außerhalb seiner Brunch-Komfortzone. $$

Mandrake Bar
Die hippe Bar wird von Leuten aus der Kunstwelt und allen besucht, die Musik alter Schule lieben.

BESTE RESTAURANTS IN VENICE

Felix
Die Leute strömen hierher, um Meisterkoch Evan Funkes *rigatoni all'amatriciana* zu genießen. $$$

Gjusta
Diese Filiale in Venice ist vollgepackt mit Gästen, die sich von der riesigen Deli-Theke saisonale kalifornische Gerichte holen. $$

Cafe Gratitude
Die köstlichen veganen Gerichte genießt man auf der offenen Terrasse in der frischen Meeresbrise. $$

DOWNTOWN

STÄDTISCH MIT KUNST, RESTAURANTS UND KULTUR

Downtown L.A. ist kein übliches Innenstadtgebiet: Verglichen mit anderen Stadtzentren in den USA ist sie relativ klein und besteht aus mehren, vielfältigen kleineren Vierteln, die alle ineinanderfließen.

Hier liegt der eigentliche Ursprung von L.A. – El Pueblo de Los Ángeles, der von 1781 stammende älteste Teil der Stadt. Die mexikanische Kultur ist hier tief verwurzelt und genauso ein integraler Bestandteil wie die ebenfalls seit langem hier befindliche Diaspora der Chinesen und Japaner. Die ersten Einwanderer aus China kamen im 19. Jh. und siedelten sich in der Gegend an, in der sich heute die Union Station befindet. Die zweite Chinatown lag etwas weiter nördlich, während auf der anderen Seite unweit vom Arts District, Little Tokyo liegt, die Heimat der größten japanischen Population Nordamerikas.

Downtown L.A. ist ein Schmelztiegel der Kultur und der Kunst. Die eine Ecke kann voller Leben sein, die nächste immer noch heruntergekommen, während eine weiter spektakuläre Museen oder Kunstausstellungen warten.

TOP TIPP

Downtown L.A. ist ein wichtiger Stopp für Traveller, hatte aber schon immer eine dunkle Seite mit fragwürdigen Leuten und Sehenswürdigkeiten. In dem Gebiet sollte man stets ein Auge auf seine Umgebung haben. Spätabends sollte man hier nicht herumlaufen, schon gar nicht allein.

Chinatown (S. 380)

DOWNTOWN

SEHENSWERTES
1 Bradbury Building
2 Broad
3 Chinatown
4 Hauser & Wirth
5 Little Tokyo
6 MOCA
7 Walt Disney Concert Hall

ESSEN
8 Cha Cha Chá

UNTERHALTUNG
9 Two Bit Circus

SHOPPEN
10 Grand Central Market
11 ROW DTLA

Walt Disney Concert Hall

MOCA

EIN ATEMBERAUBENDES MUSEUM

Zu den Museen an der Grand Ave in Bunker Hill gehört auch das **Museum of Contemporary Art (MOCA)** mit seiner bemerkenswerten Sammlung zeitgenössischer Werke aus der Zeit von 1940 bis heute. Das einzige, von Künstler:innen gegründete Museum in L.A. wurde von Arata Isozaki entworfen und zeigt Kunst von Größen wie Mark Rothko, Jackson Pollock oder David Hockney. Nach dem Rundgang geht's ins Café und den MOCA-Store.

MOCA

The Broad

ZEITGENÖSSISCHE KUNST FÜR ALLE

The Broad

Gleich neben der Walt Disney Concert Hall steht das beliebte Broad, ein Museum, das fast 2000 Werke der zeitgenössischen und der Nachkriegskunst beherbergt. Das Museum wurde von den Philanthrop:innen Eli und Edythe Broad gegründet, die fast 50 Jahre auf die Schaffung eines Raums und den Aufbau einer Sammlung verwandten, um zeitgenössische Kunst zugänglich zu machen. Das Äußere präsentiert sich als eine innovative Wabenstruktur, während innen zwei Stockwerke mit Galerien eine herrlich vielfältige Mischung von Gemälden und Skulpturen von berühmten Künstlern wie Jean-Michel Basquiat, Jasper Johns, Jeff Koons, Yayoi Kusama und Andy Warhol zeigen. Auch ein Besuch im Museumsshop lohnt sich. Der Eintritt ist frei, es empfiehlt sich aber dringend, sein Zeitfenster vorab zu buchen.

Walt Disney Concert Hall

ÜBERBORDENDE ARCHITEKTUR

Das am meisten ins Auge fallende Symbol von Downtown ist die Walt Disney Concert Hall an der Kreuzung der First St mit der Grand Ave. Das auffällige Gebäude des berühmten Architekten Frank Gehry zeigt Stahlwellen und Kurven, die speziell zur Verbesserung der Akustik entworfen wurden. Die Sitze im Auditorium bestehen aus Holz der Nootka-Scheinzypresse. Die mächtige Orgel mit 6134 Pfeifen, die von Gehry zusammen mit Manuel Rosales entworfen wurde, fällt ins Auge, besonders bei Konzerten des L.A. Philharmonic, das hier seinen Sitz hat. Im Außenbereich ist der Blue Ribbon Garden eine Hommage an Lillian Disney und ihre Vorliebe für Royal-Delft-Porzellan, das Gehry für einen mosaikartigen Blumenbrunnen nutzte.

Grand Central Market

Grand Central Market

EIN GLOBALES KULINARISCHES FEST

Der Grand Central Market ist der richtige Ort für alle Gourmets, die an einem einzigen Ort einen Eindruck von den vielen Kulturen in L.A. bekommen wollen. Der GCM im Erdgeschoss des im Beaux-Arts-Stil errichteten Homer Laughlin Building ist seit 1917 ein Gourmetparadies, das die Einwanderergemeinden der Stadt empfängt und örtlichen Anbietern und aufstrebenden Restaurants ein Zuhause bietet. Von *tacos de carnitas* über salvadorianische *pupusas* bis zu Pad Thai gibt's hier keine Grenzen beim Eintauchen in die Küchen der Welt.

Bradbury Building

DAS ÄLTESTE GEBÄUDE IN DOWNTOWN

Das Bradbury Building wurde 1893 erbaut, nachdem Lewis Bradbury, der ein Vermögen im Bergbau verdient hatte, dem jungen, unbekannten Architekten George Wyman begegnete, der sich von einer moderneren, der Zukunft verpflichteten Ästhetik inspirieren ließ. Wyman entwarf damit eines der legendärsten Gebäude in Downtown L.A., mit einer neoromanischen Fassade, schmucken eisernen Geländern, natürlicher Belichtung über die verglaste Decke, Marmortreppen und Holzvertäfelungen. Ein großer Teil der originalen Architektur ist erhalten. Das Gebäude lohnt nicht nur für *Blade Runner*-Fans einen Blick, auch wenn Besucher:innen nur das Erdgeschoss besichtigen dürfen.

Bradbury Building

Chinatown

EINE MISCHUNG AUS ALT UND NEU

Nachdem die ursprüngliche Chinatown 1938 der Union Station weichen musste, ist die „neue" Chinatown heute zu einem Touristenmagneten geworden. Man ist angekommen, sobald man das Dragon Gate sieht, den eigentlichen Eingang zur Chinatown. Die Far East Plaza war eine der ersten ethnischen Shoppingmalls in den USA, während die Hill St oder den Broadway hinunter die Chinatown Central Plaza folgt, auf der eine mächtige Statue von Bruce Lee steht, der hier früher ein Studio unterhielt. Die Küche spielt in dieser Gegend eine bedeutende Rolle, konzentriert sich aber nicht länger nur auf chinesische Kost, da einige der größten Namen aus der Gastronomie hier Filialen eröffnet haben. Kein Besuch von Chinatown wäre komplett ohne ein Essen vom **Pearl River Deli**, von **Hop Woo** oder von **Philippe The Original**, der mit seinen *beef dips* eine Institution in L. A. ist.

MEHR IN DOWNTOWN

Eine legendäre japanische Enklave

KULTURELLES WAHRZEICHEN MIT SEELE

Nördlich von Downtown liegt **Little Tokyo**, eine japanische Gemeinde, die schon seit dem Beginn des vorigen Jahrhunderts besteht. Mit dem plötzlichen Zuwanderungsboom entstanden natürlich schnell Läden und Restaurants, von denen einige wenige noch erhalten sind und ihre Geschichte erzählen. Genau in der Mitte liegt das Japanese Village mit seinen Papierlaternen und kurvigen Wegen, das bis zum Geht-nicht-mehr mit Läden gefüllt ist, die alle möglichen japanischen Leckereien und Schnickschnack verkaufen. Möchte man Snacks mitnehmen, bietet sich ein Besuch im **Nijiya Market** an. Geschichtsinteressierte kommen im **Japanese American National Museum** auf ihre Kosten. Es liegt gleich neben dem **Geffen Contemporary**, einem Ausstellungsgelände des MOCA.

Das diverse, kunstsinnige Herz von L.A.

IN KUNST UND KREATIVITÄT EINTAUCHEN

Der Arts District ist einer der coolsten Orte in Downtown L.A. Obwohl er an heruntergekommene Viertel grenzt und während der COVID-19-Pandemie kräftige Schläge einstecken musste, vermittelt er den Eindruck einer alternativen, von Kreativität sprudelnden Welt. Seit den 1970er-Jahren strömten Kunstschaffende wegen der niedrigen Mieten und Atelierflächen hierher, doch mit der Gentrifizierung sind die Preise in die Höhe geschossen und in den Blocks am östlichen Rand von Downtown finden sich jetzt schicke Galerien und Läden, hippe Restaurants und mit Wandmalereien geschmückte Gebäude. Die Galerie **Hauser & Wirth** zeigt zeitgenössische Kunst und betreibt das tolle Restaurant **Manuela**, während das **Two Bit Circus** etwas ganz Anderes ist: das „gesellige Spielhaus“ bietet immersive Unterhaltung, Spielzonen und Fluchträume für die ganze Familie. Im Gebiet sollte man einen Zwischenstopp im **Cha Cha Chá** einlegen, um mexikanische Aromen zu schnuppern, und die Läden im **ROW DTLA** besuchen, das schon für sich allein ein Ziel darstellt.

LOCAL TIPP: BESTENLISTE EINES CHEFKOCHS

Wedchayan „Deau“ Arpapornnopparat betreibt mit seiner Partnerin Tongkamal „Joy“ Yuon den beliebten Imbissladen Holy Basil.

Stumptown Coffee
Ich komme jeden Morgen, um unseren Kaffeebedarf vor dem Mittagsgeschäft zu decken. Wir lieben die Zubereitungsformen, von Cold Brew bis zu Latte mit Eis und Hafermilch.

Sonoratown
Nach einem starken Mittagsgeschäft bestellen wir immer vom Sonoratown – unsere persönlichen Favoriten sind das Tripa Taco und das Tripa Lorenza.

Holbox
Der Laden ist wirklich gut, unsere Favoriten sind *scallop aguachile* und alle Salsas.

BoomTown Brewery
Unsere Lieblingsbar, wenn wir einmal feiern wollen.

Vintage-Shopping
Im ROW DTLA gibt's supercoole kleine, spezialisierte Läden – wir gehen normalerweise in den General Store.

ESSEN IN DOWNTOWN L.A.

Langer's Deli
Das bekannte Deli ist für seine warme Pastrami in seinem legendären Sandwich Nr. 19 berühmt. **$$**

Bavel
Das Restaurant ist auf nahöstliche Gerichte zum Teilen spezialisiert und hat ein traumhaftes, üppiges Ambiente. Reservieren dringend empfohlen! **$$**

Camphor
Das mit Michelinsternen ausgezeichnete Camphor wird von zwei Köchen geführt, die bei Alain Ducasse gelernt haben, und nun hier ihre Fähigkeiten in den Dienst der französischen Küche stellen. **$$$**

BURBANK & UNIVERSAL CITY

FILMVERRÜCKT, FAMILIENFREUNDLICH, VORSTÄDTISCH

Angesichts dessen, was der Großraum L. A. zu bieten hat, steht Burbank nicht unbedingt ganz oben auf der Liste dessen, was man gesehen haben muss, aber das Gebiet ist dennoch ein integraler Bestandteil des Großraums. In dieser „Medienhauptstadt der Welt" sind alle großen Namen vertreten (z. B. die Walt Disney Company, das Warner Bros Cartoon Network und Nickelodeon) und viele Live-Studioaufnahmen finden heute hier statt. Am Rand liegt Universal City, der weltweit einzige Themenpark mit integriertem Filmstudio, den Universal Studios Hollywood. Außer dem Park gibt's in der Gegend wenig zu sehen, also sollte man sich etwas abenteuerlustig zeigen und nach Pasadena vordringen – und dann weiter nach San Gabriel, das heute als ein neues Chinatown angepriesen wird und mit das beste chinesische Essen im Großraum zu bieten hat.

TOP TIPP

Um langes Anstehen zu vermeiden, empfehlen wir, alle Themenpark- und Studioführungstickets für die Universal Studios Hollywood vorab zu kaufen. Am besten legt man sich den Express Pass zu, um mehr aus seinem Tag herauszuholen.

Wildwood Canyon Park

NATUR MIT AUSBLICK

Der Wildwood Canyon Park liegt in den Verdugo Mountains. An klaren Tagen lohnt sich die anspruchsvolle Wanderung, um den Blick auf Burbank und mit viel Glück auch auf Downtown L.A. zu genießen. Die Wanderung hat eine Länge von rund 8 km vom Start bis zum Ziel, und es gibt unterschiedliche Wege aller Schwierigkeitsgrade. Angesichts des heißen, sonnigen Wetters sollte man unbedingt viel Wasser und Sonnenschutzmittel mitbringen. Wer den Tag mit einem besonderen Erlebnis krönen will, genießt hier einen spektakulären Blick in den Sonnenuntergang.

Wildwood Canyon Park

Bob's Big Boy

STAPEL DIE BIG BOYS

Viel amerikanischer geht's nicht: Bob's Big Boy mit der berühmten Werbefigur des schmalzlockigen, verschmitzten Jungen, der, seit er vor mehr als einem halben Jahrhundert seinen ersten Doppeldecker-Hamburger serviert hat, kein bisschen gealtert ist, serviert seit 1949 Burger und ist damit die älteste verbliebene Filiale der Burgerkette, die einfache Gerichte wie Brathähnchen und sahnige Milchshakes anbietet. Die Filiale in Burbank hat auch ihren Anteil an der Geschichte der Unterhaltung, z. B. die Sitzecke, in der die Beatles 1964 speisten. Das vorkragende Dach scheint über dem Restaurant zu schweben und erinnert an die Arbeiten von Frank Lloyd Wright. Das 21 m hohe Werbeschild ist ein örtliches Wahrzeichen.

Bob's Big Boy

Warner Bros Studio Tour

EINBLICKE IN FILM UND TV

Wenn Burbank für etwas bekannt ist, dann für die berühmte Warner Bros Studio Tour durch eine der wichtigsten Filmstudios der Welt. Klassiker wie *Casablanca* oder *Batman* und andere beliebte Filme und Serien wie *Friends, Gilmore Girls, Ellen* und *La La Land* wurden auf dem Gelände gedreht, und bei der Tour erhält man einen guten Eindruck, wie und wo sie gedreht wurden. Es gibt verschiedene Touroptionen. Ein Trolley fährt einen über das 45 ha große Gelände. Bei der Tour erfährt man viel über die Geschichte des Studios, schaut sich das Studiogelände und Exponate an und macht einen Zwischenhalt beim Central Perk aus *Friends*. Die Führung vermittelt einen spaßigen, aber authentischen Blick hinter die Kulissen eines großen Studios samt den technischen Abteilungen, inklusive Requisiten- und Kostümabteilung.

Das Colony Theatre

Das Colony Theatre

EIN THEATER MIT VIEL CHARME

Das kleine, geliebte Colony Theatre ist von einem kleinstädtischen örtlichen Treff zu einer der 25 bekanntesten US-amerikanischen Theaterkompanien geworden – wenn man dem *Encyclopedia Britannica Almanac* glauben darf. Seit 1975 ist das Colony eine Startrampe für Broadway-Musicals und Schauspieler:innen und bietet eine große Vielfalt an Stücken und besonderen Veranstaltungen. Auf dem spannenden Spielplan standen z.B. Produktionen wie *Guys and Dolls* und *Driving Miss Daisy*. Im Theater hat man von allen Plätzen gute Sicht, man sollte aber früh kommen, weil das Gebäude nicht gerade leicht zu finden ist.

Tally Rand

GUTES, PREISWERTES ESSEN

Das Tally Rand ist eines der ältesten familiengeführten Restaurants in der Gegend und seit mehr als 60 Jahren eine bekannte Adresse in L.A. Es serviert amerikanische Klassiker und ist bekannt dafür, seine eigenen Truthähne zu braten, außerdem für beliebte Gerichte wie Buttermilch-Pfannkuchen und alle möglichen Sandwich-Varianten. Am Wochenende ist der Laden immer gut von Leuten besucht, die Truthahn mit hausgemachtem Kartoffelbrei, Braten- und Cranberrysauce essen. Auf der Karte steht, dass das Truthahn-Dinner von der kalifornischen TV-Ikone Huell Howser sehr geschätzt wurde.

Porto's Bakery

Porto's Bakery

HERRLICH LECKERES GUAVEN-GEBÄCK

Herz und Seele der kubanischen Küche entdeckt man im familiengeführten Porto's Burbank, das schon seit mehr als 50 Jahren existiert. Es hat eine kultartige Anhängerschaft gewonnen vor allem dank seines lockeren Guaven- und Frischkäsegebäcks, das sogar eine tiefere Bedeutung hat. Das Guaven-Gebäck mit dem Namen Refugiado (Flüchtling) ist eine Hommage an die kubanischen Erinnerungen der Eigentümer und ihre Auswanderung in die USA. Außerdem gibt's hier perfekt gegrillte kubanische Sandwiches, *ropa vieja* und leckere Kuchen. Die Warteschlange ist allerdings kein Spaß und reicht an den meisten Tagen bis um die Ecke. Um das stundenlange Anstehen zu vermeiden, kommt man möglichst früh oder bestellt vorab telefonisch.

Universal Studios Hollywood

SPASS FÜR ALLE

L. A. ist der Sitz der Universal Studios Hollywood. Das Gelände der Universal City ist zugleich ein arbeitendes Filmstudio und ein Themenpark, der Besucher:innen einen Eindruck davon vermittelt, wie Filme produziert werden. Fans von *Harry Potter* finden hier eine Replik von Hogwarts Castle, können die Läden von Hogsmeade besuchen und sich sogar bei Ollivander einen Zauberstab aussuchen, ehe sie den Ride Harry Potter and the Forbidden Journey antreten, bei dem sie aufgeregt hoch über Hogwarts schweben. Zu den weiteren Attraktionen gehören Jurassic World: The Ride und verschiedene, über den großen Park verteilte Liveshows. Die Studiotour ist jedoch das bei weitem beeindruckendste Erlebnis hier. Eine Tram fahrt die Gäste durch das Studiogelände, begleitet von dem vorab aufgezeichneten Kommentar des Talkshowmasters Jimmy Fallon. Man fährt durch die berühmten Kulissen von *Der weiße Hai* und *Psycho* und geht mit King Kong auf Tuchfühlung. Um das meiste aus der Zeit herauszuholen, kommt man am besten früh, bevor die Massen heranstürmen.

SNACKTIME IN DEN UNIVERSAL STUDIOS HOLLYWOOD

Wer ein Fan der *Simpsons* ist und schon immer einmal den berühmten rosa Donut aus der Fernsehserie probieren wollte, begibt sich nach Springfield zum Donut-Laden **Lard Lad Donuts**. Wer in den hellsten, mit Streuseln verzierten Donut beißen will, sagt das geheime Codewort „Giant Pink“ und kann zulangen.

Eingang zu den Universal Studios Hollywood

DISNEYLAND & ORANGE COUNTY

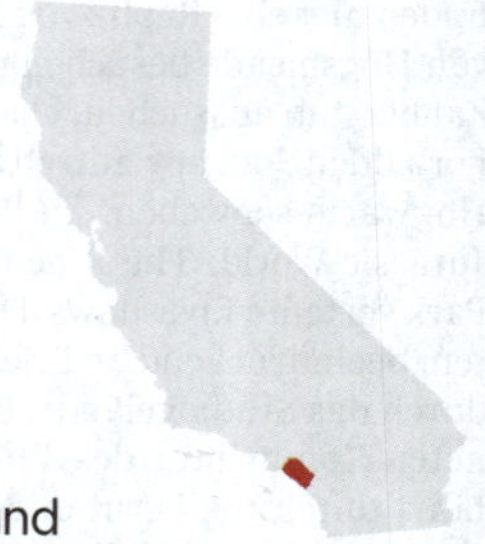

SONNE, SAND & SURFEN

Dieser Teil Kaliforniens, der ganz und gar vom Strand geprägt ist, ist das ganze Jahr über warm und sonnig und beherbergt mit Disneyland die größte Touristenattraktion des Bundesstaates.

Wahrscheinlich hat jeder schon einmal gehört, dass Kalifornien deshalb so großartig ist, weil man dort an ein- und demselben Tag an den Strand und zum Skifahren gehen kann. Und auch wenn es in Wirklichkeit niemand tut: Die Leute meinen damit Orange County. Wenn man sich in einer der wunderbar malerischen Städte am Meer aufhält, ist das nächste Skigebiet in Südkalifornien nur etwa zwei Stunden entfernt. Von Anaheim aus kann man die schneebedeckten San Gabriel Mountains besonders gut sehen, vor allem von höher gelegenen Orten in und um Disneyland.

DAVID MCNEW/GETTY IMAGES ©

Aber das Letzte, woran man in Orange County denkt, ist wahrscheinlich kaltes Wetter. Das sonnige, sandige Paradies hat eine 42 Meilen (68 km) lange Küstenlinie.

Aber mal ganz abgesehen von den Stränden – hier gibt es fast unendlich viele Sehenswürdigkeiten, darunter dynamische Kunstmuseen und kulturelle Attraktionen, historische Orte und Naturschutzgebiete an Land und zu Wasser, die nur darauf warten, erkundet zu werden. Im Landesinneren liegen die größeren Städte des Orange County wie Anaheim, Santa Ana und Irvine. Anaheim ist die Heimat einer sehr, sehr berühmten Maus; im nahegelegenen Buena Park befindet sich mit Knott's Berry Farm ein weiterer berühmter Themenpark Kaliforniens. An der Küste, wo man wahrscheinlich den größten Teil seiner Zeit verbringen wird, liegen all die Orte, die man schon aus dem TV kennt, wie Huntington Beach, Newport Beach und Laguna Beach.

DIE WICHTIGSTEN ZIELE

DISNEYLAND
Wo Kindheitsträume wahr werden. S. 392

HUNTINGTON BEACH
Surfhauptstadt Kaliforniens (und der USA). S. 402

NEWPORT BEACH
Ein schicker Ort zum Sehen und Gesehen werden. S. 407

FIPHOTO/SHUTTERSTOCK ©

Links: Disneyland (S. 392); oben: Huntington Beach Pier (S. 404)

Erste Orientierung

Die 2455 km² von Orange County, von denen 16% aus Wasser bestehen, haben es in sich. Wer nur für kurze Zeit hier ist, sollte sich an die besten Strandorte halten, um den Lifestyle in OC kennenzulernen.

Huntington Beach, S. 402

Die Surf City USA ist der Ort, an dem dieser Wassersport zum ersten Mal in den USA Verbreitung fand, lang bevor Hawaii zu einem Bundesstaat wurde, und überall herrscht ein Surfer-Vibe.

Disneyland, S. 392

Disneyland ist ein wesentlicher Teil von Anaheim, aber nicht alles. Der Anaheim Packing District ist eine Ansammlung umgebauter Fabriken, in denen Essensstände, Brauereien und Weinkellereien untergebracht sind.

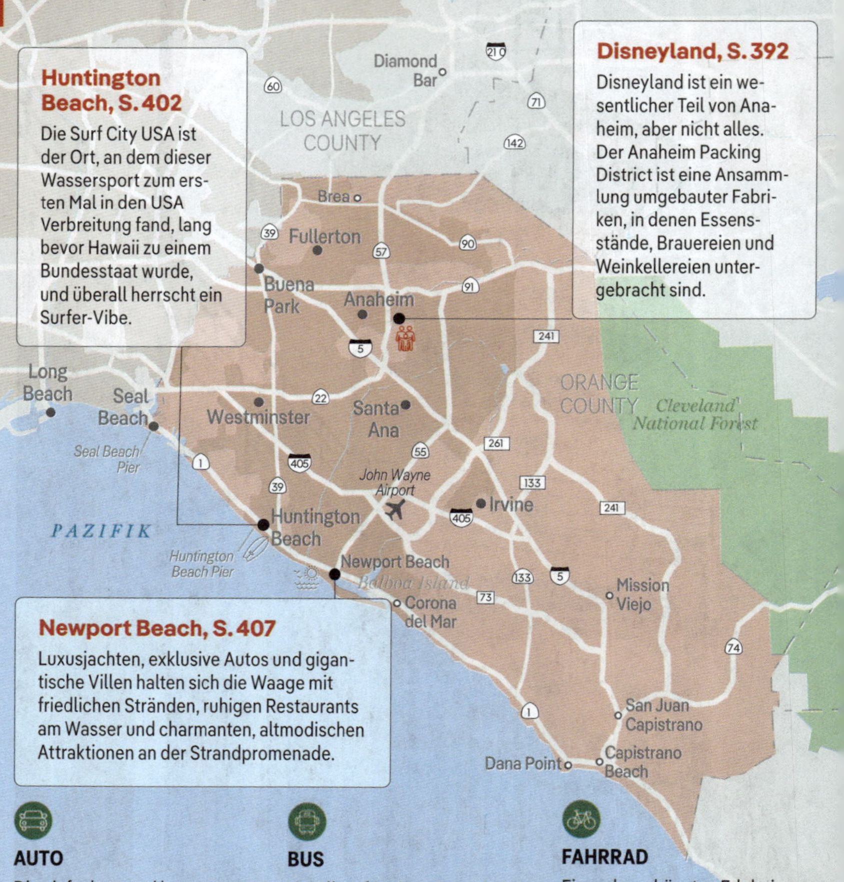

Newport Beach, S. 407

Luxusjachten, exklusive Autos und gigantische Villen halten sich die Waage mit friedlichen Stränden, ruhigen Restaurants am Wasser und charmanten, altmodischen Attraktionen an der Strandpromenade.

AUTO

Die einfachste und bequemste Art der Fortbewegung in Orange County ist definitiv ein eigenes Fahrzeug. Der Verkehr ist allerdings unberechenbar. Am besten plant man strategisch um die verkehrsreichen Tageszeiten herum, um weniger Zeit auf dem Highway zu verbringen.

BUS

Vor allem für einen Besuch der Themenparks empfiehlt es sich, mit dem ART-Bus (Anaheim Regional Transportation) zu fahren. So spart man sich die Parkgebühren und die Warteschlangen vor den Parkhäusern.

FAHRRAD

Eines der schönsten Erlebnisse bei einem Besuch in Orange County ist es, sich ein Fahrrad zu mieten und den Pacific Coast Highway entlang zu radeln, der alle Strandstädte über eine etwa 40 Meilen (65 km) lange Uferstraße miteinander verbindet.

SANDRA FOYT/SHUTTERSTOCK ©

Sherman Library & Gardens (S. 409), Newport Beach

Perfekte Tage

Orange County ist ein Ort, an dem man die Seele baumeln lassen und die Atmosphäre auf sich wirken lassen kann. Egal, ob man „nur" am Strand entspannt oder bereit ist für ein Outdoor-Abenteuer, hier findet jeder tolle Orte zum Erkunden.

JUANCAT/SHUTTERSTOCK ©

Crescent Bay Beach (S. 413)

Wenig Zeit

● Einen Tag verbringt man in **Newport Beach** (S. 407), wo es die größte Konzentration an für OC typischen Landschaften und Aktivitäten an einem Ort gibt. Nur wenige Kilometer entfernt findet man auf der **Balboa Peninsula** (S. 409) die perfekte kalifornische Strandpromenade mit einem Vergnügungspark wie aus alten Zeiten. Von dort aus geht's mit der Fähre nach **Balboa Island** (S. 409), um in Newport eine der berühmten Frozen Bananas zu essen, oder nach **Corona del Mar** (S. 409), um in dem an den Klippen gelegenen Park am Wasser spazieren zu gehen. Zum Abendessen macht man sich noch schick und genießt den Sonnenuntergang in einem der eleganten Restaurants am Hafen in **Mariner's Mile** (S. 410).

Beste Reisezeit

Die meisten assoziieren OC mit Sommer, aber in der Nebensaison ist das Wetter genauso schön, die Menschenmassen viel kleiner und die Hotelpreise niedriger – und es gibt saisonale Veranstaltungen, die einen Besuch wert sind.

JANUAR

Das **Tet-Festival** in Costa Mesa ist ein dreitägiges Fest zur vietnamesischen Küche und Kultur und die größte Feier zum vietnamesischen Neujahrsfest im Land.

MÄRZ

Auf den Pfaden des Laguna Coast Wilderness Parks in Laguna Beach kann man die berühmte **Wildblumenblüte** Kaliforniens erleben.

APRIL

Bei **Jack's Surfboards Pro** in Huntington Beach treffen sich Spitzensurfer:innen aus der ganzen Welt, um sich für die World Surfing League zu qualifizieren.

Drei Tage Zeit

● Als Nächstes steht ein Tag in **Disneyland**, dem „glücklichsten Ort der Welt“, auf dem Programm (S. 392). Klassische Attraktionen und Nostalgie pur bietet der **Disneyland Park** (S. 394). Nervenkitzel, großartiges Essen und das Marvel Cinematic Universe findet man im **Disney California Adventure** (S. 395). Mit einem Park-Hopper-Ticket kann man beide Parks besuchen, aber wer nur einen Tag Zeit hat, sollte sich für einen entscheiden, um dort dann wirklich alles zu entdecken.

● Nach einem aufregenden (und überfüllten) Tag im Themenpark erholt man sich in **Laguna Beach** (S. 412), wo man die unvergleichliche Küstenlandschaft, die Geschäfte am Meer und die öffentliche Kunst im eigenen Tempo erkunden kann.

Länger Zeit

● Orange County kann prima mit dem Fahrrad erkundet werden. Von **Seal Beach** (S. 406) aus geht's nach Süden durch **Huntington Beach** (S. 402), **Newport Beach** (S. 407), **Laguna Beach** (S. 412) und **Dana Point** (S. 413). Auf direktem Wege sind dies etwa 40 Meilen (65 km), aber wenn man vom Pacific Coast Highway abbiegt und noch einige Städte besucht, dauert es länger. Am besten nimmt man sich ein paar Tage Zeit, um die entspannte Küstenatmosphäre zu genießen, die Orange County auszeichnet.

● Zum Abschluss lockt das Abenteuer auf dem Wasser in Form einer Walbeobachtungstour oder einer Hafenrundfahrt; beides wird in den Häfen aller Städte hier angeboten.

JUNI

Das jährlich stattfindende **Jazzfestival** von Newport Beach bietet drei Tage lang Konzerte von Weltrang mit Blick auf Naturreservate und die Meereslandschaft.

JULI

Das berühmte **Sawdust Arts Festival** in Laguna Beach offenbart die kreative Seite der Stadt mit einem großen Fest, bei dem auch Kunstunterricht angeboten wird.

OKTOBER

Für schaurigen Spaß bietet sich die Halloween-Party **Oogie Boogie Bash** in Disneyland an. Wer es noch gruseliger mag, besucht **Knott's Scary Farm**.

NOVEMBER

Das Sleeping Beauty Castle leuchtet und die Weihnachtsfeierlichkeiten in **Disneyland** sind in vollem Gang, mit Paraden, weihnachtlichen Rides und tollem Essen.

DISNEYLAND

Als Walt Disney Disneyland erdachte, gab es keinen anderen Ort wie diesen: einen Themenpark, der Kinder und Erwachsene gleichermaßen begeistern würde. Bei der Eröffnung am 17. Juli 1955 sagte er: „Hier schwelgen die Älteren in schönen Erinnerungen an die Vergangenheit, und die Jugend kann einen Vorgeschmack auf die Abenteuer und Verheißungen der Zukunft bekommen".

Der Park, der an jenem Tag in Anaheim mit nur einer Handvoll Attraktionen eröffnet wurde, sah ganz anders aus als heute, aber eines blieb gleich: das Storytelling, bei dem die Grenze zwischen Magie und Realität zu verschwimmen scheint. Das gilt für alles, von genreübergreifenden Rides wie Star Wars: Rise of the Resistance bis zum „Schnee", der in der Weihnachtszeit jeden Abend auf die Main Street, U. S. A. fällt, obwohl es in Orange County in fast 200 Jahren nur dreimal wirklich geschneit hat.

TOP TIPP

Egal, ob man nur einen Tag oder einen ganzen Urlaub in Disneyland verbringt, ohne die Disneyland-App kommt man nicht weit. Mit der App kann man die Wartezeiten an den Fahrgeschäften verfolgen, Essen bestellen, Tischreservierungen vornehmen und vieles mehr.

Disneyland Park (S. 394)

JEFFREY WHYTE/ALAMY©

VORAUSPLANUNG

Ein Unterschied zum Disneyland von einst besteht darin, dass ein Besuch Vorausplanung erfordert. Für den Park braucht man nicht nur ein Ticket, sondern auch eine Parkreservierung für den betreffenden Tag, die über die Disneyland-App oder die Website vorgenommen werden muss. Vor allem in Zeiten, in denen viel los ist, wie z. B. in den Schulferien, sind diese Reservierungen schnell ausgebucht. Wer Disneyland während seiner Reise besuchen möchte, sollte sicherstellen, dass ein Zugang am gewünschten Tag noch möglich ist. Das gilt auch für Restaurants: Wenn man ein bestimmtes Restaurant ins Auge gefasst hat, sollte man reservieren, sobald dies möglich ist (60 Tage vorher).

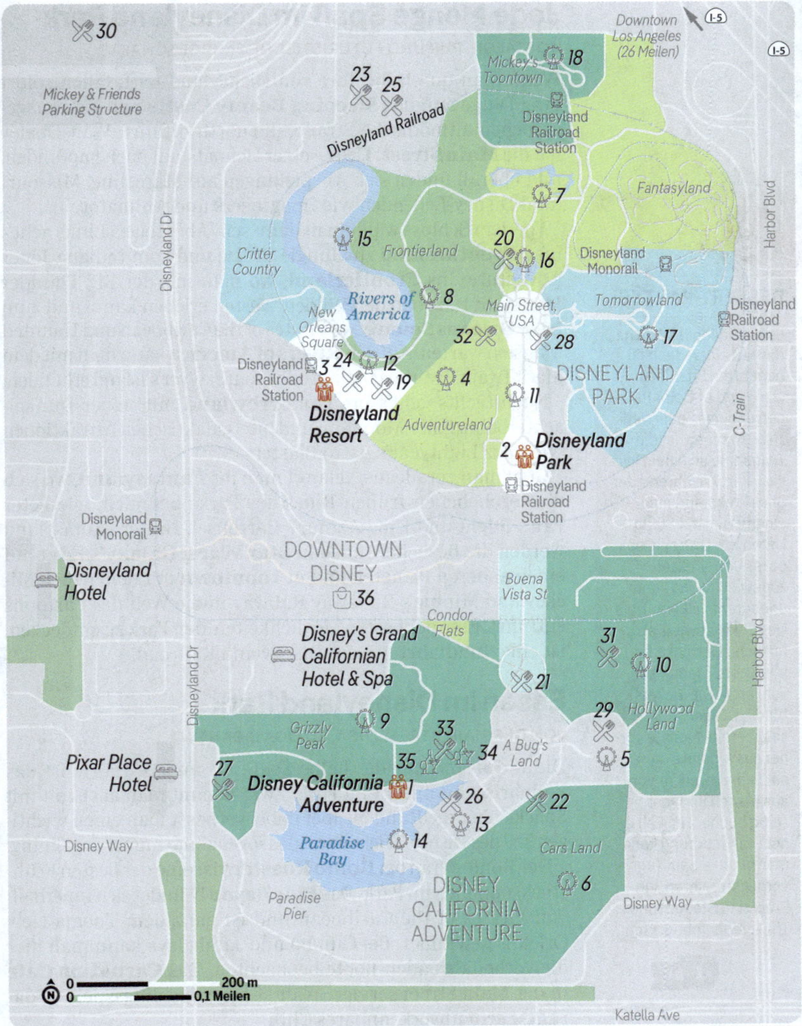

HIGHLIGHTS
1 Disney California Adventure Park
2 Disneyland Park
3 Disneyland Resort

SEHENSWERTES
4 Adventureland
5 Avengers Campus
6 Cars Land
7 Fantasyland
8 Frontierland
9 Grizzly Peak Recreational Area
10 Hollywood Land
11 Main Street, USA
12 New Orleans Square
13 Pacific Wharf
14 Pixar Pier
15 Rivers of America
16 Sleeping Beauty Castle Walkthrough
17 Tomorrowland
18 Toontown

ESSEN
19 Blue Bayou Restaurant
20 Carnation Cafe
21 Carthay Circle Restaurant
22 Cozy Cone Motel
23 Docking Bay 7 Food and Cargo
24 French Market Restaurant
25 Oga's Cantina at the Disneyland Resort
26 Pacific Wharf Café
27 Paradise Garden Grill
28 Plaza Inn
29 Pym Test Kitchen
30 Ronto Roasters
31 Schmoozies
32 Walt Disney's Enchanted Tiki Room
33 Wine Country Trattoria

AUSGEHEN
34 Mendocino Terrace
35 Sonoma Terrace

SHOPPEN
36 Downtown Disney District

Jede Menge Spaß im Disneyland Park

NOSTALGIE PUR UND FUTURISTISCHE FAHRGESCHÄFTE

Wenn man durch die Tore von Disneyland tritt, fallen sofort zwei Dinge auf: das **Sleeping Beauty Castle** und eine ausgesprochen altmodische Straße, die dorthin führt. Walt Disney hat die **Main Street, USA**, seiner Heimatstadt nachempfunden, und überall finden sich Anspielungen auf Marceline, Missouri (und Disney-Legenden wie Imagineers und Animatoren).

Vor dem Schloss wählt man dann sein Abenteuer: Links geht's ins **Adventureland** zur Jungle Cruise und zum Indiana Jones Adventure, ins **Frontierland**, wo man mit der Big Thunder Mountain Railroad den Wilden Westen erleben kann, und zum **New Orleans Square**, wo Pirates of the Caribbean und Haunted Mansion warten. Auf den **Rivers of America** kann man mit dem Mark Twain Riverboat fahren oder Tom Sawyer's Island erkunden.

Nach rechts geht's ins **Tomorrowland** mit seiner Dunkelachterbahn Space Mountain und intergalaktischen Attraktionen wie Buzz Lightyear's Astro Blasters.

Geht man geradeaus, gelangt man ins **Fantasyland**, wo sich die verbliebenen frühen Rides des Parks befinden, wie Peter Pan's Flight und King Arthur's Carrousel. Hinter Fantasyland werden die Besucher:innen in **Star Wars: Galaxy's Edge** auf einen anderen Planeten und in **Toontown** mit dem neuen Mickey and Minnie's Runaway Railway in die Welt der Cartoons entführt. Eine der besten Möglichkeiten, den Park zu entdecken, ist eine Rundfahrt mit der Disneyland Railroad.

DESSERT-PARTYS

Eine Möglichkeit, um garantiert einen der heiß begehrten Sitzplätze für die World of Color Paraden und das Feuerwerk zu bekommen, ist die Teilnahme an einer Dessert-Party. Während der Show bekommt man einen Tisch mit Süßigkeiten wie Disney-Cupcakes und -Keksen zugewiesen und kann unbegrenzt alkoholfreie Getränke (sowie 2 alkoholische Getränke für alle über 21 Jahre) konsumieren. Die Tickets für die Dessert-Partys sind bereits Monate vorher ausverkauft, daher sollte man weit im Voraus planen und rechtzeitig buchen. Im Fall einer Planänderung kann man bis zu einem Tag vorher stornieren. Im Preis sind Steuern und Trinkgelder inbegriffen.

Essen im Disneyland Park

VON DER MAIN STREET, USA, ZU OGA'S CANTINA

Die Rides sind nur der halbe Spaß, die andere Hälfte ist das kulinarische Angebot im Park. Zwar kommt man auch gut mit Snacks über die Runden, aber dabei verpasst man einen wichtigen Teil des Disney-Erlebnisses: das sogenannte Immersive Dining.

Der Ronto Wrap bei **Ronto Roasters** ist eine der besten Frühstücksoptionen im Park. Das **Blue Bayou** befindet sich innerhalb von Pirates of the Caribbean und ist ganz dem Thema New Orleans gewidmet. Bei Gumbo und Jambalaya kann man hier die vorbeifahrenden Boote beobachten. Das **Carnation Cafe** in der Main Street serviert Walt Disneys Lieblingsspeisen, darunter sein unverkennbares Chili.

Im Schnellrestaurant **Plaza Inn** kann man nichts falsch machen. Die Brathähnchen dort sind super, und man hat einen hervorragenden Platz, um die Parade zu beobachten. Der **French Market** am New Orleans Square serviert Jambalaya und andere Cajun- und kreolisch inspirierte Gerichte sowie die kultigen Beignets in Mickey-Form, von denen alle schwärmen.

DIE SEHENSWERTESTEN DISNEYLAND-SHOWS

Fireworks Spectacular
Feuerwerk über dem Sleeping Beauty Castle, begleitet von Musik und Projektionen auf der Main Street, USA.

Fantasmic!
Abendshow auf den Rivers of America mit Mickey dem Zauberer, der die Macht der Fantasie entfesselt.

Tägliche Paraden
Das Thema wechselt je nach Jahreszeit, aber immer fahren Disney-Figuren auf Umzugswagen durch die Main Street, USA.

In Star Wars: Galaxy's Edge gibt es Restaurants, die wahrlich nicht von dieser Welt zu sein scheinen. **Oga's Cantina** ist zwar nicht die Bastion des Abschaums und der Schurken, die Obi-Wan sie im ersten Film beschreibt, aber sie bietet eine tolle Atmosphäre und leckere Cocktails wie den Jedi Mind Trick. Im **Docking Bay 7**, einem der besten und preiswertesten Schnellrestaurants im Park, werden von *Star Wars* inspirierte Speisen serviert.

Zum Ausklang des Tages gibt es einige klassische Disneyland Park Leckereien: Churros (mit Variationen wie S'mores und Kürbisgewürz), Dole Whip, eine Süßigkeit aus gefrorener Ananas, die ein Markenzeichen des **Enchanted Tiki Room** ist, und die Disneyland-Popcorneimer zum Sammeln – ein lustiges (und wieder auffüllbares) Souvenir.

Die großen Rides in Disney California Adventure

NERVENKITZEL UND FILMZAUBER

Auf der anderen Seite der Plaza befindet sich Disney California Adventure (DCA), ein neuerer Park mit dem Schwerpunkt auf großen Rides und neueren Disney-Themen. Zunächst geht man die Buena Vista Street entlang, die nach dem Vorbild des alten Hollywoods gestaltet ist und nach der Straße in Burbank benannt ist, in der sich die Walt Disney Studios befinden. Im **Hollywood Land**, das dem Hollywood Blvd nachempfunden ist, gibt es einen Monsters-Inc.-Ride und die Animation Academy, in der man lernen kann, wie Disney-Figuren gezeichnet werden. Nächster Halt ist der **Avengers Campus**, Disneys neuester Themenbereich, wo Marvel-Superhelden unter den Normalsterblichen wandeln und man sich im Web-Slingers, einem Virtual-Reality-Ride, wie Spider-Man und in Mission: Breakout! wie einer der Guardians of the Galaxy fühlen kann.

Cars Land ist eine schöne Nachbildung von Radiator Springs aus *Cars*, einschließlich der rasanten Radiator Springs Racers. Am **Pixar Pier** gibt es Rides wie den Incredicoaster, der *Die Unglaublichen* zum Thema hat und das größte und fieseste Fahrgeschäft in beiden Parks ist, außerdem die Toy Story Midway Mania, die Groß und Klein in die Welt der Jahrmarktsspiele versetzt, sowie Pixar Pal-A-Round, ein gigantisches Riesenrad. Toll ist auch Ariel's Undersea Adventure, eine ruhige, dunkle Fahrt durch die Welt von *Arielle, die Meerjungfrau*.

Andere Bereiche des Parks sind weiteren Teilen Kaliforniens nachempfunden, wie z. B. die von San Francisco inspirierte **Pacific Wharf** (mit eigenem Ghirardelli-Shop) und die an Nordkalifornien angelehnte **Grizzly Peak Recreation Area**, in der sich der unglaubliche Ride Soarin' befindet, bei dem man über einige der spektakulärsten Sehenswürdigkeiten der Welt „fliegt".

DAS GEHEIME OFFICE

Die **Lamplight Lounge** am Pixar Pier ist ein Muss: Die Aussicht auf den Incredicoaster, das Riesenrad und die Lagune ist unvergleichlich, das Essen ist großartig und die Drinks sind ein Traum (vor allem die von der geheimen Cocktailkarte).

Es gibt auch einen versteckten privaten Speisesaal, **The Office**. Wie man dort hineingelangt, wissen nur eingefleischte Fans. Lust darauf, originale Pixar-Animationsskizzen mit eigenen Augen zu sehen? Der Trick besteht darin, in einer größeren Gruppe zu erscheinen – der Raum bietet Platz für 13 Personen – und genau dann dort zu sein, wenn das Restaurant öffnet. Dann muss man nur noch ein Mitglied des Personals (bei Disney „Cast Member" genannt) so nett wie möglich fragen, Daumen drücken und sich überraschen lassen. Man weiß nie, was die Disney-Magie bewirken kann.

DIE SEHENSWERTESTEN SHOWS IN DCA

World of Color
Das abendliche Spektakel im DCA verbindet Szenen aus Disney-Filmen mit einer Wassershow in der Lagune.

Avengers-Shows
Den ganzen Tag über demonstrieren Charaktere wie Spider-Man und Black Widow ihre besonderen Fähigkeiten.

Konzerte im Paradise Garden
Latin-R&B- und Pop-Künstler spielen auf der Bühne nahe des Meet & Greet mit den Figuren aus *Coco* und *Encanto*.

GUT ZU WISSEN: GENIE+

Genie+ ähnelt dem früheren „Fast Pass", kann aber bis zu 29 US$ pro Person kosten. Mit dieser Funktion kann man sich über die Disneyland-App den Zugang zur schnelleren Wartenschlange eines Rides, der sogenannten Lightning Lane, sichern. Innerhalb eines Zeitfensters von zwei Stunden lässt sich aber jeweils nur ein Pass buchen (die App meldet, wenn die nächste Buchung möglich ist). Es gibt noch weitere Einschränkungen: Genie+ kann für jede Fahrt nur einmal verwendet werden, und nicht alle Rides sind verfügbar. Aber wenn man nur wenig Zeit hat und so viel wie möglich erleben möchte, lohnt sich die zusätzliche Investition, um nicht so lange anstehen zu müssen.

Cozy Cone Motel

Kulinarische Köstlichkeiten in DCA

FINE DINING MIT UNTERHALTUNGSWERT

Disney California Adventure (DCA) ist definitiv ein Feinschmecker-Park, und viele der Länder hier sind kalifornisch inspiriert.

Im **Carthay Circle** und in der zwangloseren Carthay Circle Al Fresco Lounge im Hollywood Land kann man glamourös speisen und köstliche Cocktails genießen, und in der Wine Country Trattoria gibt es von Sonoma inspirierte Gerichte.

Direkt neben der **Wine Country Trattoria** gibt es zwei Bars, an denen man direkt an der Theke bestellen kann. Die **Sonoma Terrace** bietet eine Auswahl an Bier und Weinen sowie Snacks. Die **Mendocino Terrace** ist ein reines Weinlokal, in dem über 20 verschiedene Weinsorten glasweise ausgeschenkt werden. Anders als im Disneyland Park ist im gesamten DCA erlaubt und alle Restaurants bieten Getränke zum Mitnehmen an.

Für einen schnellen Imbiss ist das mexikanische Essen im **Paradise Garden Grille** immer eine gute Wahl, und im **Pacific Wharf** (das derzeit zum San Fransokyo aus *Baymax – Riesiges Robowabohu* umgestaltet wird) gibt's chinesische und mexikanische Gerichte sowie ein von San Francisco inspiriertes Café mit Suppen, die in Brotlaiben aus Sauerteig serviert werden.

Das mit Abstand witzigste Angebot hat **Pym Test Kitchen** im Avengers Campus. Hier werden die Speisen in Über- und Untergrößen serviert, die von den sich ändernden Größenverhältnissen des Marvel-Superhelden Ant-Man inspiriert sind –

ATTRAKTIONEN, DIE SICH JE NACH JAHRESZEIT VERÄNDERN

Haunted Mansion Holiday
Von September bis Januar wird das Haunted Mansion in *Nightmare-Before-Christmas*-Manier umgestaltet.

Guardians of the Galaxy – Monsters After Dark
Zu Halloween bietet diese ohnehin schon furchterregenden Freefall-Attraktion die doppelte Ladung an Gruselspaß.

It's a Small World
Bei dieser Bootsfahrt wird die Weihnachtszeit rund um den Globus zelebriert.

z. B. winzige Nudeln mit einem riesigen pflanzlichen „Fleischbällchen", das auf einem riesigen Löffel serviert wird, oder ein Pym-ini-Sandwich, das für sechs Personen ausreicht und auch in einer Teeny-Pym-ini-Version für eine Person angeboten wird.

In Eile? Im **Cozy Cone Motel** im Cars Land gibt's Bacon Mac'n'Cheese, ein kegelförmiges, mit leckerem Käse gefülltes Brot, und das **Schmoozies** im Hollywood Land macht witzige Mickey Milkshakes. Eine Mickey-Brezel geht natürlich immer.

Festliche Zeiten in Disneyland

SAISONALE FESTE, FÜR DIE EINE PLANUNG LOHNT

Disney California Adventure feiert das **Mond-Neujahr** (meist Jan. oder Feb., je nach chinesischem Mondkalender) mit einem Fest, das der ostasiatischen Küche, Kultur und Tradition gewidmet ist. An den Essensständen werden chinesische, vietnamesische und koreanische Straßengerichte nach Disney-Art angeboten, und es gibt Paraden und musikalische Darbietungen.

Im März und April findet das **California Adventure Food & Wine Festival** statt. Die riesige Vielfalt der regionalen kalifornischen Küche steht im Mittelpunkt dieses jährlichen Festivals. Es gibt nicht nur Essensstände, die verschiedenen Regionen und typischen kalifornischen Lebensmitteln gewidmet sind (z. B. ein Stand, der der Artischocke gewidmet ist), sondern auch spezielle gastronomische Events und Kochvorführungen.

Für alle, die sich gern gruseln, gibt es in Disneyland keine bessere Zeit als die **Halloween Time**. Halloween beginnt hier im September und dauert den ganzen Oktober. Die Parks sind dann aufwendig dekoriert, inklusive einer Neugestaltung von Cars Land mit einfallsreichen Halloween-Dekorationen aus Autoteilen. Dazu zählen ein „Haul-o-Ween"-Ride und einige Autos (z. B. Lightning McQueen und Hook) in Halloween-Kostümen.

Zu Halloween gibt es auch eine beliebte Sonderauflage des Haunted Mansion, die das Thema *Nightmare Before Christmas* aufgreift. Dazu gehört ein riesiges Lebkuchenhaus, das jedes Jahr anders aussieht. Der Oogie Boogie Bash in DCA ist eine Halloween-Party mit Disney-Bösewichten und Süßes-oder-Saures-Show, für die man ein separates Ticket benötigt.

Gleichzeitig findet der **National Hispanic and Latin American Heritage Month** statt, in dessen Rahmen in beiden Parks musikalische Darbietungen, besondere Figuren und fantastische mexikanisch inspirierte Speisen auf dem Programm stehen.

Im November wird am **Dia de Los Muertos** im Frontierland mit einer riesigen begehbaren *ofrenda* (einem Tag-der-Toten-Altar mit Fotos von geliebten Menschen, Kerzen und Blumen) den Verstorbenen gedacht. Am Baum des Lebens im Paradiesgarten des DCA kann man eine Nachricht an einen verstorbenen

CRASHKURS IN DISNEY-TERMINOLOGIE

In Walt Disney World in Florida heißt der ursprüngliche Park Magic Kingdom, aber im Disneyland Resort heißt er Disneyland, was verwirrend sein kann. „Disneyland" als Reiseziel umfasst zwei Themenparks: Disneyland Park und Disney California Adventure Park, die sich eine gemeinsame Plaza teilen, sodass man leicht zwischen den Parks hin- und herwechseln kann. Zum Disneyland Resort gehören auch drei Hotels (Disneyland Hotel, Disney's Grand Californian Hotel & Spa und Pixar Place Hotel) sowie das Einkaufs- und Gastronomieviertel Downtown Disney. Für den Zutritt zu den Parks sind eine Eintrittskarte und eine Reservierung erforderlich, aber die Hotels und Downtown Disney sind für die Öffentlichkeit zugänglich.

RIDES, FÜR DIE SICH GENIE+ LOHNT

Space Mountain
Diese dunkle Achterbahn im Tomorrowland (Disneyland) ist einzigartig und hat Wartezeiten von über einer Stunde.

Toy Story: Midway Mania!
Diese farbenfrohe Attraktion für alle Altersgruppen, mit der man gut prahlen kann, ist ein absolutes Muss.

Big Thunder Mountain Railroad
Die „wildeste Fahrt in der Wildnis" ist eine Achterbahn mit fantastischen Ausblicken.

geliebten Menschen schreiben und sie an den Baum hängen. Am Ende der Feierlichkeiten ist dieser mit Tausenden von bewegenden Botschaften gefüllt.

Es gibt nichts Schöneres als den Disneyland Park zur Weihnachtszeit. Die Säle des Dornröschenschlosses sind mit kunstvoll geschmückt und beim nächtlichen Feuerwerk fällt nach Lebkuchen duftender Schnee auf die Main Street. Bei einer **Weihnachtsparade** ziehen die Disney-Prinzessinnen durch die Straßen, umgeben von tanzenden Schneeflocken und festlicher Weihnachtsmusik. Die begehrteste Leckerei in dieser Zeit sind die handgezogenen Zuckerstangen, die an bestimmten Tagen frisch hergestellt werden. Die Menschen kommen schon Stunden vorher in den Park, um eine davon zu ergattern.

In den Wochen vor Weihnachten ist DCA anlässlich des California Adventure Festivals festlich geschmückt. Während alle Rides mit weihnachtlichen Aufbauten im Disneyland Park zu finden sind, gibt es in DCA in dieser Jahreszeit ein paar besondere Events, wie z.B. den Besuch des Weihnachtsmanns auf dem Redwood Creek Challenge Trail für weihnachtliche Fotos.

Die größte Veranstaltung ist aber das **Festival of the Holidays**, bei dem Weihnachten, Chanukka, Kwanzaa, Navidad, Diwali und der Drei-Königs-Tag mit Essen, musikalischen Darbietungen und Auftritten von Disney-Figuren gefeiert werden.

DER NEULING IN TOONTOWN

Im Januar 2023 eröffnete Disneyland Mickey and Minnie's Runaway Railway, einen neuen Ride in Toontown, der den Beginn der Disney100-Feierlichkeiten anlässlich des 100-jährigen Bestehens der Walt Disney Company einläutete. Die schienenlose Bahn ist die erste in Disneyland, die Mickey und seinen Freunden gewidmet ist, und lässt die Fahrgäste auf überraschende und unterhaltsame Weise in ihre Cartoons eintauchen. Einige Disneyland Rides sind so begehrt, dass für den schnelleren Zugang gesonderte Gebühren erhoben werden, dabei variieren die Kosten je nach Tag. Diese „Individual Lightning Lane"-Pässe gibt's für Mickey und Minnie's Runaway Railway sowie für andere beliebte Rides wie Radiator Springs Racers und Star Wars: Rise of the Resistance.

Übernachten in einem Disneyland-Resort

POOLS, BARS UND SHOPPEN

Ganz anders als in Walt Disney World, auf dessen Gelände über 25 Hotels stehen, gibt es in Disneyland nur drei, die von den Parks aus alle leicht zu Fuß zu erreichen sind. Das **Disneyland Hotel** ist die Mittelklasseoption des Resorts, aber es versprüht am meisten Disney-Magie, z.B. mit Kopfteilen an den Betten, die Tinkerbell zum Leuchten bringt und die *When You Wish Upon a Star* spielen, oder mit luxuriösen Suiten, die Piraten-, Prinzessinnen- und Mickey-Mottos haben.

Der Poolbereich mit seinen von der Monorail inspirierten Wasserrutschen ist Hotelgästen vorbehalten, aber die Restaurants und Geschäfte im Hotel sind allen zugänglich. Goofy's Kitchen ist ein familienfreundliches Büfettrestaurant, in dem bekannte Disney-Figuren an den Tischen vorbeikommen. Tangaroa Terrace ist ein Schnellrestaurant mit hawaiianisch inspirierten Gerichten, darunter Loco Moco und fluffige japanische Soufflé-Pfannkuchen. Das Schmuckstück des Hotels ist jedoch die Trader Sam's Enchanted Tiki Bar, eine Bar mit Restaurant (Kinder sind tagsüber willkommen), in der Vulkane ausbrechen, Schiffe sinken, es donnert und man nie weiß, was als nächstes passiert.

HOTELS IN LAUFWEITE ZU DISNEYLAND

J.W. Marriott
Neuere Luxusunterkünfte mit gehobener Gastronomie und einer Dachterrassen-Lounge direkt am Anaheim GardenWalk. **$$$**

Anaheim Majestic Garden Hotel
Die von einem Schloss inspirierte Architektur und die Zimmerausstattung sorgen für eine magische Atmosphäre. **$$**

Candy Cane Inn
Unabhängig geführtes Motel mit Kleinstadtcharme, das erst kürzlich renoviert wurde. Sehr kurzer Fußweg zu den Parks. **$**

Eine weitere Übernachtungsoption ist das **Disney's Grand Californian Resort & Spa**. Die hohe Lobby des Grand Californian ist eine Oase der Ruhe abseits der Parks. Besonders praktisch: Das Luxushotel hat einen direkten Zugang zum DCA. In der Lobby kann man sich an der Bar eine heiße Schokolade oder ein alkoholisches Getränk holen und sich dann auf eines der Sofas oder in die Schaukelstühle am Kamin setzen und entspannen, während ein Pianist auf dem Flügel Disney-Musik spielt.

Das Hotel ist im Stil von Nordkalifornien gestaltet – sogar der Pool hat steinerne Wasserfälle und Wasserrutschen. Das Restaurant am Pool, Craftsman Grille, ist ein toller Ort zum Mittagessen, selbst wenn man nicht baden gehen kann. Im Storytellers Cafe trifft man beim Buffet auf pelzige Disney-Figuren wie Chip und Chap. Das Napa Rose schließlich serviert das beste Essen des Resorts. Außerdem gibt es hier morgens ein sehr begehrtes Frühstück mit Prinzessinnen-Charakteren.

Das **Pixar Place Hotel** (ehemals Disney's Paradise Pier Hotel) ist das preisgünstigste Disneyland-Hotel – es ist aber auch am weitesten von den Parks entfernt. Das Hotel wird derzeit renoviert, um Zimmer mit Pixar-Figuren und neue Restaurants zu schaffen.

Auch das Einkaufs- und Essensviertel **Downtown Disney**, das die Hotels mit den Parks verbindet, lohnt den Besuch. Hier gibt's einen riesigen World of Disney Store, aber auch Boutiquen und tolle Restaurants, darunter Black Tap Craft Burgers & Shakes, wo Milchshakes mit ganzen Kuchenstücken als Deko serviert werden. Auch die Ballast Point Brewing Company aus San Diego hat hier einen Ableger.

House of the Retro Future

ZURÜCK IN DIE ZUKUNFT

Das **Howard Johnson by Wyndham Anaheim Hotel & Water Park** ist bei Familien, die Disneyland besuchen, sehr beliebt, sowohl wegen seiner Nähe zu den Parks als auch wegen seines Wasserparks Castaway Cove, der ganz im Zeichen von Piraten steht. Echte Disneyfans lieben das Hotel für sein House of the Retro Future, eine Suite, die im Stil einer inzwischen geschlossenen Disney-Attraktion eingerichtet ist: das Monsanto House of the Future, wurde von 1957 bis 1967 im Tomorrowland gezeigt. Hier werden zukunftsweisende Technologien vorgestellt, die in einem imaginären Jahr 1986 in den Haushalten hätten Einzug halten sollen. Die Suite bietet ein modernes Dekor aus der Mitte des 20. Jhs., einen Plattenspieler und Original-Kunst von Shag.

WARUM ICH DISNEYLAND LIEBE

Julie Tremaine, Autorin

Walt Disney World ist zwar größer, aber Disneyland hat einen ganz eigenen Charme, der meiner Meinung nach auf die noch heute vorhandenen Einflüsse von Walt Disneys ursprünglicher Vision zurückzuführen ist. Auf der Main Street, U. S. A., und vor allem im Fantasyland kann ich die Augen schließen und mir vorstellen, wie der Park 1955 aussah, als die Männer Anzüge und die Frauen Stöckelschuhe trugen (ich bin nicht traurig, dass ich diesen Teil ausgelassen habe) und die Menschen erstmals eine solche wahrhaft magische Atmosphäre erlebten. Jeder meiner Besuche ist eine berauschende Mischung aus Nostalgie, Fantasie und der Fähigkeit, durch Geschichten Freude zu verbreiten.

UNTERWEGS VOR ORT

Die Anreise nach Disneyland ist einfach: Wer nicht mit dem Auto kommt, fliegt meist zum Los Angeles International Airport (LAX), Long Beach Airport (LGB) oder John Wayne Orange County Airport (SNA). LAX bietet viele Direktflüge zu erschwinglichen Preisen, ist aber eine Stunde oder mehr vom Ziel entfernt. LGB und SNA liegen näher und sind bequemer zu erreichen; der Flughafen Orange County liegt den Parks am nächsten.

Wenn man nur Disneyland besuchen und nicht noch mehr von Kalifornien erkunden möchte, sollte man eine Mitfahrgelegenheit nutzen oder sich einen Privattransfer zu den Parks buchen. Im Hotel angekommen, ist das Auto überflüssig. Im Gegensatz zu Walt Disney World, wo die Parks kilometerweit voneinander entfernt liegen, braucht man beim Wechseln zwischen den Parks in Disneyland nur einen kleinen Platz zu überqueren.

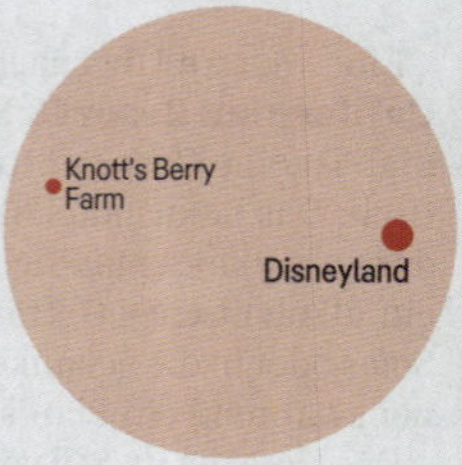

Rund um Disneyland

Ein großartiger Themenpark in Orange County war der erste im Bundesstaat und steht seit 100 Jahren für erlebnisorientierte Unterhaltung.

Im Jahr 1923 eröffneten Walter und Cordelia Knott auf ihrer Beerenfarm in Buena Park einen Verkaufsstand und führten die Boysenbeere ein – eine Mischung aus Himbeere, Brombeere und Loganbeere. Bald hatten sie auch ein Brathähnchen-Restaurant mit 20 Plätzen, in dem später 350 Personen Platz fanden, und immer noch mussten die Leute stundenlang anstehen.

Um die hungrigen Gäste zu unterhalten, die bis zu drei Stunden auf einen Tisch warten mussten, begann Walter mit dem Bau von Kulissen, die draußen besichtigt werden konnten: eine Rekonstruktion von George Washingtons Mount Vernon und die Nachbildung eines aktiven Vulkans. Als nächstes wurde eine Geisterstadt aus dem Wilden Westen hinzugefügt. Bald gab es Rides und sogar Achterbahnen.

Heute ist Knott's Berry Farm ein sehr beliebter Freizeitpark, aber im Mittelpunkt des Geschehens stehen immer noch die Beeren.

TOP TIPP

Für Knott's Berry Farm ist keine Vorabreservierung des Parks erforderlich, Online-Tickets sind aber preiswerter. Mit einem Express-Ticket kann man bei fast allen Rides die Wartezeit verkürzen. Außerdem gibt es Verpflegungspakete, die online erworben werden können.

Postkutsche der Knott's Berry Farm

GLENN HIGHCOVE/SHUTTERSTOCK ©

CHRIS NUNEZ/SHUTTERSTOCK ©

Calico Ghost Town

Die gute alte Zeit auf Knott's Berry Farm

BEEREN-SCHÖNE ATTRAKTIONEN

Betritt man Knott's Berry Farm fühlt man sich in eine romantische Version des Wilden Westens versetzt. Das Herzstück des Parks, die **Calico Ghost Town**, ist der echten Silberminenstadt Calico in der Mojave-Wüste aus der Zeit des kalifornischen Goldrausches nachempfunden. In ihrer Themenpark-Version gibt es einige echte historische Gebäude sowie Nachbauten. Man kann historisch anmutenden Fotos machen, eine „Burly Q Revue" im Birdcage Theater ansehen, den Saloon oder das Rathaus besuchen, zur „Schule" gehen und einiges über die Pionierzeit in Kalifornien erfahren. Während des **Ghost Town Alive!** Events im Sommer ist die Stadt voll von Darstellern wie Gesetzlosen und Sheriffs, die interaktive Geschichten erzählen, die man lösen muss.

Ghost Town beherbergt auch Ghost Rider, die höchste und älteste Holzachterbahn des Westens. Im Bereich Boardwalk befindet sich die rasante Überkopf-Achterbahn Hang Time. In Fiesta Village wird Montezooma: The Forbidden Fortress gerade überarbeitet (soll noch 2023 wieder eröffnet werden).

Neben den aufregenden Fahrgeschäften, von denen der Park jede Menge hat, bietet Knott's auch eine sehr angenehme Atmosphäre. Man kann mit einem Zug fahren, die Original-Minenattraktion aus den 1960er-Jahren erleben, Shows besuchen und im ganzen Park etwas über die Geschichte Kaliforniens lernen.

Am wichtigsten ist jedoch, dass man Hunger mitbringt: Das Essen in Knott's ist großartig und die Boysenbeer-Strauben (*funnel cakes*) sind nicht ohne Grund legendär.

DIE KÖSTLICHSTE ZEIT FÜR EINEN BESUCH

Im März und April veranstaltet Knott's sein jährliches **Boysenberry Festival**, bei dem der Park die Frucht feiert, die ihn berühmt gemacht hat. Aber wer glaubt, dies hier sei ein Vergnügungspark nur mit Boysenbeerkuchen – der zweifellos ausgezeichnet ist –, der hat dieses kulinarische Paradies offensichtlich noch nie besucht.

In den vergangenen Jahren gab es unter anderem Brathähnchen-Sandwiches (mit Speckmarmelade und Rucola auf einem mit Boysenbeeren gefüllten Donut), Boysenberry Cowboy Chili mit Mac,n'Cheese und dazu Boysenberry Blonde Ale. Wer zwischendurch eine Pause vom Essen braucht, findet auf dem Festival spezielle Konzerte und Unterhaltungsangebote und natürlich auch sämtliche herkömmliche Rides und Attraktionen.

UNTERWEGS VOR ORT

Knott's Berry Farm liegt nur etwa zehn Autominuten von Disneyland entfernt und eignet sich somit hervorragend für einen Tagesausflug. Da Knott's nur aus einem einzigen Park besteht, ist alles gut an einem Tag zu schaffen. Wenn es die Zeit zulässt, sollte man aus seiner ursprünglichen Disney-Reise also lieber eine „Themenparkreise" machen.

Neben dem eigenen Auto (es gibt einen gebührenpflichtigen Parkplatz auf dem Gelände) oder einer Mitfahrgelegenheit ist Anaheim Regional Transportation (ART) eine gute Option, um zum nahen Buena Park zu gelangen. Der ART-Bus fährt auch zum Stadion der Anaheim Angels und zum Honda Center. Mit der App A-Way WeGo kann man die Routen einfach verwalten und bezahlen.

HUNTINGTON BEACH

Es gibt keinen Ort in Orange County, der so eng mit dem Surfen in Verbindung gebracht wird wie Huntington Beach, auch bekannt als Surf City USA. Hier wurde das Surfen in Kalifornien erstmal populär, und hier wird der Sport jeden Tag von Profis und Neulingen gleichermaßen zelebriert. Huntington Beach hat eine 10 Meilen (16 km) lange Küste und bietet zahllose Hotels, Restaurants und Geschäfte direkt am Pacific Coast Highway. Die Frage ist nicht, ob man während eines Aufenthalts hier auch Zeit am Strand verbringen wird, sondern wie man es am Ende des Urlaubs schaffen soll, sich davon loszureißen.

Neben dem Strand selbst gibt es in Huntington Beach viele Möglichkeiten, Zeit draußen zu verbringen, von einem der malerischsten Naturschutzgebiete Südkaliforniens über einen herrlichen Park bis hin zu Luxushotels, die Tageskarten für ihre Pools und Cabanas anbieten, ohne dass man viel dafür bezahlen muss.

TOP TIPP

Entlang des Pacific Coast Highway gibt es Geschäfte, die Liegestühle und Boogieboards vermieten. Auch Fahrräder und Mopeds sind leicht zu finden.

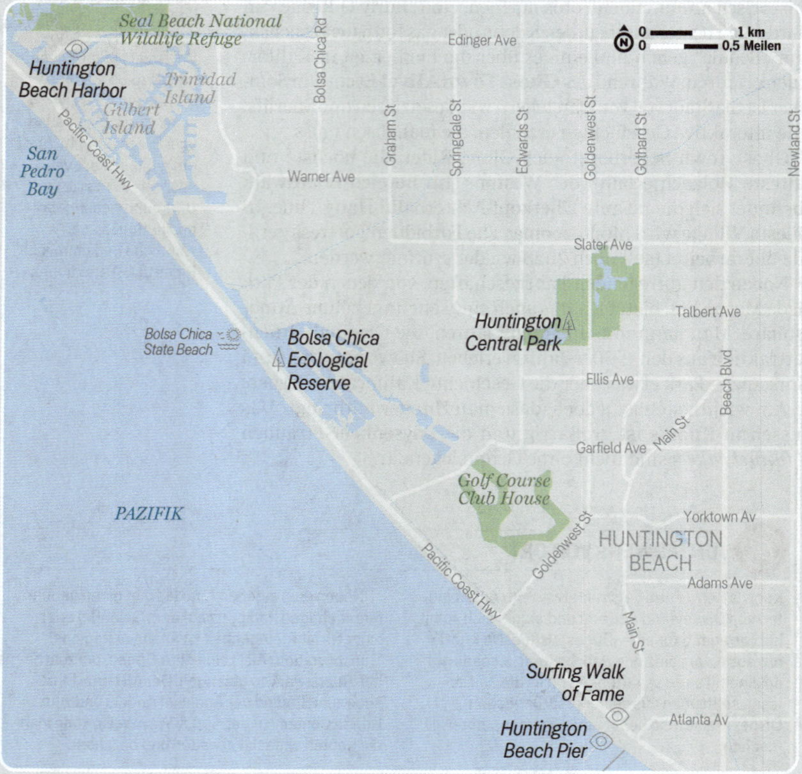

ALEXANDRE MORAES/SHUTTERSTOCK ©

Teilnehmer der US Open of Surfing

Surf City USA in vollen Zügen genießen

SURFEN, NATUR UND OLDTIMER

Der Stellenwert des Surfens in dieser Stadt kann gar nicht hoch genug eingeschätzt werden. Hier herrschen das ganze Jahr über ideale Surfbedingungen und es gibt mehrere wichtige Surfwettbewerbe und Wahrzeichen des Surfsports.

Vor Huntington Surf & Sport gibt es eine **Surfers' Hall of Fame** und vor Jack's Surfboards, das seit den 1950er-Jahren eine Institution in der Stadt ist, liegt der **Surfing Walk of Fame**. Zudem findet im Juli während der **US Open of Surfing**, dem größten Surfwettbewerb der Welt, eine Zeremonie statt, bei der neue Surfer und Surferinnen zum Walk of Fame hinzugefügt werden. Die **International Surfing Association World Surfing Games** im September sind ein olympisches Qualifikationsturnier, und der **Jack's Surfboards Pro** im April ist ein Qualifikationsturnier für die **World Surfing League**. Aber man muss kein Profi sein, um in Huntington zu surfen: Überall in der Stadt bieten Surfschulen Kurse für Anfänger an.

Neben dem Surfen finden in der Stadt das ganze Jahr über zahlreiche andere Sportveranstaltungen statt. Das **Red Bull Straight Rhythm** ist eine Kombination aus gleich zwei Motocross-Events. Die **AVP Huntington Beach Open** im November ist ein großes professionelles Beach-Volleyball-Turnier.

STRANDVERGNÜGEN BEI TAG UND BEI NACHT

Zu einem gelungenen Strandurlaub gehört immer auch ein Lagerfeuer. Drei der fünf Strände von Huntington haben Feuerstellen, die nach dem Prinzip „Wer zuerst kommt, mahlt zuerst" genutzt werden können: **Huntington City Beach**, **Huntington State Beach** und **Bolsa Chica State Beach**. Obwohl über 500 Plätze zur Verfügung stehen, kann es in der Hochsaison schwer sein, einen zu bekommen, da die Leute sie schon früh am Tag besetzen. Es gibt aber einen Trick: Beim Mieten eines Picknickplatzes ist eine Feuerstelle schon im Preis enthalten. Die Plätze können über das State of California Parks Department gebucht werden. Für 200 US$ pro Tag erhält man einen barrierefreien Bereich mit zwei Picknicktischen auf einer Betonfläche und einem Feuerring im Sand.

ÜBERNACHTEN IN HUNTINGTON BEACH

Paséa Hotel & Spa
Stilvolles Hotel direkt am Strand mit einem Dachrestaurant, von dem aus man den Sonnenuntergang über dem Meer beobachten kann. **$$**

Kimpton Shorebreak Hotel
In diesem schicken Hotel mit Spielen in der Lobby und Feuerstellen im Innenhof gibt's täglich einen aktuellen Surfbericht. **$$**

Surf City Inn
Ruhiges Boutiquehotel mit Blick auf den Hafen, einen kurzen Spaziergang von einem weniger frequentierten Strand entfernt. **$**

EIN HAUCH VON HAWAII IN HUNTINGTON

An ausgezeichneten Restaurants mangelt es in der Gegend nicht, aber wer den echten Surfer-Lifestyle erleben möchte, sollte sich zum **Duke's Huntington Beach** aufmachen. Das Lokal wurde von dem hawaiianischen Surfer und Olympiamedaillengewinner Duke Kahanamoku gegründet, der den Sport in Amerika populär machte. Auf der Karte stehen hawaiianisch inspirierte Speisen, die direkt am Strand serviert werden. Das Duke's-Stammhaus befindet sich in Kahanamokus Heimatstadt Waikiki, und es gibt weitere kalifornische Standorte in Malibu und La Jolla. Huntington Beach hat jedoch eine besondere Verbindung zu dem legendären Surfer, denn 1925 führte er hier das Surfen in Amerika ein. Wenn man schon mal da ist, sollte man sich den Duke's Mai Tai nicht entgehen lassen, der laut Speisekarte aus „Aloha, frischen hawaiianischen Säften und zwei Sorten Rum" besteht.

Das sichtbare Herzstück von Huntington Beach ist der **Huntington Beach Pier**, der mit einer Länge von etwa 560 m einer der größten Piers an der Westküste ist. In einer Stadt am Meer gibt es kaum etwas Schöneres als einen sonnigen Spaziergang auf dem Pier, vorbei an Straßenmusikern, Fischern und Künstlern, die ihre Waren anbieten. Die Geschäfte und Restaurants hier haben täglich von 5 Uhr morgens bis Mitternacht geöffnet. Vor der Ankunft in Huntington Beach lässt sich die Brandung über den Livestream der Surf-Cam von Kite Connection am Pier beobachten.

Huntingtons tolle Landschaft beschränkt sich nicht nur auf den Strand. Das 526 ha große **Bolsa Chica Ecological Reserve** ist das größte Salzwassersumpfgebiet in Südkalifornien und verfügt über 8 km Wanderwege mit malerischen Aussichtspunkten. Vogelfans strömen hierher, um die über 300 Vogelarten zu beobachten, die in den letzten zehn Jahren gesichtet wurden.

Der **Huntington Central Park** ist mit ca. 140 ha der größte städtische Park in Orange County. Im Park gibt es Reitwege, einen Spielplatz, eine Disc-Golf-Anlage und einen Hundebereich. Darüber hinaus befinden sich im Park die Zentralbibliothek der Stadt, ein Naturzentrum und drei Restaurants.

Huntington Beach Harbor ist ein Wohngebiet, das aus fünf von Menschenhand geschaffenen Inseln mit über 500 Häusern besteht. Das Hafengebiet ist ideal, um den Nachmittag im Kajak oder auf dem SUP im ruhigen Wasser zu verbringen. Man kann auch private Charterboote und Elektroboote mieten, um die Sehenswürdigkeiten vom Wasser aus zu bewundern. In der Weihnachtszeit werden die Häuser im Hafen für die **Huntington Harbor Cruise of Lights** geschmückt, eine kommentierte Bootsrundfahrt vorbei an festlich dekorierten Häusern.

Jedes Jahr im Juni kommen über 350 Autos zum **Huntington Beach Concours d'Elegance** zusammen, einer Ausstellung alter und seltener Fahrzeuge. Die Veranstaltung ist zwar das wichtigste Autoereignis der Stadt, aber bei weitem nicht das einzige. Im Mai findet hier die **Kowabunga Huntington Beach Van Car Show** statt, an der über 100 alte Volkswagen-Wohnmobile teilnehmen. Im Oktober treffen sich Sportwagen aller Couleur bei **Cars 'N Copters On The Coast**, wo 400 der schnellsten Autos der Welt wie Königseggs, Bugattis, Paganis, McLarens, Lamborghinis und Aston Martins zu sehen sind.

UNTERWEGS VOR ORT

Es gibt drei Flughäfen, die relativ leicht von Huntington Beach aus zu erreichen sind: Los Angeles International Airport (LAX), Long Beach Airport (LBG) und den John Wayne Orange County Airport (SNA). Der LAX ist je nach Verkehrsaufkommen über eine Stunde Fahrtzeit entfernt, bietet aber mehr Flugverbindungen und ist meist die günstigere Alternative. LBG ist näher (30–35 Min.) und SNA liegt ca. 25 bis 30 Minuten entfernt.

Huntington Beach gehört zu den Städten, die von den Bussen der Orange County Transportation Authority (OCTA) angefahren werden, die von Long Beach im Norden durch das gesamte Orange County bis nach Dana Point nahe der County-Grenze fahren. Parkplätze sind ausreichend vorhanden, allerdings darf man keinesfalls vergessen, die Parkuhren zu füttern (auch mit Kreditkarte möglich).

Rund um Huntington Beach

Die Küstenstädte in Orange County haben ihren eigenen Charakter und einen unverwechselbaren Charme, von Kunst über Bootsfahrten bis hin zu Festivals.

Nicht alle Orte am Meer sind gleich, nicht einmal in Orange County. Wer nach Städten sucht, die viel zu bieten haben, wird in Newport Beach und Laguna Beach fündig. Newport Beach hat einen großen Jachthafen und viele schicke Viertel, in denen es ums Sehen und Gesehen werden geht. In Laguna Beach gibt es eine große Künstlergemeinde, die mit öffentlicher Kunst, Galerien, Theatern und Veranstaltungen aufwartet.

Für einen ruhigen Strandaufenthalt bieten sich das kleine, malerische Dorf Seal Beach im Norden oder das entspannte Surferstädtchen Dana Point im Süden an. Wer allerdings seine Zeit ausschließlich am Strand verbringt, verpasst einiges: Im Landesinneren gibt's zahlreiche Orte zu entdecken.

TOP TIPP

Der Wasserturm in Seal Beach, ein dreistöckiger Rundbau mit Panoramablick, ist eine einzigartige Ferienunterkunft. Er ist mit einem privaten Aufzug ausgestattet und bietet Platz für acht Personen.

Laguna Beach

GABRIELE MALTINTI/SHUTTERSTOCK ©

INTERNATIONALER GENUSS IN ORANGE COUNTY

Little Saigon, die Heimat von fast 40 000 vietnamesischen Amerikanern, erstreckt sich über Westminster, Garden Grove, Santa Ana und Fountain Valley. Das Gebiet hat über 3500 vietnamesische Geschäfte, und es ist weithin anerkannt, dass es hier mit die beste vietnamesische Küche des Landes gibt. Die **Asian Garden Mall** in Westminster ist das größte in vietnamesischem Besitz befindliche Gastronomie- und Einkaufszentrum in den USA.

In **Little Arabia**, einem Viertel in Anaheim, leben viele Menschen aus dem Nahen Osten und Nordafrika. Hier sind u.a. die Kulturen des Libanon, Marokkos, Saudi-Arabiens und Armeniens vertreten, um nur einige zu nennen. Auf dem **Altayebat Market** findet man Grundnahrungsmittel aus dem Nahen Osten oder kann in einem der vielen Restaurants wie **Sahara Falafel** oder **Zait and Zaatar** lecker essen.

Seal Beach

Entspannen in Seal Beach

SHOPPEN, SEAFOOD UND FAHRRADTOUREN

Die Stadt Seal Beach ist nach den Robben benannt, die ihre Küste bevölkern, und besticht durch einen kleinen, ruhigen Strand und eine malerische Uferpromenade mit unabhängigen Geschäften, die Muscheln, Schokolade und Strandmode verkaufen.

Bummeln und Einkaufen auf der Hauptstraße von Seal Beach ist eine äußerst angenehme Art, einen Nachmittag zu verbringen, vor allem, wenn man den Menschenmassen entkommen möchte. In **Walt's Wharf** gibt es die frischesten Meeresfrüchte der Stadt. Als Walt und Mona Babcock das Restaurant 1970 eröffneten, servierten sie Fisch, den Walt mit seinem eigenen Boot fing. Heute besitzt die Familie ein Weingut im Santa Ynez Valley und schenkt zum lokalen Fisch passende eigene Weine aus.

Das **Hangout Restaurant and Beach Bar** serviert tolle Frühstücksburritos und Burger mit einem unglaublichen Blick aufs Wasser. Die legendären Zimtbrötchen von **Jill's Bakery** sind ein Muss für alle Naschkatzen – schon der berauschende Duft draußen verrät, dass man auf dem richtigen Weg ist.

Viele Tagesgäste kommen mit dem Fahrrad über den **San Gabriel River Bike Trail** nach Seal Beach, einen 28 Meilen (45 km) langen Radweg am San Gabriel River, der die Grenze zwischen der Stadt und dem Los Angeles County bildet. Eine weitere bedeutende Sehenswürdigkeit in Seal Beach ist das 390 ha große **Seal Beach National Wildlife Preserve** auf dem Gelände des Militärstützpunkts Naval Weapons Station Seal Beach. Am letzten Samstagmorgen im Monat wird eine geführte Tour durch die Salzwiesen angeboten.

UNTERWEGS VOR ORT

Alle Strandstädte in Orange County sind durch die Route 1, den Pacific Coast Highway, miteinander verbunden. Die Fahrt mit dem Auto von einer Stadt zur nächsten ist einfach, aber auch mit dem Fahrrad ist die Strecke leicht zu bewältigen. Wer kein eigenes Fahrrad dabei hat, kann sich überall an der Küste eines leihen.

Wenn man ein Auto nutzt, muss man sich auf kostenpflichtiges Parken (auf Parkplätzen oder mit Parkuhren) einstellen. Alle Parkuhren akzeptieren Kreditkarten, können aber auch über eine App bezahlt werden. Bei längeren Aufenthalten empfiehlt es sich, die App Parkmobile herunterladen, um sich das lästige Bezahlen mit Karte zu sparen.

NEWPORT BEACH

Es gibt keine andere Stadt in Kalifornien, die mit Newport Beach vergleichbar wäre. Die vornehme Strandgemeinde besteht aus zehn verschiedenen Vierteln, die von beschaulich und wohnlich bis hin zu von geschäftigem Touristenrummel dominiert reichen. Die Stadt beherbergt den größten Jachthafen an der Westküste mit einer 10 Meilen (16 km) langen Uferpromenade, die zum Bootfahren, Angeln, Wassersport und zum Genießen unendlicher Panoramablicke einlädt.

Sie liegt in der Nähe eines riesigen ökologischen Naturschutzgebiets und beherbergt mehr als 200 gefährdete Arten. Jenseits der Küste bietet Newport Beach einige der begehrtesten Golfplätze Kaliforniens, beliebte jährliche Kulturveranstaltungen und Shoppingmöglichkeiten, die es mit Beverly Hills aufnehmen können. In Newport kann man sowohl einen ruhigen, unaufgeregten Urlaub verbringen oder es den reichen und berühmten Jetsetter gleichtun. In jedem Fall aber wird man länger als nur einen Tag bleiben wollen.

TOP TIPP

Jeden Sommer finden in Newport Beach im Rahmen von Shakespeare by the Sea Aufführungen statt, die kostenlos besucht werden können. Infos unter shakespearebythesea.org.

Balboa Pier (S. 409)

SEHENSWERTES
1 Balboa Island
2 Balboa Pier
3 Civic Center Park
4 Corona Del Mar State Beach Park
5 Newport Beach Civic Center Park
6 Sherman Library & Gardens

AKTIVITÄTEN, KURSE & TOUREN
7 Mariner's Mile

ÜBERNACHTEN
8 Hyatt Regency Newport Beach

ESSEN
9 **21** Oceanfront
10 Louie's by the Bay
11 Rusty Pelican
12 Sugar 'n Spice
13 The Crab Cooker

AUSGEHEN
14 Chihuahua Cerveza
15 Stag Bar + Kitchen

UNTERHALTUNG
16 Balboa Fun Zone

SHOPPEN
17 Fashion Island

NEWPORT BEACH

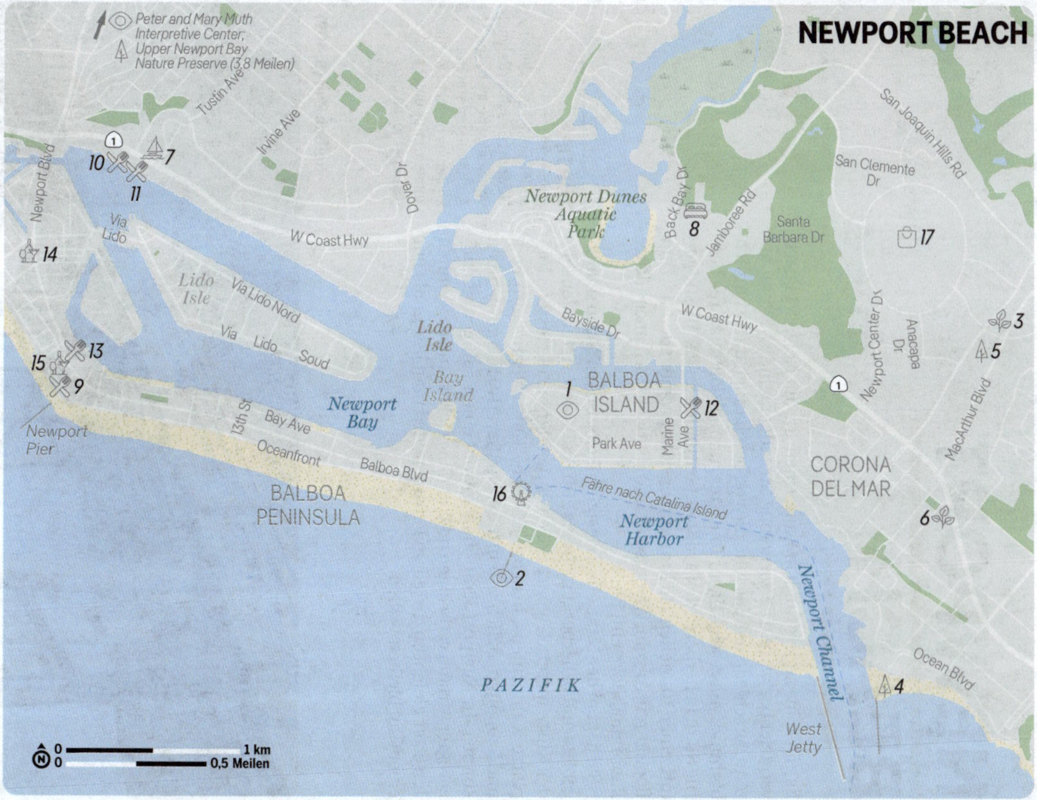

Newport Beach erkunden

SEHENSWERTE STADTVIERTEL UND ATTRAKTIONEN

Die Balboa Peninsula ist der richtige Ort für alle, die das typische Flair einer Küstenstadt erleben möchten. Man kann über den **Balboa Pier** schlendern, ein Fahrrad mieten und die Strandpromenade entlang radeln oder mit der Fähre nach **Balboa Island** übersetzen. Auf der Halbinsel gibt es sowohl zwanglose Strandbars wie den **Chihuahua Cerveza Taproom** mit Selbstbedienung als auch die **Stag Bar + Kitchen**, die seit 1908 besteht. Für ein erstklassiges Essen mit Blick auf den Sonnenuntergang empfiehlt sich das **21 Oceanfront** im Doryman's Oceanfront Inn. **The Crab Cooker** ist ein Fischmarkt und ein schnörkelloses Restaurant, das seit 1951 wunderbar frisches Seafood serviert. Im Balboa Village gibt's die **Balboa Fun Zone**, einen Vergnügungspark aus alten Zeiten mit diversen Rides und Automatenspielen.

Die malerische Balboa Island ist nicht nur mit der Fähre zu erreichen, sondern über die Marine Ave auch zu Fuß, mit dem Fahrrad oder mit dem Auto – allerdings kann das Parken auf der beschaulichen Insel schwierig sein. Man kann durch die Geschäfte bummeln oder sich einen Snack gönnen, wie die für Balboa Island typische Frozen Banana mit Schokoladenüberzug im **Sugar n' Spice**. Dieses Lokal diente als Vorbild für den Bananenstand der Familie Bluth in *Arrested Development*.

Fashion Island ist vor allem für seine riesige Mall unter freiem Himmel bekannt, in der sich hochwertige Einzelhändler wie Nordstrom, Bloomingdales und Lululemon tummeln und wo man noch persönlich beraten wird. Im **Civic Center Park** gibt's einen Skulpturengarten mit einer wechselnden Sammlung öffentlicher Kunstwerke sowie Hundebereiche und Picknickplätze. Im Sommer finden auf dem **Civic Center Green** kostenlose Konzerte im Freien statt.

Dieses idyllische Viertel liegt an den Meeresklippen und bietet einen atemberaubenden Blick aufs Wasser. Big Corona (**Corona Del Mar State Beach**) ist perfekt zum Baden, während Little Corona ruhiger ist und sich besser zum Schnorcheln und Beobachten der Gezeiten eignet. Selbst wer noch nie dort war, kennt Corona del Mar wahrscheinlich schon: Der Strand Pirates Cove war in der Sitcom *Gilligans Insel* zu sehen. Von dort gelangt man über die Goldenrod Footbridge und eine in die Steilküste gebaute Treppe hinunter zum Ocean Park.

Eines der schönsten Ausflugsziele in Newport Beach ist **Sherman Library & Gardens**, wo es üppig grüne botanische Gärten, Kunstwerke und eine Bibliothek mit Werken und Artefakten zur Geschichte des pazifischen Südwestens zu sehen gibt.

GOLFSPIELEN IN NEWPORT

Newport ist für Golfprofis ebenso wie für Neulinge in diesem Sport das beliebteste Ziel in Orange County. Jedes Jahr im März veranstaltet die Stadt das **Hoag Classic**, ein Elite-Golfturnier der PGA Tour Champions im **Newport Beach Country Club**.

Der **Pelican Hill Golf Club** bietet zwei Plätze mit Panoramablick auf den Ozean, von denen aus man bis nach Catalina Island sehen kann.

Der **Tustin Ranch Golf Club** ist wegen seiner gepflegten Anlagen, insbesondere wegen seiner Seen und Wasserfälle, extrem beliebt.

Für Neulinge empfehlen sich die beiden Neun-Loch-Plätze **Newport Beach Golf Course** und **Back Bay Golf Course**. Back Bay ist Teil des **Hyatt Regency Newport Beach**, und die Golfplatzgebühr für zwei Personen ist im Resort-Paketpreis des Hotels enthalten.

ÜBERNACHTEN IN NEWPORT BEACH

Lido House Newport Beach
Schickes Luxushotel mit einer beliebten Dachterrassen-Lounge in der Gegend des Lido Marina Village. $$$

Resort at Pelican Hill
Eindrucksvolles Resort mit ausgezeichneten Möglichkeiten zum Golfspielen. Es wurde von Forbes als bestes Resort des Landes bewertet. $$$

Balboa Bay Resort
Ein Luxushotel am Wasser mit einem großzügigen Spa und einem Jachthafen mit Bootsverleih. $$$

DIE BEGEHRTESTE UNTERKUNFT DER STADT

Crystal Cove liegt an der Grenze zwischen Newport Beach und Laguna Beach. Während der Crystal Cove State Park technisch gesehen in Laguna liegt, befindet sich die **Crystal Cove State Marine Conservation Area** vor der Küste von Newport, ein Gebiet, das zum Tauchen und Schnorcheln sehr beliebt ist. Hier können die **Crystal Cove Beach Cottages** gemietet werden. Diese rustikalen Häuschen stehen für eine einfachere, schlichtere Zeit in Kalifornien, bevor die Fünf-Sterne-Resorts an der Küste aus dem Boden schossen. Mietunterkünfte für bis zu sieben Personen (auf crystalcove.org) kosten weniger als 300 US$ pro Nacht, sind aber schwer zu bekommen. Eine Reservierung ist ab sechs Monaten vor dem Datum des Aufenthalts möglich. Man sollte am besten sofort buchen, wenn sich dieses Zeitfenster auf reservecalifornia.com öffnet.

Balboa Fun Zone (S. 409)

Wer sich aufs Wasser wagen möchte – oder einfach nur die in der Nähe ankernden Superjachten sehen will –, ist an der **Mariner's Mile** genau richtig. Hier starten verschiedene Aktivitäten wie Hafenrundfahrten, Gondelfahrten und Segelkurse. Oder man mietet sich ein Duffy-Boot und schippert auf eigene Faust durch den Hafen. Die Restaurants am Wasser wie das **Rusty Pelican** und **Louie's by the Bay** sind eine gute Wahl, wenn man lieber an Land bleiben möchte.

Das **Upper Newport Bay Nature Preserve and Ecological Reserve** wird umgangssprachlich als Back Bay bezeichnet und umfasst über 400 ha geschütztes Feuchtgebiet an der Küste, durch das ein 16 km langer Wander- und Radweg führt. Der Eintritt in das **Peter and Mary Muth Interpretive Center**, das Programme und Bildungsangebote zur lokalen Fauna anbietet, ist kostenlos.

Jedes Jahr im Juni zieht das **Newport Beach Jazz Festival** mit erstklassigen Jazz-Acts aus aller Welt Tausende von Musikfans an. Das Festival findet auf dem Gelände des **Hyatt Regency Newport Beach** statt; sowohl die Eintrittskarten als auch die Hotelzimmer sind bereits lang im Voraus ausverkauft.

UNTERWEGS VOR ORT

Während die Flughäfen in Los Angeles und Long Beach nicht allzu weit vom Orange County entfernt sind, ist der praktischste Flughafen in der Gegend zweifellos der John Wayne Airport (SNA) in Santa Ana, nur wenige Autominuten von Newport entfernt. Dieser Flughafen ist viel kleiner und überschaubarer als LAX; der Nachteil ist, dass John Wayne weniger Direktflüge bietet. Für manche mag es also einfacher sein, nach LAX zu fliegen und ein Auto zu mieten. Die Stadt selbst kann ganz einfach zu Fuß, mit dem Fahrrad oder mit öffentlichen Verkehrsmitteln erkundet werden.

Rund um Newport Beach

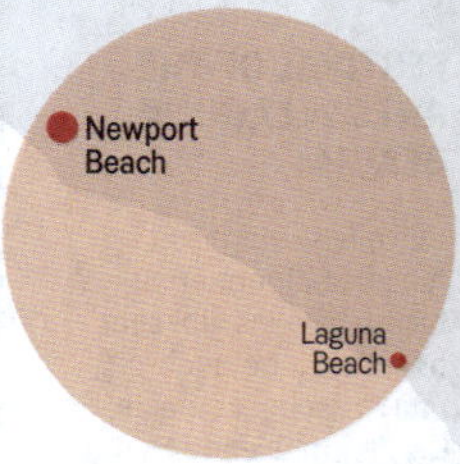

In der Kunsthauptstadt von Orange County ist es möglich, tagsüber die Gezeitentümpel zu erkunden und wandern zu gehen und dann abends im Restaurant zu essen.

Laguna Beach ist eine der schönsten Küstenstädte Kaliforniens mit einem 7 Meilen (11 km) langen Strand, der von der Hauptstraße der Stadt aus leicht zu erreichen ist. Meereshöhlen und Klippen machen die Küsten noch attraktiver, und Surfen und Kajakfahren gehören zu den beliebtesten Wassersportarten in Laguna. Abseits der Küste bieten die Berge und Schluchten tolle Möglichkeiten für eine Erkundung. Laguna Beach ist ein pulsierendes kulturelles Zentrum mit einer unvergleichlichen Kunstszene und einer Fülle hervorragender, malerischer Restaurants. Kurzum, es gibt viel mehr zu tun, als nur am Strand zu liegen. Laguna Beach ist auch besonders hundefreundlich. Viele Restaurants, Cafés, Bars und Geschäfte sind offen für gut erzogene Vierbeiner, und es gibt eine Fülle von haustierfreundlichen Hotels in allen Preisklassen.

TOP TIPP

Viele Straßen in Laguna sind *sharrows*, gemeinsame Fahrspuren für Autos und Fahrräder, aber es gibt einen Stadtplan, auf dem die besten Fahrradstrecken eingezeichnet sind.

Crescent Bay Beach (S. 413)

JOE BELANGER/SHUTTERSTOCK ©

FESTIVAL OF THE ARTS IN LAGUNA BEACH

Von allen kultigen Festen, die Kalifornien zu bieten hat – es gibt sehr beliebte Knoblauch- und Artischockenfeste, die Zehntausende Menschen anziehen – ist der **Pageant of the Masters** eines der einzigartigsten. Das Festival of the Arts in Laguna Beach findet jedes Jahr im Juli und August statt und ist ein Freiluftfestival, bei dem die Werke von über 140 Kunstschaffenden ausgestellt werden, mit Kunstführungen, Kunstunterricht und Veranstaltungen. Aber das Zeigen von Kunst ist Laguna Beach nicht genug – man soll Teil davon werden. Während des Pageant of the Masters finden sich Besucher:innen inmitten bekannter Werke berühmter Künstlerinnen und Künstler in Lebensgröße wieder und können sogar an realen Nachbildungen dieser Werke teilnehmen. Im ganzen Bundesstaat gibt's wirklich nichts Vergleichbares.

JEFF GRITCHEN/MEDIANEWS GROUP/ORANGE COUNTY REGISTER VIA GETTY IMAGES ©

Sawdust Art & Craft Festival

Kunst in Hülle und Fülle in Laguna Beach

KUNST, OUTDOOR-AKTIVITÄTEN UND TOLLE SPEISELOCATIONS

Es ist kein Zufall, dass Laguna Beach so kunstaffin ist, denn die Stadt wurde in den frühen 1900er-Jahren als Künstlerkolonie gegründet. Heute gibt's an jeder Ecke irgendein Kunstwerk zu entdecken: Eine Telefonzelle ist nicht nur eine Telefonzelle, sondern ein Statement für den Schutz der Meeresfauna und -flora, und ein Aussichtspunkt am Strand ist erst vollkommen mit bemalten Wegen und Mosaiken. In der Stadt befinden sich das **Laguna Art Museum**, das eine rein kalifornische Kunstsammlung beherbergt und die älteste Kultureinrichtung in der Region ist, sowie viele Galerien und das **Laguna Beach Museum of Contemporary Art**. Kunst- und Kulturveranstaltungen gibt es im ganzen Jahr, z. B. das **Sawdust Art & Craft Festival**, das seit 1967 jährlich stattfindet und im Sommer 500 Kunstkurse

ÜBERNACHTEN IN LAGUNA BEACH

Inn at Laguna Beach
Luxuriöses Hotel direkt am Strand mit einer Dachterrassen-Lounge, von der aus man einen der besten Ausblicke der Gegend auf die Küste hat. $$$

Montage Laguna Beach
Eindrucksvolles Resort mit drei Pools, einem Spa, mehreren Restaurants und einer Kunstsammlung auf Museumsniveau. $$$

The Ranch at Laguna Beach
Die einzige von National Geographic als *Lodge of the World* ausgezeichnete Unterkunft in Kalifornien liegt urig und doch stilvoll in einem abgelegenen Canyon. $$$

veranstaltet. Im **Laguna Beach Cultural Arts Center** finden fast jeden Tag Veranstaltungen statt, von Filmvorführungen über Ausstellungen bis zu Opern- und Theateraufführungen.

Neben der künstlerischen Atmosphäre der Stadt ist es vor allem die weite und abwechslungsreiche Küste, die Laguna Beach so einzigartig macht. Abgesehen vom Surfen und Schwimmen gibt's am Ufer von Laguna Beach Gezeitentümpel, die unter Naturschutz stehen und deshalb vielen Meereslebewesen einen Lebensraum bieten. Sie können erkundet werden, solange man nur schaut, aber nichts anfasst. Die beste Zeit für einen Besuch der Gezeitentümpel ist bei Ebbe, in der Regel morgens und abends. Am besten schaut man im Gezeitenkalender nach, um den besten Zeitpunkt zu erwischen.

Laguna hat viele Strände. Der **Main Beach** ist bekannt für seine Landschaft, Beachvolleyball und Surfen sowie seine Strandpromenade. Der **Crescent Bay Beach** ist bei Surffans sehr beliebt. Die an den Strand angrenzende **Crescent Bay Cove** ist eine Grünfläche mit weitem Blick und Gezeitentümpeln. Während diese *cove* wirklich einfach zu erreichen ist, ist der **Thousand Steps Beach** eine kleine Herausforderung. Über 218 Stufen gelangt man zu dem abgelegenen Strand mit tiefen Gezeitentümpeln und einer Meereshöhle, die sich bei Ebbe durchwandern lässt. **Diver's Cove** ist ideal zum Schnorcheln und hat eine leichte Brandung. **Victoria Beach** bietet einen „Piratenturm" und ein von der Gemeinde unterhaltenes Schwimmbad.

Die nahegelegene **Santa Catalina Island** ist eine Welt für sich, aber mit einer einstündigen Hochgeschwindigkeitsfähre leicht zu erreichen. OC-Fähren fahren von der Balboa Peninsula in Newport Beach und Dana Point ab.

In Laguna Beach gibt's viele tolle Restaurants, aber wenn das Essen sowieso überall gleich gut ist, sollte man sich für ein Restaurant entscheiden, das mit einem atemberaubenden Sonnenuntergang am Wasser aufwartet. Das **Cliff Restaurant** ist in die Klippen hineingebaut und liegt im Laguna Village, einer schrulligen Ansammlung von Geschäften. Der Vorteil: Wenn man auf einen Tisch warten muss, gibt's Schlimmeres, als solange in kunstaffinen, unabhängigen Boutiquen zu stöbern.

Das **Larsen** im Hotel Laguna bietet leckeres Seafood und eine noch bessere Aussicht. Das **Deck on Laguna** ist das einzige Restaurant der Stadt, das direkt am Strand liegt und Dinner im privaten Bungalow anbietet. Das **Lost Pier Cafe** am Aliso Beach liegt dort, wo früher ein von El Niño zerstörter Pier stand. Neben kulinarischen Köstlichkeiten bietet das Café auch Lagerfeuer-Sets und verleiht Strandstühle.

ENTSPANNEN AM DANA POINT

Wenn man von Laguna Beach aus auf dem Pacific Coast Highway (PCH) nach Süden fährt (mit Auto oder Fahrrad), ist Dana Point der nächste Ort an der Küste. Er ist bekannt für seine entspannte Surfkultur und auch ein Ziel für Golffans und Gäste, die ruhige, unberührte Strände suchen. Der Vorteil einer kleineren Gemeinde wie Dana Point ist, dass der Strand vom PCH aus leicht zu erreichen ist – man muss nur einen (legalen) Parkplatz finden, aus dem Auto steigen und schon hat man Sand unter den Füßen.

Die kinderfreundlichste Option ist der **Baby Beach**, wo es einen abgesperrten Abschnitt mit ruhigem Wasser gibt, der perfekt für Kinder ist. **Capistrano Beach** hat Beachvolleyballplätze und eine Strandpromenade. Der **Doheny State Beach** ist der beliebteste Ort zum Surfen.

UNTERWEGS VOR ORT

Wer mit einem Elektrofahrzeug unterwegs ist, hat zahlreiche Lademöglichkeiten. In Newport Beach gibt es 116 Ladestationen für Elektroautos in der Stadt, von denen neun kostenlos genutzt werden können. Huntington Beach bietet 114 öffentliche Ladestationen, von denen 19 kostenlos sind. In Laguna Beach findet man 27 Ladesäulen, von denen 15 nichts kosten. Seal Beach wartet mit 16 Ladestationen und Dana Point mit zehn Ladestationen auf, von denen vier kostenlos sind.

Disneyland ist ebenfalls E-Auto-freundlich und verfügt über 32 kostenpflichtige Ladestationen im Mickey-&-Friends-Parkhaus und 45 Ladesäulen auf dem Toy-Story-Parkplatz. Die Kosten für das Aufladen des Fahrzeugs werden zusätzlich zu den 30 US$ für das Parken berechnet.

MICHAEL J MAGEE/SHUTTERSTOCK ©

Oben: La Jolla (S. 430); Rechts: San Diego (S. 420)

SAN DIEGO & UMGEBUNG

DIE COOLSTE STADT KALIFORNIENS ENTDECKEN

Die südlichste Stadt Kaliforniens hat viel zu bieten, darunter auch riesige Wildnisgebiete in der Umgebung.

San Diego ist wie keine andere Stadt in Kalifornien. Bevölkerungsmäßig ist sie die zweitgrößte des Bundesstaates. San Diego bietet wahrhaft alles, was man von einer Metropole erwartet: eine dynamische Kunst- und Kulturszene, bunte, ganz unterschiedliche Stadtviertel, eine unglaubliche Gastroszene und mehr Unterhaltung, als man sich vorstellen kann. Aber trotz alledem schafft sie es, sich total relaxt anzufühlen. In diesem südkalifornischen Paradies herrscht an jeder Ecke lockere Küstenstimmung.

KIRK FISHER/SHUTTERSTOCK ©

Was die Stadt so einzigartig macht, hat ihre Ursache darin, dass sie direkt an der Grenze zu Mexiko liegt. Der kulturelle Einfluss von Tijuana – die Nachbarstadt im Süden – zeigt sich in allem, vom Essen über Feste bis zu Kunstgalerien, in denen Chicano- und Latino-Arbeiten zu sehen sind.

Ein weiterer Aspekt, der den Charakter dieser Stadt erheblich beeinflusst, ist der Strand. Egal, wo man in San Diego ist, die 27 km lange Küste ist immer nur eine kurze Autofahrt entfernt. Es gibt Strände für Familien und Surffreaks, man kann Meereshöhlen erkunden, Gezeitenpools beobachten, Boote mieten, an der Uferpromenade entlangbummeln und traumhaft schöne Sonnenuntergänge genießen. Kleine Strandorte wie La Jolla und Carlsbad vor den Toren von San Diego haben ihren ganz eigenen Charakter und Sehenswürdigkeiten, die die Fahrt dorthin lohnen.

DIE WICHTIGSTEN ZIELE

SAN DIEGO
Eine Stadt, die für jeden etwas zu bieten hat. **S. 420**

LA JOLLA
Reizender Küstenort voller Kunst. **S. 430**

TEMECULA
San Diegos Antwort auf Napa Valley. **S. 437**

Erste Orientierung

Der San Diego International Airport liegt im Zentrum und ist leicht zu erreichen. Der Pacific Surfliner Train von Amtrak fährt täglich mit Zwischenstopps nach Santa Barbara, Los Angeles und San Diego.

Temecula, S. 437
Das Temecula Valley mit über 50 Weingütern ist dank ausgezeichneter Restaurants ein Ziel für Feinschmecker – und der Himmel ist voller Heißluftballons.

La Jolla, S. 430
Erst an der Küste Ausschau halten nach Seelöwen und dann die vielen Kunstgalerien und Museen besuchen.

San Diego, S. 420
San Diego, die zweitbeliebteste Stadt Kaliforniens, hat Dutzende Stadtviertel, die es zu erkunden gilt.

AUTO

Wer vorhat, in San Diego zu bleiben, braucht kein Auto. Wer aber die Umgebung erkunden will oder in die Berge möchte, sollte ein Fahrzeug zur Verfügung haben.

TROLLEY

San Diego verfügt über ein Netz von Trolleys, mit denen man einerseits sein Ziel erreicht, andererseits ein Stückchen Geschichte erlebt und zugleich einen Überblick über interessante Sehenswürdigkeiten bekommt.

FAHRRAD

Die San Diego County Bicycle Coalition hat umfassendes Info-Material über die besten und sichersten Fahrradstrecken. Radfahrer sind hier gut aufgehoben.

ESTERELV/SHUTTERSTOCK ©

Heißluftballon, Temecula Valley (S. 437)

Perfekte Tage

San Diego zu erkunden, bedeutet vom Ozean bis hinauf in die Berge zu fahren. Man sollte sich auf unterschiedliche klimatische Bedingungen gefasst machen, vor allem in höher gelegenen Regionen kann es selbst im Sommer kalt sein.

JHVEPHOTO/SHUTTERSTOCK ©

San Diego Zoo (S. 427)

Wenig Zeit

- Los geht's vormittags an San Diegos **Imperial Beach** (S. 426). Dann macht man einen Spaziergang am Silver Strand und beobachtet Vögel oder kühlt sich in der sanften Meeresbrandung ab.

- Nachmittags steht der **Balboa Park** (S. 426) auf dem Programm, in dem man ein oder zwei der dortigen Attraktionen besucht, angefangen beim **San Diego Zoo** (S. 427) bis hin zu den 34 verschiedenen **International Cottages** (S. 426).

- Den Abend verbringt man in **Coronado** (S. 425), speist in einem der Restaurants des **Hotel del Coronado** (S. 426) am Wasser und genießt den Sonnenuntergang. Anschließend geht's auf einen Absacker in eine der zahlreichen **Flüsterkneipen** (S. 428) mit geheimem Eingang.

Beste Reisezeit

Da es sich hier immer wie Sommer anfühlt, muss man seinen Besuch nicht auf die Monate Juli und August beschränken. In dieser Zeit sind hier zwar die meisten Gäste. Aber eigentlich ist jeder Monat perfekt für eine Reise nach San Diego.

MÄRZ

Auf den **Flower Fields** der Carlsbad Ranch beginnen auf 22 ha Blumen zu sprießen und ihre volle Farbenpracht zu Tage zu bringen.

APRIL

Der **Mission Fed Art-Walk** in San Diegos Little Italy ist das größte Kunstevent an der Westküste; die Einnahmen werden für Kunsterziehung verwendet.

MAI

Auf dem Temecula Valley Balloon & Wine Festival schweben unzählige Heißluftballons am Himmel.

LARISA GRIB/SHUTTERSTOCK ©, BRIAN G. LEWIS/SHUTTERSTOCK ©, KIT LEONG/SHUTTERSTOCK ©

Drei Tage Zeit

Je nachdem ob man mit dem Flugzeug in San Diego ankommt oder mit dem Auto aus dem Norden anreist, man sollte ein paar Tage auf dem Pacific Coast Highway hinauf (oder hinunter) fahren. Startet man in der Stadt geht's Richtung Norden nach **La Jolla** (S. 430) und **Carlsbad** (S. 435). Wenn man in einem kleineren Strandort startet, endet die Fahrt dagegen in **San Diego** (S. 420). Egal, welche Option man wählt, man wird in den Genuss einer schönen Mischung aus relaxen an der Küste und einer äußerst unterhaltsamen Zeit in der Stadt kommen. Mindestens eine Nacht verbringt man in einem Hotel am Strand und eine im Zentrum. So bekommt man einen Eindruck von allem, was San Diego zu bieten hat.

Länger Zeit

Wie wäre es mit einem Ausflug nach Temecula oder Julian in den Bergen? Beide Ziele bieten gute Wander-, Radel- und Campingmöglichkeiten. Temecula ist ein Paradies für Weinliebhaber mit viel Unterhaltung auf den Weingütern, Julian ist ein kleiner Ort, der die einfachsten Freuden des Lebens bietet. Man sollte einfach beide besuchen und sich dann entscheiden, was man lieber mag. Mit seinen 145 km langen Fahrradstrecken ist **Temecula** (S. 437) ein Traum für Fahrradfreaks. **Julian** (S. 442) mit seiner Nähe zum Pacific Crest Trail ist perfekt für Wanderer.

JUNI

Die **San Diego County Fair** füllt einen ganzen Monat mit Jahrmarkt, Konzerten, Festen, Aufführungen und Landwirtschaftsdarbietungen.

JULI

Der ganze Monat steht im Zeichen von Kammermusik: Fast jeden Abend gibt es auf dem **La Jolla SummerFest die** unterschiedlichsten Aufführungen**.**

AUGUST

Anlässlich der **Apfelernte** in Julian selbst Obst pflücken.

DEZEMBER

Feiern à la SoCal auf der San Diego Bay **Parade of Lights** mit Segelbooten und mit grandioser Weihnachtsbeleuchtung.

SAN DIEGO

Nach Los Angeles hat San Diego die zweitgrößte Einwohnerzahl Kaliforniens. Obwohl sie sich größenmäßig gar nicht so sehr unterscheiden, sind sie doch recht unterschiedlich. Um das gesamte Stadtgebiet von L.A. zu durchqueren, braucht man höchstwahrscheinlich ein Auto und die Fahrt vom einen zum anderen Ende kann in der Hauptverkehrszeit schon mal zwei Stunden dauern. Die südlichste Stadt Kaliforniens ist 325 km^2 kleiner und kann leicht mit oder ohne Auto erkundet werden.

Man sollte sich hinsichtlich der Größe aber nicht in die Irre führen lassen: San Diego ist noch immer eine große Stadt voller faszinierender Sehenswürdigkeiten, für die man genügend Zeit einplanen sollte. Die umwerfende Ansammlung von Museen im Balboa Park, der weltberühmte San Diego Zoo, die Baseball-Mannschaft San Diego Padres und einer der größten Marinestützpunkte des Landes sind nur ein Teil dessen, was die Stadt zu bieten hat. Außer dem Stadtzentrum gibt es quirlige Stadtviertel, die es zu erkunden gilt. Sie alle haben ihren ganz eigenen Charakter.

TOP TIPP

San Diegos riesiges Hafengebiet wird nicht nur von der Marine genutzt, es ist auch ein belebter Hafen für Kreuzfahrtschiffe, von denen jährlich ca. 75 in der San Diego Bay anlegen. Zehn Kreuzfahrtlinien nutzen San Diego als Zwischenhafen oder als Start- bzw. Endhafen.

USS Midway Museum

SEAN PAVONE/SHUTTERSTOCK ©

Gaslamp District

Das Herz von San Diego erkunden

DOWNTOWN, GASLAMP DISTRICT UND EMBARCADERO

Der Gaslamp District im Zentrum verdankt seinen Namen den Gaslaternen, die Ende des 19. Jhs. hier aufgestellt wurden. Das historische Viertel begrüßt seine Gäste mit Neonschildern, die über alles Wissenswerte informieren. Obwohl die Häuser aus viktorianischer Zeit stammen, sind sie innen total modern. In den 16 quadratischen Blocks im Gaslamp District gibt es über 100 Orte, wo man essen, trinken, shoppen und tanzen kann. Hier ist man richtig, wenn man sich ins Nachtleben stürzen will oder einen Cocktail in einer Dachterrassen-Lounge schlürfen möchte. Auch Geister sollen in diesem Viertel schon gesichtet worden sein, vor allem im **Gaslamp Museum at the Davis-Horton House Museum**, das Geistertouren anbietet.

Das Embarcadero, das Viertel an der Küste Downtowns, bietet viel Interessantes – vor allem was maritime Geschichte betrifft. Wie wär's mit einem Besuch des **USS Midway Museum**? Der ausrangierte Flugzeugträger war 47 Jahre lang im Dienst. Oder des **Maritime Museum of San Diego**, das eine Sammlung historischer Schiffe bietet, darunter die 150 Jahre alte *Star of India*, das älteste, seetüchtige Segelschiff? Das **Museum of Contemporary Art San Diego** befindet sich im alten historischen Bahnhofsgebäude der Stadt. Das **New Children's Museum** bietet lustige und interaktive naturwissenschaftliche Installationen. Hier können die Kleinen spielend lernen.

EIN SPIEL IM PETCO PARK BESUCHEN

Das Heimatstadion der San Diego Padres liegt an der Schnittstelle von Gaslamp Quarter und East Village. Zum **Petco Park** gehören das Stadion und der **Gallagher Sq** mit einer Freiluftbühne, auf der nationale Größen auftreten. An Spieltagen ist der Gallagher Sq ein beliebter Treffpunkt, hier befindet sich auch ein kleines Baseballfeld. Petco Park bietet täglich geführte Stadiontouren an, auf denen Gäste einen Blick hinter die Kulissen, in die Pressetribüne, die Padres Hall of Fame, die VIP-Tribüne und sogar auf den Warnstreifen werfen können. Einige Hotels sind über eine Hängebrücke mit dem Petco Park verbunden, sodass man direkt von seinem Hotelzimmer ins Stadion kommt.

ÜBERNACHTEN IM STADTZENTRUM

Omni San Diego
Hochhaushotel im Gaslamp District mit Zugang zum Petco Park und gegenüber vom San Diego Convention Center. **$$**

The Guild Hotel
Boutiquehotel in einem 100 Jahre alten Gebäude, das einst als Army & Navy YMCA diente, mit originalen architektonischen Details. **$$$**

Pendry San Diego
Luxushotel im Gaslamp District mit sechs Restaurants und elegantem Dekor. **$$$**

SAN DIEGO

SEHENSWERTES
1 Balboa Park
2 Casa de Estudillo
3 Centro Cultural de la Raza
4 Comic-Con Museum
5 Fiesta Island
6 Fleet Science Center
7 Gaslamp Museum at the Davis-Horton House Museum
8 Heritage Park
9 Junípero Serra Museum
10 Maritime Museum of San Diego
11 Museum of Photographic Arts
12 Museum of Us
13 New Children's Museum
siehe 2 Old Town San Diego State Historic Park
14 San Diego Air & Space Museum
15 San Diego Model Railroad Museum
16 San Diego Museum of Art
17 San Diego Natural History Museum
18 San Diego Zoo
19 Shelter Island
20 Spanish Village Art Center
21 Timken Museum of Art
22 USS Midway Museum
23 Whaley House Museum

AKTIVITÄTEN, KURSE & TOUREN

24 Mission Bay Aquatic Park

SCHLAFEN

25 Humphrey's Half-Moon Inn
26 Kona Kai Resort & Spa

ESSEN

27 Animae
28 Azucar
29 Bali Hai
30 Barrio Dogg
31 Ironside Fish and Oyster
32 Little Italy Food Hall
33 Neighborhood
34 Por Vida Collective
35 Station Tavern
36 Tahona

AUSGEHEN & FEIERN

37 Hillcrest Brewing Company
38 Mothership
siehe 33 Noble Experiment
39 North Park Brewing
40 Prohibition
41 Thorn Street Beer
42 Trailer Park After Dark

UNTERHALTUNG

43 Landmark Hillcrest Cinemas

SHOPPEN

44 Bazaar del Mundo

THE IMAGE PARTY/SHUTTERSTOCK ©

Old Town San Diego State Historic Park

OLD TOWN TROLLEY

Auf der zweistündigen Rundfahrt im **Old Town Trolley** fährt man von der Old Town durch Gaslamp Quarter, Embarcadero, Balboa Park und Coronado mit geschichtlichen und aktuellen Infos zu jedem Gebiet. Wer mag, kann aussteigen, um die Gegend auf eigene Faust zu erkunden und später wieder einsteigen, um zurück in die Old Town zu fahren. Da Parken in San Diego keine einfache Sache und manchmal auch teuer ist, ist das Trolley-Angebot eine tolle Option... vor allem auch, weil die Fahrt alleine schon Unterhaltung pur ist. Die Strecke ist insgesamt ca. 40 km lang und führt zu über 100 Sehenswürdigkeiten.

Old Town San Diego entdecken

EIN SCHRITT ZURÜCK IN DIE VERGANGENHEIT

Die Veränderung erfolgt plötzlich: In der einen Minute fährt man noch an modernen Gebäuden vorbei und in der nächsten fühlt man sich zurückversetzt in die mexikanische und frühamerikanische Ära von San Diego. Old Town San Diego ist eine wahre Schmuckkiste mit Geschichte zum Anfassen und kulturellen Veranstaltungen, auf denen man den Charakter der Stadt bis ins kleinste Detail kennenlernen kann.

Der **Old Town San Diego State Historic Park** ist ein Gebiet mit Gebäuden aus dem 19. Jh., in dem Menschen vor fast 200 Jahren lebten und arbeiteten. Man kann ein altes Schulgebäude besichtigen oder sich die Stelle anschauen, an der 1846 die erste amerikanische Flagge in San Diego gehisst wurde. In den Geschäften im Park lernt man ein einfacheres Leben kennen. Man kann eine eigene Kerze herstellen oder Süßigkeiten lose kaufen. Der **Bazaar del Mundo** oder „Basar der Welt" im Zentrum des historischen Gebiets bringt Verkäufer zusammen, die von Schmuck bis Keramik fast alles verkaufen.

Das wohl kultigste Gebäude hier ist das **Whaley House Museum**, das 1856 dort errichtet wurde, wo Menschen am Galgen starben. Heute soll es an dem Ort spuken, sodass er in vielen TV-Shows zu sehen war. Die **Casa de Estudillo** ist ein Lehmziegelhaus von 1825 und mit Antiquitäten aus dem 16. bis 20. Jh.

MUSS-EVENTS IN OLD TOWN SAN DIEGO

Fiesta Old Town Cinco de Mayo
Drei Tage wird die mexikanische Kultur gefeiert – mit *lucha libre* (Wrestling) und Unterhaltung.

Dia de Los Muertos
Einer der wichtigsten Feiertage in der mexikanischen Kultur gedenkt den verstorbenen Verwandten mit Prozessionen und einem öffentlichen Altar.

Old Town Las Posadas
Eine Feiertagstradition. Die Las-Posadas-Prozession ist ein mexikanisches Fest zu Ehren biblischer Weihnachtsgeschichten.

eingerichtet. Im **Heritage Park** in der Nähe sind einige erhaltene viktorianische Häuser zu bewundern. Das **Junípero Serra Museum** ist nach dem spanischen Franziskaner-Missionar Vater Junipero Serra benannt, der die erste Mission errichtete und damit den Grundstein Kaliforniens legte.

Rund ums Stadtzentrum

STADTVIERTEL, DIE ES ZU ERKUNDEN GILT

Wer sich in San Diego unter die Einheimischen mischen will, geht nach North Park und South Park direkt am Balboa Park. North Park wird oft als bester Bierstadtteil des Landes bezeichnet. Das liegt an den vielen Craftbier-Bars und -Brauereien in der University Ave und der 30th St., z. B. **North Park Brewing** und **Thorn Street Beer**. In South Park herrscht Indie-Vibe mit interessanten, zukunftsorientierten Galerien und Vintage-Geschäften. Wer Hunger hat, geht in die **Station Tavern**, die in einer alten Straßenbahnhaltestelle untergebracht ist.

Hillcrest ist das Zentrum von San Diegos LGBTIQ+-Gemeinde. Hier sind alle willkommen und alle werden akzeptiert. Neben Geschäften für Wohnkultur und Weinbars befindet sich hier auch die **Hillcrest Brewing Company**, die sich als „erste schwule Brauerei der Welt" bezeichnet. **Landmark Cinemas** zeigt Arthouse- und ausländische Filme.

Das älteste mexikanisch-amerikanische Stadtviertel ist Logan Heights, ein lebender Tribut an die Chicano-Kultur, vor allem im Barrio Logan, ein Kunst-Kiez, der die dynamische Identität der Stadt widerspiegelt. An jedem zweiten Samstag des Monats findet der **Barrio Art Crawl** statt, eine selbstgeführte Tour durch die kulturellen Kunststätten und Galerien mit Essen und Livemusik. Im Sommer stellen die Besitzer von Oldtimern und modernen tiefergelegten Autos anlässlich der **La Vuelta Car Cruise** ihre Prachtstücke zur Schau. In dem Gourmet-Kaffeeladen **Por Vida Collective** sollte man sich eine Horchata Latte oder eine Horchata mit *mazapan*, einer klassischen mexikanischen Marzipanspezialität aus Erdnüssen, gönnen.

WARUM ICH SAN DIEGO LIEBE

Julie Tremaine, Autorin

Von allen kalifornischen Großstädten ist San Diego ein echtes Wunder. Die Stadt ist groß, aber man findet sich leicht zurecht. Sie ist entzückend, aber nicht erdrückend. Sie ist voller Geschichte, aber auch total modern. San Diego ist prallvoll mit kreativer Energie, angefangen bei der Ernsthaftigkeit mit der hier historische Gebäude erhalten und neu gestaltet werden, bis hin zu Kunst im öffentlichen Raum, die quasi an jeder Ecke zu finden ist. Ich denke, es ist unmöglich, diese Stadt zu besuchen und sie nicht mit einer Liste von Dingen zu verlassen, die man unbedingt noch sehen, unternehmen und kosten möchte, und die länger ist als die Liste, die man bei der Anreise dabei hatte.

Entlang der Küste

SAN DIEGOS UNTERSCHIEDLICHE GEMEINDEN AN DER KÜSTE

Der Strand auf Coronado Island wurde von Dr. Beach (drbeach.org) als einer der besten des Landes gelobt. Wenn man aber ehrlich ist, scheint ganz Coronado zu schillern. In diesem Küstenviertel, das nur wenige Minuten vom Zentrum entfernt ist, fühlt man sich in einer anderen Welt. Die Insel ist übersät mit Strandhütten und Boutiquen. Der Ferry Landing Park ist perfekt für einen Bummel vorbei an Läden, Restaurants und Galerien.

ORTE AM MEER ERKUNDEN

Mission Beach
Klassische Strandpromenade mit altmodischer Achterbahn, Spielen von Midway Games, Restaurants und Strandbars.

Pacific Beach
Beliebt für seine außerordentliche Partyatmosphäre, sowohl tagsüber als auch abends am Lagerfeuer.

Point Loma
Der Blick von diesen Klippen ist einmalig, es gibt Gezeitenpools und einen Leuchtturm.

DIE GEISTER DES HOTEL DEL CORONADO

Coronados bekanntester Ort ist das Hotel del Coronado, eines der berühmtesten und historischsten Hotels Kaliforniens, wenn nicht der ganzen USA. Das Hotel wurde 1888 ursprünglich für wohlhabende Viktorianer:innen auf der Suche nach einer frischen Meeresbrise errichtet und über die Jahre zu einem Ort, der wegen seiner Lage, seiner historischen Architektur und – wie einige meinen – seiner Geister geliebt wird. Die Zimmer im Del sind wirklich teuer, vor allem in Zeiten hoher Nachfrage. Zu den guten Nachrichten gehört aber, dass man dort nicht übernachten muss, um in den Genuss vieler Attraktionen und Restaurants des Hotels zu kommen.

Der südlichste Strandort Kaliforniens ist in South Bay, nur wenige Kilometer von der mexikanischen Grenze entfernt. **Imperial Beach** ist beliebt bei allen, die gern angeln, surfen, Vögel beobachten und radeln, vor allem am Silver Strand, der Imperial mit Coronado verbindet. Das **Imperial Beach Outdoor Surf Museum** zeigt eine Sammlung von Surfbrett-Darstellungen, die die hiesige Geschichte und die Bedeutung des Surfens für San Diego erklären.

Der **Mission Bay Aquatic Park** ist *der* Ort für Wassersport. Hier ist alles möglich, von Kajakfahren, Wasserskilaufen, Segeln bis hin zu Kitesurfen. Wer einen Angel- oder Segelausflug unternehmen möchte, ist hier genau richtig. Auf der **Fiesta Island** in Mission Bay gibt's einen Hundeauslaufpark.

Obwohl man auf dem Festland ist, fühlt man sich auf **Shelter Island** fast wie auf Hawaii, mit Hotels wie dem Kona Kai Resort & Spa mit Privatstrand und dem tropisch anmutenden **Humphrey's Half-Moon Inn**. **Bali Hai** ist eine lokale Legende. Hier werden in südpazifischem Dekor köstliche Mai Tais serviert.

Museum-Hopping im Balboa Park

KUNST-, GESCHICHTS- UND WISSENSCHAFTSMUSEEN

„Smithsonian of the West", der Spitzname des Balboa Parks, ist keine Übertreibung. San Diegos Version des New Yorker Central Parks beherbergt 17 Museen und Kultureinrichtungen, Gebäude im Stil der spanischen Renaissance und den **San Diego Zoo**. Wer alle Museen an einem Tag besuchen will, wird das wahrscheinlich nicht schaffen. Wer aber nur herumspazieren und die Architektur von außen bewundern möchte, bewältigt das gut an einem Nachmittag. Der 150 Jahre alte Park hat vieles zu bieten und alles ist zu Fuß erreichbar.

Wer sich für bildende Künste interessiert, geht ins **Museum of Photographic Arts** mit seiner Fotosammlung, ins **San Diego Museum of Art** mit internationalen Wechselausstellungen oder ins **Timken Museum of Art** mit Werken alter europäischer Meister. Das **Centro Cultural de la Raza** ist ein Kunstzentrum, das über die Kultur der Chicanos, Mexikaner, amerikanischen Ureinwohner und Latinos informiert, und im **Spanish Village Art Center** zeigen über 200 Künstler ihre Werke.

Wer einiges über die Welt erfahren möchte, geht ins **Museum of Us**, das der Menschheitsgeschichte gewidmet ist. Im **San Diego Air & Space Museum** kann man das echte Apollo 9 Kommandomodul und Ausstellungsstücke zu Amelia Earhart und Charles Lindbergh bewundern. Das **Fleet Science Center** beherbergt 100 interaktive wissenschaftliche Exponate und das **San Diego Natural History Museum** ein T-Rex-Skelett.

LÄNGER ZEIT IM BALBOA PARK

17 Gärten
Zu den Gärten des Parks gehören u. a. der Japanese Friendship Garden und ein Rosengarten, in dem die Pflanzen von März bis Dezember blühen.

The International Cottages
34 verschiedene Länder präsentieren ihre Traditionen anhand von Musik, Kunst, Tanz und Essen.

Vintage Unterhaltung
Ein Karussell von 1910 mit handgeschnitzten Tieren oder eine alte Mini-Eisenbahn, bei der man mitfahren kann.

SARAH QUINTANS/SHUTTERSTOCK ©

Giraffen im San Diego Zoo

Ein witziges Museum ist das **Comic-Con Museum**, in dem man alles über Superhelden und die riesige Comic-Messe der Stadt erfährt. Im **San Diego Model Railroad Museum** rattert die weltweit größte Modelleisenbahn durch Mini-Kalifornien.

Begegnungen mit der Tierwelt im San Diego Zoo & Safari Park

ZWEI GLEICHERMASSEN WILDE ERFAHRUNGEN

Man multipliziere alles, was man je über den **San Diego Zoo** gehört hat mit zwei und man bekommt eine Ahnung davon, wie beeindruckend dieser Ort ist. Zu den hier lebenden Tieren gehören Raubkatzen (Geparde, Jaguare und Leoparden), Elefanten, Giraffen, Nilpferde, Grizzlybären, Eisbären, Westliche Kleine Pandas, Königskobras, Anakondas und viele, viele mehr. Der Zoo ist so groß, dass ein Doppeldeckerbus ständig im Kreis herumfährt und eine Seilbahn von einem Ende zum anderen durch die Lüfte schwebt und einen Traumblick auf den Park

DER GANZE PARK IST EINE BÜHNE

Im Balboa Park finden unglaublich viele Liveveranstaltungen statt, von Puppentheater bis zu Auftritten der Jugendballettgruppe und den Jugendsymphonikern der Stadt. Der **Old Globe**, dessen Design auf Shakespeares Globe Theatre in London basiert, hat drei Bühnen und zeigt Produktionen, die es schon oft auf den Broadway geschafft haben. Einen Tony Award gab's auch schon. Das alljährlich stattfindende **Shakespeare Festival** zieht ein internationales Publikum an.

Wer beim Aufenthalt in San Diego etwas wirklich Einmaliges erleben möchte, besucht sonntagnachmittags ein Orgelkonzert – die **Spreckels Organ** ist mit über 5000 Pfeifen die größte Freiluftorgel der Welt.

JÄHRLICH STATTFINDENDE FESTE

Adams Avenue Street Fair
Festival in Normal Heights mit 100 Musik-Acts, 350 Kunstständen, Fahrgeschäften und großartigem Essen.

San Diego Pride Music Festival
Das riesige zweitägige Musikfestival ist Teil des Pride-Wochenendes.

Wonderfront Music & Arts Festival
Dreitägiges Fest auf dem Embarcadero mit großen Musikveranstaltungen.

bietet. Der San Diego Zoo war entscheidend an der Rettung des vom Aussterben bedrohten Kalifornischen Kondors beteiligt, den man hier ebenfalls sehen kann.

Aber nicht nur im Zoo lernt man wilde Tiere kennen. Im nördlichen San Diego County hat der San Diego Zoo einen **Safari Park**, in dem Tiere frei durch die Savanne streifen. Man kann sie im Rahmen von geführten Touren durch den Park unter die Lupe nehmen. Was man sehen wird, hängt von den eigenen Interessen ab. Man kann frühmorgens bevor der Park öffnet an einer **Sun Up Cheetah Safari** teilnehmen und Geparde beobachten, wie sie in übers Gelände sausen. Entscheidet man sich für **Roar & Snore** zeltet man über Nacht im Park.

San Diego bei Nacht

FEIERN, SPIELEN UND UNTERHALTUNG

San Diego hat die höchste Konzentration an Native-American-Stämmen des Landes (im County leben 15 verschiedene Stämme). Viele von ihnen haben Spielkasinos auf ihrem Stammesland eröffnet und verwenden die Gewinne für ihre Gemeinschaften. Rund um San Diego gibt es zehn Kasinos.

Wer Livemusik mag, geht ins **Valley View Casino** im Valley Center mit sieben Restaurants und allabendlicher kostenloser Liveunterhaltung. Echte Spieler besuchen das **Sycuan Casino in El Cajon** mit großen Spieltischen, an denen u. a. Craps und Roulette auf Sycuan-Art gespielt wird. Leckermäuler – oder auch Fans von Kochshows – gehen ins **Harrah's Resort Southern California** in Funner, wo sich Gordon Ramsays Restaurant **Hell's Kitchen** befindet, das durch die TV-Show gleichen Namens berühmt wurde. Wer seinen unverhofften Gewinn gleich wieder ausgeben will, kann dies in der zum **Viejas Casino** gehörigen Outlet-Mall mit 57 Geschäften tun.

Auch wer es ruhiger mag, findet hier viele Orte, an denen man kreative Cocktails in relaxter Atmosphäre genießen kann. **Prohibition** ist eine Flüsterkneipe, die sich hinter einer Tür mit der Aufschrift „Law Office, Edward Joseph O'Hare, Esq." versteckt. Dort gibt's tolle Cocktails und Livemusik. **Noble Experiment** ist eine Flüsterkneipe, die man durch eine Tür in einer scheinbar aus Fässern bestehende Wand im hinteren Teil eines Restaurants namens **Neighborhood** betritt. In dieser Kneipe mixen Barkeeper unter Gothic-Portraits und Messingschädeln an den Wänden alles, was das Herz begehrt.

Mothership ist eine Lounge mit Weltraumthema, die seit ihrer Eröffnung 2022 die Aufmerksamkeit des ganzen Landes bekommt. **Trailer Park After Dark** macht seinem Namen alle Ehre mit Kunstrasen und kunststoffüberzogenen Sofas.

ROOFTOP-BARS

In einer so schönen Stadt wie San Diego ist es nur allzu verständlich, dass sich viele Bars auf Dachterrassen befinden. Es gibt fast zwei Dutzend – von innerstädtischen Locations bis zu Strandoasen. **Altitude Sky Lounge** im Gaslamp District ist die höchste, sie befindet sich im 21. Obergeschoss mit Blick über die Stadt. Wer sehen und gesehen werden will, besucht das **Level Four Pool Deck & Lounge** oder **The Rooftop by STK** im Zentrum, wo Musik vom Plattenteller und Unterhaltung geboten werden. Im **Kettner Exchange** in Little Italy gibt's eine interessante Auswahl an Weinen sowie Bierzapfhähne mit Selbstbedienung. **El Prez** am Pacific Beach serviert köstliche Tacos mit Meerblick.

LIVE-EVENTS IN SAN DIEGO

American Comedy Co.
Club im Gaslamp District in dem nationale Stargäste in abendlichen Comedy Shows auftreten.

The Observatory
Diese Konzerthalle in North Park war früher eine Oper und bietet ein abwechslungsreiches Programm an Live-Musik.

House of Blues
Ein Musiklokal in Downtown San Diego, das einen sonntäglichen Gospel-Brunch und kostenlose Live-Unterhaltung in seinem Restaurant anbietet.

Die Aromen von San Diego

EINE STADT FÜR FEINSCHMECKER

San Diego ist bekannt für die Cali-Baja-Küche, eine einzigartige Mischung aus südkalifornischem Essen mit mexikanischen Aromen und Zubereitungsarten. Probieren sollte man sie im **Barrio Dogg** im Barrio Logan, wo international angehauchte Hot Dogs wie der Bombero mit sieben Chilis und einem Habanero-Karottensalat serviert werden. Im **Tahona** in Old Town gibt's neu interpretierte Oaxaca-Gerichte und 100 Sorten Mezcal.

Viele traditionelle und moderne italienische Lokale hat Little Italy zu bieten, wo die ersten italienischen Einwanderer nach ihrem Eintreffen in San Diego lebten. Die **Little Italy Food Hall** ist einfach ein Muss. Auf der großen Piazza della Famiglia gibt's sechs Essensstände, ein Restaurant, Kochvorführungen und zwei Bars. Ganz in der Nähe ist das noble Seafood-Restaurant **Ironside Fish and Oyster** zu finden, das sich selbst nicht allzu ernst nimmt. In dieser aufgemöbelten Fabrik aus den 1920er-Jahren ist zwischen Champagner und Kaviar auch ein Hauch von Wassernixen-Dekor zu finden.

Animae im Zentrum ist ein gehobenes Steakhouse mit japanischen und philippinischen Einflüssen der Küchenchefin Tara Monsod. Im **Azucar** in Ocean Beach backt Konditorin Vivian Hernandez-Jackson französische Gebäckstücke mit kubanischen Einschlag.

Thien Huong, eine beliebte vietnamesische Frühstücks- und Lunchkette, eröffnete kürzlich ihr erstes Restaurant in Mira Mesa, einem Stadtviertel mit unzähligen philippinischen, chinesischen, japanischen und koreanischen Restaurants.

Wer zu wenig Zeit hat, die vielen Restaurants auf seiner Liste zu besuchen, kann sich einer Food-Tour anschließen. **Wild Foodie Tours** bietet die International Food Tour an, die von mexikanischen und asiatischen Food-Experten geführt wird. Verkostungen finden in chinesischen, mexikanischen und philippinischen Restaurants in verschiedenen Vierteln statt. Eine Dim-Sum-Tour mit einem kantonesisch-amerikanischen Guide umfasst einen Dim-Sum-Brunch sowie den Besuch eines asiatischen Supermarkts und einer asiatischen Bäckerei. **Foodelicious Tours** bietet eine „Beerucation"-Tour in North Park, eine Cocktail-Tour in East Side, eine Little Italy Booze and Bites Tour sowie eine Chicano-Food-Tour im Viertel Barrio Logan an.

DAS RESTAURANT IN SOCAL MIT DEN MEISTEN AUSZEICHNUNGEN

Addison, ein vornehmes Restaurant unter der Leitung des Chefkochs William Bradley, erhielt im California Guide 2022 drei Michelin-Sterne und ist nunmehr eines der sieben Drei-Sterne-Restaurants in Kalifornien (und das einzige südlich der San Francisco Bay Area).

Bradley serviert ein neungängiges Verkostungsmenü mit Schwerpunkt auf regionale und saisonale Zutaten sowie die Aromen Südkaliforniens. Der Preis des Verkostungsmenüs beträgt 325 US$ pro Person. Die jeweils passenden Weine werden empfohlen und extra berechnet.

Das prächtige Restaurant befindet sich im Fairmont Grand Del Mar, einem wirklich schönen Hotel mit entsprechenden Preisen.

UNTERWEGS VOR ORT

San Diego teilt sich die internationale Grenze mit Tijuana. Mit einem Reisepass und ggf. einer Mexiko-Touristenkarte (FMM) ausgestattet, kann man auch als Reisender aus Europa eine der meistbesuchten (aber auch gefährlichsten) Städte der Welt erkunden.

Wie in jeder anderen Stadt so ist es auch in San Diego eine Herausforderung, einen Parkplatz in der Innenstadt zu finden. Je weiter man aus dem Zentrum rausfährt, desto einfacher wird es. Man kann aber auch sein Auto stehen lassen und mit den öffentlichen Verkehrsmitteln fahren. Der Red Trolley ist ein erschwingliches Angebot der Stadt mit mehr Stopps als der Old Town Trolley. Es gibt 62 Haltestellen, die Trolleys fahren alle 15 Minuten. Küstenzüge fahren die Küste hoch und runter und verbinden San Diego mit Küstenorten im Norden wie La Jolla and Carlsbad. Die Sprinter-Stadtbahn verkehrt in Ost-West-Richtung von Oceanside nach Escondido.

LA JOLLA

Das wegen der Landschaft und seiner Lage hochgeschätzte La Jolla hat mehr zu bieten als nur die Küste. Die Stadt ist voller kreativer Energie, mit Kunst im öffentlichen Raum, weltberühmten Galerien und Museen, einem heißgeliebten alljährlich stattfindenden Musikfestival und einem Schauspielhaus, dessen Arbeit im ganzen Land gefeiert wird. Technisch gesehen könnte man La Jolla als Vorort von San Diego ansehen, es ist aber ein dermaßen zauberhafter Ort, dass man das wohl kaum so sehen wird. Wer beschließt, hier Station zu machen, wird es eher selten in die Stadt schaffen.

Es ist zweifellos etwas ganz Besonderes an La Jolla – was auf Spanisch so viel bedeutet wie „Das Juwel“. Der Strandort erstrahlt in goldenem Licht, die warme südkalifornische Sonne wird vom Wasser reflektiert und die Strahlen erwärmen den Sand. Seelöwen räkeln sich auf den Felszungen und tummeln sich in den Wellen. La Jollas Klippen ragen hoch über das Wasser hinaus und bieten eine andere Perspektive auf die 11 km lange Küste der Stadt.

TOP TIPP

In den touristischen Ecken der Stadt ist es schwer, einen Parkplatz zu finden. Wenn man einen gefunden hat, sollte man ihn behalten und die Stadt zu Fuß, mit dem Fahrrad oder den öffentlichen Verkehrsmitteln erkunden. Old Town Trolley Tours bietet unbegrenzte Hop-on-Hop-off-Möglichkeiten.

Seelöwen am La Jolla Cove

MICHAEL J MAGEE/SHUTTERSTOCK ©

BESTE STRÄNDE

Direkt unterhalb vom Scripps Park in La Jolla Village liegt **La Jolla Cove**, einer der besten Strände Südkaliforniens. Die Bucht ist perfekt zum Schwimmen und Sonnenbaden. Wahrscheinlich sieht man hier auch Seelöwen. Aber: Abstand halten! Manchmal werden Seile gespannt, um den Seelöwen genug Platz zu sichern.

Familien lieben **La Jolla Shores**, **Windansea** und **Torrey Pines State Beach** wegen der geringen Brandung und den großen Sandflächen. **Black's Beach** und **Tourmaline Surf Park** werden von Surf-Neulingen bevorzugt, denn hier ist die Brandung sanfter.

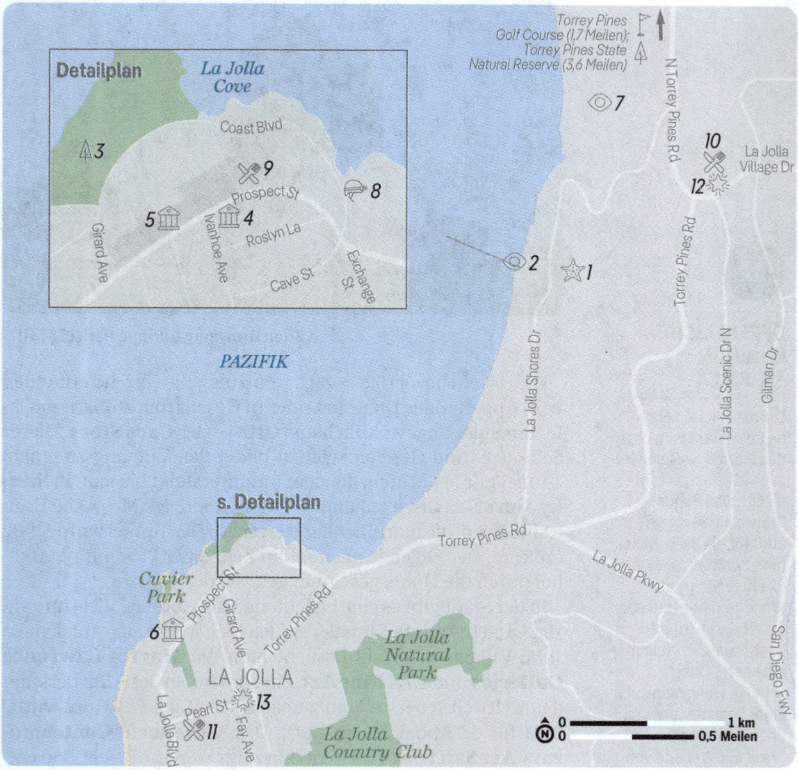

SEHENSWERTES
1 Birch Aquarium at Scripps Institution of Oceanography
2 Ellen Browning Scripps Memorial Pier
3 Ellen Browning Scripps Park
4 LIK Fine Art La Jolla
5 Martin Lawrence Galleries
6 Museum of Contemporary Art San Diego
7 Scripps Coastal Reserve
8 Sunny Jim's Sea Cave

ESSEN
9 George's at the Cove
10 James' Place Prime Seafood Sushi
11 Taco-Stand

UNTERHALTUNG
12 La Jolla Playhouse
13 The Comedy Store – La Jolla

SHOPPEN
siehe 8 Cave Store

La Jolla erkunden

NATURSCHÖNHEIT UND KREATIVITÄT

Das Village, der meist zum Bummeln besuchte Teil der Stadt, ist eine pittoreske Ansammlung von Shops und Restaurants. (Achtung: das Village nicht mit La Jolla Village, einer Wohngegend weiter landeinwärts, verwechseln). Hier gibt's viele der bedeutendsten Attraktionen – u. a. auch Seelöwen, für die die Stadt berühmt ist. Im ganzen Village gibt es viele Aussichtspunkte, von denen aus man die Küste und die lautesten und – seien wir ehrlich – am stärksten riechenden Bewohner bewundern kann. Der **Ellen Browning Scripps Park** ist besonders malerisch. Fast immer trifft man hier Straßenhändler, die von Schmuck bis zu direkt vor Publikum *en plein air* gemalten Bildern so ziemlich alles verkaufen.

SHERRY V SMITH/SHUTTERSTOCK ©

Ellen Browning Scripps Park (S. 431)

ÖFFENTLICHE KUNST IN LA JOLLA

Die natürliche Schönheit der Stadt ist nicht das Einzige, was den Besuch in La Jolla rechtfertigt. Das Public-Art-Programm sorgt seit 2010 für die Verschönerung der Stadt. Heute existieren 15 große Wandgemälde und über 40 Werke im öffentlichen Raum. Es ist immer eine nette Überraschung, wenn man auf einer Besichtigungstour über sie stolpert.

Auf der Website von **Murals of La Jolla** erfährt man alles über Kunst und Kunstschaffende und YouTube-Videos zeigen, was man auf Spaziergängen alles entdecken kann. Wer nicht genug von den tollen Werken bekommen kann, sollte sich den Bildband *The Murals of La Jolla* kaufen, der an sich schon ein Kunstwerk ist und mit dem man das Projekt unterstützt.

Dies ist ein bevorzugtes Ziel, wenn man die Gegend erkunden will, Appetit oder Durst hat oder in Geschäften stöbern möchte. Einer der ungewöhnlichsten Orte ist der **Cave Store**. Dieser Schmuck- und Geschenkeladen bildet den Eingang zu einem Tunnel mit 144 Stufen, die man hinuntersteigt bis man in **Sunny Jim's Sea Cave** ankommt. Es ist die einzige Meereshöhle in Kalifornien, die man über Land erreicht. Der Tunnel wurde 1902 eröffnet. Der Legende nach soll in Zeiten der Prohibition Alkohol durch die Höhle geschmuggelt worden sein.

In der Stadt gibt es eine bedeutende Kunstszene. Viele im ganzen Land bekannte Künstler stellen hier Werke aus. Auf dem La Jolla Village Art Walk besucht man die **Martin Lawrence Galleries** und **LIK Fine Art**, ein Showroom des Künstlers, der das weltweit teuerste Foto gemacht hat (Liks *Phantom* wurde 2014 für 6,5 Mio. US$ verkauft). Das **Museum of Contemporary Art San Diego** im Zentrum zeigt Werke, die seit 1950 entstanden, sowie Sammlungen von Pop-Art, lateinamerikanischer Kunst und Arbeiten von Künstlern aus San Diego und Tijuana.

In La Jolla ist auch das tolle Theaterensemble **La Jolla Playhouse** zu Hause. Es ist berühmt für die Qualität seiner Werke und die Fähigkeiten seiner Stars. Das Playhouse zeigt Weltpremieren innovativer und progressiver Werke und arbeitet mit Bühnenberühmtheiten wie Matthew Broderick zusammen.

Die **La Jolla Music Society** richtet jeden Sommer ein Kunst- und Musikfestival und im Winter verschiedene Musikperformances aus. Der **Comedy Store** ist ein Ableger des berühmten Los Angeles Comedy Club und präsentiert amerikanische Größen, die man mit Sicherheit schon im TV gesehen hat.

Der Bezirk Torrey Pines im nördlichen Teil La Jollas hat zwei ikonische Ziele zu bieten: **Torrey Pines Golf Course** und **Torrey Pines State Natural Reserve**. Der städtische Golfplatz, der allen zugänglich ist, wird wegen seiner Lage an den Klippen

ÜBERNACHTEN IN LA JOLLA

San Diego Marriott La Jolla
Das dichter an der UCSD und Torrey Pines gelegene Hotel bietet zwei Restaurants und einen Pool im Freien. **$$**

Estancia La Jolla Hotel & Spa
Four Diamond Boutiquehotel mit Luxus-Annehmlichkeiten, 4 ha großem Garten und Höfen. **$$$**

La Jolla Shores Hotel
In diesem Hotel am Meer mit einfachem Zugang zum Strand sollte man ein Zimmer mit Blick aufs Wasser nehmen. **$$$**

und der Qualität des Geländes als einer der besten Golfplätze landesweit angesehen. Auch das Naturschutzgebiet bietet einen grandiosen Blick und ist daher ein beliebter Ort zum Wandern. Hier gedeiht zudem eine seltene Kiefernspezies – richtig geraten: die *Pinus torreyana* (Torrey-Kiefer). Sie war früher in Kalifornien weit verbreitet, heute ist sie nur noch in diesem Naturschutzgebiet und auf einer Insel vor Santa Barbara zu finden.

La Jolla hat zwei Meeresparks vor der Küste, die verschiedenen Meereslebewesen Schutz bieten. Die Habitate sind Teil der Meeresforschungsinstitute **San Diego-Scripps Coastal Marine Conservation Area** und **Matlahuayl State Marine Reserve**. Beide Meeresparks eignen sich perfekt zum Schnorcheln und Gerätetauchen. Wer die Meeresflora und -fauna lieber trockenen Fußes bewundern möchte, geht ins **Birch Aquarium**.

Das Aquarium gehört zur Scripps Institution of Oceanography der USCD und zeigt über 60 Meereslebensräume, darunter einen riesigen, zweistöckigen Kelpwald mit umwerfendem Meeresleben. Zu Birchs berühmtesten Bewohnern gehören Zwergpinguine, Leopardenhaie, Seepferdchen und Seedrachen (gegen Aufpreis gibt's Seepferdchen-Führungen hinter den Kulissen).

Das Aquarium hat auch Gezeitenpool-Fischtanks im Freien, wo man die darin lebenden Meeresbewohner berühren kann, und bietet Führungen an, auf denen man alles über natürliche Gezeitenpools erfährt. Die Führungen stehen unter der Leitung eines Naturforschers und finden in der Regel im Winter und zu Beginn des Frühjahrs statt. Einmal im Monat bietet Birch **Ocean at Night** an. Auf diesem Event nach Feierabend wird Biolumineszenz in all ihren Formen (inkl. leuchtender Cocktails) mit Livemusik und Unterhaltung gefeiert.

Ebenfalls zu Scripps gehört der **Ellen Browning Scripps Memorial Pier**, an dem täglich ozeanografische Forschung betrieben wird. Auf den Pier kommt man nur im Rahmen einer von Studenten geführten Tour. Buchen kann man diese Führungen bei **Scripps Community Outreach for Public Education** (SCOPE).

Bei Sonnenuntergang gibt es kein besseres Restaurant als **George's at the Cove**. Dieses Fischrestaurant am Meer hat unten einen Raum mit gehobener Küche. Auf der Dachterrasse mit grandiosem Blick geht's etwas lockerer zu. Das vor den Shows geöffnete **James's Place** ist ein asiatisches Fusion-Restaurant im La Jolla Playhouse. Hier kommen Steaks und Sushi aus der Küche. Der **Taco-Stand** serviert umwerfende Tacos mit hausgemachten Tortillas und langsam gebratenem und geschmortem Fleisch. Dieses Schnellrestaurant ist dermaßen beliebt, dass es jetzt auch Niederlassungen in ganz Südkalifornien und sogar in Miami gibt.

AUF DEM MT. SOLEDAD RESPEKT ZOLLEN

Oben auf dem Mt. Soledad zu stehen, ist eine Ehrerweisung für die Mitglieder der US-Streitkräfte. Das **Mt. Soledad National Veterans Memorial** gedenkt nicht nur den verstorbenen Soldaten, es gedenkt auch den noch lebenden Soldaten, die ehrenhaft aus dem Dienst entlassen wurden. Auf der ganzen Gedenkstätte gibt es über 5000 Gedenktafeln mit Name und Stellung der jeweiligen Person sowie der Beschreibung der Dienste und Ehrungen. Familienmitglieder können eine geliebte Person vorschlagen und jedes Jahr kommen abertausende Besucher:innen, die dann ihre Geschichte lesen und erfahren, wer sie waren und wie sie dienten.

UNTERWEGS VOR ORT

Da La Jolla ein Vorort von San Diego ist, kann man es einfach mit öffentlichen Verkehrsmitteln erreichen. Der Red Trolley fährt in Spitzenzeiten alle 7 und ansonsten im Durchschnitt alle 15 Minuten. Einer der elf Stopps der geführten Old Town Trolley Touren ist La Jolla. Küstenzüge fahren von San Diego entlang der Küste nach Norden und halten auch in La Jolla. Fahrpläne der öffentlichen Verkehrsmittel von San Diego sind unter 511sd.com zu finden.

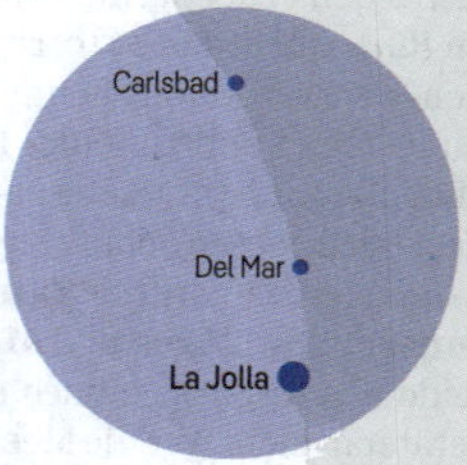

Rund um La Jolla

Del Mar und Carlsbad sind nur ein paar Kilometer voneinander entfernt, haben aber jeweils einen ganz eigenen Charakter.

Strandorte wie Del Mar und Carlsbad sind die wichtigsten Gründe für diese lange Fahrt. Wer über den Freeway I-5 fährt, verpasst die charmantesten Gegenden Südkaliforniens. Auf der Fahrt über den geruhsameren Pacific Coast Highway (PCH) durchquert man hingegen Orte, die einem lang in Erinnerung bleiben werden.

Del Mar ist die Heimat der jährlich stattfindenden San Diego County Fair und des Del Mar Racetrack, mit dem große Hollywood-Namen verbunden sind. Der Ort ist zwar nur 5 km² groß und hat knapp über 4000 Einwohner, aber jährlich kommen etwa 2 Mio. Gäste. Carlsbad bietet grandiose Strände sowie einzigartige Attraktionen wie den Legoland-Themenpark.

TOP TIPP

Wie wär's mit einem Abstecher nach Encinitas (einem berühmten Surf-Spot) mit den beiden nebeneinander stehenden Häusern aus den 1920er-Jahren, die wie echte Schiffe aussehen?

Del Mar Racetrack

ROSAMAR/SHUTTERSTOCK ©

Spaziergänge am Meer in Del Mar

WINZIGE STADT MIT VIEL CHARME

Man sollte sich von der Größe nicht täuschen lassen, denn es gibt viel Liebenswertes in Del Mar – u. a. eines der größten jährlich stattfindenden Events im Bundesstaat. Neben der San Diego County Fair ist auf den Del Mar Fairgrounds auch der **Del Mar Racetrack** beheimatet. Bing Crosby war der ursprüngliche Eigentümer und entscheidend am Bau der Rennbahn beteiligt. Am Tag der Eröffnung im Jahr 1937 stand der Sänger am Tor und begrüßte die ersten Gäste. Das erste landesweit übertragene Pferderennen fand in Del Mar statt. Seabiscuit gewann dieses Rennen um eine Nasenlänge. Heute ist die Vollblut-Rennsaison im Spätsommer und Spätherbst.

Wie der Name schon vermuten lässt – *del mar* ist Spanisch und bedeutet „am Meer" –, ist die Küste die Hauptattraktion des Orts. Es gibt wunderschöne Wanderwege mit Blick sowohl auf die Schlucht als auch aufs Meer im **Crest Rim Preserve**, im **Del Mar Canyon Preserve**, im **Scripps Bluff Preserve**, an der **San Dieguito Lagoon** und im **Sea Cliff Park** mit Bänken am Steilufer und grandioser Aussicht. Wer es etwas aktiver mag, leiht sich ein Kajak oder SUP, angelt auf den Wellenbrechern der Stadt, radelt den PCH rauf und runter oder sucht am **North Beach** nach einem Pickup-Volleyball-Spiel zum Mitmachen.

Der kilometerlange **Del Mar Art Walk** bietet eine Dauerausstellung sowie Wechselausstellungen von Gastkünstlern im Freien.

Blüten, Austern & mehr in Carlsbad

VIELE ATTRAKTIONEN, ABER WENIG ZEIT

Es gibt keinen falschen Zeitpunkt für den Besuch von Carlsbad, aber die beste Zeit ist wahrscheinlich das Frühjahr, wenn die Flower Fields auf der **Carlsbad Ranch** in allen nur erdenklichen Farben leuchten. Die auf 22 ha sorgsam gepflanzten Blumen blühen alljährlich von März bis Mai. Außer dem Farbenmeer gibt's auch noch einen Irrgarten aus blühenden Hecken und auf der Ranch Aktivitäten für Kinder.

Die Stadt hat einzigartige Attraktionen zu bieten, z. B. das **Museum of Making Music**, in dem man alles über Musikgeschichte und -instrumente erfährt und wo im ganzen Jahr Konzertreihen stattfinden. Das **Carlsbad Barrio & Museum** pflegt das mexikanische Erbe der Stadt und erinnert an die Familien, die aus dieser Gegend vor mehr als 100 Jahren ein Landwirtschaftszentrum machten. Das **Gemological Institute of America** beherbergt eine umfangreiche Sammlung an Steinen, u. a. den **Tower of Brilliance**, das weltweit größte Kristall-Oktaeder.

LEGOLAND – KALIFORNIEN IM MINIFORMAT

Wer schon immer ganz Kalifornien an einem Tag sehen wollte, für den ist Legoland genau das Richtige, denn hier wurde Kalifornien aus kleinen Plastiksteinen nachgebaut. Dieser Themenpark beherbergt genaue, äußerst beeindruckende, maßstabsgetreue Modelle von allem, angefangen bei San Franciscos Golden Gate Bridge bis zu den Weinbergen im Napa Valley. Zu dem gibt's in diesem Themenpark über 60 Fahrgeschäfte, von Karussells für die ganz Kleinen bis zu sensationellen Achterbahnen. Auf dem Gelände stehen zwei Lego-Hotels, das **Legoland Resort Hotel** mit Zimmern im Piraten- und Abenteuerlook und das **Legoland Castle Hotel** voller Hexenmeister und Drachen. In beiden Hotels sind ein warmes Frühstück und Abendunterhaltung für die ganze Familie im Preis enthalten.

ÜBERNACHTEN IN DEL MAR & CARLSBAD

L'Auberge Del Mar
Luxushotel mit Strandzugang, Spa, gehobenem Restaurant und haustierfreundlichen Unterkünften. **$$$**

Beach Terrace Inn
Frisch renoviertes Hotel am Meer in Carlsbad mit umwerfendem Blick und einfachem Zugang zum Strand. **$$**

Cape Rey Resort & Spa
Hotel in Carlsbad mit Strandzugang und großem Swimmingpool für alle, die vom Meer genug haben. **$$**

SPASS AUF DER SAN DIEGO COUNTY FAIR

Eines der am heißesten herbeigesehnten Events des Jahres ist die San Diego County Fair. Sie dauert einen ganzen Monat, ist riesig und bietet jede Menge Interessantes. Mehr als 1 Mio. Menschen besuchen im Juni und Juli die Del Mar Fairgrounds mit über 2000 Attraktionen und 1700 Mitwirkenden. Es gibt einen zentralen Bereich mit Fahrgeschäften und Spielen, Konzerten mit prominenten Stars, Kunst- und Blumenausstellungen, Tierbegegnungen und -shows, Kunsthandwerksvorführungen, Wein, Bier und anderen alkoholischen Getränken – und vieles mehr zu tun, zu sehen und zu essen.

ROSAMAR/SHUTTERSTOCK ©

Flower Fields auf der Carlsbad Ranch (S. 435)

Die **Carlsbad Aquafarm** ist Südkaliforniens einzige Austernfarm. Auf ihr kann man lernen, wie man Austern öffnet und schlürft. Wer mag, nimmt an einer dreistündigen **Carlsbad Food Tour** teil, auf der man hiesige Restaurants besucht und alles über die Geschichte der Stadt erfährt. Auf der **Scavengers Beer & Adventure Tour** stehen die neun Brauereien der Stadt auf dem Programm.

Carlsbad verfügt über vier Golfplätze: Der **Rancho Carlsbad Golf Club** ist ein öffentlicher Golfplatz, **The Crossings** hat Auszeichnungen für sein Restaurant bekommen, der **Park Hyatt Aviara Golf Club** bietet einen von Arnold Palmer entworfenen Parcours und auf dem **Omni La Costa Golf Course** haben schon Profis wie Jack Nicklaus und Tiger Woods gespielt.

UNTERWEGS VOR ORT

Carlsbad ist ungefähr 55 km von San Diego entfernt, aber mit dem Küstenzug schnell und einfach zu erreichen. Busse von Breeze fahren durch das ganze North San Diego County, beispielsweise nach Carlsbad (und in Gebiete mit hoher Verkehrsbelastung wie Legoland). Fahrpläne der öffentlichen Verkehrsmittel in San Diego finden sich unter 511sd.com. Oceanside ganz in der Nähe ist ein Verkehrsknotenpunkt mit Verbindungen zu Regionalzügen in Richtung Norden und Amtrak-Zügen. Wer mit dem eigenen Auto unterwegs ist, hat es gut, denn alle öffentlichen Parkplätze und Parkplätze auf den Straßen in der Stadt sind kostenlos. Man muss aber genau auf die Straßenschilder achten, denn in Gebieten, in denen viel los ist, darf man sein Auto nur drei Stunden lang abstellen. Wer es länger stehen lässt, bekommt ein Strafticket.

TEMECULA

Die meisten assoziieren die besten kalifornischen Weine mit dem Napa Valley und dem Sonoma County – aber tatsächlich ist der ganze Bundesstaat übersät mit erstklassigen Weingebieten, selbst das Land bis hinunter in den südlichsten Zipfel von SoCal. Temecula ist nur eine Stunde von San Diego entfernt, fühlt sich aber wie eine völlig andere Welt an. Wenn man ins Temecula Valley fährt, sieht man unzählige Reihen von Weinstöcken, hier und da malerische Verkostungsstuben und in der Ferne die Temescal und die Santa Ana Mountains.

Zusätzlich zu den über 50 Weingütern gibt es sehenswerte Golfplätze, 145 km an Radwegen, unzählige Outdoor-Aktivitäten und ausgezeichnete Restaurants, in denen man sich stärken kann. Heißuftballons sind hier dermaßen beliebt, dass es jedes Jahr im Mai das Temecula Valley Wine & Balloon Festival gibt. Wer in dieser Zeit hier ist, kann gut essen, Weine probieren, Konzerten lauschen (zu den letzten Stars gehörten Brad Paisley und REO Speedwagon) und beobachten, wie 50 Heißluftballons am Himmel schweben.

TOP TIPP

Im September feiert Temecula die Trauben mit Events und Liveunterhaltung. Die Weingüter bieten Verkostungstouren an, es gibt kulinarische Events ... und sogar Weinstampfen! Das ganze Jahr über kann man den größten Veranstaltungsort für Country-Music an der Westküste besuchen. Das Temecula Stampede in der Old Town bietet Line Dance, Bullenreiten und Livemusik.

Doffo Winery (S. 440)

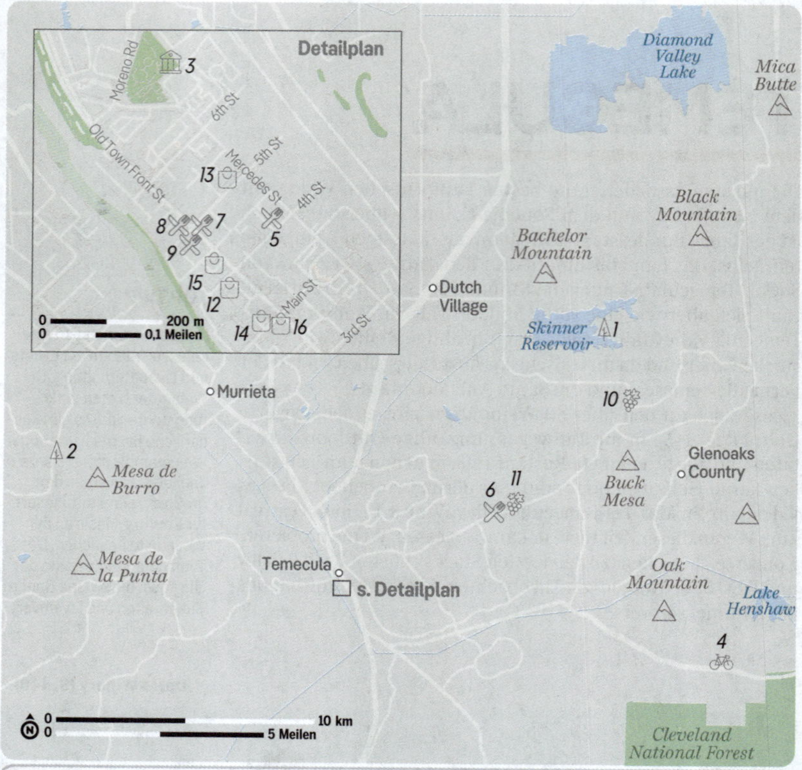

SEHENSWERTES
1 Lake Skinner Recreation Area
2 Santa Rosa Plateau Ecological Preserve
3 Temecula Valley Museum

AKTIVITÄTEN, KURSE & TOUREN
4 Vail Lake Resort

ESSEN
5 4th Street Garage
6 Bolero Restaurante
7 Espadín Mezcal + Cocina
8 Mad Madeline's Grill
9 Small Barn Old Town

AUSGEHEN
10 Doffo Winery
11 Miramonte Winery

SHOPPEN
12 Old Town Antique Faire
13 Old Town Spice & Tea Merchants
14 Reclaimed@Main Street Market
15 Temecula Lavender Co
16 Temecula Olive Oil Company

Weingut-Hopping in Temecula

WEINGÜTER UND MEHR

Das Herz des Temecula Valley war ein wichtiger Standort im alten Westen. Nachdem Mexiko Kalifornien an die USA abgetreten hatte, war Temecula eine Postkutschenstation und Heimat des zweiten Postamts in Kalifornien nach San Francisco. Das **Temecula Valley Museum** erklärt die Geschichte des indigenen Volks der Luiseno, die Kolonisierung durch die Mission San Luis Rey bis hin zur Westexpansion. Zudem gibt's eine Straßenszene im Mini-Format für Kids zum Spielen und Interagieren.

Ein Spaziergang durch die Old Town erinnert an das Ende des 19. Jhs. Es gibt historische Gebäude, in denen jetzt Antiquitä-

Temecula Lavender Company

CLAUDINE VAN MASSENHOVE/SHUTTERSTOCK ©

tenläden, Boutiquen, Craftbierbrauereien und Restaurants sind. Die **Temecula Olive Oil Company** presst aus ihren eigenen Oliven kräftige Öle, die man im Laden probieren darf. **Old Town Spice & Tea Merchants** hat 350 Gewürze und 100 offene Teesorten im Angebot. Die **Temecula Lavender Company** verkauft Produkte aus Blumen von der eigenen Lavendelfarm. In einem Block der Fourth St. sind mehrere Antiquitätengeschäfte angesiedelt, u. a. **Old Town Antique Faire** und **Reclaimed@ Main Street Market**, wo alte Möbel aufgearbeitet werden.

Temecula Valley ist bei Radfahrern beliebt. Es gibt über 145 km an Radwegen, Radwegkarten gibt's bei der Fahrradvereinigung **Bike Temecula Valley**. Im **Vail Lake Resort** kann man in einem riesigen See Barsche angeln, reiten und campen. Zudem gibt es einen Mountain-Bike-Park und 65 km an Wanderwegen.

Im **Santa Rosa Plateau Ecological Reserve** mit seinen vielen unterschiedlichen Gebieten und Ökosystemen leben 200 Spezies einheimischer Vögel und 49 vom Aussterben bedrohte oder seltene Tier- und Pflanzenarten, darunter eine, die außer in dem 36 km² großen Naturschutzgebiet nirgendwo sonst zu finden ist. In der **Lake Skinner Recreation Area** unweit Winchester kann man campen, reiten, angeln und bootfahren.

Das **Bolero Restaurante** (mit der Bolero Winery) befindet sich im Europa Village. Das Restaurant serviert Feinschmecker-

PECHANGA RESORT CASINO

Eines der größten Kasinos des Landes befindet sich in Temecula, nur wenige Minuten von der Old Town entfernt. Pechanga gehört der Pechanga Band of Indians und bietet den Spielern über 18 000 m² Platz. Es gibt viele Gründe dieses Resort zu besuchen, auch wenn man sich nicht für das Glücksspiel interessiert. Das AAA Four Diamond Resort (das von *USA Today* als bestes Kasino des Landes bezeichnet wird) bietet ein großes Luxushotel mit riesigem Pool und Spa, eine Konzerthalle, in der Bands wie The Beach Boys und der Komiker Kevin James auftreten, und mehr als ein Dutzend Restaurants, darunter ein gehobenes Steakhaus und eine hochpreisige Sushi-Bar.

ÜBERNACHTEN IN TEMECULA

Temecula Creek Inn
Idyllisches Resort mit 27-Loch-Golfplatz, gehobenem Restaurant und kostenlosem Shuttle-Service. **$$$**

Hotel Temecula
Historisches Hotel von 1891 im Herzen der Stadt mit massenhaft Atmosphäre des alten Westens. **$$**

The Vine House Bed & Breakfast
Luxusunterkunft mit Blick auf die nahen Weinberge und kostenlosem Frühstück. **$$**

AUF EINEM WEINGUT ÜBERNACHTEN

Es gibt viele Hotels in der Gegend. Weinliebhaber würden am liebsten immer in diesem Weinanbaugebiet bleiben. Auf vielen Weingütern in Temecula kann man übernachten, z.B. im **Inn at Churon Winery**. Hier haben alle Suiten einen Kamin und einen Whirlpool, auch das Frühstück ist im Preis enthalten. Das Four-Diamond-Boutiquehotel **Ponte Vineyard Inn** gewährt Weinclub-Mitgliedern Preisnachlässe. **Carter Estate Winery and Resort** ist hundefreundlich und hat Suiten im Gasthaus sowie separate Bungalows für alle, die sich mehr Privatsphäre wünschen. **Europa Village** hat ein spanisch angehauchtes Gasthaus, ein Tapas-Restaurant und spanische Bolero-Weine zu bieten. Zudem gibt's italienische und französische Gasthäuser, Verkostungsstuben und Restaurants.

Temecula Olive Oil Company (S. 439)

Tapas. Der Küchenchef Hany Ali lernte und arbeitete in Europa, bevor er nach Kalifornien kam. **Small Barn**, ein Farm-to-Table-Restaurant und Edelweinkeller, entstand aus Dan und Cathy Gibsons kleinem Winzerbetrieb im Hinterhof. Im **Espadín Mezcal + Cocina** werden mexikanisch angehauchte Speisen und Cocktails auf Agavenbasis serviert. **4th Street Garage** bietet eine einzigartige Esserfahrung: Livemusik, Barbecue und Craftbiere in einer umgebauten Garage, in der Oldtimer ausgestellt werden. **Mad Madeline's Grill**, ein Vintage-Diner in der Old Town, serviert Burger und traditionelle Milkshakes.

Da das trockene, heiße Wetter dem Mittelmeerklima ähnelt, ist Temecula besonders gut geeignet für den Anbau spanischer, französischer und italienischer Weine. Probieren wird man zwar vor allem Sangiovese und Syrah, aber die hiesigen Weingüter haben über zwei Dutzend einheimische Sorten im Angebot. Marcelo Doffo lässt sich auf seiner **Doffo Winery** von seinen argentinischen und italienischen Wurzeln inspirieren und produziert erstklassische Zinfandels und Rotweine. Er hat auf seinem Weingut außerdem eine Sammlung von Oldtimer-Motorrädern. Die **Miramonte Winery** bringt vorwiegend spanisch und portugiesisch beeinflusste Weine wie Tempranillo und mittelkräftige Rotweine auf den Markt.

UNTERWEGS VOR ORT

Das Temecula Valley erreicht man am einfachsten mit dem eigenen Fahrzeug – wenn man aber angekommen ist, sollte man sein Auto irgendwo abstellen und es vorerst vergessen ... vor allem, wenn man plant, Weine zu verkosten. Es gibt viele Optionen für Weintouren in der Gegend und Fahrdienste mit Profi-Fahrern, denen man die Verantwortung überlassen kann.

Borrow Our Bikes und Temecula Wine Country E-Bikes verleihen E-Bikes. Sidecar Tours hat etwas total Einzigartiges im Angebot: Oldtimer-Motorräder mit Beiwagen für zwei Personen, in denen man im Tal herumkutschiert wird. Sie bieten sogar Weintouren im Pferdewagen an, die freundlicherweise von der Temecula Carriage Company zur Verfügung gestellt werden.

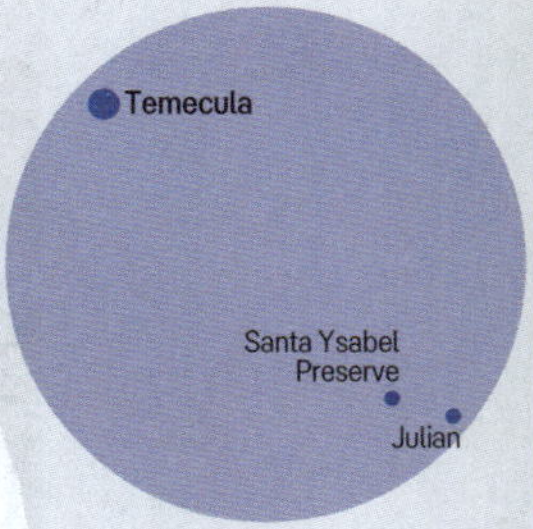

Rund um Temecula

Ein charmanter Bergort mit historischen Goldminen, Apfelplantagen und viel Natur. Und: man sollte unbedingt viel Hunger mitbringen.

Das winzige, für seinen Apfelkuchen berühmte Bergdorf Julian ist ein offizielles California Historical Landmark und nur eine Stunde von San Diego entfernt. Es gibt eine Hauptstraße mit Geschäften, Cafés und Bäckereien sowie historische Hotels und mehrere kleine Museen. Je nach Lieblings-TV-Serie kann man hier schnell das Gefühl oder die Vision bekommen, sich in Stars Hollow der *Gilmore Girls* oder in *Schitt's Creek* zu befinden. Der Ort bietet einen herrlichen Kleinstadtcharme.

Anders als die meisten Orte an der Küste Südkaliforniens ist Julian absolut erschwinglich. Die meisten Unterkünfte sind B & Bs. Viele Reisende nutzen auch die Umgebung und campen in den Volcan und Cuyamacas Mountains.

TOP TIPP

Julian ist eine International Dark Sky Community. Man sollte ein Fernglas oder ein Teleskop dabei haben und sich etwas Zeit für die Betrachtung des Universums nehmen.

Julian (S. 442)

Verkostung von Apple Cider in der Calico Ranch & Cidery

TRAVELINGDANI/SHUTTERSTOCK ©

IM JULIAN GOLD RUSH HOTEL ÜBERNACHTEN

Wer wirklich in die Geschichte von Julian eintauchen möchte, sollte im Julian Gold Rush Hotel übernachten. Dieses Hotel mit seinen 16 Zimmern stammt von 1897, also aus der Hochzeit des hiesigen Goldrauschs. Heute ist es ein National Historic Landmark. Im Erdgeschoss gibt's eine gemütliche Lobby und einen Speisesaal voller Antiquitäten, wie ein Klavier von 1914. Die individuell eingerichteten Zimmer oben sind nach lokalen historischen Personen benannt. Gäste kommen morgens in den Genuss eines Zwei-Gänge-Frühstücks und nachmittags eines heißen Cidre. Das Beste ist, dass das Hotel in der Main St liegt, sodass man von hier direkt über die Hauptstraße schlendern und Julian erkunden kann.

Goldschürfgeschichte und mehr

GOLDSCHÜRFEN UND OUTDOOR-ABENTEUER

In Julian lernt man nicht nur alles über die Goldrauschgeschichte, sie ist auch zum Anfassen nah. Los geht's im **Julian Pioneer Museum**. Es wird von Freiwilligen betrieben und ist von freitags bis sonntags jeweils einige Stunden geöffnet. Das Museum beschreibt die Geschichte des Orts anhand von Ausstellungsstücken und Beispielen der hiesigen Flora und Fauna. Danach besucht man das **Old Julian Jail** (Eintritt frei), das seit über 30 Jahren von ein und demselben Einheimischen betreut wird.

Die **Eagle Mining Company** bietet die Möglichkeit, Gold zu waschen und zwei verlassene (aber instand gesetzte) Minen zu erkunden. Zudem gibt es auf dem Gelände alte Bergbaugeräte und ein kleines Museum. In der **Julian Mining Company** kann man Gold und Edelsteine waschen, Tomahawks werfen und in einem Minizug durch einen kleinen Minentunnel fahren.

Das **Julian Natural History Museum** beherbergt Gold aus dem Coleman Creek und Exemplare der Meeresflora und -fauna der Westküste. **Fort Cross Old Timey Adventures** bietet Farmtouren mit Bogenschießen und altmodische Aktivitäten wie Schießen mit Gummischleudern an.

ÜBERNACHTEN IN JULIAN

Orchard Hill Country Inn
Wer hier übernachtet und für Samstagabend ein Vier-Gänge-Menü bucht, kommt in den Genuss eines Frühstücks und nachmittags von Hors d'oeuvres. $$

Wikiup Hummingbird Inn
Reizendes B&B mit individuell gestalteten Luxuszimmern und einem Schutzgebiet für Lamas. $$

Julian Cabins
Einzelstehende Hütten im Wald mit mehreren Zimmern, in denen bis zu 14 Personen übernachten können. $$$

Julian ist nicht allzu weit vom Anza-Borrego Desert State Park (S. 476), dem größten Staatspark in Kalifornien, und dem **Cleveland National Forest** entfernt. Die **Laguna Mountain Recreation Area** und der **Cuyamaca Rancho State Park** sind beliebte Orte zum Campen. Der **Pacific Crest Trail**, der von der mexikanischen Grenze bis hinauf nach Washington verläuft, führt durch den Anza-Borrego Desert State Park.

Einer der beliebtesten PCT-Abschnitte hier in der Gegend ist der Weg zum Eagle Rock im nahen Warner Springs. Die natürliche Felsformation ähnelt frappierend einem Adler mit ausgebreiteten Schwingen, außerdem gibt's ganz in der Nähe einen Wasserfall und die **Santa Ysabel Preserve** mit ca. 30 km an Wanderwegen auf einer Fläche von über 24 km² sowie ein Naturzentrum mit interaktiven Exponaten.

Sagte gerade jemand Apfelkuchen?

JULIANS BESTE BÄCKEREIEN

In Julians Main St duftet es jeden Tag nach Weihnachten. Aus den Bäckereien strömt der Duft von frischem Apfelkuchen auf die Straße. Auf einem nur zweiminütigen Spaziergang kommt man an der **Julian Pie Company**, an **Mom's Pie House** und an der **Apple Alley Bakery** vorbei.

Die Julian Pie Company backt 16 verschiedene Kuchen – nicht nur Apfelkuchen. Neben einfachen Obsttorten gibt's auch gedeckten Apfel-Beeren- und Apfel-Karamell-Kuchen. Mom's Pie House verkauft traditionelle Kuchen und Varianten wie Apfelkuchen mit Cidre statt Zucker sowie Apfelklöse und mit Gewürzen gefüllte Bratäpfel. In der Apple Alley Bakery bekommt man Apfelkuchen und -strudel sowie ein Mittagsspecial mit Suppe, einem halben Sandwich und einem Stück Kuchen, und das zu einem Preis, für den man in L.A. nur eine Tasse Kaffee bekommt.

Juliantla Chocolate backt veganen Apfelkuchen. Auch **Julian Cafe** hat legendäre Kuchen im Angebot, darüber hinaus aber auch Waffeln und Arme Ritter mit gewürzten Äpfeln und Julian-Apple-Burger mit Äpfeln und Blauschimmelkäse.

Wer sein Obst direkt an der Quelle beziehen möchte, kann es in einem der vielen Obstgärten selbst pflücken. Die **Volcan Valley Apple Farm** hat 8000 Apfelbäume auf 4 ha, bei **Julian Farm and Orchard** kann man Äpfel, Beeren und Blumen pflücken und auf der **Calico Ranch & Cidery** wachsen Äpfel und Birnen. Hier werden auch verschiedene Ciders hergestellt, natürlich nur aus eigenen, hier geernteten Äpfeln.

DAS ENTSTEHEN EINER STADT

Als Fred Coleman, ein 41-jähriger Ex-Sklave aus Kentucky an einem Ort, der später in den 1860er-Jahren Julian heißen sollte, in einem Bach Gold glitzern sah, begann in dieser Gegend der Goldrausch, der schließlich geschätzte 5 Mio. US$ einbrachte. Weitere 30 Jahre später gab es kein Gold mehr, aber die bergige Landschaft und das Klima eigneten sich hervorragend für den Apfelanbau. Die Äpfel aus Julian gewannen auf zwei Weltausstellungen, 1893 in Chicago und 1915 in San Francisco, den ersten Preis. Heute reihen sich auf dem bergigen Gelände die Obstgärten aneinander und sind fest in fast jedem Aspekt des täglichen Lebens in dieser Stadt verwurzelt.

UNTERWEGS VOR ORT

Da Julian hoch in den Bergen liegt, kann man es nur mit dem eigenen Auto erreichen. Aber es gibt auch eine gute Nachricht, denn wenn man dort ist, findet man in den ruhigen Straßen viele freie kostenlose Parkplätze. Sobald man dort ist, sollte man sein Auto abstellen und es einfach vergessen. Julian kann man gut zu Fuß erkunden (selbst wenn man nicht gern läuft). Von einem Ende des Orts zum anderen braucht man zehn Minuten, es sei denn, man kann dem Duft aus den Bäckereien nicht widerstehen. Die Main St führt nur leicht bergauf, aber die Nebenstraßen können schnell recht hügelig werden. Alles, was man in der Stadt sehen möchte, liegt an der Hauptstraße.

PALM SPRINGS & DIE WÜSTEN

URLAUBSDOMIZIL UND EINSAME WILDNIS

Kaliforniens vielfältige Wüstenlandschaften bieten Wanderabenteuer, ökologische Kunstinstallationen, düsteren Himmel und die sonnige Kultur von Palm Springs.

Die Wüste wird oft mit lebensfeindlicher Ödnis assoziiert, doch angesichts ihrer gewaltigen Schönheit wandelt sich die Perspektive schnell. So wie das wechselnde Licht die karge Landschaft von einer Sekunde zur anderen dramatisch ändern kann, führt ein Besuch der Wüste einem vor Augen, wie widerstandsfähig die Flora und Fauna sein muss, um in dieser unwirklichen Umgebung zu überleben, und genau diese Zähheit macht ihren Reiz aus.

Hollywood mag Palm Springs einem Massenpublikum vertraut gemacht haben, doch ursprünglich ist das Land die althergebrachte Heimat der Cahuilla, Serrano, Chemehuevi, Kumeyaay, Cupeño, Diegueño und Mojave. Verblasste Zeugnisse wie Felsmörser und Felszeichnungen sind erhalten geblieben, ihre Pfade sind jedoch mittlerweile zu modernen Verkehrswegen geworden. Die Mesquite-Bäume, Pinyon-Kiefern und Kakteen, die sie ernährten, blühen noch immer in den Nationalparks und Naturschutzgebieten und sind heute Lebensraum für Wildtiere wie die Kalifornische Gopherschildkröte oder das Dickhornschaf, die man mit etwas Glück entdeckt.

Wie die Tiere muss sich auch der Mensch an die Wüstenlandschaft anpassen. Autark zu sein, ist das oberste Gebot: Wichtig sind viel Wasser, Snacks und aufgrund des wechselnden Wetters entsprechende Kleidung. Es ist ratsam, regelmäßig die Tankanzeige und die Wasservorräte zu überprüfen. Ob man möchte oder nicht, findet man sich hier schnell in absoluter Abgeschiedenheit wieder. Eine gute Gelegenheit, die Sinne für die Eigenarten der Wüste zu schärfen.

DIE WICHTIGSTEN ZIELE

PALM SPRINGS
Immer sonniges Urlaubsmekka. S. 450

JOSHUA TREE NATIONAL PARK
Wüstenspielwiese mit Kultstatus. S. 460

DEATH VALLEY NATIONAL PARK
Geologie der Extreme. S. 469

Links: Palm Springs (S. 450); oben: Zabriskie Point (S. 472), Death Valley National Park

ANZA-BORREGO DESERT STATE PARK
Wildblumen und dunkler Himmel. S. 476

MOJAVE NATIONAL PRESERVE
Einsame Wüstenlandschaft. S. 482

Erste Orientierung

Kaliforniens Wüstenregion erstreckt sich von den Ausläufern der östlichen Sierra bis in den Westen Nevadas und südwärts bis zur mexikanischen Grenze. In Tausenden von Quadratkilometern findet sich ein breites Spektrum an ökologischen Wüstensystemen, darunter auch eine lebendige urbane Vision: Palm Springs.

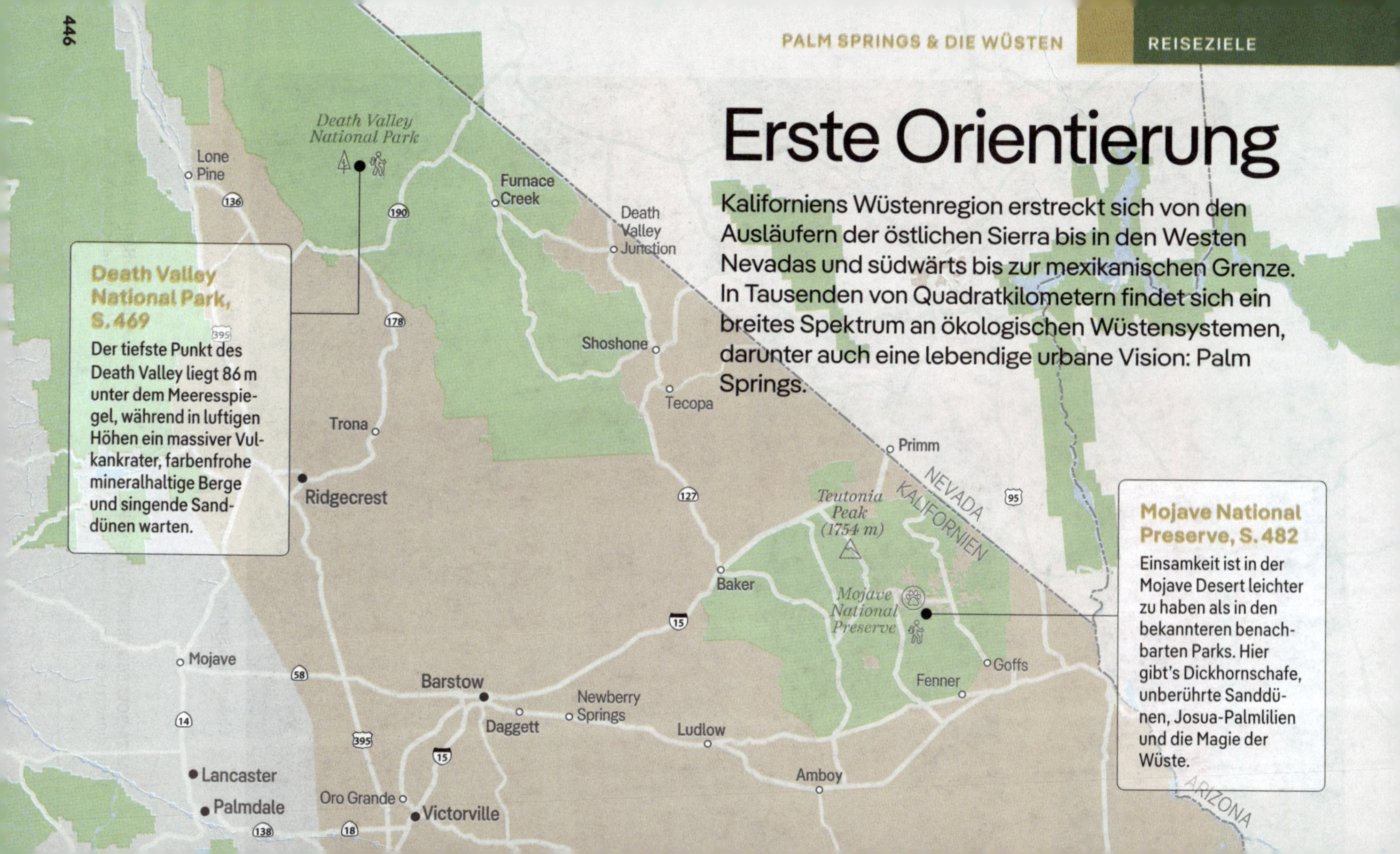

Death Valley National Park, S. 469

Der tiefste Punkt des Death Valley liegt 86 m unter dem Meeresspiegel, während in luftigen Höhen ein massiver Vulkankrater, farbenfrohe mineralhaltige Berge und singende Sanddünen warten.

Mojave National Preserve, S. 482

Einsamkeit ist in der Mojave Desert leichter zu haben als in den bekannteren benachbarten Parks. Hier gibt's Dickhornschafe, unberührte Sanddünen, Josua-Palmlilien und die Magie der Wüste.

Palm Springs, S. 450

Das Mekka der Moderne, der Schwulenkultur und der Wellness lockt mit Cocktails am Pool, Wanderungen und heilender Wüstenluft.

Anza-Borrego Desert State Park, S. 476

Wildblumen und Dickhornschafe hauchen Kaliforniens größtem State Park Leben ein, doch Ricardo Brecedas Metallskulpturen ergänzen die weite Landschaft perfekt.

Joshua Tree National Park, S. 460

Der Park, dessen faszinierende Schönheit sich nicht auf die namensgebenden Bäume beschränkt, erstreckt sich über die Landschaft der Mojave Desert und Sonoran Desert mit ihren typischen Felsblöcken, Kakteen und Sträuchern.

AUTO

Mit dem Auto lässt sich die Region am besten erkunden, da es ein Maximum an Flexibilität bietet. Die State Parks und Nationalparks umfassen enorme Flächen und werden nicht von öffentlichen Verkehrsmitteln bedient.

FAHRRAD

In Palm Springs können Gäste in vielen Hotels Fahrräder oder E-Bikes gratis ausleihen. Bei nicht zu heißen Temperaturen lässt sich das Zentrum gut auf zwei Rädern erkunden.

WANDERN

Bei einer Wanderung lernt man die Wüste am besten kennen, sei es auf befestigten Naturpfaden oder in Slot Canyons. Wichtig sind eine gute Vorbereitung und Flexibilität, da sich die extreme Wüstenlandschaft schnell verändern kann.

Perfekte Tage

Das ideale Gegengewicht zur Dekadenz nach Hollywood-Art in Palm Springs sind Outdoor-Abenteuer in der Wüstenwildnis, umweltfreundliche Kunstinstallationen inklusive.

Kelso Dunes (S. 483), Mojave National Preserve

Wenig Zeit

- Outdoor-Abenteuer bietet der **Joshua Tree National Park** (S. 460) mit seinen charakteristischen Josua-Palmlilien und massiven Felsen à la Fred Feuerstein. Mit dem Auto geht's zu einer **Erkundungstour** (S. 462) zu den Park-Highlights, gefolgt von einer kurzen Wanderung auf dem **Barker Dam Loop Trail** (S. 463), wenn noch Zeit bleibt.

- Alternativ lockt **Palm Springs** (S. 450) mit urbanem Sightseeing und Wellness. Nach **Vintage-Shopping** (S. 454) und einer **Galerie-Tour** (S. 454) im Zentrum bietet eine Spa-Behandlung im **Sunstone Spa** (S. 456) Entspannung. Oder man genießt vor dem Abendessen samt Cocktails in **Paul Bar** (S. 452) eine Runde am Pool.

Beste Reisezeit

Der Sommer kann in der Wüste unerträglich sein. Die Hochsaison dauert von Mitte Oktober bis Mai. Im Frühling wachsen Wildblumen und nach Regenfällen blühen Pflanzen das ganze Jahr über.

FEBRUAR

Die **Modernism Week** (S. 452) feiert den Mid-Century-Modern-Stil in Palm Springs (wo auch sonst?). Im Oktober gibt's eine Miniversion.

MÄRZ

Im März zeigen sich die **Wildblumen** im Anza-Borrego in ihrer vollen Pracht, wobei die Blüte bereits im Februar beginnen kann.

APRIL

Das berühmteste Wüsten-Event ist das **Coachella Music Festival**, das an zwei Wochenenden Mitte bis Ende April große Besuchermassen anzieht.

Drei-Tages-Trip

- Startpunkt ist der **Death Valley National Park** (S. 469), wo man das **Badwater Basin** (S. 470), den tiefsten Punkt in Nordamerika und die spektakulären Farben der **Artists Palette** (S. 470) bestaunen kann. Die Nacht verbringt man in **Tecopa** (S. 475) samt einem Bad in Thermalquellen unter den Sternen. Danach geht's südwärts durch das **Mojave National Preserve** (S. 482), wo ein wunderschöner, unberührter Abschnitt des wenig besuchten Wüstenparks und eine Wanderung in den **Kelso Dunes** (S. 483) warten.

- Mittagessen gibt's in **Joshua Tree** (S. 462) oder **Twentynine Palms** (S. 467), gefolgt von ein bis zwei Wander- oder Klettertagen im **Joshua Tree National Park** (S. 460). Zum Abschluss warten Pool-Entspannung und Cocktails in **Palm Springs** (S. 450).

Länger Zeit

- Nach ein paar Tagen im **Death Valley National Park** (S. 469) und **Joshua Tree National Park** (S. 460) erholt man sich einen Tag in **Palm Springs** (S. 450). Vielleicht bleibt dann noch Zeit für eine Wanderung oder einen Ausritt in den **Indian Canyons** (S. 453).

- Nun geht's nach Süden zum Salton Sea, um die Kunstinstallationen am **Bombay Beach** (S. 459) zu bewundern. Dann folgt man weiter dem Hwy 111 gen Süden bis zum **Salvation Mountain** (S. 459), dem cartoon-ähnlichen religiösen Monument am Rand von **Slab City** (S. 459).

- Letzte Station ist der **Anza-Borrego Desert State Park** (S. 476) mit Tierskulpturen aus Metall und zahlreichen Wüstenwanderwegen.

MAI

Das **Joshua Tree Music Festival** feiert zweimal im Jahr (auch im Oktober) in Joshua Tree das Leben in all seinen Facetten.

JULI

Im Sommer glüht der Wüstenboden geradezu, da sorgt Idyllwilds **Jazz in the Pines** (S. 459) für etwas Abkühlung.

SEPTEMBER

Im Oktober kann man in Julian **Äpfel pflücken**, am Wochenende ist der Ansturm allerdings groß.

NOVEMBER

Pride ist in Palm Springs eine Lebenseinstellung, die eigentliche **Pride** findet in Amerikas Schwulenhauptstadt jedoch Anfang November statt.

PALM SPRINGS

Das sonnige Palm Springs zählt zu den fröhlichsten Städten Amerikas und dient Prominenten und Kunstschaffenden schon lange als Rückzugsort in der Wüste. Als die Hollywood-Studios in den 1930er-Jahren die „Zwei-Stunden-Regel“ einführten, nach der die Filmstars nahe genug am Set wohnen mussten, um auch kurzfristig eingesetzt zu werden, war der Grundstein für seinen Ruf als dekadente Spielwiese gelegt. Heute ist der örtliche Stadtrat der erste der USA, dem ausschließlich LGBTIQ+-Personen angehören.

Die Stadt ist nicht nur auf ihre queere Kultur stolz, sondern auch auf das Mid-Century-Modern-Erbe. Die Stilrichtung, die sie zu ihrer Blütezeit prägte, harmoniert perfekt mit der Umgebung und begründete die einzigartige Wüstenästhetik, die Palm Springs bis heute ausmacht.

Hier locken Wanderwege im Land der Cahuilla, dynamische Kunst und Architektur, Tiki-Cocktails in der Wüstensonne und der überschäumende Charme, der Palm Springs innewohnt.

TOP TIPP

Der Großraum Palm Springs geht von der eigentlichen Stadt in acht weitere Städte über, darunter Desert Hot Springs, Rancho Mirage, Palm Desert und Coachella. Viele der Attraktionen der Region liegen außerhalb von Palm Springs.

Palm Springs Art Museum (S. 454)

NGOC THE TRAN/SHUTTERSTOCK ©

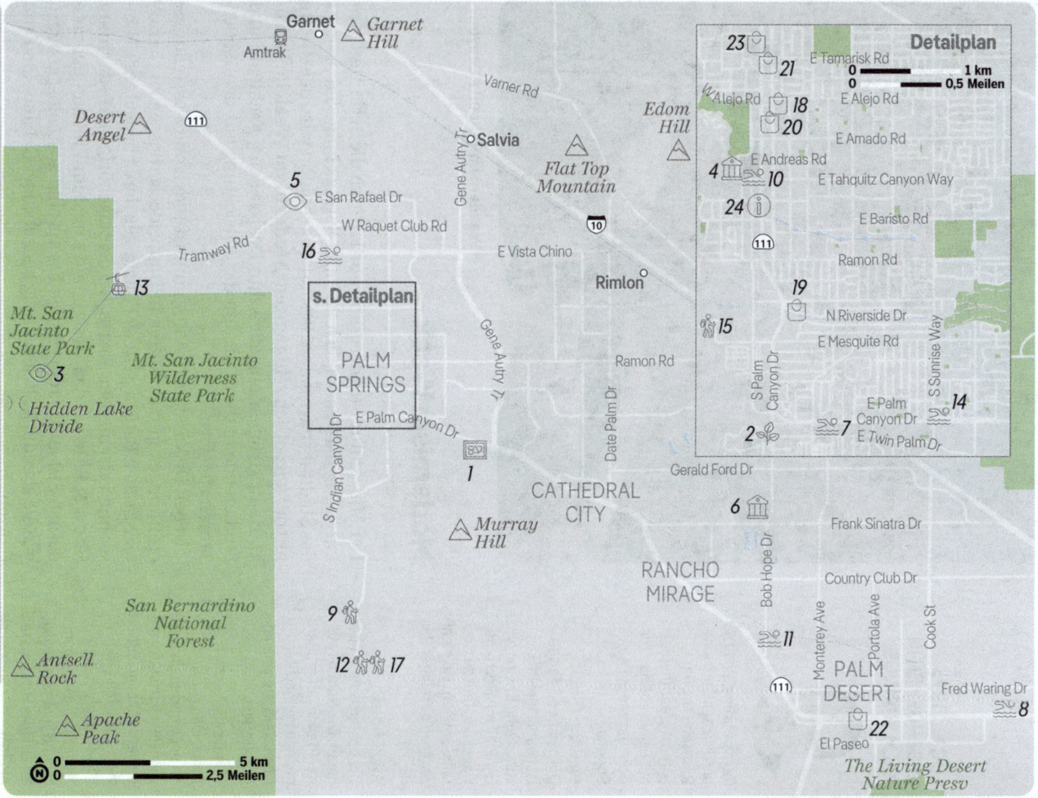

SEHENSWERTES
1 Backstreet Art District
2 Moorten Botanical Gardens
3 Mountain Station
4 Palm Springs Art Museum
5 Palm Springs Visitor Center
6 Sunnylands

AKTIVITÄTEN, KURSE & TOUREN
7 Ace Hotel & Swim Club
siehe 7 Feel Good Spa
8 Hyatt Regency Indian Wells
9 Indian Canyons
10 Kimpton Rowan Palm Springs
11 Omni Rancho Las Palmas
12 Palm Canyon Trail
13 Palm Springs Aerial Tramway
siehe 3 Round Valley Trail
14 Saguaro Palm Springs
15 Tahquitz Canyon
16 The Pool at ARRIVE
17 Victor Trail

SHOPPEN
18 Angel View Resale Store
19 Antique Galleries of Palm Springs
20 Mojave Flea Trading Post
21 Pure Atlas
22 The Fine Art of Design
23 Trina Turk

PRAKTISCHES
24 Palm Springs Historical Society
siehe 3 San Jacinto State Park Ranger Station

LOCAL TIPP: ESSENGEHEN IN PALM SPRINGS

Tai Spendley, Besitzer und Küchenchef von Rooster & the Pig (@roosterandthepig), mit Expertentipps zur Gastroszene in Palm Springs.

Paul Bar/Food
Die einstige Sportsbar ist heute eine atmosphärische Kneipe, über der Paul mit Herzblut wacht und lädt zu Cocktails, Spielen und Mahlzeiten in geselliger Runde ein.

Blackbook
Die besten Burger überhaupt. Die Nachos aus der Pfanne mit großartiger hausgemachter Chipotle-Soße sind unübertroffen.

The Barn Kitchen at Sparrow's Lodge
An der wunderschönen Gemeinschaftstafel unter verwachsenen Bäumen speist man wie in einem Ralph-Lauren-Magazin. Ein verträumter und zugleich rustikaler Ort fürs Mittagessen mit frischen Zutaten, die so weit wie möglich aus der Region stammen.

Wandern im Tahquitz Canyon

Modernism Week

MID-CENTURY MODERN

Der Mid-century-modern-Stil wurde durch die Serie *Mad Men* kurzzeitig massentauglich, in Palm Springs hingegen prägt er das Stadtbild nachhaltig. Besonders gehuldigt wird dem Genre mit der (eigentlich zehntägigen) **Modernism Week** im Februar, dann strömen eingefleischte Design-Fans, Fachleute und Studierende in die Stadt, um die Stilrichtung aus den 1950er-Jahren zu feiern.

Neben Diskussionen, Autogrammstunden und Ausstellungseröffnungen gibt es Touren in Doppeldeckerbussen zu charakteristischen Bauten, seltene Führungen durch bedeutende Häuser und verschiedene Partys. Bei der zugehörigen **Modernism Show & Sale** werden Design und Kunst im Vintage- und modernen Stil ausgestellt. Einige Events sind kostenlos, genauso wie die abendliche Beleuchtung bedeutsamer Gebäude am Palm Canyon Dr.

Für Unersättliche gibt es an einem langen Oktoberwochenende eine Miniversion der Modernism Week. Doch auch wenn sie beide Termine verpassen, kommen Modernism-Fans in Palm Springs auf ihre Kosten. Die **Palm Springs Historical Society** veranstaltet verschiedene Themenführungen durch moder-

GANZJÄHRIGE TOUREN IN PALM SPRINGS

PS Architecture Tours
Interessante Insider-Touren mit dem Rad oder Auto; weit im Voraus buchen.

Palm Springs Mod Squad
Hier kann man perfekt im Mid-Century-Modern-Stil gestaltete Häuser von außen und innen bestaunen.

Desert Tasty Tours
Einblicke in lokale Geschichte und Literatur, gepaart mit der Küche von Palm Springs.

nistische Wohnhäuser von Prominenten (Sinatra, Elvis, Elizabeth Taylor!), private Autotouren zu architektonischen Highlights und sogar Radtouren mit Infos per Ohrstöpsel.

Zu den bedeutenden Gebäuden, die man gesehen haben sollte, gehören das **Palm Springs Visitor Center** mit Kragdach, die **Mountain Station** der Palm Springs Aerial Tramway und das Palm Springs Art Museum (S. 454).

Wandern in Palm Springs

WANDERWEGE AM STADTRAND

Unweit der Innenstadt warten gut zugängliche Wanderwege. Wer Lust auf Bewegung hat, tauscht einfach den Galeriebesuch am Nachmittag gegen ein Outdoor-Abenteuer.

Die Agua-Caliente-Gemeinschaft des Stammes der Cahuilla erlaubt die Nutzung ihrer wunderschönen Wege (gegen eine Gebühr). Der Innenstadt am nächsten liegt der **Tahquitz Canyon**. Benannt ist er nach einem Schamanen, der seine Kräfte gegen die Cahuilla wandte und daraufhin in eine abgelegene Höhle in dem Canyon verbannt wurde. Der 3,2 km lange Rundweg ist größtenteils flach und führt zu einem Wasserfall (jahreszeitlich bedingt) und einem kleinen Uferbereich, dem Platanen Schatten spenden.

Weitere Optionen gibt es südlich in den **Indian Canyons**, wo ein knapp 100 km langes Wegenetz das Hinterland durchzieht. Mehrere Rundwege starten an der Oase am **Palm Canyon Trail**, wo sich hohe Palmen über dem Bachbett wiegen. Ein hübscher 4,8 km langer Rundweg schließt an den malerischen, von Kakteen gesäumten **Victor Trail** mit Blicken ins Tal darunter an.

Alternativ bringt einen die **Palm Springs Aerial Tramway** am nördlichen Ende der Innenstadt in zehn Minuten in eine Höhe von 2595 m. Hier sollte man etwas überziehen, denn es ist bis zu 22 °C kälter als in Palm Springs. Nachdem man an der Bergstation ausgestiegen ist, läuft man den befestigten Weg hinab zur **San Jacinto State Park Ranger Station**, um sich registrieren zu lassen und eine Karte zu bekommen. Der 7,2 km lange bewaldete, alpine **Round Valley Trail** ist ein wunderbarer Kontrast zur Wüstenhitze.

Kunst & Landschaft

GALERIEN, GÄRTEN UND FESTIVALS

Palm Springs ist vor allem als Promi-Spielwiese bekannt, die im Radius von Hollywoods „Zwei-Stunden-Regel" liegt. Tatsächlich diente es in den 1960er-Jahren auch als inoffizieller Diplomaten-Rückzugsort. Damals empfingen Walter und Leonore

HOCH ZU ROSS

Smoke Tree Stables
Der alteingesessene Familienbetrieb bietet täglich Ausritte, darunter Wanderritte durch die palmengesäumte Oase und zum Murray Peak in den Indian Canyons. Eine Reservierung ist nicht erforderlich, allerdings sollte man telefonisch die Startzeit abklären und 30 Minuten vorher anreisen.

Coyote Ridge Stable
Wunderschöne Wanderritte im Morongo Valley, rund 20 Minuten nördlich von Palm Springs mit einem weiteren Familiengestüt.

Knob Hill Ranch
Das entlegenere Familienunternehmen im Yucca Valley veranstaltet Wanderritte zum westlichen Ende des Joshua Tree National Park.

ÜBERNACHTEN IN PALM SPRINGS

Parker Palm Springs
Jonathan Adlers zeitgenössische Interpretation der Mid-century-modern-Ästhetik schafft eine perfekte Balance. **$$$**

Del Marcos Hotel
Das von William F. Cody entworfene Haus von 1947 wurde in einem perfekt ausgewogenen Mid-century-modern-Stil neu gestaltet. **$$**

Alcazar Hotel Palm Springs
Das Boutique-Hotel im spanischen Kolonialstil mit Salzwasserpool verspricht Entspannung pur; erst ab 21 Jahren. **$$**

Annenberg ausländische Staatsoberhäupter und US-Präsidenten in **Sunnylands**, ihrem Anwesen in Rancho Mirage, das heute öffentlich zugänglich ist. Die idyllischen Gärten und Fußwege gleichen einem impressionistischen Wüstengemälde und drinnen gibt es eine Kunstgalerie, ein Café und Führungen durchs Haus (wenn nicht gerade hochkarätige Konferenzen stattfinden).

Mehr Natur und Privatsphäre bietet der **Moorten Botanical Garden** am südlichen Ende des Palm Canyon Dr. Ein Weg führt durch den wunderschön angelegten Garten mit Kakteen, Saftpflanzen und Wüstenflora von nah und fern. Wenn sie nicht gerade Winterschlaf halten, entdeckt man vielleicht ein paar der hiesigen Gopherschildkröten.

Auf dem Palm Canyon Dr weiter nördlich befindet sich das **Palm Springs Art Museum**, ein ikonischer Palm-Springs-Bau des Architekten E. Stewart Williams. Die Dauerausstellung reicht von mesoamerikanischer über moderne europäische bis hin zu zeitgenössischer kalifornischer Kunst, zudem gibt es wechselnde Sonderausstellungen.

Einblicke in Ateliers und Galerien bietet der **Backstreet Art District**. Die Öffnungszeiten variieren, manchmal kann man sich jedoch mit den Kunstschaffenden persönlich austauschen. Die größte Bandbreite bekommt man bei den Kunstspaziergängen im Rahmen des **First Wednesday** zu sehen.

OUTDOOR-KUNSTMESSE IM COACHELLA VALLEY

Die Outdoor-Kunstmesse **Desert X** feierte 2017 Premiere und findet alle zwei Jahre statt. Kunstschaffende aus aller Welt spielen mit der Landschaft und kreieren Kunstinstallationen an ungewöhnlichen Orten im Coachella Valley. Die oft monumentalen Werke haben gesellschaftliche, ökologische und kulturelle Bezugspunkte und sind von der Wüste inspiriert. Für ein paar Monate wird die Kunst zu einem Teil der Landschaft, um dann wie eine Fata Morgana wieder zu verschwinden.

Shoppen in Palm Springs

AUF SCHATZSUCHE

In Sachen Vintage-Stücke im Mid-century-modern-Stil bietet Palm Springs Licht und Schatten zugleich: Vielleicht findet man eine mintfarbene Blenko-Vase aus einer Haushaltsauflösung, dafür bezahlt man jedoch in dem modernistischen Mekka meist einen staatlichen Preis. Wer nur stöbern möchte, geht in den Vintage-Läden und Boutiquen der Stadt auf Schatzsuche.

Erste Station ist der **Mojave Flea Trading Post** am N Indian Canyon Dr, ein Kunsthandwerkermarkt mit Kunst, Kleidung, Haushaltswaren, Schmuck, Hautpflege und allen möglichen zum Verschenken geeigneten Spielereien aus dem Coachella Valley.

Dann folgt man dem N Palm Canyon Dr zum nördlichen Ende und in den Uptown Design District, wo **Trina Turk** Kleider mit verspielten Retro-Mustern und **Pure Atlas** klassische marokkanische Wohnaccessoires verkaufen. Secondhand-Fans kommen im nahen **Angel View Resale Store** am N Indian Canyon Dr auf ihre Kosten. Die lokale Kette unterstützt die gleichnamige gemeinnützige Organisation, die sich für Menschen mit Behinderung einsetzt.

KUNSTGALERIEN IN PALM SPRINGS

Coachella Walls
Keine Galerie, sondern verschiedene Wandbilder im Coachella Valley mit historischen Bezügen.

The Pit
Zeitgenössische Kunst von aufstrebenden und schon bekannteren Namen; die Palm-Springs-Dependance der Galerie in L.A.

Rubine Red Gallery
Modernistisch geprägt mit Werken aus den 1950er-Jahren und zeitgenössischer Kunst.

Geschäft in Palm Springs

Südlich der Innenstadt beim S Palm Canyon Dr bieten die **Antique Galleries of Palm Springs** auf rund 1100 m² Fläche ein großes Vintage-Sortiment aus vielen Epochen, u. a. mit Cocktail-Wagen, Bakelite-Ketten und originellen Skulpturen. Artikel der oberen Preisklasse wie Eames-Stücke verkauft **The Fine Art of Design** in Palm Desert.

Entspannung pur

POOL, SPA & COCKTAILS

Natürlich kommen viele zum süßen Nichtstun nach Palm Springs. Gehört man zu dieser Sorte, macht man es sich in Badeklamotten und Sonnenbrille am Pool gemütlich. Liegestuhl und Barservice bieten viele Hotels auch Nicht-Gästen gegen einen Tagestarif.

DONNERSTAGSPARTYS IN PALM SPRINGS

Jeden Donnerstagabend gibt es etwas zu feiern, denn dann wird der N Palm Canyon Dr anlässlich des **Village-Fest** für den Verkehr gesperrt. Über mehrere Blocks werden an Essensständen leckere Tamales und Falafel angeboten. Zudem gibt es handgeblasene Glaskunst, Bilder, Textilien und Metallarbeiten hiesiger Kunstschaffender. Einheimische und Auswärtige freuen sich gleichermaßen über Livemusik, die kühle Abendluft und die gute Stimmung.

Wer nicht im Stehen essen möchte, steuert die Restaurants und Bars vor Ort an und lässt von einem Straßentisch das bunte Treiben auf sich wirken.

VINTAGE-SHOPPING IN PALM SPRINGS

Gypsyland
Der freundliche Vintage-Laden am N Palm Canyon Dr in der Nähe des Besucherzentrums hat Kleidung und Dekor im Angebot.

Iconic Atomic
Gut sortierte, witzige Auswahl an Vintage-Kleidern und -Haushaltswaren am N Palm Canyon Dr.

The Frippery
Die richtige Adresse im Uptown Design District für einen Kaftan im Wüsten-Schick.

NOAH SAUVE/SHUTTERSTOCK ©

Kimpton Rowan Palm Springs (S. 455)

DIE BESTEN WÜSTENSPAS

Sunstone Spa
Das Agua Caliente Casino in Rancho Mirage lockt mit Wellnessbehandlungen, Sauna und Mineralbecken.

L'Horizon Resort & Spa
Das elegante, niedrig gebaute Resort mit Spa und wunderschönem Bergblick aus den 1950er-Jahren atmet Hollywood-Geschichte.

The Spa at Two Bunch Palms
Entspannte Oasenkulisse mit Palmen und mineralischem Wasser in Desert Hot Springs.

Grounded Bodyworks
Hübsches Tagesspa in der Innenstadt von Palm Springs wenn man einfach nur eine Massage benötigt und kein Resort braucht, um sich verwöhnen zu lassen.

The Pool at ARRIVE (nur für Erwachsene) bietet exzellente Gerichte und Cocktails. Das Tagesticket kann zur Cabana-Reservierung aufgestockt werden (mit Essens- und Getränkeguthaben), um im eigenen Bereich am Pool zu entspannen. Nur für Erwachsene ist auch der Dachpool im **Kimpton Rowan Palm Springs**, ebenfalls mit Cabana-Option.

Sehen und Gesehen werden heißt es im Hipster-Tempel **Ace Hotel & Swim Club** mit fröhlicher Atmosphäre und gediegenem **Feel Good Spa** zur Entspannung. Eine gute Adresse für eine Poolparty ist auch das **Saguaro Palm Springs** in der Nähe mit tropisch gefärbter Retro-Kulisse. Überall sollte man telefonisch die Verfügbarkeit klären, vor allem am Wochenende.

Familienfreundlicher geht's in dem Wasserpark **Omni Rancho Las Palmas** in Rancho Mirage mit Strömungsbecken, künstlichem Strand und Wasserspaß für Kinder zu. Auch das **Hyatt Regency Indian Wells** hat einen Wasserpark mit kurvenreichen Wasserrutschen Strömungsbecken.

UNTERWEGS VOR ORT

Die Innenstadt von Palm Springs lässt sich am besten zu Fuß oder mit dem Rad erkunden. Dort gibt es auch viele kostenlose Parkplätze, beispielsweise beim Palm Springs Art Museum. Viele Unterkünfte haben kostenlose Leihräder für Gäste. Für Ziele außerhalb der Innenstadt und im Großraum Palm Springs ist das Auto die beste Option.

Rund um Palm Springs

Palm Springs säumen florierende kunstaffine Orte in Berglage und am schrumpfenden Binnenmeer.

Die Fahrt von Palm Springs hinauf in die bewaldeten Berge von Idyllwild bietet einen erfrischenden Perspektiven- und Temperaturwechsel. Das unprätentiöse kleine Dorf inmitten der San Jacinto Mountains, in dem im letzten Jahrzehnt ein Hund den Bürgermeister stellte, lädt zum Wandern und Entspannen ein.

Als geografischer und kultureller Kontrast wählt das flache, nahe dem Salton Sea gelegene Slabs jedes Jahr ein neues unerschrockenes (menschliches) Oberhaupt für den „letzten freien Ort". In der Wüsteninsel aus bunt zusammengewürfeltem Krimskrams treffen Durchreisende auf Einheimische.

Die Künstlerseele der zwei so unterschiedlichen Orte macht beide zu einem faszinierenden Kontrastprogramm zum leichtlebigen Palm Springs.

TOP TIPP

Vor Ort kann man sich über regelmäßige Kunstevents in Idyllwild informieren. In Slabs erhält man in der Bibliothek Tipps zu aktuellen und anstehenden Kunst-Performances.

Bombay Beach (S. 459)

JACOB BOOMSMA/SHUTTERSTOCK ©

LEIGH GREEN/ALAMY ©

Ernie Maxwell Scenic Trail, Idyllwild

MAXIMUS, EMERITIERTER BÜRGERMEISTER

Idyllwild hat seit August 2022 keinen Bürgermeister mehr, denn damals starb Maximus Mueller nach neunjähriger Amtszeit. Der heißgeliebte Golden Retriever beerbte Idyllwilds ersten Max im Bürgermeisteramt (Vetternwirtschaft ist hier ein offenes und weithin akzeptiertes Geheimnis). Ob die gemeindefreie Stadt einen Nachfolger wählen wird, war zum Zeitpunkt der Recherche noch offen.

Wandern & Entspannen in Idyllwild

DORF IN DEN SAN JACINTO MOUNTAINS

Rund um Idyllwild, einem charmanten Ort in den San Jacinto Mountains, eine Fahrtstunde von Palm Springs entfernt, gibt es zahlreiche Bergwander- und Mountainbike-Wege. Auf dem Weg hinauf in das wilde, idyllische Bergdorf sinken die Temperaturen merklich.

Ausrüstung und Infos zu Outdoor-Abenteuern liefert der hiesige Anbieter **Nomad Ventures**. Oder man macht sich auf den **Ernie Maxwell Scenic Trail** (hin & zurück 5 km) durch Pinien und Felsen mit wunderschönen Bergblicken.

Wer Lust auf einen Stadtspaziergang hat, stärkt sich zunächst mit einem Matcha Latte und hausgemachten Zimtschnecken

ÜBERNACHTEN, ESSEN UND AUSGEHEN IN IDYLLWILD

Idyllwild Brewpub
Probierbretter, gute Kneipenküche und eine hübsche Terrasse inmitten von Pinien. **$$**

Cafe Aroma
Geselliges holzgetäfeltes Restaurant mit Galerie, neuer amerikanischer Küche, Cocktails und Livemusik. **$$**

The Creekstone
Großartiges Gasthaus im rustikalen Schick in Gehweite zur Stadt und zu Ausgangspunkten der Wanderwege. **$$**

im beliebten **Alpaca Coffee & Tea**. Im **Ephemera** gibt es Vintage-Artikel, während **Bubba's Books** Lesematerial für unterwegs und seltene Schätze führt. Die idyllische Baumschule **Idyllwild Gardens** lohnt mit ihren Gartenbereichen und Geschenkartikeln einen Besuch.

Je nach Jahreszeit gibt's Livemusik bei **Jazz in the Pines**, das die Idyllwild Arts Academy unterstützt oder eine Vorstellung beim **Idyllwild Actors Theatre**.

Die Seilbahn aus Palm Springs fährt zum angrenzenden **San Jacinto State Park**. Wer genügsam ist und Erfahrung mitbringt, kann sich mit guter Vorbereitung an den rund 10 km langen Weg von der Aerial Tramway Mountain Station in Palm Springs (S. 453) bis Idyllwild wagen. Manchmal sind Klettereisen vonnöten (wegen Eis) und man ist einen ganzen Tag bei teils unwirtlichen Bedingungen unterwegs.

Künstlerorte am Salton Sea

OUTSIDER ART AM SEE

Rund 1½ Fahrstunden von Palm Springs entfernt, zweigt der Hwy 111 nach **Bombay Beach** ab. Der ehemalige Urlaubsort am salzhaltigen, stetig schrumpfenden Salton Sea wirkt wie eine Geisterstadt, obwohl hier über 200 Menschen wohnen. Kunstschaffende ersetzten wandernde Watvögel, malen Bilder an verlassene Häuser und erschaffen Kunst aus Schrott. Von Januar bis März findet die **Bombay Beach Biennale** mit verschiedenen Events statt. Livemusik gibt's manchmal in der Kneipe **Ski Inn**, und bei einem Spaziergang durch die Stadt entdeckt man verschiedene Kunstwerke. Wer es eilig hat, geht direkt zum Strand mit seinen kuriosen Skulpturen und wunderbar nutzlosen Konstruktionen.

Rund 20 Meilen (32 km) südöstlich befindet sich das meistfotografierte Motiv der Gegend, der **Salvation Mountain**. Der bunte, psychodelische Berg aus Lehm wurde von Leonard Knight erschaffen, der 2014 verstarb, und wird heute von einem passionierten Verwalter instand gehalten. Er markiert den Eingang von **Slab City**, einer alternativen Kommune, die in meist friedlicher Anarchie lebt. Manche Ortsansässige heißen Reisende in ihren Camps, Kunstgalerien und geheimen Gärten willkommen, zudem gibt es eine gemütliche Bibliothek, ein Hostel, eine Freiluft-Location für Musik und einen Skater Park.

Schilder führen zum winzigen **East Jesus**, gegründet vom verstorbenen Charlie Russell. Inspiriert vom Freigeist der Kommune, richtete er mittels ein paar künstlerisch gestalteter Autos diesen Bereich ein. Aktuell kümmern sich sechs Bewohner:innen um den solarbetriebenen Komplex, wobei andere Kreative stets eingeladen sind, die Wüsten-Installation weiterzuentwickeln.

LOCAL TIPP: ORGANISIERTE ANARCHIE

Mopar vom Begrüßungskomitee von East Jesus (@eastjesus) über das Leben in Slab City.

Slab City ist ein ungewöhnlicher Ort, geprägt von großer Empathie. Offenkundig handelt es sich um eine experimentelle Gemeinschaft. Tatsächlich herrscht Anarchie, doch selbst Anarchie braucht kulturelle Normen. Vor Jahren sprach ich mit einer Freundin über den Ort und sie sagte: „Du lebst in einer Sekte." Sie beschrieb alle Charakteristika einer Sekte und wir stellten fest, dass lediglich eine charismatische Führungsfigur fehlte. Jedes Jahr wählen wir ein furchtloses Oberhaupt – irgendjemand muss den Job schließlich machen. Am Ende des Jahres werden sie den Feuergöttern geopfert. Sie treten zurück, es gibt Tränen, Umarmungen und dann sehen wir sie nie wieder.

UNTERWEGS VOR ORT

Keiner der Orte wird von öffentlichen Verkehrsmitteln angefahren, deswegen ist man auf ein Auto angewiesen. In rund einer Stunde gelangt man von Palm Springs südwärts auf dem Hwy 74 über Palm Desert nach Idyllwild. Bombay Beach liegt knappe 1½ Stunden südlich entlang dem Hwy 111. Für Slab City ist eine weitere halbe Stunde vonnöten.

JOSHUA TREE NATIONAL PARK

Vor der weißen Besiedlung versorgten natürliche Quellen an den heutigen nördlichen und südlichen Rändern des Joshua Tree National Park die einheimischen Serrano, Chemehuevi und Cahuilla. Dank der Wasserquellen konnten sich dann in den 1870er-Jahren Viehzüchter und Goldschürfer ansiedeln.

Der Rohstoffabbau boomte in den 1920er-Jahren und nahm in den 1930er-Jahren wieder ab. Damals kämpfte die Aktivistin Minerva Hoyt im Kongress für den Schutz der Wüste, deren Zerstörung durch den Menschen sie hautnah miterlebte. Dank ihres Engagements ließ Präsident Roosevelt 333 865 ha als Joshua Tree National Monument im Jahr 1936 unter Schutz stellen.

Die Landschaft diente als Kulisse für alte Western, als Zufluchtsort und Inspiration für die Kunst- und Musikwelt und als Spielwiese fürs Felsklettern. 1994 wurde das Gebiet zum Nationalpark erklärt. Die mystische Wüstenszenerie begeistert bis heute und lädt zu Felsklettertouren, Wanderungen und zum Bestaunen der geologischen Formationen und asymmetrischen Schönheit der namensgebenden Josua-Palmlilien ein.

TOP TIPP

Der Joshua Tree National Park bietet nicht nur traumhafte Fotomotive, er ist auch nur 2½ Stunden von L.A. entfernt. Am Wochenende herrscht oft viel Betrieb, deshalb, wenn möglich, unter der Woche kommen, dann ist es meist ruhiger.

CAMPING IM JOSHUA TREE NATIONAL PARK

Sonnenauf- und Sonnenuntergänge im Joshua Tree National Park mit dem weiten Sternenhimmel und dem Felsenecho von Kojoteschreien sind pure Magie. Bei vielen Campingplätzen im Park, darunter **Jumbo Rocks**, muss man bis zu sechs Monate im Voraus reservieren (recreation.gov). Bei den Zeltplätzen **Hidden Valley**, **Belle** und **White Tank** ist keine Reservierung möglich; die besten Chancen auf einen Platz hat man zur Mittagszeit unter der Woche.

Kletterer am Intersection Rock (S. 462)

SEHENSWERTES
1 Cap Rock
2 Cholla Cactus Garden
3 Desert Queen Well
4 Face Rock
5 Hall of Horrors
6 Intersection Rock
7 Keys Ranch
8 Keys View
9 Ocotillo Patch
10 Ryan Ranch
11 Skull Rock
12 Wall Street Mill
13 Wonderland of Rocks
14 Wonderland Ranch

AKTIVITÄTEN, KURSE & TOUREN
15 Arch Rock Trail
16 Barker Dam Loop Trail
17 Discovery Trail
18 Hidden Valley Campground
siehe 7 Keys Ranch Tour
19 Lost Horse Mine Trail
20 Ryan Mountain Trail
21 Saddle Rocks
22 Split Rock Loop

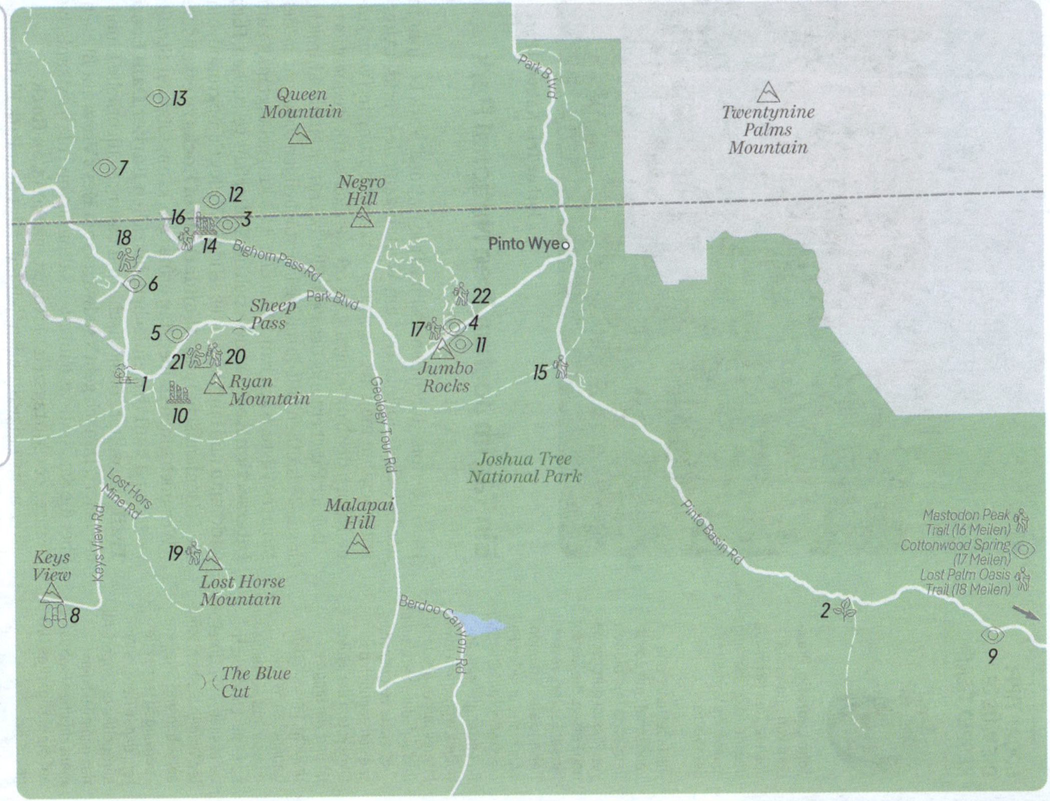

Cholla Cactus Garden (S. 463)

LOCAL TIPP: DIE WÜSTE RESPEKTIEREN

John Lauretig, Präsident von Friends of Joshua Tree (@joshuatreefriends), über angemessenes Verhalten in der Wüste.

Die facettenreiche Landschaft mit Josua-Palmlilien und bloßen, von Rissen durchzogenen Felsen, die Kletterfans anlocken, versetzt Reisende ins Staunen. Was man auf jeden Fall machen sollte? Die Straße entlangfahren, anhalten, wenn man etwas Interessantes entdeckt, und sich daran erfreuen!

Manche vergessen, wie zerbrechlich das Ökosystem der Wüste ist und wie lange es braucht, um sich zu regenerieren. Wir alle müssen gut auf diese spezielle Landschaft aufpassen, auf offiziellen Wegen bleiben, Müll aufheben und Straßensperrungen respektieren, damit Tiere zu Wasserquellen gelangen. All das minimiert den menschlichen Einfluss auf die einzigartige Umgebung.

GARY C. TOGNONI/SHUTTERSTOCK ©

Joshua Tree National Park

Ein Tag im Joshua Tree National Park

TAGESTOUR IN EIGENREGIE

Die Tagestour durch den Joshua Tree National Park beginnt in der Ortschaft Joshua Tree am Westeingang des Parks. (Alternativ beginnt man in entgegengesetzter Richtung in Twentynine Palms; der Nordeingang ist oft weniger stark frequentiert.)

Bei der Fahrt entlang des Park Blvd begrüßen einen zahlreiche Josua-Palmlilien mit ihren vielen stacheligen Zweigen in der Mojave-Wüste. Nach rund 9 Meilen (14,5 km) gelangt man zum **Intersection Rock**, an dem sich oft Kletterfans versuchen. Hier parkt man und läuft hinter den Hidden Valley Campground, um die Felsenlandschaft des **Wonderland of Rocks** zu erkunden.

Wer noch einen halben Tag erübrigen kann, folgt der Straße weiter und läuft den einfachen, hübschen **Barker Dam Loop Trail**, der weitere ökologische und naturgeschichtliche Einblicke liefert. Danach geht's südwärts zum **Keys View** mit Blicken über die San Andreas Fault, den Salton Sea und die mexikanische Grenze. Zur Mittagszeit picknickt man am **Cap Rock**.

Wer nur wenige Stunden Zeit hat, folgt dem Park Blvd weitere 3 Meilen (4,8 km). Nach einem Zwischenstopp bei der Felsformation **Hall of Horrors**, an deren Rückseite sich oft Kletterfans versuchen, stößt man nach 6 Meilen (9,6 km) auf den **Skull Rock**. Dann geht's nach rechts in die Pinto Basin Rd,

PICKNICKVORRÄTE

Farmers Market
In Twentynine Palms und Joshua Tree findet samstags von 8 bis 13 Uhr jeweils ein Markt statt. $

The Dez
Der Laden in Joshua Tree verkauft Sandwiches, Salate, Wurst und Kaffee zum Mitnehmen für ein Picknick im Park. $

Campbell Hill Bakery
Exzellente Backwaren, abgepackte Sandwiches und Pizza in Twentynine Palms; wegen der langen Warteschlangen möglichst früh kommen. $

südwärts zum **Cholla Cactus Garden** mit einem 0,5 km langen Rundweg durch Cholla-Kakteen und schließlich zurück zum Nordeingang.

Wanderabenteuer

KLASSISCHE WANDERWEGE

Die facettenreiche Landschaft des Joshua Tree National Park, von der Mojave Desert in höheren Gefilden bis zur Colorado Desert in niedrigeren, lädt – wenn es die Zeit erlaubt – zu längeren Entdeckungstouren ein.

Für Familien ist der von Kindern entworfene **Discovery Trail** mit Klettermöglichkeiten und Infotafeln ideal; auch für größere Kids ist er eine tolle Einführung in den Park. Die einfache, rund 1,5 km lange Route verläuft nahe dem Skull Rock am Straßenrand. Die für den Park charakteristische Felsenlandschaft bietet der 4 km lange **Split Rock Loop**, ein ebenfalls einfacher Weg mit einer Abzweigung zum **Face Rock**.

Wanderwege mit Höhenmetern gibt es im ruhigen Nordwesten des Parks, wo der 10,5 km lange **Panorama Loop** durch Josua-Palmlilien und schließlich hoch in Wälder mit Pinyon-Kiefern und Kriechwacholder, die in weiten Teilen des Parks wachsen, führt. Wie der Name sagt, warten bei dem Aufstieg auf 366 m Panoramablicke auf das Coachella und Yucca Valley.

Eine zentralere Option in der Höhe ist der 4,8 km lange **Ryan Mountain Trail**, der innerhalb von 2,4 km auf über 300 m ansteigt. Die Anstrengung wird mit Panoramablicken von der Spitze belohnt.

Und schließlich beginnt am südlichen Ende des Parks der knapp 12 km lange **Lost Palm Oasis Trail** an der kleinen Oase in Cottonwood Springs. Er passiert felsige Hügel und Wüstenrinnen, bevor er an der wunderschönen Oase endet, die nach den hier wachsenden kalifornischen Washingtonpalmen benannt ist.

Felskunst & Ruinen

ZEUGEN DER MENSCHHEITSGESCHICHTE

Der größtenteils flache, wunderbar facettenreiche **Barker Dam Loop Trail** gibt mit informativen Schildern Einblicke in die Naturgeschichte des Parks. Der Weg passiert den Damm und die Viehtränke, die im frühen 20. Jh. genutzt wurde. Noch interessanter ist eine kleine Abzweigung, die zu einer flachen Höhle mit Felsbildern führt.

Ein einfacher Weg führt zur gut erhaltenen **Wall Street Mill**, vorbei an Ruinen des Erzabbaus, dem Grab eines unglücklichen Verlierers eines Schießduells und dem **Desert Queen Well**.

PLANUNG & VORBEREITUNG

Bei einem Besuch des Joshua Tree National Park gelten sämtliche „Leave No Trace"-Prinzipien (lnt.org/why/7-principles), darüber hinaus sind eine besondere Planung und Vorbereitung vonnöten. Der Service im Park selbst beschränkt sich auf Komposttoiletten bei Startpunkten von Wanderwegen und Campingplätzen. Fließendes Wasser ist nur an den Parkeingängen verfügbar und auf dem gesamten Gelände gibt es keinen Mobilfunkempfang.

Ins Gepäck gehören ausreichend Wasser (mindestens 2 l pro Person und Tag), salzige Snacks für einen ausgeglichenen Elektrolyte-Haushalt und wärmende Kleidung wegen des schnell wechselnden Wetters. Mit den Survival-Grundlagen im Hinterkopf lässt sich die spektakuläre Wüstenlandschaft unbeschwert genießen.

BARS & KNEIPEN

Joshua Tree Saloon
Zentrale Anlaufstelle in Joshua Tree für eine gemütliche Mahlzeit und Bier.

GRND SQRL
Gasthaus in Twentynine Palms mit Craft-Bieren vom Fass, Wein, guter Kneipenküche und manchmal auch Livemusik.

Out There Bar
Die freundlichste kleine Kneipe in Twentynine Palms; die rosa Fassade ist nicht zu verfehlen.

Danach geht's zu den bröckelnden rosa Überresten der **Wonderland Ranch**.

Die Ruinen der **Ryan Ranch**, 0,8 km von der Straße entfernt, lohnen einen Abstecher. Die Ryan-Brüder haben Goldstaub in den Lehm eingearbeitet.

Für eine längere Wanderung geht's weiter südlich die Keys View Rd hinab zum **Lost Horse Mine Trail**. Die Route (hin & zurück ca. 7 km) führt zu einer verlassenen Mine samt Ausrüstung. Beim Aufstieg bieten sich Ausblicke auf das Pleasant Valley und den von weißem Basalt bedeckten Malapai Hill in der Ebene.

Für Geschichtsinteressierte lohnt sich ein Besuch der historischen Stätte **Keys Ranch**, die nur im Rahmen von Ranger-geführten Touren (Okt.–Mai) zugänglich ist. Das kleine Gehöft erinnert daran, wie herausfordernd das Leben in dieser Umgebung ist.

Vom kühlenden **Cottonwood Spring** am südlichen Ende des Parks sind es nur rund 400 m zu einigen *metates* (Schleifsteinen) der Cahuilla am Wegesrand. Man kann sich gut vorstellen, wie sich hier, nahe der lebensspenden Quelle, die Menschen einst versammelten und gemeinsam Essen zubereiteten.

LOCAL TIPP: EINSAME ORTE

Bernadette Regan, Kletter-Rangerin im Joshua Tree National Park über einsame Orte.

Kürzlich stieß ich auf eine JTNP-Kletterbroschüre von 1993, die angesichts steigender Besucherzahlen dazu aufrief, keinerlei Spuren im Park zu hinterlassen. 1993 kam rund eine Million Menschen. Der Park soll ein Ort der Ruhe sein, deswegen wurde die Zahl der Zelt- und Parkplätze bewusst begrenzt.

2022 kamen etwa 3,5 Mio. Menschen in den Park. Obwohl er so groß wie Rhode Island ist, fällt es nicht leicht, einen einsamen Ort zu finden. Die besten Chancen hat man, wenn man aus dem Auto steigt, nicht zum Skull Rock geht und sich etwas weiter in die Landschaft hineinwagt.

Felsklettern

GEFÜHRTE KLETTERTOUREN IM PARK

Steht man am Fuß eines Brockens aus Monzogranit beginnen die Hände unter dem Magnesium, mit dem man sie gerade wegen des besseren Grips bestäubt hat, zu schwitzen. Nie ist man sich seiner Finger so bewusst wie bei der Suche nach rettenden Vorsprüngen. Man berührt den kühlen Felsen und bringt seinen Fuß in Startposition. Nun drückt man sich nach oben, um die kleine Senke zu erreichen, die man eben noch gesehen hat. Der andere Fuß hebt vom Wüstenboden ab und man ist am Felsen, der von hier oben plötzlich sehr viel größer wirkt.

Zum Glück ist man angeseilt und in Begleitung eines erfahrenen Kletter-Guides mit Trainerlizenz fürs Felsklettern im Joshua Tree National Park. Bevor es an den Felsen geht, erhält man eine Einführung in die Grundlagen.

In dem Ort Joshua Tree gibt es über 400 zertifizierte Kletter-Guides und mehr als 30 Anbieter von Kletterkursen. Sämtliche lizensierte Guides verfügen über eine medizinische Ausbildung, Trainererfahrung und die Genehmigung, im Park Kurse zu geben. Um einen Guide zu finden, der zu einem passt, hört man sich am besten um und sucht das persönliche Gespräch.

Im Park gibt es über 10 000 Kletterrouten. Erfahrenere können beim **Hidden Valley Campground** mit dem Bouldern und Planen beginnen, zudem gibt es zahlreiche gut zugängliche Routen bei der Hall of Horrors oder bei **Saddle Rocks**.

KLETTERANBIETER IN JOSHUA TREE

Stone Adventures
Eines von vielen familienbetriebenen Unternehmen, die Klettertouren für jedes Niveau anbieten.

Cliffhanger Guides
Kleiner inhabergeführter Anbieter mit individuell angepassten Touren, der Sicherheit und Spaß großschreibt.

California Climbing School
Sicherheit, Umweltschutz und Abwechslung sind die Prinzipien dieses Familienunternehmens.

HANNATOR/SHUTTERSTOCK ©

Barker Dam (S. 462)

Autotour

ROADTRIP DURCH DEN PARK

Selbst wenn wenig Zeit bleibt, lässt sich bei einer Tour mit dem Auto das charakteristische Joshua-Tree-Flair einfangen. Die Route ist auch in die entgegengesetzte Richtung möglich.

Startpunkt ist der Westeingang des Parks mit einer meditativen Fahrt entlang des Park Blvd durch den wogenden Wald aus Josua-Palmlilien. Bei einer Pause am **Intersection Rock** kann man versierte Klettertechniken bewundern, dann warten mit der Hall of Horrors und Skull Rock Naturattraktionen am Straßenrand, die zu Fuß zu erreichen sind.

Nach der Abzweigung südwärts auf die Pinto Basin Rd vertritt man sich für eine halbe Stunde die Füße auf dem kurzen **Arch Rock Trail**. Bei einem Snack im Cholla Cactus Garden rund 8 Meilen (12,8 km) südlich bewundert man die niedlichen, aber stacheligen Cholla-Kakteen. Dann geht's etwa 3 Meilen (5 km) südwärts zum **Ocotillo Patch** mit anmutigen Saftpflanzen, die nach Regen manchmal rot blühen. Die grünen Stängel signalisieren den Übergang in die Colorado-Wüstenzone des Parks.

Nun fährt man zum **Cottonwood Spring** und unternimmt einen kleinen Spaziergang durch die von Palmen und Pappeln bewachsene Oase. Bleibt noch Zeit, läuft man zumindest einen Teil des **Mastodon Peak Trail** für letzte Eindrücke der geologischen Schönheit des Parks und für einen Blick auf die historisch bedeutsamen *metates*. Die Ausfahrt bei Cottonwood führt zum I-10 nach Palm Springs oder Phoenix.

DAS SCHICKSAL DER JOSUA-PALMLILIE

Der Joshua Tree, die elegante Palmlilie, die dem Park seinen Namen gab, kämpft mit dem Klimawandel. Die Pflanze, in der Sprache der Cahuilla *hunuvat chiy'a* oder *humwichawa* genannt, vermehrt sich auch weiterhin durch eine symbiotische Beziehung mit der Yuccamotte. Forschungen zeigten jedoch, dass sie sich im kühleren nördlichen Gebiet ungeschlechtlich reproduziert. Dieses Klonen zeigt von der Widerstandsfähigkeit der Pflanze angesichts des Klimawandels, ist jedoch ein Signal für ökologischen Stress.

Im Frühling kann man mit der nötigen Vorsicht ihre cremefarbenen Blüten bewundern, die Hoffnung auf den Fortbestand der ikonischen Wüstenpflanze machen.

UNTERWEGS VOR ORT

Der Joshua Tree National Park lässt sich am besten mit dem Auto erkunden. Öffentliche Verkehrsmittel gibt es nicht und so kann man anhalten, wo man möchte. Für die Fahrt von Nord nach Süd braucht man ohne Pause 1¼ Stunden, Zwischenstopps sind allerdings obligatorisch. Zudem kann man im Park eine tolle Radtour unternehmen, wenn man ein Fahrrad oder E-Bike dabei hat. Doch sollte man immer auf den offiziellen Straßen bleiben.

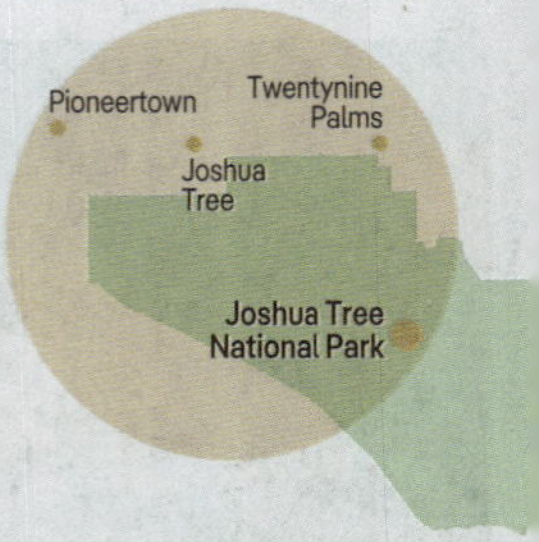

Rund um den Joshua Tree National Park

Robuste Kunstinstallationen im Freien, Einfallstore mit neuer Dynamik und eine echte Stadt, die aus einem Filmset entstand.

In den letzten Jahren wurde den Einfallstoren in den Park, Joshua Tree und Twentynine Palms am Twentynine Palms Hwy (Hwy 62), neues Leben eingehaucht, weswegen sich ein Besuch der hiesigen Geschäfte und erstaunlich facettenreichen Gastroszene lohnt. Noch faszinierender sind die Skulpturengärten und Kunstinstallationen im Freien. Die menschengemachten Landschaften, die oft aus Schrott entstanden, bilden einen spannenden Kontrast zu der kunstvollen Naturlandschaft des Parks.

Eine Abzweigung vom Twentynine Palms Hwy führt zu einem weiteren lebendigen Kunstwerk: Pioneertown. Das einstige Western-Filmset war und ist eine echtes kleines Städtchen.

TOP TIPP

Wer die Kunststätten besucht, benötigt viel Wasser und Sonnenschutz. Nicht nur bei Wanderungen ist man stark der Sonne ausgesetzt, denn es gibt kaum Schatten.

Pioneertown Motel (S. 468), Pioneertown

***Untitled, (Aku'aba)*, 2000, Noah Purifoy Outdoor Desert Art Museum**

Wüstenkunst

KUNSTINSTALLATIONEN IM FREIEN UND SKULPTURENGÄRTEN

In der Hochwüste vermittelt die weite offene Landschaft ein Gefühl grenzenloser Freiheit.

Für Noah Purifoy, der die letzten 15 Jahre seines Lebens als Künstler in Joshua Tree lebte, war Kunst ein Mittel des gesellschaftlichen Wandels. Sein erstes Assemblage-Kunstwerk fertigte er aus Trümmern der Watts-Unruhen von 1965 in L. A. Seine architektonischen und verspielten Skulpturen entstanden aus Schrott, darunter Esstabletts, Staubsaugerteile, Fahrradreifen und Toiletten. In der Stadt Joshua Tree, rund zehn Minuten nördlich des Westeingangs des Parks, kümmert sich das **Noah Purifoy Outdoor Desert Art Museum** um seinen Nachlass, der angesichts der unwirtlichen Bedingungen zum Teil dem langsamen Verfall ausgesetzt ist. Bei einem Besuch gibt es viel zu entdecken. Vor Ort lohnt sich außerdem ein Abstecher zu der Skulptur **Transmission** von Daniel Popper.

Eine rund zehnminütige Fahrt vom Nordeingang des Parks und Twentynine Palms nordostwärts wird die **Glass Outhouse Art Gallery** ihrem Namen gerecht: Herzstück ist ein funktionstüchtiges Toilettenhäuschen aus Glas mit verspiegelten Glas-

KLANGBAD IM INTEGRATRON

Der Raumfahrtingenieur George Van Tassel errichtete in den 1950er-Jahren das von einer Holzkuppel bekrönte **Integratron**. Dem Bauwerk zugrunde liegen Elemente aus Nikola Teslas Schriften und – laut dem Erbauer – Botschaften von Außerirdischen.

Das Integratron sollte durch die Kanalisierung einer außerirdischen Frequenz die Zellen verjüngen. Tatsächlich sorgt die Akustik in der Kuppel für eine perfekte Kulisse für Klangbäder, bei denen Klangschalen die verschiedenen Chakren aktivieren sollen. Bei einstündigen öffentlichen Sitzungen, die ein bis zwei Monate im Voraus gebucht werden können, kann man die Wüsten-Vibes selbst erleben.

SHOPPEN RUND UM DEN JOSHUA TREE NATIONAL PARK

Habitat
Lokal betriebene Boutique in Twentynine Palms mit toller Auswahl an handgefertigter Kunst und Haushaltswaren.

Coyote Corner
Hinter der Wild-West-Ladenfront in Joshua Tree kann man witzige Souvenirs und Campingausrüstung erstehen.

The Station
Die alte Tankstelle in Joshua Tree verkauft lokal erzeugte Süßigkeiten, Retro-Souvenirs und Vintage-Artikel.

wänden, die Privatsphäre und Panoramablicke zugleich bieten. Zudem gibt es eine winzige, rund um die Uhr geöffnete Kapelle, eine Galerie, deren freundlicher Besitzer Laurel Siedl jeden Kunstschaffenden willkommen heißt, der hier ausstellen möchte, und einen witzigen Skulpturengarten voll wunderbarer Assemblage-Wüstenkunst.

Bei den Galerien im **East Village** in Joshua Tree kann man bei einem Besuch nach aktuellen Installationen fragen.

SPASS IM YUCCA VALLEY

Wer denkt, er befinde sich im staubigen vergessenen Niemandsland, dem sei gesagt, dass es durchaus einige Alternativen zum Pappy & Harriet's gibt. Am Wochenende wird im **Giant Rock Meeting Room** im Yucca Valley oft gute Livemusik gespielt. In der überraschend coolen Ecke des Twentynine Palms Hwy ist auch das **La Copine** ansässig, eines der renommiertesten Restaurants der Gegend, sowie das **Frontier Cafe** (mit kürzeren Öffnungszeiten). Lokales Handwerk gibt's im **Mojave Flea**, Haushaltswaren im verspielten **Wine & Rock**.

Ein Hauch Wilder Westen

NEUE ALTE WILD-WEST-STADT

Pioneertown entstand in den 1940er-Jahren als Kulisse für Westernfilme und erlebte Licht und Schatten. Ursprünglich war es als dauerhaftes Set geplant, in dem auch Filmproduktionsteams unterkommen konnten, doch in den 1950er-Jahren büßte das Westerngenre an Popularität ein, was dem Ort seinen wirtschaftlichen Motor entzog. Im Laufe der Jahrzehnte lebten hier mal mehr, mal weniger Leute, doch mit dem Social-Media-Zeitalter erlebt Pioneertown eine Renaissance.

Pioneertown liegt eine 25-minütige Fahrt vom Westeingang des Nationalparks entfernt und ist Heimat von Menschen und Pferden. Neben beliebten Instagram-Fotomotiven bietet es hinter einer langen Reihe von Westernfassaden echte Läden, die interessante lokale Produkte verkaufen wie handgenachte Gesichtspflege, Keramik und Kunst. Samstagnachmittags werden manchmal **Wild-West-Schießereien** aufgeführt (Spende erwünscht).

Nachmittags sind die meisten Geschäfte geöffnet und am Wochenende ist der Andrang am größten. Wer ein Zimmer möchte, sollte dieses weit im Voraus im **Pioneertown Motel** buchen, falls an dem Abend ein beliebter Act stattfindet.

Erholung vom Touri-Trubel in der Stadt bietet eine Wanderung im **Pioneertown Mountains Preserve**. Ein paar Wege führen durch Uferterrain und von Pinyon-Kiefern und Kriechwacholder bewachsenes Buschland. Zurück in der Stadt kann man sich im **Red Dog Saloon** mit mexikanischer Küche und Bier stärken oder die stimmungsvolle Atmosphäre in der Musikkneipe **Pappy & Harriet's** auf sich wirken lassen. Einen Zwischenstopp bei der An- oder Abfahrt lohnen auch die kleinen Läden an der Yucca-Valley-Abzweigung.

UNTERWEGS VOR ORT

Für die Sehenswürdigkeiten außerhalb des Nationalparks benötigt man ein Auto. Die Pioneertown Rd zweigt vom Twentynine Palms Hwy im Yucca Valley ab und schlängelt sich über 5 Meilen (8 km) in die Berge. Die Outdoor-Kunstinstallationen der Gegend liegen gut verteilt und die halbtägige Herumsucherei mit dem Auto gehört eben einfach mit dazu.

DEATH VALLEY NATIONAL PARK

Die althergebrachte und aktuelle Heimat der Timbisha Shoshone nennt sich heute Death Valley National Park und ist der größte US-amerikanische Nationalpark der „Lower 48". Bekannt ist er vor allem für den tiefsten Punkt in Nordamerika (86 m unter dem Meeresspiegel), dem der Telescope Peak (3368 m) als höchster Punkt entgegensteht. Dies ist das Land der Extreme, und zwar nicht nur in Sachen Höhenunterschiede.

Trotz des unheilvollen Namens birgt die weite Wüstenlandschaft im „Tal des Todes" geologische Wunder. Das sechseckige Geflecht aus Salzebenen im Badwater Basin, die leuchtenden Grün- und Rosatöne der Artists Palette, die vom Wind geformten Sanddünen und die Slot-Canyons mit weichen Marmorwänden werfen schnell sämtliche Wüstenklischees über den Haufen.

Der Abbau von Borax brachte die Gegend ins öffentliche Bewusstsein, wo sie dank der einzigartigen wilden Kargheit, auf Grund derer sie als Nationalpark geschützt wird, bis heute geblieben ist.

TOP TIPP

„Don't die" („Nicht sterben") – diese direkte Botschaft ist überall im Park zu lesen, denn die Wüste muss man ernst nehmen. Pro Tag und Person sollte man rund 4 l Wasser mitnehmen, vor dem Aufbrechen volltanken und sich bewusst machen, dass das Mobilfunknetz quasi nicht existent ist. Eine gute Planung ist das A und O.

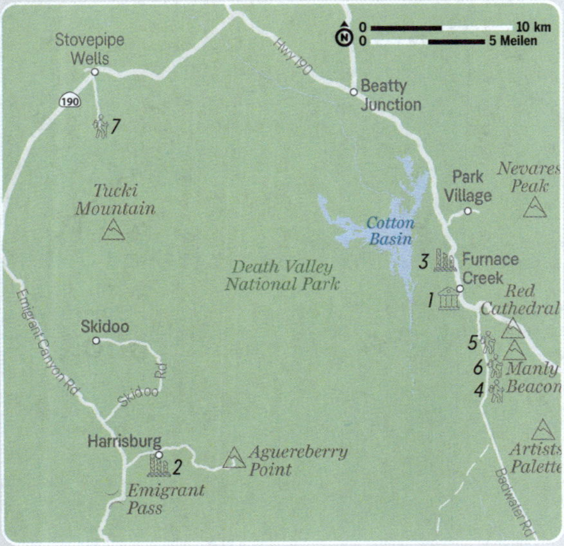

SEHENSWERTES
1 Borax Museum
2 Eureka Mine
3 Harmony Borax Works

AKTIVITÄTEN, KURSE & TOUREN
4 Desolation Canyon
5 Golden Canyon
6 Gower Gulch
7 Mosaic Canyon Trail

AUTOTOUR-HIGHLIGHTS

Bleibt nur Zeit für einen kurzen Roadtrip durchs Death Valley, kann man dennoch auf der Fahrt einige Highlights mitnehmen.

Aus westlicher Richtung auf dem Hwy 190 hält man am 1 **Father Crowley Vista Point** und genießt die Aussicht auf den Rainbow Canyon und eventuelle Trainingsflüge von Militärjets. Dann geht's auf dem Hwy 190 nach Osten und dann rechts in die Panamint Valley Rd, wo nach 15 Meilen (24 km) eine Abzweigung links in die Wildrose Canyon Rd führt. Dieser folgt man bis zu ihrem Ende, sieht sich die 2 **bienenstockförmigen Kohlenmeiler** aus den 1870er-Jahren etwas genauer an und fährt dann zurück zur Kreuzung mit der Emigrant Canyon Rd, wo es nordwärts wieder zum Hwy 190 geht.

Kaltgetränke, Snacks und einen vollen Tank gibt's in 3 **Stovepipe Wells**, dann warten 2 Meilen (3,2 km) weiter östlich die faszinierenden wandernden 4 **Mesquite Flats Sand Dunes**. Dann passiert man Furnace Creek und folgt der Abzweigung die Badwater Rd hinunter bis zum 27 km entfernten tiefsten Punkt Nordamerikas, dem 5 **Badwater Basin**. Den knappen Kilometer zu den 6 **Salzebenen** läuft man am besten, dann ist die Mondlandschaft am eindrucksvollsten. Zurück auf der Straße führt ein kleiner Umweg über den Artists Dr zu den farbenfrohen unwirklichen Mineralhügeln der 7 **Artists Palette**. Der Artists Dr ist nur von Süd nach Nord zu befahren, deswegen besucht man das Badwater Basin am besten vorher.

Zurück auf dem Hwy 190 geht's nun nach Südosten und zum 8 **Zabriskie Point** mit Blick auf die Ödnis in ihrer vollen Pracht darunter. Ist noch Zeit, lohnt sich zum Abschluss die 14 Meilen (22,5 km) lange Fahrt hinauf zum 9 **Dante's View** mit dramatischen Ausblicken auf das Badwater Basin und Death Valley.

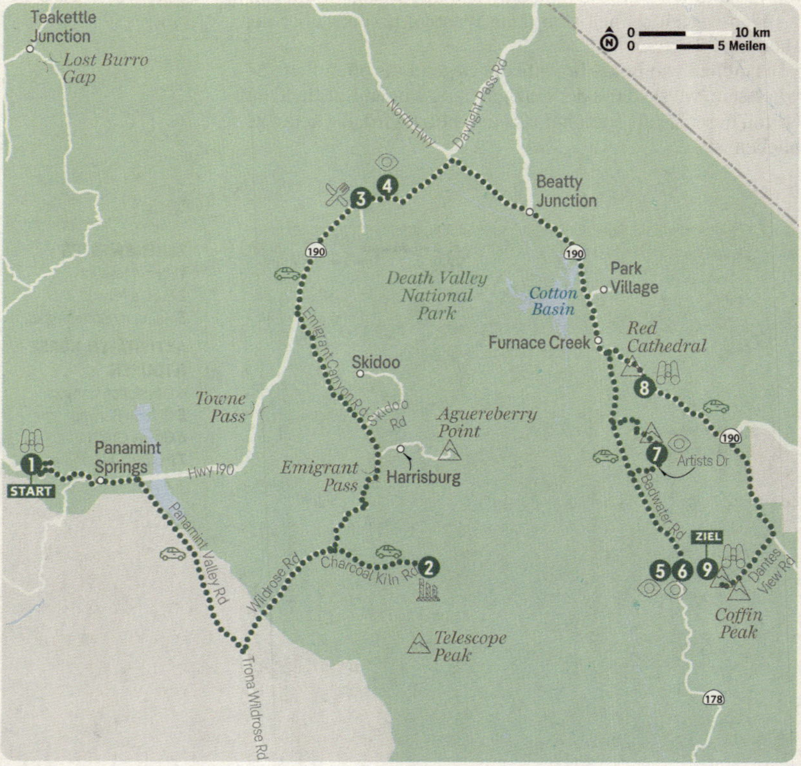

ROMAN KHOMLYAK/SHUTTERSTOCK ©

Wanderung durch den Mosaic Canyon

Wandern im Death Valley

DIE BESTEN WANDERROUTEN

Trotz der Rekorde als tiefster (in Nordamerika, 86 m unter dem Meeresspiegel), heißester (weltweit, mit einem Rekordwert von 53 °C im Sommer 2022) und trockenster Ort (des US-Nationalparks) ist das Death Valley großartiges Wanderterrain. Wegen der extremen Hitze sollte man während der heißesten Monate vor 10 und nach 16 Uhr wandern. Nach Einbruch der Dunkelheit sinken die Temperaturen oft rapide, zudem ist es wichtig, sich über eventuelle Sturzflutwarnungen zu informieren.

Sturzfluten sind der Grund für die Existenz von verschlungenen Slot Canyons wie dem **Mosaic Canyon**, ihnen verdankt man also die wunderschönen exponierten Schichten aus Noonday-Dolomitgestein und Mosaic-Canyon-Breccia (mit Felsfragmenten durchsetzte Karbonate aus Schlammlawinen).

Mit geologischen Wundern der anderen Art lockt der **Golden Canyon** am nördlichen Ende der Badwater Rd. Der Rundweg **Golden Canyon–Gower Gulch** startet in einer schmalen Spalte und steigt neben einer hohen goldenen Wand an, bis er schließ-

LOCAL TIPP: BELIEBTE WANDERUNGEN

Christine Sceppe, Vertriebsleiterin im Oasis at Death Valley (@oasisatdeathvalley), über ihre liebsten Wanderwege im Park.

Rundweg Golden Canyon–Gower Gulch
Die Geologie ist faszinierend: Viele verschiedene Mineralien schufen wunderschöne Schichten von Sedimentgestein.

Ubehebe Crater
Man fühlt sich winzig klein, wenn man am Rand dieses riesigen offenen Kraters steht. In nur fünf Minuten ist man an dessen Grund, für den Rückweg benötigt man jedoch 45 Minuten.

Dante's Ridge
Der Weg führt durch luftige Höhen zum Mount Perry (über 6 km pro Strecke) und bietet durchweg Traumblicke über das gesamte Tal.

ÜBERNACHTEN IM DEATH VALLEY

Oasis at Death Valley
Das umgebaute historische Hotel von 1927 befindet sich bei einer natürlichen Quelle in einer Gartenanlage. **$$**

Panamint Springs Resort
Gemütliche, rustikale Zimmer und Hütten sowie ein Restaurant und eine Bar im Westen des Parks. **$**

Furnace Creek Campground
Wüsten-Zeltplatz mitten im Park; von Oktober bis April ist eine Reservierung sehr zu empfehlen. **$**

lich hinab in die karge Landschaft führt, die der Zabriskie Point überblickt.

Weiteres Highlight ist der **Desolation Canyon** mit von Eisenoxiden und Chlorit hervorgerufenen rosa, grünen und lila Farbtupfern und einem großartigen Ausblick als Schlusspunkt. Danach muss man dieselbe Route zurückgehen und unterwegs gibt's ein paar kleinere Kletterabschnitte.

DIE ERSTEN MENSCHEN IM DEATH VALLEY

Die Timbisha Shoshone lebten über Jahrhunderte in der Panamint Range und kamen jeden Winter ins Tal, um Eicheln zu sammeln, Wasservögel zu jagen, Zahnkärpflinge in den Sumpfgebieten zu fangen und auf kleinen Flächen Mais, Kürbis und Bohnen anzubauen. Nachdem der Bundesstaat das Gebiet 1933 zum Death Valley National Monument erklärt hatte, wurde die Volksgruppe mehrfach zwangsumgesiedelt. Schließlich wurde ihr ein 16 ha großes Dorfgelände zugewiesen. Nach jahrelangen Protesten und dem Engagement von Aktivist:innen unterzeichnete Präsident Clinton 2000 den Timbisha Shoshone Homeland Act, der den Tibisha 3035 ha ihres Landes wieder zurückgab und das erste indigene Reservat innerhalb eines US-Nationalparks schuf. Heute leben einige Dutzend im **Indian Village** nahe Furnace Creek.

Der Mensch und das Death Valley

NATIVE AMERICANS, BORAX UND GOLDMINEN

Ironischerweise wäre das Death Valley ohne den Bergbau heute wohl kein Nationalpark.

Der Goldrausch 1849 lockte scharenweise Menschen an, die zum Goldschürfen und zu Bergarbeiten ins Death Valley kamen. Angesichts der harschen Bedingungen fanden nur wenige ihr Glück. Pete Aguereberry arbeitete fast 40 Jahre in seiner **Eureka Mine**, bis er schließlich 1905 Gold fand. Heute kann man sich die geschlossene Mine und das Camp mit seiner Wohnhütte ansehen.

Weiter südlich die Wildrose Canyon Rd entlang säumen **bienenstockförmige Kohlenmeier** die Straße. Die Modock Mines errichteten sie, um Kohle für die Veredelung von Erz herzustellen.

Doch erst die Entdeckung von Borax, das u.a. für die Herstellung von Waschmittel benötigt wird, ebnete dem Tourismus den Weg. Ab den 1880er-Jahren wurde im Death Valley Borax abgebaut, verarbeitet und mühevoll in Wagen mit 20 Maultieren weitertransportiert. Als das lukrative Mineral in besser zugänglichen Gebieten entdeckt wurde, erbaute die Pacific Coast Borax Company das heutige Inn at Death Valley und bewarb es intensiv als Ferienziel, um eine alternative Einkommensquelle zu erschließen. Später setzte sich das Unternehmen dafür ein, das Death Valley zum Nationalpark zu erklären.

Heute gibt es einen Themenweg auf dem Gelände der **Harmony Borax Works** nahe Furnace Creek. Zudem kann man sich hinter dem **Borax Museum** auf der Ranch in Furnace Creek rostige Bergbauausrüstung, Maultierwagen und andere verfallene Utensilien ansehen.

UNTERWEGS VOR ORT

Um den Park zu erkunden braucht man ein Auto. Vor der Abfahrt sollte man sich unter nps.gov/deva über aktuelle Straßensperrungen informieren. Starke Monsunregen überschwemmten 2022 mehrere Straßenabschnitte im Park und blockierten einige Zugänge und Abschnitte. Zu Redaktionsschluss war die Olancha-Zufahrt am Hwy 395 im Westen wieder geöffnet. Im Osten waren die Zufahrten ab Beatty und der Death Valley Junction wieder zugänglich.

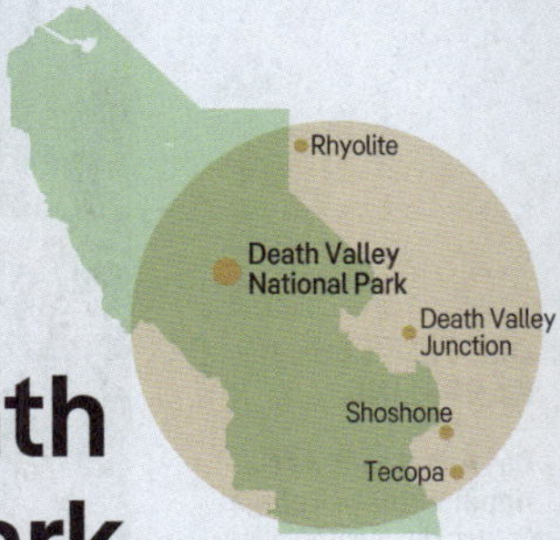

Rund um den Death Valley National Park

Hier locken unendliche Weiten mit der Sierra Nevada im Westen des Parks und vereinzelten Wüstendörfchen im Osten.

Der Hwy 395 verläuft von Norden nach Süden nahe der Westflanke des Death Valley. Am Hwy 395 liegt in der Eastern Sierra der Ort Lone Pine, ein charmantes Einfallstor im Westen des Parks. Hier kann man Mountainbiken, sich bei einem Abendessen stärken und auftanken.

Die Einfallstore im Osten des Parks, wo sich die Wüste nach Nevada erstreckt, sind eine andere Welt mit Geisterstädten, heißen Quellen, Oasen und versteckten Flüssen. Ein malerischer Roadtrip führt den Hwy 127 entlang nach Süden zur Death Valley Junction durch kleine Ortschaften in grüneren Wüstenzonen bis zum Mojave National Preserve. Unterwegs lohnen sich Stopps bei faszinierenden Höhlenwohnungen, von schilfgesäumten heißen Quellen und Outdoor-Kunst.

TOP TIPP

Auf beiden Landesstraßen liegen oft große Distanzen zwischen den Tankstellen. Bevor man in den Park fährt oder ihn wieder verlässt, sollte man volltanken, wenn sich die Gelegenheit bietet.

Amargosa Opera House (S. 474)

DER TEUFELS-KÄRPFLING

Das **Ash Meadows National Wildlife Refuge** östlich der Death Valley Junction dient 26 endemischen Arten der Region als Lebensraum. Der bekannteste Bewohner ist der bedrohte Teufelskärpfling, der seltenste Fisch der Welt. Das kleine Tier lebt im 34 °C warmen geothermalen Wasser von **Devil's Hole**, dessen Tiefe nicht bekannt ist und ist der Ausrottung auf wundersame Weise gerade so entronnen. Bei einem Besuch des Devil's Hole, einem winzigen Außenposten des Death Valley National Park auf dem Gelände von Ash Meadows, kann man von einer Plattform einen Blick in das rätselhafte Wasserloch weiter unten werfen; um einen Teufelskärpfling zu entdecken, braucht man jedoch ein Fernglas.

LOGAN BUSH/SHUTTERSTOCK ©

Höhlenhaus in Dublin Gulch, Shoshone

Kunst an verlassenen Orten

GEISTERSTÄDTE UND WÜSTENWERKE

Das **Amargosa Opera House**, ein gespenstischer türkis-weißer verwitterter Lehmbau, thront würdevoll an der **Death Valley Junction**. Seine faszinierende Geschichte erzählt ein Dokumentarfilm von 2000 über die Tänzerin Marta Becket, die hier 1968 mit Soloauftritten begann. Weitere Infos gibt's auf den täglichen Führungen oder bei einer Übernachtung in dem eigenwilligen Hotel nebenan, das Wandmalereien von Becket zieren. Hier gibt es nicht viel mehr als die Straße in den Park (eine 20-minütige Fahrt auf dem Hwy 190) und den weiten Himmel.

Weiter nördlich am Hwy 95 dient Beatty in Nevada als Drehkreuz für den Daylight Pass, den Nordosteingang des Parks. In

ÜBERNACHTEN

Amargosa Hotel
Hier nächtigt man in Marta Beckets spirituellem Zuhause an der abgeschiedenen Death Valley Junction. **$**

Stagecoach Hotel & Casino
Swimmingpool, Glücksspielautomaten und gemütliche renovierte Zimmer in Beatty. **$**

Atomic Inn
Freundliches, sauberes, schrulliges Motel in Beatty mit einfacher Ausstattung. **$**

Richtung Westen führt die Daylight Pass Rd (Hwy 374) über 6 Meilen (9,6 km) durch Hügel hinunter zur Geisterstadt **Rhyolite** an der Las Vegas and Tonopah Railroad, die während des Goldrauschs florierte. Die Ruinen der Bank und der Geschäfte weisen den Weg zum stattlichen **Rhyolite Railroad Depot** mit Blicken übers Tal. Infotafeln beschwören Bilder der einst betriebsamen Stadt herauf.

Vor den Toren von Rhyolite lassen sich einige unerwartete Kreationen entdecken, z. B. die unheimlichen Figuren von Albert Szukalskis *Das letzte Abendmahl,* der bekanntesten Skulptur der Outdoor-Galerie **Goldwell Museum**. Bei Tag und Nacht kann man hier Freiluftkunst verschiedener Kunstschaffender bewundern. Von der Hauptstraße sind es weitere 5 Meilen (8 km) bis zum Parkeingang.

Highlights in Shoshone & Tecopa

RUINEN, HEISSE QUELLEN UND FISCH

27 Meilen (43 km) südlich der Death Valley Junction wirkt **Shoshone** (nur 22 Ew.) wie eine rettende Tankstelle, doch nachdem man vollgetankt und sich im 100 Jahre alten **Crowbar Cafe & Saloon** gestärkt hat, sollte man die faszinierenden Sehenswürdigkeiten des Außenpostens erkunden.

Dublin Gulch ist keine typische Geisterstadt, dafür sorgen Höhlenwohnungen, die Minenarbeiter Anfang des 20. Jhs. in den Kalkstein schlugen. Die Höhlen waren ideale Behausungen: Im kalten Winter hielten sie die Wärme und im heißen Sommer waren sie angenehm kühl.

Außergewöhnlich ist Shoshones Geschichte über das gelungene Comeback des **Shoshone-Wüstenkärpflings**. Er galt 1970 als ausgestorben, doch 1986 entdeckte man eine kleine Population in einem Bach. Dank entsprechender Schutzmaßnahmen konnte sich die Spezies wieder erholen und zählt heute über 1000 Exemplare. Auf einem kurzen Rundweg sieht man, wie die heutigen Nachkommen in speziell für sie angelegten Teichen umherflitzen.

Südlich von Tecopa fährt man zur **China Date Ranch** (nicht nur wegen der leckeren Dattel-Shakes) und kann dort an einem angenehm erfrischenden Uferabschnitt des **Amargosa River Trail** entlangwandern. Am Parkplatz der Ranch startet ein 3,2 km langer Rundweg, denn man dank eines Abstechers zu einem Slot Canyon auf 4,8 km ausdehnen kann.

ABSTECHER: THERMALQUELLEN

Das mineralhaltige Quellwasser im **Delight's Hot Springs Resort** ist genau das Richtige für wandermüde Beine. Hier gibt es einen Außenpool, saubere Duschen und private Pool-Cabanas mit natürlichem Wasser. Man kann jedoch auch ein Tagesticket kaufen. Im Zustand postthermaler Entspannung fährt man zur winzigen **Tecopa Brewing Company** und lässt sich zum Pulled-Pork-Sandwich ein Bier vom Fass schmecken.

JAPANISCH-AMERIKANISCHE GEISTERSTADT

Von Lone Pine aus lohnt sich ein Abstecher zur eindrucksvollen Manzanar National Historic Site (S. 623), eine bewegende Gedenkstätte, die an das Unrecht der US-Regierung erinnert.

UNTERWEGS VOR ORT

Wie im Death Valley National Park ist auch hier ein Auto vonnöten. Nach Einbruch der Dunkelheit sollte man möglichst nicht mehr fahren – die zweispurigen Highways und Landstraßen sind dann recht dunkel, vor allem bei wenig oder nicht vorhandenem Mondlicht.

ANZA-BORREGO DESERT STATE PARK

Mit über 2590 km^2 ist der Anza-Borrego Kaliforniens größter State Park mit hunderten Straßenkilometern und unendlichen Möglichkeiten unter einem grandiosen Sternenhimmel wild zu campen. Dies ist die traditionelle Heimat der Santa Rosa Band der Cahuilla und Kumeyaay, von deren Präsenz bis heute Felszeichnungen und *morteros* (Mörser) zeugen.

Hauptsaison im Anza-Borrego ist von Mitte Februar bis März, wenn die Wildblumen von einem Moment auf den anderen die Wüste gelb, rosa und lila färben. Borrego Springs wird zur Superblüte von fotohungrigen Reisenden regelrecht überrannt, dabei lohnt die Landschaft mit ihren geriffelten kargen Felsen, versteckten Oasen, Slot Canyons und Wüstenebenen mit unterhaltsamer Outdoor-Kunst ganzjährig einen Besuch.

TOP TIPP

Aufgrund der wechselhaften Natur der Wüste ist die so beliebte Wildblumensaison im Anza-Borrego ein flüchtiges und schwer voraussagbares Phänomen. Für die Blüte der Wüstenblumen müssen bestimmte Faktoren zusammenkommen; die Wildflower Hotline gibt unter 760-767-4684 ein wöchentliches Update.

WARUM ICH DEN ANZA-BORREGO LIEBE

Wendy Yanagihara, Autorin

Im Frühjahr 2017 hörte ich von der Superblüte im Anza-Borrego, deshalb warf ich an einem Montag meine Campingausrüstung ins Auto und sicherte mir noch vor Sonnenuntergang den letzten Stellplatz im Culp Valley. Morgens setzte ich mich auf einen Felsen, beobachtete den Sonnenaufgang über dem Salton Sea und verliebte mich in den Park, bevor ich auch nur eine der abertausenden Wüstensonnenblumen des kurz darauf bunt schillernden Wüstenbodens gesehen hatte.

Anza-Borrego Desert State Park

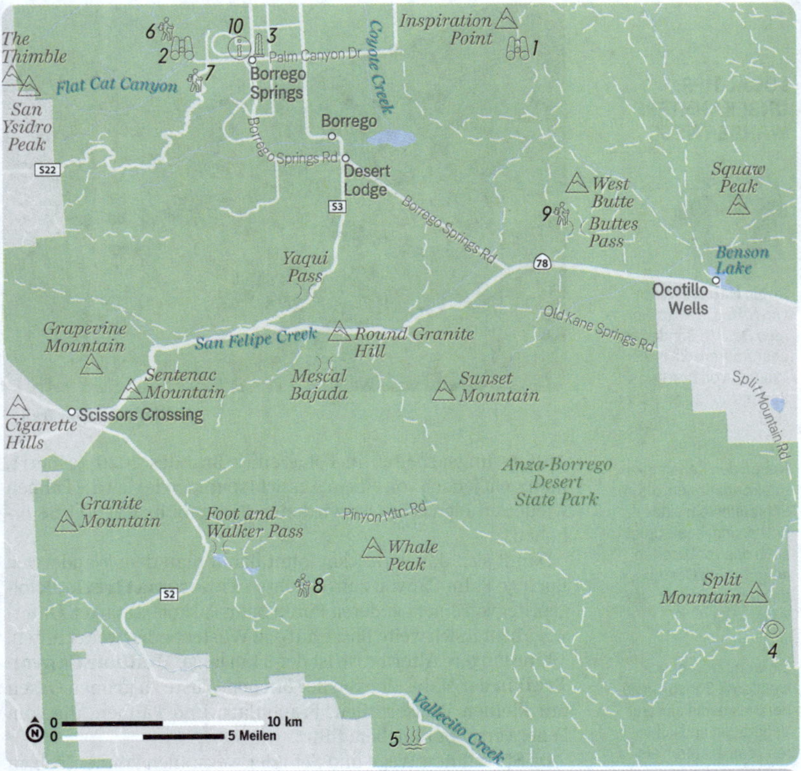

SEHENSWERTES
1 Fonts Point
2 Panorama Overlook
3 Sky Art
4 Wind Caves

AKTIVITÄTEN, KURSE & TOUREN
5 Agua Caliente Regional Park
6 Borrego Palm Canyon Nature Trail
7 Hellhole Canyon Trail
8 Pictograph Trail
9 Slot Canyon

PRAKTISCHES
10 Anza-Borrego Desert Natural History Association

Wandern im Anza-Borrego

NATURWEGE UND WANDERABENTEUER

Der **Borrego Palm Canyon Nature Trail** erfreut sich bei Reisenden großer Beliebtheit und das aus gutem Grund. Der Weg ist einfach, macht auch Kindern Spaß und endet an der **Borrego Palm Canyon Oasis**, benannt nach der endemischen kalifornischen Washingtonpalme. Die Oase selbst ist wegen

ESSEN UND AUSGEHEN IN BORREGO SPRINGS

Carmelita's Mexican Grill & Cantina
Gute mexikanische Klassiker und Margaritas in diesem beliebten Lokal in der Mall. **$**

Kesling's Kitchen
Meist gehört Holzofenpizza zu der stets wechselnden Auswahl an leckeren Speisen; auch zum Mitnehmen. **$$**

Red Ocotillo
Hübsche kleine Gartenwirtschaft mit Frühstück, Mittagessen, Abendessen und Happy Hour. **$$**

UNDERAWESTERNSKY/SHUTTERSTOCK ©

Hellhole Canyon Trail

LOCAL TIPP: UNBEKANNTERE WANDERWEGE

Robin Halford, Autor von *Hiking in Anza-Borrego Desert*, Bände 1–3, über Routen, die in 25 Minuten von Borrego Springs aus zu erreichen sind.

Cannonball Run
Neben den Kanonenkugel-Formationen, die im Schlammstein eingebettet sind, beeindruckt auch das vor Urzeiten aufgetürmte Gestein, das wie natürliche Felskunst wirkt.

Cool Canyon
Ein wunderbarer gewundener Canyon in höherer Lage mit anderer Vegetation und kühleren Temperaturen als am Wüstenboden.

Bill Kenyon Trail
Gut zu bewältigende Route mit wunderschönen Kakteen und anderer Wüstenflora. Zum Schluss gibt's eine tolle Aussicht über den Hwy 78 zu einer Bajada mit mehreren Schwemmfächern, bevor es über denselben Weg wieder zurück geht.

Aufforstungsarbeiten in Folge eines Brandes 2020 gesperrt, man sieht jedoch von einem Aussichtspunkt, wie sich die Palmen wieder erholen. Vor Ort wird eine Parkgebühr von 10 US$ erhoben.

Damit sich das Parkticket lohnt, kann man dem Wanderweg Borrego Palm Canyon zum erhöhten **Panorama Overlook** folgen, der von einem anderen Punkt beim Parkplatz startet. Unterwegs bieten sich weite Blicke auf den Wüstenboden weiter unten.

Eine längere Alternative ist der 8 km lange **Hellhole Canyon Trail** in der Nähe, der von der offenen Wüste zu grünen Oasen mit kleinen Wasserfällen, Frauenfarn und Palmen, die vom Feuer verschont blieben, führt.

Da Sturzfluten Wege und Schilder wegspülen können, folgen viele Wanderwege im Anza-Borrego trockenen Flussbetten, Kanälen und Kämmen und nicht festgelegten Routen. In der Wüste sind eine topografische Karte und ein Wanderführer zur Orientierung zu empfehlen, da der Mobilfunkempfang eingeschränkt ist.

Sky Art in Borrego Springs

TIERSKULPTUREN IN DER WÜSTE

Ein Drachen erhebt sich über dem Wüstenboden, sein schlangenförmiger Rücken windet sich auf und ab und scheint unter der Straße hindurchzuführen. In der Nähe lauern Säbelzahntiger einer alarmierten Herde von Pferden auf und eine Mammutfamilie erhebt stolz die Rüssel. Dies ist keine Fata Morgana: Die Skulpturen stehen in den weiten Ebenen von Borrego Springs.

ÜBERNACHTEN IN BORREGO SPRINGS

La Casa del Zorro
Resort-ähnliches Hotel außerhalb der Innenstadt von Borrego Springs mit Pool, Bar und Restaurant in einem Landschaftsgarten. $$

Borrego Valley Inn
Der rosa Lehmbau ist romantisch, ruhig und in Stadtnähe gelegen; die Bergblicke sind großartig. $$

Hacienda del Sol
Modernisierte Zimmer und Casitas im Stil der 1950er-Jahre in praktischer Nähe zur Stadt. $$

Der Künstler Ricardo Breceda erschuf über 130 mythische, prähistorische und reale Tiere, die die Landschaft zieren und Galleta Meadows **Sky Art** genannt werden. Die Fantasiewesen wurden vom verstorbenen Landbesitzer und Philanthropen Dennis Avery in Auftrag gegeben. Die Ausstellungsfläche ist ein geschütztes, der Öffentlichkeit zugängliches Gebiet.

Es ist ein tolles Erlebnis, wenn man bei einer Fahrt entlang der Hauptstraßen Palm Canyon Dr und Borrego Springs Rd plötzlich eines der Tiere sichtet. Wer eine Tour zu den Skulpturen machen möchte, kann sich im Laden der **Anza-Borrego Desert Natural History Association** in der Stadt eine entsprechende Karte besorgen.

Die Skulpturen sind eine große Attraktion und locken jedes Jahr Tausende nach Borrego Springs. Bitte auf den bestehenden Wegen bleiben und die metallenen Meisterwerke nicht berühren.

STERNEGUCKEN IN BORREGO SPRINGS

2009 wurde Borrego Springs zur ersten offiziellen Dark Sky Community in Kalifornien und ist eine Topadresse fürs Sternegucken. Das Besucherzentrum des Parks in Borrego Springs bietet geführte Sternbeobachtungen in dunklen Neumondnächten und manchmal finden hinter dem **Borrego Springs Library** Star Partys statt, bei denen Astronom:innen durch Teleskope den nächtlichen Himmel beobachten. Über anstehende Veranstaltungen informiert die Website der **Borrego Dark Sky Coalition** (abdnha.org/borregodarksky).

Von Süd nach Nord durch den Park

FELSZEICHNUNGEN, FACETTENREICHE LANDSCHAFTEN UND HEISSE QUELLEN

Mit Mittagsproviant geht es frühmorgens im Süden los. An der Kreuzung Hwy 78 und County Rd S2 fährt man 6 Meilen (9,6 km) bis zur Abzweigung zum Blair Valley, einer Schotterpiste bei Meile 22,9 (Km 36,8). Dort zeigt eine Karte den Weg zum **Pictograph Trail** (bis dorthin ist ein Fahrzeug mit hoher Bodenfreiheit zu empfehlen). Die hübsche Wanderung zu den **Felszeichnungen** säumen kleine Felsen, Cholla-Kakteen und Wüstensträucher und unterwegs bietet der **Smugglers Overlook** Blicke ins Tal.

Wer Lust auf ein Thermalbad hat, fährt rund 15 Meilen (24 km) weiter zum **Agua Caliente Regional Park**, ein Regionalpark des San Diego County innerhalb des Anza-Borrego. Hier speisen heiße Quellen drei Innen- und Außenpools. Ein Tagesticket inklusive Nutzung der Duschen kostet 3 US$. Der Innenpool ist nur für Erwachsene, am Wochenende wird es oft voll.

Nun geht es denselben Weg zurück Richtung Borrego Springs, dieses Mal folgt man jedoch dem Hwy 78 bis zur Kreuzung mit der unscheinbaren Buttes Pass Rd. Nach 1,5 Meilen (2,4 km) stößt man auf den Startpunkt zum **Slot Canyon**, wo eine Tagesgebühr erhoben wird. Auch diese Route ist einfach und führt durch einen kühlen Slot Canyon zu den sogenannten **Windhöhlen**; Winde formten hier den Sandstein, deswegen der Name.

Der Tag endet mit dem Sonnenuntergang am **Fonts Point** mit dem dramatischen Panorama des Borrego Valley im Westen und den Borrego Badlands im Süden, das bei diesem Licht besonders eindrucksvoll ist.

UNTERWEGS VOR ORT

Für Wanderungen oder Camping im Hinterland des Anza-Borrego sind Fahrzeuge mit großer Bodenfreiheit und Allradantrieb empfehlenswert. Doch selbst die können im weichen Sand steckenbleiben, deswegen sollte man entsprechende Ausrüstung zum Abschleppen dabei haben. Wichtig sind eine Schaufel und ein Art Teppich oder alte Matte für einen stabilen Untergrund.

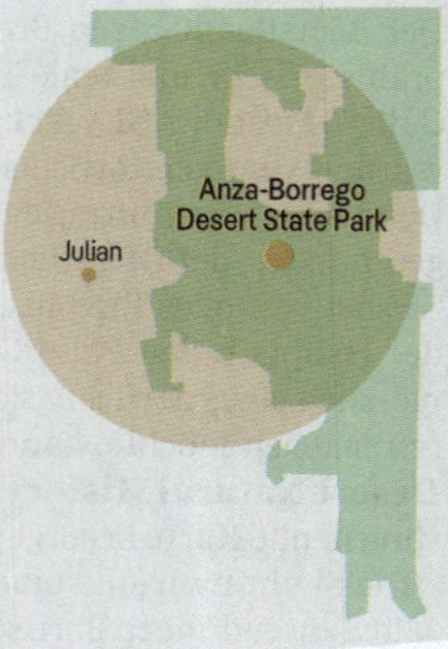

Rund um den Anza-Borrego Desert State Park

Hier gibt es eine idyllische Minenstadt, einen Bergsee und ein Wolfschutzzentrum westlich des Anza-Borrego zu entdecken.

In Julian, nur eine Autostunde südwestlich von Borrego Springs auf einer Höhe von 1288 m und doch Welten entfernt, kann man wilde Wölfe treffen, im See angeln und Minenstadt-Ambiente erleben. Im Gegensatz zu dem kargen Ödland und dem ausgedörrten Talboden des Anza-Borrego bieten die Berge erfrischende Abkühlung.

Auf der zweistündigen Fahrt zwischen San Diego und Anza-Borrego gelegen ist Julian ein beliebter Zwischenstopp, bei dem man sich die Beine vertreten und die kühle Bergluft genießen kann. Am Wochenende ist die kleine Altstadt schnell überlaufen, dann ist auch die Parkplatzsuche schwierig. Das gilt besonders im Herbst und für das Julian Apple Festival im Oktober.

TOP TIPP

Nach Julian kommt man am besten unter der Woche, wenn kein Besucheransturm zu erwarten ist, denn die Hauptattraktion ist die winzige Altstadt.

Lake Cuyamaca

UNWIND/SHUTTERSTOCK ©

Apfelkuchen in Julian

Das Bergdorf Julian

APFELKUCHEN UND BERGIDYLLE

Verlässt man den Anza-Borrego im Westen auf dem Hwy 78, schlängelt sich die Straße bis zu dem kleinen Bergort Julian. Bei der Anreise sieht man Ladenfronten im viktorianischen Stil aus dem frühen 20. Jh., als der Goldabbau viele hierher lockte. Heute ist Julian für seinen **Apfelkuchen** bekannt, den sämtliche Bäckereien an der Hauptstraße im Angebot haben.

Bei einem Spaziergang durch die wenigen Blocks der **Main St** in der Altstadt kann man Ziegenmilchseife erstehen, ein Stück Kuchen kosten und eine historische Stadtführung in Eigenregie unternehmen. Von September bis Mitte Oktober kann man in **Obstgärten** vor Ort selbst verschiedene Apfelsorten pflücken. Das ganze Jahr über veranstaltet **Integrity Stables** wunderbare geführte Wanderausritte.

Ein einzigartiges Erlebnis ist der Besuch des **California Wolf Conservation Center** südlich von Julian. Hier erfährt man etwas über den Schutz von wilden Wölfen und kann ein paar Tiere, die in dem Zentrum leben, näher betrachten. Eine Anmeldung ist erforderlich.

Freizeitvergnügen in der Natur bietet 9 Meilen (14,5 km) südlich von Julian der von Wald umgebene **Lake Cuyamaca**. Hier kann man angeln, einen knapp 5 km langen Wanderweg entlangspazieren und dann im **The Pub** ein Bier mit Seeblick genießen. Die Kneipe ist ein Außenposten der **Nickel Beer Company**, deren kleine Schankstube am östlichen Ende von Julian im ehemaligen Gefängnis untergebracht ist.

JULIANS SCHWARZE GESCHICHTE

Nach einer Volkszählung in den USA von 1880 lebten 33 der 55 schwarzen Einwohner:innen des San Diego County in Julian. In der Stadt wird vielerorts an einige bemerkenswerte schwarze Bürger:innen der Stadt erinnert.

Coleman Creek ist nach A. E. „Fred" Coleman benannt. Der hiesige Viehhüter entdeckte Gold in Julian und löste so den einzigen Goldrausch im San Diego County und den Bergbauboom in Julian aus.

In der Stadt führten der einstige Sklave Albert Robinson und seine Frau Margaret Tull Robinson ein erfolgreiches Restaurant, das sie 1897 abrissen, um das Robinson Hotel zu bauen. Heute ist das charmante **Julian Gold Rush Hotel** das älteste, ohne Unterbrechung betriebene Hotel in Südkalifornien und gehört zum National Register of Historic Places.

UNTERWEGS VOR ORT

Nach Julian kommt man nur mit dem Auto. Der Ort liegt rund 30 Meilen (48 km) südwestlich von Borrego Springs an der Kreuzung von Hwy 78 und Hwy 79.

MOJAVE NATIONAL PRESERVE

Das Mojave National Preserve ist eine wilde Naturlandschaft zwischen zwei Interstate Highways (I-15 und I-40). Der wenig besuchte Wüstenpark ist ein Garant für einsame Momente. Er erstreckt sich über die Mojave- und Sonora-Wüste sowie über die Great Basic Desert Zone und bietet sowohl Sanddünen als auch Wälder aus Pinyon-Kiefern und Kriechwacholder. Mit einer höheren Dichte an Josua-Palmlilien als der Joshua Tree National Park hält das Gebiet die wilde Schönheit der Mojave Desert bereit, jedoch ohne Selfie-knipsende Massen.

Vor Ort gibt es kaum Serviceeinrichtungen, insbesondere nachdem Monsunregen einige Straßen beschädigt haben. Zu Redaktionsschluss war eines der zwei Infozentren geöffnet, und zwar nur von Freitag bis Montag. Mit guter Vorbereitung ist das Mojave National Preserve jedoch ein sehr lohnenswertes Ziel, das die elementaren Reize der Wüste wunderbar vermittelt.

TOP TIPP

Vor einem Besuch des Mojave National Preserve ist es ratsam, eine einfache Karte mit allen befahrbaren Straßen auszudrucken. Eine aktuelle Version gibt es auf der Website des National Park Service (nps.gov/moja/road-conditions.htm). Bei den Monsunregen 2022 wurden einige Straßenabschnitte in dem Schutzgebiet zerstört und da GPS-Signale dort wenig verlässlich sind, ist eine Karte alter Schule die beste Option.

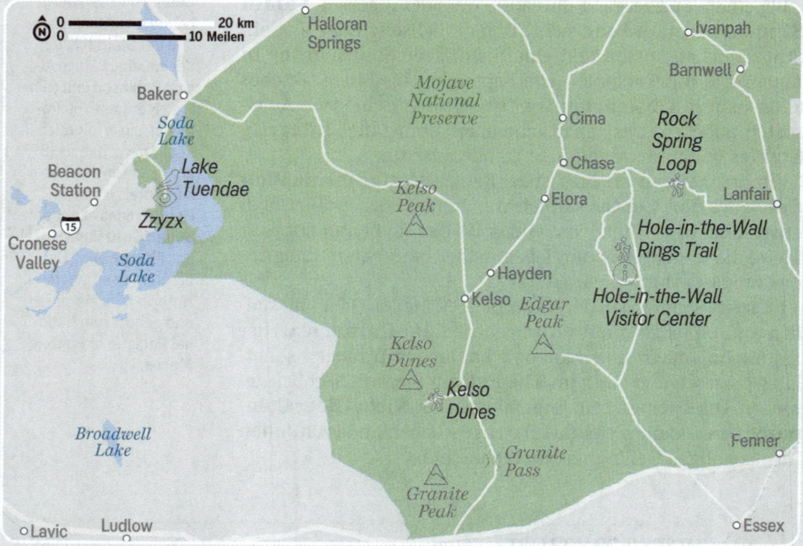

Kelso Dunes

Auf Entdeckungstour in der Mojave-Wüste

EINSAMKEIT UND EINDRUCKSVOLLE SANDDÜNEN

Auf dem I-15 von Baker aus nach Osten fahrend, zweigt die Cima Rd südwärts in die wilde Landschaft des Mojave National Preserve ab. Die Fahrt gen Süden führt durch Wüstensteppen und Josua-Palmlilien (viele davon verbrannten beim Dome Fire im August 2020).

Nachdem man ostwärts auf die Cedar Canyon Rd eingebogen ist, fährt man 11 Meilen (17,7 km) bis zum Ausgangspunkt des **Rock Spring Loop**. Der einfache 2,4 km lange Rundweg passiert ein Felsenhaus von 1929 sowie von Quellen gespeiste Becken in den Felsen und bietet Blicke auf die Berge.

Nun kann man aus zwei Abenteuern wählen: Wer den singenden Sand der **Kelso Dunes** erleben möchte, fährt zurück zur Kelso Cima Rd und dann südwärts bis zu der Abzweigung zu den Dünen. In rund 2½ Stunden ist man bis nach oben gewandert. Der Weg führt durch weichen Sand und sollte vor der großen Hitze, die gegen 10 Uhr einsetzt oder im eindrucksvollen Abendlicht bewältigt werden.

Alternativ nimmt man für eine klassische Mojave-Wanderung eine (aufgrund der Straßenschäden) recht umständliche Anfahrt auf sich. Auf der Cedar Canyon Rd fährt man weiter nach Osten

KALIFORNISCHE GOPHERSCHILDKRÖTE

Die bedrohte kalifornische Gopherschildkröte lebt im Mojave Desert Preserve und in Kaliforniens größerer Wüstenregion. Das Tier gibt es schon Millionen von Jahren, in den vergangenen Jahrzehnten hat die Population jedoch abgenommen. Zu den Stressfaktoren gehören steigende Temperaturen aufgrund des Klimawandels, Krankheiten, menschliche Eingriffe in ihren Lebensraum und Raben, die Jagd auf Babyschildkröten machen.

Wer eines der Tiere in freier Wildbahn entdeckt, kann sich glücklich schätzen. Tatsächlich sollte man immer erst unter das parkende Auto gucken, bevor man losfährt, und unterwegs auf kreuzende Schildkröten achten.

CAMPING IM MOJAVE NATIONAL PRESERVE

Kelso Dunes
Hier kann man wild zelten und hat dann bei Sonnenaufgang die Dünen ganz für sich. $

Mid Hills
Zeltstellplätze in erhöhter Lage, die über die Cedar Canyon Rd zugänglich sind; keine Reservierung möglich. $

Hole-in-the-Wall
Der Campingplatz (keine Reservierung möglich) ist aktuell nur von der Essex Rd im Süden zugänglich. $

ANGEL DIBILIO/SHUTTERSTOCK ©

Dickhornschafe

WAGHALSIGE ROADRUNNER

Dickhornschafe entdeckt man nur mit ein wenig Glück und dem richtigen Timing, auf Wegekuckucke stößt man in der Wüste hingegen häufiger. Der wissenschaftliche Name *Geococcyx californianus* bedeutet „kalifornischer Erdkuckuck", wobei die englische Bezeichnung „Roadrunner" angesichts der auf den Straßen umherdüsenden Vögel den Nagel auf den Kopf trifft. Die Tiere sind monogam und scheuen auch bei der Jagd auf Skorpione und Klapperschlangen nicht das Risiko.

und biegt rechts in die Lanfair Rd ein, die südwärts zur I-40 führt. Nun geht's auf dem I-40 nach Westen und schließlich nach Norden auf der Essex Rd zurück in den Park, wo die Black Canyon Rd zum **Hole-in-the-Wall Visitor Center** (Freitag bis Montag von 10 bis 16 Uhr geöffnet) führt.

Hier beginnt der 2 km lange **Hole-in-the-Wall Rings Trail**. Die namensgebenden durchlöcherten Wände entstanden bei einem Vulkanausbruch, bei dem Gase Luftblasen im abkühlenden Gestein hinterließen. Auf steilen Abschnitten sorgen Kletterringe im Felsen für den nötigen Halt.

Tiere beobachten

WILDE WÜSTENBEWOHNER

Die Abzweigung zur Zzyzx Rd liegt von Baker aus ein paar Kilometer weiter westlich am I-15, danach sind es noch 5 Meilen (8 km) in südliche Richtung bis zum **Zzyzx**. Gegründet wurde es 1944 als Heilbad von dem Wunderheiler Curtis Springer, für den Zzyzx für „das letzte Wort" in Sachen Gesundheit stand. 30 Jahre später wurde Springer enteignet, da er keine Besitzrechte für das Gelände hatte.

Vom Parkplatz läuft man 0,4 km zum **Lake Tuendae**. Morgens und abends lassen sich hier oft **Dickhornschafe** blicken. Der See eignet sich außerdem bestens zur **Vogelbeobachtung** wie dem Kiefernkardinal und verschiedenen Fliegenfängern. Ein 0,5 km langer flacher Rundweg führt um den See.

Die Nordseite der Straße am Lake Tuendae ist von Sonnenaufbis Sonnenuntergang für den Verkehr freigegeben. An der Südseite beherbergen die alten Resortgebäude heute das Desert Studies Center der California State University, eine Forschungsstation auf Privatgelände.

Es lohnt sich außerdem noch eine Fahrt durch das Schutzgebiet, egal ob man nun aus Süden oder Norden kommt.

UNTERWEGS VOR ORT

Für einen Besuch des Mojave National Preserve braucht man ein eigenes Fahrzeug, denn öffentliche Verkehrsmittel sind nicht vorhanden. Mehrere Hauptstraßen bleiben wegen der Monsunschäden geschlossen, mit ein wenig Zeit lassen sich jedoch große Teile des Gebiets erkunden.

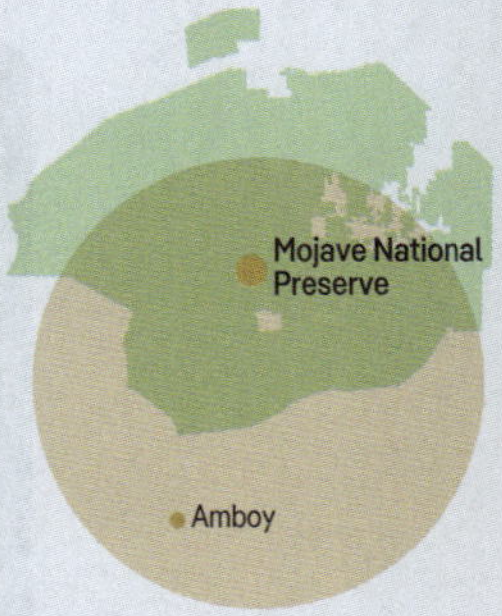

Rund um das Mojave National Preserve

Entschleunigung erleben bei einer Reise in die Vergangenheit auf der historischen Mother Road.

Auf den Interstates ober- und unterhalb des Mojave National Preserve fliegt die weite Wüstenlandschaft an einem vorbei. Wer noch nicht bereit für den Highway ist und sich für die Reise zurück in die Zivilisation Zeit lassen möchte, nimmt den langen Weg über die alte Route 66.

Da Sturzfluten auf der Route 66 mehrere Brücken aus den 1930er-Jahren und Verbindungsstraßen zwischen Amboy und Ludlow im Westen sowie Goffs im Osten wegspülten ist noch unklar, wann dieser Abschnitt der Route 66 repariert wird. Deshalb ist eine Fahrt von Ost nach West in absehbarer Zeit nicht möglich. Doch auch auf kurzen Strecken ist die Romantik der Mother Road spürbar

TOP TIPP

Die aufgemalte „Route 66" dient als Fotobeweis auf dem historischen Highway.

Amboy Crater (S. 487)

WILLIAM SILVER/SHUTTERSTOCK ©

Die Route 66 im Mojave National Preserve

Auf der Route 66

VON DER MOJAVE-WÜSTE ZUM JOSHUA-TREE-PARK

Für eine Fahrt vom Mojave National Preserve zum Joshua Tree National Park (S. 460) verlässt man ersteres auf der Kelbaker Rd, überquert den I-40 und fährt rund 11 Meilen (17,7 km) weiter nach Süden, bis die Straße auf die **Route 66** (National Trails Hwy) trifft. Der Weg nach Osten ist gesperrt, deswegen bleibt nur die andere Richtung.

Vor einem erstreckt sich kilometerweit die Route 66, unter einem ist das obligatorische Straßenschild aufgesprüht. Zwei **chinesische Steinlöwen** wachen über der ansonsten einsamen Wüste auf der Südseite der Straße und verleihen dem klassischen Americana-Flair des Roadtrips eine überraschende Mystik. Nach rund 6 Meilen (9,6 km)

GROSSE WÜSTENTOUR

Für eine große Wüstentour verbindet man verschiedene Drive-Through-Highlights (S. 470), **Mojave-Transversale** (S. 483) und/oder **Joshua Tree Drive-Through** (S. 465).

Roy's Motel & Cafe

erreicht man die Stadt **Amboy** mit dem auffälligen, aus dem Atomzeitalter stammenden Schild des **Roy's Motel & Cafe**. Übernachten kann man hier nicht mehr, dafür jedoch volltanken und sich ein Kaltgetränk genehmigen. Wer möchte, sieht sich das Postamt (obwohl hier kaum jemand lebt, ist es in Betrieb) und die Amboy School von außen an.

Über Bahnschienen gelangt man zum **Amboy Crater**, einem Aschekegel in einem der jüngsten Vulkanfelder in den USA (der letzte Ausbruch geschah vor rund 10 000 Jahren).

Wieder auf der Route 66 geht es nun etwa 1 Meile (1,5 km) zurück nach Osten bis zur Abzweigung zur Amboy Rd. Sie führt südwärts durch die Hochwüste nach Twentynine Palms (S. 467), dem Einfallstor in den Joshua Tree National Park.

KRATERRUNDWEG

Es ist unheimlich still und man hört nur die eigenen Schritte auf dem von Lavabrocken gesäumten Weg: Der abgeschiedene **Amboy Crater** in der extrem heißen Vulkanlandschaft wirkt wie eine andere Welt. Das erkannte auch die NASA und testete den Mars-Rover in den Lavafeldern. Der Weg führt in den Riss im Krater, wo Lava herausquoll, und in den Krater selbst, wo man bis zum Rand (nur 24 m hoch) und diesen entlang wandern kann.

Die größtenteils flache, knapp 5 km lange Wanderung bis zum und um den Krater dauert etwa zwei Stunden. Man sollte mindestens einen Liter Wasser mitbringen, vor 10 Uhr zurückgekehrt sein und die Sommermonate in dieser besonders rauen Umgebung meiden.

UNTERWEGS VOR ORT

In der Gegend ist man auf ein eigenes Auto angewiesen. Wie überall in der Region sollte man stets volltanken, wenn man die Möglichkeit hat. Das Roy's Motel & Cafe in Amboy ist die einzige Tankstelle auf dieser wunderschönen, einsamen Wüstenfahrt.

TIAGO IGNOWSKI/SHUTTERSTOCK ©

Oben: McArthur-Burney Falls (S. 497); rechts: Castle Crags State Park (S. 496)

NORTHERN MOUNTAINS

KALIFORNIENS UNENTDECKTES BERGPARADIES

Hier locken riesige Wälder, hohe Gipfel und Bergwüsten – stets überragt von der surrealen Pyramidenform des Mt. Shasta.

Das „versteckte" Kalifornien wird zwar halbwegs oft erwähnt, aber dennoch kaum besucht. Klischees von der sonnigen Westküste kann man hier getrost vergessen: Die weite Wildnis des Nordostens empfängt einen mit Naturschutzgebieten (ca. 100 km²), Flüssen, kobaltblauen Seen, Berggipfeln und Pferde-Ranches. Ganz im Osten erstreckt sich eine Bergwüste mit Buschland, bernsteinfarbenen Schluchten, Höhlen und spektakulärem Licht für Fotografen. Topografisch erinnert die Region eher an die geologisch älteren Rockies als an die relativ jungen Sierras. Die kleinen Ortschaften hier wirken freundlich und schlicht: Hierher kommt man, um sich in der Abgeschiedenheit zu verlieren. Sogar die beiden Hauptattraktionen (Mt. Shasta und Lassen Volcanic National Park) sind selbst im Hochsommer nur recht schwach besucht.

Ein eigener fahrbarer Untersatz empfiehlt sich für Erkundungen entlang der Interstate-Highways und Landstraßen. Unterwegs sieht man oft stundenlang keine Menschenseele – oder Tankstelle (also gilt: bei jeder Gelegenheit volltanken!). Naturwunder wie die McArthur-Burney Falls oder das Lava Beds National Monument liegen weitab vom Schuss, sind aber die Anfahrt wert. Der Mt. Shasta und der Lassen Volcanic National Park bieten genug Wanderwege für mehrere Monate. Zusätzlich locken Seen, Radrouten und Angelmöglichkeiten. Für spirituell Interessierte bietet der Mt. Shasta zudem Bergmagie und Gegenkultur-Vibes: Im Umkreis kann man Bergkristalle kaufen und Vortexe (Energiewirbel) suchen.

DIE WICHTIGSTEN ZIELE

REGION MT. SHASTA
Vortex-Stätten und Lavatunnel. S. 494

REGION MT. LASSEN
Großartige Vulkanlandschaften. S. 502

REDDING & SHASTA LAKE
Hausboote und Camping. S. 511

Erste Orientierung

Die I-5 trennt die bekannteren Bergregionen im Osten von den weniger besuchten Wäldern, Kleinstädten und Seen im Westen. Der Hwy 89 ist die Hauptroute im Bereich des Mt. Lassen.

Region Mt. Shasta, S. 494
Der schlafende Vulkan (4322 m) dominiert diese Ecke Kaliforniens. Außerdem warten unberührte Seen, Lavatunnel und Vogelzugrouten.

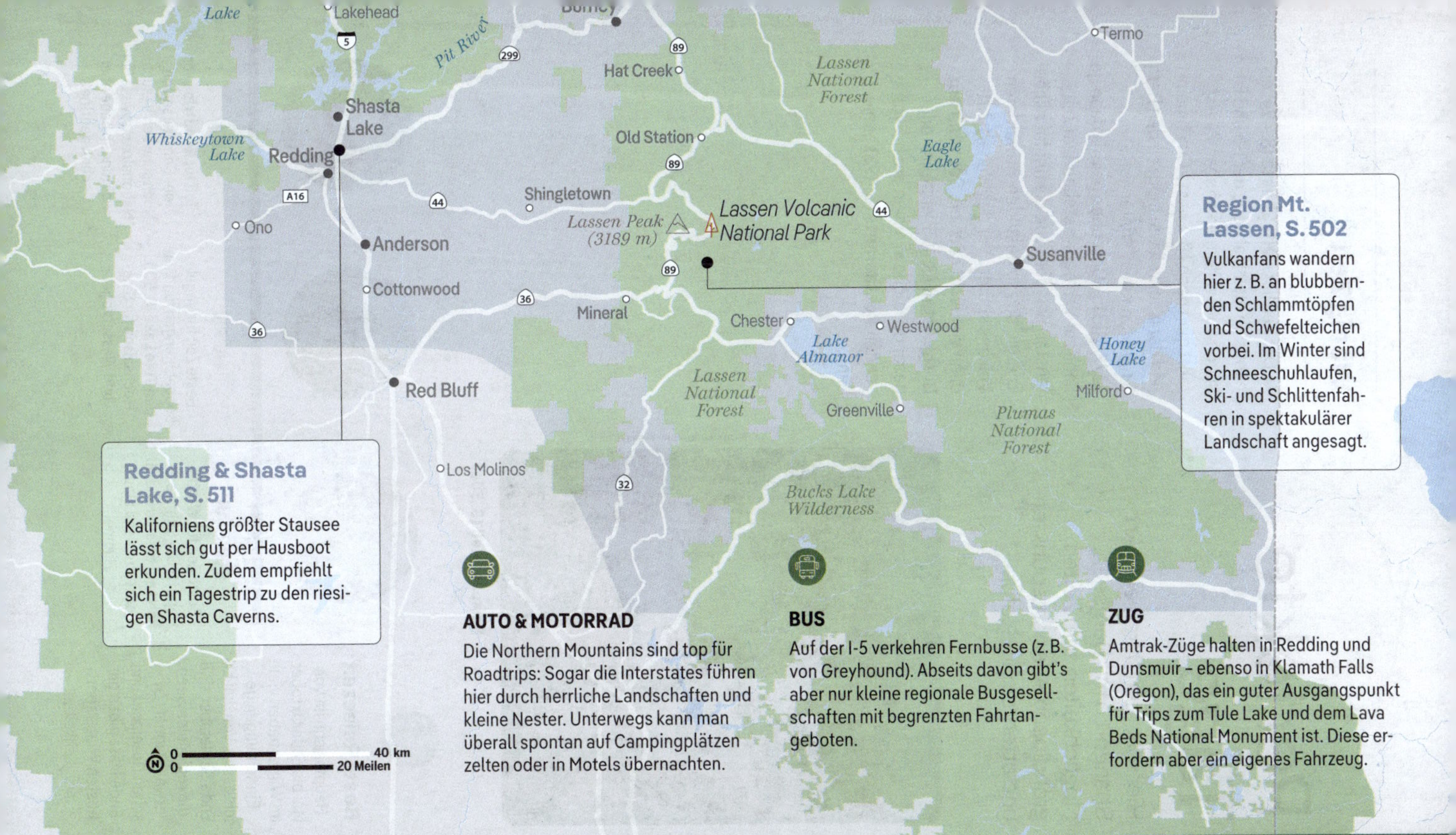

Redding & Shasta Lake, S. 511

Kaliforniens größter Stausee lässt sich gut per Hausboot erkunden. Zudem empfiehlt sich ein Tagestrip zu den riesigen Shasta Caverns.

Region Mt. Lassen, S. 502

Vulkanfans wandern hier z. B. an blubbernden Schlammtöpfen und Schwefelteichen vorbei. Im Winter sind Schneeschuhlaufen, Ski- und Schlittenfahren in spektakulärer Landschaft angesagt.

AUTO & MOTORRAD

Die Northern Mountains sind top für Roadtrips: Sogar die Interstates führen hier durch herrliche Landschaften und kleine Nester. Unterwegs kann man überall spontan auf Campingplätzen zelten oder in Motels übernachten.

BUS

Auf der I-5 verkehren Fernbusse (z.B. von Greyhound). Abseits davon gibt's aber nur kleine regionale Busgesellschaften mit begrenzten Fahrtangeboten.

ZUG

Amtrak-Züge halten in Redding und Dunsmuir – ebenso in Klamath Falls (Oregon), das ein guter Ausgangspunkt für Trips zum Tule Lake und dem Lava Beds National Monument ist. Diese erfordern aber ein eigenes Fahrzeug.

Perfekte Tage

Hier rollt man durch eine Art Shangri-La mit Bergseen, Möglichkeiten zum Zelten, grandiosen Aussichtspunkten und artenreicher Natur.

NORA YUSUF/SHUTTERSTOCK ©

Bumpass Hell (S. 506)

Wenig Zeit

● Der herrliche **Mt. Shasta** (S. 494) erhebt sich gleich abseits der I-5 und ist schon von weitem erkennbar. Zuerst fährt man nach Mt. Shasta City hinein und dann so weit wie möglich den Berg hinauf (Sommer/Winter auf 2377/2118 m). Dort oben heißt's dann (je nach zur Verfügung stehendem Zeitfenster) wandern und die unglaubliche Energie des schlafenden, bewaldeten Vulkans spüren. Vor der Weiterfahrt dann vielleicht noch ein **Souvenir aus Bergkristall** (S. 495) erstehen oder gesunde Küche in einem der hervorragenden **Restaurants** (S. 498) genießen.

BRENT DOSCHER/AURORA PHOTOS/GETTY IMAGES ©; NG STUDIO PHOTOGRAPHY/SHUTTERSTOCK ©; FORREST MORRISEY/SHUTTERSTOCK ©

Beste Reisezeit

Hauptsaison ist von Mai bis Ende Oktober. Im Winter haben viele Einrichtungen geschlossen. Von Juli bis Ende September sind die regionalen Seen etwas wärmer. Zwischen Dezember und Ende März gibt's die besten Wintersportmöglichkeiten.

FEBRUAR

Beste Zeit für **Wintersport:** Der Schnee ist jetzt am tiefsten und oft lockt strahlend blauer Himmel.

APRIL

Beste Zeit für Vogelbeobachtungen rund um den **Tule Lake** (S. 501): Hochsaison für Sing- und Wasservögel.

MAI

Toll für **Roadtrips** vor der Sommersaison: Noch schwach besuchte Nationalparks, viele Einrichtungen habe aber schon geöffnet.

Drei Tage Zeit

- Ab der Bay Area geht's zuerst zum **Lassen Volcanic National Park** (S. 503). Bei einer eintägigen Autotour wandert man dort auch zur blubbernden, farbenfrohen **Bumpass Hell** (S. 506) alias „Mini-Yellowstone".

- Am nächsten Tag bietet der ländliche Hwy 89 einen Traumblick auf den Mt. Shasta. Ein Abstecher führt zu den eindrucksvollen **McArthur-Burney Falls** (S. 497). Übernachtet wird im zauberhaften Nest **McCloud** (S. 498), wo sich ein Waldspaziergang am Morgen oder Abend empfiehlt.

- Am dritten Tag erkundet man den Mt. Shasta: Die Alternative zu einer **Bergwanderung** (S. 496) ist Relaxen und Schwimmen am **Castle Lake** (S. 498).

Länger Zeit

- Zuerst dem Dreitagesplan folgen, dabei mehr Zeit im Nationalpark und am Mt. Shasta verbringen. Dann ab Weed den Hwy 97 ostwärts zum **Tule Lake** (S. 501) nehmen: Mindestens einen Tag lang heißt's dort paddeln und diverse Federträger bewundern (z. B. Wasservögel, Fisch- und Weißkopf-Seeadler).

- Vom See aus sind's nur 12 Meilen (19,3 km) bis zum großartigen **Lava Beds National Monument** (S. 500). Ein paar Tage lang kann man dort Höhlen, überirdische Lava-Landschaften und indigene Stätten mit Felsbildern erkunden. Der Rückweg führt über Yreka und dann den Hwy 3 hinunter. Die Fahrt durch Berggegenden mit netten Örtchen endet in **Weaverville** (S. 517) und **Redding** (S. 511).

JUNI

Malerisches Wandern zwischen Bergschnee-Resten, rauschenden Wasserfällen und blühenden **Wildblumen** im Tiefland.

JULI

Hochsommer und Zeit für das **High Sierra Music Festival** (S. 510) in Quincy.

AUGUST

Heiß und perfekt fürs **Hochland-Camping** am Almanor oder Siskiyou Lake (falls es keine Waldbrände gibt).

OKTOBER

Buntes **Laub** (Highlight: die Monatsmitte am Mt. Shasta und Lassen Peak); warme Tage, kalte Nächte.

REGION MT. SHASTA

Der Dichter Joaquin Miller bedachte den Mt. Shasta mit den Worten „So einsam wie Gott und weiß wie ein Wintermond". Die Esoterik-Szene schreibt dem Berg eine Kraft als Vortex (Energiewirbel) zu. Und wer weiß? Angesichts seines atemberaubenden Anblicks könnte ja eventuell etwas dran sein.

Der Mt. Shasta und der umliegende Shasta-Trinity National Forest lassen sich auf mehrere Arten erkunden: per Panoramafahrt, Mountainbike-, Rafting-, Ski- oder Schneeschuh-Tour. Rund um den Berg liegen die vier hübschen Nester Dunsmuir, Mt. Shasta City, McCloud und Weed mit jeweils ganz eigenem Charakter. Doch alle verbinden das Bewusstsein für die wilde Bergwelt mit erstklassigen Einrichtungen. Nur 6 Meilen (9,6 km) westlich von Dunsmuir erheben sich die schroffen Felsnadeln der Castle Crags.

Vom Mt. Shasta aus führt eine lange Fahrt gen Nordosten zu einer ganz anderen Welt der schaurig-schönen Art: Das Lava Beds National Monument wirkt wie ein vernarbtes Ödland aus versteinertem Feuer. Gleich westlich davon bilden die Sümpfe der Klamath Basin National Wildlife Refuges einen starken Kontrast zur Lava-Landschaft.

TOP TIPP

Die I-5 bietet einen tollen Blick auf den Mt. Shasta. Wer sie verlässt und gen Osten fährt, genießt aber noch schönere Perspektiven. Unbedingt einplanen: Das häufige Anhalten zwecks Landschaftsgenuss und Fotografieren frisst viel Zeit.

Mt. Shasta City

JMOORI7/GETTY IMAGES ©

MT. SHASTA CITY: BESTE RESTAURANTS

Bistro 107
Kleines Lokal mit gemütlicher Atmosphäre, super Burgern und herzhaften Sandwichs. **$$$**

Lily's
Frisch gemachte Sandwices, Salate mit asiatischem oder mediterranem Touch plus allerlei vegetarische und glutenfreie Optionen. **$$**

Crave
Schlichter, aber gemütlicher und freundlicher Laden mit gutem Essen (z. B. Sandwichs, Gegrilltes, Vegetarisches, Tacos). **$$**

Poncho & Lefkowitz
Holzverkleideter Imbisswagen mit Picknicktischen. Serviert u. a. saftige Würstchen, Tamales und Burritos im polnischen Stil. **$**

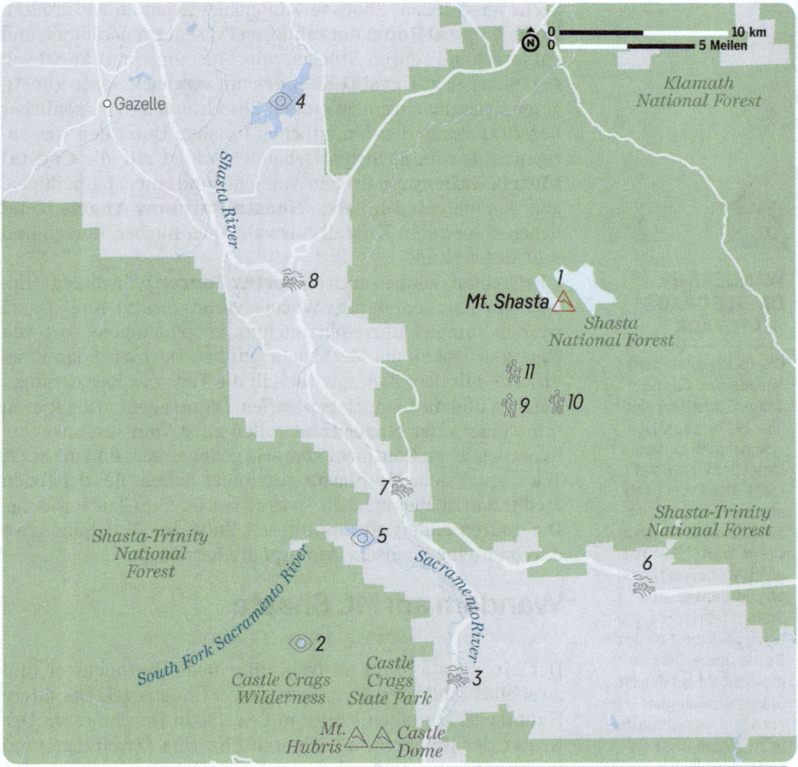

HIGHLIGHTS
1 Mt. Shasta

SEHENSWERTES
2 Castle Lake
3 Dunsmuir
4 Lake Shastina
5 Lake Siskiyou
6 McCloud
7 Mt Shasta City
8 Weed

AKTIVITÄTEN, KURSE & TOUREN
9 Bunny Flat
10 Lower Panther Meadow
11 Sierra Club Horse Camp

Kristall-Shops & Vortex-Touren

GEHEIMNISVOLLES ENERGIEZENTRUM

Der Mt. Shasta ist angeblich ein Kraftzentrum, in dem sich geheimnisvolle Ley-Linien kreuzen und eine hohe Konzentration von elektromagnetischer Energie erzeugen. Dies soll auch für Stonehenge, Machu Picchu und die Pyramiden von Gizeh gelten. Und ob man nun daran glaubt oder nicht: Der Berg wirkt zweifellos wunderschön und majestätisch. Das winzige **Mt. Shasta City** ist der beste Ort zum Eintauchen in seine Mystik:

MT. SHASTA: AUSGEHEN

Cooper's Bar & Grill
Gute, starke Drinks und anständiges Kneipenessen.

Pipeline Craft Taps & Kitchen
Zentral gelegene Brauereikneipe mit super Craft-Bieren.

Handsome John's Speakeasy
So lokal, dass die Gäste jeden Fremden womöglich überrascht anschauen.

Sechs verschiedene Shops verkaufen hier Kristalle. Am größten ist der **Crystal Room** mit zahllosen Präsentationsräumen und entsprechend teuren Stücken von Museumsqualität. Gleich gegenüber liegt **Crystal Keepers** mit vergleichsweise günstigeren Kristallen in einem großen Einzelraum und persönlicher Beratung durch den freundlichen Inhaber. Unter den vier übrigen Läden im nächsten Gebäudeblock ist z.B. die **Crystal Matrix Gallery** mit urigem Ambiente und einem bärbeißigen, aber kompetenten Inhaber. **Shasta Rainbow Angels** bietet neben einer guten Kristall-Auswahl auch Bücher, Kerzen und Räucherwerk an.

Kristallfans können auch an **Vortex-Touren** teilnehmen (Hinweis: Im Sommer ein paar Wochen vorher reservieren!). Dabei werden zumeist Einzelpersonen zu verschiedenen Vortexen (Energiewirbeln) am Mt. Shasta geführt. Dort wird dann meditiert – mit dem Ziel, spirituell in die Tiefe des Berges einzutauchen und die Lemurier zu treffen. Diese sagenhaften Riesen mit weißer oder blauer Haut sollen einst vom versunkenen, hypothetischen Kontinent Lemuria geflohen sein und die Stadt Telos unter dem Mt. Shasta gegründet haben. Bei der tiefen Meditation ist alles möglich – was genau, ist eine Glaubenssache. Die Touren enden oft am unteren Ende des Gipfelpfads, wo durchaus eine magische Atmosphäre herrscht.

WANDERN IM CASTLE CRAGS STATE PARK

Die spektakulären Granitnadeln im **Castle Crags State Park** sind über 1981 m hoch. Den schönsten Blick darauf bietet der Vista Point (ca. 400 m Fußmarsch ab dem Parkplatz), wo auch der anstrengende **Crags Trail** (4,3 km) beginnt. Vorbei am Nebenpfad zu den Indian Springs führt diese Route bergauf zum Fuß des Castle Dome. Dort ist die Aussicht auf den Mt. Shasta unschlagbar – vor allem, wenn man die letzten 90 m zum Felssattel hinaufklettert. Durch den Park führen auch ein paar leichtere Wanderrouten und ein Abschnitt (13 km) des Pacific Crest Trail.

Wandern am Mt. Shasta

WALDWANDERN, ANSPRUCHSVOLLER GIPFEL

Der Mt. Shasta (4322 m) ist Kaliforniens fünfhöchster und zweifellos schönster Berg. Er hat zwei Gipfelkegel: Der ältere Hauptkegel hat einen Krater mit ca. 183 m Durchmesser. Der Krater des jüngeren, niedrigeren Shastina (Zweitkegel) am Westhang ist ca. 800 m breit. Besucher:innen genießen ganzjährig eine grandiose Aussicht: Der Everitt Memorial Hwy (Hwy A10) führt ein großes Stück den Berg hinauf.

Ab **Bunny Flat** führt ein Wanderpfad (hin & zurück 5,6 km) zur schmucken, steinernen Berghütte **Sierra Club Horse Camp** (erb. 1922) auf 2115 m Höhe. Die mittelschwere Route ist beliebt: Sie bietet einen spektakulären Bergblick und ist nicht zu steil sowie ganzjährig begehbar. Im Winter braucht man allerdings Schneeschuhe. Bei Bunny Flat beginnt auch mit der anspruchsvollen **Avalanche Gulch** der direkteste Weg zum Gipfel (am besten: Mai–Sept.). Diese Route ist zwar recht kurz (hin & zurück 16 km), überwindet aber über 2133 Höhenmeter und erfordert unbedingt ausreichende Akklimatisierung. Viele Wanderer übernachten daher am Helen Lake (3183 m). Benötigt werden zudem Steigeisen, ein Eispickel und ein Schutzhelm (jeweils vor Ort ausleihbar). Unterwegs besteht ein seltenes, aber reales Risiko

ÜBERNACHTEN IN MT. SHASTA CITY

Strawberry Valley Inn
Gemütliches, gut geführtes Motel in der Stadt. Punktet mit B&B-Touch und entsprechend gutem Frühstück. **$$**

Mt. Shasta Ranch Bed & Breakfast
Zweistöcker von 1923 mit Gästezimmern und Hütten. Gleich außerhalb der Stadt. **$$**

LOGE
Zielt mit Schlafsälen, Spinden, Gemeinschaftsbädern und überdachten Zeltstellplätzen auf gesellige Aktivurlauber ab. **$$**

GERALD PEPLOW/SHUTTERSTOCK ©

Crags Trail, Castle Crags State Park

durch Felsstürze. Ansonsten ist nur die **Clear Creek Route** (hin & zurück 16 km) ab der östlichen Bergflanke zeitweilig ohne Extra-Ausrüstung begehbar: Im Spätsommer reichen dafür meist normale Wanderstiefel. Jedoch ist Akklimatisierung bzw. Übernachtung auch in diesem Fall höchst ratsam. Die Mt. Shasta Ranger Station führt ein Verzeichnis mit verfügbaren Guides. Diese empfehlen sich für Unerfahrene oder Wanderer, die technisch anspruchsvollere Routen (Cascade Gulch, West Face Gully) in Angriff nehmen wollen.

Der Highway-Abschnitt hinter Bunny Flat ist nur geöffnet, wenn kein Schnee liegt (Mitte Juni–Okt.). Er führt zur **Lower Panther Meadow** mit einem Campingplatz. Von dort aus geht's über kurze Pfade hinauf zu einer heiligen Quelle der indigenen Wintu, die nahe dem Parkplatz an der Old Ski Bowl (2377 m) im Bereich der **Upper Panther Meadow** liegt. Unter den tollen Wanderpfaden ab den Panther Meadows ist auch ein netter Abstieg (11,3 km) nach Bunny Flat. Kurz nach den Panther Meadows folgt mit dem **Everitt Vista Point** (2408 m) das Highlight der Autotour: Ein kurzer Naturlehrpfad führt zu dem Felsvorsprung mit Sicherungsmauer. Der Blick fällt gleichzeitig auf den Lassen Peak (Süden), den Mt. Eddy und die Marble Mountains (Westen) sowie das ganze Strawberry Valley in der Tiefe.

Aufstiege über 10 000 ft (3048 m) erfordern einen gebührenpflichtigen Gipfelpass (3 Tage/Jahr 25/30 US$). Die Ranger-

MCARTHUR-BURNEY FALLS MEMORIAL STATE PARK

Dieser 39,3 m hohe Wasserfall wird von einer kühlen Quelle (ganzjährig 6 °C) gespeist und ist den Abstecher ab McCloud (41 Meilen/66 km) wert: In Kalifornien ist er nicht der höchste, aber vielleicht schönste seiner Art. Teddy Roosevelt bezeichnete ihn einst als Achtes Weltwunder. Klares Wasser strömt über seine Oberkante und aus Quellen innerhalb der Fallzone. Unter den umliegenden Wanderrouten ist auch ein Abschnitt des Pacific Crest Trail. Highlight ist aber der **Burney Falls Trail** (2 km): Von dem leichten, familienfreundlichen Rundweg schaut man aus nächster Nähe auf das Wasser, das aus dem Fels rauscht.

Mt. Shasta Resort
Traditionelle Zimmer und Berghütten in Traumlage am Seeufer unterhalb des Mt. Siskiyou. **$$**

Inn at Mt. Shasta
Hippes, gut geführtes und frisch renoviertes Motel in sehr zentraler Lage. **$$**

Shasta Mountain Inn Retreat & Spa
Viktorianisches B&B mit Garten, Spa und Traumaussicht in Laufentfernung zur Stadt. **$$$**

Station liefert entsprechende Details. Dort gibt's auch die obligatorische Gratis-Genehmigung für Aufenthalte in der regionalen Wildnis, die man sowohl für den eigentlichen Berg als auch für dessen Umland braucht.

REGION MT. SHASTA: BESTE WINTERSPORT-MÖGLICHKEITEN

In der Region Mt. Shasta lockt unendlicher Winterspaß: Am Castle Crags State Park und Bunny Flat Trailhead (Mt. Shasta) beginnen Schneeschuh-Routen durch unberührte Umgebung. Vergleichsweise rasanter sind die Möglichkeiten zum Snowboarden, Skifahren und Rodeln im familienfreundlichen **Mt. Shasta Ski Park**. Das **Mt. Shasta Nordic Center** empfängt Langläufer mit malerischen, präparierten Loipen. **Fun Factory Rentals** veranstaltet aufregende Schneemobil-Touren. Der **Siskiyou Ice Rink** mitten in Mt. Shasta City lädt zum Schlittschuhlaufen ein. Auf dem Castle Lake betreiben Locals gern Eisangeln auf Forellen. **Fifth Season Sports** in Mt. Shasta City verleiht Ausrüstung für die meisten Wintersportarten.

Kleinstadt-Idylle

OUTDOOR-SPASS, LECKERES ESSEN

Die Ortschaften rund um den Mt. Shasta und Mt. Shasta City sind nicht nur super Ausgangspunkte für Outdoor-Aktivitäten, sondern beheimaten auch einige der besten regionalen Lokale. Das kleine **Dunsmuir** verbindet einen Bahnhof und einen schönen historischen Ortskern mit Cafés, Restaurants, Galerien und munteren Künstlergemeinde. Das **Café Maddalena** mit mediterran angehauchter Küche ist das beste Restaurant der Region. **Weed** hat im Lauf der Jahre einige Brandschäden erlitten. Trotzdem kann man dort immer noch T-Shirts mit Aufdruck „I love Weed" kaufen und Craft-Bier im hervorragenden **Mt. Shasta Brewing Company Alehouse & Bistro** trinken. Rund 19 Meilen (30,5 km) weiter nordöstlich liegt die **Mt. Shasta Lavender Farm** (schönste Blüte: Juni & Juli), wo der Blick über ein violettes Lavendelmeer hinweg auf den Berg schweift. Am interessantesten ist wohl das malerische Nest **McCloud** mit super Möglichkeiten zum Wandern und Angeln. Dort warten auch ein Wintersport-Park am Ortsrand und der **McCloud Dance Country Ballroom** mit Kursen in Square Dance oder Gesellschaftstänzen. Das schmucke, restaurierte **McCloud Hotel** von 1916 serviert Spitzenküche und einfachere Gerichte.

Majestätische Bergseen

RELAXEN AM WASSER

Die unberührten Bergseen nahe dem Mt. Shasta sind teils nur über unbefestigte Pisten oder Wanderpfade erreichbar. Am größten und betriebsamsten ist der **Lake Siskiyou**, der auch am nächsten zu Mt. Shasta City liegt. Hier lädt ein riesiger Campingplatz zu Spaß, Planschen, Sonnenbaden (im Sommer) und Kontakte-Knüpfen ein. Weiter südwestlich (7 Meilen/11,3 km) liegt in den Bergen der vergleichsweise abgeschiedenere **Castle Lake**. Kiefernwälder und Granit-Formationen umgeben das naturbelassene Juwel. Mit etwas Glück lässt sich nach kurzer Wanderung (400 m) ein freies Plätzchen auf einem primitiven Gratis-Campingplatz zwischen den Nadelbäumen ergattern. In puncto Aktivitäten sind Schwimmen, Angeln, Relaxen und Schlittschuhlaufen (Winter) angesagt. Der **Lake Shastina** nahe Weed bietet einen Traumblick auf den Mt. Shasta. Er eignet sich bei ruhigem Wasser prima zum Kanu- oder Kajakfahren – und dank regelmäßig einsetzender Winde zum Windsurfen.

UNTERWEGS VOR ORT

Für die Region empfiehlt sich ein eigenes Fahrzeug: So erreicht man alle entlegenen Straßen, Campingplätze und Weganfänge. Der Coast Starlight Train der Amtrak hält in Dunsmuir; Greyhound-Busse bedienen Weed. Dort starten jeweils Lokalbusse mit überschaubaren Fahrplänen.

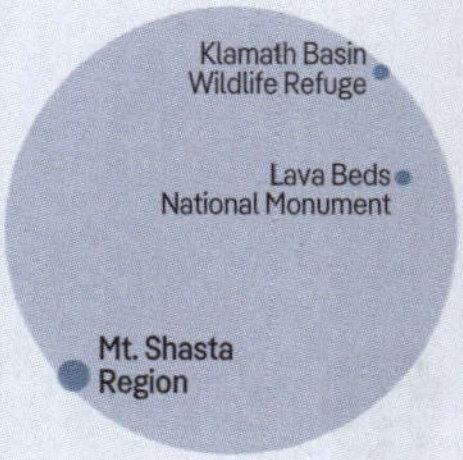

Rund um die Region Mt. Shasta

Ob Höhlenwandern oder Vögel beobachten: Diese entlegene Ecke Kaliforniens ist die lange Anfahrt wert.

Eine von Kaliforniens entlegensten Ecken beheimatet zwei besondere Orte, die bei größerer Nähe zur Zivilisation wohl extreme Touristenmagneten wären: Das **Lava Beds National Monument** (190 km$^+$) schützt eine bemerkenswerte Landschaft mit erstaunlichen Lavaströmen und -tunneln, Kratern, (Schweiß-) Schlackenkegeln und Felsbildern. Zudem gibt's hier 800 registrierte Höhlen, in denen ganzjährig angenehme 13 °C herrschen. Nur 15 Fahrtminuten entfernt kann man die spektakuläre Vogelwelt der **Klamath Basin Wildlife Refuges** per Auto, Kanu oder pedes bewundern. Dieses Netzwerk von Seen reicht bis nach Oregon hinüber und ist ein wichtiger Brut- bzw. Rastplatz des Pacific Flyway.

TOP TIPP

Höhlenwandern erfordert eine starke Taschen- bzw. Kopflampe, gute Schuhe und lange Ärmel. Niemals allein losziehen!

Lava Beds National Monument (S. 500)

DAVIDHOFFMANN PHOTOGRAPHY/SHUTTERSTOCK ©

Gänse, Klamath Basin Wildlife Refuges

WANDERN IM LAVA BEDS NATIONAL MONUMENT

Schonchin Butte Lookout
Mächtiger schwarzer Kegel (1601 m) mit Traumaussicht nach steilem Aufstieg (1,2 km).

Petroglyph Point
Jahrtausendealte Felsmuster der Modoc im äußersten Nordosten des National Monument (Fußmarsch 0,4 km). Vom kurzen Gipfelpfad schaut man herrlich auf die Ebene und den Lower Klamath Lake.

Stronghold Trail
Zwei verschlugene Pfade (0,8–2,4 km; kein Guide erforderl.) durch das Felslabyrinth von Captain Jack's Stronghold.

Höhlenwandern im Lava Beds National Monument

LAVATUNNEL UND FELSBILDER

Bereits Grund genug für einen Besuch der Region: Das entlegene National Monument abseits des Hwy 139 schützt eine wilde Landschaft aus sanft gewellten Hügeln und verkohltem Vulkangestein. Direkt südlich der Tule Lake National Wildlife Refuge erstreckt es sich ca. 90 Meilen (145 km) nordöstlich von Mt. Shasta City. Etwa zwei Dutzend der 800 örtlichen Höhlen sind öffentlich zugänglich. Aufgrund ihrer großen Vielfalt bietet eine ein- bis zweitägige Erkundung ein einzigartiges Erlebnis unter der Erde.

Die Höhlen haben einen individuellen Charakter und sind größtenteils durch den kurzen Cave Loop (nur in einer Richtung befahrbar) miteinander verbunden. Am nächsten zum Visitor Center liegt die beleuchtete **Mushpot Cave** mit Infotafeln. Sie bietet eine schöne und leicht zu meisternde Einführung für Höhlenwanderer aller Erfahrungsstufen. Anspruchsvollere Optionen: In die **Sunshine Cave** fällt Tageslicht hinein. Das **Labyrinth** ist lang und verschlungen, aber leicht zugänglich. Zerklüftete Lava-Formationen prägen das **Hercules Leg**. Der **Golden Dome** hat eine golden schimmernde Höhlendecke,

LAVA BEDS NATIONAL MONUMENT: ÜBERNACHTEN

Wild Goose Lodge
Motel mit Country-Charme und gutem Preis-Leistungs-Verhältnis. In Merrill, Oregon (9 Meilen/14,5 km ab Tule Lake). $

Winema Lodge
Zehn einfache, aber gemütliche Motelzimmer zwischen Klamath Basin Wildlife Refuges und Lava Beds National Monument. $

Indian Well Campground
43 reservierungsfreie Stellplätze in 0,5 Meilen/804 m Entfernung zum National Monument. $

während die **Blue Grotto** in Azurtönen erstrahlt. Das Visitor Center verteilt gute Broschüren mit Details zu allen Höhlen. Sein Personal weiß, welche davon gerade geöffnet sind. Eine leichte Wanderung (1,3 km) führt zur kaum besuchten **Symbol Bridge Cave**. Deren großartige Felsbilder stammen wohl von frühen indigenen Amerikanern auf Visionssuche.

Die Ranger im Visitor Center verleihen passable Taschenlampen. Im Sommer verkaufen sie weitere Ausrüstung (Helme, Knieschützer) für Höhlenerkundungen und leiten Infoveranstaltungen (Höhlenführungen, Gesprächsrunden am Lagerfeuer).

Vogelbeobachtungen in den Klamath Basin Wildlife Refuges

WEISSKOPF-SEEADLER, GREIF- UND WASSERVÖGEL

An der Grenze zu Oregon bieten die Klamath Basin Wildlife Refuges geeignete Habitate für verblüffend viele Zugvogelarten, die entlang des Pacific Flyway unterwegs sind. Manche davon rasten hier nur kurz, während andere sich vor Ort paaren, Nester bauen und ihre Jungen aufziehen. Das Beobachten der Vögel ist ganzjährig ein geradezu magisches Erlebnis.

Am besten besucht man zuerst das kleine, aber hervorragende **Museum** und begibt sich dann zum Visitor Center: Dort gibt's Karten für Autotouren zu einigen der besten Beobachtungspunkte. Für eine noch bessere Perspektive vom Wasser aus empfehlen sich die Kanu-Routen durch das **Tule Lake** und **Klamath Marsh Refuge** (meist geöffnet 1. Juli–30. Sept.). Leihkanus sind gratis im Visitor Center erhältlich. Das Rocky Point Resort vermietet Boote für die ganzjährig geöffneten Kanu-Routen durch das **Upper Klamath Refuge**.

Die anwesenden Arten variieren saisonal: Auf dem Höhepunkt des Frühjahrszuges im März füllen über 1 Mio. Vögel den hiesigen Himmel. Im April und Mai treffen Sing-, Wasser- und Watvögel ein – teils zwecks Brüten, teils zwecks stärkender Rast vor dem Weiterflug gen Norden. Im Sommer bauen diverse Wasservögel (z. B. Enten, Kanadagänse) vor Ort ihre Nester. Anfang November erreicht der Herbstzug seinen Höhepunkt. Etwa im Februar werden die Refuges zum größten Winterquartier von Weißkopf-Seeadlern in den US-Kernstaaten: Die bis zu 1000 Exemplare (es sind aber nur wenige davon auf einmal sichtbar) machen u. a. Jagd auf ziehende Gänse – was durchaus spektakulär sein kann.

Das Tule Lake Refuge (Kalifornien) sowie die Upper Klamath und Klamath Marsh Refuges (beide Oregon) liegen ca. 85 Meilen (137 km) nordöstlich von Mt. Shasta City.

CAPTAIN JACK'S STRONGHOLD

Captain Jack's Stronghold ist ein natürliches Fort im Lava Beds National Monument. Hier verschanzten sich der Modoc-Häuptling Kintpuash (alias Captain Jack) und Angehörige seines Stammes im Jahr 1873 nach der Rückkehr zu ihrem traditionellen Land am Lost River: Etwa ein halbes Jahr lang widerstanden nur 51 Modoc-Krieger vor Ort den Angriffen von bis zu 300 US-Soldaten. Kintpuash musste aber schließlich kapitulieren, nachdem die US-Armee den Zugang zur nächstgelegenen Wasserquelle abgeschnitten hatte. Nach seiner Hinrichtung (1873) wurden die überlebenden Modoc in ein Reservat in Oklahoma umgesiedelt.

UNTERWEGS VOR ORT

Das Erkunden der Region erfordert ein eigenes Fahrzeug.

REGION MT. LASSEN

Der Lassen Volcanic National Park mit dramatischen Felsspitzen, vulkanischen Formationen und Bergseen liegt nur einige Fahrtstunden von der Bay Area entfernt. Trotzdem geht's hier überraschend ruhig zu. Der Park ist über den Großteil des Winters eingeschneit; im späten Frühjahr erblühen seine Wildblumen. Ab Redding sind Tagestrips möglich (Entfernung 50 Meilen/ 80,5 km). Eine richtige Parkerkundung entlang der kurvigen Panoramastraßen dauert idealerweise ein paar Tage. Rund um den Nationalpark erstreckt sich der unfassbar große Lassen National Forest (4856 km^2) in einer Wildnis namens Crossroads: Hier treffen die Sierra (Granitgestein), die Cascades (Vulkangestein), das Modoc Plateau und das Central Valley aufeinander. Am Fuße des Mt. Lassen umgeben Wälder eine Sommer-Spielwiese: Am Lake Almanor gibt's Unterkünfte, ein paar Restaurants und diverse Einrichtungen. Das Dixie Fire (2021) hat leider viele Areale rund um den See nachhaltig verwüstet.

TOP TIPP

Am Lassen Volcanic National Park beginnen zwei sehr malerische Routen: Der Hwy 36 führt über Chester, den Lake Almanor und das historische Susanville gen Osten. Über den Hwy 89 geht's südostwärts zum behaglichen Bergstädtchen Quincy.

Lake Almanor (S. 506)

WALTER SOMERS/500PX/GETTY IMAGES ©

WARUM ICH DIE REGION MT. LASSEN LIEBE

Celeste Brash, Autorin

Ein paar Babyfotos zeigen mich mit Cowboyhut im Haus meiner Tante in Susanville. Wenn ich heute zu diesen Bergen und Seen zurückkehre, fühlt sich das wie Heimkommen an: Ich liebe die sauberen Flüsse, den Kieferndurft in den Bergen und die Freundlichkeit in den Kleinstädten. Die geothermischen Phänomene am Mt. Lassen sind so großartig wie unterhaltsam. Ich war traurig, hier so viel verbranntes Land zu sehen. Aber die Zähigkeit der hiesigen Natur und Gemeinden lässt einen an Wunder glauben. Touristische Besuche helfen dabei.

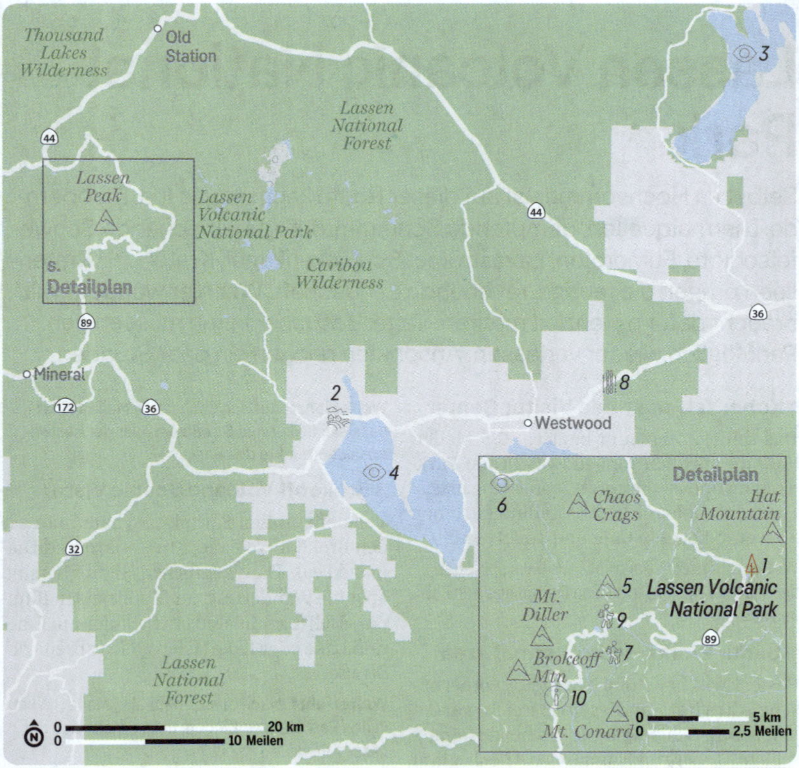

HIGHLIGHTS
1 Lassen Volcanic National Park

SEHENSWERTES
2 Chester
3 Eagle Lake
4 Lake Almanor
5 Lassen Peak
6 Manzanita Lake

AKTIVITÄTEN, KURSE & TOUREN
7 Bumpass Hell
8 Coppervale Ski Hill
9 Lassen Peak Trail

PRAKTISCHES
10 Kohm Yah-mah-nee Visitor Center

Wandern im Lassen Volcanic National Park

FEURIGE BERGLANDSCHAFT AUS LAVA

Das rauchende Terrain dieses Nationalparks (429 km²) bildet im Sommer einen verblüffenden Kontrast zu den grünen (wenn auch immer noch teilweise verbrannten) Nadelwäldern drum herum. Im Winter verhindern gewaltige Schneemassen ein

ÜBERNACHTEN IN DER REGION MT. LASSEN

Village at Child's Meadows
Altmodisches, kürzlich renoviertes Berg-Resort in 9 Meilen/ 14,5 km Entfernung zum südwestlichen Parkeingang. **$$**

The Walker Mansion
Malerisches B&B mit Restaurant (serviert auch High Tea) und eigenem Country-Laden. **$**

Drakesbad Guest Ranch
Bietet u. a. einen heißen Thermalwasser-Pool und Ausritte im Park (für News seit dem Dixie Fire s. Website). **$$$**

AUTO- ODER WANDERTOUR

Lassen Volcanic National Park

Selbst im Hochsommer ist auf dieser Route kaum etwas los. Blubbernde Thermalquellen, dampfende Schlammtöpfe, übelriechende Schwefelschlote, Fumarolen, Lavaströme, Schlackenkegel, Krater und Kraterseen prägen die feurige, rauchende Landschaft. Wer hier wandern will, braucht dafür potenziell mehrere Tage: Besucher:innen müssen den Park täglich wieder verlassen. Ansonsten reichen ein paar Stunden.

1 Kohm Yah-mah-nee Visitor Center

Das schicke Zentrum liegt ca. 0,5 Meilen (800 m) nördlich vom südwestlichen Parkeingang und ist die perfekte Ausgangsbasis: Hier gibt's lehrreiche Ausstellungen, einen Souvenirshop, ein Café und Toiletten.

Weiterfahrt: Vom Parkplatz aus links abbiegen; nach 1 Meile (1,6 km) tritt dann Dampf aus den Felsen aus.

2 Sulfur Works Hydrothermal Area

Bester Zwischenstopp in puncto geothermische Aktivität: In diesem Bereich warten blubbernde Schlammtöpfe, zischende Dampfschlote, Geysire und Fumarolen. Hier beginnt auch ein Wanderweg zu den Ridge Lakes (1,6 km).

Weiterfahrt: Auf den nächsten 5 Meilen (8 km) passiert die kurvige Straße ein paar der besten Aussichtspunkte des Parks.

3 Brokeoff Volcano Scenic Vista

Von dem großen Parkplatz schaut man auf den Brokeoff Volcano, Mt. Conard und Diamond Peak. Die eigentlichen Highlights sind aber die Wanderung zur blubbernden Bumpass Hell (2,4 km) und ein Picknick am Emerald Lake oder Lake Helen gleich abseits der Straße.

Weiterfahrt: Nach etwas mehr als 1 Meile (1,6 km) in den Parkplatz einbiegen; links erhebt sich der Lassen Peak.

Hat Creek Meadow

MICHEAL LEE/SHUTTERSTOCK ©

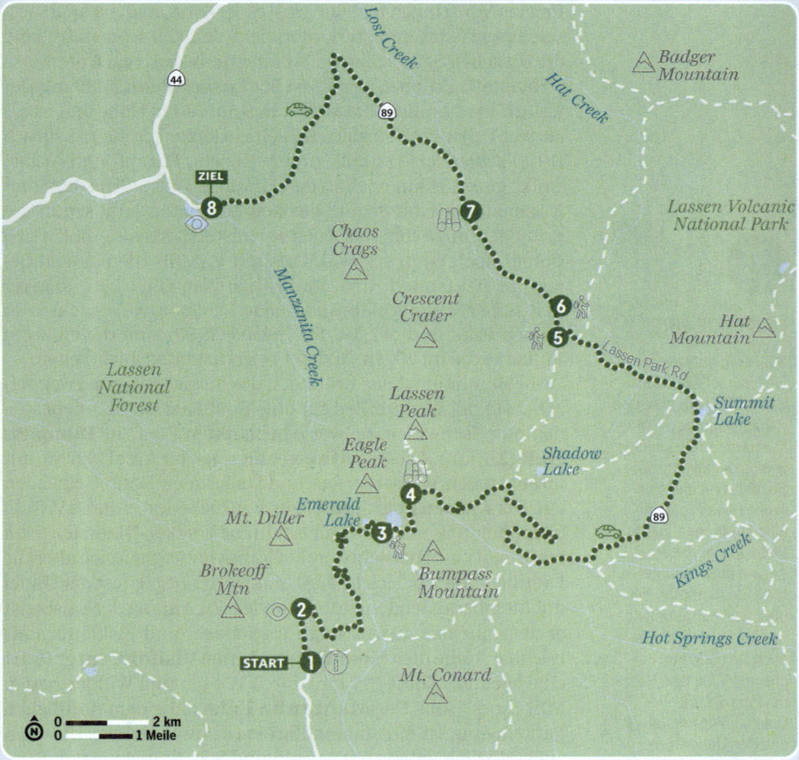

4 Lassen Peak Scenic Vista

Auch wer nicht zum Gipfel wandert (8 km), genießt aus nächster Nähe einen atemberaubenden Blick auf die Felswände.

Weiterfahrt: Auf den nächsten 11 Meilen (18 km) lohnt sich Anhalten gleich mehrmals – z.B. an der Kings Creek Meadow und den Summit Lakes (teilweise vom Dixie Fire betroffen).

5 Hat Creek Meadow

Eine der besten Stellen zum Bewundern des Herbstlaubs. Eine traumhafte Wanderung (2 km) führt zur Hat Creek Meadow und zu einem tollen Wasserfall.

Weiterfahrt: Schon nach 0,5 Meilen (800 m) folgt rechts der nächste Zwischenstopp.

6 Devastated Area

Ein faszinierender Lehrpfad (hin & zurück 400 m) führt durch die einstige Ausbruchs-Zone.

Weiterfahrt: Innerhalb der nächsten 7,5 Meilen (12 km) wird die Landschaft grüner. Ein kurzer Stopp lockt am Emigrant Pass, über den einst Planwagen rumpelten.

7 Chaos Crags

Das riesige Geröllfeld entstand durch einen gewaltigen Bergsturz in den 1660er-Jahren. Sein bizarres, wildes Terrain bietet einen interessanten Anblick.

Weiterfahrt: Durch lichte Wälder geht's noch ca. 1 Meile (1,6 km) bis zum Ziel.

8 Manzanita Lake

Am nordwestlichen Parkeingang findet man das Loomis Museum (geöffnet Mai–Okt.) und einen Rundweg (2,9 km) um den Manzanita Lake mit Kajak-Verleih (nur Sommer). Gleich auf der anderen Straßenseite liegt der kleinere Reflection Lake mit tollem Blick auf den Lassen Peak.

tieferes Vordringen in den Park – es sei denn, man ist angemessen ausgerüstet und stark motiviert. Je nach Höhenlage sind die örtlichen Seen selbst im Sommer teilweise zugefroren.

Hauptattraktion des Parks ist der **Lassen Peak** (3189 m): Der weltgrößte Lavadom hat seinen Fuß auf 610 m Höhe und ist als aktiver Vulkan klassifiziert. Bei seinem letzten großen Ausbruch (1915) schleuderte er eine riesige Rauch-, Dampf- und Aschewolke ganze 11 km hoch in den Himmel. 1916 wurde dann der Nationalpark zum Schutz der neu geformten Landschaft gegründet. Einige vom Ausbruch verwüsteten Areale erholen sich immer noch eindrucksvoll. Dies gilt z. B. für die passend benannte Devastated Area nordöstlich vom Gipfel. In jüngerer Zeit haben aber Waldbrände neue Schäden verursacht. Der Lassen Peak und der Mt. St. Helens (1980) sind die einzigen Vulkane, die im 20. Jh. in den US-Kernstaaten ausbrachen.

Ein Highlight ist das Erkunden des hiesigen Wanderwegnetzes (241 km). Wer nur Zeit für eine Route hat, wählt am besten den mittelschweren, teilweise beplankten Pfad zur **Bumpass Hell** (2,4 km): Dieses aktive geothermische Areal wartet mit farbenfrohen Wasserbecken und wabernden Dampfschwaden auf. Der **Lassen Peak Trail** (hin & zurück 8 km, mind. 4½ Std.) ist größtenteils nur etwas für erfahrene Trekker. Die ersten 2 km bis hinauf zum Aussichtspunkt Grandview eignen sich aber für Familien. Auch bei leicht diesigem Wetter begeistert der Gipfel mit atemberaubendem Rundumblick. Zu Anfang der Saison ist er aber nur mit Ausrüstung fürs Schnee- und Eisklettern erreichbar. Nahe dem **Kom Yah-mah-nee Visitor Center** führt eine leichtere Route (3,7 km) durch Wiesen und Wälder zu den Mill Creek Falls. Der **Manzanita Lake** nahe dem nördlichen Parkeingang ist ein smaragdfarbenes Juwel, dessen Uferpfad auch Möglichkeiten zum Angeln und Schwimmen bietet.

DAS DIXIE FIRE

2021 vernichtete das Dixie Fire fast 4050 km² Land, 1329 Gebäude und ganze Siedlungen. In Kaliforniens Geschichte war es der zweitgrößte Buschbrand und das größte Wildfeuer mit Einzelursache – ausgelöst von einem Baum, der auf eine Stromleitung fiel. Während der über dreimonatigen Katastrophe verbrannten auch fast 300 km² Fläche im Mt. Lassen National Park. Dies betraf u. a. das Warner Valley und den Umkreis des Juniper Lake im Osten sowie die Umgebung der Summit Lakes im Norden. Die betroffenen Wanderwege und Parkbereiche werden nun langsam wiedereröffnet. Der Anblick des unendlichen Meeres aus verbrannten Bäumen erinnert aber weiterhin an das Dixie Fire. Das Visitor Center des Parks liefert Infos zur aktuellen Situation.

Den Lake Almanor erkunden

SCHROFFE UFER UND MOTORBOOT-TRIPS

Rund 40 Meilen (64 km) südwestlich des Lassen Volcanic National Park lädt der idyllische, türkisfarbene Lake Almanor zu einem super Aufenthalt ein: Seine 84 km lange Uferlinie mit üppig grünen Wiesen und mächtigen Nadelbäumen bietet ein ruhiges Plätzchen für jedermann. Wer nicht zelten will, kann z. B. ein Ferienhaus am noblen nordöstlichen Ufer mieten – dort gibt's sogar ein paar bewachte Wohnanlagen. Endlose Kiefernwälder prägen das schroffe Südufer. Überall lockt der See zum Schwimmen, Stehpaddeln oder Fahren mit Mietbooten – jeweils mit Aussicht auf den Lassen Peak. Im Sommer sind hier viele Motorboote unterwegs. Am ganzen Ufer zeugen immer mehr

CAMPEN IN DER REGION MT. LASSEN

Bucks Lake Campgrounds
Diverse Stellplätze rund um den See. Teils recht rustikal, aber wahnsinnig ruhig. **$**

Lassen Volcanic National Park Campgrounds
Sieben erschlossene Campingplätze (geöffnet Mai–Okt.) im Park. **$**

PG&E Recreational Area Campgrounds
Hat viele Zeltstellplätze und ist ruhiger als andere Optionen am Lake Almanor. **$**

neue Immobilien davon, dass sich dieser einstige Geheimtipp wohl so langsam herumspricht.

Abkühlen am Eagle Lake

SOMMER-REFUGIUM

Der ziemlich unbekannte Eagle Lake liegt ca. 15 Meilen (24 km) nordwestlich von Susanville auf einem Plateau in den Bergen und ist Kaliforniens zweitgrößter Natursee. Für die recht lange Anfahrt wird man mit dem Anblick eines zauberhaften Juwels in atemberaubenden Blautönen belohnt. Vom späten Frühjahr bis zum Herbst warten hier super Möglichkeiten zum Relaxen, Schwimmen, Angeln, Bootfahren und Campen. Durch die Kiefernwälder am Südufer windet sich ein befestigter **Freizeitpfad** (8 km), der zum Spazierengehen, Radfahren und Angeln einlädt. Am See sind potenziell auch Weißkopf-Seeadler zu sehen. Der Lassen National Forest und das Bureau of Land Management verwalten vor Ort mehrere belebte Campingplätze. In deren Nähe liegt die **Eagle Lake Marina** mit Duschen, Waschmaschinen und Support für Angelwillige (Mietboote, Lizenzverkauf).

Winterspaß

SCHLITTENFAHREN, SKI- UND SCHNEESCHUHLAUFEN

Die Winter-Magie der Region Mt. Lassen äußert sich auch in vielen sportlichen Aktivitäten. Diesbezüglich besucht man am besten zuerst das **Kohm Yah-mah-nee Visitor Center**: Dort gibt's mehrere Rodel-Hügel, auf denen es teils recht wild zugeht – darum zwecks Einstieg idealerweise mit den kürzeren Abfahrten beginnen und erst dann ins Gewühl stürzen! Vergleichsweise ruhiger gestaltet sich **Schneeschuh-Laufen**, das Anfänger bei geführten Parkwanderungen unter der Leitung von Ranger:innen testen können (Touren meist Jan.–März; Preise inkl. Leihausrüstung). Alternativ beginnen am Visitor Center diverse tolle Schneeschuh-Trails für Trips auf eigene Faust, bei denen der Blick auf die weiß verschneiten Berge fällt. Entsprechende Leihausrüstung gibt's in Redding oder bei **Bodfish Bicycles** in Chester.

Rund 20 Meilen (32 km) östlich von Chester betreibt das Lassen College den familienfreundlichen **Coppervale Ski Hill** mit acht gut präparierten Ski- und Snowboardpisten. Eine Halfpipe ist hier ebenfalls vorhanden. Auvh kann man dem Skilanglauf frönen.

DER BUNDESSTAAT JEFFERSON

Willkommen im „Bundesstaat" Jefferson – benannt nach Thomas Jefferson, dem einst eine separate Republik an der Westküste vorschwebte. Werbetafeln und Autoaufkleber (Jefferson: A State of Mind bzw. Jefferson: Eine Geisteshaltung) propagieren den theoretischen US-Bundesstaat Nr. 51. Bei der Fahrt auf der zweispurigen Straße durch Kaliforniens Norden und Oregons Süden versteht man das zunehmend: Die größtenteils konservativen Locals sind von zahllosen Demokraten umgeben.

Ursprünglich proklamierte eine Gruppe von schwer bewaffneten Einheimischen 1941 den Bundesstaat Jefferson – als wütenden Protest gegen den damals schlechten Zustand der örtlichen Straßen. Heute umfasst Jefferson rund 30 Countys mit über 3 Mio. Einwohnern. Das **Jefferson Public Radio** (ijpr.org) sendet regionale Nachrichten.

ESSEN IN DER REGION MT. LASSEN

Lassen Ale Works (Susanville)
Serviert u.a. Steaks und Fish & Chips in einem renovierten Saloon von 1862. **$$**

Cravings (Chester)
Großstadtmäßige Kaffee- und Kochkunst plus freundlicher Kleinstadt-Service. **$$**

Red Onion Grill (Westwood)
Lässiges Lokal mit italienischer Spitzenküche am Lake Almanor. **$$**

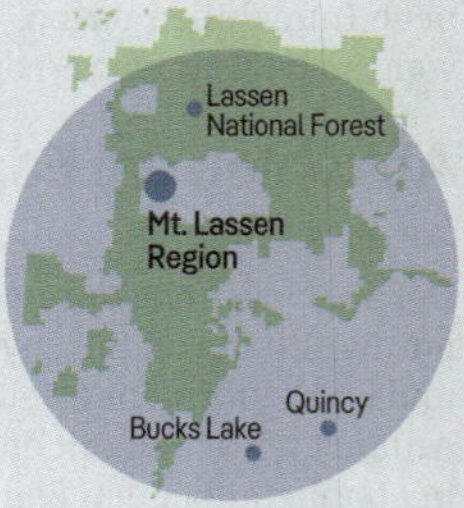

Rund um die Region Mt. Lassen

Kaum bekannte, wenig besuchte Landidylle vom Feinsten: In herrlicher Berglandschaft warten hier freundliche Einheimische und viele Outdoor-Aktivitäten.

Das Plumas County mit über 100 Seen und seinen Wurzeln in der Goldrauschzeit ist nach dem regionalen Feather River benannt (*plumas* bedeutet „Federn" auf Spanisch). Im äußersten Norden der Sierra Nevada wartet dieses ganzjährige Outdoor-Paradies u.a. mit Möglichkeiten zum Wandern, Raften, Skifahren und Angeln auf. Sein Dienstleistungszentrum ist das freundliche und hübsche Bergstädtchen Quincy.

Sitz der County-Verwaltung ist Susanville, das bis auf gute Services und ein paar Optionen zum Mountainbiken (hier endet der spektakuläre Bizz Johnson Trail nach 41 km) nicht viel zu bieten hat. 2021 zerstörte das Dixie Fire mehrere regionale Ortschaften. Bis heute sieht man im County viele verkohlte Waldgebiete, aber auch die Anfänge neuen Wachstums.

TOP TIPP

Spenden willkommen: Zusammen mit der Plumas Bank hilft der Dixie Fire Fund den betroffenen Gemeinden beim Wiederaufbau (nevadafund.org/donate/dixie-fire-fund).

Rock Lake, Bucks Lake Wilderness

DAVIDRH/SHUTTERSTOCK ©

Plumas County Courthouse (S. 510), Quincy

Relaxen am Bucks Lake

SCHWIMMEN, PADDELN & ANGELN

Einheimische mit Durchblick lieben diesen klaren Bergsee inmitten von Kiefernwäldern: Die nur schwach bebauten Ufer erlauben eine kräftige Dosis Frischluft. Hier heißt's einen Stellplatz oder eine Waldhütte mieten und dann einfach relaxen. Im Sommer können Besucher:innen gemächlich schwimmen, Forellen angeln und per Kanu oder Stehpaddelbrett herumschippern. Bei größerem Bewegungshunger empfehlen sich die schönen Wanderwege der Gegend. Darunter ist z.B. ein Abschnitt des Pacific Crest Trail, der durch die angrenzende **Bucks Lake Wilderness** (85 km^2) im Nordwesten des Plumas National Forest führt. Im Winter sind die letzten 5 km der Bucks Lake Rd schneebedingt für Kraftfahrzeuge gesperrt und dann super für Skilangläufer. Der See liegt ca. 90 Meilen (145 km) südwestlich vom Lassen Volcanic National Park und ist über die dramatische Bucks Lake Rd (Hwy 119) erreichbar.

SPEKTAKULÄRE HIMMELS-BEOBACHTUNGEN

Astronomie-Fans besuchen gerne nachts den Lassen Volcanic National Park: Hier gibt's keine Lichtverschmutzung – wie auch in der ganzen übrigen Region (inkl. Buck's Lake). Die natürliche Dunkelheit und der ganzjährig klare Nachthimmel ermöglichen optimales Beobachten von Himmelsattraktionen wie der Milchstraße. So steigt im Park jedes Jahr das **Lassen Dark Sky Festival** an einem Wochenende im August. Dabei kann man u. a. durch Sonnenteleskope schauen und erfährt etwas über Gestirne. Zudem gibt's Vorträge und Gesprächsrunden von bzw. mit Experten (z. B. von der NASA oder der Astronomical Society of the Pacific).

Quincys Highlights

GESCHICHTSKURSE UND SNACKS

Das idyllische Quincy ist eine prima Ausgangsbasis für Outdoor-Aktivitäten (z.B. Wandern, Angeln, Rafting) im Plumas

ÜBERNACHTEN IN QUINCY

Quincy Courtyard Suites
Schön renovierte Suiten im Clinch Building (erb. 1908) an Quincys Hauptstraße. $$

Ranchito Motel
Freundliches Motel mit mexikanischem Ranch-Vibe und gutem Preis-Leistungs-Verhältnis. Im Osten der Stadt. $

Greenhorn Guest Ranch
Eine Art Cowboy-Version des Getaway Resort im Film Dirty Dancing. $$$

National Forest und Umkreis des Feather River. Das nette Künstler- und Studentenstädtchen ist aber auch selbst ein lohnendes Ziel.

Fast alle benötigten Einrichtungen findet man hier an zwei Einbahnstraßen (bzw. in deren Nähe): der Main St gen Osten und der Lawrence St in Richtung Westen. Einen Block weiter südlich verläuft die Jackson St als weitere Hauptader parallel zur Main St und bildet Quincys bescheidenen Geschäftsbezirk.

Zuerst empfiehlt sich ein Besuch des **Plumas County Museum** in einem Altbau mit mehreren Stockwerken. Zahllose historische Fotos und Artefakte erinnern an die Pionierzeit des Countys – ebenso an dessen indigene Maidu-Periode, die industriellen Anfänge der Region (Bergbau, Holzwirtschaft) und den Bau der Western Pacific Railroad. Danach sollte man einen Blick ins benachbarte **Plumas County Courthouse** von 1921 werfen: Die Inneneinrichtung umfasst z. B. gewaltige Säulen und breite Treppen aus Marmor. Ein 1 t schwerer Kronleuchter aus Bronze und Glas ziert die Eingangshalle. Beim anschließenden Stadtbummel heißt's die paar lokalen Kunstgalerien besichtigen – gefolgt von einer Stärkung: **Quincy Provisions** verkauft leckere Backwaren und Kaffee. Lieblingslokal der Einheimischen ist der **Pangea Café and Pub** mit gesunder Kost und einem guten Bier.

Quincy liegt 71 Meilen (114 km) südöstlich vom Lassen Volcanic National Park.

MUSIK-FESTIVAL IN QUINCY

Ende Juni oder Anfang Juli findet in Quincy das viertägige **High Sierra Music Festival** statt. Bei diesem familienfreundlichen Spektakel mit Campingmöglichkeiten gibt's insgesamt fünf Bühnen für Kunst und verschiedene Livemusik (Indie-Rock, Classic-Blues, Folk, Jazz). Bislang sind hier z. B. schon Thievery Corporation, Lauryn Hill, Primus, Ben Harper oder Neko Case aufgetreten. Einheimische Grantler bezeichnen das Ganze schon mal als Hippie-Fest. Im Vergleich zu manchen echten Freak-Festivals in Nordkalifornien ist das High Sierra aber recht zahm. Bei einem geplanten Besuch ist Zimmer- bzw. Stellplatzreservierung mehrere Monate im Voraus ratsam.

Wandern im Lassen National Forest

ERLEBNISSE DER WILDEN ART

Das Wanderwegnetz des National Forest (740 km) umfasst z. B. einen extrem anspruchsvollen Abschnitt (193 km) des berühmten Pacific Crest Trail. Zudem warten hier knackige Tagesrouten wie der **Spencer Meadows National Recreation Trail** (19 km) und kürzere, harmlosere Freizeitpfade wie der **Heart Lake National Recreation Trail** (5,6 km). Nahe der Kreuzung der Hwys 44 und 89 liegt die spektakulärste Attraktion des Forest: ein stockdunkler Lavatunnel (549 m) namens **Subway Cave**. Interessant sind zudem z. B. der **Spattercone Crest Trail** (2,4 km) auf vulkanischem Terrain, der **Willow** und **Crater Lake**, der **Antelope Peak** (2342 m) oder die Steilwand des **Hat Creek Rim** (Höhe 274 m, Länge 22,5 km).

Weitab der Zivilisation liegen die herrliche **Caribou** und **Thousand Lakes Wilderness** im Hochgebirge. Viel weiter unten erstreckt sich die **Ishi Wilderness**, die nach dem letzten Überlebenden der indigenen Yahi benannt ist.

UNTERWEGS VOR ORT

Nahe dem Lake Tahoe und der I-80 liegt Truckee (S. 589) knapp über 60 Meilen (97 km) südlich von Quincy am Hwy 89.

REDDING & SHASTA LAKE

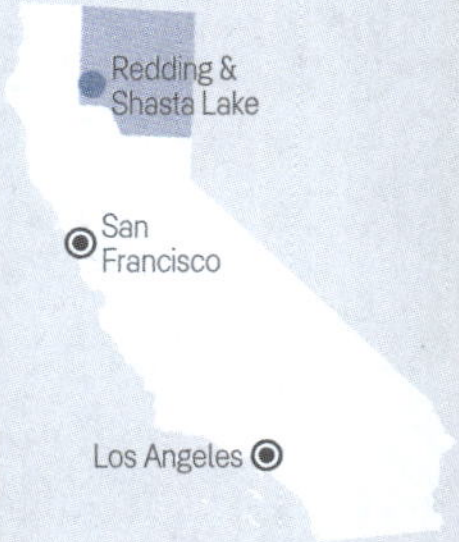

Nördlich von Red Bluff wird der staubige Korridor entlang der I-5 von fotogenen Bergketten abgelöst. Reddings heißes und verstopftes Zentrum grenzt an Freiflächen entlang des malerischen Sacramento River. Die Stadt ist die letzte größere Siedlung vor den kleinen Ortschaften im äußersten Norden. Die umliegenden Seen sind prima Ziele für entspannte Tagestrips oder Campingausflüge. Ein (ordentliches) Stück vom Highway entfernt kann man hier eine sehr reizvolle Ecke Kaliforniens erkunden. Viele gute Restaurants und Bars machen Redding bei langen Interstate-Fahrten zu einer klasse Zwischenstation zwecks Stärkung. Übernachtungswillige finden zudem ein paar hervorragende Kleinbrauereien und Weingüter. Und da wäre auch noch das schmucke Cascade Theater (erb. 1935) im Art-déco-Stil, in dem immer wieder erstklassige Newcomer-Bands auftreten.

TOP TIPP

Gleich abseits der I-5 kann man sich an der Packer's Bay die Beine vertreten. Am schönsten ist aber der Clikapudi Trail (hin & zurück 12 km; Achtung: extreme Hitze im Sommer!). Dieser beginnt nach mehreren Kilometern am Ende der Bear Mountain Rd.

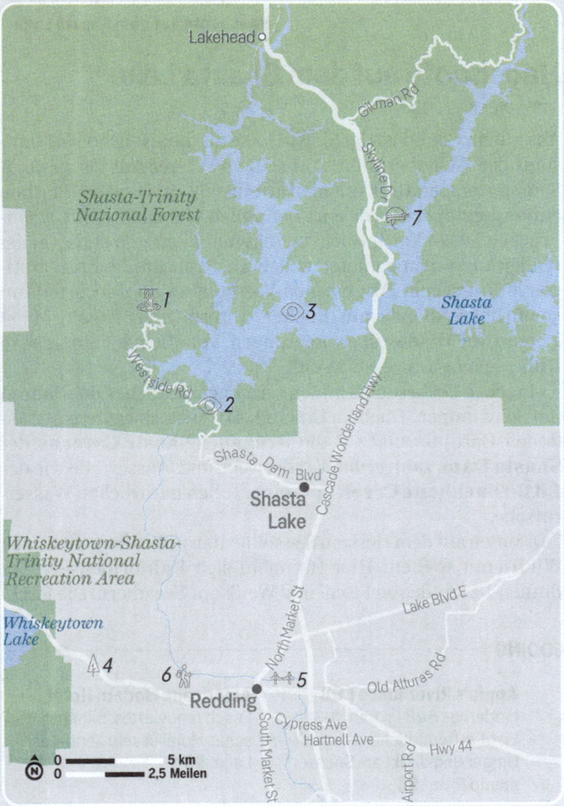

SEHENSWERTES
1 Little Backbone Creek
2 Shasta Dam
3 Shasta Lake
4 Shasta State Historic Park
5 Sundial Bridge

AKTIVITÄTEN, KURSE & TOUREN
6 Sacramento River Trail
7 Shasta Caverns

Shasta Lake

RONNIE GREGORY/SHUTTERSTOCK ©

Hausboote auf dem Shasta Lake

REDDING: BESTE RESTAURANTS

Moonstone Bistro
Vorbildlich: Köstlichkeiten (inkl. Desserts) aus regionalen Bio-Produkten, geangeltem Fisch und Fleisch von freilaufenden Tieren. $$$

Jack's Grill
Düstere Höhle mit vielen Stammgästen und den besten Steaks der Gegend. Keine Reservierungen. $$$

The Park
Wechselnde Food-Trucks (z. B. mit Crêpes, Pizzen) plus Rasenspiele und Livemusik. Nur an sonnigen Wochenenden. $$

Wilda's Grill
Gesunde Falafel-Varianten, Buddha-Reisschüsseln und Hotdogs mit kreativen Zutaten. $

Hausboote auf dem Shasta Lake

SCHIPPERN ENTLANG BEWALDETER UFER

Aus gutem Grund ist der Shasta Lake als die „Hausboot-Hauptstadt der Welt" berühmt: Auf seinem Wasser mit bis zu 26 °C Sommertemperatur kann man an einer 587 km langen Uferlinie entlangschippern. Wer eins der vielen Hausboote mit beeindruckenden 24 km/h Höchstgeschwindigkeit und stark variierender Ausstattung mieten will, braucht dafür nur einen gültigen Führerschein. Mit eigenen Vorräten an Bord locken dann gemütliche Abende mit Kochen unterm Sternenzelt. Meist gelten zwei Mindestübernachtungen. Vor allem im Sommer so früh wie möglich reservieren!

Manchen Seebesucher:innen reicht gemächliches Bootfahren mit Schwimmen. Doch im Umland warten noch weitere Attraktionen. Darunter sind z. B. die berühmten **Shasta Caverns**, der **Shasta Dam**, zahlreiche Wanderwege und Wasserfälle wie der **Little Backbone Creek** mit seiner tollen natürlichen Wasserrutsche.

Draußen auf dem riesigen See sollte man unbedingt auch nach Wildtieren spähen: Hier tummeln sich Kaliforniens größte Binnen-Bestände von Fisch- und Weißkopf-Seeadlern. Die Fisch-

ÜBERNACHTEN IN REDDING

Desmond House
Hübsches viktorianisches Haus voller Antiquitäten. Punktet mit Stadtnähe und Flussblick. $$

Apple's Riverhouse B&B
Modernes B&B im Ranch-Stil. Liegt in freundlicher Vorstadt-Umgebung direkt am Sacramento River. $$

Americana Modern Hotel
Frisch renoviertes, minimalistisches Hotel in sehr zentraler Lage. $$

adler sind am besten von März bis Oktober beobachtbar; während der Brutzeit (Mai & Juni) ist ihre Anzahl am höchsten. Die Weißkopf-Seeadler (weißer Kopf, brauner Körper) brüten bevorzugt auf hohen Nadelbäumen und sind ganzjährig anzutreffen. Mit etwas Glück erlebt man eine ihrer Sturzflug-Jagden auf Fische oder Wasservögel (z. B. Ohrenscharben, Renntaucher, Mallard-Enten). Am Ufer lassen sich potenziell Eichelspechte, Wachteln und wilde Truthähne blicken.

Höhlenwandern in den Shasta Caverns

UNTERIRDISCHES WUNDERLAND

Die eindrucksvollen Shasta Caverns verstecken sich hoch droben in den Kalkstein-Megalithen am Nordende des Shasta Lake. Die täglichen Touren durch die vielen Kammern voller gewaltiger Gesteinsformationen beinhalten jeweils eine Bootsfahrt über den See. Die großartigen Guides helfen unterwegs beim Erspähen von Weißkopf-Seeadlern und beantworten in den eigentlichen Höhlen auch die laienhaftesten Fragen zu geologischen Themen. Drinnen führt der verschlungene Weg eine Stunde lang über beleuchtete Pfade und rund 600 Treppenstufen. Unter den wundersamen Formationen sind z. B. wasserfallartige Kalkstein-Vorhänge, eindrucksvolle große Stalaktiten und -miten oder korallenähnliche Heliktiten. Fossilien sind ebenfalls zu sehen. Pullover mitbringen: In den Höhlen herrschen ganzjährig 14°C. Im Sommer veranstaltet die Tourfirma zu Sonnenuntergang auch Seekreuzfahrten mit Buffet. Vor allem im Winter am besten vorher anrufen: Die Angaben auf der Website sind teils irreführend.

Den Shasta State Historic Park erkunden

GEISTER DER VERGANGENHEIT

Dieser State Park liegt 6 Meilen (9,6 km) westlich von Redding am Hwy 299. Er bewahrt die Überreste der früheren Schürfer-Siedlung Shasta (nicht mit Mt. Shasta City verwechseln!) aus den 1850er-Jahren. Auf dem Höhepunkt des Goldrauschs war der Ort ein wichtiger Transit- und Transportknotenpunkt. Als jedoch ein neuer Bahnhof in Poverty Flats (heute Redding) entstand, verlor Shasta seinen Daseinszweck. Sein Gerichtsgebäude von 1861 (nun ein Museum) empfängt Besucher:innen mit einer eindrucksvollen Feuerwaffen-Sammlung, einem Galgen hinter dem Haus und einer gruseligen Hologramm-Show im Keller. Der Infoschalter verteilt Broschüren für Spaziergänge auf eigene Faust: Pfade führen zu einem schönen katholischen Friedhof und historischen Stätten (z. B. Ruinen einer Brauerei).

DER STAUDAMM DES SHASTA LAKE

Der riesige **Shasta Dam** (erb. 1937–49; Masse: 15 Mio. t) reicht an die gewaltigen Dimensionen der regionalen Naturattraktionen heran. Größer ist nur der Grand Coolie Dam im Bundesstaat Washington – und höher nur der Hoover Dam in Nevada.

Der Überlauf des Damms (148 m) ist fast dreimal höher als die Niagarafälle. Der Folksänger Woody Guthrie schrieb hier 1940 sein Lied *This Land Is Your Land* während einer Konzertreihe für die Bauarbeiter. Das örtliche Visitor Center (Shasta Dam Blvd) liegt am südlichen Ende des Stausees. Auf Wunsch zeigt es ein Infovideo (21 Min.) zum Damm. Dessen atemberaubende Mauerkrone kann auch ohne Guide begangen werden (tgl. 6–22 Uhr).

HAUSBOOT-VERMIETER AM SHASTA LAKE

Bridge Bay Resort
Betreibt auch eine Lodge am Ufer und verleiht zudem Kleinboote für Freizeitaktivitäten (z. B. Angeln). **$$$**

Holiday Harbor
Samt Campingplatz mit Stellplätzen für Wohnmobile und ausleihbaren Stehpaddelbrettern. Nahe dem betriebsamen Jachthafen. **$$$**

Shasta Marina at Packers Bay
Einer der größten Hausboot-Verleiher mit super Service. **$$$**

KALIFORNIENS LETZTES PARADIES?

Gen Nordende des Scott Valley liegt **Etna** (680 Ew.) am Hwy 3. Seine Bewohnerschaft nennt das Nest California's Last Great Place (etwa „Kaliforniens letztes Paradies") – womöglich zu Recht: Die Locals sind außergewöhnlich freundlich. Statt Straßenlärm dominiert hier Vogelgezwitscher. Und im Sommer sieht man vor Ort viele wettergegerbte Hardcore-Wanderer mit Rucksäcken. Diese sind auf dem nahen Pacific Crest Trail (4265 km) unterwegs und legen in Etna eine Erholungspause ein.

Wer den malerischen Hwy 3 statt der I-5 wählt, sollte auch die tolle **Etna Brewing Company** oder das ultra gemütliche **Paystreak Brewing** besuchen. Oder die schicke Brennerei **Denny Bar Co** mit eigenen Spirituosen, Cocktails, Verkostungen und gutem Essen.

VICTORIA DITKOVSKY/SHUTTERSTOCK ©

Sundial Bridge, Redding

Über die Sundial Bridge in die Natur

EINE ARCHITEKTONISCHE SENSATION

Die strahlend weiße Sundial Bridge erinnert optisch an ein gestrandetes Kreuzfahrtschiff. Der Entwurf des spanischen Stararchitekten Santiago Calatrava überspannt den idyllischen Sacramento River und ist eine von Reddings Hauptattraktionen: Besucher:innen aus aller Welt bewundern die Brücke mit saisonaler Sonnenuhr-Funktion – ein einzigartiger Mix aus Ingenieurskunst und Design. Bei der Überquerung wird ihre Silhouette zum überraschend glamourösen Selfie-Hintergrund.

Das Bauwerk bietet auch Anschluss zum verschlungenen Netzwerk der **Redding Trails** (129 km), das durch Parks, an Flüssen entlang und an Hügeln hinauf führt – prima zum Spazierengehen, Wandern und Mountainbiken. Highlight ist dabei der befestigte **Sacramento River Trail** (27 km), der sich entlang des Flusses bis zum Shasta Dam schlängelt. Optional ermöglicht er auch einen kürzeren Rundkurs: Einfach den Fluss nach ca. 9 km überqueren und zurücklaufen.

Am anderen Brückenende führt ein Übergang mit Glasboden zum **Turtle Bay Exploration Park**. Dieses Kunst-, Kultur- und Wissenschaftszentrum für alle Altersstufen hat auch einen tollen Baumgarten. Zudem warten dort ein saisonal geöffnetes Schmetterlingshaus und ein begehbares Aquarium (833 hl) voller regionaler Flussbewohner.

UNTERWEGS VOR ORT

Eine schöne Alternative zur I-5 (Fahrt ca. 1 Std. länger): Bergauf und bergab verläuft der Hwy 3 von Weaverville nach Yreka. Hierbei passiert er den Trinity Lake sowie die malerischen Nester Etna und Fort Jones. Wichtig: Im Winter den Straßenzustand vorab ermitteln!

Rund um Redding & den Shasta Lake

Die sonnenverbrannte Ebene rund um Redding grenzt an eine Berglandschaft mit Seen, wilden Flüssen und vielfältigen Ortschaften.

In dieser Region liegen ein paar von Kaliforniens urigsten Ortschaften und wildesten Naturgebieten – gerade so schlecht erreichbar, dass große Menschenmassen ausbleiben. Entlang des Trinity River führt der spektakulär kurvige Trinity Scenic Byway (Hwy 299) von der Ebene rund um Redding zu den Redwood-Wäldern an der Küste bei Arcata. Hierbei passiert er gewaltige Felswände und durchquert ein paar der unberührtesten Wildnisgebiete der Northern Mountains. An der Route liegt auch der belebte Ort Weaverville aus der Goldrauschzeit. Von dort aus geht's entlang des herrlichen Hwy 3 gen Norden durch die großartigen Granitberge der Trinity Alps mit diversen Seen. Vorbei am Lewiston und Trinity Lake überquert man dann die Scott Mountains und erreicht schließlich das Scott Valley inmitten von Bergen.

TOP TIPP

Zuerst den abgeschiedenen Hwy 299 zu den Redwood-Wäldern an der Küste nehmen. Gen Norden oder Süden lockt dann ein neues Abenteuer entlang des Hwy 1.

Redwood

R. ALAN MEYER/SHUTTERSTOCK ©

Joss House Historic State Park, Weaverville

DER KLAMATH-KNOTEN

Ihren Spitznamen Klamath Knot (Klamath-Knoten) verdankt die Region dem Verbund zweier Bergketten an der Küste: der **Klamath** und **Siskiyou Mountains.** Gemäßigte Küstenregenwälder gehen hier landeinwärts in Feuchtwälder über. Dies schafft Habitate für viele verschiedene Spezies (teils endemisch). Darunter sind neben ca. 3500 einheimischen Pflanzenarten auch Nördliche Fleckenkäuze, Weißkopf-Seeadler, Schwanzfrösche, Vielfraße, Pumas und mehrere pazifische Lachsarten. Eine Erklärung für die große Artenvielfalt lautet, dass die Region während der letzten Eiszeiten eventuell schwächer vergletschert war. So könnten einige Spezies hier Zuflucht gefunden und längere, bessere Anpassungperioden erlebt haben.

Der Whiskeytown Lake zu Lande und zu Wasser

HISTORISCHER ABSTECHER

Der funkelnde Whiskeytown Lake (15 Fahrtmin. ab Redding) ist nach einer alten Bergbausiedlung benannt: In den 1960er-Jahren entstand hier ein 80 m hoher Staudamm. Zugleich wurden die restlichen Gebäude des ursprünglichen Whiskeytown versetzt. Schließlich versank die Stätte im ansteigenden See.

Dessen idyllische, bewaldete Uferlinie (58 km) ist ideal für Campingfans, die Wassersport ohne Motorantrieb mögen. Am Westufer liegen der Tower House Historic District mit den Ruinen der Mine **El Dorado** und das **Camden House** (Führungen im Sommer) aus der Pionierzeit. Der **Brandy Creek** am Südufer eignet sich perfekt zum Schwimmen. Die **Oak Bottom Marina** am Nordufer verleiht Boote. Wer nur einen kurzen Zwischenstopp einlegt, kann entlang einer früheren Forststraße zu den donnernden **Whiskeytown Falls** wandern (ca. 2 km). Bei längeren Aufenthalten empfiehlt sich der ufernahe **Oak Bottom Campground** mit dicht gedrängten Stellplätzen.

Die wichtigsten Wanderwege und Campingplätze sind geöffnet, doch die Gegend erholt sich immer noch vom Carr Fire, das 2018 praktisch das ganze Erholungsgebiet verwüstete. Dennoch

ÜBERNACHTEN IN WEAVERVILLE

The Weaverville Whitmore Inn
B&B im klassisch-viktorianischen Stil. Hat eine umlaufende Veranda und liegt am Rand des Ortskerns. **$$**

Weaverville Hotel & Emporium
Denkmalgeschütztes, prachtvoll restauriertes Nobelhotel mitten im Ortskern. **$$$**

Indian Creek Lodge
Gemütliche Angler-Lodge am Trinity River (8 Meilen/13 km außerhalb der Stadt). **$$**

ist es hier überraschend schön: Der üppig grüne Neubewuchs bildet einen netten Kontrast zu den Ockertönen der verbrannten Bäume. Das kompetente Personal des Visitor Center beantwortet Besucherfragen und informiert über geöffnete Bereiche.

Weavervilles chinesisches Erbe

EIN GOLDRAUSCH-STÄDTCHEN ENTDECKEN

Rund eine Fahrtstunde westlich von Redding erfährt man in Weaverville etwas über Nordkaliforniens älteste chinesische Einwanderer-Gemeinde. Die Mauern des **Joss House Historic State Park** von 1874 sprechen buchstäblich: An ihnen hängen viele 150 Jahre alte Spendenquittungen von Mitgliedern der einst blühenden Gemeinde – darunter frühe Goldsucher und spätere Arbeiter, die den Großteil von Nordkaliforniens Infrastruktur anlegten. Der **taoistische Tempel** in Blau- und Goldtönen ist Kaliforniens ältester aktiver Schrein dieser Art. Sein prachtvoller Altar (über 3000 Jahre alt) ist ein Originalstück aus China. Auf dem Areal neben dem Joss House warten Ausstellungen zum Goldabbau und zur lokalen Kultur. Zudem gibt's dort Erinnerungsstücke, betagte Maschinen, eine alte Goldschürfer-Hütte und eine historische Schmiede zu sehen. Nebenan steht Kaliforniens allererste Schule für chinesische Schüler.

Fliegenfischen am Lewiston Lake

CHANCE AUF KAPITALE FORELLEN

Dieser schmale See (Länge 14,5 km) verbindet den Trinity Lake mit dem Trinity River und bietet super Optionen zum Fliegenfischen. Newbies oder Leute ohne Tackle wenden sich an eine Guiding-Firma wie **Trinity River Adventures**: Auf der Suche nach mehreren Forellenarten (Gewicht teils über 1800 g/Exemplar) schippert man durch die träge fließenden Kanäle am Rand von Sümpfen. Abgesehen vom Fischreichtum geht's hier ruhiger zu als auf anderen Seen: Das Tempolimit für Boote liegt bei 10 mph (16 km/h). Am frühen Abend sieht man Fisch- und Weißkopf-Seeadler bei ihren Sturzflug-Jagden. Die **Trinity River Fish Hatchery** ist auch für Nichtangler interessant: Hier wird Salmonidenbrut (Lachse, Regenbogenforellen) aufgezogen und dann im Fluss ausgewildert. Der Jachthafen am See heißt **Pine Cove**. Neben Infos zum See (inkl. Tierwelt) werden auch Leihboote (inkl. Kajaks) und geführte Offroad-Touren angeboten.

Rund 1,5 Meilen (2,4 km) südlich des Sees und 40 Fahrtminuten westlich von Redding liegt der nette Ort **Lewiston** – kaum mehr als eine baufällige, historische Gebäudegruppe am Trinity River. Hier lohnt sich das Stöbern nach Antiquitäten im fotogenen **Country Peddler**. Der schräge **Old Lewiston Inn** lädt zum Essen, Trinken und Übernachten ein.

WEINPROBEN AM TRINITY LAKE

Rund 6 Meilen (9,7 km) nördlich des Lewiston Lake erstreckt sich der Trinity Lake (Kaliforniens drittgrößter Stausee) friedvoll unterhalb dramatisch verschneiter Gipfel. Seine größte Ufersiedlung namens Trinity Center liegt weitere 30 Meilen (48 km) vom Lewiston Lake entfernt und ist in der Nachsaison sehr ruhig. Im Sommer kommen aber zahllose Wassersportfans u. a. zwecks Angeln und Schwimmen hierher. Auch bei reiner Durchreise lohnt sich ein Besuch der wenig bekannten, aber sehr malerischen **Alpen Cellars**: Dieses Weingut ist auf Riesling, Gewürztraminer, Chardonnay und Pinot Noir spezialisiert. Auf seinem idylischen Gelände am Flussufer bietet es auch Führungen, Weinproben und Picknick-Möglichkeiten an. Das **Pinewood Cove Resort** (8,9 ha) am Seeufer punktet mit guten Stellplätzen, Hütten und Bootsanlegern.

ESSEN IN WEAVERVILLE

Mamma Lama
Nettes Café, das auch Frühstück, kleine Gerichte und Craft-Biere serviert. **$**

Trinideli
Weavervilles beliebteste Bar mit leckeren Sandwichs im hinteren Bereich. **$**

Cafe on Main
Bestes Lokal an diesem Abschnitt der I-5: Hier gibt's kreative Küche mit internationalem Touch. **$$**

SACRAMENTO & CENTRAL VALLEY

ENTSCHLOSSEN, AUFREGEND UND GEFÜHLVOLL

Das ist die Region, der wir den „Western"-Teil von der Country- und Westernmusik zu verdanken haben. Hier warten Erlebnisse, die inspirieren, unterhalten, informieren und begeistern.

Das Central Valley ist eine riesige grüne Fläche zwischen der Sierra Nevada und dem Pazifik. Es teilt sich in das Sacramento Valley im Norden und das San Joaquin Valley im Süden. Jahrtausendelang überschwemmten die Flüsse die Region und schufen so äußerst fruchtbare Böden. Heute werden diese Wasserläufe durch gewaltige öffentliche Bauprojekte gezähmt, die eine riesige Landwirtschaft und das Leben selbst im durstigen Südkalifornien sichern. Die Hälfte aller Farmprodukte in den USA wird in diesen Tälern angebaut – darunter fast alle Mandeln, Oliven und Tomaten.

PHOTOSOUNDS/SHUTTERSTOCK ©

Die meisten Traveller nutzen die Freeways lediglich zur Durchreise in bekanntere Teile des Staates. Dabei lädt das Central Valley geradezu ein, die scheinbar endlosen, flachen Weiten mit dem Auto zu erkunden. Wer es hier langsam angeht, wird mit interessanten historischen Stätten, einer tollen Bier- und Weinszene, skurrilen Kleinstädten und landschaftlich reizvollen Nebenstraßen belohnt (die Szene mit dem Sprühflugzeug in Hitchcocks *Der unsichtbare Dritte* wurde nordwestlich von Bakersfield gedreht).

Sacramento bietet Geschichte, Kultur, gute Restaurants und tolle Bars. Auf der jährlich stattfindenden California State Fair wird jeder nicht schillernde Aspekt Kaliforniens gefeiert. Weinanbau spielt eine wichtige Rolle im Tal, und in den ausgedehnten Weinbergen um Lodi warten edle Tropfen auf die Verkostung.

Doch nicht alles hier ist flaches Land. Wie wär's mit einer Wildwasserfahrt auf dem Kern River? Und wer auf dem Highway 99 durchs Tal fährt, sollte wissen, dass an fast jeder Ausfahrt das beste mexikanische Essen aller Zeiten wartet!

DIE WICHTIGSTEN ZIELE

RICH LONARDO/SHUTTERSTOCK ©

Links: Olivenbäume, Bakersfield (S. 540); Oben: Tower Bridge (S. 527), Sacramento

Erste Orientierung

Das Central Valley erstreckt sich über einen riesigen Teil Kaliforniens: von Red Bluff bis Bakersfield sind es über 400 Meilen (640 km). Die weiten Landschaften hier sind beeindruckend und vom Rest des Staates aus leicht erreichbar.

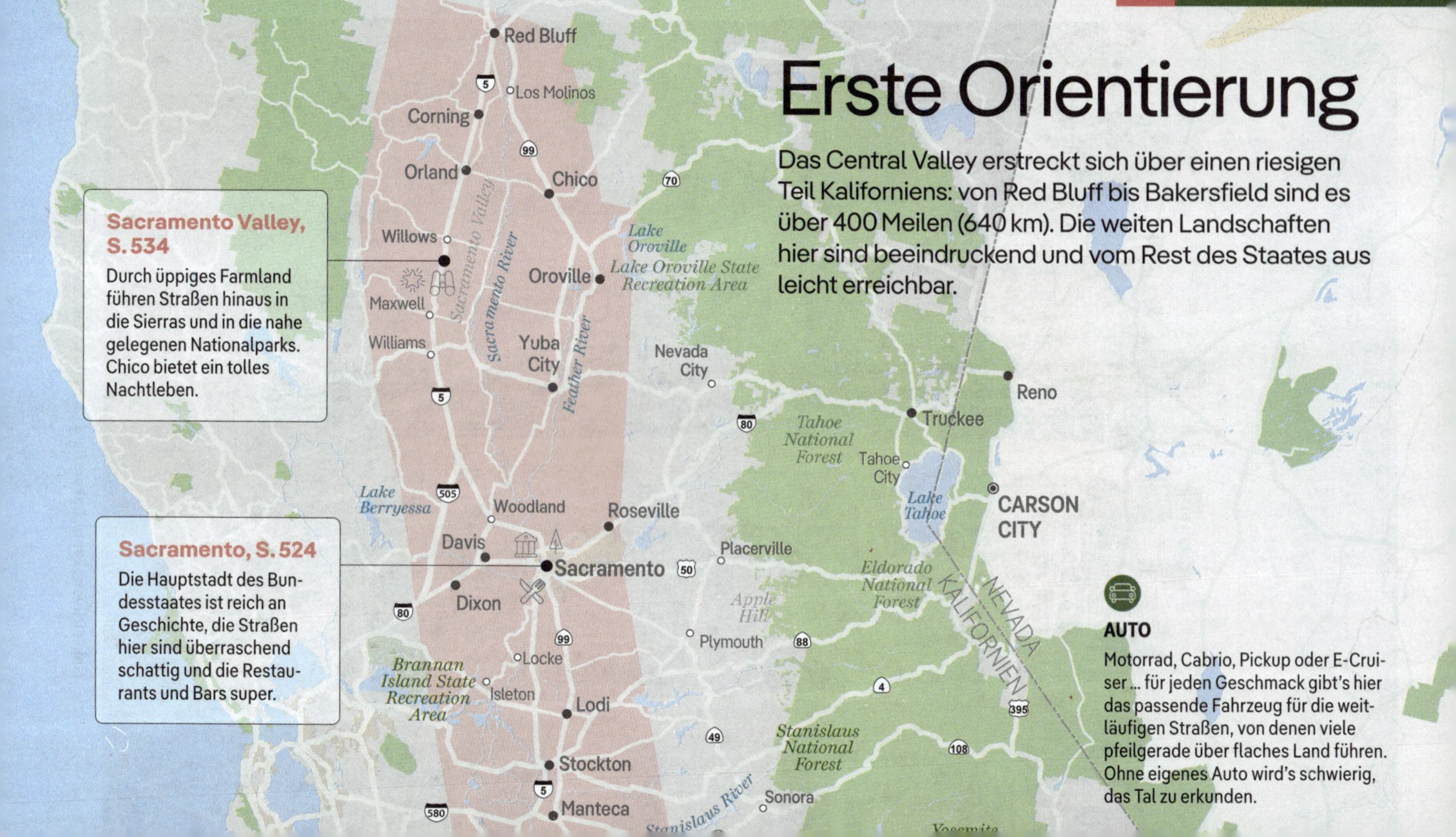

Sacramento Valley, S. 534

Durch üppiges Farmland führen Straßen hinaus in die Sierras und in die nahe gelegenen Nationalparks. Chico bietet ein tolles Nachtleben.

Sacramento, S. 524

Die Hauptstadt des Bundesstaates ist reich an Geschichte, die Straßen hier sind überraschend schattig und die Restaurants und Bars super.

AUTO

Motorrad, Cabrio, Pickup oder E-Cruiser ... für jeden Geschmack gibt's hier das passende Fahrzeug für die weitläufigen Straßen, von denen viele pfeilgerade über flaches Land führen. Ohne eigenes Auto wird's schwierig, das Tal zu erkunden.

San Joaquin Valley, S. 536

Eine Reihe von Städten bilden das Herz des Central Valley. Verbunden sind sie durch den legendären Highway 99. Unweit des Tals warten tolle Outdoor-Abenteuer.

ZUG

Das Central Valley bietet erstaunlich gute Zugverbindung. Alle wichtigen Städte des San Joaquin Valley wie Fresno und Bakersfield sind durch schnelle und häufig verkehrende Amtrak-Züge mit Sacramento und der Bay Area verbunden.

BUS

Überall im Tal gibt's Busverbindungen (wenn auch eher der schlichten Art). Mit Amtrak-Bussen kommt man zu den wichtigsten Zielen jenseits der Region wie Lake Tahoe, Gold Country, Yosemite und L. A. In den größeren Städten wie Sacramento bringen lokale Buslinien die Leute von A nach B und zu einigen nahe gelegenen Sehenswürdigkeiten.

Perfekte Tage

Im Central Valley bedeutet Autokultur mehr als nur Transport. Es lohnt sich, langsam zu fahren. Trotzdem könnte man auf dem Highway 99 die Region an einem Tag erkunden (ohne Stopps!).

Sacramento Delta (S. 531)

Wenig Zeit

● Durch das **Sacramento Delta** (S. 531), mit seinen kurvenreichen Straßen, geht's nach Sacramento, der Hauptstadt des Bundesstaates. Hier sollte man das **California Museum** (S. 526), das Kalifornier:innen aller Couleur würdigt, und das **State Capitol** (S. 526) besuchen.

● Ein Spaziergang inmitten des touristischen Troubels durch **Old Sacramento** (S. 527) vermittelt den besten Einblick in die Stadt um 1800.
Im **California State Railroad Museum** (S. 527) begeistern historische Eisenbahnen. Für den Abend empfehlen sich die großartigen Restaurants im Viertel **Midtown** (S. 528).

Beste Reisezeit

Im Frühling leuchtet das Tal in allen Farben des Regenbogens. Die Sommer sind glühend heiß – frisches Fruchteis sorgt aber für Abkühlung. Der Herbst malt die Weinberge bunt an.

MÄRZ

Kaliforniens goldener Mohn hüllt ganze Hänge in ein leuchtendes Warnwesten-Orange; andere Wildblumen setzen Farbtupfer von Lila bis Gelb.

APRIL

Das **Red Bluff Round-Up** ist ein rauschendes Rancher-Fest. Das San Joaquin Asparagus Festival in Stockton ehrt den Spargel.

JUNI

In Modesto findet der **Graffiti Summer** statt, ein Fest mit Oldtimern, Cruising und Oldie-Musik.

Drei Tage zum Erkunden

- Den ersten Tag wie vorgeschlagen in **Sacramento** (S. 524) verbingen. Anschließend geht's auf den berühmten Highway 99, dem Rückgrat des Central Valley, nach Süden, um an einem historischen Stand in **Modesto** ein Root Beer zu trinken (S. 538). Im **Castle Air Museum** (S. 538) in Merced gibt's tolle Militärflugzeuge zu besichtigen.

- Der Mittagshunger lässt sich in einem der ausgezeichneten mexikanischen Restaurants entlang des Highway 99 stillen. In Fresno sollte man sich die abgefahrenen **Forestiere Underground Gardens** (S. 538) anschauen. Abends empfehlen sich in Bakersfield ein **baskisches Abendessen** (S. 540) und anschließend der Bakersfield-Sound im **Buck Owens' Crystal Palace** (S. 540).

Länger Zeit

- Richtung Norden geht's durch das Sacramento Valley direkt in den Bierhimmel **Chico** (S. 535). Unterwegs sollte man Ausschau in den ausgedehnten Sümpfen und offenen Ebenen nach Zugvögeln halten. Im Süden kann man das ursprüngliche Central Valley erleben, wie z. B. im **Colonel Allensworth State Historic Park** (S. 539). Das **Antelope Valley California Poppy Reserve** (S. 541; ebenfalls im Süden) sollte man sich nicht entgehen lassen.

- Östlich von Bakersfield kann man in Kernville traumhafte **Wildwasserabenteuer** (S. 540) erleben. Das **César E. Chávez National Monument** (S. 539) gilt dem Mann selben Namens und der Bewegung, die das Central Valley und seine Bewohner:innen radikal verändert haben.

JULI

Die **California State Fair** in Sacramento ist eines der wichtigsten Feste Kalifroniens mit Landwirtschaftsausstellungen, Fahrgeschäften, gutem Essen etc.

AUGUST

Start der Hauptsaison für viele Obst- und Gemüsesorten. Die **Bauernmärkte** im ganzen Tal platzen aus allen Nähten.

SEPTEMBER

Anfang des Monats erwacht während der **Gold Rush Days** das alte Sacramento mit Pferderennen, historischen Kostümen, Musik und Goldwaschen.

NOVEMBER

Zum Ende der Anbausaison findet in Madera das **Pomegranate Festival** (Granatapfelfest) mit Kochwettbewerb statt.

SACRAMENTO

Sacramento ist eine Stadt der Gegensätze. Im einstigen Viehzuchtstädtchen stehen heute während der Hauptverkehrszeit die SUVs der Abgeordneten mit den schlammigen Pick-ups der Farmer:innen Stoßstange an Stoßstange. Es gibt hübsche Vororte, aber auch neue Lofts und exklusive Boutiquen, die sich zwischen alternde Schaufenster aus der Mitte des vorigen Jahrhunderts zwängen. Die Sehenswürdigkeiten reichen von historischen Gebäuden aus der Goldrauschzeit bis hin zu hochmodernen Kunstmuseen.

Die fleißigen Menschen von „Sac" haben eine kleine, aber dynamische Gastronomie-, Kunst- und Ausgehszene geschaffen. Zahlreiche Brauereien versorgen die Stadt mit preisgekrönten Bieren, die allgegenwärtigen Bauernmärkte mit ihren frischen Erzeugnissen sind ein weiterer Grund für Stolz.

Die Stadt lohnt nicht nur für einen Zwischenstopp, man kommt auch kaum an ihr vorbei, da sie an der Kreuzung der Interstates 5 und 80 und ungefähr auf halbem Weg zwischen San Francisco und Lake Tahoe liegt, so dass einige der beliebtesten Reiseziele des Bundesstaates nicht weit entfernt sind.

TOP TIPP

Sacramento kann für Neulinge unübersichtlich wirken – Sehenswürdigkeiten und Nachtleben sind über die ganze Stadt und das Zentrum (*the Grid*) verteilt. Straßen in Nord-Süd-Richtung sind durchnummeriert, Straßen in Ost-West-Richtung mit Buchstaben versehen. Old Sacramento liegt am westlichen Ende des Grid. Die Entfernungen von hier bis zur attraktiven Midtown im Osten sind erheblich.

California State Capitol Museum (S. 526)

SEHENSWERTES
1 California Museum
2 California State Capitol Museum
3 California State Capitol Park
4 California State Railroad Museum
5 Crocker Art Museum
6 Old Sacramento
7 Sacramento History Museum
8 State Indian Museum
9 Sutter's Fort State Historic Park
10 Tower Bridge

ESSEN
11 K Street Mall
12 Midtown
13 Tower District

UNTERHALTUNG
14 Golden 1 Center

SHOPPEN
15 20th St

Sutter's Fort State Historic Park
(S. 527)

SACRAMENTOS ANFÄNGE

Die Geschichte des Bundesstaates spiegelt sich in dieser Stadt. Schon frühe indigene Völker fischten in den Flüssen – bis die Kolonist:innen kamen. Um 1800 waren jene Völker weitgehend ausgerottet und die Kontrolle wechselte von den Spaniern über die Mexikaner zu den Amerikanern. Im Jahr 1847 kam John Sutter auf der Suche nach Reichtum hierher und errichtete einen befestigten Außenposten.

Ab 1848 strömten die Goldsucher:innen in die schnell wachsende Stadt, die nun „Sacramento" getauft und im Jahr 1850 Hauptstadt des Bundesstaates wurde. In den folgenden Jahrzehnten kamen eine Viertelmillion Chines:innen nach Kalifornien, darunter viele als Schuldknechte, die sich für das Ticket in die USA zu jahrelangen Arbeitsdiensten verpflichteten. Sie bauten zudem einen Großteil der Central Pacific Railroad, deren Bau 1863 in Sacramento begann und die 1869 mit der Union Pacific in Promontory, Utah, zusammen traf.

SUNDRY PHOTOGRAPHY/SHUTTERSTOCK ©

Lokomotive im California State Railroad Museum

Das California Museum

DIE ERRUNGENSCHAFTEN DES GOLDEN STATE

Dieses eklektische, moderne Museum bietet wechselnde Ausstellungen, die sich auf die Beiträge der Menschen des Staates konzentrieren. Eine der letzten Ausstellungen widmete sich dem immensen Beitrag und den Errungenschaften chinesischer Einwander:innen; andere widmeten sich den Kulturen der indigenen Völker des Staates. Das Museum beherbergt zudem die **California Hall of Fame** – der einzige Ort, an dem man César Chávez, Serena Williams und Steve Jobs gleichzeitig begegnen kann.

Kaliforniens historisches State Capitol

MONUMENTALES GEBÄUDE & GELÄNDE

Die glänzende Kuppel des **California State Capitol Museum** ist wohl das Wahrzeichen Sacramentos. Das renovierte Erdgeschoss dient als Museum, und wichtige Büros erstrahlen wieder im alten Glanz. Der **California State Capitol Park** bietet eine verlockende und abwechlungsreiche Mischung aus kunstvollen Gärten und Denkmälern. Wer sich die Zeit nimmt, die Schilder an den unzähligen Bäumen zu lesen, bekommt eine Vorstellung der großen Artenvielfalt des Staates, von Dattelpalmen bis zu Küstenmammutbäumen.

ESSEN IN SACRAMENTO

Ginger Elizabeth Patisserie
Exquisite französisch inspirierte Backwaren; ausgezeichnete Frühstücks- und Mittagsgerichte in Midtown. **$**

Chando's Cantina
Nördlich von Downtown serviert Chando's am Wochenende bis spät in die Nacht Straßengerichte im Tijuana-Stil, wie leckere Tacos. **$**

Localis
Klasse Restaurant in der Innenstadt mit kalifornischer Küche. Im Voraus reservieren – gilt vor allem für die Tische im Innenhof. **$$**

Das alte Sacramento

HISTORISCHES ZENTRUM & GROSSARTIGE MUSEEN

Der historische Flusshafen **Old Sacramento** neben dem Stadtzentrum ist der wichtigste Tourihotspot der Stadt. Die kitschige Atmosphäre der Goldgräberzeit lädt vor allem an Sommerabenden zu einem Spaziergang ein. Hier befindet sich Kaliforniens größte Konzentration von Gebäuden, die im National Register of Historic Places eingetragen sind. Die massiven Rekonstruktionen Old Sacramento bilden eine seltsame Künstlichkeit.

Von den 100 Gebäuden stammen die meisten (35) aus der Zeit des Goldrausches (ein Guide ist im Informationszentrum erhältlich). Ignoriert man die teils schäbigen Souvenirläden und andere Tourismusfallen gewinnt man durchaus einen interessanten Eindruck des Lebens hier vor langer Zeit. Es lohnt sich an der **Underground Tour** des **Sacramento History Museum** teilzunehmen, bei der die Tunnel unter den Straßen erkundet werden, die aus der Zeit stammen, bevor hier alles wegen Überschwemmungen um rund 5,5 m angehoben wurde.

Eines der größten Sehenswürdigkeit ist das **California State Railroad Museum**, das die Fertigstellung der transkontinentalen Eisenbahn nachstellt und eine riesige Sammlung restaurierter und sehenswerter Lokomotiven und Waggons besitzt. An vielen Tagen (wenn das Wetter es zulässt) kann man eine Zugfahrt entlang des Flusses unternehmen – und das alles im Schatten der ikonischen **Tower Bridge** (die in dem 2017 mit dem Oscar ausgezeichneten Film Lady Bird zu sehen ist).

Das **Crocker Art Museum**, das in der prächtigen viktorianischen Villa eines Eisenbahnbarons untergebracht ist, verfügt über hervorragende Sammlungen. Gemälde kalifornischer Kunstschaffenden und europäischer Meister:innen hängen neben einer exzellent kuratierten Sammlung zeitgenössischer Kunst.

NAMHAFTE GOUVERNEURE

Seit 1850 ist Sacramento Sitz der kalifornischen Gouverneure. Der Staat hat viele Persönlichkeiten gewählt, aber kaum einer war berüchtigter als sein erster Gouverneur, Peter Burnett. Der bekennende Rassist spielte eine wichtige Rolle beim Massenmord an den indigenen Völkern Kaliforniens. Im Gegensatz dazu wurde der 30. Gouverneur, Earl Warren (1943–53), später zum Obersten Richter der USA ernannt. Unter seinem Vorsitz wurden die Bürgerrechte liberalisiert.

In jüngerer Zeit nutzte der ehemalige Schauspieler Ronald Reagan (1967–75) das Amt als Sprungbrett zur Präsidentschaft. Der 38. Gouverneur, Arnold Schwarzenegger (2003–11), war bekannt für unbeherrschte Äußerungen und deutliche Haushaltsdefizite.

Fort aus den 1850er-Jahren voller Atmosphäre

JOHN SUTTERS HISTORISCHES FORT

Das ursprünglich von John Sutter erbaute und rekonstruierte Fort im **Sutter's Fort State Historic Park** war einst der einzige Hinweis auf Weiße im Umkreis von Hunderten von Kilometern. Zu sehen sind u. a. Möbel, medizinische Geräte und eine Schmiede, die einen Eindruck des Lebens hier in den 1850er Jahren vermitteln.

Sutter war Unternehmer, Betrüger und Schuldner – Eigenschaften, die bis heute im Silicon Valley zu finden sind. Er versklavte die Indigenen, um die Verluste, die ihm der Goldrausch bereitet hatte, wieder auszugleichen.

ZU DEN GOLDFELDERN!

Sacramento war Goldrausch-Zentrum. Unternehmer wie Leland Stanford wurden reich (siehe dessen Villa in Sacramentos Innenstadt), wohingegen die Goldfundstelle in **Marshall** (S. 551) zu John Sutters Ruin wurde.

Aioli Bodega Espanola
Spanische Tapas in einem Garten nahe der Hauptstadt. Erstaunliche Weinkarte. **$$**

Kin Thai Stree Eatery
Geschäftiges Café in Midtown mit der Atmosphäre eines asiatischen Straßenmarktes. **$**

Casa Tulum Restaurant
Östlich von Midtown, mit ausgezeichneter mexikanischer Küche. Gute Chipotle-Salsa. **$**

Die Geschichte der indigenen Völker Kaliforniens

WÜRDE UND WÜRDIGUNG DER ERSTEN VÖLKER DIESES LANDES

Es entbehrt nicht einer gewissen Ironie, dass das kleine **State Indian Museum** im Schatten von Sutters Fort steht. Die ausgezeichneten Exponate und das ausgestellte Kunsthandwerk – darunter die kunstvoll geflochtenen Körbe der Pomo – sind Belege von Kulturen, die durch die von Sutter ausgelöste Einwanderungswelle fast ausgelöscht wurden. Großartige Dozierende erklären die Exponate. Ein 200 Mio. Dollar teurer Ersatz in West Sacramento ist in Arbeit.

Viel Liebe für die Sacramento Kings

DIE AUSSENSEITER ANFEUERN

Das lokale Profi-Basketballteam dieses Teils Kaliforniens hat leidenschaftliche Anhänger:innen – obwohl es in den vergangenen zwei Jahrzehnten die schlechteste Bilanz in der NBA aufwies. Ausgetragen werden die Spiele im prächtigen **Golden 1 Center**.

Wunderbare Farmers Markets

DIE FRÜCHTE REICHER BÖDEN ERNTEN

Sacramento liegt inmitten einiger der fruchtbarsten landwirtschaftlichen Gebiete des Kontinents, so dass man es nie weit hat zu einem großartigen, ganzjährig geöffneten Farmer Market (siehe marketlocations.com). Auf den meisten gibt's Imbisswagen, hervorragenden Kaffee und Straßenkunst. Einer der besten findet samstagmorgens in Midtown auf der **20th St** statt.

Essen und Ausgehen in Downtown

SACRAMENTOS BESTE RESTAURANTS & BARS

Das lebhafte **Midtown** beginnt östlich der 17th St und ist eine hübsche Mischung aus älteren Gebäuden, großen, Schatten spendenden Bäumen und einer bunten Auswahl an Geschäften, Restaurants und Bars. Fährt man die J St und die nahe gelegenen Parallelstraßen hinauf, kommt man an einigen interessanten, aber dennoch erschwinglichen Restaurants vorbei, deren Tische im Sommer bis auf die Gehsteige reichen.

Südlich von Midtown, an der Ecke Broadway und 16th St, wird der **Tower District** vom Tower Theatre dominiert, einem wunderschönen Filmpalast im Art-déco-Stil von 1938. Vom Theater aus führt der Broadway in Richtung Osten zu einer Reihe guter und preiswerter Lokale.

LOCAL TIPP: SACRAMENTOS BESTE RESTAURANTS

Sacramento ist ein Schmelztiegel Kaliforniens und das spiegelt sich auch in der Gastro-Szene wider. Die Food-Bloggerin **Gennifer Rose** (@genniferrose_blog) empfiehlt jede Menge toller Restaurants, darunter die folgenden Favoriten:

„Die **Cafeteria 15L** in der Nähe des Kapitols kennt fast jeder in Sacramento. In modernem Ambiente kommt New American Comfort Food auf den Tisch. Die Speisekarte bietet amerikanische Klassiker – neu interpretiert.

Das ultratrendige, helle und luftige Restaurant **Beast + Bounty** befindet sich im angesagten R District, südöstlich der Innenstadt. Serviert werden frische Meeresfrüchte, Pizza, Salate und Pasta.

Ein Besuch im **Saigon Alley Kitchen** in Midtown ist wie eine Reise nach Vietnam. Hier gibt's sowohl traditionelle vietnamesische Küche als auch neue Varianten von Klassikern. Ambiente und Essen sind stilvoll."

BESTES BIER IN SACRAMENTO

Bike Dog Broadway Taproom
Helle und vergnügliche Schenke im Tower District mit großen Auswahl an Hausbieren.

Ruhstaller BSMT
Gemütliche Kellerbar in The Kay. Serviert neben außergewöhnlichen Bieren auch Red Ales und Kölsch.

Fieldwork Brewing Company
Lebhaftes Brauhaus in Midtown. Über 20 Zapfhähne mit exzellentem Fassbier. Auf hopfige Indian Pale Ales spezialisiert.

CASSIOHABIB/SHUTTERSTOCK ©

Golden 1 Center

Die **K Street Mall**, die von den Einheimischen „The Kay" genannt wird, hat das einst dem Untergang geweihte zentrale Geschäftsviertel in einen Wochenend-Hotspot verwandelt – vor allem nachts lockt die Mall Partygänger:innen in ständig neue trendige Restaurants und Clubs.

Parks, Wanderwege & üppiges Land

GLÜCK INMITTEN STÄDTISCHER NATUR

Der **River Bend Park** schmiegt sich an eine Biegung des American River und ist ein wahres Vergnügen für alle, die in Sacramento nach Natur suchen. Die Wege führen durch schöne Uferlandschaften, die von Eichen, Wiesen und felsigen Flussufern geprägt sind.

Der **American River Parkway** bietet einen schönen Wander-, Lauf- und Radweg namens **Jedediah Smith Memorial Trail**, der von Old Sacramento aus zugänglich ist.

Sacramento ist perfekt für Fahrraderkundungen, was nützlich ist, da die Highlights weit verstreut liegen. Es gibt zahlreiche Fahrradwege, und **Lime** bietet über seine App Rideshare-E-Bikes und E-Scooter im Stadtzentrum an.

PRÄMIERTE SCHWEINE, FUNNEL CAKES & AUFREGENDE FAHRGESCHÄFTE

Wer sich in den letzten beiden Juliwochen in der Nähe von Sacramento aufhält, sollte die riesige **California State Fair** auf dem Cal Expo-Gelände besuchen. Seit ihrer Gründung im Jahr 1854 finden auf der Messe Pferderennen und landwirtschaftliche Ausstellungen statt, die Kaliforniens Reichtum präsentieren.

Heutzutage kommen viele wegen der frittierten Snickers-Riegel und der Corn-Dog-Wettbewerbe. Weitere Publikumsmagnete sind die Verkostung von Spitzenweinen, ein riesiges Angebot an Fahrgeschäften und Konzerte mit bekannteren Künstler:innen.

Die beste Zeit für einen Besuch ist die Wochenmitte; am Wochenende kann der Andrang gewaltig sein. Während der Messewochen sind die Hotels in der ganzen Region ausgebucht.

UNTERWEGS VOR ORT

Der internationale Flughafen von Sacramento hat zahlreiche Flugverbindungen und ist die nächstgelegene größere Option für Traveller zum Yosemite National Park.

Sacramento ist auch ein Knotenpunkt für Amtrak-Dienste. Züge und Busse fahren vom Bahnhof in der Nähe von Old Sacramento zum Lake Tahoe, das Central Valley südlich bis Bakersfield und die Bay Area. Auch der *Coast Starlight* (von Seattle nach LA) und der *California Zephyr*, der die Bay Area mit Chicago über die spektakuläre Strecke durch die Sierras und Truckee auf der Originalstrecke der Transcontinental Railroad verbindet, halten hier.

Die Busse von Sacramento Regional Transit decken das Zentrum ab und SacRT betreibt eine Straßenbahn zwischen Old Sacramento und Downtown sowie Sacramentos Stadtbahnsystem, das nur von begrenztem Nutzen ist, da es für Pendler:innen ausgelegt ist.

Rund um Sacramento

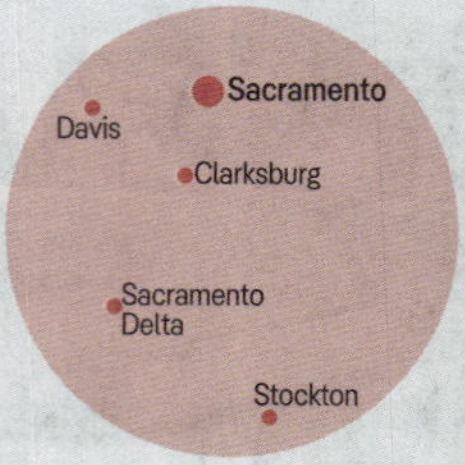

Die kleinen, durch Deiche geschützten Städte und schilfbewachsenen Inseln des Sacramento Deltas scheinen in den 1930er-Jahren stecken geblieben zu sein – und sind ideal für Erkundungstouren!

Die Uferpromenade von Sacramento am gleichnamigen Fluss ist nur der Anfang des Netzes von Wasserwegen, die das Sacramento Delta bilden und schließlich in die Bucht von San Francisco münden. Die Feuchtgebiete erstrecken sich über einen großen Teil des Bundesstaates und reichen im Süden bis nach Stockton und an den Rand des San Joaquin Valley. An den Wochenenden lassen die Einheimischen Motorboote zu Wasser oder fahren auf den gewundenen Deichstraßen unter dem Blätterdach der Eichen.

Etwas weiter nördlich liegt Davis, eine der reizvollsten Universitätsstädte Kaliforniens, inmitten üppiger Weinberge und Obstplantagen.

TOP TIPP

Das Sacramento Delta eignet sich hervorragend für einen Tagesausflug von der Bay Area aus. Von der East Bay bis zu den Dämmen ist es nur etwa eine Autostunde.

Sacramento National Wildlife Refuge (S. 532)

SUNDRY PHOTOGRAPHY/SHUTTERSTOCK ©

Überraschendes Sacramento Delta

GESCHICHTE VOLLER ENTBEHRUNGEN & REICHE KULTUR

Wer sich die Zeit nimmt, wird auf der Strecke zwischen San Francisco und Sacramento die Brise des Sacramento Deltas riechen – sofern man die Straßen der Region bereist, die sich um die Inseln schlängeln. Der kurvenreiche Highway 160 folgt den Deltadämmen. Der Highway 12 ist ebenfalls eine gute Option dieses wasserreiche Wunderland zu erkunden, das gilt auch für die Grand Island Rd. Man kommt an Weinbergen vorbei, an ausgedehnten Obstplantagen, sandigen Badeufern, vogelreichen Parks und kleinen Städten mit langer Geschichte. Alles ist innerhalb einer Autostunde von Sacramento aus zu erreichen.

Locke ist die faszinierendste der Deltastädte. Die Hauptstraße liegt unterhalb eines Deichs und wirkt verlassen, als sei man in einer Geisterstadt. Das farbenfrohe **Dai Loy Museum** erinnert an das 100 Jahre alte chinesische Erbe der Stadt; staubige pai gow-Tische und ein antiker Safe gehören zu den Highlights. In der Nähe bewahrt der **Locke Boarding House Museum State Park** die Unterkünfte der Gleisarbeiter:innen der Southern Pacific für die Nachwelt. An der Main Street liegt **Al's Place**, ein Saloon, der seit 1915 geöffnet ist. Unten knarren die Dielen, oben ist die Decke mit verkrusteten Dollarscheinen und mehr als einem Paar Unterhosen bedeckt. Das Essen in der Bar ist ausgezeichnet.

Isleton – die sogenannte „Crawdad Town USA" (Hauptsstadt der Flusskrebse) – hat eine lange Hauptstraße mit Geschäften, Restaurants, Bars und Gebäuden, die das chinesische Erbe der Region widerspiegeln. Die **Delta Queen** ist eine alteingesessene Pension, die sich für einen Ausflug in die Vergangenheit anbietet. Das **Cajun Festival** Ende Juni zieht Besucher:innen aus dem ganzen Bundesstaat an, in **Bob's Bait Shop** kriegt man aber auch das ganze Jahr über sehr lebendige Flusskrebse.

Rio Vista ist ein nettes kleines Städtchen mit einem netten kleinen Hafen am Sacramento River. In der Nähe gibt es gute und schlichte Cafés und Bars.

Auf der anderen Seite des Deltas weisen Schilder auf den **Delta Loop** hin, eine Route, die an Bars und Yachthäfen vorbeiführt. Dort wiederum, kann man selbst etwas für die Fahrt aufs Wasser mieten. Am Ende befindet sich die **Brannan Island State Recreation Area**, die über Bootsplätze, Drive-in-Plätze und Campingplätze verfügt.

Überall in der Region gibt's Schilder, die gegen Pläne protestieren, noch mehr Süßwasser aus der Region abzuleiten. Seit den 1930er-Jahren wurden 75 % des Wassers aus den großen Flüssen, die in das Delta fließen, in das Central Valley für die Landwirtschaft und nach Südkalifornien umgeleitet.

DAS REICHE CHINESISCHE ERBE VON LOCKE

Locke wurde von chinesischen Arbeiter:innen gegründet, die auch jene Dämme bauten, die die ständigen Überschwemmungen im Sacramento Delta beendeten. Dies ermöglichte eine florierende Landwirtschaft und schuf Wasserwege, die das Wachstum der Binnenhäfen förderten.

Nachdem ein Feuer die Siedlung 1912 ausgelöscht hatte, wandte sich eine Gruppe von Gemeindeleiter:innen an den Großgrundbesitzer George Locke, um ein Pachtgrundstück zu erwerben; damals war es in Kalifornien für Menschen chinesischer Abstammung nicht erlaubt, Land zu besitzen. Locke wurde die einzige Stadt in den USA, die von Chines:innen gebaut und verwaltet wurde.

Heute sind die verwitterten Gebäude im National Register of Historic Places geschützt. Wie durch ein Wunder sind diese dicht gedrängten alten Holzbauten von Bränden verschont geblieben, die ansonsten leider der Fluch der historischen Altstädte Kaliforniens sind.

AUSGEHEN RUND UM SACRAMENTO

Hemly Cider
Birnenanbau im Delta in sechster Generation, familiengeführt, stellt trüben Birnencidre aus eigenen Obstgärten her.

Davis Beer Shoppe
Bierhalle in Davis mit 650 Sorten Craftbier, in Flaschen und vom Fass.

Mei Wah Beer Room
Restaurierte Trinkhalle in Isleton mit opulentem, chinesisch akzentuiertem Interieur, guter Bierauswahl und Terrasse.

DAS GROSSE FLATTERN

Das Sacramento Delta dient als Zwischenstopp für unzählige Zugvogelarten. Sie kommen in solchen Scharen, dass sie auch ohne Fernglas ein Spektakel sind! Und nicht nur Vögel gibt's hier zu entdecken.

Oktober bis Februar
Auf ihrem Weg entlang des Great Pacific Flyway überwintern vier Millionen Wasservögel in den warmen Sümpfen. Das **Sacramento National Wildlife Refuge** bietet Führungen an.

Oktober bis Januar
Vom Aussterben bedrohte Königslachse und Stahlkopfforellen kämpfen sich zum Laichen flussaufwärts. Zu sehen sind sie entlang des **American River Parkway in Sacramento.**

März bis Juni
Kohlweißlinge, Distelfalter und Westliche Tigerschwalbenschwänze treffen sich zu einer Schmetterlingsparty. Das Sacramento National Wildlife Refuge hat näherer Infos.

Juni bis August
Hunderttausende Mexikanische Bulldoggfledermäuse suchen Schutz unter dem Yolo Causeway bei Davis.

Locke Boarding House Museum State Park (S. 531)

Wunderbare Weingüter

VERKOSTUNG EINZIGARTIGER DELTA-JAHRGÄNGE

Die Weine der Region **Clarksburg** am Sacramento River, 30 Autominuten von Sacramento entfernt, genießen einen hervorragenden Ruf und gedeihen prächtig dank der prallen Sonne und der kühlen Brise des Deltas. Die **Old Sugar Mill** ist das Zentrum einer Gemeinschaft lokaler Winzer:innen. Die Verkostungsräume allein lohnen oft mehr als nur einen Blick. Eine Flasche auf der schönen Außenterrasse? Besser geht's nicht. Das bekannteste Weingut der Region, **Bogle**, ein Familienbetrieb in der 6. Generation, der stolz ist auf seine nachhaltigen Praktiken, liegt ein paar Kilometer südwestlich von Clarksburg auf den kurvenreichen County Rds 141 und 144.

Universitätsleben & fabelhafte Museen

ALLES ÜBER DIE UC DAVIS LERNEN

Ein Großteil der Energie, die man in Davis spürt, kommt von den freigeistigen Studierenden, die an der **University of California, Davis** (UC Davis) eingeschrieben sind (und die eine der führenden Weinbauabteilungen des Landes bietet). Die Zahl der Fahrräder übersteigt die der Autos um das Zweifache. Die Hälfte der Bevölkerung besteht aus Studierenden. Die Stadt, die nur 20 Autominuten westlich von Sacramento liegt, ist ein guter Zwischenstopp auf dem Weg in die Bay Area, oder aus ihr heraus.

ESSEN RUND UM SACRAMENTO

Mustard Seed
Kreative kalifornische Küche aus regionalen Zutaten. In der Innenstadt von Davis. **$$**

Lucy's Cafe
Unverfälschte italienische Küche in der Nähe des Rio-Vista-Ufers. **$**

Rogelio's
Klassiker in Isleton mit mexikanischer, chinesischer, italienischer und amerikanischer Küche. **$$**

Schlendert man durch die schattige Innenstadt, kommt man an familiengeführten Geschäften (der Stadtrat hat alle Geschäfte mit mehr als 4645 Quadratmetern Fläche verboten) und öffentlichen Kunstprojekten vorbei.

An der Universität dreht sich alles um die Landwirtschaft – hier werden neue Arten von Produkten entwickelt, die in den Supermärkten landen. Das 40 Hektar große **UC Davis Arboretum** ist wegen seiner gut gekennzeichneten botanischen Sammlungen ein Muss. Danach kann man den schönen, 5,6 km langen Rundweg entlang eines der ältesten Stauseen des Staates, der in den 1860er-Jahren gebaut wurde, erwandern.

Der Campus verfügt über zwei bemerkenswerte Kulturzentren. Das **Jan Shrem and Maria Manetti Shrem Museum of Art** zeigt die Werke zeitgenössischer Kunstschaffender, die in einer Vielzahl von Medien in einem verträumten, modernen Raum arbeiten. Das **John Natsoulas Center for the Arts** wird auf dem Weg in die Stadt von einer riesigen Mosaikkatze markiert, die eine der aufregensten kleinen Galerien für zeitgenössische Kunst bewacht.

College-Studierende essen und trinken gerne günstig, weswegen es in der Innenstadt viele Angebote gibt, in denen man schnell eine Portion asiatische Nudeln oder ein Stück Pizza essen kann. Der **Davis Farmers Market** ist als einer der besten des Landes bekannt und bietet über 150 Stände mit Lebensmitteln und Picknickzubehör. Im Nachtleben locken die Bars in der Innenstadt mit Drinks, Open-Mic-Nächten und Karaoke.

Schiffbau & modernes Leben

ÜBERRASCHENDES STOCKTON

Stockton, 30 Minuten südwestlich von Sacramento (mit dem Auto), ist eine Hafenstadt am östlichen Ende des Deltas, die während des Zweiten Weltkriegs vor allem beim Schiffbau von sich Reden machte. Heute werden an riesigen Terminals Schiffe mit Massengütern wie Getreide für Asien beladen.

Die Neugestaltung der Uferpromenade gehört zu den erfolgreichen Bemühungen um eine Wiederbelebung des Tals und lädt zusammen mit dem angrenzenden Stadtzentrum zu einem Spaziergang ein. Etwas weiter nördlich befindet sich die **Miracle Mile**, ein weiterer Hotspot mit Bars und Restaurants.

Von allen kulinarischen Festen im Central Valley zollt vielleicht keines seiner Hauptzutat so viel kreativen Respekt wie das **San Joaquin Asparagus Festival** in Stockton, bei dem mehr als 500 Anbieter den geschätzten grünen Spargel– mehr als 10 Tonnen – auf jede erdenkliche Weise abbieten. Das Festival findet an drei Tagen im April auf dem San Joaquin County Fairground statt.

WEINVERKOSTUNG IN LODI

Die unterschätzten Weingüter von Lodi (leicht erreichbar von der I-5 oder dem Highway 99) bieten sich für einen unterhaltsamen, preisgünstigen Nachmittag an. Hier stehen einige der ältesten Zinfandel-Rebstöcke der Welt. Unsere Favoriten:

Jessie's Grove ist mit der wichtigste Weinproduzent von Lodi. Das Gelände des Weinguts bietet eine perfekte Kulisse für Verkostungen.

Harney Lane ist ein netter Familienbetrieb mit einem fantastischen Tempranillo. Der von Bäumen bedeckte Innenhof ist ein Traum.

Bokisch bietet hochwertige spanische Rebsorten in hübscher Umgebung, Livemusik und gesellige Abende.

Acquiesce hat sich, anders als die meisten Weingüter Lodis, auf Weißweine spezialisiert. Der Picpoul Blanc und der Rouxanne sind wunderbar.

d'Art bietet einen kühnen und doch sanften Cabernet Sauvignon, der ebenso angenehm ist wie der Verkostungsraum, der gleichzeitig eine Kunstgalerie ist.

UNTERWEGS VOR ORT

Wer das Delta erkunden will, braucht ein eigenes Auto. Davis ist Teil des Amtrak-Netzes; vor Ort bietet der Busdienst Yolobus Verbindungen nach Sacramento an.

Stockton bietet Amtrak-Verbindungen in die Bay Area, nach Sacramento und in das San Joaquin Valley. Altamont Commuter Express-Züge fahren nach San Jose.

SACRAMENTO VALLEY

Der Sacramento River, Kaliforniens größter Fluss, entspringt in den nördlichen Bergen am Shasta Lake und mündet oberhalb von Red Bluff in das Becken des Sacramento Valley. Er schlängelt sich in südlicher Richtung durch grasbewachsene Ebenen und Obstplantagen, bevor er die Hauptstadt des Bundesstaates umfließt, sich über das Delta ausbreitet und in die Bucht von San Francisco mündet.

Am schönsten ist das Tal während der Frühlingsblüte, wenn zarte Blumen die Obstgärten und Hänge schmücken. Wer auf dem Weg zu einer der Hauptattraktionen Kaliforniens ist, sollte unbedingt einen Abstecher nach Chico machen, denn hier gibt es tolle Atmosphäre, gutes Essen und fantastische Drinks.

Im Sacramento Valley wird so viel angebaut, es gibt immer Farmfrisches zu genießen. Entlang der Highways also Ausschau nach Obst- und Nussständen halten, die das anbieten, was man auf den umliegenden Feldern wachsen sehen kann. In jeder Stadt gibt es Bauernmärkte, viele darunter sich ganzjährig geöffnet.

TOP TIPP

Das Rückgrat des Sacramento Valley ist die I-5, die mit anderen wichtigen Highways wie der I-80 verbunden ist. Dieser Abschnitt der Nord-Süd-Achse des Bundesstaates ist jedoch nicht interessanter als der Abschnitt im San Joaquin Valley. Besser sind stattdessen die Highways 45, 70 und 99 – man kommt durch hübsche Städte und bekommt einfach mehr von der Landschaft zu sehen.

Helles Bier der Sierra Nevada Brewing Company

Berühmte Partys & berühmte Brauerei

GUTE ZEIT IN CHICO

Dank seiner vielen jungen Menschen hat Chico während des Schuljahres die wilde Energie einer College-Party (und im Sommer einen lethargischen Kater). Das von Eichen beschattete Stadtzentrum und die **California State University, Chico**, machen die Stadt zu einem der attraktivsten Zentren des Sacramento Valley. Hier trifft man sich bis spät in die Nacht in den Restaurants und Bars, die an warmen Tagen ihre Terrassen öffnen.

Auch wenn die Stadt – wie der Rest des Tals – in der Sommerhitze verwelkt zu sein scheint, bieten die Schwimmgelegenheiten im beeindruckenden **Bidwell Park** eine willkommene Abkühlung. Der Park erstreckt sich mit üppigen Hainen und langen Wanderwegen über 16 km nordwestlich des Stadtzentrums.

Die Hauptattraktion von Chico hat für viele Pilgerstatus: Hier befindet sich die legendäre **Sierra Nevada Brewing Company**. Die 1979 gegründete Brauerei war einer der Pioniere der Craft-Bier-Revolution. Auch heute noch probiert Sierra Nevada in den verschiedenen Schankstuben des riesigen Brauereikomplexes in der Nähe des Highway 99 neue Bierstile aus.

Für alle Altersgruppen gibt's **Shubert's Ice Cream & Candy**, einen beliebten Laden aus vergangenen Zeiten, in dem inzwischen die 5. Generation von Shuberts köstliches Eis, Schokolade und Konfekt herstellen.

DIE BESTEN STÄDTE IM SACRAMENTO VALLEY

Inmitten all der Trauben, Nüsse, Zitronen, Tomaten und vielem mehr gibt es im Sacramento Valley einige Städte, die einen Besuch wert sind.

Red Bluff ist eine der angesagtesten Städte Kaliforniens und ein guter Zwischenstopp auf dem Weg zu den berühmten Parks im Nordosten. In der Innenstadt kann man sich mit Westernkleidung eindecken, bevor man dann den **William B Ide Adobe State Historic Park** besucht.

Im ruhigen **Oroville** erinnern restaurierte Holzhäuser aus dem 19. Jh. an die Vergangenheit als Goldgräberstadt. Der restaurierte **Chinese Temple & Museum Complex** von 1863 bietet einen faszinierenden Einblick in Orovilles chinesische Erbe. Der Highway 70 führt in nordöstlicher Richtung zum herrlichen **Feather River Canyon**.

UNTERWEGS VOR ORT

Ruhige zweispurige Straßen abseits der viel befahrenen Highways eignen sich zwar hervorragend zum Radfahren, aber ansonsten braucht man im Sacramento Valley zur Erkundung der Region ein eigenes Fahrzeug. Amtrak- und Greyhound-Busse bieten hier nahezu nichts an.

SAN JOAQUIN VALLEY

Die südliche Hälfte des kalifornischen Central Valley, benannt nach dem San Joaquin River, erstreckt sich von Stockton bis zu den Tehachapi Mountains südöstlich von Bakersfield. Alles führt in geraden Linien bis zum Horizont: Eisenbahnschienen, zweispurige Straßen und unendliche Bewässerungskanäle. Die kleinen Städte hier verbinden den Charme von Main St. Americana mit dem kulturellen Einfluss der Latinx-Arbeitskräfte.

Dies ist eine Gegend seismischer, oft schwieriger Entwicklungen. Die aus den Küstenstädten verdrängten Neuankömmlinge haben zu einer Zersiedelung der Landschaft geführt. Was einst Farmland und Weinberge waren, sind heute nostalgisch benannte Siedlungen, und Wasserrechte sind ein Thema, das alle hier beschäftigt.

Die Städte des Tals haben ihre eigenen Reize, um Traveller vom Highway 99, dem Rückgrat des San Joaquin, wegzulocken. Die Entfernungen hier sind groß: Von Modesto nach Süden bis Bakersfield sind es über 350 km. Der malerische Kern River und die Wildblumen des Antelope Valley verdienen einen Abstecher.

TOP TIPP

Um die Region wirklich kennenzulernen, sollte man anstatt die I-5 den Highway 99 nehmen, ein Freeway, der eine fast ebenso lange Geschichte hat wie die berühmte Route 66 im Süden. Fürs Radio bieten sich Country- und Western-Sender oder *norteño*-Stationen (akkordeonbetonte mexikanische Volksmusik) an. An den Ausfahrten gibt's meist massig Frisches vom Bauernhof.

Colonel Allensworth State Historic Park (S. 539)

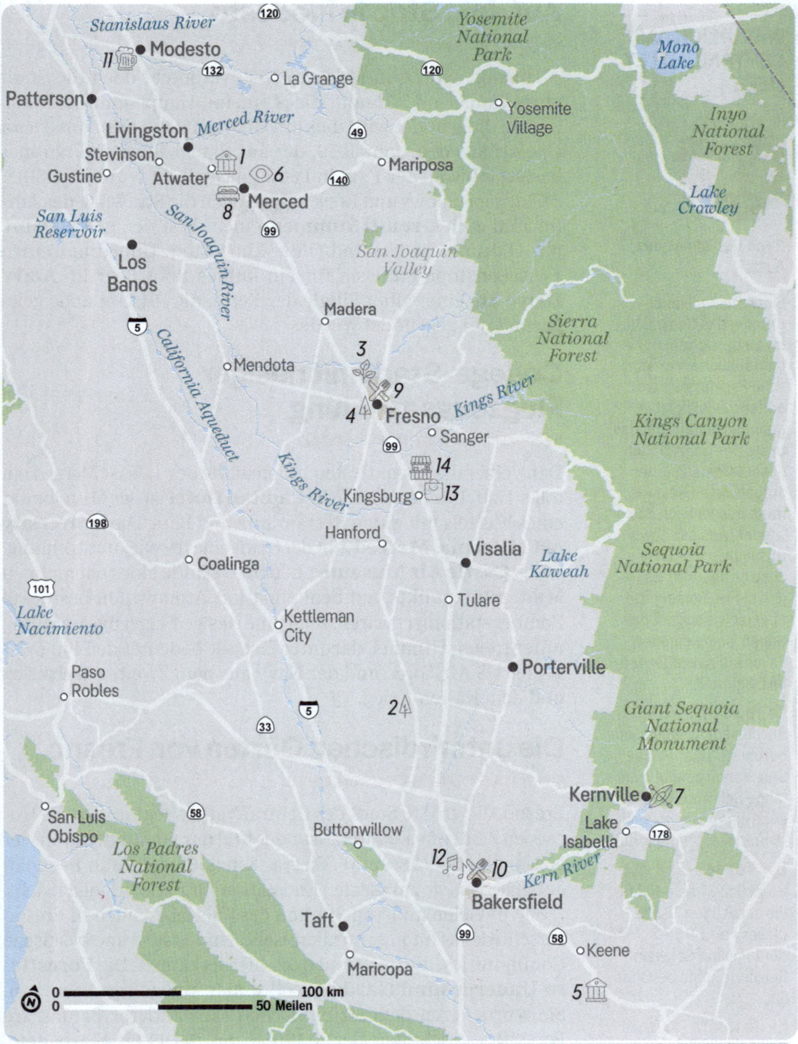

SEHENSWERTES
1 Castle Air Museum
2 Colonel Allensworth State Historic Park
3 Forestiere Underground Gardens
4 Roeding Park
5 Tehachapi Railroad Depot
6 University of California, Merced

AKTIVITÄTEN, KURSE & TOUREN
7 Kernville

SCHLAFEN
8 El Capitan Hotel

ESSEN
9 Tower District
10 Wool Growers

AUSGEHEN
11 A&W Drive-In

UNTERHALTUNG
12 Buck Owens' Crystal Palace

SHOPPEN
13 Draper St
14 Sun-Maid Market

Auf dem Strip in Modesto

VINTAGE-LEBEN IM CENTRAL VALLEY

„Cruising“ wurde in Modesto 1993 verboten, doch die Stadt wirbt immer noch damit, die „Cruising-Hauptstadt der Welt“ zu sein. Begründet wird dies mit George Lucas' Film *American Graffiti* aus dem Jahr 1973, der auf seinen Jugendjahren hier basiert (obwohl der Film in Petaluma gedreht wurde; S. 180).

Oldtimer-Shows und Rock'n'Roll füllen die Straßen jedes Jahr im Juni zum **Graffiti Summer**, einem Fest der 1950er-Jahre mit Oldtimer-Shows und Oldie-Konzerten. Unbedingt einen Zwischenstopp einlegen für ein kühles Root Beer im **A&W Drive-In**, einer alten Filiale der Kette, die 1919 im nahe gelegenen Lodi gegründet wurde.

College-Stadt mit riesiger Flugzeugsammlung

BESUCH IM HÜBSCHEN MERCED

Dank einer der attraktivsten Innenstädte des Tals ist Merced ein toller Halt. Das historische **El Capitan Hotel** ist der Mittelpunkt eines Viertels mit guten Restaurants und Bars. Die **University of California, Merced** gibt der Stadt eine frische Ausstrahlung.

Das **Castle Air Museum** auf dem Gelände eines ehemaligen Militärstützpunkts, auf dem einst mit Atomwaffen bestückte Bomber stationiert waren, zeigt eine riesige Flugzeugsammlung unter freiem Himmel, darunter fast alle bedeutenden Flugzeuge der US Air Force und der Navy aus dem Zweiten Weltkrieg und dem Kalten Krieg.

Die unterirdischen Gärten von Fresno

EINE STADT VOLLER GESCHICHTE

Fresno, die größte Stadt des Central Valley, liegt mitten im trockenen Zentrum des Bundesstaates und nur 90 Minuten von vier Nationalparks (Yosemite, Sierra, Kings Canyon und Sequoia) entfernt, was sie zur idealen Endstation für Expeditionen macht.

Wie in vielen anderen Städten des Tals leben auch in Fresno verschiedene Hmong-, mexikanische, chinesische und baskische Communities, die nach und nach hierherkamen. Die **Forestiere Underground Gardens** sollte man unbedingt besuchen. Sie wurden von dem sizilianischen Einwanderer Baldassare Forestiere geschaffen, der ab 1906 rund 28 Hektar bearbeitete, um Zitrusbäume zu pflanzen. Mit einem einzigartigen Oberlichtsystem schuf Forestiere einen wunderschönen unterirdischen Raum für den Anbau von Nutzpflanzen (und seine eigenen Wohnräume).

Versteckt im **Roeding Park** befindet sich eine bewegende Gedenkstätte für die vielen japanischen Amerikaner:innen, die

WARUM ICH DAS CENTRAL VALLEY LIEBE

Ryan Ver Berkmoes,
Autor

Einer meiner Hauptgründe, das Central Valley zu besuchen, ist das unglaubliche mexikanische Essen, das man entlang des Highway 99 genießen kann – mit das beste des ganzen Bundesstaates! Die unten aufgeführten Restaurants besuche ich immer wieder (was es schwierig macht, neue Orte auszuprobieren). Es folgen meine Vorschläge – aber nichts spricht dagegen, seine eigenen Favoriten zu entdecken. Im Gegenteil.

La Taqueria (Exit 213)
Bei diesem Ableger der berühmten Ikone aus San Francisco gibt's nie lange Schlangen. Holt euch einen Burrito nach „Dorado-Art“ (knusprig).

Los Toritos (Exit 115)
Glückliche Gäste füllen die schattigen Tische dieses Food Trucks, der für seine Schweinefleischgerichte bekannt ist.

La Pasadita (Exit 65)
Ein semi-permanenter Imbisswagen kocht hervorragende Vampiros – eine Art käsige Tostada, nur besser!

AUSGEHEN IM SAN JOAQUIN VALLEY

Kern River Brewing Company
Treffpunkt für Rafting-Guides und Outdoor-Fans, mit wechselnden, preisgekrönten Bieren.

Cedar View Winery
Großartige Terrasse. Weinverkostungen, mit Ausblicken auf die Sierra östlich von Fresno.

17th Street Public House
Klasse Bar im Herzen der wiederbelebten Innenstadt von Merced.

im Zweiten Weltkrieg im Dienste der USA starben. Ihr Opfer ist besonders bemerkenswert, wenn man bedenkt, dass ihre Familien damals im ganzen Westen der USA in Konzentrationslagern festgehalten wurden. Tausende von ihnen kamen aus dem Central Valley, wo ihre Farmen und Häuser in ihrer Abwesenheit oft von ihren Nachbarn beschlagnahmt wurden.

Der **Tower District**, nördlich des Stadtzentrums ist eine Oase mit schwulenfreundlichen Bars, Buchläden, Clubs und interessanten Restaurants und einer der interessantesten Stadtteile.

Leckere Köstlichkeiten & nordischer Kitsch

DAS SCHWEDISCHE KINGSBURG

Um 1873 wurde eine Bahnstation namens „Kings River Switch" eröffnet – auf der schließlich zwei Schwed:innen ankamen. Ihre Landsleute folgten bald, und 1921 waren 94 % der Einwohner:innen von Kingsburg, wie die Stadt inzwischen genannt wurde, schwedischer Herkunft. Heute vermischt sich die schwedische Vergangenheit mit neueren mexikanischen Eingewanderten, die die landwirtschaftliche Wirtschaft vorantreiben.

Die **Draper St**, die Hauptstraße, liegt im Schatten des Wahrzeichens, dem Wasserturm mit der Kaffeekanne, und ist mit einer Reihe von Fachwerkhäusern geschmückt. Geschenkeläden und kleine Bäckereien, die butterweiches Gebäck und guten Kaffee anbieten, gibt es in Hülle und Fülle. Achtung: Am Sonntag ist alles geschlossen.

Nicht verpassen sollte man all die Rosinen-Variationen auf dem **Sun-Maid Market**. Los geht's neben der riesigen Sun-Maid-Statue, dann hinein schlendern: Es warten kostenlose Proben und eine Auswahl an Snacks.

Erste afrikanische Stadt der USA

DAS VERLASSENE ALLENSWORTH

Etwa 16 km westlich des Highway 99 bei Earlimart liegt der Colonel Allensworth State Historic Park, eine Anomalie im Tal: eine Stadt, die von und für afrikanische Amerikaner:innen gebaut wurde. Benannt nach ihrem Gründer, einem ehemaligen Versklavten, der später Kaplan in der US-Armee wurde, bestand Allensworth bis 1910 aus mehreren Dutzend Häusern. Leider wurde die Stadt von denselben Wasserproblemen heimgesucht, die das Tal auch heute plagen. In den 1930er-Jahren wurde sie aufgegeben. Heute ist der Ort ein staatlicher Park und die Gebäude werden restauriert. Das Land hier ist flach, und abgesehen von vorbeifahrenden Zügen ist das einzige Geräusch der Wind, der über die Ebene peitscht.

ZU EHREN VON CÉSAR CHÁVEZ

Das **César E Chávez National Monument** befindet sich in Nuestra Señora Reina de la Paz, dem nationalen Hauptsitz der United Farmworkers of America und dem Wohnhaus des Bürgerrechtsführers César Chávez von 1971 bis zu seinem Tod im Jahr 1993. Zu sehen sind Exponate über Chávez' Arbeit, sein Büro und sein Grab. Es befindet sich in **Keene**, 43 km südöstlich von Bakersfield.

Chávez war 11 Jahre alt, als seine Familie ihre Farm verlor und zu Wanderarbeitenden in Kalifornien wurde. Mit 14 verließ er die Schule, um auf den Feldern zu arbeiten. Schließlich wurde er zu einem Verfechter des gewaltlosen sozialen Wandels, führte Streiks an und verhandelte für bessere Arbeitsbedingungen auf den Feldern. Sein Aktivismus in den 1960er-Jahren führte zu enormen Verbesserungen im Leben der kalifornischen Landarbeiter:innen.

ESSEN IM SAN JOAQUIN VALLEY

Banzai Japanese Bar & Kitchen
Gehobene japanische Küche in Fresno. Die Knoblauch-Edamame machen süchtig. **$$**

Branding Iron
Bei Ranchern beliebte Gaststätte in Merced. Die (riesigen) Steaks sind der Hammer! **$$**

8th St Taco Trucks
Ständige wechselnde (und hervorragende) Imbisswagen in der Nähe der H St in Modesto. **$**

Auf den Spuren des Bakersfield Sound

EINE STADT ZWISCHEN GESCHICHTE & ZUKUNFT

In der Nähe von Bakersfield weisen rostende Bohrtürme auf den anderen Goldrausch Kaliforniens hin. In den späten 1800er-Jahren wurde hier schwarzes Gold entdeckt, und Kern County, der südlichste Bezirk entlang des Highway 99, pumpt immer noch mehr aus dem Boden als manche OPEC-Länder.

Dies ist der Schauplatz des Buches *Öl!* von Upton Sinclair, das 2007 mit dem Oscar-prämierten Film *There Will Be Blood* verfilmt wurde. In den 1930er Jahren zog das Öl einen Strom von „Okies" an – Farmer:innen, die aus den Great Plains abgewandert waren, um auf den riesigen Ölfeldern Südkaliforniens zu arbeiten. Ihre Kinder brachten Mitte der 1950er-Jahre den „Western" in Country & Western, indem sie den „Bakersfield Sound" schufen, mit Helden wie Buck Owens und Merle Haggard, die dem geschmeidigen Nashville-Establishment den Mittelfinger zeigten.

Die offensichtliche Musikwahl bei der Erkundung der Region ist Owens' Klassiker *Streets of Bakersfield*, der den düsteren lokalen Sound mit einer Prise mexikanischem *norteño* verbindet. Unbedingt einen Abstecher in die Atmosphäre von **Buck Owens' Crystal Palace** machen, dem Musikclub im Norden der Stadt, der gleichzeitig Museum, Honky-Tonk und Steakhouse ist (Owens starb 2006).

Die Innenstadt von Bakersfield wurde aufgemöbelt, was sich in der ansprechenden Mischung aus restaurierten Gebäuden und neuen Restaurants, Theatern und Clubs widerspiegelt. Etwas weiter östlich ist Bakersfield mit baskischen kulinarischen Traditionen gesegnet, die um 1800 von Hirten mitgebracht wurden. Restaurants wie **Wool Growers** servieren familienfreundliche Festmahle mit unzähligen Gängen, die fleischig, knoblauchhaltig und wirklich gut sind.

DIE DÜFTE DES BLÜTENPFADES

Während der Blüte der Obst- und Nussbäume im Central Valley, bieten sich die kurvenreichen Straßen um Fresno und Visalia für schöne Nachmittagsfahrten an. Der rund 100 km lange **Fresno County Blossom Trail** (goblossomtrail.com) ist zwischen Februar und März, wenn die Obstgärten mit den pastellfarbenen Blütenblättern von Aprikosen, Mandeln, Pfirsichen, Nektarinen, Äpfeln und Zitrusfrüchten übersät sind, einfach atemberaubend. Im Sommer kann man dann die Früchte dieser Farbenpracht genießen.

Wanderkarten sind online verfügbar, aber man kann sich auch ohne auf den Weg machen – sofern man gelegentliche Umwege auf den Nebenstraßen zwischen Sanger, Reedley, Orange Cove, Selma, Fowler und Kingsburg in Kauf nimmt. Fürs Mittagessen gibt's nichts Besseres als die gehobene klassische amerikanische Küche im historischen **School House Restaurant** aus dem Jahr 1921 in Sanger.

Wildwasser & Familienflöße

EINE FAHRT AUF DEM KERN RIVER

Vor einem halben Jahrhundert entsprang der Kern River an den Hängen des Mount Whitney und legte rund 270 km zurück, bevor er sich schließlich im Central Valley niederließ. Nach seinem wilden Abstieg aus dem Hochland wird der Kern heute an mehreren Stellen gestaut und fast vollständig für die Landwirtschaft genutzt.

Kernville, eine hübsche kleine Stadt am Fluss, ist ein Zentrum für Wassersportler:innen. Der unberührte Oberlauf nördlich von Kernville bietet bei Frühjahrsabfluss Stromschnellen der Klassen IV und V und einige der beeindruckendsten Wildwasserfahrten in den USA. Unterhalb des Lake Isabella ist der Kern

SCHÖNE BAUERNMÄRKTE IM SAN JOAQUIN VALLEY

Downtown Market
Samstagmorgens herrscht in Bakersfield ein reges Treiben (der Kaffee hier ist super).

Vineyard Farmers Market
Frische Lebensmittel von lokalen Farmen. Mit Weinreben bedeckten Holzbögen. In Fresno.

Original Merced Certified Farmers' Market
Einer der Top-Märkte im Tal, findet jeden Samstagmorgen statt.

Kern River

CURTIS LEE NEWTON/SHUTTERSTOCK ©

zahmer und ruhiger. Rafting-Ausrüster bieten je nach den Bedingungen von Mai bis August Touren an. Für fast jedes Alter und jede Könnensstufe ist etwas dabei.

Historischer Bahnhof & Cafés

AUF NACH TEHACHAPI

Das Städtchen Tehachapi auf halbem Weg zwischen dem San Joaquin Valley und der Mojave-Wüste ist dank seiner Hauptstraße mit mehreren guten Retro-Cafés ein lohnenswerter Stopp. Der eigentliche Star ist jedoch das **Tehachapi Railroad Depot** – ein rekonstruierter Bahnhof mit einem Museum, das den vielbefahrenen Bahngleisen gewidmet ist, die weite Teile Kaliforniens mit dem Rest der USA verbinden (die kleine Secondhand-Buchabteilung im Inneren lohnt einen Besuch).

Das Depot ist nach einem Standardentwurf der Southern Pacific Railroad aus den 1870er-Jahren gebaut. Bahnhöfe wie dieser waren einst in den Stadtzentren des Bundesstaates allgegenwärtig.

DAS ÜBERRASCHENDE ANTELOPE VALLEY

Das Antelope Valley, eine scheinbar schmuddeligere Version der Mojave-Wüste, ist ein trockener Ausläufer des Central Valley. Etwas isoliert und über den Hügeln von Bakersfield gelegen, hält es für jene, die herkommen, einige Überraschungen bereit.

Das **Antelope Valley California Poppy Reserve** explodiert jeden Frühling in allen erdenklichen Farben. Das Reservat ist auch Heimat einer Vielzahl einheimischer Wildtiere und eignet sich wunderbar zum Wandern.

Das **Antelope Valley Indian Museum** liegt vor den Granitfelsen des Piute Butte und zeigt Tausende indigene Artefakte.

Zurück in Richtung Bakersfield befindet sich der **Fort Tejon State Historic Park**, Schauplatz einer der unzähligen Gräueltaten, die in den 1800er-Jahren an den kalifornischen indigenen Völkern begangen wurden.

UNTERWEGS VOR ORT

Der San Joaquin-Zug von Amtrak folgt dem Highway 99 und verbindet die wichtigsten Städte im Tal mit Sacramento und der Bay Area. Vom Bahnhof in Bakersfield gibt's eine Busverbindung ins L. A.-Becken. Andere Busse steuern die Nationalparks Yosemite und Sequoia an.

Obwohl es viele Baustellen gibt, ist die Hochgeschwindigkeitsstrecke, die die Bay Area über das San Joaquin Valley mit L. A. verbinden soll, noch Jahre von ihrer Fertigstellung entfernt.

In den größeren Städten bringen einen lokale Busse von A nach B.

Oben: Firehouse No 1 Museum (S. 556), Nevada City; Rechts: Wanderwege um Auburn (S. 551)

GOLD COUNTRY

NETTE STÄDTCHEN, SCHÖNE PARKS UND VIEL GESCHICHTE

Hier gilt es, das Gelände zu entdecken, dem der Golden State sein Attribut verdankt.

Hollywood lockt die Träumenden und Silicon Valley die Glücksjäger:innen an, aber hochstrebende junge Leute strömten schon viel früher scharenweise in den Golden State. Nachdem James Marshall 1848 ein Funkeln im American River ins Auge gestochen war, kamen mehr als 300 000 Prospektor:innen aus aller Welt, um in den Ausläufern der Sierra Nevada nach Gold zu graben. Bald darauf wurde Kalifornien unter dem offiziellen Motto „Eureka" ein Bundesstaat der USA und festigte seinen Ruf als Land der Möglichkeiten.

JDSMITH0112581 8/SHUTTERSTOCK ©

Die Forty-Niners-Bergleute sind längst verschwunden, aber eine Fahrt auf dem Hwy 49 durch verschlafene Städtchen, vorbei an Saloons mit Schindelfassade und auf von Eichen gesäumten Nebenstraßen ist eine Rückkehr zu dem unvergleichlichen Run, mit dem das moderne Kalifornien begann. Überall erzählen historische Wahrzeichen vom Goldrausch, von seinen verheerenden Auswirkungen auf die indigenen Völker oder von der Ausbeutung der nichtweißen Arbeitskräfte.

Nicht umstritten ist die Qualität der kalifornischen Küche, die wegen der Menge der frischen Zutaten direkt von der Farm herzhaft, gesund und kreativ ist. Und wie nicht anders zu erwarten bei einem Landstrich, in dem es im Sommer heiß wird und der bei Reisenden beliebt ist, gehört erstklassige Eiscreme immer mit dazu. Zum Übernachten gibt's in vielen Kleinstädten alte Hotels, die restauriert wurden und nun mehr Komfort bieten als einst im 19. Jh. Darüber hinaus darf man sich auf viele Weinverkostungen freuen.

Alle können in betörenden Städten wie Nevada City, Auburn, Placerville, Sutter Creek, Columbia und Sonora auf Entdeckungstour gehen. Die Natur lockt mit Wanderungen oder Floßfahrten, und natürlich sollte man sich auch die gespenstisch ergreifende Stätte, wo das Gold entdeckt wurde, nicht entgehen lassen.

DIE WICHTIGSTEN ZIELE

AUBURN
Das bezaubernde Tor zum Gold Country. **S. 548**

NEVADA CITY
Nett, fesselnd und historisch. **S. 555**

SONORA
Charaktervolles Zentrum im Süden. **S. 559**

Erste Orientierung

Der Kern des Gold Country zwischen Nevada City und Sonora lässt sich in nur ein paar Stunden auf dem Hwy 49, der Hauptachse der Region, durchqueren. Man wird also erfreulicherweise die meiste Zeit außerhalb seines Autos zubringen!

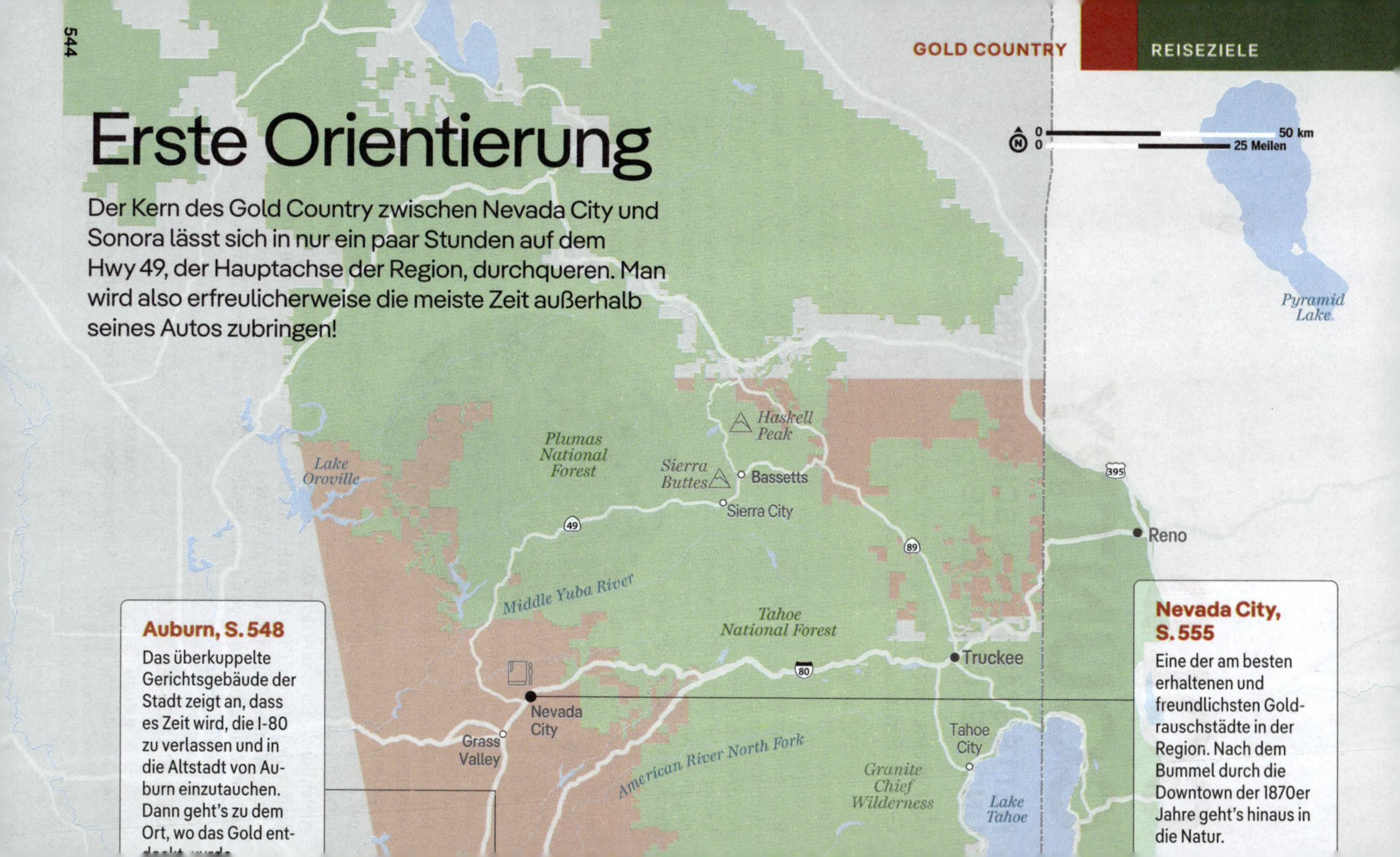

Auburn, S. 548

Das überkuppelte Gerichtsgebäude der Stadt zeigt an, dass es Zeit wird, die I-80 zu verlassen und in die Altstadt von Auburn einzutauchen. Dann geht's zu dem Ort, wo das Gold ent-

Nevada City, S. 555

Eine der am besten erhaltenen und freundlichsten Goldrauschstädte in der Region. Nach dem Bummel durch die Downtown der 1870er Jahre geht's hinaus in die Natur.

AUTO

Das Gold Country erkundet man am besten mit einem eigenen fahrbaren Untersatz. Es gibt praktisch keine Alternative, um auf dem Hwy 49 voranzukommen und alle Sehenswürdigkeiten kennenzulernen. Die Entfernungen sind kurz, sodass der Spritbedarf minimal ist (eine volle Tankfüllung reicht aus).

ZUG

Es gibt einen begrenzten Zugverkehr nach Auburn. Die Amtrak betreibt im Rahmen ihrer Busverbindung auf der I-80 und dem Hwy 50 nach Lake Tahoe auch Anschlussbusse nach Auburn und Placerville. Darüber hinaus sind öffentliche Verkehrsmittel kaum vorhanden bzw. für Traveller nutzlos.

FAHRRAD

Erfahrene Radfahrer:innen können auf dem Hwy 49 fahren, obwohl fehlende Radspuren, schmale Seitenstreifen und hügelige Kurven eine Herausforderung darstellen. Geruhsamere Fahrten sind außerhalb des Sommers auf Nebenstraßen möglich, doch eignen sich diese eher, um nur ein Gebiet zu erkunden.

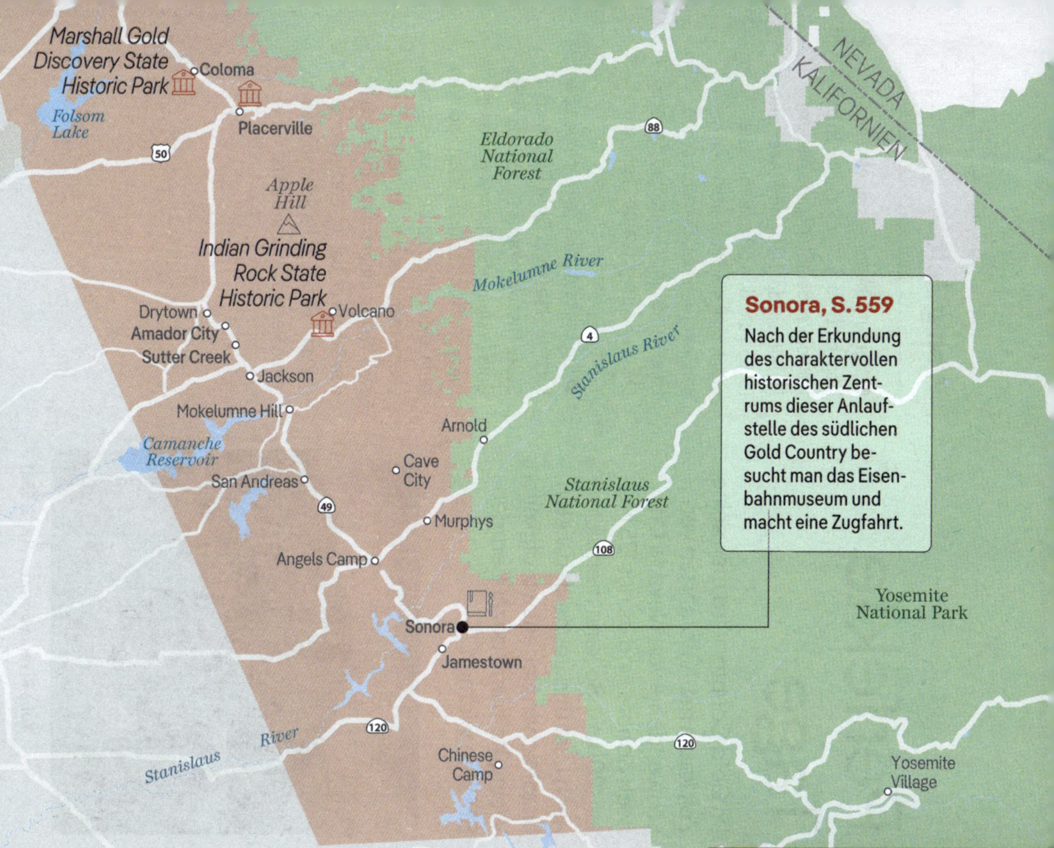

Perfekte Tage

Im Gold Country wird man seine Zeit kaum mit Autofahrten verschwenden – von Nevada City nach Sonora sind es nur 125 Meilen (201 km). So kann man sich nach Lust und Laune den vielen historischen Sehenswürdigkeiten, Weingütern und bezaubernden Städten widmen.

HANK SHIFFMAN/SHUTTERSTOCK ©

Yuba River in Downieville (S. 558)

Wenig Zeit

- Bei nur einem Tag sollten man den Abschnitt des Hwy 49 zwischen den faszinierenden Städtchen **Auburn** (S. 548) an der I-80 und **Placerville** (S. 551) am Hwy 50 fahren. Dabei erhält man einen Eindruck von der schönen, von welligen Vorbergen, Flussläufen und Nadel- und Steineichenwäldern geprägten Landschaft.

- Ein Tag gibt auch Zeit für einen Besuch des **Marshall Gold Discovery State Historic Parks** (S. 551), dem das Gold Country den Namen verdankt. Dieser Park mit seinen vielen Facetten kann leicht einen halben Tag beanspruchen – mehr noch, wenn man eine oder zwei Wanderungen einplant. Die beiden Städte an beiden Enden der Strecke sind altmodische Schönheiten mit tollen Restaurants und Bars.

Beste Reisezeit

Der Winter ist kalt, aber dadurch erscheinen viele Sehenswürdigkeiten noch stimmungsvoller. Im Frühjahr zeigen sich die Hügel leuchtend grün, im reichen Sommer ist es heiß, und im Herbst lockt die Weinernte.

JANUAR

Mit besonderen Events und Festen feiern die Städte im Gold Country rund um den 24. Januar den **Jahrestag des Goldfundes**.

MAI

Ganz Angels Camp hüpft vor Freude beim **Calaveras County Fair & Jumping Frog Jubilee**, bei dem natürlich ein Frosch-Wetthüpfen nicht ausbleiben darf.

JUNI

Auf dem Hwy 49 während der Hauptanbauzeit im Sommer kann man nach **Farmführungen und Gelegenheiten zum Selberpflücken** Ausschau halten.

DEVIN POWERS/SHUTTERSTOCK ©, MIKLUHA_MAKLAI/SHUTTERSTOCK ©, MIN C. CHIU/SHUTTERSTOCK ©

Drei Tage Zeit zum Herumreisen

● Drei Tage sind der ideale Zeitraum für einen Besuch des Gold Country. Man kann die wesentlichen Sehenswürdigkeiten von Auburn, den State Historic Park und Placerville auskosten und die wesentlichen Abschnitte des Hwy 49 nach Norden und Süden erkunden. Im Norden liegt das wohlerhaltene Kleinod **Nevada City** (S. 555), wo man durch das wundervolle Stadtzentrum schlendern und ins Land hinauswandern kann.

● Auf dem südlichen Abschnitt des Hwy 49 folgen charmante Städtchen im schnellen Wechsel, darunter **Sutter Creek** (S. 553), **Angels Camp** (S. 563), **Columbia** (S. 562), **Sonora** (S. 559) und **Jamestown** (S. 562). Zum gemütlichen **Murphys** (S. 563) führt der kürzeste Abstecher. Weinverkostungen und Spaß füllen die Tage gut aus.

Länger Zeit

● Nun empfehlen sich die vielen faszinierenden Abstecher vom Hwy 49. Das **Volcano** (S. 554) und der bedeutsame **Indian Grinding Rock State Historic Park** (S. 554) liegen an einer der besten Nebenstraßen in die Sierras. Richtung Norden locken das abgelegene **Downieville** (S. 558) und **Sierra City** (S. 558) mit alpiner Action. Einen Zwischenstopp verdient auch der fesselnde **Malakoff Diggins State Historic Park** (S. 558).

● Auf dem American River kann man **Wildwasser-Raftingtouren** (S. 552) unternehmen. Über kurvenreiche Landstraßen gelangt man im **Amador County** (S. 553) zu Weinverkostungen und kann östlich von Placerville **Äpfel pflücken** (S. 552). Übernachten kann man in den historischen Städtchen Nevada City, Sutter Creek, Murphys und Columbia und ihre zeitlose Stimmung in sich aufnehmen.

JULI

Amador County veranstaltet seinen riesigen **County Fair** in Plymouth. Wie bei anderen Jahrmärkten im Gold Country gibt's Essen, Wein und Blumen.

AUGUST

In den Ausläufern der Sierra ist es heiß, und im Gold Country steigen **Musikfestivals,** meist der Genres Country, Western oder Rock.

OKTOBER

Auf den Weingütern im Amador County findet das dreitägige **Big Crush Harvest Festival** statt, bei dem es besondere Weine, Essen und Musik gibt.

DEZEMBER

An jedem Sonntag vor dem 25. Dezember wird das bilderbuchschöne **Nevada City** zu einer richtigen Weihnachtskarte voll freudiger Events.

AUBURN

Einfach nach dem riesigen Mann schauen: eine 45 Tonnen schwere Statue des französischen Goldwäschers Claude Chana begrüßt die Gäste des Placer County im Gold Country. Hier findet man alle typischen Bestandteile: Eisdielen, interessante historische Viertel und Antiquitäten. Auburn war einst ein wichtiger Haltepunkt an der Transkontinentalstrecke der Central Pacific, und die vielbefahrene Hauptstrecke der Union Pacific führt immer noch über die alte Stadt.

Das überkuppelte Placer County Courthouse von 1898 im Stadtzentrum ist ein gut erkennbares Wahrzeichen, das von der I-80 aus zu sehen ist, und verbindet die beiden Hauptgebiete der Stadt: die restaurierte, etwas kitschige Old Town im Südwesten und die bezaubernde Historic Downtown im Nordosten mit ihren Geschäften. Als Sitz der Kreisverwaltung konnte sich Auburn gut weiterentwickeln, als die anderen frühen Goldrauschstädte schon verschwunden waren. Heute ist die Stadt ein beliebter Zwischenstopp auf der Fahrt über die I-80 von der Bay Area in die Sierras.

TOP TIPP

Die Historic Downtown ist ideal, um sich zwischen den Cafés und beliebten örtlichen Restaurants umzutun. Bei der Chamber of Commerce erhält man viele Infos zur Gegend und kann in gut besuchten Lokalen frühstücken. Das Auburn Alehouse ist der gesellige Mittelpunkt der Old Town und braut eigenes Bier.

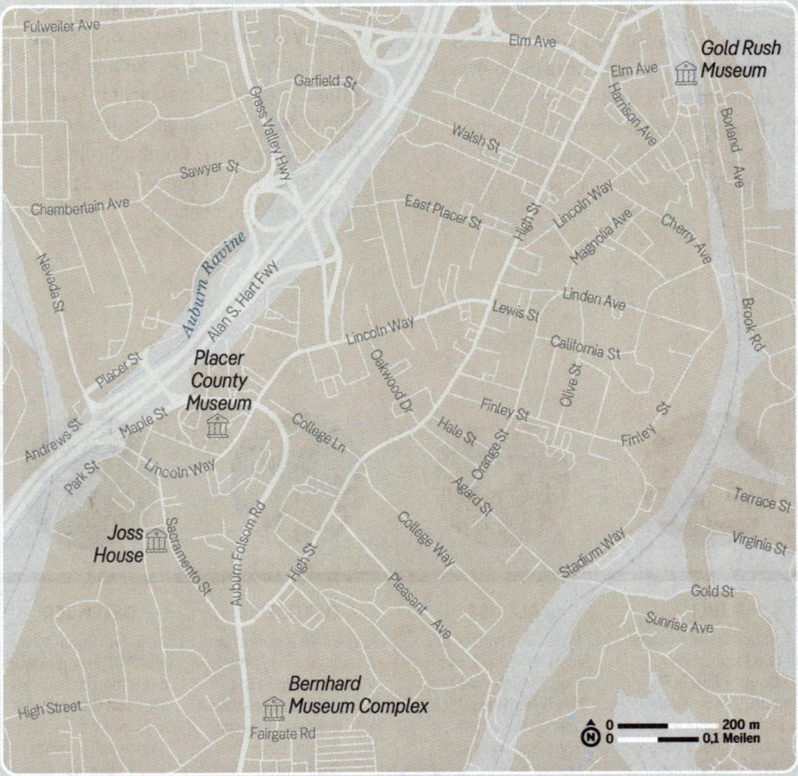

MARK MILLER PHOTOS/AGEFOTOSTOCK/ALAMY ©

Placer County Museum

Eine Tour durch die Geschichte des Gold Country

VIEL GESCHICHTE UND MUSEEN

In der Old Town kann man Gebäude aus den 1850er-Jahren bewundern. In ihrem Süden zeigt der **Bernhard Museum Complex**, der 1851 als das Traveler's Rest Hotel erbaut wurde und später der Familie Bernhard als Wohnhaus diente, Darstellungen des typischen Farmlebens im 19. Jh. Freiwillige in Kostümen der Zeit leiten die Führungen.

Das **Joss House**, das in den 1920er-Jahren von der Familie Yue erbaut wurde, steht auf dem „Chinese Hill", einer der vielen chinesischen Siedlungen, die während des Goldrauschs entstanden. Nachdem ein rätselhafter Brand die Siedlung verwüstet hatte, wandelte die Familie ihr Haus in einen öffentlichen Andachtsort mit einer saisonalen Unterkunft und einer Schule um.

Im 1. Obergeschoss des historischen Gerichtsgebäudes residiert das **Placer County Museum**. Es zeigt Artefakte der amerikanischen Ureinwohner:innen und eine Postkutsche von 1877. Sehenswert ist auch die Goldsammlung des Museums, zu der große Brocken unraffinierten Goldes gehören.

Oben in der Historic Downtown zeigt das **Gold Rush Museum** im alten Bahnhof von Auburn u. a. eine nachgebaute Mine und Goldwaschen, was beides ein Riesenspaß für Kinder ist.

Um einen tieferen Eindruck vom Gold Country zu gewinnen, fährt man auf dem Hwy 49 ein kurzes Stück weiter nach Süden zu der Stelle, an der das erste Gold gefunden wurde.

OUTDOOR-ACTION

Die Tatsache, dass Auburn manchmal als „Ausdauersport-Hauptstadt der Welt" bezeichnet wird, lässt schon vermuten, dass die Gegend ideal zum Radfahren, Langstreckenlaufen und für andere kreislauffördernde Aktivitäten ist.

Ein großer Teil der Action konzentriert sich auf die Auburn State Recreation Area. Dieser Park der tiefen Schluchten wird von den rauschenden Fluten der North und Middle Fork des American River durchschnitten, die sich unter einer Brücke am Hwy 49, 4 Meilen (6,4 km) südlich der Stadt, vereinen. Im frühen Frühjahr ist dies ein beliebter Ort für Wildwasser-Rafting mit Stromschnellen der Klasse II bis V. Im Spätsommer, wenn das Wasser ruhiger fließt, kann man, vor allem an der Mündungsstelle, sonnenbaden und schwimmen. Die zahlreichen Wege im Gebiet teilen sich Wandernde, Mountainbiker:innen und Pferde.

UNTERWEGS VOR ORT

Auburn ist das Zugangstor des öffentlichen Verkehrs zum Gold Country. Amtrak betreibt täglich einen Zug auf der Capital-Corridor-Strecke nach Sacramento und weiter zur Bay Area. Der California Zephyr hält hier täglich auf seiner Fahrt von der Bay Area über Truckee, Reno und Denver nach Chicago. Amtrak-Thruway-Busse bieten zusätzliche Verbindungen nach Sacramento und Reno.

Nahverkehrsbusse verbinden Auburn werktags mit Nevada City und Grass Valley.

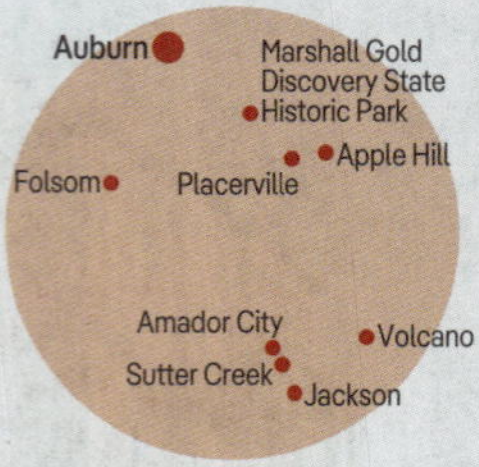

Rund um Auburn

Das Rückgrat des Gold Country, der Hwy 49, windet sich durch die Hügel und verbindet Städtchen mit dem Reiz der 1850er Jahre.

Im Herzen der mit Kiefern und Eichen bewachsenen Ausläufer der Sierra wurde das erste Gold entdeckt – die spanischsprachigen Siedler:innen nannten es das El Dorado County nach der mythischen Stadt aus Gold.

Heute findet man hier stimmungsvolle gewellte Hügel mit historischen Städten, sonnenverwöhnte Terrassen und den fruchtbaren Boden einer der aufstrebenden Weinregionen Kaliforniens. Der zentrale Teil des Gold Country bietet einige seiner größten Sehenswürdigkeiten, nachdem man ein paar Stunden an der Stelle verbrachte, wo James Marshall 1848 schimmerndes Gold ins Auge stach. Zu den vielen Überraschungen zählt eine faszinierende Jahrtausende alte indigene Stätte.

TOP TIPP

Dies ist der am meisten besuchte Teil des Gold Country. Am besten reist du in der Mitte der Woche an, um den Massen und Preisen an den Wochenenden zu entgehen.

Marshall Gold Discovery State Historic Park

LARA RED/SHUTTERSTOCK ©

Wo der Goldrausch begann

NACHDENKEN ÜBER DIE VERGANGENHEIT

Der **Marshall Gold Discovery State Historic Park** umfasst eine faszinierende Reihe von Gebäuden in idyllischer Uferlage an der Stätte von James Marshalls Fund. Verglichen mit den Horden der waffenschwingenden, Hügel sprengenden und alles in Aufruhr versetzenden Siedler:innen aus den Geschichten, die rund um den Hwy 49 spielen, ist der Park ein Ort der Ruhe. Er befindet sich eine halbstündige Autofahrt südöstlich von Auburn.

Die Stätte hat nun eine verbesserte Ausschilderung erhalten. Das Museum liefert Hintergrundinfos zum Goldfund und erzählt auch die Geschichten einiger vergessener Siedler:innen, so die einer Gruppe ehemaliger afroamerikanischer Versklavten.

Es gibt eine faszinierende Replik von **Sutter's Mill**, die (bildlich gesprochen) die Räder in Bewegung setzte, die zu dem Goldfund führten. Ein kurzer Weg längs der südlichen Gabelung des American River führt zu der Stelle, wo James Marshall seine schicksalsreiche Entdeckung machte, die zu der revolutionären Geburt des Golden State führte und schreckliche Folgen für die indigenen Bevölkerung des Territoriums hatte.

Toll sind die Ausstellungen zum Goldwaschen und hydraulischen Bergbau sowie der **Wah Hop Chinese Store** von 1860. Das Dorf Coloma ist fast verschwunden, im Sommer gibt's aber Erfrischungen. Gäste können sich am Goldwaschen versuchen.

Wanderungen zu den Monumenten

ÜBER DIE HÜGEL DES GOLD COUNTRY WANDERN

Das **James Marshall Monument** markiert die Stelle, wo dieser Mann 1885 als mittelloser Schutzbefohlener des Staates beigesetzt wurde. Man kann auf einer kurzen Straße zu der Stelle fahren, viel besser aber ist es, zu Fuß zu dem Denkmal hinaufzuwandern, von dem sich ein Blick auf die Entdeckungsstelle bietet.

Eine 3 Meilen (4,8 km) lange **Wanderung** folgt einer steilen Route, die von Coloma bergauf führt. Man nimmt vom Ortszentrum aus die High St und dann den Marshall Park Way, der sich durch Eichenwälder vorbei an James Marshalls primitiver Hütte, einer katholischen Kirche von 1865 und einem Pionierfriedhof bis hinauf zu dem Denkmal windet. Von dort geht's weiter auf dem **Monroe Ridge Trail**, der auf dem Gebirgskamm verläuft und dann wieder hinunter nach Coloma führt.

Der 2,5 Meilen (4 km) lange **Gam Saan Trail** ehrt das Erbe der vielen chinesischen Bergleute und Arbeiter:innen; er verbindet die Fundstätte mit dem **Hennigsen Lotus Park**, einem kleinen Park am Flussufer auf dem Gelände der chinesischen Bergarbeitersiedlungen.

TRAGISCHES GLITZERN

John Sutter, der in Sacramento ein Fort (S. 527) besaß, tat sich 1847 mit James Marshall zusammen, um eine Sägemühle in Coloma an einem schnell fließenden Abschnitt des American River zu errichten. Hier entdeckte Marshall am 24. Januar 1848 Gold. Obwohl die Männer versuchten, ihren Fund geheim zu halten, überrannten bald Goldsuchende aus aller Welt den Ort.

Es gehört zu den Ironien des Goldrauschs, dass die Männer, die den Fund machten, nahezu mittellos starben. Vielen der Eingewanderten, die ihr Glück machen wollten, wurde nahezu alles, was sie fanden, durch Verträge, Steuern und Betrug abgenommen. Zu gleicher Zeit brach die Welt der Nisenan, des örtlichen indigenen Volks, durch Seuchen und Vertreibung zusammen.

ESSEN UND TRINKEN RUND UM AUBURN

Heyday Café
Örtliche Zutaten und kreative Gerichte verwöhnen die Gäste im Zentrum des alten Placerville. **$$**

Pies of the World
Das kleine Lokal an der Main St von Placerville serviert leckere, herzhafte Pies. Eine Top-Adresse fürs Mittagessen! **$**

Farm to Fork Cafe
Der Name sagt bereits, was die Gäste in diesem New-Age-angehauchten Café in Coloma erwartet. **$**

RAFTEN AUF DEM AMERICAN RIVER

Das Coloma-Lotus Valley umgibt Sutter's Mill und ist ein toller Ausgangspunkt für Rafting-Abenteuer. Die meisten befahren die South Fork des American River, weil dieser Flussabschnitt aufregende, aber beherrschbare Stromschnellen bietet. Adrenalin-Junkies, die noch nie eine Wildwasserfahrt unternommen haben, sollten es mit der Middle Fork versuchen.

Halbtägige Raftingtouren beginnen in der Regel an der Chili Bar und enden in der Nähe des Marshall Gold Discovery State Historic Park (S. 551). Ganztägige Touren starten an der Coloma Bridge und enden an den Salmon Falls nahe dem Folsom Lake. Die halbtägigen Touren beginnen mit Stromschnellen der Klasse III und sind vollgepackt mit Action; die ganztägigen beginnen geruhsam, bauen sich aber bis zu Stromschnellen der Klasse IV auf. Die Saison dauert in der Regel je nach Wasserstand von Mai bis Mitte Oktober.

Fesselndes Placerville

DER WILDE WESTEN ERWACHT ZUM LEBEN

Placerville, ausgesprochen: Plesserwil, genießt seine wilde Reputation als „Hangtown", den es sich verdiente, als hier Mitte des 19. Jhs. ein paar Männer gehenkt wurden. Der fesselnde und stimmungsvolle kleine Ort lohnt eine Erkundung, wenn man auf den Hwys 49 und 50 unterwegs ist. Von Auburn aus ist es eine hübsche, einstündige Fahrt Richtung Südosten.

Die geschäftige **Main St** mag wie eine Filmkulisse aussehen, ist aber von Läden gesäumt, die die Einheimischen versorgen und Placerville damit vor überzuckerter Künstlichkeit bewahren. Die meisten Gebäude stammen aus den 1850er-Jahren, darunter auch das spindeldürre Gerüst des **Glockenturms**, der einst die freiwillige Feuerwehr zusammenrief. Rund 1 Meile (1,6 km) nördlich der Stadt befindet sich der **Hangtown's Gold Bug Park & Mine** auf dem Gelände von vier Bergbaukonzessionen, wo von 1849 bis 1888 Gold gefördert wurde. Im Rahmen einer selbstgeführten Audiotour kann man in die Mine hinabsteigen.

Naschkatzen besuchen das **Annabelle's**, einen fantastischen Schokoladenladen (mit Weinverkostung!) in El Dorado, 5 Meilen (8 km) südwestlich von Placerville.

Fruchtbare Farmen & Weinberge

GENUSSREICHE ERKUNDUNG IN APPLE HILL

Zum fruchtbaren Apple Hill, einem 52 km² großen Gebiet östlich von Placerville und nördlich des Hwy 50, zählen mehr als 50 Obstplantagen, Farmen und Weingüter. Die Produzent:innen verkaufen direkt an Gäste, in der Regel von August bis Dezember, und einige bieten auch die Möglichkeit zum Selberpflücken an. In den Bäckereien werden alle möglichen Leckereien mit Äpfeln verkauft. Die Anfahrt mit dem Auto ab Auburn dauert rund 90 Minuten.

Aufladen in Folsom

AUF DEN SPUREN VON JOHNNY CASH

Der Ort, aus dem Folsom wurde, entstand wie viele andere in den frühen Tagen des Goldrauschs. Die Lage am American River erwies sich als glücklich, da früh errichtete Stauwerke die Industrie förderten. So wurde hier das erste kommerzielle Stromkraftwerk gebaut, das im Power House Museum and State Park erhalten ist. Die Downtown aus dem 19. Jh. ist schön und fußläufig. Gleich stromaufwärts erhebt sich das **Folsom State Prison,** das durch Johnny Cashs *Folsom Prison Blues* unsterblich wurde. Folsom liegt leichte 30 Fahrtminuten südwestlich von Auburn.

ESSEN UND TRINKEN RUND UM AUBURN

Sutter Creek Provisions
Große Auswahl an örtlichen Weinen und Bieren sowie wechselnde, überwiegend vegetarische Gerichte. Hier bekommt man Zutaten für ein Picknick. **$$**

Sina's Backroads Café
Das beliebte Retro-Café in Sutter Creek ist bekannt für sein schmackhaftes, sättigendes Frühstück und im Ort gerösteten Kaffee. **$**

Taste
Bietet in Plymouth kreative kalifornische Küche mit passenden regionalen Spitzenweinen. **$$**

Glockenturm, Placerville

Vintage-Läden & tolle Nebenstraßen

GOLDBESTÄUBTES AMADOR CITY

Amador City hat eine herrliche Lage abseits des Hwy 40 und war einst Sitz der Keystone Mine, eines der ertragreichsten Goldförderunternehmen Kaliforniens. Nachdem die Mine 1942 geschlossen wurde, war die Stadt fast verlassen. In den 1950er-Jahren kaufte eine Familie die Gebäude und wandelte sie zu Antiquitätenläden um – ein Vorbote der künftigen Entwicklung. Die Nebenstraßen im Osten sind ideal für Wanderungen ins Land. Amador City liegt eine Fahrtstunde südlich von Auburn.

Perfekt erhaltenes Sutter Creek

EIN STADTWAHRZEICHEN DES HOLDRAUSCHS

Blickt man vom Balkon einer der anmutig restaurierten Gebäude der besonders malerischen Main St, sieht man Sutter Creek, ein Schmuckstück einer Goldrauschstadt mit Laubengängen und Gebäuden mit Schaufassaden und hohen Balkonen.

Im ausgezeichneten Infozentrum erhält man einen Stadtplan mit Spaziergangsvorschlag rund um die Gebäude aus den 1860er-Jahren, die vielfach Spuren der heimischen Baustile der Eingewanderten aus Cornwall, Jugoslawien und Italien zeigen. Der **Miners Bend Park** am südlichen Ende der Stadt bietet Geschichte im Freien. Es gibt gute Restaurants, Unterkünfte und in Weinstuben kann man Weine aus der Region verkosten. Von Auburn erreicht man die Stadt auf dem Hwy 49 in 90 Minuten.

WEIN VERKOSTEN IM GOLD COUNTRY

In den schönen, gewellten Hügeln des Gold Country finden sich unzählige Weinstöcke inmitten der knorrigen Eichen. Die meisten alten Städtchen am Hwy 49 haben mehrere Bars und Läden, in denen man die örtlichen Weine verkosten und kaufen kann.

Im **Amador County** gibt's eine beliebte Route zu familiengeführten Weingütern, die absolut unprätentiös sind (und, anders als in Napa, keine gewaltigen Gebühren für Verkostungen erheben). Der Landkreis rühmt sich des ältesten Zinfandel-Anbaus in den USA – die Weine sind kräftig, reich gefärbt, erdig und immer überraschend. Viele Weingüter liegen an der Shenandoah Rd, während es in Sutter Creek viele Weinstuben gibt.

Erstklassig für Weinverkostungen sind auch das El Dorado County, Placerville und die Region um Sonora (S. 561).

Mel & Faye's Diner
Ein Retro-Diner mit moderner Energie in Jackson mit tollen Versionen aller Klassiker vom Frühstück bis zum Abendessen. **$**

Volcano Union Inn
Das alte Hotel besitzt das beste Restaurant im Gebiet von Volcano und bietet kreative, saisonale Gerichte. **$$**

Liar's Bench
Die zeitlose Kneipe unter einem Martini-Neonschild in Placerville ist eine hervorragende Adresse, wenn man mal keine Lust auf Wein verspürt. **$$**

Die Main St von Sutter Creek (S. 553)

Eine unentdeckte Mine

ABSEITS GEBAHNTER PFADE

Jackson besitzt historische Gebäude und eine kleine Downtown, wirkt aber eher funktional als anheimelnd. Die Hauptattraktion ist die **Kennedy Gold Mine**. Ihr Stahlgerüst ist 38 m hoch; die Schächte stammen aus dem Jahr 1860. Man kann die Stätte bei Führungen besichtigen. Die vergleichsweise unentdeckte Siedlung **Mokelumne Hill** liegt 7 Meilen (11 km) südlich von Jackson. Der Ort wurde in den frühen 1840er-Jahren von französischen Fallenstellern besiedelt und bietet historische Gebäude ohne viele Antiquitäten- und Geschenkeläden. Die Anfahrt von Auburn dauert rund 90 Minuten, man sollte aber unterwegs viele Zwischenstopps einplanen.

Verschlafenes Nest & „Zeitreise"-Laden

EINSAMES VOLCANO

Eine der verblassten Plaketten in Volcano, 12 Meilen (19 km) von der Stadt Sutter Creek stromaufwärts, bezeichnet den Ort treffend als den einer „ruhigen Geschichte". Während in dem kleinen L-förmigen Dorf einst tonnenweise Gold gefördert wurde und eine Schlacht des amerikanischen Bürgerkriegs tobte, schlummert es nun in einsamer Ruhe. Man hat das Gefühl, das Ende der Straße sei erreicht. Von Auburn aus hierher zu finden, kann fast zwei Stunden dauern. Der **Little Sutter Creek** ist hier von großen Sandsteinfelsen gesäumt, die durch hydraulischen Bergbau aus den umliegenden Hügeln gesprengt wurden. Anschließend kratzte man das Gold aus ihnen heraus.

Der fantastisch stimmungsvolle **Country Store** existiert ohne Unterbrechungen seit 1852 und besitzt knarrende Dielen und eine lange Holztheke. Man erhält schlichte Burger und ein Bier seiner Wahl aus dem Kühlapparat.

DAS ERBE DER INDIGENEN

Der **Indian Grinding Rock State Historic Park** ist für die örtlichen Miwok eine heilige Stätte. Der ehrfurchtgebietende Mittelpunkt ist ein Kalksteinvorsprung, der mit 360 schwach erkennbaren – teils über 2000 Jahre alten – Petroglyphen und mehr als 1100 antiken Mörserlöchern (*chaw'se)* bedeckt ist, in denen früher Eicheln und Samen zermahlen wurden.

Es gibt vor Ort ein kleines Museum, ein traditionelles Rundhaus aus Holz und die Stätte eines Dorfs. Die Miwok halten weiterhin Zeremonien ab, zu denen Kunsthandwerk, Tänze und Spiele gehören. Sehenswert ist die Ausstellung aufwändig gearbeiteter, federnbesetzter Tanzumhänge.

Wege führen durch den Park. An ihnen angebrachte Schilder beschreiben Pflanzen und Tiere sowie ihre jeweilige Bedeutung für die Miwok. Der Park liegt in einem einsamen Waldgebiet an der Straße zum ebenfalls einsamen Städtchen Volcano.

UNTERWEGS VOR ORT

Amtrak betreibt Thruway-Busse, die auf ihrer Route von Sacramento nach Lake Tahoe (über den Hwy 50) in Placerville halten. Ansonsten ist man auf eigenes Auto angewiesen, um leicht durch diese Region zu reisen.

NEVADA CITY

Nevada City hat viel Charme, prahlt aber nicht damit. Die Hauptattraktion ist die Stadt selbst. Ihre restaurierten Gebäude aus Backstein und Schmiedeeisen bekennen sich stolz zu ihrer mit ausführlichen Geschichten angereicherten Vergangenheit. Die zum Spazieren einladenden Straßen sind im Sommer belebt, während sie im Dezember mit einer Schneedecke und funkelnden Lichtern märchenhaft leuchten. Die Schilder in den Fenstern, auf denen Lesungen und Meetings angekündigt werden, verraten die progressive Einstellung der meisten Einheimischen.

Die Stadt ist zu Recht stolz auf ihr reiches kulturelles Leben. In der Miners Foundry (1856) wurden einst Pelton-Wasserräder gebaut. Heute ist die Gießerei ein Kunstzentrum, in dem Musik, Theater, Tanz und andere Events veranstaltet werden. In dem schwerfälligen, 1865 aus Backstein errichteten Nevada Theatre standen Persönlichkeiten wie Jack London, Emma Nevada oder Mark Twain auf der Bühne. Heute gibt's hier anspruchsvolle Filme und Theateraufführungen. Auch im beliebten Onyx Theatre werden außergewöhnliche Filmreihen gezeigt.

TOP TIPP

Von der Stadt führt ein toller Weg zum Deer Creek, wo die Angkula Seo Suspension Bridge die Nisenan ehrt. Die Brücke führt zu Wegen zur Downtown zurück; die ganze schöne Strecke hat eine Länge von 3,5 Meilen (5,6 km). Man kann von der Brücke aus am Flusslauf entlang auch noch einen Abstecher zur Chinese Tribute Bridge machen.

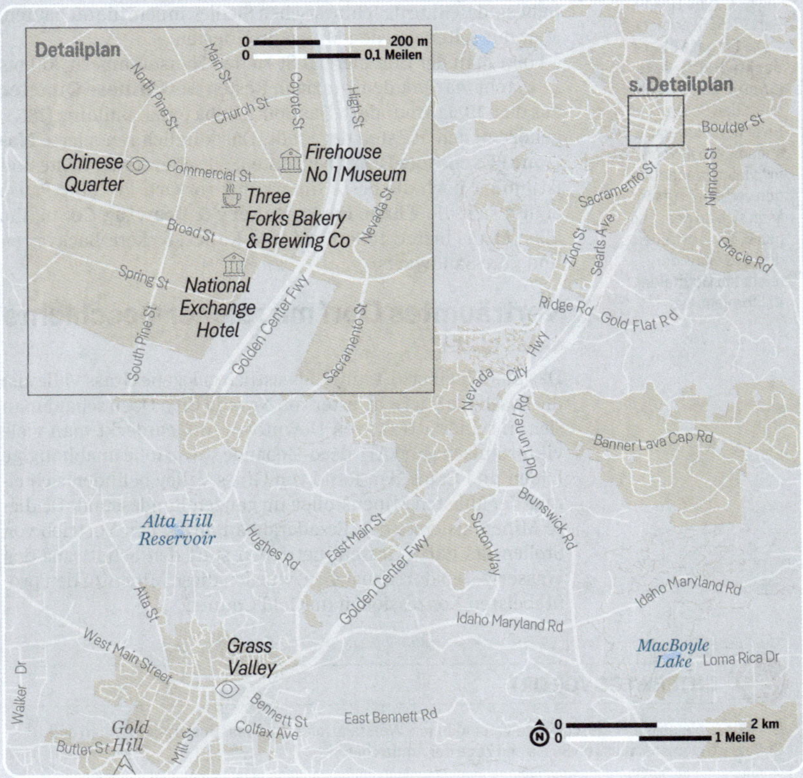

SOUTH YUBA RIVER STATE PARK

Mit einem Bad abkühlen kann man sich im **South Yuba River State Park** mit seinen beliebten Wanderwegen und Badestellen. Hier ist es das ganze Jahr schön, vor allem aber von April bis Juni, wenn die Flüsse rauschen und die Wildblumen blühen. Der Park besteht aus mehreren Einheiten an verschiedenen Abschnitten des Flusses. Wanderwege ziehen sich durch die Wildnis; mit etwas Mühe kann man den Malakoff Diggins State Historic Park (S. 558) erreichen.

Die **längste überdachte Holzbrücke** (56 m) in den USA überquert den South Yuba River bei Bridgeport. Sie stammt von 1862 und ist mit vielen Wanderwegen verbunden. Man kann sich an der schönen Wildnis erfreuen, die 1848 eines der reichsten Goldfelder Kaliforniens war.

SENATOREK/GETTY IMAGES ©

Yuba River

Der Star unter den Städten

SPAZIERGANG DURCH NEVADA CITY

Los geht's im **Firehouse No 1 Museum**, das in einem stattlichen Gebäude von 1861 eine kleine, aber sorgfältig ausgewählte Sammlung zeigt, die – von hinreißenden Flechtkörben der Nisenan bis zu erhaltenen viktorianischen Brautkleidern – die Geschichte der örtlichen Einheimischen darstellt. Ein besonderes Highlight sind Relikte der chinesischen Siedler:innen, die oft bauten, aber nur selten von den Minen profitierten.

Folgt man der Commercial St zu den Hausnummern 309 bis 316, steht man vor den winzigen Resten des **Chinese Quarter** aus dem 19. Jahrhundert. Das South Yuba Canal Building (1855) gehört zu den ältesten der Stadt. Das kürzlich renovierte **National Exchange Hotel** begrüßte 1854 seine ersten Gäste und ist immer noch die beste Unterkunft vor Ort. Für eine Pause eignet sich die **Three Forks Bakery & Brewing Co** an, die allen etwas bietet: tolle Biere und Kaffee, leckere Backwaren und gute Sandwichs.

Verträumtes Dorf mit reicher Geschichte

GRASS VALLEY

Das nur 4 Meilen (6,4 km) südwestlich gelegene Grass Valley ist die hässliche Stiefschwester von Nevada City. Doch schaut man sich in seiner attraktiven Downtown um, entdeckt man viele viktorianische und Art-déco-Gebäude sowie tolle unabhängige Läden und Cafés. Am Rand von Grass Valley befinden sich einige der ältesten Minenstollen im ganzen Bundesstaat. Da diese Minen als erste den Erzaderabbau durch den Vortrieb von Stollen ins harte Gestein betrieben statt den Schutt aus den Wasserwegen durchzusieben, wurden diese Minen zu den profitabelsten Konzessionen im Gold Country.

UNTERWEGS VOR ORT

Ortsbusse bieten nur eingeschränkte Verbindungen. Werktags fahren ein paar Busse nach Auburn und Colfax, wo man Anschluss an Busse und Züge der Amtrak hat.

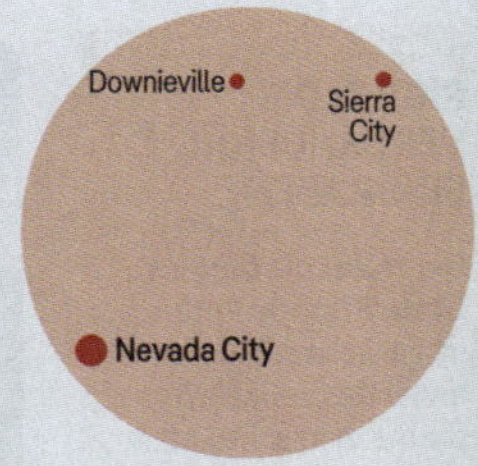

Rund um Nevada City

Die Zivilisation bleibt zurück, während man auf dem Hwy 49 in die Sierras vordringt. Die reine Erhabenheit der Natur hat das Drama des Goldrauschs ersetzt.

Die Forty-Niners waren im Nevada County von Glück begünstigt: Sie stießen auf die als „Mother Lode" bekannte reichste Goldader in der Region. Hinter dem Reichtum, der sich immer noch an den Fassaden von Nevada City ablesen lässt, findet man schöne, einsame Natur, einer Reihe von Geschichtsparks und faszinierende Zeugnisse der längst verschwundenen Bergleute, darunter eine Geisterstadt.

Der nördlichste Abschnitt des Hwy 49 folgt dem North Yuba River durch hinreißende, einsame Teile der Sierra Nevada, die zu tollen Wildnis-Abenteuern einladen. Ein ganzes Outdoor-Leben dürfte nicht ausreichen, um all die Wege kennenzulernen, die Wanderfans, Mountainbiker:innen und Skifahrer:innen jedes Jahr erkunden. Im Sommer liegt auf den höchsten Erhebungen noch Schnee.

TOP TIPP

Nach Osten in die Sierras nimmt man besser den Hwy 20 als die I-80. Das ist eine herrliche Strecke, und es gibt viele Ausfahrten, um die Aussicht zu genießen.

Die Stocking Flat Bridge am Deer Creek Tribute Trail im Nevada County

WASIM MUKLASHY/SHUTTERSTOCK ©

SICH IN DIE VERGANGENHEIT EINGRABEN

Der **Malakoff Diggins State Historic Park** ist ein außerirdisch anmutendes Zeugnis für die mechanische Entschlossenheit der Goldsuche und ein Ort, wo man sich auf von Farnen gesäumten Wegen verlieren und die raue Schönheit der Landschaft genießen kann, die sich von den brutalen Eingriffen des hydraulischen Bergbaus erholt – inklusive Geisterstadt.

Kaliforniens größte hydraulische Mine hinterließ massive gold- und purpurrote Felsen und kleine Berge von Abraum. Der Waldbestand hat sich erholt, seit Rechtsstreitigkeiten zwischen den Minenbetreibern und den stromabwärts lebenden Farmern 1884 zur Schließung der Mine führten.

Bei Führungen durch die Stadt kann man einige eindrucksvolle Goldnuggets sehen. Der 1 Meile (1,6 km) lange **Diggins Loop Trail** ist der schnellste Weg, um sich einen Eindruck von der vernarbten Mondlandschaft zu machen.

BILL FREEMAN/ALAMY ©

Mountainbiken in Downieville

Mountainbiken & Monster-Wanderungen

KRAFTVOLL DEN HÜGEL HINUNTER IN DOWNIEVILLE

Downieville, die größte Stadt im abgelegenen Sierra County, liegt am Zusammenfluss des North Yuba mit dem Downie River. Die Stadt ist einer der besten Orte zum **Mountainbiken** in den USA und macht mit ihrem Ruf heimlich Moab in Utah Konkurrenz. Überdies kann man hier echte Naturabenteuer erleben. Von Nevada City aus fährt man kurvenreich eine Stunde.

Der **Downieville Downhill**, eine Mountainbiking-Piste von Weltklasse, führt die Geländeradler über die Sierra Buttes und dann rasante 1500 m hinunter in die Stadt. Es gibt viele andere malerische Radwege, darunter zum **Chimney Rock**, **Empire Creek** und **Rattlesnake Creek**.

Wie bei den meisten Goldrauschstädten, war es nicht immer lustig: Der erste Friedensrichter war der örtliche Saloonbetreiber, und eine Plakette erzählt die Geschichte des rassistischen Mobs, der 1851 eine Latina namens Josefa an der Stadtbrücke aufhängte. Das ist der einzige aufgezeichnete Lynchmord an einer Frau in Kalifornien.

Raue Berge, fantastisches Angeln

AUSRÜSTEN IN SIERRA CITY

Sierra City ist die beste Station, um sich für den **Sierra Buttes** auszurüsten, den zerklüfteten, felsigen Bergen, die wohl in Kalifornien noch am ehesten an die Alpen erinnern, wenn man nicht mit dem Rucksack weiter ins Landesinnere vorstoßen will. Die Stadt ist auch die letzte Versorgungsstation für jene, die zum Angelparadies **Lakes Basin** streben. Es gibt nur eine Hauptdurchgangsstraße, und der gesamte Kommerz konzentriert sich dort. Die Hotels haben oft die besten Restaurants – wenn sie denn geöffnet sind. Im Winter ist es sehr ruhig. Für die Anfahrt von Nevada City muss man mehr als 90 Minuten einplanen.

UNTERWEGS VOR ORT

Hierher gelangt man nur mit einem eigenen Fahrzeug.

SONORA

Dieser Abschnitt der Goldfelder, der 1848 von Bergleuten aus Sonora in Mexiko besiedelt wurde, war einst ein kosmopolitisches Zentrum des Kommerzes und der Kultur mit Parks, aufwändigen Saloons und der größten Dichte von Gold und Glücksspielenden im Bereich der Southern Mines. Die mexikanischen Siedler:innen wurden bei Rassenunruhen vertrieben und die europäischen Einwanderer:innen wurden mit der Big Bonanza Mine reich, an deren Stelle heute die Sonora High School steht. Diese einzelne Mine erwirtschaftete in zwei Jahren 12 Tonnen Gold (darunter einen fast 13 kg schweren Nugget).

Heute benutzen Reisende auf dem Weg zum Yosemite National Park oder Leute, die die Gold-Country-Tour auf dem Hwy 49 von Süden beginnen, Sonora als Versorgungsstation. Das historische Zentrum ist so gut erhalten, dass es oft als Filmkulisse dient. Die Washington St ist die alte Hauptstraße. Unbedingt anschauen sollte man sich das Opernhaus von 1885, das auf den Fundamenten einer Getreidemühle errichtet wurde. Engagierte Bürger:innen erbauten 1898 das prächtige Gerichtsgebäude, dessen Uhrenturm ein Wahrzeichen ist.

TOP TIPP

Im stauanfälligen Sonora sollte man sein Auto abstellen. Es macht keinen Spaß, in der Schlange zu fahren, weil langsam fahrende SUVs nach einem der wenigen Straßenparkplätze an der Washington St/Hwy 49 suchen. Einen Block weiter östlich gibt's einen problemlosen Parkplatz an der Stewart St.

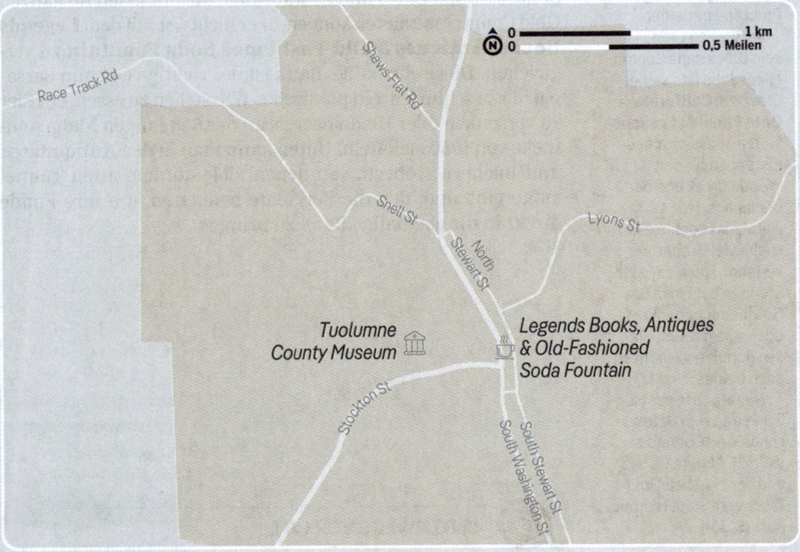

Unerzählte Geschichten

HISTORISCHE NUGGETS

Im 1857 erbauten ehemaligen Tuolumne County Jail residiert das tolle kleine **Tuolumne County Museum**, das Gold im Wert eines Vermögens in Form von Nuggets und goldhaltigen Quarzen ausstellt. Jede der einstigen Zellen ist einem anderen Thema gewidmet, eine der selten erzählten Geschichte der Afroamerikaner:innen während des Goldrauschs. So erfährt man etwas über den ehemaligen Sklaven William Suggs, der eine Sattlerei gründete, sich ein Haus in der Stadt erbaute und sich erfolgreich für die Abschaffung der Rassentrennung in den örtlichen Schulen einsetzte.

Fahrt über die Stromschnellen

FERTIG, LOS, PADDELN!

Sonora ist eine beliebte Basis für Wildwasser-Rafting. Der **Upper Tuolumne River** ist bekannt für Stromschnellen der Klassen IV und V, während der **Stanislaus River** mit seinen Stromschnellen der Klasse III leichter zu bewältigen ist. Das familiengeführte Unternehmen **All-Outdoors California Whitewater Rafting** veranstaltet Touren auf allen Flüssen der Gegend, darunter auch sehr anspruchsvolle, die mehrere Tage dauern.

Oben Limo, unten Bücher

IN ANTIQUITÄTEN STÖBERN

Sonora besitzt Cafés und Restaurants, die mit jenen im ganzen Gold Country mithalten können, aber nichts ist mit dem **Legends Books, Antiques & Old-Fashioned Soda Fountain** zu vergleichen. Diese ehemalige Bank ist der richtige Ort, um Sarsaparilla zu schlürfen, ein polnisches Würstchen zu essen, ein Bier zu versenken oder Heidelbeereis an der 8 m langen Mahagonitheke von 1850 zu löffeln. Unten kann man in den Antiquitäten und Büchern stöbern, von denen viele an dem alten Tunnel aufgereiht sind, den die Bergleute benutzten, um ihre Funde direkt in die ehemalige Bank zu bringen.

GOLDWASCHEN

Mehr als 170 Jahre nach dem Goldrausch versuchen Menschen immer noch ihr Glück in den Flüssen und Bächen der Sierras. Für manche ist das ein Hobby, für andere wird es zu einer Obsession. Tatsächlich lässt sich auch immer noch Gold finden, für den Wochenend-Goldsuchenden dürfte das aber eine jahrelange Plackerei bedeuten.

Versuchen kann man sein Glück nahe Sonora: Miner John und seine Crew von **California Gold Panning Lessons** bieten alle nötige Ausrüstungen für den Woods Creek und darüber hinaus. Man sei gewarnt, dass echte Goldsuche viel Grabarbeit verlangt. Nach ein paar Stunden hat einen das Goldfieber gepackt oder man hat sich Blasen geholt – womöglich auch beides.

Weitere Orte mit Möglichkeiten zum Goldwaschen sind Columbia (S. 562), Auburn (S. 548) und der Marshall Gold Discovery State Historic Park (S. 551).

UNTERWEGS VOR ORT

Der örtliche Busverkehr ist begrenzt. An bestimmten Sommertagen verbindet ein kostenloser Shuttle die Sehenswürdigkeiten in Columbia, Sonora und Jamestown. Der Yosemite National Park liegt 60 malerische Meilen (97 km) südlich am Hwy 120.

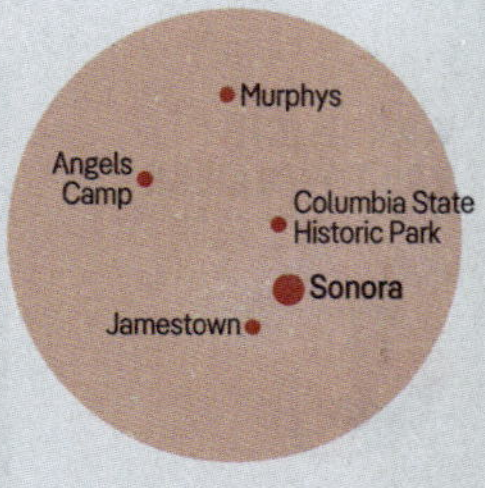

Rund um Sonora

Wein, Wasser und Dampf sind nur einige der Highlights in dieser Region, die einige der authentischsten Sehenswürdigkeiten des Gold Country zu bieten hat.

Die südliche Region des Gold Country ist im Sommer glühend heiß, dabei wird man bei einer Fahrt durch die historischen Zentren des Goldrauschs immer wieder eine Eiscreme-Pause einlegen müssen. Die aufschneiderischen Geschichten von einst werden durch den berühmtesten ehemaligen Bewohner der Gegend wieder lebendig: den Schriftsteller Mark Twain, der sich mit einer Geschichte über ein Frosch-Wetthüpfen im Calaveras County seine ersten Sporen verdiente.

Das niedliche kleine Murphys ist ein beliebtes Ziel für Weinverkostungen, und Probierstuben säumen die Main St. Columbia bewahrt eine authentische Goldrauschstadt und erschafft sie in einem nichtkommerziellen Ambiente aufs Neue. Das winzige Jamestown im Schatten von Sonora beherbergt einer der beliebtesten Sehenswürdigkeiten der Region: Railtown, ein Traumziel für Eisenbahnfans.

TOP TIPP

In den historischen Städtchen dieser Region finden sich mehrere alte Hotels, die restauriert wurden – ein wundervolles Gegengift gegen die landesweiten Hotelketten.

Jamestown

WARUM ICH RAILTOWN LIEBE

Ryan Ver Berkmoes, Autor

Der **Railtown 1897 State Historic Park** ist die fotogene Schwester des Eisenbahnmuseums in Sacramento (S. 527). Ich kam erstmals als Kind dorthin, und die Faszination ist stets die gleiche. Die einst als Sierra Railroad bekannte Schmalspurbahn transportierte Erz, Bauholz und Bergleute. An manchen Wochenenden und Feiertagen kann man eine 6 Meilen (9,6 km) lange und einmalige Fahrt durch die Hügel der Gegend unternehmen. Die smaragdgrünen Gräser des Frühjahrs weichen in anderen Jahreszeiten goldenen Feldern, untermischt mit Mohnblumen.

Freiwillige zeigen den restaurierten Bahnhof, man kann sich aber auch auf eigene Faust umschauen. Nicht übersehen sollte man die Dampflok Nummer 3, die in zahlreichen Filmen und Fernsehserien zu sehen war, darunter in *Zurück in die Zukunft III*, *Unforgiven* und *Zwölf Uhr mittags*.

GARY CRABBE/ENLIGHTENED IMAGES/ALAMY ©

Ironstone Vineyards

Ruhiges Jamestown

DEN KLÄRM HINTER SICH LASSEN

Das winzige **Jamestown** liegt nur 3 Meilen (4,8 km) südlich von Sonora. Gegründet um die Zeit des ersten Goldfundes im Tuolumne County (1848), hat sich der Ort mehr Authentizität bewahrt als das vom Verkehr und Tourismus überlastete Sonora. Der stark befahrene Hwy 49 führt im Westen an Jamestown vorbei. Die üblichen Antiquitätenläden füllen die staubigen Läden im kleinen Stadtzentrum. Im Ort gibt's aber zwei ausgezeichnete Hotels, die seit dem 19. Jh. erhalten blieben: das **National Hotel** und das **Jamestown Hotel**. Railtown liegt nur einen kurzen Marsch weiter östlich.

Millionen in Gold

EINE ERHALTENE STADT IM GOLD COUNTRY

Mehr als irgendwo sonst im Gold Country verwischen sich in der sorgfältig bewahrten Goldrauschstadt des **Columbia State Historic Park** die Grenzen zwischen Gegenwart und Vergangenheit. Columbia wurde 1850 als das „Juwel der Southern Mines“ gegründet, und nicht weniger als 150 Mio. US$ in Gold

ESSEN RUND UM SONORA

Service Station
Dieses gute amerikanische Café in Jamestown besitzt einen großen Patio und bietet eine gute Auswahl an Bieren und örtlichen Weinen. **$**

Grounds
Das zwanglos-elegante Café in Muphys serviert hervorragendes Frühstück, tolles Mittagessen und Abendessen am Wochenende. **$$**

Joma's Artisan Ice Cream
Der Laden in Murphys bereitet seine sahnigen Leckereien in kleinen Portionen zu, vielfach mit saisonalen Früchten. **$**

wurden hier gefunden. Das Zentrum von Columbia (das der State Park umfasst) sieht noch fast genauso aus wie zu seiner Blütezeit. Columbia liegt nur 10 Fahrtminuten nördlich von Sonora.

Die Schmiede, das Theater, die Hotels und der Saloon sind sorgfältig eingerahmte Fenster in die Vergangenheit Kaliforniens. Die nostalgische Illusion der Main St wird nur durch ein wenig Kommerzialisierung gebrochen. Zu den Angeboten zählen Goldwaschen, Postkutschenfahrten und luftige Picknickstellen. Das restaurierte **City Hotel** ist eine gute Unterkunft und bietet sich an, wenn man nach dem Verschwinden der Besucher:innen noch ein wenig in den Straßen spazieren möchte.

Aussicht auf Abenteuer

AUF UND UNTER DER ERDE

Murphys ist eine der malerischeren Gemeinden im südlichen Teil des Gold Country, und ihr Spitzname „Königin der Sierra" passt. Durch ihre Lage 8 Meilen (13 km) östlich des Hwy 49 (30 Minuten außerhalb von Sonora) vermittelt sie die ansprechende Atmosphäre eines Orts am Ende der Straße. Es gibt eine Reihe Weinbars und gehobene Pubs, in denen man ein Bier trinken kann – viele haben, wie nicht anders zu erwarten, das Murphy's im Namen und das Kleeblatt an der Wand. **Pop the Bubbly** residiert in einem soliden Backsteinladen von 1856, und der Name sagt alles, was man wissen muss. Zu den guten örtlichen Weinen zählen die von den **Ironstone Vineyards** und von **Newsome-Harlow**.

Für Kinder und Erwachsene, die bei einer Höhlentour etwas Abenteuer fühlen wollen, sind die **Mercer Caverns** richtig. Man geht 400 m auf 440 kurvigen Stufen durch die spektakulären Höhlen – ein Thrill Ride ohne Motor.

Hüpfen durch Angels Camp

LOS, DEN FROSCH KÜSSEN!

Am südlichen Abschnitt des Hwy 49 überragt eine Figur alle anderen: die des Literaturgiganten Mark Twain, der seinen ersten großen Erfolg mit der Kurzgeschichte *The Celebrated Jumping Frog of Calaveras County* (1865) erlebte. *Er schrieb die Geschichte* in Angels Camp, wo sie auch spielt, und die Stadt schlachtet das voll aus. Es gibt freundliche Twain-Verkörperer und Twain-Statuen sowie Bronzefrösche auf der Main St, die die Sprungwettbewerbs-Champions der vielen vergangenen Jahrzehnte ehren. Heute zeigt die Stadt eine attraktive Mischung von Gebäuden, leidet aber unter dem Verkehr auf den Hwys 4 und 49. Die Stadt liegt keine 30 Fahrtminuten nordwestlich von Sonora.

DIE GRÖSSTEN BÄUME IM GOLD COUNTRY

In den Wäldern auf den Vorbergen des Gold Country haben nur wenige große Bäume die weitverbreitete Abholzung überlebt, die während des Goldrauschs erfolgte. Ein Ort, wo man aber noch uralte Bäume in all ihrer Pracht bewundern kann, ist der **Calaveras Big Trees State Park**.

Hier finden sich Riesenmammutbäume, die eine Höhe von bis zu 76 m und einen Stammdurchmesser von mehr als 7,60 m erreichen. Man glaubt, dass das Gewicht dieser Überbleibsel aus dem Mesozoikum bei mehr als 2000 Tonnen liegt. Die Riesen verteilen sich auf zwei große Haine, von denen man den einen leicht vom North Grove Trail aus sehen kann, einem 1,5 Meilen (2,4 km) langen Rundweg nahe dem Parkeingang. Auf dem abgelegeneren South Grove Trail führt einen die 1,5 Meilen (2,4 km) lange Rundwanderung zum Agassiz Tree, dem größten Baum im Park.

UNTERWEGS VOR ORT

Im südlichen Gold Country gibt's nur eingeschränkten örtlichen Busverkehr. An bestimmten Tagen im Sommer verbindet ein kostenloser Shuttlebus die Sehenswürdigkeiten in Columbia, Sonora und Jamestown. Im Sommer fahren auch Busse von Jamestown und Sonora zum Yosemite National Park, der malerische 60 Meilen (97 km) südlich liegt.

LAKE TAHOE

STRAND- UND SKIVERGNÜGEN, GIPFEL UND KASINOS

Der in allen Blau- und Grüntönen schimmernde größte Bergsee der USA lockt im Sommer mit Stränden, Wassersport und Wanderungen, im Winter mit Weltklasse-Abfahrten.

Der Lake Tahoe auf der Staatsgrenze zwischen Kalifornien und Nevada liegt auf 1903 m Höhe und ist damit einer der höchsten Seen im Land. Die Fahrt rund um die 72 Meilen (116 km) lange Uferlinie ist ein bezauberndes Abenteuer voller Kurven, Aussichtspunkte und Wanderwege.

Der See bildete sich vor 25 Mio. Jahren, als die umliegenden Berge durch Hebung aufgeworfen wurden, und die Region, wo sich der See heute befindet, zwischen zwei Verwerfungslinien absank. Der Mt. Pluto im Norden stieß Lava aus, die einen natürlichen Damm bildete, der das Wasser staute und den Wasserspiegel immer noch steigen lässt – der See ist heute der zweittiefste in den USA. Gletscher schliffen die Täler und Zuflüsse aus, wo man heute Gewässer wie die schöne Emerald Bay oder den Fallen Leaf Lake findet.

BX PHOTOGRAPHY/GETTY IMAGES ©

Die ersten Menschen, nämlich das Volk der Washoe, kamen vor mehr als 10 000 Jahren in diese Region, wo sie in der fruchtbaren Landschaft ihr Leben mit Fallenstellen, Jagen und Fischfang zubrachten. Das heutige Wort Tahoe beruht im Übrigen auf einer falschen Aussprache ihres Ausdrucks *Da ow a ga,* der einfach nur „Ecke des Sees“ bedeutet.

Erst in den 1860er-Jahren – als in der Comstock Lode im nahegelegenen Nevada City Silber gefördert wurde – entwickelte sich Tahoe zu einem Zentrum des Handels unter Ausnutzung der nahegelegenen Central Pacific Railroad, und der Wald wurde weitgehend für den Bau von Minenschächten abgeholzt.

Heute zählen der leuchtend blaue See, die aufgeforsteten Ufer und die Gipfel der Umgebung zu den besten ganzjährigen Naturzielen in ganz Kalifornien.

DIE WICHTIGSTEN ZIELE

SOUTH LAKE TAHOE & STATELINE
Brummende Kasino-Zentrale. S. 570

TAHOE CITY
Zentrum des idyllischen Westufers. S. 579

NORDUFER
Entspannter Ufercharme. S. 584

TRUCKEE
Historischer Gourmet-Ort mit Ski-Optionen. S. 589

NKNEIDLPHOTO/SHUTTERSTOCK ©

Links: Truckee (S. 589); oben: Lake Tahoe

Erste Orientierung

Lake Tahoe ist ein majestätisches Gebirgsjuwel umgeben von Skihängen, Wanderwegen, Wäldern und einzigartigen Siedlungen. Jeder Teil der 72 Meilen (116 km) langen Uferlinie bietet die Chance, den Sierra-Traum auf andere Art zu leben.

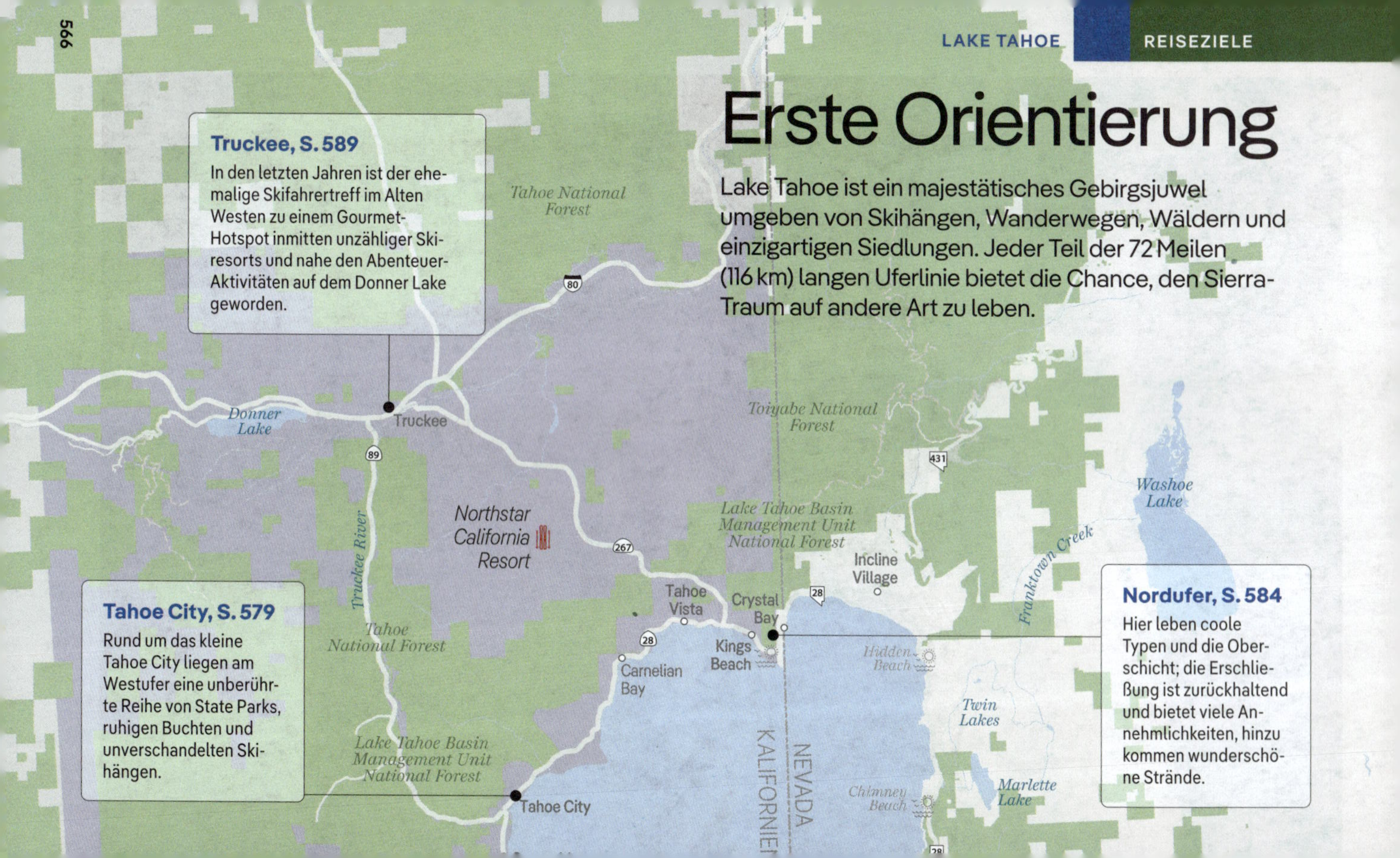

Truckee, S. 589
In den letzten Jahren ist der ehemalige Skifahrertreff im Alten Westen zu einem Gourmet-Hotspot inmitten unzähliger Skiresorts und nahe den Abenteuer-Aktivitäten auf dem Donner Lake geworden.

Tahoe City, S. 579
Rund um das kleine Tahoe City liegen am Westufer eine unberührte Reihe von State Parks, ruhigen Buchten und unverschandelten Skihängen.

Nordufer, S. 584
Hier leben coole Typen und die Oberschicht; die Erschließung ist zurückhaltend und bietet viele Annehmlichkeiten, hinzu kommen wunderschöne Strände.

AUTO

Autofahren ist die einfachste Art, um alles zu erreichen, was Tahoe zu bieten hat. Alles über die Schleife um den See erfährt man unter mostbeautifuldrive.com. Im Winter sind nach Schnee oft Winterreifen oder Schneeketten erforderlich. Die aktuellen Infos zu den geltenden Anforderungen stehen auf der Webseite von Caltrans (dot.ca.gov) und der Facebook-Seite der California Highway Patrol – Truckee (facebook.com/chp.truckee).

BUS

In Tahoe angekommen, ersparen einem kostenlose Ortsbusse und Shuttles die ständige lästige Parkplatzsuche. Der T ahoe Transportation District deckt das Südufer und der mit Fahrradständern versehene Tahoe Area Rapid Transit das Nord- und einen Teil des Westufers ab. Während der Skisaison betreiben die meisten Resorts kostenlose Shuttles zu den Bergen.

South Lake Tahoe & Stateline, S. 570

Im geschäftigen Epizentrum des am stärksten erschlossenen Ufers des Lake Tahoe taucht man ins Kasinoleben ein. Hier buhlen Jachthäfen, Skiresorts und Einarmige Banditen um Aufmerksamkeit.

WANDERN

Tahoe ist ein Paradies für Wanderfreunde. Bei ausreichender Vorbereitung finden alle einen geeigneten Trail, von behindertengerechten bis hin zu anspruchsvollen im Hinterland. Man sollte sich vor Ort nach dem Zustand der Wege erkundigen und doppelt checken, ob man alles dabei hat, was man zu seiner Sicherheit braucht. Nie seine Fähigkeiten als Wanderer überschätzen!

Perfekte Tage

Das Leben am See ist überall anders, wie man beim Umfahren feststellt. Generell zeigt sich das Südufer mit Motels und Kasinos wuselig, das Westufer eher rau und altmodisch und das Nordufer ruhig und elegant, während das Ostufer unerschlossen ist. Alle können wählen, was ihnen gefällt.

ASIF ISLAM/SHUTTERSTOCK ©

Aktivitäten am Lake Tahoe

Wenig Zeit

● Die Sonne scheint drei von vier Tagen über dem Lake Tahoe, daher sollte ein Kurztrip immer, außer wenn es schneit, die Fahrt um das gesamte Ufer beinhalten. In **South Lake Tahoe** (S. 570) sollte man wegen der vielen **Restaurants und Bars** (S. 574) und der **Heavenly Gondola** (S. 572) Station beziehen. Anschließend verschafft einem die 72 Meilen (116 km) lange Schleife um den See einen guten Gesamteindruck. Im Sommer stehen Schwimmen, Kajakfahren, Stehpaddeln und Bootsfahrten hoch im Kurs – zu empfehlen sind **Pope Beach** (S. 573) oder **Keys Marina** (S. 573) . Darüber hinaus locken auch Wanderungen, Campimg und Rucksacktouren durch die Natur. Nach der Rückkehr in die Stadt versucht man sein Glück in den **Kasinos** (S. 574) von Stateline oder besucht eine Show.

Beste Reisezeit

Im Sommer herrscht Strandleben mit warmen Tagen und milden Nächten. Der Winter ist schneereich; die Gebirgspässe könnten wegen Schneestürmen gesperrt sein. Die Temperaturen im Frühjahr und Herbst sind moderat.

MÄRZ

WinterWonderGrass ist ein tolles Festival mit Bluegrass- und Volksmusik, bei dem die Bühne von Schnee umgeben ist. Das **Snowfest** erhellt North Lake Tahoe.

APRIL

Die Schneeschmelze kommt und bringt Wasserfälle; viele Wanderwege und Resorts sind noch immer zu. Heavenly Village veranstaltet eine **Ostereiersuche**.

JUNI

Die **Strandsaison** startet und die Wildblumen blühen, die **Wanderwege** und Mountainbike-Trails sind frei.

COREY RICH/AURORA OPEN RF/CAVAN IMAGES/ALAMY ©; GEORGE ROSE/GETTY IMAGES ©; PHOTOGRAPHYBY_JENNY/SHUTTERSTOCK ©

Drei Tage zum Herumfahren

- Bei längerem Aufenthalt kann man auf dem **Rubicon Trail** (S. 576) nach **Emerald Bay** (S. 576) wandern. Nach einem Sonnenbad geht's mit dem Kajak zur **Fannette Island** (S. 576). Anschließend folgt ein Mittagessen in **Tahoe City** (S. 579), entweder am See bei der **Tahoe National Brewing Company** (S. 581) oder in einem der vielen Cafés. Weiter geht's hinauf nach **Truckee** (S. 589) und zum Gebiet des **Donner Lake** (S. 591), wo man mountainbiken oder Wassersport betreiben kann. Abends speist man in Truckee und macht die Bars unsicher.

- Im Winter stehen statt Wandern Schneeschuhlaufen und statt Mountainbiken Skifahren in Skigebieten wie dem riesigen **Palisades Tahoe** (S. 593) mit dem herausfordernden Olympic Valley und den entspannteren Alpine Meadows auf dem Programm.

Länger Zeit

- Bei mehr Zeit kann man seine Rundreise um den See verlängern und in jedem Ort am See länger verweilen. Man badet königlich am **Kings Beach** (S. 586) und wandert dann durch die **Mt. Rose Wilderness** (S. 586) oder auf dem **East Shore Trail** (S. 586). Man kann Ausritte unternehmen oder in **Zephyr Cove** (S. 578) Tretboot fahren. Wer sein Glück versuchen will, besucht die **Kasinos** in Nevada (S. 574).

- Im Winter nimmt man die **Heavenly Gondola** (S. 572) und fährt Ski in dem berühmten Resort oder dringt weiter zu den Skigebieten **Kirkwood** (S. 577), **Northstar** (S. 591) oder **Boreal** (S. 589) vor. Man kann Langlauf betreiben in der **Royal Gorge** (S. 591) oder mit den Kleinen in **Hansen's Resort** (S. 573) oder **Soda Springs** (S. 589) Tubing ausprobieren.

JULI

Das **Valhalla Art, Music & Theatre Festival** ist eine den ganzen Sommer dauernde Schatzkiste voll Musik und Theater in einer Halle aus den 1930er-Jahren.

AUGUST

Das **Lake Tahoe Shakespeare Festival** (S. 588) beginnt im Juli mit Freiluftaufführungen am See und setzt sich bis in den August fort.

SEPTEMBER

Kühlere Temperaturen, buntes Laub und weniger Tourist:innen nach dem Labor Day machen die Gegend zum beliebten Ziel für **entspannte Wanderungen**.

DEZEMBER

Der **Wintersport** boomt in den Resorts rund um den See, aber Stürme können die Straßen gefährlich machen, so dass Umsicht und Planung gefordert sind.

SOUTH LAKE TAHOE & STATELINE

South Lake Tahoe ist ein vollgestopftes Kommerzviertel am See, eingerahmt von malerischen hohen Bergen. Die Stadt liegt am Fuß des Weltklasse-Bergresorts Heavenly, während jenseits der Staatsgrenze in Stateline, Nevada, die Spieltische in den großen Kasinos brummen. Das Südufer des Lake Tahoe lockt Besucher:innen mit einer Vielzahl von Aktivitäten, Unterkünften und Restaurants im Sommer an den Strand und im Winter in den Pulverschnee. Die wichtigste Ost-West- Durchfahrtsstraße von South Lake Tahoe ist der Lake Tahoe Blvd, ein 5 Meilen (8 km) langer Abschnitt des Hwy 50. Die meisten Hotels und Geschäfte ballen sich um die Staatsgrenze und in Heavenly Village. Der Sirenengesang von Blackjack und einarmigen Banditen lockt die Massen in die Kasinos mit ihren Hotels, Restaurants, Liveunterhaltung und Bars.

In geschäftigen Zeiten ist diese Anlaufstelle für Aktivitäten stark überfüllt. Obwohl die Erschließung hier übertrieben wurde, ist der Andrang abseits der Kasinos geringer, und die dicht stehenden Bäume verbergen viel von all dem Trubel.

TOP TIPP

Es gibt jede Menge Hotels, Resorts und Ferienwohnungen, und in den Kasinos gibt's einfache, billige Unterkünfte. Man sollte so nah wie möglich am See wohnen, um für Ausflüge nicht auf ein Auto angewiesen zu sein. Wenn möglich, keine Unterkunft an den stark befahrenen Hwys 50 und 89 nehmen! Im Winter sind die Unterkünfte in Stateline praktisch, wenn man mit der Heavenly Gondola hinauf ins Skigebiet fahren will.

Heißluftballon über dem Lake Tahoe

HIGHLIGHTS
1 Heavenly Resort

SEHENSWERTES
2 Baldwin Beach
3 Kiva Beach
4 Lake Tahoe Historical Society Museum
5 Pope Beach
6 Tallac Historic Site

AKTIVITÄTEN, KURSE & TOUREN
7 Angora Lakes
8 Angora Lakes Trail
9 El Dorado Beach
10 Fallen Leaf Lake
11 Grass Lake
12 Heavenly GondSola
13 Lake Tahoe Balloons
14 Tamarack Express
15 USFS Taylor Creek Visitor Center

ESSEN
16 Tamarack Lodge

UNTERHALTUNG
17 Bally's Lake Tahoe
18 Hard Rock Hotel Lake Tahoe
19 Harrah's
20 Harvey's

TRANSPORT
21 Anderson's Bike Rental
22 Wanna Ride

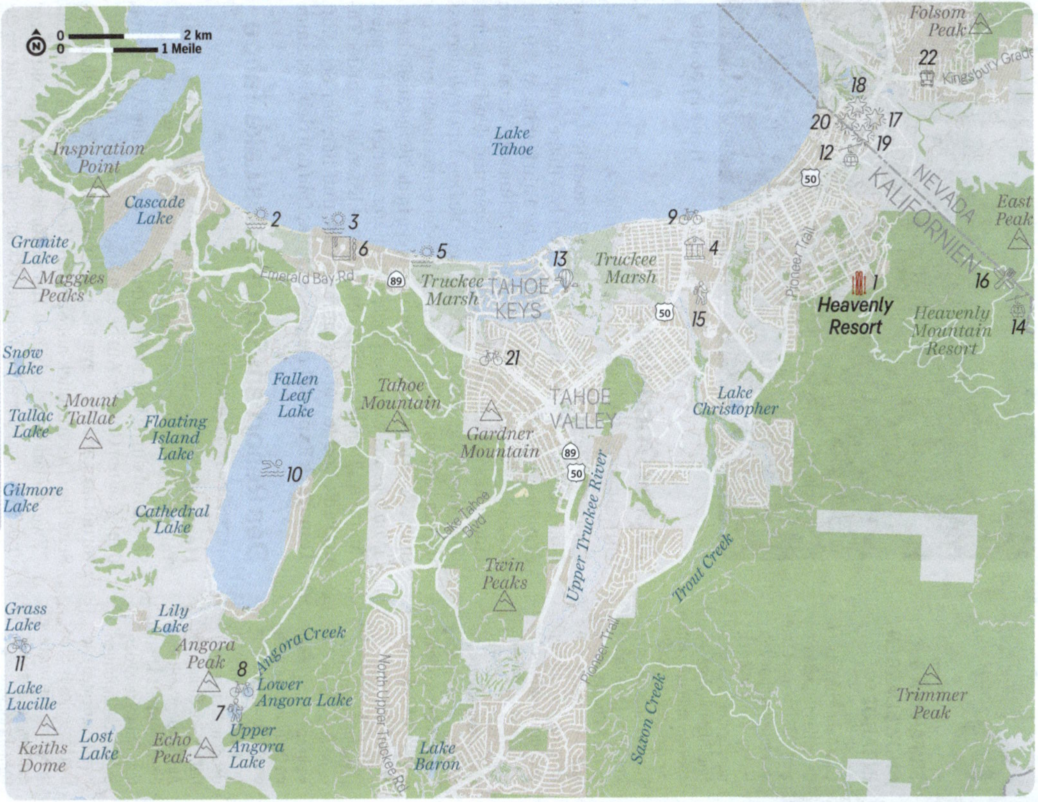

Angora Lakes (S. 573)

PIERRE WILLIOT/SHUTTERSTOCK ©

SKIFAHREN & SNOWBOARDEN IN TAHOE

Lake Tahoe bietet wundervolle Möglichkeiten zum Skifahren mit Tausenden verschneiten Hektar in mehr als einem Dutzend Skigebieten. Zu den Wintersportkomplexen zählen die riesigen Jet-Set-Hänge von Heavenly bei South Lake Tahoe sowie Palisades (S. 593) und Northstar (S. 591) im Norden. Nicht weniger aufregend sind Insider-Spielwiesen wie Sugar Bowl (S. 589) oder Homewood (S. 583). Tahoe hat schlicht einen Hügel für jeden, ob Kinder oder Wagehälse.

Die Skisaison dauert in der Regel von November bis April, sie kann aber auch schon im Oktober beginnen und sich bis in den Mai oder sogar Juni ausdehnen. Alle Resorts haben Skischulen und Ausrüstungsverleih; auf ihren Webseiten findet man Hinweise zu den Schneebedingungen, Wetterberichten und den kostenlosen Shuttlebussen, die während der Skisaison fahren. Weitere Infos und Rabattangebotefgibt's unter skilaketahoe.com.

GG5795/SHUTTERSTOCK ©

Heavenly Gondola

Alpine Gondelfahrt

EIN HOHER FLUG MIT DER HEAVENLY GONDOLA

Bis auf die Bergspitzen um den Lake Tahoe führt die Heavenly Gondola, deren Talstation im Heavenly Village direkt neben Stateline und dem Hwy 50 liegt. Die Fahrt umfasst 3,9 km schöne Berglandschaft in 12 Minuten. Unterwegs kann man an einem Aussichtsdeck (2780 m) aussteigen und den Panoramablick über das gesamte Tahoe-Becken, die Desolation Wilderness und das Carson Valley genießen. Wieder eingestiegen geht's zur Spitze, wo die Skilifte, Pisten und Wege in die Berge ausfächern.

Von hier aus kann man viele Aktivitäten starten: Bergsteigen, Ziplining, Tubing und Skifahren. Gutes Essen gibt's in der **Tamarack Lodge** mit Restaurant, Café und Bar; der Sessellift **Tamarack Express** bringt einen hinauf auf den Gebirgskamm.

Das Resort am Südufer des Lake Tahoe

PISTENSPASS IM HEAVENLY RESORT

Heavenly ist die Mutter aller Wintersportgebiete am Lake Tahoe und bietet die größte Fläche, die längste Piste (8,9 km), Skifahren durch baumbestandene Gebiete und die Abfahrt mit dem größten Gefälle. Am besten folgt man der Sonne und fährt vormittags auf der Nevada-, nachmittags auf der Kalifornien-Seite Ski. Der Ausblick auf See und Hochwüste ist himmlisch.

Zwei Geländeparks bieten Herausforderungen für Skifahrer und Snowboarder aller Leistungsklassen. Ein paar Daten: 28 Skilifte, 1000 m Höhenunterschied, 97 Pisten. Wer kein Skifahrer ist, bekommt immer noch einen guten Eindruck von diesem Winterwunderland bei einer Fahrt mit der Heavenly Gondola.

ESSEN IN SOUTH LAKE TAHOE

Sprouts
Das energiegeladene Café verwendet überwiegend Bio-Produkte und verdient Lob für seine Säfte, Smoothies, Reisgerichte, Burrito-Wraps und Salate. **$**

Cafe Fiore
Das winzige romantische Lokal ist ein gehobenes, aber unprätentiöses italienisches Restaurant mit einer preisgekrönten Weinkarte, auf der 300 Tropfen stehen. **$$$**

Himmel Haus
Im Wald nahe Heavenly bietet dieses Lokal eine große Terrasse, Krüge mit deutschem Bier und Schnitzel. **$$**

Im Sommer bringt die Gondel Wanderlustige zum Start eines kilometerweiten Wegenetzes, wozu auch der auch der **Skyline Hiking Trail** mit Blick auf zwei Bundesstaaten gehört.

Strandleben

SANFTE GOLDENE SANDSTRÄNDE AM SEE

In South Lake Tahoe gibt's die tollsten Strände – **Pope Beach**, **Kiva Beach** und **Baldwin Beach** –, die alle mit Picknicktischen und Grills bestückt sind. Die Strände reihen sich an der Emerald Bay Rd (Hwy 89). Gleich südlich liegt der **Fallen Leaf Lake**, an dem Szenen der Hollywood-Streifen *Bodyguard* und *Stadt der Engel* gedreht wurden. Im Sommer beliebt zum Schwimmen.

Allerdings muss man abgehärtet sein: Das klare Wasser des Lake Tahoe ist die meiste Zeit im Jahr kalt, wenn der See nicht sogar zugefroren ist. Die Spitzen-Wassertemperaturen liegen im Spätsommer bei gerade einmal 21 °C in Ufernähe.

Bootsfahrten, Wassersport & Ballons

HINAUS AUFS BLAUE WASSER DES SEES

Außer im Winter wartet das berühmte blaue Wasser des Lake Tahoe darauf, erkundet zu werden. Man kann Rennboote, Pontonboote, Segelboote und Jet Skis mieten, aber auch mit Muskelkraft betriebene Kajaks, Kanus, Tretboote, Shehpaddelbretter und mehr. Jachthäfen säumen das Südufer, und in der Keys Marina hat sogar **Lake Tahoe Balloons** seinen Sitz. Mit dem Ballon kann man einen atemberaubenden Blick aus 3000 m Höhe auf den See und die Sierra Nevada werfen.

Kajaktouren führen in alle Ecken des Sees. Natürlich kann man auch einfach einen Bootsausflug unternehmen.

Wanderwege en masse

WEGE FÜR JEDES LEISTUNGSNIVEAU

Am Lake Tahoe ist man immer in der Nähe eines tollen Wanderwegs. Mehrere leichte beginnen nahe dem **USFS Taylor Creek Visitor Center** abseits des Hwy 89. Der 1,6 km lange, relativ ebene **Rainbow Trail** ist ein Rundweg um eine Wiese am Bach. Der leichte, hügelige, 1,6 km lange **Moraine Trail** folgt der Uferlinie des **Fallen Leaf Lake**. In höherer, kühlerer Lage ist die ebenfalls 1,6 km lange Wanderung zu den **Angora Lakes** und zurück ein weiterer familienfreundlicher Weg.

Mehrere große Startpunkte bieten leichten Zugang zu längeren, anspruchsvollen Tageswanderungen zu Bergseen und Hochwiesen in der treffend benannten Desolation Wilderness (S. 578). Die Bergstation der Heavenly Gondola ist der Ausgangspunkt zu vielen weiteren hochalpinen Wegen.

WINTERSPASS ABSEITS DER SKIPISTEN

Größere Skiresorts wie Heavenly bieten auch Hügel zum (Reifen)rodeln. Die Sno-Parks der Region, zu finden in State Parks und einigen Skiresorts, bieten alle Arten von Spaß im Schnee. Private gepflegte Rodelhügel finden sich im **Hansen's Resort** in South Lake Tahoe und im **Adventure Mountain** südlich der Stadt.

Abseits der Pisten sind Tahoes Langlauf-Skiresorts in der Regel von Dezember bis März, manchmal auch April geöffnet. Die meisten vermieten Ausrüstung und bieten Skiunterricht, einige auch Touren in die frostige Wildnis.

Was könnte in einer kalten, ruhigen Nacht zauberhafter sein als eine Schneeschuhtour bei Vollmond? Solche Ausflüge sind sehr beliebt und werden von State Parks und Skiresorts angeboten. Schlittschuhlaufen kann man direkt im Zentrum von **Heavenly Village**.

AUSGEHEN IN SOUTH LAKE TAHOE

The Hangar – Taproom & Bottle Shop
Kleinbrauereibiere vom Fass und eine schöne Lage in einem Wäldchen mit Feuerstellen.

South Lake Brewing Company
In dem großen Pub mit vielen Plätzen im Freien gibt's täglich bis zu 16 Biere vom Fass.

Idle Hour
In dieser zwanglosen Bar mit großer Seeterrasse kann man Weine probieren.

LOCAL TIPP: ESSEN & AUSGEHEN IN SOUTH LAKE TAHOE

Chris Sidell, Braumeister bei Sidellis Lake Tahoe (@sidellislaketahoe) nennt ein paar seiner Lieblingsläden.

Primos Italian Bistro eignet sich zum Ausgehen und Genießen, ohne zu viel auszugeben. Nicht auslassen sollte man die hausgemachte Carbonara-Pasta mit einem Pillow Line Pale Ale von der South Lake Brewing Company.

MacDuff's Pub ist ein Muss mit beliebten Gerichten wie Shepherd's Pie und Fish-and-Chips, genossen mit einem Clockwork White Ale. Das wärmt von innen und außen, außerdem liegt der Pub in Gehweite des Sidellis, meiner eigenen Bierstube!

Die **Lake Tahoe Pizza Company** überzeugt schon allein mit ihrer Salatbar, aber auch die Pizzen sind lecker, ganz besonders „Barnyard Massacre" und „Southwestern Chicken". Der Boden ist hausgemacht. Zur Pizza passt prima ein OB-Amber-Bier.

Dorado für Radfahrer & Mountainbiker

FLACH ROLLEN, STEIL STRAMPELN

All diese Hänge, Hügel und Wege sind perfekt zum Radfahren. Der **South Lake Tahoe Bike Path** ist eine ebene, leichte Strecke, die vom **El Dorado Beach** nach Westen führt. Die **Lake Tahoe Bicycle Coalition** (tahoebike.org) hat Infos und gute Karten. Fahrräder mietet man bei **Anderson's Bike Rental**.

Eine Strecke für erfahrene Mountainbiker ist der sagenhafte, 6 Meilen (9,6 km) lange **Mr. Toad's Wild Ride**, der mit steilen Abfahrten und hochgezogenen Kurven an die gleichnamige Themenfahrt in Disneyland erinnert. Der Radweg liegt südlich der Stadt nahe dem **Grass Lake** und dem Luther Pass.

Zu den weiteren Optionen zählt der **Angora Lakes Trail,** ein steiler, leichter Weg mit Aussicht zum Mt. Tallac und dem Fallen Leaf Lake. **Tahoe Area Mountain Biking Association** (tamba.org) und **Wanna Ride** (wannaridetahoe.com) liefern Infos.

Kasinoglanz

SEIN GLÜCK VERSUCHEN

Gleich jenseits der Staatsgrenze ragen in Nevada vier Kasino- und Hotelkomplexe über den See. Alle haben Spielsäle mit wenig Licht, die rund um die Uhr geöffnet sind. Bisweilen treten große Namen auf, während kleinere Lichter am Showhimmel regelmäßig für Liveunterhaltung in Bars, Lounges und Clubs sorgen.

Harvey's ist das älteste Kasino und bietet Zimmer in einem Turm am See. Den Eigentümern gehört auch das, **Harrah's,** das opulenteste und munterste Kasino. Von der Bar und dem Restaurant im 18. Stock hat man einen weiten Ausblick, den auch alle vom öffentlichen Bereich neben den Fahrstühlen aus genießen kann. Das **Bally's Lake Tahoe** ist schlicht, während das **Hard Rock Hotel Lake Tahoe** mit Rock-Motiven und Memorabilien ausgeschmückt ist. Alle Hotels bieten Rabatte.

In Tahoes Geschichte eintauchen

VON DER WASHOE-KULTUR ZUR SCHICKERIA

Geschützt von einem Kiefernwäldchen und neben einem Sandstrand liegt die **Tallac Historic Site** auf dem Gelände des ehemaligen Tallac Resort, einem schicken Feriendomizil der High Society um 1900. Das Gelände wurde zu einem Kunstzentrum umgestaltet. Man kann das Anwesen erkunden und sich die prächtigen alten Landsitze und Gebäude anschauen.

Beim Zentrum South Lake Tahoes zeigt das kleine **Lake Tahoe Historical Society Museum** Reste aus Tahoes Vergangenheit, etwa Flechtkörbe der Washoe und Schwarzweißfilme.

UNTERWEGS VOR ORT

Der Reno-Tahoe International Airport ist der nächste größere Flughafen. Er liegt 55 Meilen (89 km) nordöstlich und ist mit dem Südufer durch Shuttlebusse verbunden. Amtrak betreibt Thruway-Busse vom Bahnhof in Sacramento.

South Lake Tahoe hat zwei Knoten: Einen südlich der Y-Kreuzung der Hwys 50 und 89; einer im Zentrum von Stateline. Kostenlose Busse des Tahoe Transportation District am Südufer. Zur Skisaison fahren kostenlose Shuttles zu den Bergen.

Rund um South Lake Tahoe & Stateline

Unberührte Natur vom Feinsten entfaltet sich rund um das Westufer des Lake Tahoe und tief hinein in die Berge im Süden.

Es braucht nicht lange, um den eher städtischen Charme von South Lake Tahoe und Stateside, Nevada, hinter sich zu lassen. Das dicht bewaldete Westufer rund um die Emerald Bay ist idyllisch. Der Hwy 89 windet sich in vielen Kurven vorbei an prächtigen State Parks mit Badestränden, Wanderwegen, kiefernbeschatteten Campingplätzen und historischen Villen. Von mehreren Ausgangspunkten aus hat man Zugang zu Wegen mitten hinein in die raue Pracht der Desolation Wilderness.

Nach Süden liegen Quadratkilometer zerklüfteten bergigen Geländes. Einige Abschnitte zeigen Narben des Caldor-Waldbrands von 2021, aber viele Teile des Waldes und einige Skiresorts sind geblieben. Die Gipfel sind das ganze Jahr schneebedeckt.

Fährt man auf dem Hwy 50 nach Nevada hinein, öffnet sich das Seeufer und zeigt sonnige Strände.

TOP TIPP

Im Winter können Winterreifen oder Schneeketten für das Auto erforderlich sein. Weitere Informationen dazu stehen auf der Webseite von CalTrans (dot.ca.gov).

Fannette Island in der Emerald Bay (S. 576)

WARUM ICH DIE WESTSEITE DES LAKE TAHOE LIEBE

Alexis Averbuck, Autor

Der **DL Bliss State Park** – am Hwy 89, 2 Meilen (3,2 km) nördlich von Emerald Bay – ist für mich immer eine Freude. Er hat die schönsten Strände am Westufer, den **Lester Beach** und die **Calawee Cove**, und ich liebe den Wanderweg zum **Balancing Rock**, einem auf einem Steinsockel thronenden Granitbrocken. Im Frühjahr und Herbst ist es hier sehr ruhig.

Nahe der Calawee Cove liegt das nördliche Ende des Rubicon Trail, der ein Highlight ist. Ein Tipp: Die Parkplätze an der Bucht sind in der Regel um 10 Uhr belegt, dann muss man 2 Meilen (3,2 km) vom Parkeingang zum Strand laufen. Das Parkpersonal weiß, wo man noch Zugang zu den Trails hat.

Blaugrünes Wasser, unberührte Insel

ERKUNDUNG DES EMERALD BAY STATE PARK

Nackte Granitklippen und eine zerrissene Küstenlinie begrenzen die von Gletschern geformte Emerald Bay, eine tropfenförmige Bucht westlich von South Lake Tahoe. Ihr faszinierendster Aspekt ist das Wasser, das je nach Sonnenstand zwischen kleeblattgrün und helljadefarben changiert. **Fannette Island**, die einzige Insel im Lake Tahoe und von einigen Bambi's Island genannt, liegt perfekt in der Mitte des Parks. Auf dem unbewohnten Granitfelsen erheben sich die geplünderten Überreste eines kleinen Teehauses aus den 1920er-Jahren.

Überall am Hwy 89 gibt's Ausfahrten zu Aussichtspunkten, darunter am **Inspiration Point**. Gleich südlich davon weicht die Böschung zu beiden Straßenseiten einem steilen Gefälle, sodass man einen idealen Blick auf die Emerald Bay im Norden und den **Cascade Lake** im Süden hat.

Vikingsholm Castle ist ein Highlight im Park, das 1929 fertiggestellte seltene Beispiel eines Gebäudes im altnordischen Stil. Es zeigt viele merkwürdige Gestaltungselemente, darunter Grassodendächer, die im späten Frühjahr blühende Wildblumen tragen. Man erreicht die Villa über einen steilen, 1,6 km langen Weg, der auch zu einem Besucherzentrum führt.

Die Campingplätze im Park sind ausgezeichnet, um Zwiesprache mit der Natur zu halten: **Eagle Point** bietet Annehmlichkeiten wie Warmwasserduschen, während **USFS Bayview** nahe dem Inspiration Point absichtlich primitiv gehalten ist.

Buchten & ein historischer Leuchtturm

WANDERN AUF DEM PRACHTVOLLEN RUBICON TRAIL

Der **Rubicon Trail**, ein sehr malerischer Weg am Westufer des Lake Tahoe, folgt dem Ufer auf 7,2 meist leichten Kilometern vom Vikingsholm Castle (es kommen noch 1,6 km für dem Weg vom Hwy 89 hinunter zu der Villa hinzu) im Emerald Bay State Park. Der Trail berührt kleine Buchten, die sich ideal für einen abkühlenden Sprung ins Wasser eignen, und bietet immer wieder herrliche Ausblicke auf dem Weg gen Norden in den D. L. Bliss State Park.

Ein 1,6 km langer Umweg gibt Gelegenheit, Rubicon Point Light, einen restaurierten **historischen Leuchtturm** zu besuchen, ein quadratisches, mit Holz verschaltes Gebäude, das ein wenig an ein Klohäuschen erinnert und 1916 von der Küstenwache errichtet wurde. Mit einer Höhe von 2072 m über dem Meeresspiegel ist er der höchste Leuchtturm in den USA.

FÜR BERGFREUNDE

Die Gegend ist magisch, aber noch mehr Berge warten: im **Yosemite National Park** (S. 600), **Sequoia & Kings Canyon National Park** (S. 611), **Mt. Shasta** (S. 494) oder **Mt. Lassen** (S. 502).

ÜBERNACHTEN NAHE SOUTH LAKE TAHOE

Camp Richardson Resort & Marina
Ein Komplex mit Hütten, Stellplätzen und Motelzimmern, einem eigenen Strand und einer Marina. **$$**

Wylder Hotel Hope Valley
Eine schöne Option im Hope Valley mit gemütlichen Hütten aus Kiefernholz, Jurten, Stellplätzen und vielen Aktivitäten. **$$**

D. L. Bliss State Park Campground
Der wundervolle Campingplatz am Westufer hat 150 Stellplätze, einige davon in Strandnähe. **$**

GALINA BARSKAYA/SHUTTERSTOCK ©

Snowboarden mit Blick auf den Lake Tahoe

Entspanntes Skiresort im Hochland

SKIFAHREN IM COOLEN KIRKWOOD

Abseits gebahnter Pfade liegt Kirkwood in einem Hochtal, so dass es hier tollen Schnee gibt, der sich länger hält als in fast jedem anderen Skiresort am Lake Tahoe. Es gibt hervorragende Geländeabfahrten, Schluchten, Rinnen und Geländeparks. Kirkwood ist das einzige Resort am Lake Tahoe mit Pisten im Hinterland, die nur mit Pistenraupen erreichbar sind. Anfänger, die noch nie im Gelände Ski gelaufen sind, sollten sich unbedingt vorab für ein Sicherheitstraining anmelden.

Kirkwood ist über den Hwy 89 zu erreichen und liegt 35 Meilen (56 km) südwestlich von South Lake Tahoe; eine Liste der Shuttles, die in der Skisaison fahren, gibt's auf kirkwood.com. Statistische Daten: 15 Skilifte, 610 m Höhendifferenz, 86 Pisten.

Snowboarding Thrills

RIPPING AT SIERRA-AT-TAHOE

Rund 18 Meilen (29 km) südwestlich von South Lake Tahoe findet sich das Snowboarding-Zentrum Sierra-at-Tahoe, wo sechs Geländeparks auf eine 5 m hohe Superpipe treffen. Eine Piste für Anfänger schlängelt sich auf 4 km Länge vom Gipfel herunter, es gibt aber auch Steilhänge und Rinnen mit Tempo.

Für Kinder gibt's vier „Abenteuerzonen", die Erwachsenen vorbehaltenen **Huckleberry Gates** sind dagegen ein steiles,

AUF & UNTER DEM WASSER DER EMERALD BAY

Fannette Island ist per Boot zugänglich, außer während der Brutzeit der Kanadagänse (in der Regel Februar-Mitte Juni). Kajaks kann man in Vikingsholm von **Kayak Tahoe** mieten, Boote in South Lake Tahoe (wo auch Kreuzfahrten durch die Bucht mit Kommentar und Schnellboottouren angeboten werden) sowie in Meeks Bay (S. 583).

Der größte Teil des Lake Tahoe scheint bodenlos (der See erreicht eine Tiefe von etwas mehr als 500 m), doch Taucher, die der Kälte trotzen, können den Seegrund auf dem **Emerald Bay Maritime Heritage Underwater Trail** (parks.ca.gov) erkunden. Man sieht gesunkene Kähne und Freizeitboote; der Trail ist unter Wasser markiert.

Anderswo in der Bucht finden Taucher einen versunkenen Felssturz und andere Artefakte in einem historischen Abladeplatz. Alles gehört zu den einmaligen **Underwater State Parks of Emerald Bay** oder zum D. L. Bliss State Park (S. 576).

ESSEN NAHE SOUTH LAKE TAHOE

Sunset Bar & Grill
Mit einem hinreißenden Blick bei Dämmerung über den See wird das Lokal im Zephyr Cove Resort seinem Namen wirklich gerecht. **$$**

Beacon Bar & Grill
Das Uferrestaurant mit einer beliebten Sommerterrasse direkt am See liegt abseits des Hwy 89 im Camp Richardson. **$$$**

Getaway Cafe
Das abgelegene Lokal ganz im Süden des Hwy 50 ist bekannt für riesige Portionen klassischer amerikanischer Kost. **$$**

HIGHLIGHTS IN ZEPHYR COVE

Zephyr Cove ist ein Juwel am Hwy 50 auf der Fahrt von Stateline nach Norden.

Kajakfahren
Man kann die azurblaue Weite des Sees mit einem Kajak von dieser Bucht aus erkunden.

Strand
Man genießt die sandigen Badestrände und kann Beach-Volleyball spielen.

Schaufelraddampfer MS Dixie II
Das ganze Jahr bietet der Dampfer eine Vielzahl von Ausflugsfahrten, teils mit Getränken, Essen und Tanzen an, darunter tagsüber eine kommentierte zweistündige Fahrt zur Emerald Bay (S. 576).

Zephyr Cove Stables
Ausritte durch Wald und Wiesen vorab reservieren!

Zephyr Cove Resort & Marina
Das historische Familienresort hat altmodische Hütten, die verstreut unter den Bäumen stehen.

HOTRAVEL_RU/SHUTTERSTOCK ©

Eagle Falls trail

tiefes Querfeldeingelände für Experten. Statistische Daten: 14 Skilifte, 670 m Höhendifferenz, 47 Pisten. Das Resort hat sich nach dem Caldor-Waldbrand bemerkenswert gut erholt.

Durch die Desolation Wilderness

SEINEN TRAUM IM HINTERLAND LEBEN

Die von mächtigen Gletschern vor Urzeiten geformte, dichte Desolation Wilderness (fs.usda.gov/detail/eldorado/specialplaces) breitet sich südlich und westlich vom Lake Tahoe aus und ist das beliebteste Naturgebiet in der Sierra Nevada. Das 259 km² große Wunderland prunkt mit Granitgipfeln, blauen Bergseen, von Gletschern gegrabenen Tälern und prächtigen Kiefernwäldern, die sich in größeren Höhen schnell lichten. Im Sommer lugen Wildblumen zwischen den Felsen hervor.

Es locken Erkundungstouren ins Hinterland. Sechs große Trail-Startpunkte geben Zugang von der Lake-Tahoe-Seite aus. **Tallac** und **Eagle Falls** sehen die meisten Besucher:innen, doch die Tageswander:innen hinter sich, erlebt man schnell Einsamkeit.

Das ganze Jahr über erfordern Tageswanderungen und längere Treks eine Genehmigung. Von Ende Mai bis September gilt ein Quotensystem. Mehr als die Hälfte der Genehmigungen kann online reserviert werden, meist ab Ende März oder April; die übrigen werden am Tag des Wanderbeginns nach dem Prinzip: Wer zuerst kommt, mahlt zuerst, vergeben. Karten, Infos und Genehmigungen gibt's im USFS Taylor Creek Visitor Center.

UNTERWEGS VOR ORT

Manchmal ist der Hwy 89 nördlich der Tallac Historic Site (S. 574) wegen heftigen Schneefalls gesperrt. Der Abschnitt des Hwy 89 zwischen South Lake Tahoe und Emerald Bay ist auch als Emerald Bay Rd bekannt.

Starken Verkehr umgeht man, wenn man ab South Lake Tahoe auf dem Pioneer Trail fährt, der an der Kreuzung von Hwy 89 und 50 (südlich der Y-Kreuzung) nach Osten abzweigt und in Stateline wieder auf den Hwy 50 stößt.

TAHOE CITY

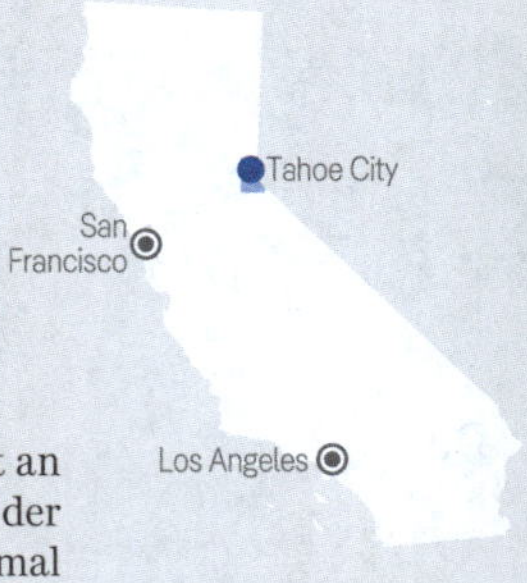

Tahoe City, das kommerzielle Zentrum des Westufers, liegt an der Kreuzung der Hwys 89 und 28, so dass man während der Rundreise um den See nahezu unvermeidlich mindestens einmal hier vorbeikommt.

Tahoe City kostet seine Lage am See voll aus. Der Ausblick nach Süden über das Wasser ist spektakulär, und viele Restaurants und Pubs haben große Terrassen. Die wichtigsten Sehenswürdigkeiten in Downtown sieht man bei einem 1,6 km langen Spaziergang mit Start und Ziel am North Lake Tahoe Visitor Center. Man folgt der Mackinaw Rd zum Commons Beach und spaziert auf dem Küstenweg bis zum Pier. Nachdem man das klare Wasser bewundert hat, marschiert man zum N Lake Blvd, überquert die Fanny Bridge und erkundet das Gatekeeper's Museum und den angrenzenden Park.

Von dem Gebiet aus sind ein halbes Dutzend Skiresorts wie Alpine Meadows und Olympic Valley in Palisades Tahoe leicht zu erreichen.

TOP TIPP

Tahoe City ist der beste Ort nördlich von South Lake Tahoe, um Vorräte zu kaufen und Ausrüstung zu mieten. Der N Lake Blvd ist die Hauptstraße und ein ausgezeichneter Zwischenstopp, weil an ihr viele Outdoor-Ausrüster, touristische Läden, Restaurants, Bäckereien und Cafés liegen. Für das bescheidene Nachtleben sorgen u.a. mehrere Restaurants mit Livemusik.

Radfahren in Tahoe City (S. 581)

HIGHLIGHTS
1 Granite Chief Wilderness

SEHENSWERTES
2 Commons Beach
3 Gatekeeper's Museum & Marion Steinbach Indian Basket Museum
4 Tahoe Treetop Adventure Parks

AKTIVITÄTEN, KURSE & TOUREN
5 Five Lakes Trail
6 Paige Meadows
7 Tahoe Cross-Country
8 Tahoe Rim Trail
9 Truckee River Bike Trail
10 Truckee River Raft Rentals
11 West Shore Bike Path

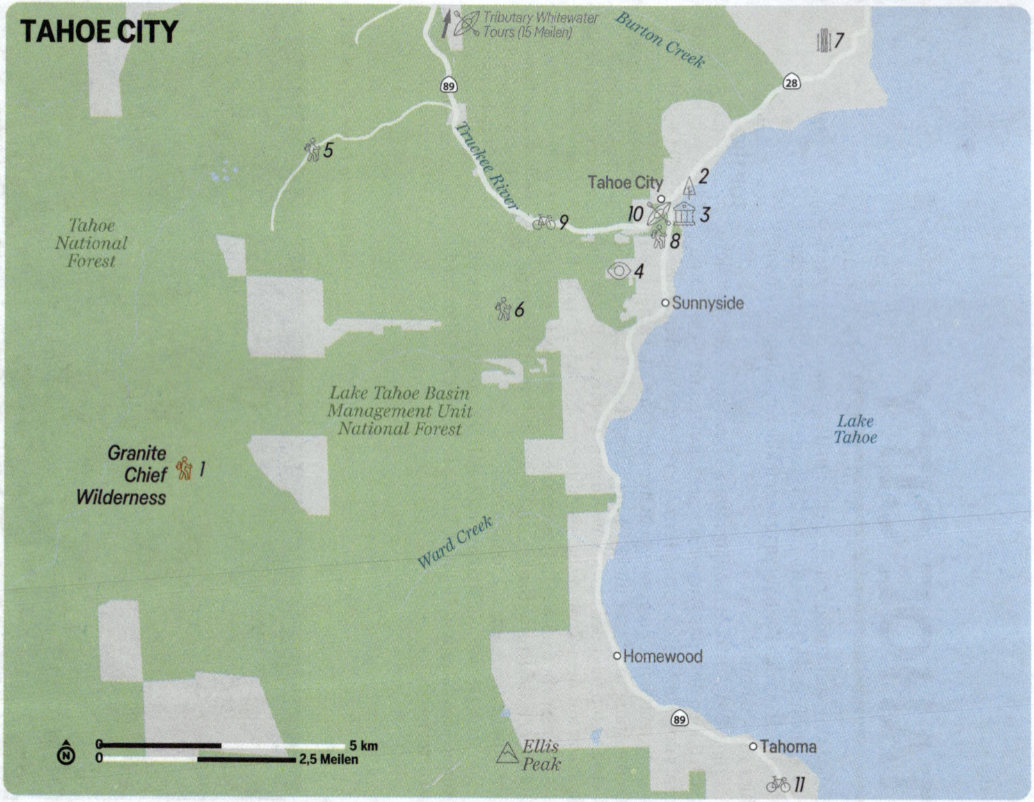

Granite Chief Wilderness

Wandern, Radfahren & Raften rund um Tahoe City

SOMMERSPASS AM NORDWESTUFER DES LAKE TAHOE

Eine Erkundung der fabelhaften Wege in der **Granite Chief Wilderness** nördlich und westlich von Tahoe City lohnt sich. Zu den empfehlenswerten Tageswanderungen zählen der mäßig anstrengende **Five Lakes Trail** (hin & zurück 8 km) und der leichte Marsch zu den **Paige Meadows**, der weiter zum **Tahoe Rim Trail** führt. Paige Meadows ist auch ein gutes Terrain für angehende Mountainbiker.

Der asphaltierte, 4,5 Meilen (7,2 km) lange **Truckee River Bike Trail** führt von Tahoe City nach Palisades, der für viele Nutzungen freigegebene **West Shore Bike Path** reicht 9 Meilen (14,5 km) Richtung Süden bis zum Ed Z'berg Sugar Pine Point State Park (S. 583) mit Abschnitten auf dem Seitenstreifen des Highways und in Wohnstraßen. Beide sind relativ leicht; Fahrräder kann man in mehreren Läden am N Lake Blvd mieten.

Der **Commons Beach** ist ein kleiner, attraktiver Park mit sandigen und grasbewachsenen Partien, Picknicktischen, Grills, einem Kletterfelsen und einem Spielplatz; im Sommer gibt's kostenlose Konzerte. Gemütlich raften kann man auf dem Truckee River – dazu erkundigen kann man sich bei **Truckee River Raft Rentals** oder **Tributary Whitewater Tours**. In den **Tahoe Treetop Adventure Parks** kann man über Zip-Lines sausen und Hängebrücken bewältigen.

Geschichte von Tahoe & Flechtkörbe

KUNST UND KUNSTHANDWERK

In einer rekonstruierten Holzhütte nahe dem Ort zeigt das **Gatekeeper's Museum & Marion Steinbach Indian Basket Museum** eine kleine, aber faszinierende Sammlung von Tahoe-Memorabilien, darunter Relikte aus der frühen Dampfschiffzeit und der schnellen touristischen Erschließung rund um den See. Das eigentliche Highlight aber ist die ausgezeichnete Sammlung von Körben der amerikanischen Ureinwohner, die von mehr als 85 indigenen Völkern Kaliforniens stammen.

Skilanglauf für alle

GLIDING ON FOREST TRAILS

Das von einer gemeinnützigen Gruppe geführte **Tahoe Cross-Country** (tahoexc.org) bietet mehr als 40 Meilen (64 km) gepflegte Tracks (mit 21 Loipen), die sich durch ein Waldgebiet winden und zum Laufen auf allen Niveaus geeignet sind. Es gibt Gruppenunterricht gepaart mit Ausrüstungsverleih zu fairen Preisen. Man kann auch Halbtagespässe mit Rabatt kaufen und sollte nach Eislauf und Unterricht in Skilanglauf fragen.

BESTE RESTAURANTS & UNTERKÜNFTE IN TAHOE CITY

Mediterranean Cafe Tahoe
Hier gibt's schnelle, zwanglose mediterrane Kost, auf Wunsch auch vegan. **$**

Tahoe National Brewing Company
Gutes Bier, kreative Kneipengerichte und ein Freiluft-Patio mit Feuerstellen und Blick auf den See. **$$$**

New Moon Natural Foods
Der winzige, aber gut bestückte Naturkostladen hat eine tolle Deli-Theke mit leckerem Essen zum Mitnehmen. **$**

Mother Nature's Inn
Die acht ruhigen Motelzimmer im ordentlichen Country-Look befinden sich in Gehweite zum Commons Beach. **$**

UNTERWEGS VOR ORT

Tahoe City liegt direkt an der Kreuzung der Hwys 28 und 89. Tahoe Truckee Area Regional Transit (TART) betreibt kostenlose Busse zwischen Tahoe City, Incline Village und Truckee.

Rund um Tahoe City

Das Westufer des Lake Tahoe lädt zur gemütlichen Erkundung der bewaldeten Strände und zu langen Tagen mit Bootsfahrten auf dem funkelnden Wasser ein.

Die 18 Meilen (29 km) des Hwy 89, die an der Westküste Tahoe City und Emerald Bay verbinden, gehören zu den schönsten des Sees. Hier mischen sich unzählige Schattierungen von Grün (die Bäume) und Blau (der See). Im Winter macht der weiße Schnee-Überzug alles fast noch stimmungsvoller.

Im Westen erheben sich Gipfel, die von dichten Nadelwäldern bedeckt sind. Am Ufer reihen sich Strände, Piers, Campingplätze, Resorts und State Parks. Das ganze Jahr über locken Aktivitäten von Schwimmen bis Skifahren. Filmfans halten die Augen offen nach dem berühmten Fleur du Lac Estate in Homewood, wo Michael Corleone in dem gepriesenen Film *Der Pate II* (1974) die Erstkommunion seines Sohns feierte.

TOP TIPP

18 Meilen (29 km) scheinen vielleicht nicht viel, man muss aber wegen langsam fahrender Autos und vieler, zum Anhalten verlockender Stellen viel Zeit einplanen. Es gibt jede Menge Campingplätze.

Meeks Bay

CHERI GAGNE/GETTY IMAGES ©

Wärmere Gewässer, steilere Wege

ERKUNDUNGEN RUND UM DIE MEEKS BAY

Die seichte Meeks Bay liegt 11 Meilen (18 km) südlich von Tahoe City und ist am besten mit dem eigenen Auto zu erreichen. Sie hat eine weite Küstenlinie und, gemessen am übrigen Lake Tahoe, wärmeres Wasser, umgeben von einem schönen Sandstrand. Westlich des Hwy 89 liegt ein Startpunkt des **Meeks Bay Trail**, der in die Desolation Wilderness (S. 578) führt. Ein weitgehend ebener, schattiger Weg folgt dem **Meeks Creek** und führt dann steil bergauf durch den Wald zum **Lake Genevieve** (hin & zurück 14,5 km), **Crag Lake** (hin & zurück 16 km) und zu weiteren Seen im Hinterland, die allesamt von den malerischen Gipfeln der Sierra umrahmt sind.

Erlebnisse in einem der besten State Parks am Lake Tahoe

EIN BUNTER STRAUSS VON AKTIVITÄTEN AM SEE

Der **Ed Z'berg Sugar Pine Point State Park** liegt auf einer Landzunge, die von einer duftenden Mischung aus Kiefern, Wacholder, Espen und Tannen bewachsen ist. Es gibt einen Badestrand, Wanderwege und Kajakoptionen im Sommer sowie mehr als 3 km gepflegter Langlaufloipen im Winter. Ein asphaltierter Radweg führt 9 Meilen (14,5 km) nordwärts bis Tahoe City.

Zu den historischen Sehenswürdigkeiten zählen die von 1872 stammende bescheidene **Hütte** eines frühen Siedlers am Lake Tahoe und das beträchtlich größere **Hellman-Ehrman Mansion**, das 1903 im Queen-Anne-Stil errichtet wurde.

Der Park ist nach Edwin L. Z'berg (1926–75) benannt, einem Abgeordneten des kalifornischen Unterhauses, der sich als Umweltschützer für den Schutz des Lake Tahoe einsetzte.

Frühstücken am See & Radfahren

RADELN UND PADDELN IN SUNNYSIDE

Das Uferdorf **Sunnyside**, 2 Meilen (3,2 km) südlich von Tahoe City, ist eine Anlaufstelle für Radler. Man mietet ein Rad und gleitet über den Weg, der dem Ufer nach Norden und Süden folgt. Man kann aber auch ein Stehpaddel-Set mieten und sich an den gut besuchten hiesigen Stränden tummeln.

Zur Stärkung strömen alle ins **Fire Sign Cafe**, wo im Sommer draußen auf dem Patio hervorragende Frühstücks- und Mittagsgerichte serviert werden.

EIN ENTSPANNTES WINTERRESORT BEI TAHOE CITY

Die Bäume, die den Hwy 89 säumen, öffnen sich, wenn man **Homewood** erreicht. Das ruhige, alpin wirkende Dorf 6 Meilen (9,7 km) südlich von Tahoe City ist im Sommer bei Bootsfahrern beliebt, die an der Marina andocken, und im Winter bei Skifahrern und Snowboardern.

Das Winterresort Homewood beweist, dass größer nicht unbedingt besser sein muss. Die Einheimischen und kundige Besucher:innen genießen den eindrucksvollen Blick auf den See, das entspannte Ambiente, den geringeren Andrang, die von Bäumen gesäumten Hänge und die *bowls* (darunter den ausgezeichneten, aber nur für Experten geeigneten „Quail Face"). Familien schätzen die weiten, sanften Hänge. Das Skigebiet ist auch das beste, um bei stürmischem Wetter Ski zu fahren. Statistische Daten: 8 Skilifte, 503 m Höhenunterschied, 67 Pisten.

Homewood besitzt eine der elegantesten Unterkünfte am See in Gestalt des **West Shore Inn**, eines luxuriösen Gästehauses am See mit sechs Zimmern.

UNTERWEGS VOR ORT

Wander- und Radwege erlauben es, Teile des Westufers ohne Auto zu erkunden. Um der Gegend aber wirklich gerecht zu werden, ist der eigene fahrbare Untersatz unverzichtbar.

NORDUFER

Nordöstlich von Tahoe City führt der Hwy 28 durch eine Reihe niedlicher, entspannter Ortschaften, von denen viele herrliche Sandstrände besitzen. Es gibt Motels und Hotels an der Straße mit vernünftigen Preisen sowie Lodges und Ferienwohnungen, die sich allesamt am Ufer ballen.

Mit seinem altmodischen Charme ist das Nordufer eine freundliche Zuflucht vor den wimmelnden Massen in South Lake Tahoe, Tahoe City und Truckee, trotzdem sind im Winter die Skiresorts und Snowparks leicht erreichbar, und im Sommer kann man etwa schwimmen, mit dem Kajak fahren oder wandern.

Die Staatsgrenze zwischen Kalifornien und Nevada teilt das Nordufer in zwei gleiche Hälften. Sie führt direkt durch das Foyer des heute geschlossenen, aber einst berüchtigten Cal-Neva Resort, das eine bunte Geschichte hinter sich hat, zu der Geister, Gangster und diverse Ratpacker gehörten, darunter Frank Sinatra, dem der Laden einst gehörte. Leuchtende Neonschilder markieren in der Nähe einige Kasinos alter Schule, die genauso schlicht sind wie die zahlreichen Cafés am Highway.

TOP TIPP

Das Nordufer vereint alle Eigenschaften, die den Lake Tahoe zu einem reizvollen Ziel machen, vom See selber bis zum beliebten Skiresort Northstar in den Bergen unmittelbar nördlich. Angesichts der großen Menge an Campingplätzen, Hütten, Ferienwohnungen, Motels und großen wie kleinen Resorts gibt's hier wirklich Unterkunftsoptionen für jeden Geschmack.

Schnee in der Kings Beach State Recreation Area (S. 586)

SEHENSWERTES
1 Kings Beach State Recreation Area
2 Moon Dunes Beach
3 North Tahoe Beach

AKTIVITÄTEN, KURSE & TOUREN
4 Adrift Tahoe
5 North Tahoe Regional Park
6 Old Brockway Golf Course
7 Tahoe Adventure Company
8 Tahoe Vista Recreation Area

SCHLAFEN
9 Cedar Glen Lodge
10 Firelite Lodge

ESSEN
11 Old Post Office Café
12 Soule Domain

Tahoe Vista Recreation Area (S. 586)

Strände, Wandern & Radfahren in Tahoe Vista

TAHOE VISTAS EINNEHMENDER CHARME

Das kleine, hübsche **Tahoe Vista** besitzt mehr öffentliche Strände als jeder andere Ort am Ufer des Sees. Zu den Sandstränden am Hwy 28 zählen der kleine, aber beliebte **Moon Dunes Beach**, der **North Tahoe Beach** mit Beach-Volleyballplätzen und die bei Einheimischen besonders beliebte **Tahoe Vista Recreation Area** mit Marina und Kajak- sowie Stehpaddel-Verleih.

Abseits der Mengen am Ufer bietet der **North Tahoe Regional Park** Wanderwege und Mountainbiketrails im Wald und einen Kinderspielplatz. Im Winter locken ein Rodelhügel (mit Rodelverleih) und nicht betreute Loipen für Skilanglauf und Schneeschuhlaufen. Infos, Verleih und geführte Touren bietet die ausgezeichnete **Tahoe Adventure Company**.

Übernachten kann man in der **Cedar Glen Lodge** oder der **Firelite Lodge**, essen im **Old Post Office Cafe** westlich vom Ort in Carnelian Bay.

Strand, Golf & Sommerfrische

ERKUNDUNGEN RUND UM KINGS BEACH

Der praktische Charakter des ansprechend malerischen **Kings Beach** liegt in der Parade bescheidener Retro-Motels am Highway, die nicht vermuten lässt, dass der Ort einige der besten Restaurants in der Gegend besitzt – zu empfehlen ist besonders das renommierte **Soule Domain**.

Im Sommer richten sich alle Augen auf die **Kings Beach State Recreation Area**, einen verführerischen, 213 m langen Strand, der oft von Sonnenhungrigen überschwemmt ist. **Adrift Tahoe** ist die erste Adresse für Touren und das Mieten von Wassersportgeräten. Weiter im Hinterland liegt der nostalgische **Old Brockway Golf Course** aus den 1920er-Jahren, ein schneller, Par-36-Platz mit neun Löchern und einem herrlichen Blick auf den See über die von Kiefern gesäumten Fairways, auf den sich einst Hollywoodstars die Zeit vertrieben.

SPORT IN INCLINE VILLAGE

Incline Village ist eine der nobelsten Gemeinden am Lake Tahoe und das Tor zu dem familienfreundlichen Skigebiet **Diamond Peak** und dem Hochgebirgsskigebiet **Mt. Rose**. Letzteres liegt 12 Meilen (19 km) nordöstlich auf einer Basishöhe von 2520 Metern.

Im Sommer findet man in der nahegelegenen **Mt. Rose Wilderness** kilometerweit unberührtes Gelände, darunter den anspruchsvollen Aufstieg auf den Gipfel des majestätischen Mt. Rose (3285 m; hin & zurück 18 km).

Leichtere Spaziergänge, die auch kleinere Kinder bewältigen können, bieten die Naturpfade in den mit Wildblumen prunkenden **Tahoe Meadows**. Vom 3 Meilen (4,8 km) langen asphaltierten **East Shore Trail** genießt man einen prächtigen Blick auf den Lake Tahoe ganz aus der Nähe.

In den Uferparks von Incline Village bis Sand Harbor kann man wandern, laufen, inlineskaten und radfahren.

Hungrig und durstig? Im **Bite** gibt's Tapas und Wein, oder man besucht das **Alibi Ale Works Incline Public House**.

UNTERWEGS VOR ORT

Tahoe Vista liegt nahe der Mitte des Nordufers nur 12 Meilen (19 km) südöstlich von Truckee, zu erreichen über den Hwy 267. Kostenlose Busse von Tahoe Truckee Area Regional Transit (TART) fahren zwischen Tahoe City und Incline Village mit Zwischenhalten in Tahoe Vista, Kings Beach und Crystal Bay. Es gibt Anschlussverbindungen nach Truckee.

Rund um das Nordufer

Das schön bewahrte Ostufer des Lake Tahoe ist die am wenigsten erschlossene Zone am See und ein Wunderland, das erkundet werden will.

Das Ostufer des Lake Tahoe gehört gänzlich zu Nevada. Große Teile sind wenig erschlossen dank George Whittell Jr., einem exzentrischen Playboy aus San Francisco, dem einst hier große Landstriche gehörten, darunter 27 Meilen (43 km) der Uferlinie. Nach seinem Tod im Jahr 1969 ging das Gelände an einen privaten Investor, der später das meiste an den US Forest Service und die Nevada State Parks verkaufte. Deswegen bietet das Ostufer des Sees heute einige der schönsten und am wenigsten überlaufenen Landschaften sowie viele Outdoor-Aktivitäten.

Das Ostufer ist durch die Hwys 28 und 50 verbunden, die auf 22 schönen Meilen (35 km) zwischen Incline Village im Norden und Zephyr Cove im Süden verlaufen.

TOP TIPP

In den guten Delis am Nord- oder Südufer holt man sich alles für ein Picknick und sucht sich seine perfekte Uferstelle.

Spooner Lake (S. 588)

ABSTECHER NACH RENO

Mit einer Ballung von großen Kasinos im staubigen Schatten der Sierra Nevada gilt **Reno** als kleinere Version von Vegas. Das stimmt in etwa, doch heutzutage hat Reno viel mehr zu bieten. In den letzten 10 Jahren ist Reno zum Sitz von Serverfarmen für berühmte Namen aus dem Silicon Valley geworden, und der einst schmuddelige **Midtown District** prunkt nun mit schicken Bars, Spitzenrestaurants und lebenssprühenden Kunstadressen.

Zu den Sehenswürdigkeiten rund um die Stadt zählen das **National Automobile Museum**, das **Nevada Museum of Art** und das **Nevada Historical Society Museum**.

Reno verspricht ein lustiges städtisches Abenteuer und ist von Lake Tahoe über die I-80 oder den Hwy 50 nur eine Stunde entfernt.

TERESA MUNSON/SHUTTERSTOCK ©

Sand Harbor

Ein Füllhorn von Aktivitäten

SPASS IM LAKE TAHOE-NEVADA STATE PARK

Der **Lake Tahoe-Nevada State Park** hat Strände, Seen und kilometerlange Wege und erstreckt sich vom Lake Tahoe bis hin zu den Gipfeln der Carson Range.

Nur 3 Meilen (4,8 km) südlich von Incline Village erstreckt sich das von den Massen geliebte **Sand Harbor**. Dort formen zwei Sandbänke eine seichte Bucht mit warmem, leuchtend türkisblauem Wasser und weißen, mit Felsbrocken untermischten Stränden hinter den Dünen. Es gibt ein Besucherzentrum mit Ausstellungen zum See, ein saisonal geöffnetes Restaurant und Snacks das ganze Jahr über.

Der Ausblick nach Westen über den Lake Tahoe auf die fernen schneebedeckten Gipfel ist, zumal bei Sonnenuntergang, herrlich. Voll wird es hier vor allem im Juli und August während des **Lake Tahoe Shakespeare Festival**, bei dem am See Freiluftaufführungen seiner Werke sowie zeitgenössischer Stücke auf dem Programm stehen.

Am südlichen Ende des Parks, gleich nördlich der Kreuzung der Hwys 50 und 28, ist der **Spooner Lake** beliebt zum Angeln (mit Fangen und Freilassen der Fische), und für Picknicks, Wanderungen, Camping im Hinterland und Skilanglauf. Der Spooner Lake ist auch Ausgangspunkt des berühmten, 14 Meilen (22,5 km) langen **Flume Trail**, der für erfahrene Mountainbiker ein heiliger Gral ist. Die anspruchsvolle Strecke bietet spektakuläre Ausblicke, einige technische Abschnitte und rüttelt die Radelnden gut durch; nur für Fortgeschrittene geeignet.

UNTERWEGS VOR ORT

Shuttlebusse von East Shore Express verbinden Sand Harbor mit Incline Village; ansonsten braucht man zur Erkundung ein eigenes Auto. Wer den Flume Trail bewältigen will, kann mit einem der Fahrradverleiher in Incline Village oder South Lake Tahoe die Abholung vom Ziel vereinbaren.

TRUCKEE

Das von Bergen und dem Tahoe National Forest umgebene Truckee ist eine blühende Stadt mit Wildwest-Geschichte. Die Eisenbahn brachte den Ort auf die Landkarte. Er wurde reich durch die Holzfällerei und die Eisgewinnung und hatte sogar einen Flirt mit Hollywood, als Charlie Chaplin hier 1924 *Goldrausch* drehte. Dank einer gut erhaltenen historischen Downtown und der Nähe zum Lake Tahoe, zur I-80 und zu fast einem Dutzend Skiresorts bringt der Tourismus heute viele Einnahmen.

Die Aura des Wilden Westens hängt immer noch über Truckees winziger Downtown, wo einst Bahnarbeiter und Holzfäller die lärmenden Saloons, Bordelle und Spielhallen unsicher machten. Mit dem neueren Zustrom von Familien und Unternehmern aus der Bay Area wurden die meisten Gebäude aus dem späten 19. Jh. inzwischen von kreativen Restaurants und gehobenen Läden übernommen. Der Donner Memorial State Park und der unberührte Donner Lake liegen nur 3 Meilen (4,8 km) westlich. Wander- und Kletterrouten ziehen sich über umliegende Gipfel.

TOP TIPP

Truckees Downtown liegt südlich der I-80. Die Strecke der Union Pacific Railroad führt durch die Mitte auf einer Route, die aus den 1860er-Jahren stammt, als Central Pacific Railroad die erste Transkontinentalbahnstrecke baute. Westlich des Zentrums und nördlich der I-80 gibt's Einkaufszentren.

Truckee River

MARINA VA/SHUTTERSTOCK ©

BESTE SKIRESORTS

Neben Topoptionen wie Palisades Tahoe (S. 592), Royal Gorge (S. 591) und Northstar California (S. 591) bieten sich auch diese an:

Sugar Bowl
Die Anlage wurde 1939 von Walt Disney mitbegründet und ist bekannt für ihre Rinnen, Rutschen und Bergblicke.

Boreal
In der Regel öffnet dieses Resort zuerst. Es bietet 41 Pisten und nächtliches Skifahren.

Soda Springs
Top bei den Kleinen, die sich in der Skischule, beim Snowtubing, beim Rodeln und mit Schneemobilen vergnügen.

Donner Ski Ranch
In dem familiengeführten Resort lernten Generationen von Kaliforniern das Skifahren.

HIGHLIGHTS
1 Northstar California Resort

SEHENSAWERTES
2 Old Jail
3 Pioneer Monument
4 West End Beach

AKTIVITÄTEN, KURSE & TOUREN
5 Donner Lake
6 Donner Memorial State Park
7 Royal Gorge

SCHLAFEN
8 Gravity Haus Truckee-Tahoe

ESSEN
9 Full Belly Deli
10 Moody's Bistro & Lounge
11 Pianeta
12 Red Truck
13 Squeeze In
14 Stella
15 Trokay

TRINKEN
16 Donner Creek Brewing
17 Truckee Brewing Company

Wilder Westen & Gourmet-Boomtown

DAS HISTORISCHE TRUCKEE ERKUNDEN

Truckees Downtown stammt aus dem 19. Jh. und ist ein attraktiver und stimmungsvoller Ort. Sie ist kompakt und leicht zu Fuß zu erkunden; das ausgezeichnete Besucherzentrum residiert im alten Bahndepot. Das bis in die 1960er-Jahre ununterbrochen genutzte **Old Jail** ist ein kleines rotes Ziegelgebäude von 1875, das mit Relikten angefüllt ist. Angeblich saß auch George „Machine Gun" Kelly Barnes hier einst wegen Ladendiebstahls ein.

Man findet jede Menge gute Cafés, Restaurants und Brauereien. Zu den besten zählen das **Squeeze In** mit seinen unglaublichen Omelettes; das **Full Belly Deli** mit seinen Sandwichs; das **Pianeta** mit seinen Cocktails und italienischen Gerichte sowie **Moody's Bistro & Lounge** mit kreativen Gerichten.

Die Einheimischen lieben das Café **Red Truck** (am Flughafen) wegen seiner kleinen, asiatisch beeinflussten Speisen oder lassen sich im **Stella** oder **Trokay** verwöhnen. Kleinbrauereibier gibt's bei der **Truckee Brewing Company** und in unzähligen anderen Kneipen. Wer es nicht zurück zu seiner Unterkunft schafft, kann im **Gravity Haus Truckee-Tahoe** übernachten.

Viel los im Donner Memorial State Park

DIE ECKEN DES DONNER LAKE EINST UND JETZT

Am östlichen Ende des Donner Lake besetzt der Donner Memorial State Park eine der Stätten, wo die zum Scheitern verurteilte Donner Party im Winter 1846/47 steckenblieb. Trotz seiner furchtbaren Geschichte ist der Park prächtig und verfügt über einen Strand, Wanderwege und Loipen für Skilanglauf und zum Schneeschuhlaufen. Das Besucherzentrum zeigt historische Exponate und einen Film über das Verhängnis der Donner Party.

Es gibt auch Ausstellungen über chinesische Arbeiter, die als Goldsucher kamen und beim Eisenbahnbau Beschäftigung fanden. Draußen ehrt das **Pioneer Monument** Familien, die nach Kalifornien zogen; ein kurzer Weg führt zu einer Gedenkstätte.

Wassersport im Hochgebirge

SICH AUSLEBEN AM DONNER LAKE

Der von Bäumen umgebene Donner Lake hat wärmeres Wasser als der Lake Tahoe und ist toll für Wassersportler. Den **West End Beach** schätzen Familien wegen seines Badebereichs und des Kajak-, Tretboot-, Stehpaddelbrett- und Schlauchverleihs. Die Granitgipfel ringsum ragen hoch über die Baumlinie und schaffen eine dramatische Kulisse. Bier, Cider, Panini und Sandwichs bekommt man im nahegelegenen **Donner Creek Brewing**.

DIE PISTEN UNSICHER MACHEN

Skifahren in der Royal Gorge
Fans des nordischen Skilaufens werden eine Runde um die Royal Gorge drehen wollen, das größte Langlaufresort Nordamerikas mit 137 km gepflegter Loipen auf einem 2400 ha großen Gelände. Es verfügt über tolle Eislaufspuren und Diagonalspuren und ist auch für Telemarker und Schneeschuhläufer geeignet.

Skifahren im beliebtenr Northstar
Einfache 7 Meilen (11 km) südlich der I-80 bietet das ungeheuer beliebte Northstar California Resort tolles mittelschweres Gelände und lange schwarze Pisten. Wegen seiner relativ geschützten Lage ist Northstar eine ideale Option, wenn es schneit, und die acht Geländeparks und Pipes gehören zur Spitzenklasse. Fortgeschrittene und erfahrene Alpinisten können auf der Rückseite des Bergs Herausforderungen bei Abfahrten abseits suchen.

UNTERWEGS VOR ORT

Greyhound-Busse halten am Bahndepot von Truckee, ebenso Busse von Amtrak Thruway und der tägliche Zug California Zephyr gen Westen nach Sacramento und Emeryville/San Francisco sowie Richtung Osten nach Reno, Denver und Chicago.

Tahoe Truckee Area Regional Transit (TART) verbindet Downtown mit dem Donner Lake und Palisades Tahoe. Mit Anschlussbussen erreicht man Tahoe City und das Nordufer erreichen. Während der Skisaison fahren zu vielen Resorts.

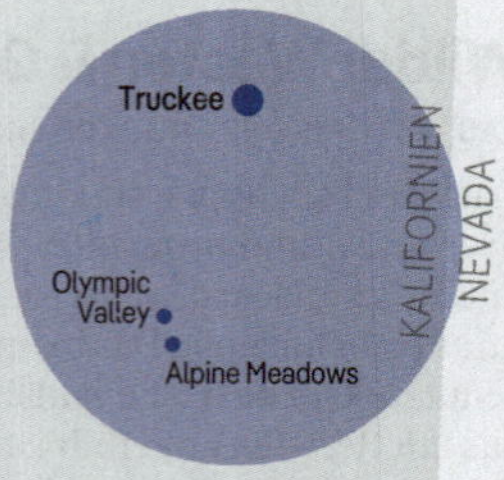

Rund um Truckee

Palisades Tahoe kam durch die Olympischen Winterspiele von 1960 auf die Landkarte und ist immer noch eines der beliebtesten Skigebiete Kaliforniens.

Palisades Tahoe ist das größte Skigebiet rund um den Lake Tahoe. Es gehört zu den besten Skigebieten der Welt und ist mit seiner hinreißenden Lage inmitten der Granitgipfel zu jeder Jahreszeit ein hervorragendes Reiseziel, weshalb dieses luxuriöse familienfreundliche Resort im Sommer fast genauso ausgelastet ist wie im Winter.

Das Resort, in dem die Olympischen Winterspiele 1960 durchgeführt wurden, hieß damals Squaw Valley. Es änderte 2021 seinen Namen, um keine rassistischen und sexistischen Assoziationen mehr zu erwecken.

Palisades Tahoe besteht aus zwei Hauptskigebieten: Alpine Meadows, das weniger schicke Resort im Süden und Olympic Valley, ein riesengroßes Resort von Weltklasse, wo man staunen und sich sehen lassen kann. Die spektakuläre neue, 3,9 km lange Gondelbahn, die beide Skigebiete verbindet, wurde 2022 eröffnet.

TOP TIPP

Liffticket-Angebote findet man unter palisadestahoe.com. An bestimmten Tagen der Woche, z.B. donnerstags, gibt's Rabatt.

Palisades Tahoe

EQROY/SHUTTERSTOCK ©

Skifahren wie bei Olympia

AUF DEN PISTEN DES OLYMPIC VALLEY

Das Basislager des Olympic Valley, 12 Meilen (19 km) südlich von Truckee, ist als „**The Village**" bekannt. Es ist ein verschwenderisches Resort im alpinen Stil mit Restaurants, Bars und vielen Einkaufsgelegenheiten. Lifte und Gondeln fahren zu den vielen Skigebieten, auch jenseits des Kamms.

Das treffend benannte **High Camp** (2500 m) liegt an der Bergstation einer steilen Seilbahn. Hier findet man Restaurants, im Winter ein Eisstadion und das **Olympic Museum**, ein lustiger Rückblick auf die Olympischen Spiele von 1960 mit einem Film und vielen Denkwürdigkeiten.

Hartgesonnene Skifahrer:innen suchen das Adrenalin der Schneewechten, Rinnen und Bowls, während Anfänger:innen ihre Schwünge am oberen Berg probieren. Statistische Daten: 30 Skilifte, 869 m Höhendifferenz, mehr als 175 Pisten. Zu weiteren Aktivitäten im Winter zählen u. a. nächtliches „Disco Tubing" und Skilanglauf.

Vor Ort gibt's eine tolle Après-Ski-Szene. Die winzige Kneipe **Slot** in The Village ist beliebt, weil hier der Schnaps ständig fließt. Die nahegelegene, manierlichere **Le Chamois & Loft Bar** serviert Pizza und Bier bei sagenhaftem Blick in die Berge. Tagsüber kann man sich in der **Wildflour Baking Co** stärken, wo alles eigens zubereitet wird.

Entspannte Pisten an der Rückseite des Kamms

ENTSPANNEN IN ALPINE MEADOWS

Das Alpine-Meadows-Basislager von Palisades Tahoe, 14 Meilen (22,5 km) südlich von Truckee, ist ein Resort ohne Schnickschnack mit herausforderndem Gelände, aber ohne die modische Attitüde und die Massen seines Gefährten Olympic Valley (mit dem es durch eine neue Gondel verbunden ist). Das Skigebiet bekommt mehr Schnee ab als Olympic Valley und ist das beste in dieser Gegend zur Erkundung des Hinterlands. Snowboarder jagen in einem Geländepark, der von dem renommierten Skiresort-Architekten Eric Rosenwald gestaltet wurde, den Berg hinunter. Statische Daten: 13 Skilifte, 549 m Höhendifferenz, mehr als 100 Pisten. Das Gebiet ist auch leicht von Tahoe City (S. 579) aus erreichbar.

SOMMER IN PALISADES

Die meiste Action im Sommer konzentriert sich auf das mit der Seilbahn erreichbare High Camp,wo man schwimmen, geocoachen, Rollschuh laufen und spektakuläre Wanderungen unternehmen kann.

Zu den Aktivitäten weiter unten zählen ein Seilkurs mit Ziplines, der von **Olympic Valley Treetop** betrieben wird. Es gibt einen 15 m hohen alpinen Turm, sechs kurze Seilrutschen und 16 Plattformen in den Bäumen, die die verschiedenen Herausforderungen miteinander verbinden.

Vom High Camp gehen viele Wege aus. Man kann aber auch den mittelschweren **Shirley Lake Trail** (hin & zurück 5 Meilen/8 km) angehen, der einem munteren Bach zu Wasserfällen, Granitfelsen und vielen Wildblumen folgt. Längere und anspruchsvollere Trails führen in die Granite Chief Wilderness (S. 581) im Westen. Zu den Optionen zählt auch ein Abschnitt der 2659 Meilen (4279 km) langen **Pacific Crest Route**. Das Gebiet ist berühmt für seine dramatischen Bergkessel.

UNTERWEGS VOR ORT

Busse von Tahoe Tuckee Area Regional Transit (TART) verbinden Olympic Valley mit Truckee und Tahoe City. Anschlussbusse bedienen einen großen Teil des Nord- und einige Teile des Westufers.

TOPSELLER/SHUTTERSTOCK ©

Vernal Fall (S. 603) im Yosemite National Park; rechts: Sequoia National Park (S. 611)

YOSEMITE NATIONAL PARK & SIERRA NEVADA

HERRLICH ABENTEUERLICHES WUNDERLAND

Die Sierra Nevada zieht sich wie ein Rückgrat durch Zentralkalifornien. Sie besteht aus gewaltigen Canyons und einigen der höchsten Berge des Landes.

In der Sierra Nevada erscheint alles etwas weniger zahm, viel fantastischer und sehr viel größer als anderswo in Kalifornien. Die Natur hier ist einmalig schön und strotzt nur so von Superlativen: die höchsten und ältesten Bäume der Welt, der höchste Wasserfall und der tiefste Punkt in Nordamerika und der höchste Berg der USA außerhalb Alaskas.

Die Landschaft mit ihren zahllosen Seen, Wiesen, Wäldern und Bergen entstand durch tektonische Verschiebungen und Gletscher. Sie diente Menschen aller Zeiten und Länder als Inspiration und Spielwiese. Für die Menschen des heutigen Kalifornien ist sie noch mehr: die Essenz des Lebens. Die Schneeschmelze in der Sierra versorgt 75% der Bevölkerung mit Wasser und auch die riesigen Felder im Central Valley, wo ein Viertel der Nahrungsmittel des ganzen Landes erzeugt werden. Der Klimawandel der letzten Jahre bedroht diese Wasserversorgung und damit auch die Ökosysteme, die Bevölkerung und die Freizeitindustrie der Region.

Schon heute ist die Sierra Nevada von katastrophalen Waldbränden, Dürre, Überflutung und heftigen Stürmen gezeichnet. Ganz zu schweigen von den vielen Menschen, die sich in der Natur erholen wollen, diese aber nicht respektieren. So ist die Sierra Nevada heute wichtiger als je zuvor, und bis jetzt auch noch unglaublich schön.

DIE WICHTIGSTEN ZIELE

YOSEMITE NATIONAL PARK
Traumhaft schöne Landschaft. S. 600

SEQUOIA & KINGS CANYON NATIONAL PARKS
Ein ausgedehnter Canyon und sehr, sehr hohe Bäume. S. 611

ÖSTLICHE SIERRA
Bizarre Berge und surreale Wüstenlandschaften. S. 619

Erste Orientierung

Mit 640 km Länge und 112 km Breite nimmt die Sierra Nevada ein Viertel der Landfläche Kaliforniens ein. Die drei Nationalparks und die weniger bekannte östliche Sierra locken mit atemberaubenden Landschaften, interessanter Geschichte und Kultur.

Yosemite National Park, S. 600

Einer der bedeutendsten Nationalparks der USA bietet eine spektakuläre Natur mit runden Granitfelsen, hohen Wasserfällen und üppig grünen Wiesen.

Östliche Sierra, S. 619

Eine Landschaft der krassen Gegensätze, in der bis zu 4300 m hohe Berge aus den staubtrockenen Ebenen des Great Basin und der Mojave-Wüste emporragen.

AUTO

Die Sierra Nevada lässt sich am besten mit dem Auto erkunden. Für den Yosemite National Park bedeutet das im Sommer allerdings sehr viel Verkehr, Smog und überfüllte Parkplätze.

BUS

Im Sommer fahren Busse des Yosemite Area Regional Transport System (YARTS) von Yosemite nach Merced, zu anderen Parkeingängen und in die östliche Sierra. Im Sequoia National Park verkehren im Sommer Shuttle-Busse zwischen Visalia und Three Rivers. Die Busse der Eastern Sierra Transit Authority halten in allen Städten am Hwy 395.

WANDERN

Die Sierra Nevada ist von einem dichten Netz schöner Wanderwege durchzogen, auf denen die atemberaubende Natur noch besser zu erleben ist.

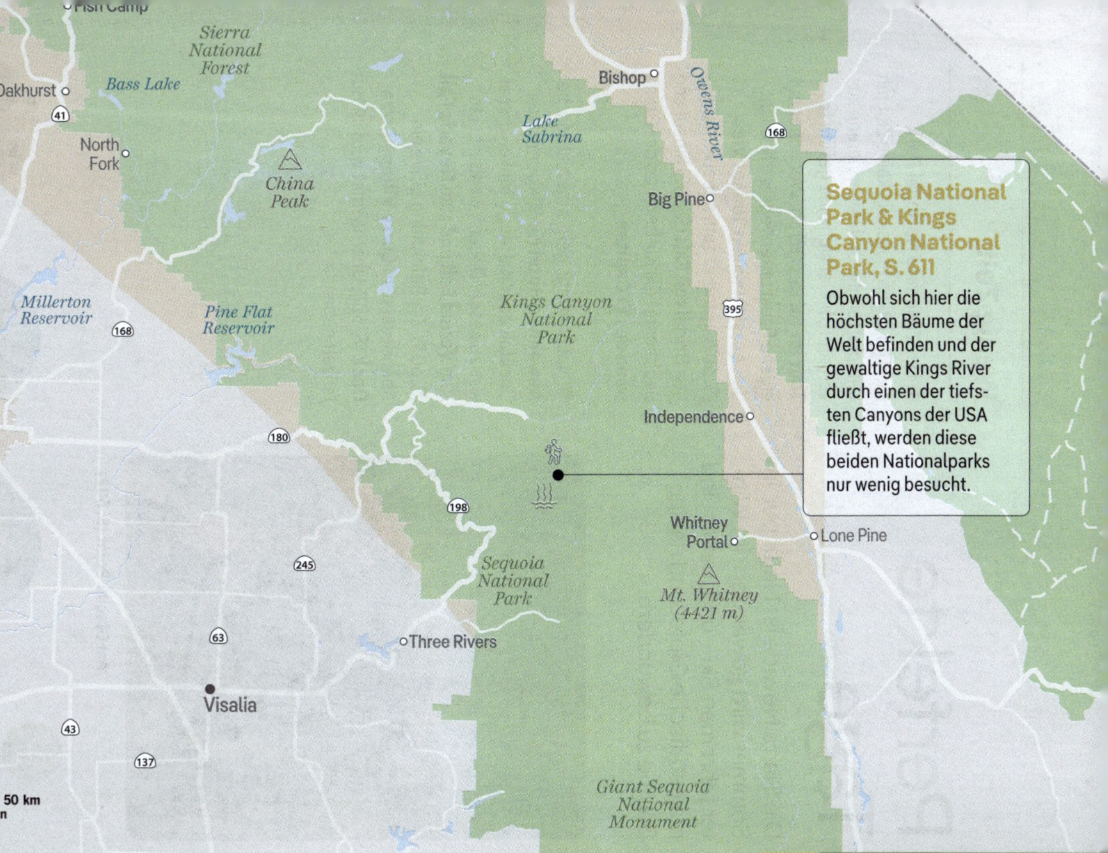

Sequoia National Park & Kings Canyon National Park, S. 611

Obwohl sich hier die höchsten Bäume der Welt befinden und der gewaltige Kings River durch einen der tiefsten Canyons der USA fließt, werden diese beiden Nationalparks nur wenig besucht.

Perfekte Tage

Die Sierra Nevada ist Natur pur. Im Sommer wird gewandert, im Winter fährt man Ski – und immer sind majestätische Gipfel und riesige Bäume zu bewundern.

Am Glacier Point (S. 602)

Wenig Zeit

- Der **Yosemite National Park** (S. 600) ist ein Muss. Um keine Zeit mit Parkplatzsuche und Reservierung zu verlieren, bietet sich eine **geführte Tour im Tal** (S. 602) an. Wer lieber auf eigene Faust unterwegs ist, besucht den Aussichtspunkt **Tunnel View** (S. 602), wandert zum nebelverhangenen **Bridalveil Fall** (S. 602) hinauf und beobachtet die Kletterer an der Granitwand des **El Capitan** (S. 602).

- Nachmittags geht's ins historische **Ahwahnee Hotel** (S. 604), um einen Cocktail oder Kaffee zu trinken und etwas zu essen. Danach wandert man zum **Vernal Fall** und zum **Nevada Fall** (S. 603). Zur Belohnung gibt's ein Abendessen im **Curry Village Pizza Deck** (S. 601). Übernachtet wird im Hüttenzelt nebenan.

Beste Reisezeit

Eine Reise lohnt sich immer: Im Frühling blühen die Wildblumen und die Wasserfälle sind prächtig. Im Sommer fährt man ins Hochgebirge und wandert in der Ebene. Im Herbst leuchten die Wälder bunt und im Winter entsteht eine Märchenlandschaft.

JANUAR

Alles dreht sich um den **Wintersport**. Im Ahwahnee Hotel bieten Spitzenköche aus dem ganzen Land **Kochvorführungen** und öffnen die Küche für Gäste.

FEBRUAR

In den letzten beiden Wochen des Monats wird der sonst eher kleine **Horsetail Fall** (S. 605) zum meist fotografierten Ort im Yosemite National Park.

APRIL

Ende des Monats blüht der Hartriegel und die **Wasserfälle** schwellen an. Außerdem beginnt die **Angelsaison**.

Drei Tage Zeit

- Nach dem ersten Tag im Yosemite National Park sollte man sich, vor allem im Sommer, noch mindestens zwei weitere Tage hier gönnen. Dann kann man z.B. auf dem recht anstrengenden Four Mile Trail zum **Glacier Point** (S. 602) wandern (oder man fährt einfach hin). Am letzten Tag macht man eine Fahrt zum Tioga Pass und bewundert die fantastische Spiegelung des Half Dome im **Mirror Lake** (S. 602). In **Tuolumne Meadows** (S. 604) schläft man dann unter dem Sternenzelt.

- Über den Tioga Pass geht's schließlich raus aus dem Park und in die östliche Sierra. Dort besucht man die gruselige Geisterstadt im **Bodie State Historic Park** (S. 627) und spaziert durch die ebenfalls unheimliche Tufflandschaft des **Mono Lake** (S. 626). Vor der Weiterfahrt sollte man unbedingt noch in einer der vielen **Thermalquellen** (S. 625) abtauchen.

Länger Zeit

- Während der Fahrt auf dem **Hwy 395** (S. 620) bieten sich immer wieder Wanderungen zu Seen an, auf denen man die **bizarren Formationen** (S. 625) bestaunen kann, die die Vulkane hier hervorgebracht haben – allen voran die Basaltsäulen des **Devils Postpile** (S. 625). Der Besuch (mindestens) eines der vielen Museen in der Nähe von Bishop und vor allem der **Manzanar National Historic Site** (S. 623) sollte ebenfalls auf dem Programm stehen. Auch die runden roten Felsbrocken der **Alabama Hills** (S. 620) lohnen den Besuch.

- Nun geht's auf die andere Seite der Sierra in den Sequoia National Park, wo man die **höchsten Bäume der Welt** (S. 605) bewundern kann. Danach fährt man durch den Kings Canyon, besucht die **Boyden Cavern** (S. 614) und macht einige tolle **Wanderungen** (S. 613).

MAI
Die Wasserfälle sind voller Wasser, und Bishop feiert seine **Mule Days** (S. 621), das einzigartige Rodeo der *packers* (Cowboys aus dem Hinterland).

SEPTEMBER
Weniger Reisende und die Wasserfälle sind Rinnsale. **Yosemite Facelift** sammelt Müll und im Sequoia & Kings Canyon ist das **Dark Sky Festival** (S. 616).

OKTOBER
Die Wälder der Sierra Nevada **leuchten in allen Farben**, was zahllose Fotografen anlockt.

DEZEMBER
Die Parks sind tief verschneit und verlassen, doch im Hotel Ahwahnee startet das **Bracebridge Dinner** (halb Festmahl, halb Renaissance-Markt, S. 604).

YOSEMITE NATIONAL PARK

Das Kronjuwel der kalifornischen Nationalparks ist geprägt von rauschenden Wasserfällen, riesigen Bäumen, mit Wildblumen bedeckten Tälern und majestätischen Bergen. Zwischen den von Gletschern geformten Granitbergen leben Menschen schon seit mehr als 8000 Jahren.

Die indigenen Ahwahneechee wurden Mitte des 19. Jhs. von weißen Siedlern vertrieben. Nachdem immer mehr Straßen und Gästehäuser gebaut worden waren, forderten Umweltschützer den Kongress auf, die Region unter Naturschutz zu stellen. 1864 unterzeichnete Präsident Abraham Lincoln das Yosemite Grant und übergab das Land als State Park an Kalifornien. Diese Entscheidung und die Bemühungen des Umweltschützers John Muir führten 1890 schließlich zur Gründung des Yosemite National Park.

Mittlerweile gehört der Park auch zum Weltnaturerbe der UNESCO, und die Schönheit seiner einzigartigen Natur zieht Jahr für Jahr Millionen von Reisenden an.

TOP TIPP

Für den Besuch des Yosemite National Park ist manchmal eine Reservierung erforderlich. Weitere Infos gibt's auf recreation.gov. Wenn die zulässige Besucherzahl überschritten ist, gibt es die Möglichkeit, eine Unterkunft im Park oder eine geführte Tour zu buchen, ein Wilderness oder Half Dome Permit zu erwerben oder aber mit einem YARTS-Bus zu fahren.

Bridalveil Fall (S. 602)

ALEXANDER DEMYANENKO/SHUTTERSTOCK ©

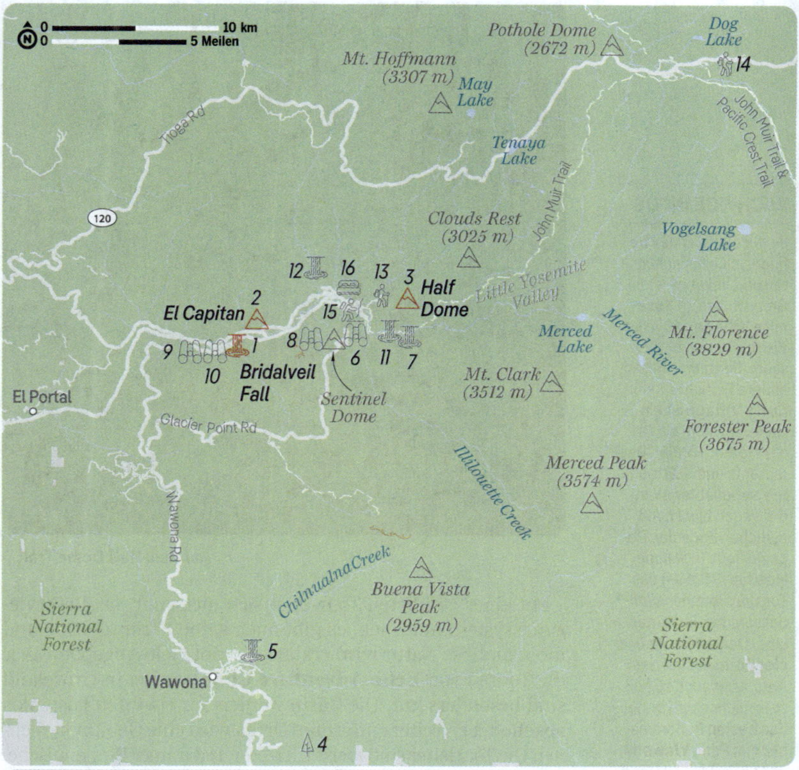

HIGHLIGHTS
1 Bridalveil Fall
2 El Capitan
3 Half Dome

SEHENSWERTES
4 Mariposa Grove
5 Chilnualna Falls
6 Glacier Point
7 Nevada Fall
8 Sentinel Dome
9 Tunnel View
10 Valley View
11 Vernal Fall
12 Yosemite Falls

AKTIVITÄTEN, KURSE & TOUREN
13 Mirror Lake
14 Tuolumne Meadows
15 Yosemite Mountaineering School

SCHLAFEN
16 Ahwahnee Hotel

Legendäres Yosemite Valley

EINE TOUR DURCH DAS TAL

Das spektakuläre, mit Wiesen bedeckte Yosemite Valley ist gut 11 km lang und wird vom ruhigen Merced River in zwei Teile geteilt. Das Tal wird von einigen der beeindruckendsten Granitfelsen der Welt begrenzt. Überall stürzen mächtige Wasserfälle, darunter einige der höchsten der USA, ins Tal.

DIE BESTEN RESTAURANTS IM YOSEMITE NATIONAL PARK

Ahwahnee Dining Room
Das noble Hotelrestaurant verlangt angemessene Kleidung und serviert die dazu passenden ausgezeichneten Gerichte. **$$$**

Mountain Room Restaurant
Das Restaurant bietet New Yorker Clubsteaks, gebratenen Eichelkürbis und Forelle mit Blick auf die Yosemite Falls. **$$$**

Curry Village Pizza Deck
Das frisch renovierte, gut besuchte Restaurant serviert Pizza in entspannter Atmosphäre. **$$**

WICHTIGE INFOS

Im Yosemite Valley befinden sich die schönsten und bekanntesten Granitfelsen, in **Yosemite Village** gibt's das Visitor Center, ein Museum, Restaurants und andere Einrichtungen. **Curry Village** ist ein weiterer wichtiger Ort, der Motels, Hütten, Restaurants und Startpunkte von beliebten Wanderwegen bietet. Am östlichen Ende der Tioga Rd liegt Tuolumne Meadows (S. 604) das Tor zum Sommer-Wanderparadies im Hinterland. Der berühmte **Glacier Point**, ist mit dem Auto, aber auch zu Fuß zu erreichen und bietet den besten Panoramablick im Park. **Wawona**, ganz im Süden hat eine gute Infrastruktur und riesige Bäume. In **Hetch Hetchy** im Nordwesten beginnen Wanderwege zu den Wasserfällen und die Wasservorräte von San Francisco sind zu sehen.

R.M. NUNES/SHUTTERSTOCK ©

Auf dem Half Dome Trail

Mit einer geführten Tour lässt sich nicht nur das Reservierungssystem umgehen, es gibt auch keine Parkprobleme und die grandiose Natur wird erklärt. Es gibt viele Angebote, aber die Touren von **Echo Adventure Cooperative** in Groveland sind besonders gut. Die Gäste werden am Hwy 120 kostenlos abgeholt, bei weiter entfernten Orten wird eine Gebühr berechnet. Die Tourleiter sind meist Kletterer und immer Einheimische, die sich gut auskennen. Sie fahren die kleinen Gruppen mit Minivans in den Park. Der erste Stopp ist beim Aussichtspunkt **Tunnel View**, der einen tollen Blick über das Tal bietet. Links ist der mächtige **El Capitan**, rechts der **Bridalveil Fall** und geradeaus der **Half Dome**. Beim Bridalveil Fall führt ein erhöhter Steg zu den neuen Aussichtsplattformen direkt am 189 m hohen Wasserfall. Besonders im Frühjahr kann die Gischt schon mal bis zur Plattform reichen (Regenkleidung anziehen!).

Die nächste Station ist die **Yosemite Valley Chapel**, das älteste Gebäude im Park. Ein paar Meter weiter ragt der Half Dome in den Himmel. Dieses spirituelle Zentrum des Parks ist 87 Mio. Jahre alt und ragt fast senkrecht auf – es ist der steilste Felsen in Nordamerika. Er ist natürlich ein perfektes Fotomotiv, doch noch besser ist seine Spiegelung im **Mirror Lake**. Der Weg zurück durch Curry Village führt an den atemberaubenden

ÜBERNACHTEN IM YOSEMITE NATIONAL PARK

Ahwahnee Hotel
Das historische Luxushotel im Tal bietet einen tollen Ausblick, ein berühmtes Restaurant und einen beheizten Pool. **$$$**

Curry Village
Mitten im Yosemite National Park stehen hier Motels, Holzhütten und Hüttenzelte. **$**

Yosemite Valley Lodge
Die niederen Gebäude nahe der Yosemite Falls beherbergen rustikale Unterkünfte, Restaurants und eine lebhafte Bar. Zudem gibt's einen Pool. **$$**

Royal Arches aus Granit vorbei. Mitten im Tal liegt der tosende **Yosemite Falls**. Ein kurzer Weg führt zum Fuß des Wasserfalls, wer will, kann auch nach oben steigen, was aber recht anstrengend ist. Der Wasserfall ist im Frühjahr besonders mächtig, im Spätsommer wird er zum Rinnsal. Wenige Schritte entfernt ist El Capitan, einer der größten Granit-Monolithe der Welt. Er ist sehr beliebt bei Bergsteigern, die sich gut von der Straße aus beobachten lassen.

Zum Schluss bietet der Aussichtspunkt **Valley View**, einen tollen Blick von unten über das Tal und die Möglichkeit, die Füße im Merced River zu kühlen. Ein letzter Blick auf Bridalveil Fall, **Cathedral Rocks** und El Capitan sowie den Half Dome in der Ferne und die Tour ist zu Ende. Empfehlenswerte Veranstalter sind auch **Yosemite 360 Tours** (in der Tenaya Lodge), **Yosemite Valley Floor Tour** (die Ranger und Naturwissenschaftler haben ihr Büro in der Yosemite Valley Lodge) und **YExplore Yosemite Adventures** (in Sonora).

Wandern & Trekken

WANDERWEGE DER SUPERLATIVE

Über 1280 km Wanderwege aller Schwierigkeitsgrade durchziehen den Yosemite National Park. Vom einfachen 800 m langen Weg im Tal über eine Tageswanderung an Aussichtspunkten, Wasserfällen und Seen vorbei bis zu mehrtägigen Wanderungen mit Camping im abgelegenen Hinterland.

Die meisten Wege starten im Yosemite Valley. Am beliebtesten ist der Weg auf den Half Dome. Der 27 km lange Rundweg, der einen Teil des John Muir Trail beinhaltet, ist sehr anstrengend und nur mithilfe von Handseilen möglich. Je nach Wetter sind die Seile von Ende Mai oder Juli bis Mitte Oktober installiert. Um Staus beim Aufstieg zu vermeiden, ist eine spezielle Genehmigung nötig. Wem der Aufstieg zu mühselig ist, kann den Weg auch nur bis zum **Vernal Fall** (4,16 km hin & zurück), **Nevada Fall** (10,4 km hin & zurück) oder ins malerische **Little Yosemite Valley** (12,8 km hin & zurück) gehen. Der **Four Mile Trail** (14,72 km hin & zurück) zum Glacier Point ist ebenfalls sehr anstrengend, bietet aber einen tollen Ausblick.

An der Glacier Point Rd entlang führt der recht einfache Sentinel Dome (3,5 km hin & zurück) zu dem beeindruckenden Granitfelsen. Einer der schönsten Wege ist der landschaftlich reizvolle **Panorama Trail** (13,6 km einfache Strecke), der ins Tal hinunter führt und dort auf den John Muir Trail und Mist Trail trifft. Er bietet permanent tolle Ausblicke, u. a. auf den Half Dome und den Illilouette Fall. Für Kinder gut geeignet

DIE WICHTIGSTEN PARKEINGÄNGE

Arch Rock Entrance
Der Hwy 140 führt durch den Merced River Canyon ins Yosemite Valley im Westen des Parks.

Big Oak Flat Entrance
Der Hwy 120 West führt östlich von Groveland durch den Stanislaus National Forest zu dem Eingang im Westen des Parks.

South Entrance
Der südliche Eingang des Parks ist am Hwy 41 nördlich von Fish Camp und ganz in der Nähe des Mariposa Grove.

Tioga Pass Entrance
Der Hwy 120 East führt als Tioga Rd quer durch den Park und verbindet das Yosemite Valley mit der östlichen Sierra.

DER KLIMAWANDEL

Eine ausführliche Erörterung des **Klimawandels** und welche Auswirkungen er auf die Menschen und Landschaft in Kalifornien hat, findet sich auf S. 662.

Wawona Hotel
Das Viktorianische Gebäude von 1879 ist mit Möbeln dieser Zeit eingerichtet und steht unter Denkmalschutz. **$$**

Camp 4
Der Campingplatz ist 1,2 km vom Fuß der Yosemite Falls entfernt und bei Kletterern beliebt. Es gilt das Prinzip „Wer zuerst kommt, mahlt zuerst". **$**

High Sierra Camps
Auf einer Strecke von 49 Meilen (78,4 km) gibt's fünf Campingplätze im Hinterland, teilweise mit Restaurant. Die Plätze werden per Los vergeben. **$**

sind einfache Wanderungen zum **Mirror Lake** (3,2 km hin & zurück bzw. 7,2 km über den Tenaya Canyon) im Tal oder der **McGurk Meadow** (2,56 km hin & zurück) an der Glacier Point Rd. Dort gibt's auch eine historische Blockhütte zu entdecken. Im Wawona-Gebiet, wo riesige Sequoias, einige der höchsten Bäume der Welt, stehen, führt einer der schönsten, aber wenig beachteten Wanderwege des Parks zu den **Chilnualna Falls** (13,76 km hin & zurück). Er ist besonders schön von April bis Juni und folgt einem Bach mit kleineren Wasserfällen bis zum oberen Fallkante des spektakulären Wasserfalls.

Die meisten Wanderwege befinden sich auf der Hochebene **Tuolumne Meadows**, die aber nur im Sommer zugänglich ist. Sehr beliebt ist der **Dog Lake and Lembert Dome Trail** (8 km hin & zurück; die Kombination zweier Trails), doch am schönsten ist der Weg zu den **Cathedral Lakes**. Der 12,2 km lange Weg führt durch dichte Wälder und über Wiesen zu zwei Seen am Fuß des zerklüfteten Cathedral Peak (3326 m). **Yosemite Mountaineering School** verleiht Rucksäcke, Zelte und sonstige Ausrüstung. Die Schule bietet auch zweitägige Rucksacktouren für Unerfahrene (400 US$/Pers.) sowie drei-, vier- oder fünftägige All-inclusive-Touren an (450–750 US$/Pers.), die vor allem bei Alleinreisenden sehr beliebt sind.

LOCAL TIPP: WO ES DIE SCHÖNSTEN WILDBLUMEN GIBT

Die Nationalparkangestellte **Mirella Gutierrez** lebt und arbeitet im Yosemite National Park und erklärt, wo es blühende Bäume und Wildblumen gibt.

Yosemite Valley
Der Hartriegel im Tal blüht meist Ende April/Anfang Mai. Es sind auch welche auf dem Weg zum Mirror Lake zu finden.

Hetch Hetchy
Eine schöne Halbtageswanderung mit einigen Höhenmetern führt zu den Wapama Falls. Am schönsten ist es hier von Mitte bis Ende Mai, wenn lila, gelbe, rote und rosa Wildblumen blühen.

Clouds Rest
Es gibt viele Höhenwege an der Tioga Rd, mein Lieblingsweg ist jedoch der Clouds Rest. Hier blühen die Wildblumen im Juli und August.

Das Ahwahnee erleben

DIE STYLISCHE SEITE DER SIERRA

Egal, ob man bis zu den Yosemite Falls hinauf gewandert ist, oder nur im Dorf geblieben und ein T-Shirt gekauft hat, man sollte sich auf jeden Fall die beste der besten Unterkünfte im Park gönnen und die rustikale Eleganz des Ahwahnee Hotel erleben. Das grandiose Hotel wurde 1927 aus Granit, Beton und Stahl gebaut, um wohlhabende Gäste anzulocken. Heute aber können alle Parkbesucher:innen unter den hohen Decken herumlaufen, sich in stimmungsvollen Räumen vor riesigen offenen Kaminen entspannen und den Blick auf Glacier Point, Half Dome und Yosemite Falls genießen.

Wem die Eingangshalle bekannt vorkommt, kennt vermutlich Stanley Kubricks Horrorfilm *Shining*. Tatsächlich diente sie als Vorbild für die Eingangshalle des Overlook Hotel. Wer nicht übernachten will, kann auch nur im noblen Restaurant essen oder in der Pianobar etwas trinken und dabei die Bleiglasfenster, handgearbeitete Fliesen, Objekte der amerikanischen Ureinwohner, neugotische Kronleuchter und türkischen Teppiche bewundern. An Weihnachten veranstalet das Hotel das **Bracebridge Dinner**, eine Kombination aus Bankett und Renaissance-Markt. Karten müssen lange im Voraus reserviert werden.

DIE BESTEN KULTURANGEBOTE IM YOSEMITE NATIONAL PARK

Yosemite History Center
In diesem Museum sind die ältesten Gebäude des Parks zu sehen – sie bieten einen Einblick in seine Geschichte. Wer will, kann in einer Postkutsche fahren.

Ansel Adams Gallery
Die Galerie in Yosemite Village zeigt die Fotos von Ansel Adams und bietet Rundgänge und Kurse an.

Indian Village
Hinter dem Yosemite Museum führt ein Naturlehrpfad durch das wieder aufgebaute Dorf der Ahwahnee aus den 1870er-Jahren.

Restaurant des Ahwahnee Hotel

Man sollte früh buchen – in der Hochsaison und in Ferienzeiten bis zu einem Jahr im Voraus! Und noch ein Hinweis: im ganzen Hotel gibt's keinen Handyempfang.

Unterwegs im Mariposa Grove

500 DER HÖCHSTEN BÄUME DER WELT

Der Mariposa Grove nimmt den südlichen Teil des Yosemite National Park ein. Die 500 riesigen Sequoias sind über 60 m hoch und rund 2000 Jahre alt. Sie haben schon viele Waldbrände überlebt, zuletzt 2022. Trotz dieser großen Widerstandsfähigkeit sind sie aber nicht unzerstörbar.

Der Waldspaziergang beginnt auf der Plaza des Visitor Center, wo Shuttle-Busse die 3,2 km auf der Postkutschenroute des 19. Jhs. in den Wald hineinfahren. Auch der ebenfalls 3,2 km lange **Washburn Trail** beginnt hier. Gleich am Anfang des Waldes liegt der **Fallen Monarch**, dessen in die Luft ragenden Wurzeln zeigen, dass diese Riesen nur sehr oberflächlich verwurzelt sind. Die windschiefen, sichtlich geschädigten Bäume daneben stehen zwar noch, leiden aber unter dem Klimawandel.

800 m weiter ragt der 800 Jahre alte **Grizzly Giant** in den Himmel. Seine Äste sind dicker als so mancher Pinienstamm. Es folgt der ausgehöhlte **California Tunnel Tree** – ein sehr

YOSEMITE FIREFALL

Wenn Ende Februar das Wetter gut und ausreichend Wasser vorhanden ist, ist am **Horsetail Fall** ein zweiwöchiges „Feuerspektakel" zu bewundern: Wenn das Wasser am El Capitan hinunterfließt und dabei die Sonne aufgeht, leuchtet es wie flüssige Lava. Am besten ist der *firefall* vom Picknickplatz beim El Capitan zu fotografieren. Wegen des großen Andrangs werden die Besucherzahlen beschränkt und Parkplätze gesperrt.

Das Spektakel erinnert an den Glacier Point Firefall, der von 1872 bis in die 1970er-Jahre zu bewundern war. Damals schleuderte man u.a. glühend heiße Glut am Glacier Point ins 1000 m tiefe Tal hinunter.

DIE BESTEN PICKNICKPLÄTZE IM YOSEMITE NATIONAL PARK

Olmsted Point
Der Ort hinter dem Half Dome und oberhalb des Tenaya Canyon erinnert an eine Mondlandschaft, bietet aber tolle Ausblicke.

Tenaya Lake
Der See ist einer der größten und schönsten natürlichen Seen im Park.

Inspiration Point
Ein 2 km langer, steiler Weg führt zu dem atemberaubenden Aussichtspunkt auf einem Vorsprung hinauf.

DIE SCHÖNSTEN WASSERFÄLLE IM YOSEMITE NATIONAL PARK

Yosemite Falls
Der höchste Wasserfall Nordamerikas stürzt über drei Stufen 739 m in die Tiefe. Die Wanderung hinauf ist brutal.

Bridalveil Fall
Der 189 m hohe wild spritzende Wasserfall wurde von den Ahwahneechee *pohono* (Geist des stürmischen Winds) genannt.

Vernal & Nevada Falls
Die beiden Wasserfälle stürzen 96 bzw. 181 m tief in den Merced River.

Chilnualna Falls
Der Wasserfall rauscht in eine tiefe Schlucht hinunter. Von Wawona aus ist er in einer schönen Tageswanderung zu erreichen.

Wapama Falls
Der 305 m hohe Wasserfall beim Hetch Hetchy Reservoir ist über einen 8 km langen Weg vom O'Shaughnessy Dam zu erreichen.

GREG EPPERSON/SHUTTERSTOCK ©

Bergsteiger im Yosemite National Park

beliebtes Fotomotiv. Der Baum wurde 1895 von Menschenhand ausgehöhlt und steht immer noch, während der berühmte **Fallen Wawona Tunnel Tree** ein Stück weiter 1969 umstürzte, nachdem auch er Jahrzehnte zuvor ausgehöhlt worden war. Von diesem Baum führt ein 1,6 km langer Rundweg zum Aussichtpunkt **Wawona Point** in 2075 m Höhe, der einen wunderbaren Panoramablick über den ganzen Wald bietet.

Ab in die Wildnis

OUTDOOR-ABENTEUER IM YOSEMITE NATIONAL PARK

Das Outdoor-Paradies bietet jede Menge Aktivitäten. Die spitzen Gipfel, runden Domes und steilen Monolithe laden zum **Felsenklettern** ein. Die meisten Bergsteiger, darunter auch berühmte Profis, starten im Frühjahr und Herbst vom Camp 4 beim El Capitan. Im Sommer wird das Basislager im Tuolumne Meadows Campground aufgeschlagen. Auf beiden Campingplätzen gibt's Schwarze Bretter für alle, die einen Kletterpartner suchen.

Mountainbiken ist verboten, doch auf den 19 km langen befestigten Wegen darf mit dem **Fahrrad** oder E-Bike gefahren werden – eine beliebte und umweltfreundliche Art, den Park zu

DIE SCHÖNSTEN GRANITFELSEN IM YOSEMITE NATIONAL PARK

El Capitan
Der steil aufragende Monolith ist schwindelerregend hoch und ihn zu besteigen gelingt nur sehr erfahrenen Bergsteigern.

Half Dome
Dieses Wahrzeichen ist so beliebt, dass es nur noch mit Genehmigung bestiegen werden darf. Dennoch ist sie für Millionen Besucher:innen ein absolutes Muss.

Sentinel Rock
Der am leichtesten zu besteigende Granitfelsen im Yosemite National Park bietet einen großartigen Rundumblick auf Berge und Täler.

erkunden. und auch die schnellste, wenn es sich auf den Straßen wieder einmal staut.

Im Frühsommer ist auch **Rafting** auf dem Merced River möglich. Die Boote für die 4,8 km lange Fahrt werden in Curry Village verliehen. Im Preis inbegriffen ist die Rückfahrt mit dem Shuttle-Bus. Wawona am südlichen Arm des Merced ist der beste **Angelstelle** im Park. Auch **baden** ist im Fluss möglich. Dabei aber niemals bei einem Wasserfall ins Wasser springen, denn das ist lebensgefährlich.

Auch im Winter hat der Park viel zu bieten: unter tief verschneiten Nadelbäumen, auf zugefrorenen Seen und schneebedeckten Bergen sind verschiedene Arten von **Wintersport** möglich. Es gibt 560 km an Langlaufloipen und Wegen, das familienfreundliche Skigebiet **Badger Pass Ski Area** lockt schon seit 1935 Skifahrer:innen und Snowboarder:innen. Außerdem ist vielerorts Schneewandern, Schlittschuhlaufen, Wintercampen, Schlittenfahren und Tubing möglich.

Inspiration für die Kunst

KUNST IM YOSEMITE

Von Beginn an hat der Yosemite National Park die Menschen zu Kunstwerken inspiriert, die fast ebenso beeindruckend sind wie die einmalige Landschaft. Die Künstler:innen, die mit den ersten Tourist:innen in den Nationalpark kamen, bildeten die einzigartige Schönheit der Natur ab, die von Bergleuten, Viehzüchtern und Holzfällern bereits teilweise zerstört wurde. Die Zeichnungen von Thomas Ayres und die Fotos von Carleton Watkins waren von großer Bedeutung für die Einrichtung des Nationalparks. Der bekannteste Fotograf des Yosemite Valleys war Ansel Adams. Er vertrat schon früh die Ansicht, dass die Fotografie dieselben ästhetischen Prinzipien erfüllen sollte wie andere Kunstwerke. Mit seinen Fotos setzte er sich unermüdlich für die Erhaltung der Wildnis ein. Heute zeigt die **Ansel Adams Gallery** im Yosemite Village seine Werke.

DAS LEID DER BÄUME IM YOSEMITE NATIONAL PARK

Steigende Temperaturen und Wasserknappheit setzen auch den mächtigen Bäumen im Yosemite National Park zu. Und über die geschwächten Bäume machen sich dann die Borkenkäfer her. Außerdem sind trockene, abgestorbene Bäume sehr leicht entzündlich. Zusammen mit dem Unter- und Totholz, das infolge der nicht mehr zeitgemäßen Vorgehensweise, Brände komplett zu unterdrücken, im letzten Jahrhundert im Wald blieb, brechen jetzt immer schneller und immer größere Waldbrände aus. Deshalb legen die Parkranger inzwischen selbst Feuer und lassen sie kontrolliert brennen, solange sie keine Menschen oder Infrastruktur bedrohen. Sie versuchen damit, die Wälder auszudünnen, um allzu verheerende Brände zu verhindern. Einige Umweltschützer klagten jedoch dagegen und 2022 wurde diese Praxis per Gesetz verboten.

UNTERWEGS VOR ORT

Der Yosemite National Park ist das ganze Jahr über von Westen (Hwy 120 W und Hwy 140) und Süden (Hwy 41) sowie im Sommer auch von Osten (Hwy 120 E) zugänglich. Im Winter werden die Straßen zwar geräumt, es sind aber dennoch Schneeketten erforderlich. Im Park kommt es auch immer wieder zu Steinschlägen, sodass manche Straßenabschnitte wochen- oder gar monatelang gesperrt werden müssen. Zum Zeitpunkt der Recherche wurden an der Glacier Point Rd Arbeiten zur Befestigung der Felswände durchgeführt.

Die Tankstellen in Wawona und Crane Flat im Park sind zwar das ganze Jahr über geöffnet, aber sehr teuer. Außerdem gibt's noch Tankstellen in El Portal am Hwy 140 außerhalb des Westrandes und in Lee Vining an der Kreuzung von Hwy 120 und Hwy 395 östlich des Parks.

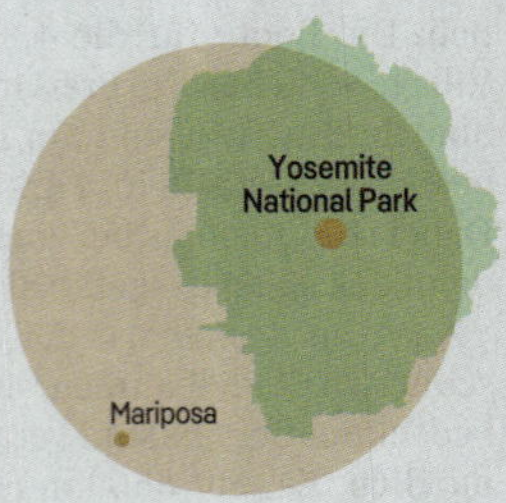

Rund um den Yosemite National Park

Die Städte rund um den Yosemite National Park lohnen weit mehr als nur einen flüchtigen Blick aus dem Autofenster.

Auf halber Strecke zwischen Merced und dem Yosemite Valley liegt beispielsweise Mariposa, der größte und interessanteste Zugangsort zum Park. Die Stadt, die während des Goldrauschs rund um ein Bergwerk und einen Bahnhof entstand, hat auch heute noch den Charme des Wilden Westens und einige gute Museen, die ihre Geschichte und die der Umgebung erzählen. Außerdem bietet sie ein überraschend aufregendes Nachtleben.

Weiter nördlich am Hwy 120 W liegt Groveland, ein kleines Städtchen mit restaurierten Gebäude aus der Zeit des Goldrauschs und jeder Menge altmodischem Charme. In Fish Camp weiter südlich am Hwy 41 fährt noch eine alte Dampfeisenbahn, und noch weiter südlich wartet das eher moderne Oakhurst mit überraschend schönen Unterkünften auf.

TOP TIPP

Auf den Zufahrtsstraßen in den Yosemite National Park, vor allem dem landschaftlich reizvollen Hwy 41 durch den Merced River Canyon, kommt es in der Hochsaison oft zu Verkehrsbehinderungen, die bei der Reiseplanung berücksichtigt werden sollten.

Mariposa

LENSTRAVEL/SHUTTERSTOCK ©

AUTOTOUR ÜBER DEN EBBETTS PASS

Die Panoramastraße über den Ebbetts Pass (scenic4.org) ist landschaftlich sehr reizvoll und nicht nur für Outdoor-Fans, die eine Alternativstrecke zum Yosemite National Park suchen, empfehlenswert.

Die 61 Meilen (97,6 km) lange Fahrt auf den Highways 4 und 89 beginnt in 1 **Arnold**, und führt nach Osten zum 2 **Calaveras Big Trees State Park** (S. 563) mit riesigen Sequoias. Zu einem Zwischenstopp lädt das 3 **Bear Valley Ski Resort** ein. Im Winter dreht sich hier alles um Wintersport, im Sommer locken Mountainbike-Trails und Glamping. Snow Die Bear Valley Adventure Company verleiht die nötige Ausrüstung. Weiter östlich liegt der schöne 4 **Lake Alpine**, der von Granitfelsen umgeben ist und tolle Strände mit allen Arten von Wassersport sowie Möglichkeiten zum Angeln und Wandern bietet. Rund um den See gibt's mehrere Campingplätze und die rustikale Lake Alpine Lodge.

Der folgende Abschnitt ist der spektakulärste der Strecke, denn der schmale Highway schlängelt sich entlang des malerischen Mosquito Lake hinauf zum Pacific Grade Summit (2457 m) und dann durch das historische Hermit Valley, bevor es auf den 2661 m hohen 5 **Ebbetts Pass** hinaufgeht. Auf der letzten Etappe bei Markleeville sind noch die Spuren des verheerenden Tamarack Fire von 2021 zu sehen. Hier bietet sich ein Abstecher nach Nordwesten in die relativ unbekannte Hope Valley Wildlife Area an. Das von hohen Berggipfeln umgebene Naturschutzgebiet ist voller Wiesen, Flüsse und Wälder. Das Abenteuerlager 6 **Wylder Hotel** bietet Glamping, verträumte Hütten und leckeres Essen.

Achtung: Nach dem ersten größeren Schneefall wird der Ebbetts Pass gesperrt und erst im Juni wieder geöffnet. Der Hwy 4 wird jedoch von Westen bis zumeist Bear Valley geräumt.

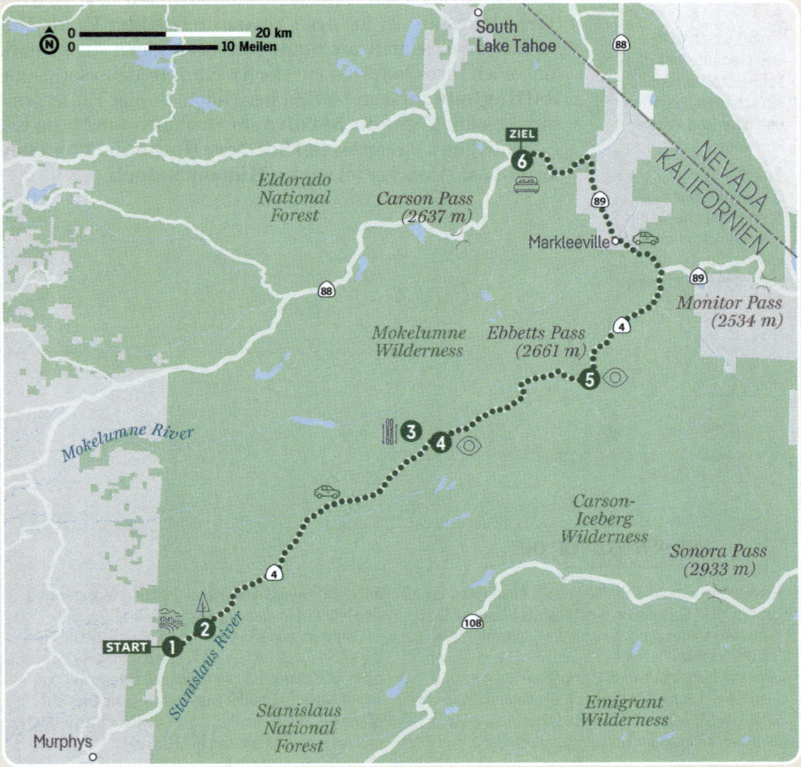

DIE BESTEN UNTERKÜNFTE AUSSERHALB DES YOSEMITE NATIONAL PARK

Rush Creek Lodge
Das ländlich schicke Luxusresort in den Bergen hat Whirlpools und ein fantastisches Spa im Yosemite-Stil. **$$$**

Yosemite Bug Rustic Mountain Resort
Das alteingesessene Budgethotel bietet unterschiedlichste Zimmer, ein tolles Restaurant und Spa. **$**

Narrow Gauge Inn
Das Gasthaus in der Nähe der Sugar Pine Railroad hat 26 Zimmer, eine heimelige Atmosphäre und ein ausgezeichnetes Restaurant. **$$$**

Hotel Charlotte
Das elegante historische Hotel verfügt über ein schickes Restaurant und einen lebhaften Innenhof. **$$**

Tenaya Lodge
Das weitläufige familienfreundliche Resort mit vielen Veranstaltern im Haus liegt in der Nähe des Südeingangs zum Park. **$$$**

Der Weg zum Gold

EIN RUNDGANG DURCH MARIPOSA

Die ehemalige Goldgräberstadt Mariposa ist eine Autostunde vom Yosemite National Park entfernt, hat immer noch keine Ampel und ist ein echtes kulturelles Erlebnis. Die historische Altstadt wurde erst vor kurzem für 6,3 Mio. US$ saniert und präsentiert nun stolz das älteste Gerichtsgebäude westlich des Mississippi, in dem von 1854 bis heute durchgängig Recht gesprochen wurde. Die **1850 Brewing Company**, bietet nicht nur das hier gebraute Bier, sondern auch ausgezeichnete Cocktails, wie z. B. den Tipsy Cow Tipper aus Whiskey mit Erdnussbuttergeschmack.

Unbedingt sehenswert ist das **Mariposa Museum & History Center**. Mit alten Speisekarten, Zugfahrkarten, Fotos und dergleichen versetzt es die Gäste in die Vergangenheit der Stadt. In der neuen Miwuk-Ausstellung sind kunstvoll geflochtene Körbe, Schmuck, Pfeilspitzen und mehr zu sehen. Auf dem Messegelände befindet sich das interessante **California State Mining & Mineral Museum**. Glanzstück des Museums ist der fast 6 kg schwere Fricot Nugget, der größte in Kalifornien jemals gefundene Goldklumpen. Die neueste Errungenschaft der Stadt ist das **Yosemite Climbing Museum**. Es zeigt Erinnerungsstücke aus der Zeit, als die ersteren Bergsteiger im Park ihre Ausrüstung noch selber herstellen mussten. Für heutige Kletterer interessant ist die neue **Yosemite Boulder Farm**. Das 2,4 ha große Gelände am Stadtrand bietet einen Kletterpark und einen Disc-Golfplatz. Für noch mehr Adrenalin sorgt eine **Raftingtour** auf dem Merced bei Midpines oder Fallschirmspringen mit **Yosemite Skydive** am Flughafen von Mariposa.

Abends gibt's Livemusik in **The Grove House** und **The Alley** sowie einen Absacker im wilden **Hideout Saloon**.

UNTERWEGS VOR ORT

Hier ist ein eigenes Fahrzeug ideal. Ansonsten verkehren YARTS-Busse in der gesamten Region. Das gute Netz bietet in der Saison drei Linien im Westen und eine im Osten: auf dem Hwy 41 von Fresno über Oakhurst nach Fish Camp (Mai–Sept.), auf dem Hwy 120 von Sonora nach Groveland (Mai–Sept.), von Mammoth Lakes in der östlichen Sierra über Lee Vining zum Tioga Pass (Juni–Okt.), und auf dem Hwy 140 von Merced durch Mariposa und den Merced River Canyon (ganzjährig).

Fahrkarten kosten zwischen 10 und 22 US$ für die einfache Strecke und können online im Voraus oder im Bus gekauft werden (Bezahlung mit passendem Bargeld oder Kreditkarte). Die Busfahrpläne ändern sich häufit, die Busse fahren jedoch meist mehrmals am Tag (5–20 Uhr).

SEQUOIA & KINGS CANYON NATIONAL PARKS

Gut 320 km südwestlich des überlaufenen Yosemite Valley liegen diese beiden ruhigen Parks der Sierra. Hier lassen sich blühende Wildblumenwiesen und stillen Gebirgsseen, tosende Wasserfälle, einsame Wüsten und tiefe Schluchten noch in aller Ruhe genießen. Die meisten Traveller kommen jedoch wegen der Wälder hierher, in denen die höchsten Sequoias der Erde wachsen.

Allerdings hat der Klimawandel auch diesen Riesen zugesetzt. Bei den großen Waldbränden 2020 und 2021 verbrannten Tausende Bäume und ein Fünftel der Tiere. Zum Zeitpunkt der Recherche waren die Brandgebiete und andere beschädigte Bereiche des Parks gesperrt. Dennoch ist die überwältigende Schönheit der Natur hier immer noch zu bewundern.

TOP TIPP

Von der Nationalparkverwaltung NPS werden sie zwar als Einheit geführt, aber der Sequoia NP und der Kings Canyon NP sind unabhängige Parks. Ersterer ist geprägt von den Bäumen, darunter der General Sherman, der voluminöseste Baum weltweit, während der Kings Canyon aus Schluchten, Tälern und Bergen besteht.

Sequoia National Park

MY GOOD IMAGES/SHUTTERSTOCK ©

SEHENSWERTES
1 Boyden Cavern
2 General Grant Grove
siehe 3 General Sherman Tree
3 Giant Forest
4 Giant Forest Museum
5 Mineral King
6 Mist Falls Trail
7 Moro Rock

AKTIVITÄTEN, KURSE & TOUREN
8 Eagle Lake
9 High Sierra Trail
10 Rae Lakes Loop

SCHLAFEN
11 Silver City Mountain Resort

Sequoias der Superlative

DIE GRÖSSTEN BÄUME DER WELT

Einen guten Einstieg in die faszinierende Ökologie und Geschichte der Bäume bietet das Giant Forest Museum am Generals Hwy im Sequoia National Park. Die interaktive Ausstellung erklärt die Wachstumsphasen der Riesenmammutbäume, die

DIE BESTEN UNTERKÜNFTE IN DEN SEQUOIA UND KINGS CANYON NATIONAL PARKS

Pear Lake Ski Hut
Die rustikale Hütte mit Holzofen im Hinterland bietet Platz für zehn Personen, ist aber 9,6 km von der Straße entfernt und nur mit Langlaufski oder Schneeschuhen zu erreichen. **$**

Silver City Mountain Resort
Die rustikalen gemütlichen Hütten im abgelegenen Mineral King stehen mitten in der einzigartigen Natur. **$$**

Wuksachi Lodge
Die vornehmste Unterkunft der Parks bietet offene Kamine, den Blick auf die Wälder und typische Motelzimmer. **$$$**

mehr als 3000 Jahre alt werden können, und die Brandzyklen, die für ihre Vermehrung erforderlich sind. Das Museum ist in einem historischen Gebäude aus den 1920er-Jahren untergebracht, das der Architekt Gilbert Stanley Underwood konzipierte, der auch das Ahwahnee Hotel entwarf (S. 604).

Nach dieser Vorbereitung kann man mit dem Shuttle-Bus oder dem eigenen Fahrzeug auf dem Highway zum **Giant Forest** fahren. Der fast 780 ha große Wald ist ein Schutzgebiet für rund die Hälfte der größten Baumarten der Welt, darunter auch der Baum, der weltweit das größte Volumen aufweist, der knapp 84 m hohe General Sherman. Hier beginnt der **Congress Trail**, ein befestigter 3,2 km langer Weg zum **Washington Tree** (nach George Washington) und dem ausgehöhlten **Telescope Tree**.

Der Weg führt dann noch weiter in den **General Grant Grove**, der aber schon im Kings Canyon National Park liegt. Der 800 m lange Naturlehrpfad **General Grant Tree Trail**, führt an einer Reihe uralter Sequoias vorbei, darunter auch dem 27 Stockwerke hohen **General Grant Tree**. Der Baum hält gleich drei Rekorde: er ist der zweitvoluminöseste Baum der Welt, erinnert als Kriegerdenkmal an die gefallenen US-Soldaten und ist seit 1926 der offizielle Weihnachtsbaum der Nation.

Die Wanderschuhe schnüren

DIE SCHÖNSTEN WANDERWEGE

Die beiden Parks sind von über 1360 km ausgewiesenen Wanderwegen durchzogen. Sie führen zu Gebirgsseen am Fuße sonnengebleichter Granitfelsen, über Wildblumenwiesen und zu tosenden Wasserfällen.

So sind viele verschiedene Tageswanderungen möglich. Den schnellen Aufstieg zu einem Granitfelsen mit Panoramablick auf die umgebenden Berge bietet der **Moro Rock** südlich vom Giant Forest. Wer lieber zu einem einsamen Gletschersee wandern möchte, nimmt den **Eagle Lake** in Mineral King. Für alle, die 14,4 km am Fluss entlang wandern und dann eine Granittreppe zum höchsten Wasserfall des Parks hinaufsteigen wollen, ist der **Mist Falls Trail** in Cedar Grove richtig.

Auch mehrtägige Wanderungen mit Übernachtung sind möglich. **Mineral King**, **Lodgepole** und **Cedar Grove** sind gute Startpunkte, während die **Jennie Lakes Wilderness** im Sequoia National Forest Wiesen und Seen in nicht allzu großer Höhe bietet. Der beliebteste mehrtägige Wanderweg ist der **Rae Lakes Loop** im Kings Canyon. Der 65,6 km lange Rundweg führt an mehreren tiefblauen Seen vorbei. Der 78,4 km lange **High Sierra Trail** über einen Bergkamm bietet dagegen spektakuläre Ausblicke, u. a. auf den Mt. Whitney, und Flussdurchquerungen.

WICHTIGE INFOS

Der Sequoia und Kings Canyon National Park sind mit dem Auto nur von Westen über den Hwy 99 von Fresno oder Visalia aus zu erreichen. Von Visalia zum Sequoia National Park sind es 46 Meilen (73,6 km) auf dem Hwy 198 Richtung Osten. Der Parkeingang liegt dann hinter der Stadt Three Rivers. Von Fresno zum Kings Canyon sind es 57 Meilen (91,2 km) über den Hwy 180 Richtung Osten. Die beiden Straßen vereinigen sich im Sequoia National Park dann zum Generals Hwy. Von Osten sind die Parks nicht zu erreichen.

Die Nationalparks sind in fünf Gebiete unterteilt: Foothills, Mineral King und Giant Forest (mit Lodgepole) im Sequoia National Park, Grant Grove und Cedar Grove im Kings Canyon National Park.

John Muir Lodge
Die Lodge in Grant Grove Village bietet schlichte Zimmer, einen gemütlichen Kamin und Zelthütten. **$**

Cedar Grove Lodge
Das einzige Hotel im Kings Canyon hat 21 einfache Motelzimmer direkt am Fluss. **$$**

Sequoia High Sierra Camp
Der Campingplatz mit Bungalows, der 1,6 km tief im Sequoia National Forest liegt, hat keinen Strom, ist aber ein Glamping-Paradies. **$**

Für alle Wanderungen in die Wildnis sind vom Park zugelassene, bärensichere Lebensmittelbehälter zwingend erforderlich.

Höhlenklettern in der Boyden Cavern

UNTERWEGS IM UNTERGRUND

In den Sequoia und Kings Canyon National Parks wurden Hunderte Höhlen entdeckt. Davon ist derzeit nur die **Boyden Cavern** (am Kings Canyon Scenic Byway) für die Öffentlichkeit zugänglich. Die Höhle entstand vor gut 100 000 Jahren, als sich ein unterirdischer Fluss durch den Marmor grub. Nachdem sie Anfang des 19. Jhs. von indigenen Stämmen entdeckt worden war, wurde sie von Landvermessern später in diesem Jahrhundert untersucht und schließlich, auf Initiative von Putnam Boyden, einem Holzfäller aus Hume Lake, zugänglich gemacht. Boyden kaufte die Höhle und bot Führungen für 5 US¢ an.

Die heutigen Eingentümer verlangen je nach Tag zwischen 16 und 20 US$, die sich aber wirklich lohnen. Von der Straße führt ein kurzer, extrem steiler Weg zum Eingang. In ihr herrscht eine konstante Temperatur von 13 °C. Spitze Stalaktiten hängen von der Decke, die milchig weißen Marmorformationen erinnern an luftige Vorhänge, einen Stapel Pfannkuchen oder „Höhlenspeck“, wie es die Führer nennen.

In dieser uralten Märchenwelt leben auch Spitzmäuse, Spinnen und Skorpione sowie jede Menge Fledermäuse. Genau wie die Tiere darf auch das bizarre Gestein nur angeschaut und auf keinen Fall berührt werden. Die Führungen dauern zwischen 45 und 60 Minuten und finden täglich (nur im Sommer) statt. Tickets können im Voraus auf boydencavern.com gebucht werden.

Abenteuerliches Mineral King

IN DER EINSAMKEIT DER SIERRA

Das malerische subalpine Tal in 2286 m Höhe ist das Mekka der Backpacker im Sequoia National Park und bietet doch abgeschiedene Einsamkeit. Das einst von Gletschern geformte Mineral King ist rundum von hohen Bergen umgeben, darunter der 3762 m hohe Sawtooth Peak. Das atemberaubende Tal ist über die Mineral King Rd zu erreichen. Die schmale, kurvige Straße ist jedoch nicht für Wohnmobile oder Raser geeignet und meist nur von Ende Mai bis Oktober befahrbar. Hier oben sollte man mindestens einen, besser aber mehrere Tage verbringen.

Entlang der letzten 6 Meilen (9,6 km) gibt's zwei Campingplätze der Parkverwaltung, auf denen das Prinzip „Wer zuerst kommt, mahlt zuerst“ gilt, eine Rangerstation und das **Silver**

LOCAL TIPP: DIE BESTEN WANDERUNGEN IM SEQUOIA NATIONAL PARK

Krista Simonic, Inhaberin von Sequoia Guides, ist in der Sierra Nevada aufgewachsen und wandert gern in den Sequoia und Kings Canyon National Parks.

Crescent Meadow & Tharp's Log
Auf dem 2,9 km langen, von Wildblumen gesäumten Rundweg lassen sich gut wilde Tiere beobachten. Natürlich gibt's auch Dutzende Sequoias, die teilweise begehbar sind.

General Sherman Tree & Congress Trail
Diese Wanderung beginne ich gern sehr früh morgens, bevor die Massen hier einfallen. Im Giant Forest sind viele Bäume verbrannt, treiben aber wieder aus. Das fasziniert und inspiriert mich immer wieder.

Tokopah Falls
Der Weg (ca. 5,1 km) folgt dem Marble Fork des Kaweah River ins Tokopah Valley, das von hohen Klippen mit einem nebelverhangenen Wasserfall umgeben ist.

DIE BESTEN RESTAURANTS IN DEN SEQUOIA UND KINGS CANYON NATIONAL PARKS

Peaks Restaurant
In der Wuksachi Lodge gibt's ein ausgezeichnetes Frühstücksbüfett, Suppe und Salat zum Mittagessen und ein feines Abendessen. **$$$**

Silver City Mountain Resort Restaurant
Das einzige Restaurant in Mineral King bietet leckere Burger und hausgemachte Pies. **$**

Grant Grove Restaurant
Das solide Restaurant der Lodge serviert traditionelle amerikanische Gerichte der Saison auch im Freien. **$$**

DER KINGS CANYON SCENIC BYWAY

John Muir bezeichnete den Kings Canyon einst als großen Rivalen des Yosemite Valley, und auf dieser Panoramastraße wird klar, warum. Sie führt durch einen der tiefsten Canyons Nordamerikas, durchquert das Giant Sequoia National Monument und verläuft entlang des Kings River bis Road's End.

Der Start ist bei der 1 **Abzweigung Grant Grove**. Nach 3 Meilen (4,8 km) auf dem Hwy 180 ist der 2 **McGee Vista Point** erreicht, der einen tollen Blick auf die Berge bietet. Dann geht's den Berg hinunter durch den Sequoia National Forest und an der Abzweigung zum Converse Basin Grove vorbei, das an die Abholzung der riesigen Sequoias im 19. Jh. erinnert. Dann schlängelt sich die Straße an ziselierten Felswänden mit Wasserfällen durch den Canyon. Die Aussichtspunkte 3 **Junction View**, 10,5 Meilen (16,8 km) nach Grant Grove, und 4 **Yucca Point**, noch 3,5 Meilen (5,6 km) weiter, bieten großartige Ausblicke.

Nach weiteren extrem kurvigen 5 Meilen (8 km) ist die 5 **Boyden Cavern** erreicht. Es lohnt sich, die Führung durch die tolle Marmorhöhle zu machen. Die Straße verläuft nun parallel zum Kings River, dessen lautes Rauschen von den steilen Granitklippen widerhallt. Die nächste Station sind die 6 **Grizzly Falls**, die vor allem im späten Frühjahr sehr beeindruckend sind.

Die Straße führt nach etwa 2,5 Meilen (4 km) wieder in den Park hinein, den man gleich am Beginn der Tour verlassen hat. Nun geht's über die Lewis Creek Bridge zu einem Strand am Fluss. In Cedar Grove Village gibt's ein Visitor Center und einen Markt. Danach geht es weiter zu den Roaring River Falls und zur hübsche Zumwalt Meadow, wo viele Wanderwege beginnen. Weitere Wanderwege und Badestellen wie etwa Muir Rock findet man in 7 **Road's End**. Von dort geht es dann nur noch zu Fuß weiter über die Sierra Nevada.

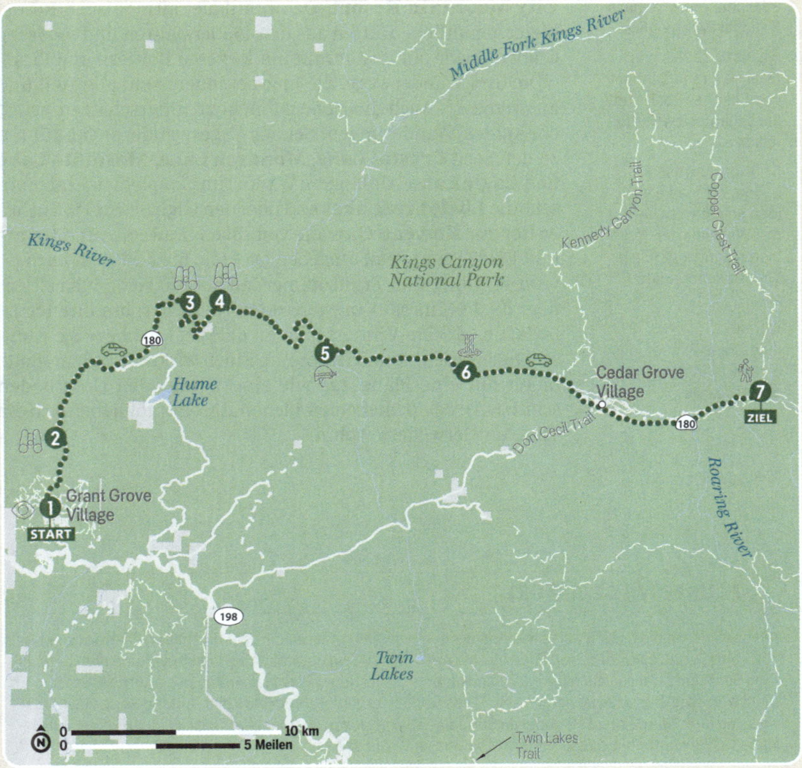

DIE BESTEN OUTDOOR-AKTIVITÄTEN IN DEN SEQUOIA & UND KINGS CANYON NATIONAL PARKS

Sterne beobachten
Das jährliche Dark Sky Festival bietet Partys unterm Sternenhimmel, Veranstaltungen der Ranger, Sonnenbeobachtung und Gespräche mit Astronauten der NASA.

Reiten
Im Sommer ist Reiten bei den Grant Grove Stables und der Cedar Grove Pack Station im Kings Canyon National Park und Horse Corral Pack Station im Sequoia National Park möglich.

Bergsteigen
Obelisk, Grand Sentinel und Chimney Rock sind die beliebtesten Kletterfelsen.

Schneewandern
Lodgepole Market verleiht Schneeschuhe. Auf den Websites der Parks bieten Ranger geführte Schneewanderungen an.

Raften
Kings River Expeditions bietet Raftingtouren auf dem Fluss an.

SEBASTIEN BUREL/SHUTTERSTOCK ©

Mosquito Lakes

City Mountain Resort. Das rustikale, altmodische Resort bietet gemütliche Hütten aus den 1950er-Jahren und moderne Chalets sowie ein Restaurant mit leckeren Burgern und Pies.

Die drei Wanderwege, die hier beginnen, sind alle steil und anstrengend. Auch die Höhe ist nicht zu unterschätzen, selbst bei kurzen Wanderungen. Schöne Tageswanderungen führen zu den Seen **Crystal Lake**, **Monarch Lake**, **Mosquito Lake** und **Eagle Lake**. Als längere Wanderung empfehlen Einheimische die **Little Five Lakes** und über den High Sierra Trail geht's weiter zur **Kaweah Gap**, die vom Black Kaweah, Mt. Stewart und Eagle Scout Peak umgeben ist – alle über 3600 m hoch.

Im Frühling und Frühsommer fallen hungrige Murmeltiere über die in Mineral King geparkten Autos her: um ihren Salzbedarf nach dem Winterschlaf zu decken, knabbern sie Kühlschläuche, Riemen und Drähte an. Einen wirkungsvollen Schutz bietet nur eine Plane, die wie eine Windel den Unterboden schützt. An den früher empfohlenen Hasendraht haben sich die Tiere mittlerweile gewöhnt.

UNTERWEGS VOR ORT

Am besten sind die beiden Parks mit einem eigenen Fahrzeug zu erkunden. Von Ende Mai bis Anfang September fahren auch fünf- bis sechsmal täglich Shuttle-Busse zwischen Visalia, Three Rivers und dem Giant Forest Museum im Sequoia National Park (unbedingt reservieren!). Die Busse sind rollstuhlgerecht und haben Fahrradträger. Zudem unterhält die Parkverwaltung des Sequoia National Park vier kostenlose Shuttle-Busse (ebenfalls von Ende Mai–Anfang Sept.). Im Kings Canyon National Park gibt's jedoch keine Shuttle-Busse.

Rund um die Sequoia & Kings Canyon National Parks

Obwohl sie kaum bekannt und wenig besucht sind, haben die Städte mit Eingängen zu den Sequoia and Kings Canyon National Parks viel zu bieten.

Wenn im Sommer alle Unterkünfte in den Parks ausgebucht sind, werden die Reisenden an Städte wie Visalia und Three Rivers verwiesen. Die meisten sind dann sehr überrascht, wie angenehm die beiden recht verschiedenen Basislager doch sind.

Das durch Landwirtschaft zu Wohlstand gekommene Visalia in den Ausläufern der Sierra Nevada hat eine gut erhaltene Altstadt mit vielen viktorianischen Häusern, Restaurants und Geschäften.

Gut 30 Autominuten näher am Park liegt Three Rivers. In der nach dem Zusammenfluss der drei Arme des Kaweah River benannten freundlichen Kleinstadt leben vor allem Pensionäre und kunstinteressierte Zugezogene. Die Hauptstraße Sierra Dr (Hwy 198) ist von gemütlichen Unterkünften, Restaurants und Geschäften gesäumt.

TOP TIPP

Im freundlichen Visalia Convention & Visitors Bureau sind Karten und Broschüren zur Erkundung der Region erhältlich.

Kaweah River

ARSENIY BOKOV/SHUTTERSTOCK ©

DIE BESTEN UNTERKÜNFTE UND RESTAURANTS IN VISALIA & THREE RIVERS

Lamp Liter Inn
Der Familienbetrieb in Visalia bietet saubere ländliche Cottages, einen Swimmingpool und eine Haltestelle des Sequoia-Shuttlebusses vor der Tür. $$

Buckeye Tree Lodge
Die vor kurzem modernisierten Zimmer und Hütten haben teilweise Terrassen oder Balkone mit Blick auf den Fluss. $$

Three Rivers Hideaway
Der freundliche und günstig gelegene Campingplatz vor dem Ash Mountain Entrance zum Sequoia National Park bietet auch Hütten. $

Quesadilla Gorilla
Die schnell wachsende Kette im Central Valley hat sich auf selbst gemachte Quesadillas mit frischen Zutaten spezialisiert. $

RUBEN QUINTANA/GETTY IMAGES ©

Kaweah Oak Preserve

Auf nach Visalia

EICHEN UND BIER

Die Hauptattraktion der Gegend ist das **Kaweah Oak Preserve**, 7 Meilen (11,2 km) östlich von Visalia, das 45 Autominuten vom Park entfernt ist. Das 139 ha große Naturschutzgebiet voller mächtiger Eichen erstreckte sich einst von den Höhen der Sierra zum (längst ausgetrockneten) Tulare Lake im Tal hinunter. Es ist von herrlichen Wanderwegen durchzogen, die einen guten Einblick in das Ökosystem des Tales geben, wie es war, bevor die Obstgärten und Weinberge entstanden. In dem Naturschutzgebiet leben mehr als 300 Pflanzen- und Tierarten, darunter Rotfuchs, Virginia-Uhu und Specht.

Wer mehr darüber erfahren will, kann Freiwilligenarbeit leisten, die auch für kurze Zeit möglich ist. Es gibt Arbeit in den Pflanzschulen und bei der Instandhaltung der Wege. Einfach eine E-Mail an education@sequoiariverlands.org senden. Alle, die lieber wandern und danach ein kühles Bier trinken wollen, können in Visalia zwischen drei ausgezeichneten Brauereien wählen: Die **Brewbakers Brewing Company** bietet leckeres Craft-Bier und ist meist rappelvoll, in der **Barrelhouse Brewing Co.** gibt's einen großen Schankraum und Livemusik am Wochenende, die **Sequoia Brewing Company** ist zugleich eine Sportkneipe und ihre Biere sind nach Wahrzeichen der Region benannt wie General Sherman IPA und General Grant ESB. Ein paar Häuser weiter befindet sich noch die **Three Rivers Brewing** , deren Craft-Biere vom Fass ständig wechseln.

UNTERWEGS VOR ORT

Der Hwy 198 führt nordöstlich von Visalia durch Three Rivers zum Ash Mountain Entrance des Sequoia National Park. Südlich dieses Eingangs zweigt die Straße ins abgelegene Tal Mineral King vom Hwy 198 ab.

Die Sequoia-Shuttlebusse verkehren fünf- bis sechsmal täglich zwischen Visalia, Three Rivers und dem Giant Forest Museum (hin & zurück 20 US$ inkl. Eintritt, 2½ Std.). Unbedingt reservieren!

ÖSTLICHE SIERRA

Dieser weniger bekannte Teil der Sierra ist eine atemberaubende Mischung aus Gebirgswüste, ländlichen Städten und weiten leeren Ebenen vor dem Hintergrund der höchsten Berge der USA (abgesehen von Alaska). Viele der aus dem staubtrockenen Great Basin und der Mojave-Wüste aufragenden Berge sind über 4000 m hoch und oft auch schneebedeckt. Es ist eine Landschaft voller Widersprüche und wesentlich unzugänglicher als der westliche Teil. Wer sich dennoch hierher wagt, ist überwältigt von der unglaublichen Schönheit, den dichten Kiefernwäldern, üppigen Wiesen, tiefblauen Seen, dampfenden Thermalquellen und tiefen Canyons.

Der Eastern Sierra Scenic Byway (offiziell: Hwy 395) verläuft entlang der gesamten Bergkette. Die verschiedenen Abzweigungen führen direkt in die Wildnis der Berge zu den Startpunkten unzähliger Wanderwege wie des Pacific Crest Trail, des John Muir Trail oder des Mt. Whitney Trail. Hinzu kommen noch zwei große Skigebiete, der wunderbare Mono Lake und die am besten erhaltene Geisterstadt Kaliforniens – und so wird auch die östliche Sierra zu einem immer beliebteren Reiseziel.

TOP TIPP

Auf dem Hwy 395 sind in letzter Zeit immer mehr Reisende und Wohnmobilfans unterwegs, die für einen Tag wandern, klettern oder skifahren und auf dem Land des Bureau of Land Management übernachten wollen. Wer sich diesen wilden Campern anschließen möchte, sollte Rücksicht auf das Land und andere Reisende nehmen und keinen Müll zurücklassen.

Mono Lake (S. 626)

AUTOTOUR

Unterwgs auf dem Hwy 395

Die ultimative Autotour in Kalifornien führt von Süden nach Norden an den östlichen Steilhängen der Sierra entlang – vorbei an dem höchsten und dem tiefsten Punkt der kontinentalen USA ohne Alaska (Mt. Whitney und Death Valley), drei Nationalparks und dem Hintereingang des Yosemite National Park (nur im Sommer).

1 Lone Pine

Im winzigen Lone Pine sorgt das **Museum of Western Film History**, für einen ersten Eindruck und stimmt auf die Fahrt ein. Es zeigt Erinnerungsstücke an Hunderte von Western. Danach geht's zu den orangeroten runden Hügeln der surrealen **Alabama Hills**, wo viele dieser Western gedreht wurden. Auch wenn man den zerklüfteten 4421 m hohen Mt Whitney nicht besteigen will, lohnt die Fahrt in Richtung des atemberaubenden **Whitney Portal**.

Weiterfahrt: Den Berg wieder hinunter und durch die mit Salbei übersäte Wüste führt die Straße zum Hwy 395 auf dem es weiter nach Norden geht.

2 Manzanar National Historic Site

Kurz vor der winzigen Stadt Independence liegt die Manzanar National Historic Site direkt an der Straße. Das Museum erzählt eines der dunkelsten Kapitel der US-Geschichte (S. 623). Auf dem kargen, windgepeitschen Gelände befand sich im Zweiten Weltkrieg ein Konzentrationslager, in dem von 1942 bis 1945 Tausende japanischer Amerikaner inhaftiert waren. In Independence selbst befindet sich das **Eastern California Museum**, zur Geschichte der indigenen Bevölkerung dieser Region.

Weiterfahrt: Zurück auf den Hwy 395 und weiter in Richtung Norden.

Die Straße nach Lone Pine und Mt. Whitney

DENNIS SILVAS/SHUTTERSTOCK ©

3 Bishop

Es lohnt sich, ein paar Tage in Bishop, der zweitgrößten Stadt in der östlichen Sierra, zu verbringen. Neben Wandern, Radfahren, Angeln und Klettern lohnt sich auch ein Besuch des **Laws Railroad Museum & Historic Site**, wo es Relikte aus dem Wilden Westen und alte Eisenbahnwaggons zu sehen gibt. Im Mai wird mit den **Mule Days** das Maultier gefeiert.

Weiterfahrt: Zurück auf den Hwy 395 und nach Westen durch den Inyo National Forest zur Rte 203, die in Mammoth Lakes zur Hauptstraße wird.

4 Mammoth Lakes

Im Ferienort Mammoth Lakes kann die Skisaison bis Juni dauern. Danach lädt das Hinterland zum Wandern und Mountainbiken ein. Unbedingt sehenswert sind Reds Meadow (S. 624) westlich des Mammoth Mountain und das 10 000 Jahre alte surreale Devils Postpile National Monument (S. 625).

Weiterfahrt: Zurück auf den Hwy 395 und zum malerischen June Lake Loop.

5 June Lake Loop

Der June Lake Loop umrundet den See und schlängelt sich dann durch eine U-förmige Schlucht unterhalb des Carson Peak hindurch. Die Straße im Schatten der Ansel Adams Wilderness Area (S. 624) ist besonders schön im Herbst. Im Frühjahr kommt es oft zu Regenbogen, im Sommer wird der Strand am See zur Partyhochburg.

Weiterfahrt: Auf der Rte 120 geht's nach Osten in das Gebiet South Tufa am Mono Lake.

6 Mono Lake

Der zweitälteste See Nordamerikas ist eine ruhige, tiefblaue Wasserfläche von gut 181 km², in der sich die zerklüfteten Gipfel der Sierra, junge Vulkankegel und die bizarren Tufffelsen, die so typisch für diesen See sind, spiegeln.

ÖSTLICHE SIERRA

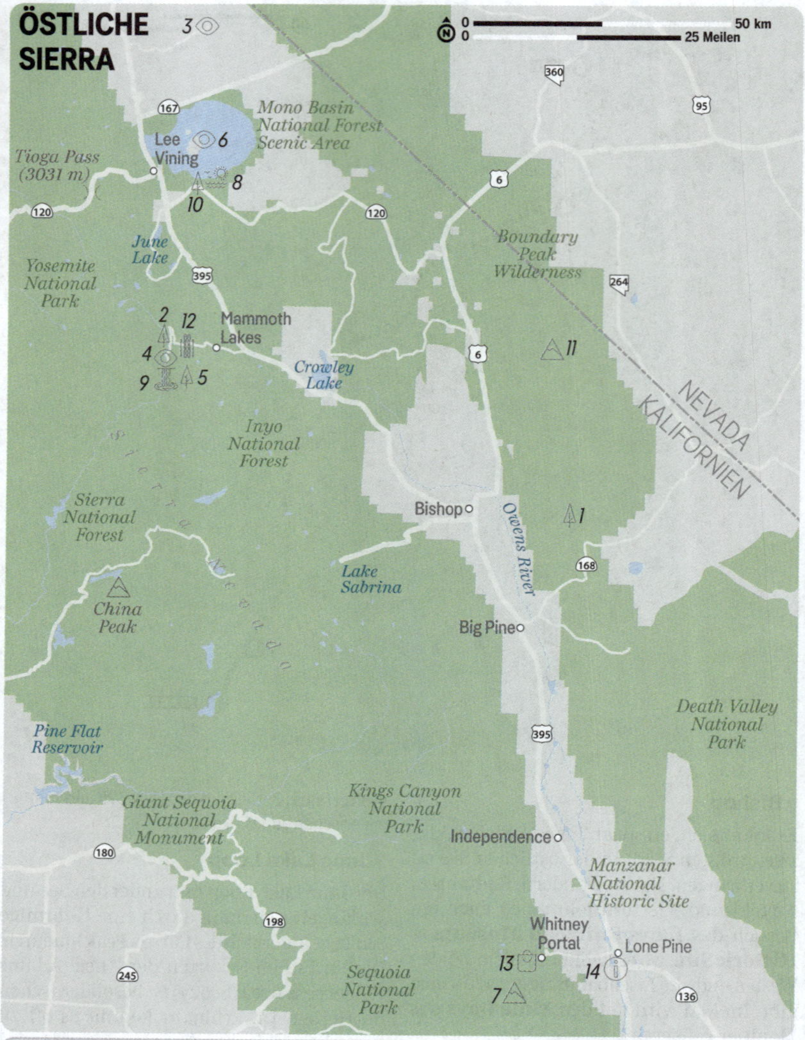

SEHENSWERTES
1 Ancient Bristlecone Pine Forest
2 Ansel Adams Wilderness Area
3 Bodie State Historic Park
4 Devils Postpile National Monument
5 John Muir Wilderness Area
6 Mono Lake
7 Mt. Whitney
8 Navy Beach
9 Rainbow Falls
10 South Tufa
11 White Mountain Peak

AKTIVITÄTEN, KURSE & TOUREN
12 Mammoth Mountain

SHOPPEN
13 Whitney Portal Store

PRAKTISCHES
14 Eastern Sierra Interagency Visitor Center

Ancient Bristlecone Pine Forest

Den Mt. Whitney besteigen

DER MAJESTÄTISCHE MONOLITH

Der geheimnisvolle Mt. Whitney (4421 m) regt die Fantasie an und wird für viele zur Besessenheit. Der einfachste und belebteste Weg hinauf ist der **Mt. Whitney Trail**. Er beginnt am Whitney Portal 13 Meilen (20,8 km) westlich von Lone Pine und folgt zunächst der (im Winter gesperrten) Whitney Portal Rd. Auf dem 17,6 km langen Weg sind 1828 Höhenmeter zu bewältigen. Das ist sehr anstrengend, extrem weit und bringt selbst erfahrene Kletterer an ihre Grenzen, verlangt im Sommer und frühen Herbst aber keine besonderen Fähigkeiten. Davor und danach sind schon mal ein Eispickel und Steigeisen nötig sowie eventuell eine Übernachtung.

Wer gesund und fit ist, schafft es durchaus auf den Gipfel, sollte es aber besser auf zwei Tage verteilen. In dieser Höhe kann es schnell zu Atemproblemen kommen, und viele werden höhenkrank. Die Ranger empfehlen deshalb, einmal am Startpunkt zu übernachten und ein zweites Mal in einem der Lager unterwegs: im **Outpost Camp** nach 5,6 km oder im **Trail Camp** nach 9,6 km.

Genehmigungen sind manchmal schwer zu bekommen und müssen zusammen mit Kotbeuteln (für das Sammeln der Notdurft) beim **Eastern Sierra Interagency Visitor Center** in Lone Pine (S. 620) abgeholt werden. Dort gibt's auch aktuelle Infos zum Wetter und dem Zustand des Weges. Am Startpunkt verkauft der **Whitney Portal Store** Lebensmittel und Snacks. Es gibt auch Duschen und ein Café, das riesige Pfannkuchen serviert. Weitere Infos gibt's auf dem Message Board der Internet-Seite des Stores.

MANZANAR

An ein dunkles Kapitel der US-Geschichte erinnert die **Manzanar National Historic Site**, wo von 1942 bis 1945 rund 11070 Menschen japanischer Abstammung inhaftiert waren. Heute sind nur noch wenige Überreste auf dem staubigen Gelände erhalten, doch ein massiver Wachturm ist vom Hwy 395 aus zu sehen und soll Vorbeifahrende zu einem Abstecher bewegen. Im Auditorium der ehemaligen High School wird die ergreifende Geschichte der Insassen erzählt, die trotz allem eine sehr lebendige Gemeinschaft bildeten. Es gibt auch einen 22-minütigen Dokumentarfilm und eine 3,2 Meilen (5,1 km) lange Straße zum wieder aufgebauten Speisesaal, den Baracken, der Frauenlatrine und dem Lagerfriedhof. Dieser Ausflug in die Geschichte Kaliforniens ist unbedingt zu empfehlen.

Unterwegs im ältesten Wald der Welt

DEM ALTER RESPEKT ZOLLEN

Für den Besuch der ältesten Lebewesen der Welt im **Ancient Bristlecone Pine Forest** sollte man mindestens einen halben Tag einplanen. Diese außerirdisch erscheinenden Bäume bedecken die über 3000 m hohen Hänge der White Mountains, auf denen sonst nichts mehr wächst.

Um zu dem Wald zu kommen, fährt man von Big Pine 12 Meilen (19,2 km) auf dem Hwy 168 nach Osten bis zur White Mountain Rd. Dann links (nach Norden) abbiegen und die 10 Meilen (16 km) lange kurvige Straße hinauffahren. Bei dem mit Solarstrom versorgten **Schulman Grove Visitor Center** (von Mitte Mai–Okt. geöffnet) kann man parken. Dort sollte man nach der Rangerin Skip Vasquez fragen. Sie weiß alles über die Bäume hier und hält zweimal am Tag einen Vortrag.

DIE BESTEN UNTERKÜNFTE IN DER ÖSTLICHEN SIERRA

Bodie Hotel
Das Gasthaus von Anfang des 19. Jhs. wurde von Bodie nach Bridgeport versetzt und erstrahlt im alten Glanz. **$$**

Double Eagle Resort & Spa
Das rustikal-elegante Resort am June Lake bietet Blockhütten mit zwei Schlafzimmern und Zimmer mit Balkon sowie ein Spa. **$$$**

Whitney Portal Hostel & Hotel
Ideales Basislager für Ausflüge zum Mt. Whitney, mit günstigen Schlafsälen und modernen Motelzimmern. **$**

DIE VERRÜCKTESTEN LANDSCHAFTEN IN DER ÖSTLICHEN SIERRA

Hot Creek Geological Site
In der Nähe des Flughafens dampft und brodelt es in blaugrünen Wasserlöchern.

Earthquake Fault
In der Nähe von Mammoth Lakes schlängelt sich ein 6 m tiefer Riss rund 800 m durch den Wald.

Black Point Fissures
Die engen Spalten am Nordufer des Mono Lake öffneten sich vor 13 000 Jahren, als Lava abkühlte und sich zusammenzog.

Panum Crater
Der jüngste, gerade einmal 640 Jahre alte, kleinste und am besten zugängliche Vulkankrater befindet sich zwischen dem Mono Lake und dem Mammoth Mountain.

Mit etwas Glück begleitet sie einen auf dem 1,6 km langen Naturlehrpfad durch den **Schulman Grove** – eine fantastische Einführung zu den knorrigen vom Wind zerzausten Pflanzen. Ansonsten ist auf Hinweistafeln beschrieben, wie Dr. Edmund Schulman 1953 den Wald entdeckte und den ersten 4000 Jahre alten Baum der Welt fand. Vier Jahre später fand er dann **Methuselah**, der mit 4700 Jahren heute als der älteste Baum der Welt gilt. Sein Standort wird sicherheitshalber geheim gehalten, doch es gibt mehr als genug andere uralte Bäume zu bewundern. Bei aller Begeisterung solltest man aber unbedingt auf den ausgewiesenen Wegen bleiben, um den empfindlichen Wurzeln nicht zu schaden.

Der zweite Wald, der **Patriarch Grove**, liegt mitten in einer dramatischen offenen Senke. Sie ist über eine 19,2 km lange Schotterpiste zu erreichen. Noch einmal 6,4 km weiter erreicht man dann ein verschlossenes Tor. Hier beginnen die Wanderwege zum **White Mountain Peak** , dem mit 4342 m dritthöchsten Berg in Kalifornien.

Outdoorabenteuer in Mammoth Lakes

YEEEEEAH!

Der berühmte Ferienort Mammoth Lakes in den Bergen liegt mitten in einer atemberaubenden Landschaft am Fuß des 3369 m hohen Mammoth Mountain. Der Winter dauert hier extrem lang, aber wenn der letzte Schnee endlich geschmolzen ist, wird der Ort zum Paradies für Wanderer und Mountainbiker.

Mammoth Lakes grenzt direkt an die **Ansel Adams Wilderness Area** und die **John Muir Wilderness Area**. Beide Gebiete sind von herrlichen Wanderwegen zu stillen Seen, zerklüfteten Gipfeln und tiefen Schluchten durchzogen. Die meisten Wege starten im **Mammoth Lakes Basin**, in **Reds Meadow** und **Agnew Meadows**, das nur von Juni bis September und dann auch nur per Shuttle-Bus zu erreichen ist.

Für die in Reds Meadow beginnenden Fernwanderwege sind Genehmigungen für die Wildnis (Wilderness Permits) und bärensichere Lebensmittelbehälter erforderlich. So kann man hier in den **John Muir Trail**, der nach Norden in den Yosemite National Park und nach Süden zum Mt. Whitney führt, oder den **Pacific Crest Trail**, der bis nach Mexiko bzw. Kanada führt, einsteigen.

Am letzten Samstag im April beginnt an den Seen zudem die Forellen-Angelsaison. Die erforderlichen Genehmigungen und Ausrüstungen sind in den Sportgeschäften der Stadt erhältlich.

VERANTWORTUNGSVOLLES REISEN

Weitere Infos zum nachhaltigen Reisen in Kalifornien und zum Schutz der Umwelt finden sich auf S. 640.

DIE BESTEN RESTAURANTS IN DER ÖSTLICHEN SIERRA

Silver Lake Resort Cafe
Das altmodische Café in einem Holzhaus von 1916 am June Lake serviert herzhaftes Frühstück. **$$**

Erick Schat's Bakery
Die von Tourist:innen hochgelobte Bäckerei in Bishop bietet wunderbar frisches Brot mit Dips oder Marmelade und andere Leckereien **$**

Whoa Nellie Deli
Das Restaurant einer Tankstelle ist bekannt für den tollen Blick auf den Mono Lake, Livemusik und hervorragendes Essen. **$$**

ROBERT PATTON/SHUTTERSTOCK ©

Mammoth Lakes Basin

Rendezvous mit dem Teufel

DAS WIRKEN DER VULKANE

Das raue und relativ junge Vulkangestein in der östlichen Sierra zeigt, dass die Vulkane hier immer noch aktiv sind. Das erstaunlichste Ergebnis vulkanischer Aktivität ist das **Devils Postpile National Monument** westlich von Mammoth Lakes.

Wer das Gebiet besuchen will, muss das Auto beim Mammoth Mountain Inn abstellen und vor dem Adventure Center in den Shuttle-Bus steigen. Der Bus fährt bis zur Devils Postpile Ranger Station. Von dort führt ein 800 m langer Weg an den überwältigenden Basaltformationen vorbei. Sie entstanden vor 80 000 bis 100 000 Jahren, als sich durch einen gewaltigen Vulkanausbruch ein über 120 m hoher Lavastrom in das Flusstal ergoss. Bei der extrem schnellen Abkühlung der Lava bildeten sich die markanten Basaltsäulen. Die bis zu 18 m hohen kantigen Säulen sind fast symmetrisch und wabenförmig angeordnet.

Von den Säulen führt ein Weg (4 km) durch den Wald zu den **Rainbow Falls** des San Joaquin River, der über eine 30 m hohe Basaltklippe stürzt. Um 12 Uhr mittags ist oft ein Regenbogen über der Gischt zu sehen. Der Wasserfall ist auch über einen einfachen 2,4 km langen Weg von Reds Meadow aus zu erreichen. Dort gibt's zudem ein Café, einen Laden, einen Campingplatz, eine Packstation und eine Haltestelle des Shuttle-Busses.

DIE BESTEN THERMALQUELLEN IN DER ÖSTLICHEN SIERRA

Keough's Hot Springs
Das historische Bad bietet ein warmes Schwimmbecken im Freien und ein heißes Thermalbecken. Die Einheimischen baden dagegen in den kostenlosen „heißen Gräben" nebenan.

Buckeye Hot Spring
Das abgelegene Bad neben dem Buckeye Creek hat mehrere Becken mit heißem Thermalwasser. Auch Nacktbaden erlaubt.

Travertine Hot Spring
Die von Felsen umgebenen Naturbecken außerhalb von Bridgeport sind im Dunkeln besonders stimmungsvoll.

The Inn at Benton Hot Springs
Das historische Resort außerhalb des abgelegenen Benton bietet Zimmer mit Antiquitäten und Campingmöglichkeiten mit eigenen Badestellen.

Convict Lake Resort Restaurant
Das schicke Restaurant ist vor allem für frische Regenbogenforellen bekannt. **$$$**

Lakefront Restaurant
Das unglaublich romantische französisch-kalifornische Restaurant gehört zur wunderbaren Tamarack Lodge an den Twin Lakes. **$$$**

Ohanas 395
Der hawaiianische Food Truck am June Lake bietet Tacos mit langsam gegartem Kalua-Schweinefleisch und köstliche Poke Bowls. **$**

ZACK FRANK/SHUTTERSTOCK ©

Bodie State Historic Park

KAMPF UMS WASSER

Als Los Angeles in den 1930er-Jahren immer größer wurde, kaufte es Wasserrechte im Mono Basin und leitete die Zuflüsse des Mono Lake um. Durch den sinkenden Wasserstand verdoppelte sich der Salzgehalt im See, was dessen Ökosystem schädigte. 1976 sagte der Umweltschützer David Gaines voraus, dass der See in 20 Jahren ausgetrocknet sei. Um das zu verhindern, gründete er das Mono Lake Committee. Nach jahrelangen Klagen und Auseinandersetzungen vor Gericht war das Komitee am Ziel. 1994 musste Los Angeles die Umleitungen zurückbauen, damit der Wasserstand wieder um 6 m ansteigen sollte. Doch das passierte leider nicht, wegen der immer häufigeren Dürren trocknete der See weiter aus. Dadurch wird die Gegend noch staubiger und die Umwelt schwer geschädigt. Weitere Infos bietet das **Mono Lake Committee Information Center & Bookstore** in Lee Vining.

Im Mono Lake abtauchen

UND ANDERE VERGNÜGEN AM WASSER

Das schon vom Hwy 395 zu sehende tiefblaue Wasser des Mono Lake lädt zu einem Bad ein. Zuvor lockt aber noch das **Mono Basin Scenic Area Visitor Center** nördlich von Lee Vining. Es bietet eine Ausstellung zur Geschichte des Sees, seine Geologie und Tierwelt sowie einen Naturlehrpfad rund um den See.

Am Wochenende halten Ranger Vorträge im Innenhof und führen die Besucher:innen auch in 20 Minuten zum Gebiet **South Tufa** am Rand des Sees. Die einmalige Tufflandschaft besteht aus hohen Kalksteinfelsen, die an Sandburgen erinnern. Gespeist von Mineralien aus unterirdischen Quellen wachsen sie praktisch aus dem See heraus. Ein Weg mit Hinweistafeln schlängelt sich an den bizarren Formationen vorbei. Im See selbst wimmelt es von Salzfliegen und Salzkrebschen, die die

DIE BESTEN WANDERUNGEN AN SEEN

Little Lakes Valley
Die Wanderung zu einer Reihe glitzernder Bergseen inmitten von Kiefernwäldchen beginnt in ca. 3050 m Höhe.

Convict Lake
Die einfache 3,2 km lange Wanderung führt rund um den herrlichen See mit interessanter Geschichte: 1871 kam es hier zu einer Schießerei mit entflohenen Sträflingen.

Lundy Canyon
Die 9,6 km lange Wanderung führt am Lundy Lake vorbei durch einen einsamen Canyon mit Bibern und Wasserfällen.

bevorzugte Nahrung der vielen Zugvögel sind, die hier Jahr für Jahr überwintern. Ebenso leben 60 % aller kalifornischen Möwen hier und nutzen im Frühjahr und Sommer die kleinen Vulkaninseln im See als Nistplätze.

Wer selbst aktiv werden möchte, kann Wasserspielzeug ausleihen oder eine Bootstour buchen. Im Sommer und frühen Herbst werden in **Navy Beach**, nicht weit von South Tufa, Kajaks, Kanus und SUP-Bretter verliehen. Damit lassen sich die Tuffsäulen ganz aus der Nähe betrachten. Das Baden im salzigen See fühlt sich wie im Meer an. Allerdings solltest man keine offenen Wunden haben und auch dem Tuffstein nicht zu nahe kommen.

Zeitreise in Bodie

EINE ECHTE GEISTERSTADT

Im **Bodie State Historic Park**, einer ehemaligen Goldsucherstadt, ist die Zeit wirklich stehen geblieben. Nur die Staubschicht auf den verwitterten Gebäuden wird immer dicker. 1859 wurde hier das erste Gold gefunden. Innerhalb von 20 Jahren wurde aus dem rauen Goldgräbercamp eine noch rauere Westernstadt mit 10 000 Einwohnern und dem Ruf der Gesetzlosigkeit. Schlägereien und Morde waren an der Tagesordnung – meist ausgelöst durch den üppig fließenden Alkohol in den 65 Saloons der Stadt. Diese waren zugleich Bordelle, Spielhallen und Opiumhöhlen. In den 1870er- und 1880er-Jahren wurden in den Bergen der Umgebung Gold und Silber im Wert von 34 Mio. US$ gefunden. Dann waren die Minen erschöpft, die Menschen zogen weiter und überließen die Stadt dem Verfall.

Um hierher zu kommen, biegt man 7 Meilen (11,2 km) südlich von Bridgeport auf dem Hwy 270 nach Osten ab und fährt 13 Meilen (20,8 km) – die letzten 3 Meilen sind unbefestigt – durch die mit Salbei bedeckten Hügel. Der Rundgang durch die verlassene Stadt dauert etwa zwei Stunden. Die Geschäfte sind noch voller Waren, die Häuser eingerichtet, die Werkstätten ausgestattet, und auf einer Tafel im Schulhaus stehen die Hausaufgaben. Das Gefängnis ist noch vorhanden, ebenso das Feuerwehrhaus, der Keller einer Bank und vieles mehr. In der ehemaligen **Miners' Union Hall** ist heute ein Museum und das Visitor Center untergebracht, und Ranger halten täglich Vorträge im Museum und der Kirche. Außerdem gibt's Führungen im **Pochwerk**, wo das Gold und Silber aus dem Gestein herausgebrochen wurde. Außerdem kann man noch im **Bodie Hotel** übernachten. Das ehemalige Gasthaus mit Bordell von Anfang des 19. Jhs. steht heute in Bridgeport.

DER FLUCH VON CERRO GORDO

2018 kaufte der Influencer Brent Underwood Cerro Gordo, eine verlassene Silberminenstadt 32 km östlich von Lone Pine. Er und sein Partner bezahlten 1,4 Mio. US$ für das knapp 146 ha große Gelände mit 22 Gebäuden, darunter das American Hotel mit dem intakten Saloon. Da er die geschichtsträchtige Stadt erhalten und damit Tourist:innen anlocken wollte, zog er nach Cerro Cordo und begann mit der Renovierung.

Doch dann ging alles schief: die Pandemie kam, das berühmte Hotel brannte ab und ein Jahrtausendhochwasser spülte die Straße weg. Doch Underwood gab nicht auf, baute das Hotel wieder auf, errichtete ein Kino und untersuchte das verlassene Silberbergwerk. Mittlerweile scheint der Ort eine verfluchte Dauerbaustelle zu sein, ist jedoch für Gäste geöffnet.

UNTERWEGS VOR ORT

Die östliche Sierra lässt sich am besten mit einem eigenen Fahrzeug erkunden. Allerdings sind im Winter viele Straßen in den Bergen gesperrt, wie auch die meisten Pässe, die von Ost nach West über die Sierra führen, so auch die Tioga Rd (Hwy 120) in den Yosemite National Park.

Busse der Eastern Sierra Transit Authority fahren auf dem Hwy 395 zwischen Lone Pine und Reno in Nevada (59 US$, 6 Std.). Sie halten in Mammoth Lakes, Lee Vining und Bridgeport (die Preise variieren entsprechend). Von Montag bis Freitag fahren die Busse einmal täglich in jede Richtung.

Van Ness Ave. California
59
& Market
Streets

PRAKTISCHES

Die wichtigsten Informationen für die perfekte Reise nach Kalifornien im Überblick. Nützliche Tipps, Tricks und Hintergründe zur Orientierung und Vorbereitung.

San Francisco (S. 54)

Ankunft

Kalifornien hat ein Dutzend Flughäfen mit Inlands- und oft auch Auslandsverbindungen. Der Bundesstaat ist zudem mit Fernzügen erreichbar. Die meisten Besucher:innen fahren aber selbst über verheißungsvoll malerische Interstate-Freeways hierher.

Einreise

Das **Visa Waiver Program** (VWP) gestattet EU-Bürgern und Schweizern maximal 90-tägige USA-Aufenthalte zu geschäftlichen oder touristischen Zwecken. Voraussetzung für die Teilnahme am VWP ist ein elektronisch lesbarer Reisepass mit Speicherchip (muss nach Ausreise noch mindestens sechs Monate lang gültig sein).

Separate Visa

USA-Aufenthalte außerhalb des VWP erfordern stets separate Visa. Die entsprechenden Bestimmungen ändern sich regelmäßig. Das **US-Außenministerium** (US Department of State; travel.state.gov) liefert aktuelle Details. Ergänzend lohnt sich ein Blick auf die Website des eigenen Außenministeriums.

SIM-Karten

Europäische Handys müssen Tri- oder Quadband-Geräte mit mindestens 4G-Fähigkeit sein, um in den USA zu funktionieren. Amerikanische Prepaid-SIM-Karten sind vor Ort erhältlich. In entlegenen Ecken Kaliforniens (z. B. oberes Ende der Nordküste, Bergregionen, Sierra Nevada) ist der Empfang teils mangelhaft.

WLAN

Wie im Großteil der übrigen Welt ist WLAN auch in der Heimat des Silicon Valley fast allgegenwärtig. Gratis-Hotspots gibt's hier z. B. in Gemeindezentren, Restaurants und Hotels.

Vom Flughafen in die Stadt

	Los Angeles	San Francisco	San Diego
ZUG	2 US$	10 US$	-
BUS	10 US$	3 US$	3 US$
TAXI	30–55 US$	50–70 US$	20–40 US$
FAHRDIENSTE	35–50 US$	35–60 US$	15–35 US$

MALERISCHE FERNZÜGE NACH KALIFORNIEN

Aus den übrigen Teilen der USA führen vier höchst malerische Amtrak-Strecken nach Kalifornien:

Coast Starlight (Seattle–L. A.; über Portland, Sacramento, die Bay Area und Santa Barbara) Großartige Fahrt entlang der Küste.

California Zephyr (Chicago–Bay Area; über Denver) Erreicht Kalifornien hoch oben in den Sierras bei Truckee und folgt dann dem Verlauf der ersten Transcontinental Railroad.

Southwest Limited (Chicago–L. A.) Rollt durch die herrlich öde Wüste.

Sunset Limited (New Orleans –L. A.; über Houston und Tucson) Durchquert ebenfalls die Wüste.

Unterwegs vor Ort

In Kalifornien dominiert das Auto. Dennoch finden sich hier auch viele Reiseoptionen per Zug, Schiff bzw. Fähre, Bus und Flugzeug.

REISEKOSTEN

Mietwagen
Ab 35 US$/Tag

Tanken
Rund 4 US$/ US-Gallone

Ladesäulen
0,25 US$/kWh

Zugticket
L. A.–San Diego
Ab 35 US$

Straßenzustand

Aufgrund bundesstaatlicher Haushaltsprobleme wurde das Straßennetz lang vernachlässigt. Nun wird überall saniert und ausgebaut: Zwecks Finanzierung haben die Wähler:innen einer Extra-Benzinsteuer zugestimmt. Mit Verzögerungen durch Baustellen ist zu rechnen. Dafür verbessert sich der regionale Straßenzustand aktuell schnell.

Mietwagen

Der Filialstandort (Flughafen oder Stadt) spielt beim Preis keine Rolle. Sehr stark variieren die Tarife aber je nach Saison und Nachfrage. Kein Auto ausleihen, wenn es nur am Hotel parkt: Wer z. B. nach Napa will, fährt am besten per BART nach San Francisco und mietet dort ein Vehikel für einen Tag.

TIPP

Die **Caltrans QuickMap** (Download unter quickmap.dot.ca.gov/QM/app.htm) informiert über die aktuellen Straßenverhältnisse in ganz Kalifornien.

STRASSENVERKEHR: KALIFORNISCHE BESONDERHEITEN

Die Einheimischen sitzen sehr viel in ihren Autos (z. B. in L. A. oft 25 Std./Woche). Der regionale Straßenverkehr hat ein paar Besonderheiten, die ausländischen Reisende eventuell nicht bekannt sind: Anhalten auf Panorama- und Bergstrecken, um schnellere Fahrzeuge vorbeizulassen.

Spur-Teilen *(lane-splitting)* auf Freeways: Motorräder dürfen zwischen den Autos fahren.

Sonderspuren für Fahrgemeinschaften: Dürfen nur mit korrekter Passagierzahl zur Stau-Umgehung genutzt werden.

UNBEDINGT BEACHTEN!

In den USA gilt Rechtsverkehr.

55

Höchstgeschwindigkeit

Meist 65 mph (105 km/h) auf Freeways, 55 mph (88 km/h) auf zweispurigen Highways, 35 mph (56 km/h) innerorts.

0,08 ‰

Die Promillegrenze liegt bei 0,08 g/l.

Bus, Zug & Schiff/ Fähre

Kalifornien hat mehr öffentliche Verkehrsmittel, als man vielleicht vermutet: In den Großräumen L. A. und Bay Area gibt's jeweils dichte Netze. Bei einer Fährpassage nach Sausalito oder Catalina Island ist die Fahrt ein Teil des Erlebnisses. Die schnellen Regionalzüge der Amtrak verkehren ausreichend häufig.

Nahverkehr

Entsprechende Ticket-Apps gibt's in L. A. (TAP) und der Bay Area (Clipper Card). In beiden Fällen bzw. Großräumen lassen sich damit diverse Nahverkehrsmittel per Smartphone nutzen. Das Guthaben ist jeweils über die Website oder direkt über digitale Zahlungsoptionen aufstockbar.

Flugzeug

Die Kalifornier:innen sind Vielflieger. Die zwölf Großflughäfen und die vielen Regionalflughäfen des Bundesstaats bieten günstige Linienverbindungen (vor allem bei frühzeitiger Ticketreservierung). Ohne Fensterplatz an einem klaren Tag ist aber nichts von der Landschaft zu sehen. Und da wäre auch der ökologische Aspekt.

Geld

WÄHRUNG: US-DOLLAR (US$)

Kredit- & Debitkarten

Visa und Mastercard werden überall akzeptiert (American Express und Discover vergleichsweise seltener). Inzwischen ist elektronisches Bezahlen per Chip-Karte und PIN-Nummer auch in den USA weit verbreitet. Kleine Läden haben aber teils keine Terminals. Verwendung von Debitkarten bedeutet mitunter zusätzliche Sicherheits-Checks (z. B. bei Tankstellen, Autovermietern).

Digital bezahlen

In puncto digitales Bezahlen lagen die USA überraschend lange hinter Europa und Asien zurück. Schließlich ist diese Option aber in der Heimat von Apple & Google angekommen: Viele Amerikaner:innen bezahlen nun alles per Smartphone und kommen wochenlang ohne Bargeld aus. Tipp: Trotzdem ein paar 1-US$-Scheine für Trinkgeldkassen (z. B. in Cafés) mitführen.

Steuern & Rückerstattungen

Bei den meisten Waren und Dienstleistungen (Ausnahme: Lebensmittel) erhöht sich der Preis um Kaliforniens bundesstaatliche Verkaufssteuer (7,25 %). Teils kommt noch eine lokale Verkaufssteuer (bis zu 3 %) hinzu. Die Übernachtungssteuer für Tourist:innen variiert im ganzen Bundesstaat (in Großstädten ca. 10,5–14 %). Hinweis: Die USA verweigern jegliche Steuerrückerstattung an ausländische Besucher:innen.

WIEVIEL KOSTET …

Parken am Strand
gratis–10 US$

Brücken-Maut
9 US$

Fahren auf dem Hwy 1
gratis

Gebühr pro Transaktion (Geldautomaten)
3 US$

WIE … eine Handvoll Dollar sparen

Für 80 US$ bietet der **America the Beautiful Pass** (store.usgs.gov/pass) Zugang zu allen US-Nationalparks (28 davon in Kalifornien) und weiteren Schutzgebieten (z. B. National Wildlife Refuges). Ab Kaufdatum gilt er jeweils ein Jahr lang, was das Preis-Leistungs-Verhältnis hervorragend macht: Der Pass rechnet sich potenziell schon nach dem Besuch von drei Parks (z. B. Yosemite mit separaten 35 US$/Kfz).

QR-Code für den Kauf eines America the Beautiful Pass

TRINKGELD

Wichtig: In den USA ist Trinkgeld *nicht* optional, sondern Teil des Arbeitslohns.
Barkeeper 15–20 %/Runde, mind. 1 US$/Drink
Concierges Variiert je nach Dienstleistung (z. B. bis zu 20 US$ für Last-Minute-Reservierungen bei Restaurants)
Hotelpagen 2–3 US$/Gepäckstück, mind. 5 US$/Gepäckwagen
Zimmerpersonal 2–4 US$/Tag
Valet-Parkpersonal Mind. 2 US$ bei Schlüsselrückgabe
Restaurantkellner 15–25 %
Fahrer (Taxis & Fahrdienste) 10–15 % (auf den nächsten vollen Dollarbetrag aufrunden)

LOCAL TIPP

Für die fast 300 State Parks in Kalifornien gibt's keine guten Sparpässe. Der Zugang ist teils gratis, kostet aber oft 10 US$ oder mehr. Viele Einheimische parken draußen und laufen dann hinein.

Übernachten

Unterkünfte für alle Geschmäcker

Innovationsgeist und viele tolle Reiseziele prägen Kalifornien. So gibt's hier auch zahllose coole Übernachtungsmöglichkeiten mit einzigartigem Charakter. Dies reicht von einsamen Campingplätzen in der Wüste bis hin zu dekadenten Großstadthotels, die keine Wünsche offenlassen. Eine Alternative zu gewöhnlichen Hotels und Motels sind unkonventionelle Optionen wie Retro-Motels, strandseitige Ferienwohnungen, Zeltstellplätze an spektakulären Orten oder die vielen verschiedenen Glamping-Angebote.

Retro-Motels

Das gute alte Motel wurde in den letzten Jahren wiederbelebt: Viele betagte Quartiere dieser Art erleben nun dank Rundum-Erneuerung eine zweite Blütezeit. Hierbei wird häufig die Ästhetik der 1950er-Jahre bewusst erhalten und gezielt mit modernen Annehmlichkeiten kombiniert. Ergebnis sind dann tolle kleine Bleiben am Straßenrand – teils sehr stilvoll und gleichzeitig erschwinglich. Erkennungszeichen sind oft makellos restaurierte Neon-Leuchtschilder.

Weingüter

Diverse kalifornische Weingüter betreiben attraktive Refugien mit Blick auf Rebenreihen. Darunter sind z. B. luxuriöse Chateaus mit Wellness-Anwendungen und Ambiente à la Südfrankreich. Gleichzeitig gibt's aber auch viele schlichtere Optionen. Kaliforniens Weinregionen beschränken sich nicht nur auf das Napa und Sonoma County. Und ihre Unterkünfte sind teils so individuell wie die jeweiligen Winzer:innen.

Glamping

Kalifornien hat das Glamping vielleicht nicht erfunden, bietet aber fast überall optimale Voraussetzungen dafür. Dazu zählt z. B. das ganzjährig gemäßigte Klima im Großteil des Bundesstaats. Fest installierte Safarizelte und Jurten gibt's sowohl in bekannten Nationalparks als auch auf Privatgelände. Für die perfekte Hintergrundkulisse sorgen dabei herrliche Landschaften wie die von Yosemite, Kings Canyon oder Big Sur.

WIEVIEL KOSTET EINE NACHT IN …

in einem Hotel
100–300 US$ oder mehr

in einem Hostel
ab 30 US$

auf einem Campingplatz
ab 25 US$

Baumhäuser

In Baumhäusern geht man mit den Redwoods auf Tuchfühlung. Auf Instagram sind vielerlei luxuriöse Beispiele der rustikaleren Art zu sehen – darunter Vogelhäuschen und Menschen-Horste. Andere Baumhäuser ähneln dagegen eher einem Unterschlupf. Daher vor dem Buchen unbedingt alle Details (inkl. sanitäre Anlagen, Trinkwasserversorgung) ermitteln! Ebenso wichtig sind das zu erwartende Wetter und das persönliche Komfort-Bedürfnis.

BEGRENZUNGEN BEI URLAUBSDOMIZILEN

Urlaubsdomizile sind in Kalifornien ein heißes Thema: Hier herrscht katastrophaler Mangel an bezahlbarem Wohnraum. So gibt's heftige Reaktionen, wenn der Bestand an Mietwohnungen noch mehr zu Ungunsten der Öffentlichkeit schwindet. Einst günstige Regionen draußen auf dem Land sind nun Wochenend-Oasen von gut betuchten Großstädter:innen. Dies zwingt die dortigen Normalsterblichen (arbeiten oft in Cafés oder Läden) zum Kampf um erschwingliche Wohnungen. In wohlhabenden Gegenden haben die Locals die Nase voll von Strandhäusern, die IT-Neureichen als Party-Buden dienen. So begrenzen Groß- und Kleinstädte in ganz Kalifornien inzwischen auch die Anzahl der Ferienwohnungen für Tourist:innen.

VON LINKS: QUANG HO/SHUTTERSTOCK ©, MICHAEL VI/SHUTTERSTOCK ©, NICK FOX/SHUTTERSTOCK ©, BILL OXFORD/GETTY IMAGES ©

Reisen mit Kindern

Kalifornien ist perfekt für Familien: Kleinere Kinder stehen auf Themenparks, Teenies auf potenzielle Promi-Tummelplätze. Ein weiteres Highlight ist die regionale Natur von sonnigen Palmenstränden bis hin zu diesigen Redwood-Wäldern und Ganzjahres-Spielwiesen in den Bergen. Und ob Unterhaltsames am Straßenrand oder Abenteuer per Zug oder Fähre: Sogar das reine Reisen macht hier Spaß.

Kinder- & Babybedarf

Urbanes Pflaster eignet sich meist gut für Kinderwagen (Diese werden auch von manchen Attraktionen vermietet). Draußen in der weiten Natur sind Rückentragen aber eine weitaus bessere Wahl. Grundbedarf für Kinder und Babys ist bei normalen Supermärkten oder Drogerien erhältlich (tgl. 24 Std.). Spezielle (Bio-) Artikel gibt's bei Boutiquen, Kaufhäusern und gehobenen Supermärkten. Öffentliche (Familien-)Toiletten mit Wickeltischen sind in Kalifornien weit verbreitet.

Restaurants

Zwanglose Restaurants warten meist mit Hochstühlen und Kinderkarten auf. Statt kleineren Portionen von Normalgerichten servieren schlauere Inhaber:innen gezielt bewährte Kinder-Favoriten – so fühlt sich keiner am Tisch vernachlässigt. Straßenseitige Tourismuslokale bieten oft Extras, um Familien zur Einkehr zu animieren. Darunter sind z. B. Spielplätze, spaßige Ausstellungen oder nette Haustiere zum Streicheln.

Autofahren mit Kindern

Kinder unter sechs Jahren und/oder 60 lb (27,2 kg) Körpergewicht sind grundsätzlich per Kindersitz bzw. Babyschale (beim Autovermieter gleich mitbuchen) sicher auf dem Rücksitz anzugurten. Für die unvermeidbaren Stauzeiten empfehlen sich Beschäftigungsoptionen.

Bestimmungen bei Rides

Bei manchen Rides gibt's Untergrenzen bezüglich Körpergröße und/oder Alter – was jüngere Kinder am besten rechtzeitig vorab erfahren: Dies vermeidet Enttäuschung oder Tränenausbrüche, wenn Mitfahren noch nicht möglich ist.

HITS FÜR KIDS

Disneyland (S. 392) Begeistert alle Altersgruppen (selbst Teenies mögen das *Magic Kingdom*).

Knott's Berry Farm (S. 401) SoCals erster Themenpark und rundum aufregend (vor allem an den gruseligen Halloween-Abenden).

Monterey Bay Aquarium (S. 260) National Marine Sanctuary mit sehenswerten Meerestieren.

Santa Cruz Beach Boardwalk (S. 252) Altmodischer Vergnügungspark an einem tollen Strand.

Yosemite National Park (S. 600) Grandiose Landschaft in der Sierra Nevada: Bergseen, rauschende Wasserfälle und vergletscherte Gipfel.

REISEKOSTEN REDUZIEREN

Tipps für budget-bewusste Familien, die im teuren Kalifornien keinen Preisschock erleiden wollen:

Hotels und Motels nach Angeboten mit *kids stay free* (Kinder gratis) und/oder *free breakfast* (Gratis-Frühstück) schauen. Motels sind im Durchschnitt günstiger und vermieten meist Zimmer mit zwei Queen- oder Kingsize-Betten. Oft gibt's darin auch Kühlschränke und Mikrowellen-Öfen.

In Themenparks Kühltasche mitnehmen und draußen auf dem Parkplatz essen: Drinnen gibt's oft nur teures Junkfood. Vorab aber unbedingt den erneuten Einlass nach der Imbisspause sicherstellen!

Natur genießen, ob endlose Strände, Bergregionen oder Spaß in Stadtparks: Ein paar von Kaliforniens familienfreundlichsten Aktivitäten kosten nichts.

Sicher reisen

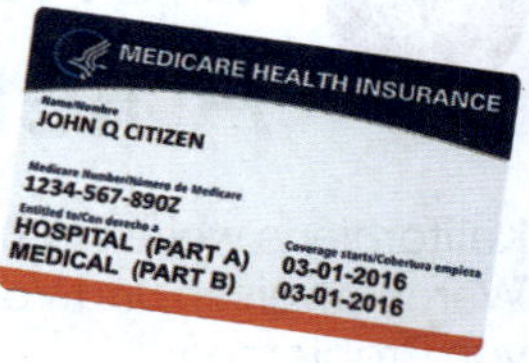

VERSICHERUNG

Eine gute Reiseversicherung mit Abdeckung von Verlust, Diebstahl und medizinischen Behandlungen ist ein absolutes Muss. Das Kleingedruckte stets sorgsam durchlesen: Manche Policen schließen „gefährliche Aktivitäten" (z. B. Tauchen, Motorrad- oder Skifahren) kategorisch aus. Auch nach der COVID-19-Pandemie empfiehlt sich zudem immer eine Reiserücktritts-Versicherung für Stornierungsfälle.

Erdbeben

Kaliforniens häufige Erdbeben sind meist nicht wahrnehmbar. Wenn es aber doch ernst werden sollte:

- Möglichst offene Freiflächen aufsuchen.
- In Gebäuden unter einen Tisch oder Türdurchgang begeben.
- Kopf schützen; von Zerbrechlichem (z. B. Fenster, Spiegel) und allen Dingen mit Potenzial zum Herunter- oder Umfallen fernhalten.
- Niemals in Aufzüge flüchten und nicht kopflos auf die Straße hinausrennen.

Waldbrände

Kaliforniens Waldbrand-Saison wird immer länger (aktuell mind. Juni–Ende Nov.). Wildfeuer machen nicht nur Straßen und Parks unzugänglich, sondern können Einheimische wie Reisende auch in akute Lebensgefahr bringen. Neben allen kalifornischen National Forests betrafen die letzten Waldbrände auch die Santa Cruz Mountains, den Big Sur, den Umkreis des Lake Tahoe und mehrere Nationalparks (u. a. Yosemite, Sequoia & Kings Canyon) – ebenso das Napa und Sonoma Wine Country.

MARIHUANA

Medizinischer und freizeitlicher Cannabis-Konsum sind in Kalifornien legal (Mindestalter 21 Jahre). Örtliche Läden verkaufen zahllose Marihuana-Varianten. Fahren unter Alkohol- und/oder Drogeneinfluss (driving under the influence; DUI) wird jedoch streng bestraft.

WALDBRÄNDE: WARNSTUFEN

Niedrig (grün)	Mittelhoch (Blue)	Hoch (gelb)	Sehr hoch (orange)	Extrem hoch (rot)
Generell leicht kontrollierbar.	Gefahr für zufälliges Ausbrechen.	Leichtes Ausbrechen aus diversen Gründen.	Leichtes Ausbrechen, schnelle Ausdehnung.	Sehr schnelles Ausbrechen, hohe Intensität, schwer kontrollierbar.

Rauchen

In allen öffentlichen Gebäuden (inkl. Flughäfen, Einkaufszentren) herrscht Rauchverbot. Gleiches gilt für Innenräume von Restaurants. An deren Freilufttischen kann eventuell gequalmt werden (vorher nachfragen). Hotels vermieten teils spezielle Raucherzimmer, verbieten blauen Dunst aber oft komplett. Mancherorts darf man auch nicht im Freien in der Nähe von Geschäften rauchen.

OBDACHLOSIGKEIT

Kalifornien kämpft jedes Jahr mit Milliarden von Dollar gegen seine Obdachlosen-Krise. Dennoch steigt hier in Groß- wie Kleinstädten unaufhaltsam die Zahl der Menschen ohne festes Dach über dem Kopf. Diese *unhoused people* (aktuelle US-Definition) leben z. B. in Zelten, unter aufgespannten Planen oder in ramponierten Wohnmobilen. Das Beheben der Ursachen (u. a. Wohnkosten, psychische Krisen, Drogenprobleme) erweist sich als höchst komplex.

Sichere Outdoor-Aufenthalte

Kaliforniens weite Natur ist größtenteils ungefährlich. Beachtung von Warnhinweisen und Vorsichtsmaßnahmen hilft aber beim Vermeiden von Problemen.

Pumas

Angriffe von Pumas auf Menschen sind selten, aber potenziell tödlich. Bei einer Berglöwen-Begegnung während des Wanderns heißt's ruhig bleiben, kleine Kinder auf den Arm nehmen, das Tier im Blick behalten und vorsichtig zurückziehen. Falls möglich, sollte man auch seine Silhouette durch Anheben der Arme oder eines Astes vergrößern. Bei Drohgebärden des Pumas können Anschreien und/oder Steinewerfen helfen. Im Angriffsfall ist aggressive Gegenwehr geboten.

Schlangen & Spinnen

Auch außerhalb der Wildnis sind Schlangen und Spinnen in Kalifornien weit verbreitet. Neben Klapperschlangen leben hier noch viele weitere Spezies. Darum Schuhe beim Camping niemals ohne vorherige Inspektion anziehen! Schlangenbisse sind selten. Am häufigsten werden sie durch versehentliches Drauftreten oder absichtliches Reizen ausgelöst. Die meisten Krankenhäuser lagern Gegengift.

Keine Wildtiere füttern!

Niemals Wildtiere füttern, streicheln oder sich ihnen nähern: Auch vermeintlich harmlose Arten verlieren dann ihre angeborene Scheu vor dem Menschen und können gefährlich aggressiv werden. In vielen Vögeln und Säugern lauern auch ernsthafte Krankheiten, die bei Kontakt oder durch Bisse übertragen werden können.

BÄREN

Weniger als 75 Jahre nach den ersten regionalen Goldfunden war der Kalifornische Grizzly im Jahr 1924 ausgestorben. Bis heute gibt's hier aber weiterhin viele Schwarzbären. Lebensmittel oder Abfälle in Zelten und Autos locken diese Tiere oft zu Campingplätzen. Darum beim Camping unbedingt immer geeignete Bärencontainer verwenden!

Bei Begegnungen mit Schwarzbären sollte man nicht davonrennen. Stattdessen heißt's zusammenbleiben, kleine Kinder an die Hand nehmen und mindestens 100 m Abstand gewinnen. Wenn sich der Bär auf einen zubewegt, ist langsamer Rückzug ratsam. Für den Notfall empfiehlt sich Bären-Abwehrspray.

Haie

Trotz reißerischer TV-Sendungen für höhere Einschaltquoten: Vor Kaliforniens Küste besteht kaum Hai-Gefahr. Seit dem Beginn entsprechender Aufzeichnungen (1851) wurden hier nur 24 Menschen von Haien getötet. Die Vorstellung von einem scharfäugigen Weißen Hai auf Nahrungssuche kann aber durchaus eine Urangst auslösen.

Quallen

Tourist:innen sollten sich eher Gedanken um Hohltiere als um Haie machen: An Kaliforniens Küste tummeln sich ganzjährig diverse pazifische Quallenarten. Einige davon haben giftige Nesselkapseln. Deren Stiche sind zwar nicht tödlich, aber potenziell extrem schmerzhaft. Als effektive erste Hilfe empfiehlt sich das gute alte Draufpinkeln – dann schnellstens medizinische Hilfe suchen! Vor dem Gang ins Wasser ist stets sorgsames Spähen nach aktuellem Quallenaufkommen ratsam.

Bergwandern

Statt Baumwoll-Bekleidung empfehlen sich Klamotten aus Kunstfaser oder Wolle: Diese wärmen auch im nassen Zustand. Zudem eine Regenjacke und energiereiche Snacks mitnehmen.

Unterkühlung

In den Bergen und in der Wüste (!) sinkt die Temperatur mitunter schnell unter den Gefrierpunkt. Auch Regen und/oder starker Wind können den Körper schnell auskühlen. Zu den Symptomen einer Unterkühlung zählen Erschöpfung, Benommenheit, Schüttelfrost, Muskelkrämpfe und unsichere Bewegungen.

Bei leichten Fällen sollte die betroffene Person trockene, warme Bekleidung anziehen und Heißgetränke (ohne Koffein oder Akohol!) sowie einen Imbiss zu sich nehmen. Schwere Fälle erfordern schnellstmöglich medizinische Hilfe.

Hitzebedingte Gesundheitsprobleme

An heißen Tagen stets genügend Wasser trinken: Bei Outdoor-Aktivitäten empfehlen sich mindestens 3 l pro Tag. Dehydrierung kann hitzebedingte Erschöpfung auslösen (häufige Symptome u. a. starkes Schwitzen, extreme Müdigkeit, Teilnahmslosigkeit, Übelkeit). Bei weiterer Einwirkung von hohen Temperaturen kann ein potenziell tödlicher Hitzschlag eintreten. Betroffene Personen sollte man aus der Sonne bringen, mit kühlem Wasser bespenkeln und ihnen durchgängig Luft zufächeln. Dann schnellstmöglich medizinische Hilfe suchen!

Lawinen

Beim Bewundern der verschneiten Sierra-Nevada-Gipfel nie vergessen: Jederzeit können hier Lawinen losbrechen – selbst auf relativ flachem Terrain. Wer präparierte Pisten bzw. Trails verlassen will, sollte unbedingt vorab die aktuelle Lawinengefahr ermitteln. Lawinensender (vor Ort ausleihbar) empfehlen sich nicht nur fürs Skifahren, sondern auch fürs Wandern und Schneeschuhlaufen in der Wildnis.

SONNENCREME

Lichtschutzfaktor (LSF; engl. Sun Protection Factor, SPF) 30 blockt 97 % der gefährlichen UV-Strahlung (98/100 % bei LSF 50/100).

Tiere in Ruhe lassen!

In Kalifornien stehen diverse Arten (u. a. viele Meeressäuger wie Wale, Define, Seehunde) unter besonderem Schutz. Stören bzw. Belästigen dieser Tiere ist eine Straftat und mit sehr hohen Bußgeldern verbunden. Im Frühling dürfen manche Naturgebiete zwecks ungestörter Vogelbrut nicht betreten werden – unbedingt die jeweiligen Schilder beachten!

SICHER SCHWIMMEN UND BADEN

Grüne Flagge
Sicherer Badestrand

Gelbe/Blaue Flagge
Sicher am Ufer, aber kein Hinausschwimmen

Orange Flagge
Keine Rettungsschwimmer:in anwesend.

Rote Flagge
Gefahr, Schwimmen und Baden verboten

Sneaker-Wellen

Sneaker-Wellen ("schleichende" Wellen) sind tödlich an Kaliforniens Küsten: Diese unvermittelt auftretenden Wellen sind weitaus höher als ihre anbrandenden Vorgänger. Ohne Vorwarnung reißen sie Menschen von Felsen oder Stränden weg. Wer nicht gerade schwimmt, sollte immer ordentlich Abstand zum Wasser einhalten und dem Meer niemals den Rücken zudrehen.

RETTUNGSSCHWIMMER:IN – EINE SELTENHEIT

Baywatch vermittelt einen falschen Eindruck: An den meisten kalifornischen Stränden gibt's keine Lifeguards, was sicheres Schwimmen dann zur reinen Privatsache macht. Wer im Wasser Probleme bekommt und dies durch Winken über dem Kopf (universelles Notsignal) anzeigt, wird daher höchstwahrscheinlich keine offizielle Hilfe erhalten.

Rettungsschwimmer:innen sind hauptsächlich an Südkaliforniens Stränden anwesend. Im übrigen Bundesstaat wachen sie nur über ein paar State Beaches und Lokalstrände.

Essen, Trinken & Feiern

Wann gibt's was?

Frühstück Generell zwischen 7.30 und 11 Uhr; bei den meisten Locals zum Mitnehmen.

Brunch Am Wochenende zwischen 11 und 15 Uhr; oft mit Alkoholkonsum.

Mittagessen Allgemein zwischen 11.30 und 14.30 Uhr; im Restaurant meist mit gesellschaftlichem oder geschäftlichem Hintergrund. Fast nie mit Alkoholkonsum.

Abendessen Zwischen 17 und 21 Uhr; an der Küste auch länger.

Wo?

Von Nobelküche bis hin zum ultimativen Surfbuden-Taco bietet Kalifornien etwas für alle Geschmäcker. Bei Spitzenlokalen empfiehlt sich eine Online-Reservierung spätestens einen Monat im Voraus.

Cafés & Diners
In Kalifornien oft identisch: Zu verschiedenen Öffnungszeiten gibt's dort Frühstück und einfache Hausmannskost.

Bauernmärkte
Spitzenmäßige Regionalprodukte und Fertiggerichte.

Food-Trucks
Frisch gemachtes, einfallsreiches Essen zum Mitnehmen (oft auf einem Parkplatz).

Destination Dining
Spitzenrestaurant in einem Nobelhotel oder -resort (oft in einer Weinregion).

KULINARISCHES

Dresscode Kalifornisch-lässig: Bei noblen Restaurants reicht meist ein schickes Outfit aus Hemd, langen Hosen und geschlossenen Schuhen (keine Flipflops!). Die meisten günstigeren Lokale akzeptieren Gäste mit T-Shirt, kurzen Hosen und Sandalen.

Corkage Fee Gegen "Entkorkungsgebühr" (in der Regel 15–30 US$) kann man bei den meisten Restaurants seinen eigenen Wein mitbringen.

Entree Hauptgericht – keine Vorspeise (für die meisten Nichtamerikaner:innen verwirrend).

Heirloom Modewort für die (angebliche) Verwendung alter Obst- und Gemüsesorten.

Split-plate Aufteilen eines Tellers auf zwei oder mehr Personen (potenziell gegen geringen Aufpreis).

Allergien & spezielle Ernährungsweisen Tourist:innen mit Lebensmittelallergien oder speziellen Ernährungsweisen haben Glück: Vegetarisches und Veganes sind in Kalifornien angesagt. Viele Restaurants sind auch an Sonderwünsche gewöhnt.

Tipps & Tricks: Kalifornische Restaurants

Kalifornier:innen lieben Restaurants – vor allem der neuen und angesagten Art. Tische in belebten und/oder (jahrelang) beliebten Lokalen sollten so früh wie möglich reserviert werden. In trendliebenden Gegenden wie West Hollywood sind aktuelle In-Schuppen oft Wochen im Voraus ausgebucht.

Destination-Restaurants wie das French Laundry (Napa Valley; S. 164) stehen auf den Abhaklisten internationaler Feinschmecker:innen, die ihr nächstes berühmtes Mahl genießen wollen. Tischreservierungen in solchen Lokalen kosten mehrere Hundert US-Dollar. So gibt's mittlerweile einen ganzen neuen Markt für Weiterverkäufe. Man kann aber sicher sein: Es findet sich immer auch ein anderes gleichwertiges Spitzenrestaurant.

Die US-Standards beim Trinkgeld (S. 632) sind für viele Nichtamerikaner:innen bereits sehr ungewohnt. Manche Lokale in L. A. und der Bay Area erheben nun aber auch noch obligatorische Service-Gebühren. Gleichzeitig können Gäste oft weiterhin zusätzliches Trinkgeld bezahlen. So entsprechen diese Service-Gebühren praktisch den verhassten obligatorischen Resort-Gebühren.

WIEVIEL KOSTET …

- ein Kaffee **2–5 US$**
- ein Glas Regionalwein **ab 6 US$**
- ein Craft-Bier **5–8 US$**
- ein Burrito **9–12 US$**
- eine Schüssel Cioppino **25 US$**
- ein Sandwich mit Kalifornischem Taschenkrebs **ab 15 US$**
- eine Sushi-Rolle à la Kalifornien **9 US$**
- eine Schüssel Eis (handgemacht) **5 US$**

WIE … Essen & Trinken wie die Locals

Bei den Einheimischen beginnt der Tag mit einem teuren Kaffee – mitunter schwarz, aber meist z. B. mit Hafermilch und verschiedenen Aromen aufgepeppt. Dazu gibt's z. B. einen Joghurt im griechischen Stil oder etwas Schlichtes aus einer Handwerksbäckerei. Deftiges Frühstück wie Omeletts und Rösti wird nur zu besonderen Gelegenheiten oder beim Wochenend-Brunch aufgetischt.

Das Mittagessen der Locals stammt oft von Food-Trucks in Arbeitsplatznähe. Mexikanische Varianten (alias *taco trucks*) sind dabei am populärsten: Sie servieren oft Köstliches für recht wenig Geld. Büroangestellte vertilgen meist leichte Kost wie Salate direkt am Schreibtisch. Und was viele nicht zugeben wollen: Die langen Warteschlangen vor In-N-Out Burger (S. 664) beweisen, dass in Kalifornien längst nicht nur Gesundes auf den Tisch kommt.

Feierabend-Drinks auf den Freiluftterrassen von Brauereien sind ganzjährig beliebt. Auch bei Temperaturen unter 10 °C – schließlich gibt's Heizpilze.

Abendessen zu Hause wird häufig vom aktuellen Angebot lokaler Bauernmärkte (finden oft ganzjährig statt) bestimmt. Außer Haus sind z. B. asiatische (vietnamesisch, japanisch, regional-chinesisch) und mittelamerikanische Restaurants (natürlich inkl. regional-mexikanisch) sehr beliebt – ebenso kalifornische und italienische Optionen (hier lieber Pasta als Pizza). Auch alle Arten von mediterranen Gerichten (der kalifornischen Küche sehr ähnlich) haben viele Fans. Dazu genießen die Locals gerne trendige Cocktails und/oder Regionalweine. Örtliche Restaurants sind meist zwanglos und stellen seit der COVID-19-Pandemie oft ganzjährig zusätzliche Freilufttische auf.

Kalifornische Bars schließen meist früh: Selbst in Großstädten wie S. F. oder L. A. ist ab 24 Uhr fast nichts mehr auf der Straße los.

Food-Trucks

In ganz Kalifornien sind ca. 1000 Food-Trucks (S. 46) teils gemeinsam, teils allein unterwegs. Manche davon steuern täglich denselben Standort an, während andere ständig herumfahren.

WEINPROBEN: VERKOSTUNGSTIPPS

Aufs Geld schauen Bei Kaliforniens berühmten Weingütern ist Gratis-Probieren längst Geschichte: Im Napa und Sonoma County (anderswo teils ebenso) kosten 45-minütige Weinproben mindestens 30 US$.

Atmen lassen Vor dem Probieren eines frisch entkorkten Weins den Glasinhalt schwenken, um ihn mit Sauerstoff zu versetzen und die Aromen zu entfalten.

Riechen Zuerst die Nase (ohne Nassmachen!) ins Glas stecken: Beschnuppern schärft den Geschmackssinn optimal für die Details des Weins.

Schlürfen Einen Schluck nehmen, diesen durch den Mund über die ganze Zunge rollen lassen: So können die Geschmacksknospen alle komplexen Aromen und Texturen erfassen. Für einen aussagekräftigen Abgang nach dem Hinterschlucken durch die Nase ausatmen.

Ausspucken Bei vielen Probiergläsern verliert man leicht den Überblick. Vor allem Auto- und Radfahrer:innen sollten daher den Spucknapf benutzen.

Keine Eile Gilt auch bei Weingütern, die Besucher:innen schnell abfertigen wollen. Am besten maximal drei Adressen pro Tag besuchen.

Kein Kaufzwang Flaschenerwerb wird nirgendwo erwartet, ist aber vor einem Picknick auf dem Gelände üblich. Verkostungsgebühren werden teils mit Käufen verrechnet.

Club-Mitgliedschaft? Viele Winzer:innen werben mit künftigen Rabatten und Gratis-Verkostungen für ihre eigenen "Weinclubs". Bei einem einmaligen Besuch lohnt sich die Beitrittsgebühr aber nicht.

Verantwortungs-bewusst reisen

Reisen & Klimawandel

Nicht zu ignorieren: Jede Reise verursacht klimaschädliche Emissionen. Lonely Planet fordert daher alle Traveller auf, nachhaltig zu reisen und ihren CO2-Fußabdruck möglichst gering zu halten. Über zahlreiche Online-Kohlenstoffrechner (z. B. resurgence.org/resources/carbon-calculator.html) lässt sich die Emissionsmenge pro Trip einschätzen. Diese kann dann oft proportional in Spendenbeträge an internationale Klimaschutz-Initiativen umgerechnet werden. Auch viele Fluglinien und Buchungsportale bieten diese Möglichkeit, die Lonely Planet weiterhin für alle Angestelltenreisen nutzt. Dennoch ist uns bewusst, dass das mehr Schadensminderung als Lösung ist.

E-Autos mieten

Kalifornien hat zahllose Ladestationen (Details unter afdc.energy.gov/fuels/electricity_locations.html). So gibt's hier nun auch viele Leihwagen mit Elektro- oder Hybrid-Antrieb. Die meisten lokalen Autovermieter bieten eine entsprechende Auswahl. Bei hohen Preisen hilft ein Vergleich von aktuellen Sonderangeboten.

QR-Code für die Suche nach Ladesäulen

Pfanderstattung

Getränkebehälter mit Pfand (z. B. Plastikflaschen, Bierdosen; keine Weinflaschen) sind in Kalifornien mit *CA CASH REFUND* oder *CA CRV* gekennzeichnet. Erstattet werden mindestens 0,05 US$ (Inhalt max. 24 oz/0,7 l) bzw. 0,10 US$ (Inhalt ab 24 oz/0,7 l).

Zwecks Rückgabe gibt's im ganzen Bundesstaat über 2000 Recycling-Stationen (Verzeichnis unter calrecycle.ca.gov/BevContainer/Recycling-Centers).

QR-Code für das Finden von Recycling-Stationen (Flaschen, Dosen)

Da in Kalifornien quasi Dauer-Dürre herrscht, ist hier Wassersparen angesagt (auch durch Reisende). Diesbezüglich empfiehlt der Bundesstaat diverse einfache und potenziell überraschende Maßnahmen (Details unter drought.ca.gov/water-saving-tips).

In Kalifornien gelten viele verschiedene Vorschriften für Berufs- und Sportfischer:innen. Bei den Fangtrips von **Sea Forager Expeditions** (San Francisco; S. 74) steht Nachhaltigkeit im Mittelpunkt.

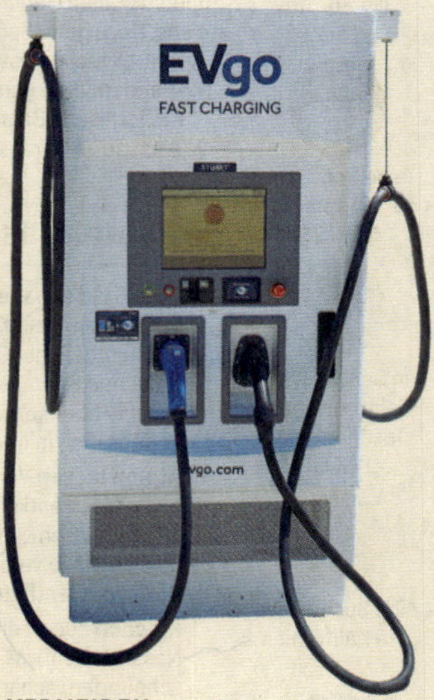

VON LINKS: MIKELEDRAY/SHUTTERSTOCK ©, ERIC MCKINNEY/SHUTTERSTOCK ©, YAGI STUDIO/SHUTTERSTOCK ©

PLASTIKABFALL VERMEIDEN

Wiederverschließbare Getränkebehälter lassen sich ausspülen und mit Trinkwasser füllen. Plastikflaschen können so sehr lange verwendet werden. Wiederverwenden nach Reinigung empfiehlt sich auch für Trinkhalme aus Plastik (in Kalifornien vielerorts bereits verboten).

RADFAHREN

In allen kalifornischen Tourismushochburgen kann man Fahrräder, E-Bikes und E-Scooter problemlos ausleihen. **CalBike** (calbike.org/go_for_a_ride/map_routes) bietet viele Links zu (teils herunterladbaren) Karten mit Radrouten, -wegen und -streifen im ganzen Bundesstaat.

Bio-Weingüter

Weingüter verbrauchen oft große Mengen von Wasser, Pestiziden und Herbiziden. In Kalifornien gibt's nun aber auch einen Gegentrend in Form vieler Bio-Winzer. Beispiele:

Napa Valley Matthiasson Winery (S. 159), Pride Mountain Vineyards (S. 170), Preston (S. 199), Porter Creek (S. 196), Pax Wines (S. 189).

Sacramento Delta Bogle (S. 532) ist hier am bekanntesten und sehr stolz auf seinen Bio-Weinbau.

Paso Robles Im Süden liegt hier Vina Robles (S. 281) mit sechs zertifizierten Bio-Weinbergen.

Los Olivos Noch weiter südlich findet man hier die Foxen Winery (S. 323).

Öffentliche Trinkbrunnen nutzen: Zapfhähne erleichtern nun häufig das Auffüllen von Wasserflaschen.

Natur sauber halten: Nicht nur am Strand allen aufgefundenen Müll mitnehmen und korrekt entsorgen.

INFOS IM INTERNET

greenbusinessca.org Durchsuchbare Verzeichnisse mit nachhaltigen Firmen bzw. Dienstleistern.

happycow.net Listet vegetarische bzw. vegane Restaurants in Kalifornien und anderswo.

saveourshores.org Sponsert regelmäßig Events zur Strandpflege im Monterey Bay National Marine Sanctuary.

CO_2-Ausstoßmengen auf der Strecke S. F. – L. A.: Mittelklasse-Auto ca. 150 kg, Flugzeug 140 kg/Reisenden, Bus 80 kg/Reisenden, Zug 40 kg/Reisenden. Per Online-Rechner (z. B. unter native.eco/for-individuals/calculators/#Travel) lässt sich die Gesamtmenge pro Trip einschätzen.

LGBTIQ+-Traveller

Kalifornien ist größtenteils sehr tolerant und fortschrittlich. In den übrigen USA wird dies teils bewundert, teils belächelt. Der Bundesstaat ist aber auch bezüglich Demografie und Kultur sehr weitläufig bzw. vielfältig. So variiert das Toleranz-Level je nach Region und ist in ländlichen Gegenden generell niedriger.

ALEXANDER SPATARI/GETTY IMAGES ©

Besondere Monate

Für LGBTIQ+-Traveller ist Kalifornien ganzjährig ein lohnenswertes Ziel. Manche Monate sind hier aber aufgrund ihrer speziellen Events besonders attraktiv – allen voran natürlich der Juni: In Großstädten (z. B. L. A., S. 346; S. F., S. 93) und kleineren Gemeinden steigen dann überall u. a. großartige Pride-Paraden. San Diego (S. 420) legt im Juli los, Long Beach schon im Mai. Palm Springs feiert seinen Pride-November bei super Herbstwetter. Im März steigt in den Bergen die Mammoth Gay Ski Week.

LGBTIQ+-GESCHICHTE

Die App Pride Explorer (Gratis-Download unter thelavendereffect.org/pride-explorer) für selbstgeführte Stadtspaziergänge gibt faszinierende Einblicke in die LGBTIQ+-Historie von L. A. In S. F. informiert das GLBT History Museum (S. 92) als ältestes Szene-Museum der USA über mehr als 50 LGBTIQ+-Jahre der Stadtgeschichte.

HEIRATEN IN KALIFORNIEN

Gleichgeschlechtliche Ehen sind in den ganzen USA legal. Viele LGBTIQ+-Paare heiraten aber gezielt im toleranten Kalifornien: Hier sind weder US-Statsbürgerschaft noch Bluttest erforderlich – auch Tourist:innen füllen einfach das entsprechende Formular bei der jeweiligen County-Verwaltung aus, bezahlen die Bearbeitungsgebühr und erhalten ihre Ehegenehmigung. Auf geht's!

LGBTIQ+-Hochburgen

Im vielerorts LGBTIQ+-freundlichen Kalifornien stechen ein paar Szene-Hochburgen noch besonders hervor. Dazu zählen z. B. der kunterbunte Castro District (S. 91) in S. F. oder West Hollywood (S. 353) mit seinem außergewöhnlichen Nachtleben. Guerneville (S. 195) empfiehlt sich für einen ruhigen Sommerurlaub zwischen den Redwoods. Santa Cruz (S. 250) empfängt Reisende mit dem Vibe der 1970er-Jahre. Palm Springs (S. 450) ermöglicht Relaxen an Pools aus den 1950er-Jahren.

INFOS IM INTERNET

Advocate (advocate.com/travel) News, Reiseberichte und -führer für LGBTIQ+-Reisende.

Damron (damron.com) Gibt schon lange stark werbelastige LGBTIQ+-Reiseführer heraus (nun auch plus App).

LGBT National Help Center (lgbthotline.org) Szenespezifische Beratungen, Infos und Tipps für alle Altersstufen (inkl. spezieller Angebote für Jugendliche).

Out Traveler (outtraveler.com) Kostenloses Online-Magazin mit Unterkunftsbewertungen, Reisetipps und -führern.

Arbeitsrecht

Der California Fair Employment and Housing Act verbietet Arbeitgeber:innen jegliche Diskriminierung (inkl. Entlassung, Einstellungsverweigerung, Degradierung, Mobbing) aufgrund von sexueller Orientierung, Genderidentität und/oder Geschlechtsausdruck.

Barrierefrei reisen

In Kaliforniens dichter besiedelten Gegenden ist die Barrierefreiheit generell ausreichend hoch. Ältere Unterkünfte sind aber teils nur begrenzt auf Gäste mit Handicap eingerichtet.

Park-Pässe

Gratis- bzw. Rabattpässe für Nationalparks, State Parks und State Forests erhalten bislang nur Reisende mit Handicap, die US-Staatsbürger:in sind oder dauerhaft in Amerika leben.

Bus

Per Gesetz müssen alle öffentlichen US-Nahverkehrsbusse barrierefrei sein. Niederflur-Fahrzeuge mit absenkbaren Rampen sind daher auch in Kalifornien die Norm. An Bord helfen die Fahrer:innen ggf. beim Sichern von Rollstühlen.

Zug

Das BART-Netz (Bay Area) sowie Südkaliforniens Metro-Züge und -Stationen sind komplett barrierefrei. Für vier kleinere Caltrain-Bahnhöfe gilt dies jedoch nicht. Amtrak-Zugpassagiere müssen spezielle Bedürfnisse rechtzeitig vorab bekanntgeben.

FLUGZEUG

Per Gesetz sind Kaliforniens Flughäfen komplett barrierefrei. Die gewählte Fluglinie leistet persönliche Unterstützung.

QR-Code für die Suche nach Stränden mit Strandrollstühlen

Strände

In puncto barrierefreie Strände rangiert Kalifornien hinter den meisten EU-Ländern: Die regionalen Sandstreifen sind größtenteils naturbelassen und verfügen kaum über Zufahrtsrampen bis zum Wasser. An über 100 Orten stellt die California Coastal Commission (CCC) aber gratis reservierbare und teils auch motorisierte Strandrollstühle zur Verfügung (Details unter coastal.ca.gov/access/beach-wheelchairs.html).

Das US-Justizministerium (US Department of Justice; ada.gov) setzt den Americans with Disabilities Act (ADA) um. Auf seiner umfangreichen Website steht das Bekenntnis Disability rights are civil rights (Rechte von Menschen mit Handicap sind Bürgerrechte). Der ADA deckt viele Bereiche des öffentlichen Lebens ab (inkl. Arbeit, Verkehr, Unterkunft).

ÜBERNACHTEN

Hotels ab Baujahr 1993 müssen moderne Anforderungen in puncto Barrierefreiheit erfüllen. Große Ketten vermieten meist entsprechende Zimmer. Dennoch vor dem Buchen immer die jeweilige Ausstattung sorgsam ermitteln! Ferienwohnungen und historische Bleiben sind teils nicht barrierefrei.

WEITERE INFOS

In Suchmaschinen am besten das jeweilige Ziel plus *accessibility* (Barrierefreiheit; z. B. *Disneyland accessibility*) eingeben: Dies bringt zumeist umfassende Ergebnisse. Weitere Empfehlungen:

Access Northern California (accessnca.org) Umfangreiches Linkverzeichnis zum barrierefreien Reisen in Kalifornien (inkl. Outdoor-Aktivitäten,Unterkünfte, Verkehrsmittel, geführte Touren).

California State Parks (access.parks.ca.gov/home.asp) Durchsuchbare Online-Datenbank (inkl. Karte) zur Barrierefreiheit in Kaliforniens State Parks.

Yosemite National Park Accessibility (nps.gov/yose/planyourvisit/accessibility.htm) Detaillierte Infos zur Barrierefreiheit in Yosemite (inkl. Services für Besucher:innen mit eingeschränkter Hörfähigkeit).

Allgemeine Informationen zum Reisen mit Handicap liefern:
Mobility International Schweiz (www.mis-ch.ch)
MyHandicap Deutschland (www.myhandicap.de)
MyHandicap Schweiz (www.myhandicap.ch)
Nationale Koordinierungsstelle Tourismus für Alle e. V. (Natko; www.natko.de)

Autotour auf dem Highway 1

Über 656 Meilen (1056 km) folgt der herrliche Pacific Coast Highway (Hwy 1) einer der schönsten Küstenlinien der Welt. Dabei passiert er spektakuläre Meeresklippen, sonnige Surferstädtchen, einsame Strände und die Golden Gate Bridge. Über das belebte Santa Monica geht's dann zu den Traumstränden, die im Orange County, bei San Diego und weiter südlich warten.

STRECKE

Der Hwy 1 beginnt als schlichtes Sträßchen zwischen Redwood-Bäumen und windet sich dann in Kaliforniens äußerstem Norden an der schroffen Küste entlang. Bei San Francisco kurvt er über die Marin Headlands (S. 117) und führt über die Golden Gate Bridge (S. 62). Auf vergleichsweise geraderem Kurs geht's dann südwärts nach und durch Santa Cruz (S. 250). Das letzte Stück gen Santa Barbara (S. 300), L. A. (Santa Monica; S. 366) und San Diego (S. 420) ist teils sogar ein richtiger Highway.

Wildtiere beobachten

Wapitis bevölkern die Lost Coast (S. 216) und Point Reyes (S. 121), wo sich auch zahllose Seevögel tummeln. Überall an der Küste ist das Meeresleben sehr artenreich. Zu den Highlights zählen dabei Point Reyes, der Rodeo Beach (S. 117), die Monterey Bay (S. 260), die Morro Bay (S. 290) und die Crystal Cove (S. 410). Seeelefanten gibt's in Point Reyes, Año Nuevo (S. 148) und Piedras Blancas (S. 278). An der ganzen Küste fällt der Blick mitunter auch auf Wale im offenen Pazifik.

Anhalten

Der Hwy 1 bietet viele Gelegenheiten für tolle Zwischenstopps. Dafür die zahlreichen Haltebuchten nutzen: So behindert man keine Einheimischen, die es eiliger haben.

Länger als gedacht

So kurz manche Etappen auch erscheinen mögen: Nicht nur durch langsam fahrende Tourist:innen staut sich mancherorts der Verkehr – besonders gleich nördlich von und in San Francisco. Zäh voran geht's oft auch im Korridor südlich von Santa Cruz (vor allem zu den Pendlerzeiten) und am Rand von L. A. Dies sollte jeweils entsprechend eingeplant werden.

ÜBERNACHTEN

Wer den ganzen Hwy 1 abfährt, muss unterwegs übernachten – z. B. in den Großstädten. Ansonsten empfehlen sich u. a. Eureka (S. 225), Fort Bragg (S. 215), Mendocino (S. 208), Santa Cruz (S. 250), Monterey (S. 258), Carmel (S. 264), Big Sur (S. 267), Cambria (S. 276) und Laguna Beach (S. 412). Eine Alternative sind die teils reservierungpflichtigen Campingplätze in State Parks.

Kurz & Knapp

ÖFFNUNGSZEITEN

Während der Nachsaison im Winter (Nov.–März) haben Dienstleister, Läden und Restaurants in Tourismushochburgen teils früher und/oder an zusätzlichen Tagen geschlossen. Allgemeine Öffnungszeiten:

Banken Mo–Fr 9.30–17 Uhr

Bars tgl. 16–2 Uhr

Läden Mo–Sa 10–17, So 11–18 Uhr (oft spätere Öffnung)

Restaurants tgl. 11–15 & 17.30–22 Uhr (Fr & Sa teils spätere Öffnung)

Toiletten

Kostenlose öffentliche Toiletten gibt's überall in Einkaufszentren, öffentlichen Gebäuden, Bibliotheken und Tankstellen. Gleiches gilt für manche Verkehrsknotenpunkte, Parks und Strände.

GUT ZU WISSEN

Bevölkerung
40 Mio.

Landesvorwahl
+1

Notfallnummer
911

Zeitzone
Pacific Standard Time (MEZ -9 Std.)

FEIERTAGE & FERIEN

An den folgenden Feiertagen haben Banken, Schulen und Behörden (inkl. Postämter) geschlossen. Bei Verkehrsmitteln, Museen und manchen anderen Services gelten dann potenziell die Sonntagszeiten. Wenn Feiertage aufs Wochenende fallen, werden sie meist am folgenden Montag begangen.

Neujahr 1. Januar

Martin Luther King Jr. Day Dritter Montag im Januar

Presidents' Day Dritter Montag im Februar

Cesar Chavez Day 31. März

Memorial Day Letzter Montag im Mai

US-Unabhängigkeitstag 4. Juli

Labor Day Erster Montag im September

Indigenous Peoples' Day Zweiter Montag im Oktober

Veterans Day 11. November

Thanksgiving Vierter Donnerstag im November

Weihnachten 25. Dezember

Maße & Gewichte

In Kalifornien gelten die üblichen US-Einheiten: *inches* (Zoll), *feet* (Fuß), *miles* (Meilen), *US gallons* (US-Gallonen), *pounds* (Pfund) und *Fahrenheit* (Temperaturangabe).

Trinkwasser

Kaliforniens gutes Leitungswasser kann bedenkenlos getrunken werden. In S.F. ist die Qualität sogar hervorragend (dank Schmelzwasser aus den Bergen).

Strom 120 V/60 Hz

Type A
120 V/60 Hz

Sprache

Amerikaner:innen, Brit:innen, aber auch deutsche Geschäftsleute und norwegische Foschende, der indische Verwaltungsbeamte und die Hausfrau in Kapstadt – fast jeder scheint Englisch zu sprechen. Und wirklich: Englisch ist die am weitesten verbreitete Sprache der Welt. Hier folgen nur die wichtigsten Begriffe und Wendungen, um sich in Kalifornien und dem Rest der USA durchzuschlagen.

Nützliches

Ja. Yes.
Nein. No.
Bitte. Please.
Danke/Vielen Dank. Thank you (very much).
Bitte (sehr). You're welcome.
Entschuldigen Sie, ... Excuse me, ...
Entschuldigung. Sorry.
Es tut mir leid. I'm sorry.
Hallo. Hello.
Auf Wiedersehen. Goodbye.
Bis später. See you later.
Tschüss. Bye.
Wie geht es Ihnen/dir? How are you?
Danke, gut. *Fine. And you?*
Und Ihnen/dir? ... and you?
Wie ist Ihr Name? What's your name?
Mein Name ist... My name is...

Unterwegs

Wo ist...? Where's a...?
Ich habe mich verlaufen. I'm lost.
Geradeaus. Straight ahead.
Links abbiegen. Turn left.
Rechts abbiegen. Turn right.
Weit weg. Far away
Nahe. Nearby
Gepäckaufbewahrung. Left-luggage office
Eine...nach (Tallahassee). A...to (Tallahassee).
einfache Fahrkarte One-way ticket
Rückfahrkarte Return ticket
Fahrkarte 1. Klasse 1st-class ticket
Fahrkarte 2. Klasse 2nd-class ticket

Schilder

Eingang. Entrance /Entry.
Ausgang. Exit.
Geschlossen. Closed.
Offen. Open.
Damen. Woman.
Herren. Man.
Gasse/Weg. Lane/alley.
Straße. Street.
Toilette. Toilette/Restrooms.

Uhrzeit & Datum

Wie spät ist es? What time is it?
morgens/vormittags am
nachmittags/abends pm
Gestern. Yesterday.
Heute. Today.
Morgen. Tomorrow.

Notfall

Hilfe! Help!
Es ist ein Notfall! It's an emergency!
Rufen Sie die Polizei! Call the police!
Rufen Sie einen Arzt! Call a doctor!
Rufen Sie einen Krankenwagen! Call an ambulance!

Essen & Ausgehen

Wann macht er/sie/es auf/zu? When does ist open?
Wie viel/viele? How much/many?

ZAHLEN

1 one
2 two
3 three
4 four
5 five
6 six
7 seven
8 eight
9 nine
10 ten

FALSCHE FREUNDE

aktuell = *current*; *actual* = wirklich, tatsächlich
bald = *soon*; *bald* = glatzköpfig

HERKUNFT

Das amerikanische Englisch wurde stark von den englischen Dialekten der Einwanderer aus Großbritannien geprägt, aber auch Einflüsse auch Frankreich, Spanien und der Native Americans haben die Sprache geformt.

Amtsprache

Nicht in allen Staaten der USA ist Englisch die offizielle Amtsprache, sondern nur in 31. So hat Hawaii zusätzlich Hawaiianisch und South Dakota Sioux. Florida akzeptiert auch das Spanische als Zweitsprache. In manchen Teilen wird sogar nur noch Spanisch gesprochen.

Zehn lokaltypische Phrasen

Nord-Hollywood – NoHo
Südkalifornien – SoCal
Nordkalifornien – NorCal
Verkehrsmeldung – SigAlert
Bauchklatscher aufs Wasser – Belly-wopper
Nein – Yeah no
Aufgeregt – Stoked
Unangemessen – Outta pocket
Eine Menge, sehr, viel – Hella
Zeitverschwendung, schlechte Idee – Bust
Weißt du, was ich meine? – Yadadamean

WER SPRICHT ENGLISCH?

Mit etwa 273 Mio. Muttersprachler:innen ist englisch nach chinesisch die meistgesprochene Muttersprache der Welt. Amtssprache ist Englisch in über 50 Ländern. Hier eine Auswahl:

Etwa 600 Mio. Menschen sprechen englisch als Zweitsprache.

Anglizismus
Die englische Sprache beeinflusst andere Sprachen. So findet man Wörter wie Computer, Baby oder E-Mail in der deutschen Sprache.

STORYBOOK

Mit sechs Reportagen tief in den kalifornischen Alltag eintauchen.

Straßenkünstler in Uptown (S. #128), Oakland

DIE GESCHICHTE KALIFORNIENS IN 15 ORTEN

Einer Geschichte nach regierte einst die Amazonenkönigin Califia mit Kriegerinnen in goldenen Rüstungen (die auf Drachen ritten) eine Pazifikinsel. Heute ist die Heldin aus einem Roman (um 1500) des Spaniers Garci Rodríguez de Montalvo besser bekannt als die Namensgeberin von Kalifornien – und als Vorlage für die Superheldin Wonder Woman. Wer kann einem Ort wie diesem schon widerstehen? Von Ryan Ver Berkmoes.

500 INDIGENE Völker Amerikas nannten dieses Land 15 000 Jahre lang ihr Zuhause, bevor die Europäer im 16. Jh. ihm einen neuen Namen gaben: Kalifornien. Spanische Konquistadoren und Priester kamen auf der Suche nach Gold und im Namen Gottes hierher, gaben aber schon bald ihre von Flöhen befallenen Missionen und schlecht zu verteidigenden *presidios* (Festungen) an Mexiko ab. Ihr Hauptvermächtnis? Die fast völlige Ausrottung der indigenen Völker.

Nur wenige Monate später wurde das Gebiet im Vertrag von Guadalupe Hidalgo an die USA abgetreten – kurz vor der Entdeckung von Gold 1848. Sehr schnell wurde Kalifornien von einer Flut von Goldsuchern und Siedlern überschwemmt. Ihnen folgten Generationen kalifornischer Träumer auf der Suche nach Reichtum, Ruhm und Selbstbestimmung.

Der Golden State hat sich zur viertgrößten Volkswirtschaft der Welt entwickelt, was zu einem großen Teil auf die aufeinander folgenden Booms der letzten 100 Jahre zurückzuführen ist: Hollywood, Luft- und Raumfahrt, Computer und das Internet. Aber wie ein Kind, das zu schnell erwachsen wurde, weiß Kalifornien immer noch nicht, wie man mit einem so rasanten Wachstum umgeht, inklusive Wohnungsmangel, Verkehrsstaus und atemberaubenden Lebenshaltungskosten. Heute rühmt sich Kalifornien seines internationalen Status und spielt eine führende Rolle bei globalen Themen wie Umwelt- und Datenschutz, Gleichstellung der Ehe und Rechte von Einwanderern.

1. Indian Grinding Rock State Historic Park

19 000 JAHRE ZIVILISATION

Die Besiedlung Kaliforniens durch indigene Völker begann vor 19 000 Jahren. Sie gaben ihr Wissen über Jagdgebiete und Reviergrenzen von Generation zu Generation in mindestens 100 verschiedenen Sprachen weiter.

Für die Miwok, eines der einst 500 indigenen Völker der Region, die bisher identifiziert wurden, ist der Indian Grinding Rock State Historic Park ein heiliger Ort. Das Herzstück ist ein Kalksteinaufschluss, der mit verblassten, alten Felszeichnungen und Mörserlöchern bedeckt ist, die zum Mahlen von Eicheln und Samen verwendet wurden.

Bis 1870 war die indigene Bevölkerung Kaliforniens durch eingeschleppte europäische Krankheiten, Zwangsarbeit, Gewalt, Ausgrenzung und Hunger um 90 % dezimiert worden. *S. 554.*

2. Mission San Luis Obispo de Tolosa

MISSIONEN UND VÖLKERMORD

Zur Ehre Gottes (und mit Blick auf Steuereinnahmen) beschloss Spanien 1769 in Kalifornien Missionen zu errichten, die von einheimischen Bekehrten geleitet werden sollten. Schon im selben Jahr gründete der Franziskanermönch Junípero Serra die Mission San Diego de Alcalá.

Die Mission San Luis Obispo de Tolosa in San Luis Obispo war die fünfte kalifornische Mission. Sie wurde 1772 von Serra gegründet und war, wie die anderen auch, kein großer Erfolg. Die indigenen Menschen Kaliforniens wollten keine Sklaven sein und verloren in Scharen ihr Leben. 1821 erlangte Mexiko (zu dem Kalifornien gehörte) seine Unabhängigkeit von Spanien, kurz darauf brach das Missionssystem zusammen. *S. 285.*

3. Montereys Custom House

HIER BEGANN AMERIKAS KALIFORNIEN

1822 bereitete das nun unabhängige Mexiko dem spanischen Handelsmonopol ein Ende und schrieb vor, dass alle Händler, die Waren nach Alta (Ober-)Kalifornien brachten, diese zuerst in Monterey am Zollhaus entladen mussten. Das System währte nicht lange.

1846 zogen Mexiko und die USA in den Krieg. Derweil lockten Kaliforniens Versprechungen Legionen von Amerikanern hierher. Als Mexiko sie 1846 vertreiben wollte, erklärten sie ihre Unabhängigkeit und hissten die US-Flagge. Mexiko hatte den USA nichts entgegen zu setzen. Die Feindseligkeiten endeten mit dem Vertrag von Guadalupe Hidalgo, in dem Mexiko einen Großteil seines nördlichen Territoriums (inklusive Alta California) an die USA abtrat. *S. 258.*

4. Marshall Gold Discovery State Historic Park

GOLD! GOLD! GOLD!

Besucht man heute den friedlichen, an einem Flussufer gelegenen Marshall Gold Discovery State Historic Park käme man nie auf die Idee, dass dieser Ort einst Bühne eines wilden Dramas war: Wenige Monate nachdem John Sutter und James Marshall hier 1847 ein Sägewerk errichtet hatten, sah Marshall im American River etwas glitzern. Als Sam Brannan, Herausgeber einer Boulevardzeitung in San Francisco, hörte, dass in den Ausläufern der Sierra Nevada Goldflocken gefunden worden waren, veröffentlichte er das Gerücht als Tatsache, weil er dachte, dass sich dadurch einige Zeitungen verkaufen ließen. Und genau das passierte. Das folgende Goldfieber erfasste die Welt und Tausende von Menschen strömten 1849 nach Kalifornien. Jene Indigenen, die die Missionszeit überlebt hatten, sahen sich neuen Gefahren gegenüber. *S. 551.*

5. Bahnhof von Truckee

HALT DER TRANSKONTINENTALEN EISENBAHN

Die „Big Four" – Collis P. Huntington, Leland Stanford, Mark Hopkins und Charles Crocker – wurden nicht durch den Bergbau reich, sondern durch den Verkauf von Schaufeln (und durch Kredite) an Bergleute im Goldrausch. Von ihrer Basis in Sacramento aus schufen diese Oligarchen riesige Imperien.

Um die Märkte an der Ostküste anzubinden, trommelten die Big Four chinesische Bergarbeiter zusammen, die aufgrund von Mechanisierung und Rassismus arbeitslos waren, um die erste transkontinentale Eisenbahn zu bauen. Über 12 000 Menschen schufteten unter brutalen Bedingungen, um Schienen zu legen und Tunnel durch die Sierra Nevada zu sprengen. Die 1869 fertig gestellte Strecke ist auch heute noch eine wichtige Verbindung und führt direkt am alten Bahnhof von Truckee vorbei. *S. 589.*

6. Angel Island Immigration Station

DAS ELLIS ISLAND DER WESTKÜSTE

Da ihnen Schürfrechte im Goldrausch verweigert wurden, eröffneten viele chinesische Goldsucher Dienstleistungsbetriebe, die die Grundlage für die Chinatowns bildeten, die es einst in fast jeder kalifornischen Stadt gab. Die diskriminierenden kalifornischen Gesetze zur Beschränkung der Wohn- und Arbeitsmöglichkeiten (sowie der Staatsbürgerschaft) für in China geborene Personen wurden 1882 mit dem US-Gesetz zur Ausgrenzung von Chinesen festgeschrieben und blieben bis 1943 in Kraft.

Ein Zeugnis jenes Gesetzes ist die Einwanderungsstation auf Angel Island in der Bucht von San Francisco. Hier wurden von 1910 bis 1940 chinesische Einwanderer lange Zeit grausam festgehalten, bevor sie schließlich nach China zurückgeschickt wurden. *S. 71.*

7. San Franciscos Dolores Park

EINST ZUFLUCHT VOR DEN FEUERN DES ERDBEBENS

Kalifornische „Raubritter" (wie Leland Stanford) steckten ihre Vermögen in den Bau von Villen in San Franciscos Stadtteil Nob Hill. In jenen Tagen dominierte die Stadt die Westküste und zog Berühmtheiten wie

William Randolph Hearst an, der hier 1887 seine erste Zeitung übernahm.

Doch San Franciscos Traum von Reichtum und Ruhm wurde am 18. April 1906 zunichtegemacht, als Erdbeben und Feuer die Stadt in Schutt und Asche legten. Was das Beben nicht zerstörte, fiel den Flammen zum Opfer. Tausende entkamen dem Inferno durch Flucht in den Dolores Park. An der 20th St. steht bis heute der Hydrant (noch immer goldfarben), der das Viertel rettete. *S. 98.*

8. Hollywood Sign

THERE'S NO BUSINESS LIKE SHOW BUSINESS

Das Erdbeben von 1906 legte San Francisco lahm – was man in L.A. ausnutzte. Unternehmer wie der Verleger der Los Angeles Times und Immobilienmagnaten wie Harry Chandler machten sich daran, aus den ehemaligen spanischen und mexikanischen Ranches und der Wüste Imperien zu schaffen.

1923 ließ Chandler in den Hügeln den Schriftzug „Hollywoodland" aufstellen, um für ein Luxuswohnprojekt zu werben (das erste von vielen). Die Buchstaben sollten eigentlich nicht lange dort stehen bleiben. Doch unterhalb von ihnen begann der kometenhafte Aufstieg der Filmstudios. Also blieben sie. Schon bald verfiel das Wort „Land", der Rest nicht. Im Gegenteil. Heute ist das „Hollywood Sign" weltweit Symbol der amerikanischen Unterhaltungsindustrie. *S. 340.*

9. Manzanar National Historic Park

KALIFORNIENS KONZENTRATIONSLAGER

In den 1930er Jahren besaßen japanische Amerikaner florierende Farmen und Unternehmen in ganz Kalifornien. Viele Mitmenschen waren neidisch auf diesen Erfolg, und Leute wie William Randolph Hearst schürten in ihrem Streben nach politischer Macht Rassismus, Hass und Spaltung.

Nachdem der Angriff Japans auf Pearl Harbor am 7. Dezember 1941 den Eintritt der USA in den Zweiten Weltkrieg zur Folge hatte, sahen Hearst und Co. ihre Chance gekommen: Sie hörten auf, die Politik des Präsidenten Franklin Roosevelt zu kritisieren. Im Gegenzug ließ der es zu, dass fast 120 000 japanische Amerikaner zusammengetrieben und in Konzentrationslager geschickt wurden, die in abgelegenen Winkeln des Westens verstreut lagen –darunter auch die heutige Manzanar National Historic Site (s. Abb. rechts) in der östlichen Sierra. *S. 623.*

10. Rosie the Riveter WWI Home Front National Historic Park

ALLE MANN AN DECK

Kein Ort verdeutlicht besser die Kriegsanstrengungen des Zweiten Weltkriegs als die alten Kaiser-Werften in Richmond. Von 1942 bis 1946 wurden hier 747 Schiffe gebaut – eine außerordentliche Leistung. Vor allem wenn man bedenkt, dass diese Leistung dem Einsatz von Menschen zu verdanken ist, die vor dem Krieg an den Rand gedrängt worden waren: Frauen und Schwarze.

Die gesellschaftlichen Veränderungen, die dieser Umbruch in der sozialen Ordnung mit sich brachte, sind noch heute spürbar, wie der Rosie the Riveter WWII Home Front National Historic Park zeigt. Unterdessen schufen Firmen wie Douglas und Lockheed die südkalifornische Luft- und Raumfahrtindustrie, die den ersten Nachkriegsboom in Kalifornien auslöste. *S. 137.*

11. Disneyland

ABSOLUT KEINE GRAUE MAUS

1955 begann der kalifornische Traum für viele Menschen Wirklichkeit zu werden. Höhere Löhne ermöglichten es Mittelschichtsfamilien, Urlaub zu machen, zumindest aber mit dem Chevy auf dem neuen Freeway nach Disneyland zu fahren – Walts soeben eröffneten „Glücklichsten Ort auf Erden".

Groß und Klein strömte aus ihren neuen Vorstadtsreihenhäusern, die sich rund um Los Angeles, dem San Fernando Valley, von San Jose im Norden und entlang der San Francisco Bay ausbreiteten, hierher. Heute ist Disneyland (eine weitere kalifornische Erfindung) in seinem Kern bemerkenswerterweise fast unverändert gegenüber Walts ursprünglicher Vision von Main Street, USA, Sleeping Beauty Castle, Frontierland, Adventureland und Tomorrowland. *S. 392*

12. Golden Gate Park

DER SOMMER DER LIEBE

Der *Summer of Love* begann am 14. Januar 1967 im Golden Gate Park von San Francisco. Das Happening Human Be-In erhitzte die Gemüter, Timothy Leary stand auf der Bühne und alles Psychedelische wurde gefeiert. Freie Meinungsäußerung war das Mantra, und der Stadtteil Haight-Ashbury wurde zum angesagten Ort.

Themen wie Rassenungerechtigkeit und der Vietnamkrieg bestimmten die Diskus-

sionen. Ausgehend von der UC Berkeley kam es an den Universitäten der USA zu bisweilen gewalttätigen Protesten. Die gesellschaftlichen Umwälzungen beflügelten auch die Karrieren der kalifornischen Ordnungspolitiker Ronald Reagan (der 1966 zum Gouverneur gewählt wurde) und Richard Nixon (wurde 1968 zum Präsidenten gewählt). *S. 103.*

13. César E. Chávez National Monument

EINSATZ FÜR DIE MENSCHENWÜRDE

César Chávez und Dolores Huerta gründeten im Jahr 1962 die United Farm Workers (UFW), um sich für die Rechte eingewanderter Arbeiter einzusetzen und die Aufmerksamkeit der Nation auf faire Löhne und Gesundheitsrisiken durch Pestizide zu lenken. Sie waren fest entschlossen, sich für die Interessen der Arbeiter auf friedliche Weise einzusetzen – obwohl sie befürchten mussten, dass die Sheriffs des San Joaquin Valley ihre Märsche unter Einsatz von Gewalt stoppen würden.

Die UFW war die treibende Kraft hinter dem erfolgreichen Tafeltrauben-Boykott Ende der 1960er-Jahre, der eine Welle ähnlicher Boykotte auslöste. Das in den Tehachapi-Bergen gelegene heutige César E. Chávez National Monument war von 1971 bis zu seinem Tod im Jahr 1993 Chávez' Wohnsitz und Sitz der UFW. *S. 539.*

14. San Franciscos GLBT History Museum

DER WEG ZUR GLEICHGESCHLECHTLICHEN EHE

Harvey Milk wurde 1977 als erster offen schwuler Mann in ein öffentliches Amt in Kalifornien gewählt. Er lebte im Castro, wo sich heute das GLBT History Museum befindet. Milk setzte sich für ein Gesetz über die Rechte von Homosexuellen ein, bevor er von einem politischen Gegner in der berühmten City Hall von San Francisco ermordet wurde.

Im Jahr 2004 ordnete der damalige Bürgermeister Gavin Newsom die Ausstellung von Ehelizenzen für gleichgeschlechtliche Paare an – eine Premiere in den USA. 2008 stimmten die kalifornischen Wähler jedoch mit knapper Mehrheit für einen Volksentscheid, der die Ehe als Verbindung zwischen Mann und Frau definiert. Die kalifornischen Gerichte erklärten 2010 den Volksentscheid aber für verfassungswidrig, und der Oberste Gerichtshof der USA bestätigte 2013 überraschend die gleichgeschlechtliche Ehe. Das Museum widmet sich diese Geschichte – und vielem mehr. *S. 92.*

15. Apple Park

WER WAGT, GEWINNT

Auf der West Coast Computer Faire 1977 stellten die 21-jährigen Steve Jobs und Steve Wozniak den Apple II vor, einen Personal Computer mit unglaublichem Speicher (4 KB RAM!) und gewaltiger Mikroprozessorgeschwindigkeit (1 MHz!). Doch eine Frage blieb: Was sollten normale Menschen mit dieser irren Rechenleistung anfangen?

Der Rest ist Geschichte. Was heute als Silicon Valley bekannt ist, hat unzählige Millionäre hervorgebracht – und Produkte, die das Leben weltweit verändert haben. Gleichwohl ... bewegt man sich durch den antiseptischen Minimalismus des Visitor Center im Apple Park, dem anmaßenden Bunker der milliardenschweren Unternehmenszentrale in Cupertino, sollte man nie vergessen: So schnell, wie man hier aufsteigen kann, kann man auch fallen. *S. 141.*

TRIFF DIE EINHEIMISCHEN

Hier wird man freundlich empfangen und mit einem Lächeln begrüßt, wobei ein Gefühl der Selbstbestimmung und Unabhängigkeit vermittelt wird. Es ist der Ausdruck eines Ethos, zu leben und leben zu lassen. Alexis Averbuck stellt ihre Landsleute vor.

Viele Kalifornier:innen betrachten unseren Staat, verglichen mit dem Rest der USA, als eine entspannte, frei denkende, multikulturelle Gesellschaft, die allen die Möglichkeit gibt, so zu leben, wie man möchte.

Und tatsächlich haben viele starke Bewegungen, die die Welt verändert haben, hier ihren Ursprung: Chicano Pride, Black Power, die Landarbeiterbewegung und LGBTIQ+-Pride. Im Jahr 2017 unterzeichnete der damalige Gouverneur Jerry Brown ein Gesetz, das Kalifornien zu einem „sanctuary state" macht und damit verhindert, dass die örtlichen Strafverfolgungsbehörden den Bundesbehörden bei der Inhaftierung von Einwandernden ohne Papiere helfen. Und das aus gutem Grund. Im Laufe der Geschichte Kaliforniens war Einwanderung ein zentraler Aspekt der Existenz des Staates. Über 10.000 Jahre lang gab es eine blühende indigene Bevölkerung, doch die Ureinwohner:innen wurden dezimiert, als Kalifornien von Spanien, Mexiko und sogar Russland kolonisiert und schließlich ein US-Bundesstaat wurde. Heute sind rund 11 Mio Einheimische Zugewanderte. Jeder vierte Neuankömmling in den USA lässt sich hier nieder.

Kalifornien kennt man weltweit, und einige Klischees sind nicht ganz falsch. So leben zum Beispiel fast 70 % der Bevölkerung an der Küste. Und ja, die kalifornische Selbsthilfe- und New-Age-Bewegung wurde hier bereits lange vor ihrer Blütezeit in den 1970er Jahren erfolgreich propagiert und vermarktet. Auch die Film- und Musikindustrie von Südkalifornien ist sehr einflussreich – auch wenn heutzutage das Silicon Valley und die mächtige Tech-Industrie des Staates um den Status des wichtigsten Akteurs wetteifern.

Doch das Leben hier ist nicht einfach. Die steigenden Wohnkosten führten zu einem massiven Anstieg der Obdachlosigkeit. Sechs der zehn teuersten US-Wohnungsmärkte liegen in Kalifornien, und für viele Menschen hier ist es heutzutage unerschwinglich, ein Haus zu kaufen oder auch nur zu mieten. Die Wohneigentumsquote ist von einem Höchststand von 60,7 % im Jahr 2006 auf 55 % gesunken. Angesichts der hohen Lebenshaltungskosten wandern immer mehr Leute mit mittlerem und niedrigem Einkommen in andere Bundesstaaten mit günstigeren Lebensbedingungen ab.

Es stimmt auch, dass die Kalifornier:innen viel Auto fahren. Wir geben mindestens jeden fünften Dollar, den wir verdienen, für Aufwendungen rund ums Auto aus. Aber zumindest ist Kaliforniern in Sachen Energieverbrauch dem nationalen Trend voraus, was die Nutzung von Autos mit Abgaskontrollsystemen angeht – mehr Autos mit Hybridantrieb und geringerem Kraftstoffverbrauch werden hier gekauft. Im Jahr 2022 unterzeichnete Gouverneur Gavin Newsom ein Gesetz mit weitreichenden Maßnahmen zur Beschleunigung der Nutzung sauberer Energie und zum Schutz vor Umweltverschmutzung. Generell unterstützen wir immer Initiativen, die eine saubere Umwelt fördern und Kalifornien zu einer fortschrittlichen Oase in der turbulenten Politik unseres Landes machen.

WER UND WIE VIELE?

Mit fast 40 Millionen Einwohnern ist Kalifornien der bevölkerungsreichste Staat der USA. Er ist auch auf dem besten Weg, die viertgrößte Volkswirtschaft der Welt zu werden. Es werden bereits Witze über einen Austritt aus den USA gemacht.

Im Uhrzeigersinn von oben links: Surfer in Newport Beach (S. 407); Winzer im Napa Valley (S. 161); Schaulustige bei einer Parade in San Diego (S. 420); Festivalgäste in Oakland (S. 125)

TYPISCH KALIFORNISCH?

Ich bin in Oakland aufgewachsen, als Kind von zwei Menschen mit sehr unterschiedlichen Hintergründen.

Die Familie meiner Mutter ist seit sieben Generationen hier ansässig. Eine meiner Vorfahrinnen war eine der ersten Frauen, die im Gebiet von Los Angeles eine Landzuteilung von den Spaniern erhielten. Sie heiratete dann einen deutschen Einwanderer.

Die Familie meines Vaters kam in den 1940er-Jahren aus Osteuropa über New York nach Ost-L.A. (Boyle Heights, um genau zu sein). Sie waren jüdische Kommunist:innen, die während der sogenannten „Roten Angst" von Joseph McCarthy verfolgt wurden – ein Beweis dafür, dass die Institutionen in Kalifornien nicht immer tolerant sind. Meine Eltern waren beide Lehrer:innen, und meine Jugend verbrachten wir viele Jahre im Ausland, sprachen andere Sprachen, kehrten aber immer wieder nach Oakland zurück.

Kalifornien ist ein Land der Einwanderung, der Innovation und des Wandels, und meine Familiengeschichte ist so vielschichtig wie die vieler Menschen hier. Sie zeigt, dass das einzig Typische in Kalifornien ist, dass es niemand gibt, der oder die „typisch kalifornisch" ist.

Sonnenuntergang am Venice Beach (S. 375), Los Angeles

DIEGOMARIOTTINI/SHUTTERSTOCK ©

DER MYTHOS KALIFORNIEN

Dem Golden State eilt sein Ruf voraus. Filme, Musik und Literatur tragen allesamt zum Mythos Kalifornien bei. Von Anita Isalska

Dies ist das gelobte Land, heißt es. In Kalifornien kann man sich neu erfinden und zwischen schönen Menschen und unter blauem Himmel den großen Durchbruch schaffen. Doch dramatische Abstürze gehören ebenso zum Mythos wie kometenhafte Aufstiege. Seit einem guten Jahrhundert machen Geschichten des Erfolgs und des Scheiterns den Kern Kaliforniens aus.

Die fröhlichen Rhythmen und ausgelassenen Texte von Bands wie den Beach Boys, Teil des California Sound der 1960er-Jahre, brachten einem internationalen Publikum die Romantik, das sorgenfreie Leben und die Surfkultur der Westküste nahe. Auch Hollywood setzt schon lang Kalifornien als glitzernden Ort des Reichtums, des Sonnenscheins und der sexuellen Freizügigkeit in Szene. Kein Wunder, dass die Welt Kalifornien durch eine rosarote Brille sieht.

Der kalifornische Traum ist jedoch kein Phänomen der Moderne. Der Mythos des Bundesstaats fußt auf Willen, Mut und berauschendem Erfolg und wurde über Jahrhunderte aufgebaut. Auf vielen dieser Geschichten liegt ein Schatten und einige der faszinierendsten und prägendsten Kapitel gehen mit Leid, Nostalgie und bitteren Niederlagen einher – je größer die Fallhöhe, desto schmerzhafter der Aufprall.

Die Wurzeln des kalifornischen Traums

Wenn man die Ursprünge des Mythos Kalifornien versteht, kann das eine Reise bereichern und Bargespräche mit Einheimischen erleichtern, die den einzigartigen Charme ihrer Heimat und deren drohenden Untergang gern in einem Atemzug nennen.

Das Konzept des kalifornischen Traums, wie man ihn heute kennt, hat seinen Ursprung in der kurzen Periode des Goldrauschs von 1848 bis 1855. Wurde etwas golden Schimmerndes in einem Fluss in der westlichen Sierra Nevada gesichtet, verbreitete sich das wie ein Lauffeuer. Glücksuchende kamen nicht nur aus dem Gebiet weiter östlich, sondern nahmen auch wochenlange Reisen aus Übersee auf sich. Sie hofften auf schnellen Reichtum und den Start in ein neues Leben in dem so fernen Land.

Über 300 000 Menschen kamen und verwandelten San Francisco praktisch über Nacht in eine boomende Stadt des Goldrausches und beschleunigten den Niedergang der indigenen Gemeinschaften vor Ort. Im Gegensatz zu dem mühsamen Leben im Grenzland im Osten stand Kalifornien für eine Alternative zu puritanischen Idealen, für ein Paradies mit warmem Wetter und

Ressourcen im Überfluss. Obwohl nur wenige tatsächlich reich wurden, prägte der Goldrausch den Ruf Kaliforniens: Der Mythos war geboren.

Schnell entwickelte sich der Bundesstaat zu einem Zentrum der Landwirtschaft und Industrie, was den kalifornischen Traum untermauerte. Während sich in den Städten Arbeitergewerkschaften bildeten, blieb die Arbeit in der Landwirtschaft hart und schlecht bezahlt. Als dann die Dust-Bowl-Katastrophe und die Great Depression der 1930er-Jahre eine Migrationswelle nach Kalifornien auslöste, blieb zahlreichen „Okies" und „Arkies" (viele der Neuankömmlinge stammten aus Oklahoma und Arkansas) nichts anderes übrig, als sich unter miserablen Bedingungen auf Farmen zu verdingen.

Dieses Szenario griff John Steinbeck in *Früchte des Zorns* (1939) auf. Dort entflieht die Familie Joad dem Elend und der Dürre in Oklahoma und muss erkennen, dass Kalifornien nicht das Paradies ist, das sie sich erhofft hatten. Als sie dort ankommen, gibt es Arbeitskräfte im Überfluss und die Bezahlung und die Bedingungen sind miserabel. Wer im echten Leben in dieser harten Zeit seine Träume verwirklichte, tat dies oft auf dem Rücken von amerikanischern Ureinwohnern, die zur Arbeit gezwungen wurden, und von schlecht bezahlten Okies und Arkies.

Glück, Reichtum & Tragödien

Neben dem Streben nach Reichtum und Ruhm prägt Kalifornien weiterhin der Ruf, ein Ort des Glücks und Wohlstands zu sein. Das durchschnittliche Pro-Kopf-Einkommen ist das vierthöchste aller 50 Bundesstaaten und aktuell schickt sich das BIP an, das von Deutschland zu überholen und den Bundesstaat zur viertgrößten Wirtschaft der Welt zu machen. Zudem befindet sich Kalifornien landesweit in den Bereichen Glück, Gesundheit und Fitness stets unter den Top-Fünf.

Wer gut lebt, hat viel zu verlieren. Kein Wunder, dass Kalifornien die perfekte Kulisse für Tragödien à la Shakespeare ist. In der Literatur, in der Musik und im Film gibt es viele warnende Erzählungen über Kalifornien, die u. a. von Enttäuschung, Entfremdung oder von echtem Horror handeln.

Ein übliches Narrativ ist eine (Anti-)Heldengeschichte, in der nach dem Erreichen oder Erhalt des kalifornischen Traums gestrebt wird. Die zentrale Figur scheitert entweder an einer charakterlichen Schwäche (wie Eitelkeit oder Stolz) oder wird Opfer des Systems, z. B. in Form der Hollywood-Maschinerie oder von skrupellosen Charakteren, die selbst die Leiter des Erfolgs erklimmen möchten.

Filme aus dem goldenen Zeitalter Hollywoods sind geprägt von Figuren, die ihr Scheitern beklagen oder vergangenen Erfolgen nachtrauern. Der Film noir *Boulevard der Dämmerung* von 1950 taucht in die Hollywood-Szene ein (Namen echter Produzenten und Regisseure sorgen für noch mehr Authentizität) und zeigt wie Norma Desmond, ein Stummfilmstar, der alles für ein Comeback geben würde, langsam dem Wahnsinn verfällt. Dann ist da noch die herzlose, launische Jane Hudson mit Locken und in mädchenhaften Kleidern in *Was geschah wirklich mit Baby Jane?* (1962). Der einstige Kinderstar kommt mit ihrem späteren Leben nicht zurecht und flüchtet sich in Sadismus gegenüber ihrer Schwester, die sie um ihre Schönheit und ihren Erfolg beneidet.

In aktuelleren Werken wird der Traum des Silicon Valley thematisiert. In *The Social Network* (2010) endet der Protagonist, inspiriert vom Facebook-Gründer Mark Zuckerberg, als reicher und erfolgreicher aber einsamer Mann. Kaliforniens Verheißung auf Reichtum und Glück, die zu einem selbst geschaffenen Gefängnis wird, ist seit Jahrzehnten ein Kernthema auf der Leinwand, sei es in Form der verfallenen Villa einer Grande Dame Hollywoods oder des riesigen Büros eines Tech-Milliardärs.

Kaliforniens Reizen zu verfallen, ist ein gängiges Thema. Schon die Eagles sangen in Hotel California (1977) „You can check out any time you like, but you can never leave" („Du kannst jederzeit auschecken, aber du kommst hier nie wieder weg"). Der vieldeutige Songtext lässt verschiedene Interpretationen zu: Kalifornien lockt mit Vergnügen und grenzenloser Freiheit, birgt jedoch auch grotesken Schrecken, dem man nicht entkommen kann.

Tod und Wiedergeburt des kalifornischen Traums

Auch die Red Hot Chili Peppers thematisieren in *Californication* (2000) die Zerbrechlichkeit und Flüchtigkeit des kalifornischen Traums. Kalifornien ist „The edge of the world and all of Western civilization" („Der Rand der Welt und aller westlichen Zivilisationen"), ein Ort der verlorenen Unschuld, des seelenlosen Kapitalismus und der plastischen Chirurgie.

„Californication" gab es schon lang vor dem Lied oder der gleichnamigen TV-Serie, die mit schwarzem Humor von Schwäche, Sucht und Erlösung erzählt. Ursprünglich bezog sich der Begriff aus dem Jahr 1966 auf unkontrollierte Überbebauung, heute wird er mit einer Art aggressivem Export assoziiert. In einem physischen Sinn ist damit der gegenwärtige Exodus aus Kalifornien in andere Bundesstaaten gemeint: San Francisco und Los Angeles sind landesweit führend bei der Zahl der Wegziehenden. Der Trend wird kritisch gesehen, da aus Kalifornien stammende Neuankömmlinge oft Gentrifizierung und steigende Preise mit sich bringen. „Californication" im spirituellen Sinn bezieht sich auf Kaliforniens Omnipräsenz in der globalen Kultur und das weltweite Aufoktroyieren amerikanischer kultureller Werte durch Hollywood.

Angesichts dieses Rufs einer unaufhaltsamen kulturellen Macht passt es, dass der Sci-Fi-Horrorfilm *Die Dämonischen* (1956) in Kalifornien spielt. Darin ersetzen emotionslose außerirdische Doppelgänger nach und nach die Bewohner:innen der fiktionalen kalifornischen Stadt Santa Mira. Könnte es in einem Staat, der Individualität und Ambition über alles stellt, etwas Schlimmeres geben, als sein Leben als perfekt angepasstes, teilnahmsloses Wesen ohne Gefühle zu leben?

Rodeo Drive (S. 355), Los Angeles

GABRIELE MALTINTI/SHUTTERSTOCK ©

WIE ES SO VIELE LIEDER, BÜCHER UND FILME BESCHREIBEN, VERSTEHT MAN KALIFORNIEN AM BESTEN ALS AUFEINANDERTREFFEN VON EXTREMEN, ALS TRAUM UND ALPTRAUM ZUGLEICH.

Auf die Frage, ob das vielschichtige Kalifornien seinen Glanz verloren hat, reagieren Einheimische mit Augenrollen, denn für sie ist das keinesfalls etwas Neues. Der Tod des kalifornischen Traums ist ein immer wiederkehrendes Narrativ, das Teil des natürlichen Kreislaufs aus Optimismus und Desillusionierung ist, der zur DNA eines mystifizierten Ortes gehört. Tatsächlich war laut Michael Hiltzik, Autor der L. A. Times, bereits in den 1850er-Jahren die Rede vom „kalifornischen Alptraum". Damals beklagten Zugewanderte aus anderen Bundesstaaten Kriminalität und Korruption vor Ort sowie nicht eingelöste Erwartungen.

Wie es so viele Lieder, Bücher und Filme beschreiben, versteht man Kalifornien am besten als Aufeinandertreffen von Extremen, als Traum und Alptraum zugleich. Wer diese Dualität akzeptiert, wird mit einem tiefgründigeren Verständnis für Kaliforniens Menschen und Orte belohnt. Hier sieht man ausufernden Reichtum gleich neben schlimmster Armut. Geschichten über neues Leben und Glück werden in einem Atemzug mit Erfahrungen von völliger Erschöpfung und vergebenen Chancen genannt. Unter der strahlenden Sonne mit dem rauschenden Meer im Ohr ist man vielleicht sogar selbst versucht, alles für den eigenen kalifornischen Traum aufs Spiel zu setzen. Denn selbst wenn man scheitern sollte, wartet ein großartiges Abenteuer.

WO DIE VIELFALT REGIERT

Mit Amerikas vielfältigster Bevölkerung rangiert Kalifornien als größter ethnischer Schmelztiegel des Landes sogar vor NYC. Von Megan Leon

DER DRITTGRÖSSTE US-BUNDESSTAAT ist ein bunter Gobelin aus verschiedenen Kulturen: Statistiken zufolge stammen 27 % der Kalifornier:innen aus dem Ausland – weitaus mehr als der Durchschnitt in den übrigen USA. Mit steigender Einwanderung nimmt Kaliforniens hellhäutige Bevölkerung stetig ab und wird immer mehr zu einer Art Minderheit.

In Bezug auf die ganze USA hat Kalifornien das größte ethnische Spektrum und rangiert in wirtschaftlich-sozialer Hinsicht auf dem dritten Platz. Seine Bereitschaft zur Vielfalt macht es bis heute zur willkommen heißenden neuen Heimat von Eingewanderten, die ein neues Leben beginnen wollen. Bislang leben hier Menschen aus über 140 verschiedenen Ländern. Ebenso eindrucksvoll: In den vielen ethnischen Enklaven der Großstädte werden mehr als 200 Sprachen gesprochen.

Diverse Sprachen zwischen den Bergen und dem Meer gab es hier bereits, als Kalifornien noch gänzlich von indigenen Stämmen wie den Chumash oder Miwok besiedelt war. 1542 betrat der portugiesische Entdecker

Aztekische Traditionstracht

Juan Rodriguez Cabrillo als erster Europäer kalifornischen Boden. Während der nächsten 200 Jahre erkundeten und kolonialisierten die Spanier nur einen Teil des zukünftigen US-Bundesstaats. Diesen sicherten sie mit fünf *presidios* (Forts) in San Diego, Monterey, San Francisco, Santa Barbara und Sonoma. Zudem gründeten sie 21 Missionsstationen entlang der Küste – teils mit dem Zweck, die indigene Bevölkerung zum Katholizismus zu bekehren.

Nach Mexikos Erlangung der Unabhängigkeit von Spanien (1821) gehörte Kalifornien zur jungen mexikanischen Nation. Die Olvera St im heutigen Downtown L.A. war damals ein wichtiges Gemeindezentrum. Bis heute ist sie Heimat vieler Hispano-Amerikaner:innen.

KALIFORNIEN STEHT NICHT NUR FÜR PANORAMASTRASSEN UND KINOGESCHICHTE: DIES IST EIN ORT DER MULTIKULTURELLEN HARMONIE.

Die asiatische Gemeinde ist gleichsam stark vertreten: Unter allen US-Bundesstaaten hat Kalifornien einen der größten Bevölkerungsanteile mit asiatischen Wurzeln. Beispielsweise beheimatet San Francisco nach Hawaii die größte asiatisch-amerikanische Einwohnerschaft. Bereits 1870 lebten fast 100 000 Sino-Amerikaner:innen im Golden State. Deren Nachkommen bilden heute lebendige Gemeinden in San Franciscos berühmter Chinatown und in der ganzen Bay Area – ebenso in der wieder aufgebauten Chinatown von L.A., die immer noch mit authentischer Küche und Atmosphäre lockt. San Franciscos Japantown ist in den USA eine der drei Letzten ihrer Art.

Die Chinatown von L.A. grenzt an die einzigartige Tokyotown im Stadtzentrum. Dieses traditionelle japanische Migrationsviertel hatte 1910 eine Population von rund 70 000 Menschen. Das historische El Pueblo de Los Ángeles nebenan ist nun fast ein „lebendiges Museum" der mexikanisch-kalifornischen Kultur. Die bunten Verkaufsstände und Restaurants an seinen Straßen repräsentieren Lateinamerika, wobei ein fließender Übergang zu den chinesischen und japanischen Vierteln besteht. In der Nähe erstreckt sich die markante Koreatown mit ihrem koreanischen Bevölkerungsanteil von 9 %: Koreanische Eingewanderte kommen seit 1880 nach L.A., das heute eine der größten koreanisch-amerikanischen Gemeinden des Landes hat.

Das ist noch nicht alles: In Kalifornien leben die meisten Thais außerhalb von Thailand. Die einzige Thaitown der USA gehört zu North Hollywood. Ein paar von Amerikas besten thailändischen Restaurants servieren dort leckere Klassiker wie Pad Thai oder Dschungel-Currys. Auf Entdeckungswillige warten im Golden State noch viele weitere ethnische Enklaven mit lebendiger Atmosphäre. Deren Bevölkerungen stammen z. B. aus Äthiopien, Kambodscha, Armenien, Vietnam oder von den Philippinen. Kalifornien steht nicht nur für Panoramastraßen und Kinogeschichte: Seine multikulturelle Harmonie ist in den ganzen USA absolut einzigartig.

Hier dominiert das Gefühl, dass alle willkommen sind. Auf allen Straßen in Großstädten sind potenziell Sprachen aus fernen Ländern vernehmbar (z. B. Spanisch, Vietnamesisch, Koreanisch, Persisch, Russisch und Tagalog). Das ist eine der Hauptattraktionen dieses US-Reiseziels: Traveller wähnen sich auf Weltreise.

Chinesische Laternen, San Francisco (S. 55)

KLIMAKRISE

Kalifornien steht an der Spitze der globalen Klimakrise. Glücklicherweise kämpfen grüne Initiativen dagegen an – und zwar mit aller Macht. Von Anita Isalska

OBWOHL SICH DIE GANZE WELT mit der Tatsache einer Klimakrise auseinandersetzen muss, so ist Kalifornien doch besonders empfindlich was die Auswirkungen betrifft. Die Herausforderungen – Flächenbrände, endlose Trockenperioden und steigende Meeresspiegel – sind fast schon apokalyptisch.

Laut California Environmental Protection Agency's Office of Environmental Health Hazard Assessment (OEHHA) sind die jährlichen Luft- und Ozeantemperaturen seit Beginn der Aufzeichnungen im Jahre 1895 gestiegen, was zweifellos auf menschliche Aktivitäten zurückzuführen ist. Die Durchschnittstemperaturen sind um 3° F gestiegen und werden voraussichtlich bis 2040 um weitere 2° F steigen. In Südkalifornien ist besonders auffällig, dass der Trend an Fahrt aufnimmt. Über die Hälfte der 20 wärmsten Jahre in Kalifornien waren nach 2000.

Wärmere Meere bedeuten steigende Meeresspiegel, und das ist ein enormes Problem in einem Bundestaat, in dem mehr als 26 Mio. Menschen in der Nähe vom Meer leben. Die Behörden beschleunigen die kostspieligen Arbeiten der „Küstenpanzerung", und Kalifornien hat bereits mehrere Milliarden Dollar für die Verstärkung der Ufermauern und Befestigung der Feuchtgebiete ausgegeben. Nicht nur, dass der Meeresspiegel seit 1950 um 15 cm gestiegen ist, auch beschleunigte sich der Anstieg um 2,54 cm pro Dekade. Zusammen mit Wetterkapriolen wie El Niño, die intensive Regenfälle verursachen können, sehen sich mehr Kalifornier:innen denn je der Gefahr von Überschwemmungen ausgesetzt.

Die Auswirkungen der Klimakrise auf die Menschen in Kalifornien treffen auf rassische und wirtschaftliche Ungleichheiten. Aus einer von der UC Irvine durchgeführten Studie geht hervor, dass afroamerikanische und einkommensschwache Haushalte im Los Angeles Basin am stärksten von den Auswirkungen einer Überschwemmung betroffen sind – ihr Risiko ist um 79 % höher als das weißer Bewohner:innen.

Wetterkapriolen

Steigende Tiden und Temperaturen sind bei Wetterkapriolen noch gefährlicher. In dem Bericht Indicators of Climate Change in California (2022) wurde gewarnt, dass Wetterextreme stärker und weniger vorhersehbar werden – besonders besorgniserregend sind die saisonalen Flächenbrände in Kalifornien.

Hwy 1 und Big Sur (S. 268)

Die Brandsaison 2020 brach mit über 17 000 km² alle Rekorde. Landgemeinden waren der größten Gefahr von Flächenbränden ausgesetzt, aber in den letzten Jahren konnten auch die Menschen in den Städten die extreme Rauchverschmutzung nicht mehr ignorieren. An dem berühmt-berüchtigten „orange sky day" im September 2020 warteten die Menschen in der Bay Area auf die Sonne, die sich aber nicht blicken ließ, so dick war der Rauch.

Aber die Bevölkerung Kaliforniens kämpft dagegen an: 2022 war die Brandsaison mit „nur" 1436 km² verbrannter Fläche vergleichsweise unter Kontrolle, auch fielen weniger Gebäude den Flammen zum Opfer. Das war zahlreichen Brandmaßnahmen zu verdanken. CAL FIRE hatte in brandanfälligen Gegenden ein weit verbreitetes Netzwerk von High-Tech-Kameras eingerichtet, was den Löschtrupps ermöglichte, auf das winzigste Rauchfähnchen zu reagieren. Inzwischen nutzen Wissenschaftler KIs, um die Ausbreitung von Flächenbränden zu modellieren und so den Löschtrupps zu ermöglichen, ihre Mittel präziser einzusetzen.

Von Kaliforniens First Nations lernen

Auch die Forstwirtschaft trägt zu den immer schlimmer werdenden Flächenbrände in Kalifornien bei. 2022 kündigte die Wildfire and Forest Resilience Task Force einen Plan an, um „nützliche Brände" auszudehnen, eine Maßnahme, die über mehrere Generationen von amerikanischen Indigenen ergriffen wurde.

Aus einer Studie der UC Berkeley geht hervor, dass die Größe der Wälder in den Klamath Mountains sich verdoppelt hat, seit die indigenen Karuk- und Yurokstämme das Land verwalteten. Diese ursprünglichen Hüter legten kontrollierte Brände, um Überwucherungen zu verhindern und verschiedene Landschaften zu kultivieren. Als die europäischen Siedler:innen eintrafen, wurden Bäume gefällt und neue Bäume zu dicht nebeneinander gepflanzt. So wurden überwucherte Wälder geschaffen, in denen sich Feuer über große Flächen ausbreiten kann.

Die Auswirkungen des Tourismus

Die fragile Schönheit, die ca. 260 Mio. Menschen in nur einem Jahr nach Kalifornien lockt, ist dem Verhalten der Bersucher:innen ausgeliefert.

Die sozialen Medien, die beliebte, fotogene Orte wie Big Sur, wo der Übertourismus bereits zu Bodenerosionen geführt hat, breiten Kreisen zugänglich machen, sind nicht unschuldig an dieser Entwicklung. 2019 waren an der Bixby Bridge die ersten Schilder mit der Aufschrift „Overtourism is killing Big Sur" zu sehen.

Dann kam die Pandemie und touristische Aktivitäten kamen zum Erliegen. Auf dem Höhepunkt von COVID-19 schloss Kalifornien alle Tourismusorte für über ein Jahr. Als Kalifornien auf einen Schlag alles öffnete (ein 97 Mio.-US$-Wumms, laut Werbebudget), waren die Einheimischen besorgt über den erneuten übertouristischen Status quo.

Nachhaltige Zukunft

Glücklicherweise gibt es in Kalifornien zahlreiche Programme zur Förderung nachhaltigen Reisens. Der National Park Service richtet sein Augenmerk immer mehr auf erneuerbare oder alternative Energiequellen, wobei einige Parks schnell CO2-neutral werden wollen. Ein Beispiel ist die Golden Gate National Recreation Area (als Amerikas dritter meistbesuchter Park in 2021 selbst Opfer des Übertourismus). Der Wintersportgigant Vail Resorts hat sich verpflichtet, bis 2030 CO2-neutral zu sein. Zertifizierte Programme von SIP (Sustainability in Practice) nennen eine steigende Anzahl von Weingütern mit nachhaltigen Praktiken.

Kalifornien steht an der scharfen Kante des Klimawandels, ergreift aber eine Reihe von effektiven Maßnahmen, um sich den Herausforderungen zu stellen. Der Bundesstaat konnte seit 2004 seine Treibhausgasemissionen verringern und wird ab 2035 den Verkauf von Neuwagen, die mit fossilen Brennstoffen fahren, verbieten.

Es gibt auch Bemühungen, Kaliforniens Sonnenschein für Solarenergie zu nutzen. Solaranlagen auf den Dächern würden den Energieverbrauch der Bevölkerung nicht decken und die Verwendung von Bodenflächen wird heiß debattiert. Umweltschützer:innen fordern Solaranlagen in den Städten, in weiter Entfernung von Schutzgebieten, Städter:innen aber wollen die Anlagen nicht in Sichtweite haben. Noch viele Hürden liegen vor uns, aber die Dringlichkeit der Klimakrise gepaart mit Spitzentechnologie und Forschung sorgen dafür, dass die Bevölkerung den Kampf gewinnen wird.

IN-N-OUT BURGER

Der einfache, ehrliche In-N-Out Burger ist so typisch kalifornisch wie das Hollywood-Zeichen oder der Santa Monica Pier. Von Megan Leon

DER VERSTORBENE, GROSSE Anthony Bourdain sagte über die Burger von In-N-Out: „Das ist wie eine ballistische Rakete … ein perfekt konzipiertes Protein-Liefersystem." Doch was macht In-N-Out so besonders? Wie kann ein bescheidener Burger-Laden einen nicht enden wollenden Streit zwischen eingefleischten Fans und Hatern auslösen? Die Antwort hat etwas mit Nostalgie zu tun, aber noch viel mehr mit den ursprünglichen Inhabenden der Kette, die sich geschworen haben, immer die frischesten und hochwertigsten Zutaten zu verwenden.

Die Geschichte dieses beliebten Lokals begann 1948, als ein Veteran des Zweiten Weltkriegs namens Harry Snyder und seine frisch angetraute Frau Esther beschlossen, in dem Vorort Baldwin Park ein Geschäft zu eröffnen.

Zu dieser Zeit gab es einen großen Boom an Fast-Food-Lokalen im ganzen Land, von den goldenen Bögen von McDonald's bis zu einem anderen Favoriten an der Westküste – Carl's Jr. Doch In-N-Out hob sich aus vielen Gründen ab. Während andere Ketten auf Tiefkühlprodukte wie Burgerpattys zurückgriffen, setzten Harry und Esther darauf, nur frische Zutaten zu nutzen.

Jeden Tag kauften Harry und Esther frische Produkte ein, besorgten in der Fleischerei Rinderhackfleisch und machten alles von Hand. Jeder einzelne Burger wurde auf Bestellung zubereitet, alle Kartoffeln wurden vor Ort geschnitten und frittiert. Damals wie heute gab es in den In-N-Out-Filialen weder Tiefkühltruhen noch Mikrowellen.

Harry wollte nicht nur die frischesten Burger der Stadt servieren, sondern seinen Gäs-

Im Uhrzeigersinn von oben links: In-N-Out-Burger-Schild; Double-Double-Cheeseburger; Drive-Through, Anaheim; Verpackung zum Mitnehmen

ten auch die Möglichkeit geben, zu bestellen, ohne ihr Auto verlassen zu müssen. Nach vielen Nächten Tüftelei in seiner Garage führte er eine Zwei-Wege-Lautsprecherbox ein, mit der die Gäste von außen bestellen konnten. Das war die offizielle Geburtsstunde des Drive-Thru-Konzepts. Obwohl dieser Fast-Food-Durchbruch schnell an Fahrt gewann, dauerte es fast zwei Jahre, bis Fred und Esther eine zweite Filiale eröffnen konnten.

Die Weigerung, auf das Franchise-Modell umzusteigen, unterschied In-N-Out lange Zeit von der Konkurrenz. Solange sie konnten, behielten Harry und Esther das südkalifornische Unternehmen in der Familie. Dass In-N-Out ein Familienbetrieb bleibt, war auch dem Sohn der Snyders, Rich, wichtig, der nach dem Krebstod seines Vaters 1976 die Leitung übernahm.

Rich stellte klar, dass er das Erbe seines Vaters fortführen und niemals das ändern würde, womit er aufgewachsen war. Das war auch sinnvoll, denn das Konzept hatte sich bewährt. In-N-Out hat seine Speisekarte immer klein gehalten und sich auf klassische Hamburger und Cheeseburger konzentriert. Später kamen die Double-Doubles (Burger mit zwei Pattys und zwei Scheiben Käse) und das nicht ganz so geheime „Animal-Style"-Menü hinzu.

Der erste Animal-Style-Burger wurde 1961 bei In-N-Out zubereitet. Heute ist dies ein geschützter Begriff, den alle sofort mit In-N-Out in Verbindung bringen. Der Animal-Style-Burger, einer der beliebtesten Burger der Kette, besteht aus denselben Zutaten wie ein normaler Burger, außer dass die Rindfleischpattys in Senf gegrillt und dann mit einem geheimen Aufstrich, zusätzlichen Essiggurken und gegrillten Zwiebeln aufgepeppt werden.

Schließlich wurde der Animal-Style auch auf die French Fries (Pommes frites) von In-N-Out übertragen: Die frisch geschnittenen und frittierten Fries wurden mit gegrillten Zwiebeln, Käse und derselben Geheimsauce verfeinert. Ironischerweise war es gerade die Frische der Fries, die einen Großteil der Debatte um die Kette ausgelöst hat.

Die Fries bei In-N-Out werden seit jeher vor Ort geschnitten, und zwar mit einem Gerät, das die Kartoffeln unmittelbar vor dem Frittieren in Scheiben schneidet. Das Endprodukt sind nicht ganz so knusprige Fries, die leicht matschig sind. Für manche sind sie einfach nicht mit denen aus Tiefkühlkartoffeln anderer Fast-Food-Lokale zu vergleichen. Wer sich auskennt, bestellt die In-N-Out Fries gut frittiert. Sind die Fries einmal knusprig, halten sie auch den Garnierungen und langen Autofahrten stand!

1992 expandierte In-N-Out über seine südkalifornische Heimat hinaus und eröffnete das erste Restaurant in Las Vegas. Das war ein großer Schritt für ein kleines Unternehmen, das darauf achtete, nur in einem Umkreis von 480 km um seine Patty-Produktionsstätten neue Standorte zu eröffnen. Der Erfolg des Experiments in Las Vegas führte jedoch bald zu Eröffnungen in anderen Bundesstaaten im Westen der USA, darunter Arizona, Utah, Texas und Oregon.

In-N-Out hat zwar nie die amerikanische Ostküste erreicht, aber dafür hat die zunehmend kultige Burger-Marke überall auf der Welt neue Filialen eröffnet. Die Kette, die sogar in Asien hungrige Menschen anlockt, hat inzwischen über 330 Standorte, und es werden sicherlich noch mehr werden.

Wer die Chance hat, einen dieser Läden zu besuchen, sollte auf ein paar Besonderheiten achten. Vor den meisten Geschäften stehen Palmen, aber man halte Ausschau nach zwei gekreuzten Bäumen, die ein „X" bilden. Diese sind eine Hommage an Harry Snyders Lieblingsfilm *It's a Mad, Mad, Mad, Mad World*. In der 1963 erschienenen Komödie geht es um eine Gruppe, die in der kalifornischen Wüste gestrandet ist und einen Schatz sucht, der unter gekreuzten Palmen vergraben ist.

Weitere Kuriositäten finden Wissende auf den Bechern und French-Fries-Schalen von In-N-Out. Auf der Unterseite kann man Bibelverse entdecken – ein Vermächtnis des evangelischen Christen Harry Snyder.

Dieser einfache Burger-Laden ist zum Symbol für Kalifornien und insbesondere für L. A. geworden. Nach der Landung auf dem LAX-Flughafen direkt zu In-N-Out zu gehen, ist ein Ritual, ein Übergangsritus, eine wesentliche kalifornische Erfahrung. Manche mögen behaupten, dass dies nicht der beste Burger des Staates ist, und es stimmt, dass man hier unzählige andere Burger mit allen erdenklichen Zutaten genießen kann. Aber In-N-Out Burger bietet mehr als nur Essen. Es steht für ein Gefühl von Heimat, verspricht vertraute Genüsse und ist ein Ort, der immer die Erwartungen erfüllt.

REGISTER

Verweise auf Karten **000**

L

Verweise auf Karten **000**

M

N

Verweise auf Karten **000**

Q

R

S

T

Verweise auf Karten **000**

U

V

W

Verweise auf Karten **000**

ÜBER DIESES BUCH

Dies ist die 5. deutschsprachige Ausgabe von Lonely Planet *Kalifornien*, basierend auf der 10. englischen Auflage von *California*. Dieser Reiseführer wurde von den folgenden Personen produziert:

Designentwicklung Marc Backwell

Inhaltliche Entwicklung Mark Jones, Sandie Kestell, Anne Mason, Joana Taborda

Kartografische Entwicklung Katerina Pavkova

Produktentwicklung Sandie Kestell, Fergal Condon

Leitung der Buchserienentwicklung Darren O'Connell, Piers Pickard, Chris Zeiher

Projektredaktion Daniel Bolger

Produktredaktion Kathryn Rowan

Buchdesign Clara Monitto

Kartografie Rachel Imeson

Redaktionsassistenz Nigel Chin, Peter Cruttenden, Charlotte Orr, Christopher Pitts, Brana Vladisavljevic, Tasmin Waby

Umschlagrecherche Norma Brewer

Dank an Clare Healy, Karen Henderson, Alison Killilea, Amy Lysen, Bohumil Ptáček

„Nichts steht sinnbildlicher für ‚Tinseltown‘ als der Hollywood Walk of Fame. (S. 343).“

MEGAN LEON

„Bei einer Pause am Intersection Rock (S. 465; Joshua Tree National Park) kann man versierte Klettertechniken bewundern.“

WENDY YANAGIHARA

LINKS: ZIKG/SHUTTERSTOCK ©, RECHTS: LUNAMARINA/SHUTTERSTOCK ©

ÜBER DIESES BUCH

Lonely Planet Global Limited
Digital Depot, Roe Lane (off Thomas Street)
Digital Hub
Dublin 8
D08 TCV4
Ireland

Verlag der deutschen Ausgabe:
MAIRDUMONT
Marco-Polo-Str. 1
73760 Ostfildern

www.lonelyplanet.de, www.mairdumont.com, lonelyplanet-online@mairdumont.com

Kalifornien
5. deutsche Auflage
Januar 2024 übersetzt von *California*, September 2023, Lonely Planet Global Limited

Deutsche Ausgabe © Lonely Planet Global Limited, Januar 2024

Fotos © wie angegeben 2023

Printed in China

Redaktion: Hannah Biller, Annegret Gellweiler, Sophie Härter, Susanne Junker, Cosima Kroll, Lisa Spägele, Olaf Rappold, Stephanie Ziegler (red. sign, Stuttgart)

Übersetzung: Tobias Ewert, Derek Frey, Marion Gref-Timm, Gabriela Huber Martins, Laura Leibold, Marion Matthäus, Julie Rinkel-Bacher, Dr. Christian Rochow, Beate Staib